Jens Petersen

Montesquieus Moralistik im Geist der Gesetze

Jens Petersen

Montesquieus Moralistik im Geist der Gesetze

DE GRUYTER

Professor Dr. iur. *Jens Petersen*, Universität Potsdam

ISBN 978-3-11-139608-8
e-ISBN (PDF) 978-3-11-139613-2
e-ISBN (EPUB) 978-3-11-139651-4

Library of Congress Control Number: 2025939889

Bibliografische Information der Deutschen Nationalbibliothek
Die Deutsche Nationalbibliothek verzeichnet diese Publikation in der Deutschen Nationalbibliografie; detaillierte bibliografische Daten sind im Internet über http://dnb.dnb.de abrufbar.

Druck und Bindung: CPI books GmbH, Leck

www.degruyterbrill.com
Fragen zur allgemeinen Produktsicherheit:
productsafety@degruyterbrill.com

FSC www.fsc.org MIX Papier | Fördert gute Waldnutzung FSC® C083411

Vorwort

Vor fünfzehn Jahren wollte ich schon einmal ein Buch über Montesquieu schreiben, das den Titel tragen sollte: ‚Montesquieus Entdeckung der Grundlagen des Rechts'. Mir schien, dass er in seinem Esprit des Lois als erster Denker der Neuzeit Rechtsphilosophie, Rechtstheorie, Rechtsdogmatik, Rechtssoziologie, Rechtsgeschichte und Rechtsanthropologie zusammengeführt hatte. Aber je gründlicher ich diejenigen Autoren las, die ihn beeinflusst haben konnten, desto klarer wurde, dass all dies im Kern bereits bei Michel de Montaigne angelegt war. Daraus wurde dann vor elf Jahren das Buch ‚Montaignes Erschließung der Grundlagen des Rechts'. Neuauflagen eines früheren Buches über Nietzsche sowie Monographien über Blaise Pascal, Marcel Proust und Tacitus haben mir die französische Moralistik noch nähergebracht.

Als ich daraufhin vor vier Jahren Montesquieus Esprit des Lois, den ich bis dahin vor allem als das Werk eines Systematikers wahrgenommen hatte, von Neuem zur Gänze las, überraschte mich, dass er seine prinzipiengerecht ermittelten Einsichten praktisch über die ganzen rund tausend Seiten seines epochalen Werks durch moralistische Aphorismen schlaglichtartig erhellt hat. Gerade die ihm zutiefst verhasste Regierungsform der Despotie, die von der allgegenwärtigen Angst vor dem Despoten und seinen unberechenbaren Schergen lebt, hat er nicht nur durch seine abgeklärte Lebensklugheit, sondern auch mit seinem moralistisch geschulten Blick in allen Facetten freigelegt und Maximen geformt, durch deren Beachtung das Gemeinwesen sich gegen die Gefahren der Despotie wappnen kann. So ist vielleicht auch und gerade die unnachahmlich prägnante Herleitung der Gewaltenteilung das Werk eines moralistisch geschulten und urteilenden Systematikers.

Mein besonderer Dank gilt Herrn Dr. *Roy F. Bär*, der mir während der letzten eineinhalb Jahrzehnte nicht nur für die genannten Bücher und Neuauflagen die entlegenste Literatur zugänglich gemacht, sondern auch in vielfältigen Gesprächen über die juristische Ideengeschichte geholfen hat.

Potsdam, den 10. Februar 2025 *Jens Petersen*

https://doi.org/10.1515/9783111396132-001

Inhalt

Einleitung

Montesquieu zählt zwar zu den Vertretern der französischen Moralistik, wird als solcher jedoch merkwürdigerweise in der Regel nur im Zusammenhang mit seinen anonym erschienen Lettres persanes[1] und verstreuten Gedanken gewürdigt,[2] kaum jedoch im Hinblick auf sein berühmtestes Werk,[3] den Esprit des Lois.[4] Dabei findet sich gerade in diesem seinem Hauptwerk eine Fülle von Sentenzen, die für die französische Moralistik bezeichnend sind, weil sie die Natur des Menschen auf eine pointierte, mitunter paradoxe, selten kaustische, umso öfter tiefsinnige Weise zum Ausdruck bringen. Allein um die im Esprit des Lois enthaltenen moralistisch gefärbten Sentenzen soll es hier gehen, weil sich nur auf diese Weise der Bezug zum Geist der Gesetze erschließt.

Ein Beispiel für die verborgene Moralistik im Esprit des Lois bildet der folgende Aphorismus in einem von Humanität getragenen Kapitel über die Unzulässigkeit der Folter von Verbrechern: *« Parce que les hommes sont méchants, la loi est obligée de les supposer meilleurs qu'ils ne sont »* (VI 17).[5] Die äußerst gedrängte, prägnante und scheinbar widersinnige Ausgestaltung dieses geistreichen Gedankens mit seiner apodiktischen Prämisse eines wohl nur scheinbaren anthropologischen Pessimismus' und der folgenden anthropomorphen Gegenüberstellung, die

1 *Montesquieu*, Lettres persanes, 1721. Pointiert *Werner Krauss*, 1734 als Jahr der Entscheidung für Montesquieus *Esprit des lois*, in: Montesquieu-Traditionen in Deutschland. Beiträge zur Erforschung eines Klassikers (Hg. Edgar Maas/Paul-Ludwig Weinacht), 2005, S. 135, 136: „Mit den ‚Lettres persanes' hat Montesquieu (…) den Kampfplatz der Aufklärung eröffnet." Wegweisend *Karlheinz Stierle*, Mode et temps urbain chez La Bruyère et Montesquieu, in: Montaigne und die Moralisten. Klassische Moralistik – Moralistische Klassik, 2016, S. 253 ff., zum Verhältnis Montesquieus zu La Bruyère. Vor allem weist er in terminologischer Hinsicht darauf hin, dass „der von Nietzsche geprägte Begriff der Moralistik im außerdeutschen Raum kein Äquivalent gefunden (hat) und auch im Deutschen zwar geläufig, doch seine Geltung bis heute höchst fraglich geblieben (ist)." Er hat dies zu einer bahnbrechenden Theorie der negativen Anthropologie (S. 169 ff.) ausgearbeitet, durch welche die Bedeutung der Moralistik von Grund auf neu erschlossen wird (S. 275 ff.).

2 *Montesquieu*, Meine Gedanken: Mes pensées. Aufzeichnungen (Hg. Henning Ritter), 2000.

3 *Corrado Rosso*, Montesquieu moralista. Dalle leggi all ‚bonheur', 1965, im Folgenden zitiert nach der französischen Ausgabe (Montesquieu moraliste. Des lois au bonheur, 1971), bildet eine Ausnahme. Er erkennt eine werkimmanente Entwicklung von den Persischen Briefen bis hin zum ‚Geist der Gesetze', innerhalb derer sich eine bestimmte Art des Nachdenkens vertieft, die nicht so sehr Eigenart eines Historikers, eines Philosophen oder Juristen ist als vielmehr des Moralisten im Sinne der traditionellen französischen Moralistik (S. 66).

4 *Montesquieu*, De l'Esprit des Loix, 1748, wie das Werk in der ursprünglichen Schreibweise hieß.

5 *Montesquieu*, Œuvres complètes, Bibliothèque de la Pléiade, Tome II, S. 329; Übersetzung *Ernst Forsthoff*, 1951/1992, Bd. 1, S. 131: „Da die Menschen schlecht sind, ist das Gesetz gezwungen, sie für besser zu halten, als sie sind".

https://doi.org/10.1515/9783111396132-002

nicht etwa den Gesetzgeber, sondern das Gesetz selbst mit beiläufiger Selbstverständlichkeit als gleichsam unausweichlich gebunden erachtet, eine von der Wirklichkeit unterschiedliche Annahme wenigstens als Fiktion zugrunde zu legen, um der trüben Wirklichkeit Herr zu werden, ist nicht nur rechtstheoretisch überaus bemerkenswert, sondern atmet in ihrer überraschenden Pointierung und erfrischenden Auflösung des mit wenigen Worten skizzierten Dilemmas den Geist der französischen Moralistik.[6]

Die zuletzt zitierte Zuspitzung zeugt nicht generell von einem schlechten Menschenbild, wie die folgende Beobachtung zeigt, deren moralistische Herkunft ebenfalls unverkennbar ist:[7] *« Les hommes, fripons en détail, sont en gros de très honnêtes gens; ils aiment la morale; et si je ne traitois pas un sujet si grave, je dirois que cela se voit admirablement bien sur les théâtres »* (XXV 2).[8] Der Chiasmus innerhalb des ersten Halbsatzes betont mit seiner gleichzeitigen Antithese nicht nur die Bandbreite des Allzumenschlichen, sondern auch den anthropologischen Zusammenhang zwischen scheinbar Widersprüchlichem, das sich jedoch mit Blick auf das große Ganze versöhnlich auflöst.

Die rhetorisch wirkungsvolle protestatio facto contraria, mit der Montesquieu das vorgebliche Thema zunächst gravitätisch würdigt und dann doch ironisierend auf leichte Art behandelt, unterstreicht das gleichermaßen Spielerische wie Erfahrungsgesättigte seiner Beobachtungen, die auf Sinnfälliges setzen, erschöpfende Deduktionen meiden und doch auf ihre Weise zu überraschenden Erkenntnissen gelangen, die ihrerseits wieder so paradox sein können, wie es der pointierte

---

6 *Fritz Schalk*, Einleitung, in: Die französischen Moralisten, 1949, S. XXXVIII f., fasst markante Besonderheiten der Moralisten zusammen: „In ihrer Aphoristik entstammte der verborgene Sinn gerade der Klarheit, das Ungesagte entsprang der grammatischen Verkürzung, der epigrammatischen Zuspitzung, der Gleichsetzung verschiedener Sphären, jener klassischen Kunstanschauung kraft deren alle Formen harmonisch so zusammenstimmen, daß keine das Übergewicht über die andre erlangen und das Gleichgewicht stören kann." – Das dürfte cum grano salis auch für die ersten drei hier beispielhaft zitierten Sentenzen gelten.

7 *Corrado Rosso*, Montesquieu moraliste. Des lois au bonheur, 1971, S. 234, geht ebenfalls am Beispiel des ersten Halbsatzes der folgenden Stelle der Frage nach, ob Montesquieu Pessimist war, und stellt zumindest bezüglich des Zitats eine gewisse Zweideutigkeit fest. Doch zeigt der Gedanke zugleich, dass er sich schwerlich sinnvoll aufspalten lässt, weil er von vornherein auf die abschließende Pointe zugerichtet ist und erst von daher den tendenziell skeptisch stimmenden Beginn humorvoll relativiert.

8 *Montesquieu*, Œuvres complètes, Bibliothèque de la Pléiade, Tome II, S. 737; Übersetzung *Ernst Forsthoff*, 1951/1992, Bd. 2, S. 187: „Menschen sind zwar im kleinen oft Spitzbuben, aber im Großen und Ganzen doch ehrenhafte Leute; sie lieben die Moral; und wenn ich nicht einen so ernsthaften Stoff behandelte, so würde ich sagen, den besten Beweis hierfür findet man auf dem Theater".

Schluss ist, wonach ausgerechnet jene Bretter, die die Welt bedeuten, Beweis genug sein sollen.[9]

Wer dies für vereinzelte Beobachtungen innerhalb eines fast tausendseitigen und wohl nur selten zur Gänze gelesenen Werkes hält, berücksichtige den folgenden Gedanken: *« Il est aisé de régler par des lois ce qu'on se doit à soi-même »* (VII 10).[10] Eleganter lässt sich der überaus anspruchsvolle Zusammenhang zwischen äußerem Gesetzeszwang und einer allgemeingültigen, auf Moralität und Pflichtgefühl sinnenden Selbstgesetzgebung, die gleichwohl nicht zum säuerlichen Moralisieren anleitet, kaum auf den Punkt bringen. Mit der geronnenen Weisheit der französischen Moralistik formuliert Montesquieu auf kleinstem Raum hellsichtige Aphorismen, die spätere metaphysische Anfangsgründe der Rechts- und Tugendlehre zwar mitnichten vorwegnehmen,[11] aber jedenfalls vergleichsweise schwerblütig erscheinen lassen.[12]

Freilich darf es die vorliegende Untersuchung nicht damit bewenden lassen, gleichsam eine Anthologie von Aphorismen aus dem Esprit des Lois zu sammeln, sondern muss den jeweiligen systematischen Sinnzusammenhang im Verhältnis zum darin abgebildeten Geist der Gesetze herausarbeiten.[13] Deswegen müssen im ersten Kapitel der selten beachtete Untertitel des Werks betrachtet und

---

9 *Karlheinz Stierle*, Montaigne und die Moralisten. Klassische Moralistik – Moralistische Klassik, 2016, S. 155 f., hat Entsprechendes im Hinblick auf Montaigne herausgearbeitet.

10 *Montesquieu*, Œuvres complètes, Bibliothèque de la Pléiade, Tome II, S. 343; Übersetzung *Ernst Forsthoff*, 1951/1992, Bd. 1, S. 148: „Es ist leicht, durch Gesetze zu bestimmen, was man anderen schuldig ist, aber schwer, darin zusammenzufassen, was man sich selbst schuldet".

11 Dazu etwa *Jens Petersen*, Kants Recht der Freiheit, 2024.

12 *Fritz Schalk*, Einleitung, in: Die französischen Moralisten, 1949, S. XI f., lässt sich entnehmen, warum Montesquieu, obwohl er ihn hier noch nicht ausdrücklich nennt, auch im Hinblick auf die aphoristische Form innerhalb und ungeachtet eines großen, zusammenhängenden Werkes in der Tradition der Moralisten steht: „Sentenzen, Maximen, Reflexionen, Betrachtungen, Einfälle – mit einem Wort, das im allgemeinen Sprachgebrauch lange außerhalb seiner künstlerischen Bedeutung lag, *Aphorismen* sind die Kunstform, in der die wesentlichen Anschauungen der französischen Moralisten im 17. und 18. Jahrhundert enthalten sind." Hervorhebung auch dort.

13 *Karlheinz Stierle*, Montaigne und die Moralisten. Klassische Moralistik – Moralistische Klassik, 2016, S. 153, gibt mit Recht zu bedenken: „Der Moralist kann sich weder der Sprache des systematischen Diskurses von Philosophie, Theologie oder Morallehre noch jener der alltäglichen Rede anvertrauen." – Aber er kann immerhin dasjenige absichernd zum Ausdruck bringen, was die zuvor systematisch gewonnene Einsicht auf pointierte oder paradoxe Weise so sinnfällig zur Geltung kommen lässt, dass jene noch aussagekräftiger erscheint, weil sie eben der Befangenheit in der *«condition humaine»* genauer Rechnung trägt.

dessen Schlüsselbegriffe zueinander ins Verhältnis gesetzt werden.[14] Denn gerade diese Relativität bildet den entscheidenden Ausgangspunkt, von dem her sich Bedeutung und Gehalt des Werkes erschließen. Es geht also darum, aus den anthropologischen Beobachtungen der moralistisch gefärbten Sentenzen die rechtsphilosophischen, rechtsökonomischen, rechtssoziologischen und nicht zuletzt rechtsanthropologischen Folgerungen zu ziehen, um von daher die innere Architektonik der ohne ihre Berücksichtigung oft arbiträr erscheinenden einzelnen Bücher des Esprit des Lois mit Bezug auf das Ganze sichtbar zu machen.

So könnte sich etwa herausstellen, dass es einen spezifischen Zusammenhang zwischen dem moralistischen Erbe Montesquieus und seinen grundlegenden Beobachtungen zur Rechtssoziologie gibt. Denn je treffender seine aphoristisch gefärbten Äußerungen über den Menschen unter den verschiedenen Regierungsformen sind – insbesondere der ihm verhassten Despotie –, desto deutlicher treten die gesellschaftlichen Folgerungen zutage, die sich aus jenen Umständen ergeben, welche in ihrer Gesamtheit den Geist der Gesetze ausmachen, zu dem neben den bereits genannten Regierungsformen auch die Religion, der Handel, die Geschichte ja selbst das Klima zählen: *« Plusieurs choses gouvernent les hommes : le climat, la religion, les lois, les maximes du gouvernement, les exemples des choses passées, le mœurs, les manières; d'où il se forme un esprit général qui en résulte »* (XIX 4).[15]

Die Zugehörigkeit zur französischen Moralistik folgt hier nicht zuletzt aus der Lenkung ‚des Menschen'.[16] Denn diese ist nichts anderes als seine Befangenheit in die *« condition humaine »* mit all ihren Schwächen, Leidenschaften und Unzulänglichkeiten, welche die französischen Moralisten seit jeher bewegten und die sie so sinnfällig auf den Punkt zu bringen wussten, dass sie die Lage des Menschen gleichsam überzeitlich und allgemeingültig zu vergegenwärtigen verstanden. Nimmt man den sich daraus ergebenden Inbegriff des Geistes der Gesetze ernst, dann könnten sich gerade die moralistisch gefärbten Sentenzen nicht lediglich als

---

14 Ausweislich des Titelblatts der Erstausgabe von 1748 lautet die graphisch kleiner gedruckte Fortsetzung nach ‚De l'Esprit des Loix': «Ou du rapport que les Loix doivent avoir avec la Constitution de chaque Gouvernement, les Mœurs, le Climat, la Religion, le Commerce, &c».

15 *Montesquieu*, Œuvres complètes, Bibliothèque de la Pléiade, Tome II, S. 558; Übersetzung *Ernst Forsthoff*, 1951/1992, Bd. 1, S. 413: „Verschiedene Dinge beherrschen die Menschen: Klima, Religion, Gesetze, Regierungsgrundsätze, Vorbilder der Vergangenheit, Sitten und Gebräuche; und aus alledem entspringt und formt sich die Geisteshaltung eines Volkes".

16 *Fritz Schalk*, in: Die französischen Moralisten, 1949, beginnt seine Einleitung, S. IX, mit der treffenden Begriffsbestimmung, die ihrerseits auf eine bestimmte ‚Geisteshaltung', nämlich die französische Bezug nimmt: „Nach französischer Auffassung, die der deutschen Sprach- und Denkgewohnheit fremd und ungewöhnlich klingt, gebührt die Bezeichnung ‚*Moralist*' allen Denkern, die das Wesen des Menschen, Fragen der Menschenkunde und Lebensführung zum Problem gemacht haben." Hervorhebung auch dort.

geistreiche Aperçus, sondern vielmehr als Schlüssel zum Verständnis des Werkes erweisen, das dadurch seine – auch von maßgeblicher Seite gescholtene[17] – scheinbare Kontingenz verliert und sich stattdessen gerade dort als konsistent erweist, wo auf den ersten Blick nur ein beliebiges Gesetz aus unvordenklicher Zeit oder einem entlegenen Winkel der Welt weitschweifig behandelt wird.[18]

Schließlich richtet sich ein jedes Gesetz gleich welcher Zeit und welchen räumlichen Geltungsbereiches an Menschen mit ihren typischen Neigungen, Bestrebungen, Bequemlichkeiten, Umgehungsabsichten und Zuwiderhandlungen, die gleichsam die anthropologische Kehrseite dessen ausmachen, was unter den raumzeitlichen Bedingungen rechtlich wünschenswert und für die jeweilige Gesellschaft förderungswürdig erscheint. Doch bei aller Relativität gilt ein häufig übersehenes Optimierungsgebot, das in seiner pointierten Prägnanz ebenfalls ein Zeugnis französischer Moralistik darstellt: *« Il faut dans les lois une certaine candeur. Faites pour punir la méchanceté des hommes, elles doivent avoir elles-mêmes la plus grande innocence »* (XXIX 16).[19]

Montesquieu wusste als erfahrener Jurist und Menschenkenner durchaus, dass diese idealisierende Vorstellung von der Dignität der Gesetze nur allzu oft denkbar weit entfernt war von der konkreten legislatorischen Praxis, hielt aber gleichwohl eine solche regulative Idee der Gesetzgebung – wenn man es nochmals in kantischer Diktion zum Ausdruck bringen darf[20] – nicht zuletzt deswegen für angebracht, weil die Rechtsunterworfenen so geschaffenen Gesetzen eher gehorchen wollen würden. Auch in dieser scheinbar wirklichkeitsfremden Vorstellung zeigt sich der bereits angesprochene Zusammenhang zwischen dem vornehmen Stil der französischen Moralistik und dem rechtssoziologischen Impetus seines Urhebers.

---

17 *Victor Klemperer*, Montesquieu, Bd. 1, 1914, S. 288.

18 *Fritz Schalk*, Einleitung, in: Die französischen Moralisten, 1949, S. XXXIX, spricht im Unterschied zur hier vertretenen Sichtweise des Geistes der Gesetze als Inbegriff ebenfalls davon, freilich auf die Moralistik bezogen: „Der Gedanke wird bestimmt als Inbegriff von Möglichkeiten, als ein Zwischenstadium, schwebend zwischen Frage und Antwort, er muß ständig in einen anderen übergehen können." – Aber vielleicht ist dieser ‚Inbegriff von Möglichkeiten' gar nicht so weit entfernt von den Wechselwirkungen jener Elemente, die als Inbegriff von Sitten, Regierungsformen, Klima, Religion und Gebräuchen die *« condition humaine »* äußerlich bestimmen und den Geist der Gesetze ausmachen.

19 *Montesquieu*, Œuvres complètes, Bibliothèque de la Pléiade, Tome II, S. 881; Übersetzung *Ernst Forsthoff*, 1951/1992, Bd. 2, S. 369: „Gesetze bedürfen einer gewissen Aufrichtigkeit. Geschaffen, um die Schlechtigkeit der Menschen zu bestrafen, müssen sie selbst vollkommene Gerechtigkeit verkörpern".

20 *Jens Petersen*, Kants Recht der Freiheit, 2024, S. 90, 93 f. zum Optimierungsgebot und zur regulativen Idee.

Dabei darf nicht übersehen werden, dass diese von Montaigne übernommene Vorstellung der Autorität des Gesetzes und der Relativität der Gesetzesgeltung in einem Spannungsverhältnis zu jeder typisierenden Beobachtung über die Menschennatur steht, die daher auch Montesquieu ohne jeden Absolutheitsanspruch beschrieben hat.[21] Vielmehr richtet sich die Zuschreibung allgemeingültiger Verhaltensweisen gerade nach dem genannten Inbegriff dessen, was den Geist der Gesetze ausmacht. Mit dieser kategorisierenden Verallgemeinerung je nach den klimatischen, religiösen, ökonomischen und administrativen Bedingungen, unter denen die Menschen leben und von denen die Gesetze beeinflusst sind, zeigt sich zugleich der Zusammenhang zwischen den mitunter scheinbar willkürlich aufgezählten, in Wahrheit aber gezielt beispielhaft genannten Gesetzen.[22]

Denn Montesquieu wollte gerade nicht ‚die Gesetze' zeigen, sondern den Geist der Gesetze, wie er sich aus den herrschaftlichen, sittlichen, klimatischen, religiösen, wirtschaftlichen und sozialen Verhältnissen ergibt, unter denen Menschen leben. Ein schönes Beispiel bildet das Ende des berühmten sechsten Kapitels des elften Buches *« De la constitution d'Angleterre »*, in dem Montesquieu seine Lehre von der Gewaltenteilung entfaltet. Mit verbindlichem Takt, wie er der französischen Moralistik zu eigen ist, gelangt er, nachdem er die Verfassung Englands erörtert und immer wieder verfassungsgeschichtliche Vorbilder anderer Länder eingestreut hat, überraschend zu einer ihrerseits voraussetzungsreichen Stelle der Germania des Tacitus, an der dieser die politische Entscheidungspraxis der Germanen dahingehend zusammenfasst, dass dort die Fürsten über geringfügige Angelegenheiten beraten, alle hingegen über größere; gleichwohl so, dass auch die Angelegenheiten, über die das Urteil dem Volk obliegt, bei den Fürsten durchdacht werden.[23]

21 Zur Relativität der Gesetzesgeltung *Jens Petersen*, Montaignes Erschließung der Grundlagen des Rechts, 2. Auflage 2019, S. 17 ff.

22 *Karlheinz Stierle*, Montaigne und die Moralisten. Klassische Moralistik – Moralistische Klassik, 2016, S. 155 f., hat im Hinblick auf die Montaigne eigentümliche „Gedankenbewegung" etwas herausgearbeitet, das mutatis mutandis auch für den vorliegenden Zusammenhang gelten dürfte: „Doch ist auch ihre Willkür noch erfahrungsgesättigt und eine Herausforderung an Urteilskraft und Nachdenklichkeit des Lesers, der seine eigene Erfahrung ins Spiel bringen muss".

23 *Tacitus*, Germania 11: ‚De minoribus rebus principes consultant, de maioribus omnes; ita tamen ut ea quoque quorum penes plebem arbitrium est, apud principes pertractentur.' Im Hinblick auf die für den vorliegenden Zusammenhang aufschlussreichen Wechselwirkungen weiterführend *Dieter Timpe*, Romano-Germanica. Gesammelte Studien zur Germania des Tacitus, 1995, S. 167: „Es muß dahingestellt bleiben, wieviel von der taciteischen Volksversammlung als Institution zu halten ist, aber sie verweist wie nichts anderes auf stabile und identische Stämme als Bausteine der politischen Ordnung der Germania omnis (...). Die Germania hat auch hier *mehr eine anthropologische Konstante* im Sinn als ein politisches Element, das *in Wechselwirkung mit anderen betrachtet das sich verändernde, Bedingungen* setzende und empfangende realgeschichtliche Leben

Offenbar sieht Montesquieu diese doppelbödig geschilderte Entscheidungspraxis auch in England verwirklicht und schließt mit einer bemerkenswerten Pointe, die nicht nur den Esprit des Lois erhellt, sondern ganz im Geiste der französischen Moralistik ebenso feinsinnig wie respektvoll zum Ausdruck bringt, dass durch längere Übung austarierte politische Ordnungen unwillkürlich auf archaische Vorbilder und Sitten aus anderer Zeit und einem anderen Kulturkreis herrühren können, die man, wie Montesquieu mit subtiler Ironie erkennen lässt, zwar hier und heute mit dem hochtrabenden Begriff des Systems verbrämen kann, obwohl sie sich dort aus ungeschlachten Sitten entwickelt haben, aber dessen ungeachtet einen tieferen Gerechtigkeitsgehalt entfalten können: « *Si l'on veut lire l'admirable ouvrage de Tacite sur les mœurs des Germains, on verra que c'est d'eux que les Anglois ont tiré l'idée de leur gouvernement politique. Ce beau système a été trouvé dans les bois* » (XI 6).[24] Der pointierte Schlusssatz ist seinerseits annähernd taciteisch.[25] Zugleich enthält er mit seiner Ironisierung des Systembegriffs ein beliebtes Stilmittel der französischen Moralisten.[26] In der Zusammenschau ergibt sich das abgeklärte Bild eines moralistisch treffsicher urteilenden, selbstironischen Systematikers.

Montesquieu hätte daher womöglich kaum gewundert, dass man aus seinem fast tausendseitigen Werk beinahe nur noch ein knappes Dutzend Seiten über die Gewaltenteilung kennt: « *Dans des temps d'ignorance, l'abrégé d'un ouvrage fait souvent tomber l'ouvrage même* » (XXVIII 10).[27] In dieser ebenfalls von der französischen Moralistik geprägten Beobachtung wird mit wenigen Federstrichen auf zeitlos gültige Weise eine Art der Rezeption wissenschaftlicher Werke ironisiert,

---

enthüllt." – Die nur hier vorgenommenen Hervorhebungen dieser tiefdringenden Deutung verdeutlichen die Ähnlichkeiten mit Montesquieus eigentümlicher Moralistik.

24 *Montesquieu*, Œuvres complètes, Bibliothèque de la Pléiade, Tome II, S. 407; Übersetzung *Ernst Forsthoff*, 1951/1992, Bd. 1, S. 228: „Wenn man das treffliche Werk des Tacitus über die Sitten der Germanen liest, so wird man finden, dass die Engländer von ihnen das Prinzip ihrer politischen Regierung entnommen haben. Dieses schöne System ist in den Wäldern erfunden worden." Zu dieser Stelle auch *Victor Klemperer*, Montesquieu, Bd. 1, 1914, S. 109.

25 Vgl. etwa *Jens Petersen*, Recht bei Tacitus, 2019, S. 566 zu *Tacitus*, Germania, 46.3.

26 *Karl Voßler*, Vorwort, in: Die französischen Moralisten, 1949, S. V f.: „Aus Freimut oder Ungeduld verschmähen sie die systematische Ordnung und Logik, durch die doch allein das begriffliche Denken beständig und zwingend wird. Mit Freimut und Ordnung würzen sie den Ausdruck ihres Sinnens und Forschens (...)".

27 *Montesquieu*, Œuvres complètes, Bibliothèque de la Pléiade, Tome II, S. 804; Übersetzung *Ernst Forsthoff*, 1951/1992, Bd. 2, S. 272: „In den Zeiten der Unwissenheit lässt der Abriss eines Werkes oft das Werk selbst in Vergessenheit geraten".

von der er in souveräner Abgeklärtheit ausging, dass auch das Werk, in welches er diese Sentenz eintrug, nicht davor gefeit sein würde.[28]

Denn die Gewaltenteilung, mit der sein Name unauslöschlich verbunden ist, war wohl auch nach seinem Anspruch nicht seine ureigene Schöpfung. Vielmehr dürfte sie, auch wenn er sie in dem soeben genannten Kapitel mit unnachahmlicher Klarheit zusammengefasst hat (XI 6), ebenfalls zu jenem Gedankengut gehören, von dem er im Vorwort seines Werkes mit der vornehmen Bescheidenheit des *« honnête homme »* bekennt:[29] *« Quand j'ai vu ce que tant de grands hommes, en France, en Angleterre et en Allemagne, ont écrit avant moi, j'ai été dans l'admiration »* (Préface).[30] Unternimmt man den Versuch, das eigentlich Neue des Esprit des Lois zu würdigen, so gelangt man nicht nur zu John Locke, der bereits vor Montesquieu die Gewaltenteilung herausgearbeitet hat,[31] auch wenn er anstelle der judikativen die auswärtige Gewalt benannte.[32] Doch schränkt auch Montesquieu an einer berühmten Stelle ein:[33] *« Des trois puissances dont nous avons parlé, celle de juger est en quelque façon nulle »* (XI 6).[34]

---

28 *Hugo Friedrich*, Montaigne, 1949, S. 46, hält einen im weiteren Sinne vergleichbaren Gedanken aus den Fragmenten Montesquieus immerhin für so repräsentativ, dass er diesen einem Kapitel voranstellt, das nicht zuletzt die Moralistik behandelt und von dem er einleitend sagt, dass man dieses „Motto als ein methodisches Bekenntnis verstehen möge“ (S. 7).

29 *Karlheinz Stierle*, Text als Handlung. Grundlegung einer systematischen Literaturwissenschaft, Neue, veränderte und erweiterte Auflage, 2012, S. 352 Fußnote 19, zum *«honnête homme»* bei Pascal.

30 *Montesquieu*, Œuvres complètes, Bibliothèque de la Pléiade, Tome II, S. 231; Übersetzung *Ernst Forsthoff*, 1951/1992, Bd. 1, S. 8: „Wenn ich gesehen habe, was so viele bedeutende Männer in Frankreich, England und Deutschland vor mir geschrieben haben, so hat mich das mit Bewunderung erfüllt“.

31 *John Locke*, Two Treatises on Government, 1698, II, 143.

32 *Christoph Möllers*, Die drei Gewalten. Legitimation der Gewaltengliederung in Verfassungsstaat, Europäischer Integration und Internationalisierung, 2008, S. 25. Treffend auch ebenda, S. 21, zum folgenden „gebetsmühlenartig“ zitierten Wort.

33 *Vittorio Hösle*, Moral und Politik. Grundlagen einer Politischen Ethik für das 21. Jahrhundert, 1997, S. 646, verdeutlicht das Folgende zur Judikativen umsichtig einschränkend: „Allerdings sind ihre Entscheidungen die letzteren und damit endgültigen; zudem kann sie gerade wegen ihrer größeren Ferne von politischen Machtkämpfen und ihrer Neutralität eine beachtliche Macht gewinnen. Diese gründet in der persönlichen und sachlichen Unabhängigkeit der Richter, die im modernen Rechtsstaat die Kehrseite ihrer Bindung an das Gesetz ist.“ Zu weiteren Einwänden ebenda, S. 647 f.

34 *Montesquieu*, Œuvres complètes, Bibliothèque de la Pléiade, Tome II, S. 401; Übersetzung *Ernst Forsthoff*, 1951/1992, Bd. 1, S. 220: „Von den drei Gewalten, die wir erörtert haben, ist die richterliche in gewisser Weise gar nicht vorhanden.“ Zur Vermeidung von Missverständnissen wichtig dazu *Christoph Möllers*, Die drei Gewalten. Legitimation der Gewaltengliederung in Verfassungsstaat, Europäischer Integration und Internationalisierung, 2008, S. 21.

Montesquieus moralistisches Erbe bezeugt zugleich das Ende jenes Buches, welches die Lehre von der Gewaltenteilung enthält und in einem einzigen kurzen Absatz ein eigenes Kapitel bildet, das nicht nur die Vorsätze für das Folgende umreißt, sondern in seinen abschließenden beiden Sätzen die Provenienz der französischen Moralistik erkennen lässt: « *Je voudrois rechercher, dans tous les gouvernements modérés que nous connoissons, quelle est la distribution des trois pouvoirs, et calculer par là les degrés de liberté dont chacun d'eux peut jouir. Mais il ne faut pas toujours tellement épuiser un sujet, qu'on ne laisse rien à faire au lecteur. Il ne s'agit pas de faire lire, mais de faire penser* » (XI 20).[35] Darin kommt einerseits die für die französische Moralistik bezeichnende typische Menschenkenntnis zum Ausdruck, andererseits wiederum jene namentlich für Montesquieus Vorbild Montaigne bezeichnende geistige Haltung des « *honnête homme* », der selten alles ausspricht, was er weiß, um unter keinen Umständen zu langweilen.

Denn schon bei Michel de Montaigne, der nicht nur für die französische Moralistik prägend war,[36] sondern auch Montesquieu maßgeblich beeinflusst hat,[37] finden sich Spuren der Gewaltenteilung.[38] So führt der Weg – jedenfalls dann, wenn man die Gesamtheit der Grundlagen des Rechts untersucht – unweigerlich zurück zu Montaigne.[39] Vor diesem Hintergrund ist es kaum möglich, Montesquieus Hauptwerk ohne Montaignes *Essais* zu begreifen, wenn auch natürlich nicht allein durch diese.[40] Denn während die Gesetze den zentralen Gegenstand Montesquieus ausmachen, sind sie für Montaigne lediglich ein Gesichtspunkt unter vielen.

Und doch hat gerade Montaignes Skepsis gegenüber einem allgegenwärtigen und überall geltenden Naturrecht den Blick auf die Grundlagen des Rechts freige-

---

35 *Montesquieu*, Œuvres complètes, Bibliothèque de la Pléiade, Tome II, S. 430; Übersetzung *Ernst Forsthoff*, 1951/1992, Bd. 1, S. 256: „Ich möchte die Verteilung der drei Gewalten in allen gemäßigten Verfassungen untersuchen, die wir kennen, und von da aus die Grade der Freiheit abwägen, deren jede von ihnen genießen kann. Aber man soll den Gegenstand nicht immer derart erschöpfen, dass man dem Leser nichts zu tun übrig lässt. Es kommt darauf an, nicht zum Lesen, sondern zum Denken anzuregen".

36 Grundlegend *Hugo Friedrich*, Montaigne, 1949, S. 12 ff., 220 ff.; *Karlheinz Stierle*, Montaigne und die Moralisten. Klassische Moralistik – Moralistische Klassik, 2016, passim.

37 *Werner Stark*, Montesquieu. Pioneer of the Sociology of Knowledge, 1960, S. 44, 167.

38 *Manfred Kölsch*, Recht und Macht bei Montaigne, 1974, S. 30 mit Fußnote 44, fragt aus gutem Grund im Hinblick auf *Montaigne*, Essais III 7: „Sollten hier die Wurzeln der Gewaltenteilungslehre Montesquieus liegen, der die Essais kannte?".

39 *Jens Petersen*, Montaignes Erschließung der Grundlagen des Rechts, 2. Auflage 2019, S. VI.

40 *Hugo Friedrich*, Montaigne, 1949, S. 471 f. Anmerkung 99, weist am Beispiel bestimmten Stellen beider Hauptwerke den Einfluss konkret nach.

legt, wenngleich in einer noch rudimentären Form.[41] Wie sehr Montesquieu von Montaigne beeinflusst war, zeigt auch eine geistreiche Formulierung seines Vorworts, mit der er begründet, warum er nicht alle Einzelheiten einer Gedankenkette ausführt: *« Ces détails même, je ne les ai pas tous donnés : car, qui pourroit dire tout sans un mortel ennui? »* (Préface).[42] Die rhetorische Frage entspricht erneut der *honnêteté* Montaignes, also jener Geistesart, die nicht alles aufdringlich zum Ausdruck bringt, sich dezent zurückhält und damit immer auch zum Mitdenken einlädt (XI 20).[43] Die beiden Stellen verweisen somit erkennbar aufeinander, indem sie den Leser nicht bevormunden und unter keinen Umständen langweilen wollen.

Vor diesem Hintergrund soll in der vorliegenden Abhandlung Montesquieus epochales Werk über den Esprit des Lois unter dem Gesichtspunkt der Präsenz des Gedankenguts der französischen Moralistik gelesen werden, ohne dass es von vornherein schwerpunktmäßig um die Gewaltenteilung geht. Zwar kann ihre Bedeutung für die europäische Geistesgeschichte gar nicht hoch genug veranschlagt werden. Doch sollte man nicht übersehen, dass der ihr gewidmete Abschnitt unter der Überschrift *« De la constitution d'Angleterre »* kaum mehr als zwei Dutzend Druckseiten des insgesamt rund tausendseitigen Werks umfasst. Es ist angesichts der bereits behandelten Vorläufer nicht einmal ganz sicher, ob Montesquieu selbst in erster Linie oder überhaupt nur seine so wirkungsmächtigen und heute weltbekannten Gedanken zur Gewaltenteilung gemeint hat, wenn er in einer vorangestellten Bemerkung seines Werkes durchaus selbstbewusst und völlig zu Recht verkündet: *« J'ai eu des idées nouvelles »* (Avertissement de l'auteur).[44] Wenn er dies im weiteren Verlauf wiederholt, so kommt dies weder rechthaberisch noch geltungssüchtig zum Ausdruck, sondern nach Art der französischen Moralistik über-

41 *Vanessa de Senarclens*, Die Perspektive des Reisenden, in: Montesquieu, Meine Reisen in Deutschland 1728–1729 (Hg. Jürgen Overhoff), 2014, S. 175, 181 f., bemerkt im Hinblick auf die Reiseberichte Montesquieus, der diejenigen Montaignes noch nicht kennen konnte, aufschlussreiche Parallelen, die exemplarisch bezeugen, wie ähnlich beide dachten: „Mit diesem Landsmann, der sogar ebenfalls aus der Gironde stammt, teilt Montesquieu die Faszination für das Schauspiel der menschlichen Vielfalt, das Interesse für das Spezifische, dass jede Kultur ausmacht, und, vor allem, das skeptische Menschenbild".

42 *Montesquieu*, Œuvres complètes, Bibliothèque de la Pléiade, Tome II, S. 229; Übersetzung *Ernst Forsthoff*, 1951/1992, Bd. 1, S. 6: „Diese Einzelheiten habe ich nicht alle gebracht, denn wer kann alles sagen ohne tödliche Langeweile?".

43 *Karlheinz Stierle*, Montaigne und die Moralisten. Klassische Moralistik – Moralistische Klassik, 2016, S. 17 ff.

44 *Montesquieu*, Œuvres complètes, Bibliothèque de la Pléiade, Tome II, S. 227; Übersetzung *Ernst Forsthoff*, 1951/1992, Bd. 1, S. 3: „Ich habe neue Gedanken gehabt".

aus elegant mit einem überraschenden antithetischen Schluss:[45] *« Je sais bien que je dis ici des choses nouvelles; mais si elles sont vraies, elles sont très anciennes »* (XXVIII 4).[46]

Man sollte zum besseren Verständnis des Esprit des Lois von vornherein berücksichtigen, dass Montesquieu zwar Systematiker war, jedoch kein solcher der seine tiefen Gedanken und originellen Einfälle um jeden Preis in ein Procrustes-Bett zwingen wollte, wie ja bereits die oben zitierte ironische Schlussbemerkung zeigt (XI 6).[47] Wenn kein Geringerer als Hegel seinen „tiefen Blick" rühmt, dann bedeutet dies nichts anderes.[48] Hingegen kann man sich Montesquieus selbstgesetztem Anspruch eher nähern, indem man dasjenige zum Maßstab nimmt, was er selbst im Untertitel der ersten Auflage seines Werks aus dem Jahre 1748 in scheinbarer Beiläufigkeit programmatisch mitgeteilt hat.[49] Demnach geht es ihm nämlich nicht zuletzt darum, die Beziehungen der Gesetze aufzuzeigen, die zur Regierung eines jeden Landes, zu den Sitten, nicht zuletzt auch zum Klima sowie zur Religion und dem Handel bestehen müssen.

Diese erklärtermaßen nicht einmal vollständige Auflistung wurde von der Nachwelt offenbar mitunter als so arbiträr aufgefasst, dass man sie nicht einmal immer eigens abdruckte. Gleichwohl ist der Untertitel schon deswegen bedeutsam,

---

45 *Corrado Rosso*, Montesquieu moraliste. Des lois au bonheur, 1971, S. 57 mit Fußnote 6, erwähnt mit weiteren Nachweisen am Beispiel eines anderen Kapitelschlusses (XXXI 11), dass ein anderer großer französischer Schriftsteller Montesquieu um seiner schnellen, elliptischen Sprache willen bewundert habe.

46 *Montesquieu*, Œuvres complètes, Bibliothèque de la Pléiade, Tome II, S. 799; Übersetzung *Ernst Forsthoff*, 1951/1992, Bd. 2, S. 265: „Ich weiß wohl, dass ich hier etwas Neues sage; aber wenn es wahr ist, dann ist diese Wahrheit sehr alt".

47 *Karl Voßler*, Vorwort, in: Die französischen Moralisten, 1949, S. V. Vor allem gilt für Montesquieus pointierte Sentenzen aufgrund seines weiten Verständnisses des ‚Geists der Gesetze', was *Fritz Schalk*, Einleitung, ebenda, S. XI, veranschaulicht: „Der ständige Kampf der Moralisten gegen die Systematik ist der Wurzelboden einer Form gewesen, die aus dem Verlangen, die ganze Fülle des Lebens zu verstehen, sich erklärt." – Aber ungeachtet dessen verleugnete Montesquieu seine systematische Absicht gleichwohl nicht, wie sich aus den weiter unten zu behandelnden ersten Kapiteln seines Werks ergibt.

48 *Georg Wilhelm Friedrich Hegel*, Grundlinien der Philosophie des Rechts, 1821, § 273: „Sonst aber muß man auch in diesem Stücke, wie in so vielen anderen, den tiefen Blick Montesquieus in seiner berühmt gewordenen Angabe der Prinzipien dieser Regierungsformen anerkennen, aber diese Angabe, um ihre Richtigkeit anzuerkennen, nicht mißverstehen." Hervorhebung nur hier. – Nicht von ungefähr variiert Hegel an dieser bedeutsamen Stelle wiederholt den für seine Philosophie zentralen Begriff der Anerkennung. Siehe auch *Axel Honneth*, Anerkennung. Eine europäische Ideengeschichte, 2018.

49 Auf dem Titelblatt der Erstausgabe von 1748 lautet die graphisch kleiner gedruckte Fortsetzung nach ‚De l'Esprit des Loix': «Ou du rapport que les Loix doivent avoir avec la Constitution de chaque Gouvernement, les Mœurs, le Climat, la Religion, le Commerce, &c».

weil er geeignet ist, den Begriff des Geistes zu bestimmen, der ersichtlich den Mittelpunkt des Werks bildet. Denn eine gleichwie geartete Geistesmetaphysik wollte Montesquieu ganz gewiss nicht begründen, wie mit Sicherheit auch Hegel mit seiner Würdigung des „tiefen Blicks Montesquieu“ nicht annahm,[50] dem dieses Verdienst innerhalb der Geistesgeschichte in besonderer Weise zukam.[51]

Dass Montesquieu nicht lediglich als Theoretiker der Gewaltenteilung in die europäischen Geistesgeschichte eingehen wollte, ergibt sich, wenn es denn überhaupt eines Nachweises bedürft hätte, bereits aus der captatio benevolentiae im Vorwort, in dem er um die möglichst vollständige und nicht nur kursorischen Lektüre bittet : *« Je demande une grâce que je crains qu'on ne m'accorde pas : c'est de ne pas juger, par la lecture d'un moment, d'un travail de vingt années; d'approuver ou de condamner le livre entier, et non pas quelques phrases. Si l'on veut chercher le dessein de l'auteur, on ne le peut bien découvrir que dans le dessein de l'ouvrage »* (Préface).[52] Diese Worte sind zugleich Ausdruck seiner eminenten Menschenkenntnis, weil er wusste, wie kurz die Aufmerksamkeitsspanne sein kann, wenn ein Gegenstand systematisch erschöpfend dargelegt wird, mag der Autor auch noch so sehr beteuern, nicht langweilen zu wollen. Man sollte diese Worte ernster nehmen, als sie im bisherigen Schrifttum genommen worden sind, zumal da die eingewobenen moralistisch geprägten Sentenzen zudem den Sinn haben könnten, die einlässlichen Ausführungen durch pointierte Erhellungen zu unterbrechen und dadurch zugleich auf eine höhere Ebene der Einsicht zu heben, von der aus der Blick auf das Allzumenschliche eröffnet wird.

Denn nicht von ungefähr betont Montesquieu den über zwei Jahrzehnte sich erstreckenden Entstehungsprozess seines Werkes, den er am Ende des Vorworts mit Bedacht nochmals erwähnt. Dort freilich haben seine Worte einen scheinbar

---

50 *Georg Wilhelm Friedrich Hegel*, Grundlinien der Philosophie des Rechts, 1821, § 273.

51 Grundlegend *Vittorio Hösle*, Hegels System. Der Idealismus der Subjektivität und das Problem der Intersubjektivität, 2. Auflage 1998. Vgl. ferner *Jens Petersen*, Die Eule der Minerva in Hegels Rechtsphilosophie, 2. Auflage 2015, §§ 2, 6 und passim. *Fritz Schalk*, in: Die französischen Moralisten, 1949, nimmt im Übrigen in seiner äußerst dichten Einleitung, S. IX, auf dieses Bild aus der Vorrede der Rechtsphilosophie Hegels in einer sprachlich so kunstreichen Weise Bezug, dass dies gleichfalls in seiner pointierten Kontrastierung einen moralistischen Anklang erhält und damit zu einer bemerkenswerten Übereinstimmung von Stil und Inhalt führt: „In dem Frankreich des 17. Jahrhunderts begann die Eule der Minerva nicht erst in der Dämmerung ihren Flug“.

52 *Montesquieu*, Œuvres complètes, Bibliothèque de la Pléiade, Tome II, S. 229; Übersetzung *Ernst Forsthoff*, 1951/1992, Bd. 1, S. 5: „Ich erbitte eine Vergünstigung, von der ich fürchte, dass man sie mir nicht gewähren wird: nicht aufgrund einer flüchtigen Lektüre über ein Werk zu urteilen, das der Ertrag zwanzigjähriger Arbeit ist; das ganze Buch zu billigen oder zu verurteilen, nicht aber einzelne Formulierungen. Sucht man den Plan des Verfassers, so wird man ihn nur in dem Plan dieses Werkes finden“.

entgegengesetzten Sinn, soweit sie auf die mehr als zwanzig Jahre der Arbeit am Werk hinauslaufen:[53] *« Je suivois mon objet sans former de dessein; je ne connoissois ni les règles ni les exceptions; je ne trouvois la vérité que pour la perdre. Mais, quand j'ai découvert mes principes, tout ce que je cherchois est venu à moi; et, dans le cours de vingt années, j'ai vu mon ouvrage commencer, croître, s'avancer et finir »* (Préface).[54]

Was hier im Vorwort so unverbindlich und scheinbar improvisierend vorgetragen wird, veranschaulicht mit seiner für die französische Moralistik bezeichnenden Paradoxie des Konsekutivsatzes in der dialektisch anmutenden Abfolge des Findens, Verlierens und Entdeckens aufs Neue, dass Montesquieu zwar durchaus systematische Absichten verfolgte, wie sich unmissverständlich daraus ergibt, dass er auf äußerlichen Glanz durch zur Schau getragenen Tiefsinn bedachte Werke von solchen mit einem systematischen Fundament zu unterscheiden wusste. Insofern gibt es erneut eine überraschende Übereinstimmung mit Kant, der solches ‚Blendwerk' ebenfalls verachtete.[55]

Montesquieu war durchaus bewusst, was einem von Grund auf geordneten Systembau entgegensteht: *« Ce n'est point sur des ouvrages d'ostentation qu'il faut fonder des systèmes »* (XXVIII 3).[56] Vielmehr entstand der Esprit des Lois aus

---

53 *Werner Krauss*, 1734 als Jahr der Entscheidung für Montesquieus *Esprit des lois*, in: Montesquieu-Traditionen in Deutschland. Beiträge zur Erforschung eines Klassikers (Hg. Edgar Maas/Paul-Ludwig Weinacht), 2005, S. 135, 141, führt die Bedeutung der folgenden Feststellung eindrucksvoll aus: „Wenn Montesquieu den Zeitraum von zwei Jahrzehnten für die Ausarbeitung seines großen Werkes in Anspruch nahm, so reicht der geistesgeschichtliche Ursprung des Werkes mit seinen Urzahlen bis an den Anfang von Montesquieus Bewußtseinsbildung. Mit diesem Hinweis hat Montesquieu den Charakter des Lebenswerkes erhärtet. In ihm muß man die Summe einer lebenslänglichen Gedankenarbeit, das Resultat einer nie unterbrochenen Wissensbemühung ergreifen. (...) Durch dieses mit Nachdruck wiederholte Bekenntnis ist das Gesicht eines Lebenswerkes umrissen, in dem sich zugleich der letzte Sinn einer Lebensbewegung entscheidet. Der ganze Prozeß von Montesquieus Geistesbildung hat erst von hier aus das Ansehen eines zielstrebigen Ablaufs gewonnen".

54 *Montesquieu*, Œuvres complètes, Bibliothèque de la Pléiade, Tome II, S. 231; Übersetzung *Ernst Forsthoff*, 1951/1992, Bd. 1, S. 7 f.: „Ich ging meinem Gegenstand nach, ohne mir einen Plan zu machen. Ich kannte weder die Regeln noch die Ausnahmen; ich fand die Wahrheit, um sie zu verlieren aber als ich meine Grundsätze entdeckt hatte, kam alles, was ich suchte, auf mich zu. Im Laufe von zwanzig Jahren sah ich mein Werk beginnen, wachsen, fortschreiten und sich vollenden".

55 *Jens Petersen*, Kants Recht der Freiheit, 2024, S. 123, zur Enttarnung des von Kant so genannten „Systems von Blendwerken".

56 *Montesquieu*, Œuvres complètes, Bibliothèque de la Pléiade, Tome II, S. 795; Übersetzung *Ernst Forsthoff*, 1951/1992, Bd. 2, S. 261: „Auf Werken, die nur auf äußeren Eindruck ausgehen, lassen sich aber keine Systeme errichten".

einer Geisteshaltung, die aus der französischen Moralistik geläufig ist, wie auch das heuristische Paradoxon zeigt, wonach erst der von vornherein in Kauf genommene, ja sogar intendierte Verlust der gefundenen Wahrheit zur individuellen Einsicht führt.[57] Vor diesem Hintergrund löst sich auch der scheinbare Widerspruch einer planvollen Planlosigkeit auf. Vielleicht schwingt eine tendenzielle Selbststilisierung mit, die womöglich sogar den Anschein einer Künstlernatur zu erwecken scheint, hat man doch mit guten Gründen – aber wohl zumindest aus rechtsphilosophischer Sicht letztlich ohne hinlängliche Überzeugungskraft – den Versuch unternommen, den Esprit des Lois als Kunstwerk zu begreifen.[58] Indes sollte man die scheinbare Unverbindlichkeit nicht als Ziellosigkeit missverstehen. Vielmehr gibt Montesquieu von vornherein zu verstehen, dass sein Werk ursprünglich anthropozentrisch ausgerichtet ist: *« J'ai d'abord examiné les hommes, et j'ai cru que, dans cette infinie diversité de lois et de mœurs, ils n'étoient pas uniquement conduits par leurs fantaisies »* (Préface).[59] Wichtig an dieser in einer der französischen Moralistik entsprechenden Weise auf die *« condition humaine »* gegründeten Annahme ist nicht zuletzt die infinite Vielgestaltigkeit der Gesetze und Sitten.[60] Wenn Montesquieu den Geist der Gesetze zu ergründen sucht, so kann er schwerlich alle möglichen und je erlassenen Gesetze gemeint haben, sondern musste sie unter gewissen Gesichtspunkten ordnen. Auch hier kommt der bereits angesprochene Untertitel

57 *Hugo Friedrich*, Montaigne, 1949, S. 185, dürfte das unausgesprochen miterfassen, wenn er schreibt: „Die Betrachtung des Menschen wechselt über vom Schematismus der Archetypen in die Momentaufnahme des Individuellen. Das ist die Methode der Moralistik." – Dieses pointierende Paradoxon einer ‚Methode der Moralistik' ist in gewissem Sinne seinerseits moralistisch gefärbt.
58 *Victor Klemperer*, Montesquieu, 1914, Bd. 2, S. 284 ff. Diese beeindruckende Habilitationsschrift des großen Romanisten und Humanisten hat die hier im Blickpunkt stehende französische Moralistik eher vereinzelt und verallgemeinernd, aber nichtsdestoweniger treffend behandelt; vgl. nur Bd. 1, S. 78: „Der Spötter und Aphorist, der von den alten Satirikern, der von Tacitus viel gelernt hat, ist auch bei Cicero in die Schule gegangen. (...) Er war auch ein Moralist, aber kein düsterer (...)." Ferner, ebenda, S. 79: „Wirken können als Philosoph, als Moralist, und beides in künstlerischer Form." Zu ihm auch *Corrado Rosso*, Montesquieu moraliste. Des lois au bonheur, 1971, S. 23 Fußnote 7.
59 *Montesquieu*, Œuvres complètes, Bibliothèque de la Pléiade, Tome II, S. 229; Übersetzung *Ernst Forsthoff*, 1951/1992, Bd. 1, S. 5: „Ich habe zunächst die Menschen geprüft und geglaubt, dass sie sich in der unendlichen Mannigfaltigkeit ihrer Gesetze und Sitten einzig von den Eingebungen ihrer Laune leiten lassen".
60 *Hugo Friedrich*, Montaigne, 1949, S. 474 Anmerkung 132, kommentiert die soeben zitierte Stelle sachkundig: „Erst Montesquieu wird dann wieder wagen, eine wenn auch nicht naturrechtliche, so doch typengesetzliche Gesellschafts- und Staatslehre auf dem Satz aufzubauen." Im Anschluss an das oben im Text wiedergegebene Zitat fragt er ebenso sinnig wie wirkungsvoll: „Sollte dieser große Montaignefreund seinen gascognischen Landsmann bei diesen Formulierungen in Erinnerung gehabt haben?".

zur Geltung.[61] Es sind eben nicht nur die Regierungsformen, die Religion oder das Klima, sondern eben auch die Sitten, welche die Gesetze prägen (XIX 4).

Indem Montesquieu daher von der unendlichen Vielfalt der Gesetze spricht, gibt er zu verstehen, dass er ohne jeden Anspruch auf Vollständigkeit notwendigerweise zur Veranschaulichung immer wieder aufs Neue einzelne von ihnen paradigmatisch herausgreifen muss, um die Wirkungsweise aus dem breiten Erfahrungsraum der Rechtsgeschichte zu erläutern. So erklärt sich auch, was gleichwohl immer wieder Anstoß erregt hat, dass nämlich Montesquieu über sein umfangreiches Werk verstreut vorderhand beliebige Gesetzesbestimmungen scheinbar zusammenhanglos und rein assoziativ genannt hat. Zum besseren Verständnis sollte man daher nicht jede einzelne Regelung rechtsgeschichtlich oder gar rechtsdogmatisch zurückverfolgen und auszudeuten versuchen.

Eher muss man davon ausgehen, dass die jeweils genannten und innerhalb der Mannigfaltigkeit denkbaren Regelungen eine gewisse Richtung angeben, in die Montesquieu denkt und nach der er den jeweiligen Geist der Gesetze im Hinblick auf Sitten, Religion, Klima, Handel oder Regierungsformen ordnet. Diese im Untertitel aufgezählten Ordnungsprinzipien können nicht hoch genug geschätzt werden und verhalten sich, um eine Analogie aus der juristischen Methodenlehre zu bemühen, in ihrer Wechselwirkung nach Art eines beweglichen Systems, bei dem nicht alle Elemente bzw. Prinzipien immer gleichermaßen ausgeprägt vorliegen müssen, sondern einander vertreten können und in gewissem Sinne kompensierbar sind:[62] *« A mesure que, dans chaque nation, une de ces causes agit avec plus de force, les autres lui cèdent d'autant »* (XIX 4).[63] Gerade solche Zusammenhänge, in denen sich das Verhältnis der Prinzipien zueinander sprachlich nach Art eines ‚Je... desto' bezeichnen lassen, sind für das Vorliegen eines beweglichen Systems typisch,[64] wenngleich weder notwendig noch hinreichend.[65] Da aber die wechselseitige und abwägende Berücksichtigung von Handel, Sitten und Gebräuchen, Religion und Regierungsformen im Hinblick auf die Gesetzgebung durchaus Prinzipienrang

---

61 Wie erinnerlich, lautet auf dem Titelblatt der Erstausgabe von 1748 die graphisch kleiner gedruckte Fortsetzung nach ‚De l'Esprit des Loix': « Ou du rapport que les Loix doivent avoir avec la Constitution de chaque Gouvernement, les Mœurs, le Climat, la Religion, le Commerce, &c ».

62 Grundlegend *Walter Wilburg*, Die Entwicklung eines beweglichen Systems im Bürgerlichen Recht, Grazer Rektoratsrede 1950, der noch von Elementen sprach, wohingegen *Claus-Wilhelm Canaris*, Systemdenken und Systembegriff in der Jurisprudenz, 2. Auflage 1983, S. 75 Fußnote 8, wissenschaftstheoretisch vorzugswürdig von Prinzipien spricht".

63 *Montesquieu*, Œuvres complètes, Bibliothèque de la Pléiade, Tome II, S. 558; Übersetzung *Ernst Forsthoff*, 1951/1992, Bd. 1, S. 413: „Je stärker in einem Volk einer dieser Gründe wirkt, um so mehr treten die anderen zurück".

64 *Jens Petersen*, Unternehmenssteuerrecht und bewegliches System, 1999, S. 28.

65 *Claus-Wilhelm Canaris*, Grundrechte und Privatrecht, 1999, S. 80.

haben, ist es zumindest nicht fernliegend, von der Wirkungsweise nach Art eines beweglichen Systems zu sprechen.

Doch an der weiter oben zitierten Stelle der *« Préface »* ist noch etwas Anderes bemerkenswert. Es handelt sich dabei um die auf den ersten Blick unscheinbare Tatsache, dass Montesquieu im Plural von ‚den Menschen' (*« les hommes »*) spricht. Anders als sein kongenialer Zeitgenosse Giambattista Vico, der zusammen mit ihm als Begründer der Rechtssoziologie gilt,[66] nennt er nicht ‚den Menschen' im Kollektivsingular.[67] Montesquieu betont demgegenüber gerade die Vielgestaltigkeit der Menschen und Lebensverhältnisse, indem er ebenso wie sein Vorbild Montaigne die Menschen aller Länder, Kontinente und Zeiten in Betracht zieht. Nur so kann er die Menschen insgesamt, wenn auch natürlich lediglich beispielhaft, geprüft (*« examiné »*) haben, wie er sich ausdrückt. Es ist also – insoweit anders als bei Kant – ein empirischer Zugriff und kein spekulativer (VIII 7).[68]

Nicht von ungefähr reiht Montesquieu ihn in einem seiner nach Art der französischen Moralistik zum Widerspruch reizenden und zum Nachdenken anregenden geistreichen Gedanken neben Platon unter die Dichter ein, übrigens auch in folgender Schreibweise: *« Les quatre grands poètes: Platon, le père Malebranche, milord Shaftesbury, Montagne ».*[69] Bezeichnend für die zum Mitdenken anregende moralistische Provenienz ist hier das Fehlen jeder Begründung, so dass die vier

---

66 *Vittorio Hösle*, Moral und Politik. Grundlagen einer Politischen Ethik für das 21. Jahrhundert, 1997, S. 547.

67 Dazu *Jens Petersen*, Vicos Kulturgeschichte des Rechts, 2022.

68 *Fritz Schalk*, Einleitung, in: Die französischen Moralisten, 1949, S. XI, beschreibt die Genese der Aphoristik in einer auch für Montesquieu gültigen Weise: „Da das Leben ein unendliches Ganzes ist, das nie erschöpft, nie abschließend beschrieben werden kann, mußte eine Form gefunden werden, die den leer gewordenen Platz der Systematik einnehmen und Empirie, Gedanken und Anschauung in höchster Harmonie vereinigen konnte. Sie mußte aus der Vorstellung von der Unerschöpflichkeit der menschlichen Natur erwachsen, fragmentarisch sein wie das Leben selbst und Allgemeingültigkeit nur durch eine scheinlogische Form vortäuschen, die belehrt, niemals langweilt und herausfordernd auf die unlösbaren Widersprüche, zwischen denen man lebt, zurücklenkt." – Einen Vorbehalt muss man im Hinblick auf Montesquieu lediglich im Hinblick auf die angedeutete Vakanz des Systems machen, weil sich bei ihm System und Moralistik einander nicht ausschließen.

69 *Montesquieu*, Pensées et fragments inédits (Hg. Gaston de Montesquieu), Tome II, 1901, S. 490; Schreibweise ‚Montagne' auch dort). Übersetzung *Fritz Schalk*, Gedanken, in: Die französischen Moralisten, 1949, S. 204: „Die vier großen Dichter Platon, Malebranche, Shaftesbury, Montaigne!". Zu diesem Gedanken auch *Corrado Rosso*, Montesquieu moraliste. Des lois au bonheur, 1971, S. 337. *Hugo Friedrich*, Montaigne, 1949, S. 453, kommentiert seine Auswahl als „kühn", erklärt aber einleitend: „In Frankreich wird derartiges erst wieder mit Victor Hugo, Balzac, Proust möglich." Zu Victor Hugo und Proust mit Bezug zur französischen Moralistik eingehend *Jens Petersen*, Marcel Proust und Tacitus, 2021.

Denker scheinbar unbegründet und beziehungslos durch die Behauptung poetischer Prägung verklammert werden, wodurch zugleich mit Bedacht stillschweigend ihre Vielseitigkeit zu bedenken gegeben wird. Ebenso wie Montaigne beobachtet er die typischen Verhaltensweisen der ihn umgebenden Menschen und leitet daraus Erkenntnisse ab, die im Hinblick auf die Gesetze von Nutzen sein können, weil und sofern er die Adressaten der jeweiligen Normen kennt.[70]

Es ist vielmehr gerade Ausdruck seiner wohlwollenden kulturellen Indifferenz, seiner Unvoreingenommenheit und seines Fehlens jeglicher Belehrungsabsicht oder Entscheidungshoheit, dass ihm jedwede Überheblichkeit in Gestalt einer chauvinistischen Prägung fehlt: *« Je n'écris point pour censurer ce qui est établi dans quelque pays que ce soit. Chaque nation trouvera ici les raisons de ses maximes; et on en tirera naturellement cette conséquence, qu'il n'appartient de proposer des changements qu'à ceux qui sont assez heureusement nés pour pénétrer d'un coup de génie toute la constitution d'un État »* (Préface).[71] Anders als es den Anschein hat, schwingt hier kein geistesaristokratisches Überlegenheitsgefühl mit, sondern es ist gerade umgekehrt entscheidend für Montesquieu, dass kein Fremder die Gesetze eines anderen Landes herablassend betrachtet und an denen des eigenen Landes misst. Es versteht sich von selbst, dass dementsprechend auch die Bezeichnung der *französischen* Moralistik nur eher einen einen geistigen Raum innerhalb der europäischen Ideengeschichte im Sinn hat, wo die Moralistik in besonderer Blüte stand und keinerlei Ausschließlichkeit meint, sondern über die Grenzen Frankreichs anzutreffen ist.[72]

---

70 *Vanessa de Senarclens*, Die Perspektive des Reisenden, in: Montesquieu, meine Reisen in Deutschland 1728–1729 (Hg. Jürgen Overhoff), 2014, S. 175, 181 f., beobachtet am Beispiel der jeweiligen Reisen hellsichtig, was sich auch hier zeigt: „Und doch teilt er mit Montaigne den besonderen Blick und die Wertschätzung für das Andere. (...) In seinen Pensées bekundet er seine Wertschätzung für die Art und Weise, wie Montaigne denkt. Jeder abstrakten und universellen Theorie geht eine Interpretation des Menschen voran, die betont, dass der Mensch von seinem spezifischen historischen und kulturellen Kontext geprägt ist. Vor allem hierin folgt Montesquieu Montaigne".

71 *Montesquieu*, Œuvres complètes, Bibliothèque de la Pléiade, Tome II, S. 230; Übersetzung *Ernst Forsthoff*, 1951/1992, Bd. 1, S. 6: „Ich schreibe nicht, um zu tadeln, was in welchem Lande auch immer geordnet ist. Jedes Volk wird hier die Vernunftgründe für seine Lebensregeln finden und man wird daraus als natürlich zu folgern haben, dass es nur denen zukommt, Änderungen vorzuschlagen, die in der glücklichen Lage sind, mit der Schärfe ihres Geistes die ganze Verfassung des Staates zu durchdringen".

72 *Hugo Friedrich*, Montaigne, 1949, S. 222 f., präzisiert umsichtig: „Moralistik (...) hat es nicht allein in Frankreich gegeben. Es ist zwar üblich, unter diesem Stichwort an Namen wie Montaigne, La Rochefoucauld, St. Evremond, La Bruyère usw. zu denken. Aber diese verdanken ihre Ehrenstellung nicht der Einzigartigkeit ihrer Ideen, sondern ihrer psychologischen Intelligenz, sowie der schriftstellerischen Kunst, die den Ausdruckstypus der offenen Form, welcher moralistischem

Dieses Gespür für Takt[73] – nach einem geistreichen Wort des französischen Moralisten Nicolas Chamfort der gute Geschmack, angewandt auf das Benehmen[74] – verlangt er selbst vom Monarchen, dem er selbst im Scherz Maß und Mitte abverlangt: *« Il faut qu'ils soient extrêmement retenus sur la raillerie. Elle flatte lorsqu'elle est modérée, parce qu'elle donne les moyens d'entrer dans la familiarité; mais une raillerie piquante leur est bien moins permise qu'au dernier de leurs sujets, parce qu'ils sont les seuls qui blessent toujours mortellement »* (XII 28).[75] So trifft den Monarchen, aber darüber hinaus wohl auch einen jeden jeweils Höhergestellten eine graduell abgestufte Rücksichtsnahme- und Schonungspflicht, da jedes unbedacht hingeworfene Witzwort notwendigerweise auf Kosten des Schwächeren geht, diesen unkalkulierbar gefährdet und wahrscheinlich weitererzählt wird.

Das darin zum Ausdruck kommende Gespür für Verhältnismäßigkeit und Machtgefälle mit dem daraus folgenden Übermaßverbot, wie es nicht von ungefähr auch seinem Verständnis von der Gewaltenteilung entspricht (XI 6), ist nicht nur bezeichnend für Montesquieu, sondern auch Ausdruck seiner Verankerung in der französischen Moralistik. Besonders deutlich tritt dies in der folgenden Sentenz hervor, die es verdiente, als geflügeltes Wort in eine Aphorismensammlung rechtstheoretischer Einsichten aufgenommen zu werden: *« Les lois extrêmes dans le bien font naître le mal extrême »* (XXII 21).[76] Zunächst bildet dieser Aphorismus die auf das Recht angewandte Maxime des *ne nimis*. Darüber hinaus handelt es sich um die Umkehrung jenes Grundgedankens Montaignes, dass aus Wertwidrigem Wert-

---

Denken gemäß ist, im Essay und im Aphorismus vollendet hat. In dieser Hinsicht bilden sie allerdings die höchste Stufe der europäischen Moralistik (...)".

73 *Martin Scherer*, Takt. Über Nähe und Distanz im menschlichen Umgang, 2024, hat unter profunder Berücksichtigung der französischen Moralistik das Taktgefühl überaus gedankenreich behandelt und zusammen mit seinem seither vielfach aufgelegten Buch ‚Der Gentleman. Plädoyer für eine Lebenskunst', 2003, sowie einem weiteren Werk über ‚Hingabe. Versuch über die Verschwendung', 2021, dessen „paradoxe Stärke" betont.

74 Zu dem im Text zitierten Wort von Nicolas Chamfort («Le tact, c'est le bon goût appliqué au mantien et à la conduite») auch *Jens Petersen*, Nietzsches Genialität der Gerechtigkeit, 3. Auflage 2020, S. 52; für *Friedrich Nietzsche*, Die fröhliche Wissenschaft, 95, war Chamfort der „witzigste aller Moralisten".

75 *Montesquieu*, Œuvres complètes, Bibliothèque de la Pléiade, Tome II, S. 455; Übersetzung *Ernst Forsthoff*, 1951, 1992, Bd. 1, S. 287 f.: „Sie müssen sich im Scherz über ihre Untergebenen größte Zurückhaltung auferlegen. Ein solcher Scherz schmeichelt, wenn er Maß hält, weil er die Möglichkeit zu persönlich vertraulichem Verkehr erlaubt. Aber ein schneidender Scherz ist ihnen weniger erlaubt als dem letzten ihrer Untertanen, weil sie die einzigen sind, die damit immer tödlich verwunden".

76 *Montesquieu*, Œuvres complètes, Bibliothèque de la Pléiade, Tome II, S. 677; Übersetzung *Ernst Forsthoff*, 1951/1992, Bd. 2, S. 114: „Gesetze ohne Maß im Guten lassen auch Schlechtes ohne Maß entstehen".

volles entstehen kann.[77] Aber gerade diese eigenartige Richtung der Umkehrung ist zugleich bezeichnend für die französische Moralistik.[78]

Montesquieus Sinn für Verhältnismäßigkeit zeigt sich auch am Beispiel einer pointierten Überlegung, die entgegen dem äußeren Anschein weniger mit der Religion als vielmehr mit der Gesetzgebung zu tun hat: *« Quand la sagesse divine dit au peuple juif : ‚Je vous au donné des préceptes qui ne sont pas bons', cela signifie qu'ils n'avoient qu'une bonté relative; ce qui est l'éponge de toutes les difficultés que l'on peut faire sur les lois de Moïse »* (XIX 21).[79] Darin kommt die Paradoxie zum Ausdruck, dass ausgerechnet die Einräumung der Schwäche der Gesetze ihre Stärke begründet, wenn man die im Erlass stillschweigend gebotene Verhältnismäßigkeit in Rechnung stellt. Diese beeindruckende Metapher bringt denn auch – wie so oft bei Montesquieu als wirkungsvoller Schlusssatz eines Kapitels – die der Verhältnismäßigkeit innewohnende Kraft so sinnfällig auf den Punkt, wie es gerade die französischen Moralisten vermochten. Es verwundert nicht, dass auch hier der Sinn für die Verhältnismäßigkeit zum Ausdruck kommt, der soeben am Beispiel einer anderen Stelle begegnete (XII 28).

Ebenso wie Montaigne beobachtet er die Verschiedenartigkeit gesetzlicher Regelungen auf den unterschiedlichen Kontinenten und in den unterschiedlichen Ländern, ohne daraus ein Hierarchieverhältnis abzuleiten. Das bedeutet nicht notwendigerweise, dass lediglich die jeweils Rechtsunterworfenen alle Gesetzesänderungen für richtig halten dürfen.[80] Vielmehr vermag dies auch der außenstehende Betrachter; freilich nur unter der entscheidenden Bedingung, dass er den Scharfblick auf die gesamte Verfassung des betreffenden Staates besitzt, und auch dann lediglich mit der oben angesprochenen Maßgabe aus dem Vorwort, dass ohne jedes Überlegenheitsgefühl mit einem gewissen Wohlwollen gegenüber dem Andersartigen zu urteilen ist, sofern das jeweilige Land nicht despotisch regiert wird.

---

77 *Hugo Friedrich*, Montaigne, 1949, S. 237 („Lieblingsparadoxie" Montaignes).

78 *Karl Voßler*, Vorwort, in: Die französischen Moralisten, 1949, S. V, formuliert treffend in mathematischer Diktion: „Ich möchte sie geradezu als Moralisten mit umgekehrtem Vorzeichen hinstellen".

79 *Montesquieu*, Œuvres complètes, Bibliothèque de la Pléiade, Tome II, S. 571; Übersetzung *Ernst Forsthoff*, 1951/1992, Bd. 1, S. 429: „Wenn die Weisheit Gottes zum Volk der Juden sprach: ‚Ich habe euch Gesetze gegeben, die nicht gut sind', so bedeutet das, dass sie nur verhältnismäßig gut waren, und das ist der Schwamm, der alle Einwände, die man gegen die Gesetze Mosis erheben kann, auslöscht".

80 *Vittorio Hösle*, Moral und Politik. Grundlagen einer Politischen Ethik für das 21. Jahrhundert, 1997, S. 70, hebt zutreffend hervor: „Entscheidend ist, daß der moderne Staat *legale* Möglichkeiten der Gesetzesänderung in Aussicht stellt und damit jene Unzufriedenen an sich bindet." Hervorhebung auch dort.

Auch diese Voraussetzung veranschaulicht, warum es so wichtig ist, die innerhalb des Werkes zuerst behandelten Regierungsformen in den Blick zu nehmen. Denn nur in Ansehung dieser, also etwa mit Rücksicht darauf, ob es sich um eine Despotie oder eine Demokratie handelt, kann entschieden werden, welche Regelungen ihr gemäß sind. Folgerichtig meint Montesquieu: *« Je n'ai point tiré mes principes de mes préjugés, mais de la nature des choses »* (Préface).[81] Diese Natur der Dinge ist daher auch Maßstab und Richtschnur der Gesetzgebung, wie sich in Montesquieus Esprit des Lois im Einklang mit dem unausgesprochenen Anspruch eines jeden Systematikers über weite Strecken gleichbleibend zeigt: *« Il faut prendre garde que les lois soient conçues de manière qu'elles ne choquent point la nature des choses »* (XXIX 16).[82]

Montesquieu war auch insofern Schüler Montaignes, als er sich bemühte, die Natur zum Maßstab seiner Betrachtungsweise zu nehmen, den natürlichen Verlauf der Dinge zu berücksichtigen und ihrer Natur nach zu würdigen, ohne sich von Vorurteilen leiten zu lassen. So scheint es mitunter, als wiederhole Montesquieu sich unablässig. Doch zeigt sich bei näherer Untersuchung, dass er auch dort, wo er etwas bereits Bekanntes erneut zu bedenken gibt, nach Art der französischen Moralisten jeweils unaufdringlich einen neuen Gesichtspunkt in die Betrachtung einstellt. In diesem Sinne zieht er an der zuletzt zitierten Stelle, die sich gegen Ende seines Werkes findet, nur die auf die Gesetzgebung bezogene Folgerung dessen, was er gleich zu Beginn zugrunde gelegt hat.

Die Freiheit von jeglichen Vorurteilen ist für ihn die grundlegende Bedingung einer jeden Wissenschaft, welche die Gesetze zu verstehen sucht, ja überhaupt jeglichen Wissens: *« Je me croirois le plus heureux des mortels, si je pouvois faire que les hommes pussent se guérir de leurs préjugés. J'appelles ici préjugés, non pas ce qui fait qu'on ignore de certaines choses, mais ce qui fait qu'on s'ignore soi-même »* (Préface).[83] Auch hier offenbart sich das Erbe Montaignes. Vorurteile stehen der Selbsterkenntnis im Wege, ohne welche die Erkenntnis des Andersartigen ausge-

81 *Montesquieu*, Œuvres complètes, Bibliothèque de la Pléiade, Tome II, S. 229; Übersetzung *Ernst Forsthoff*, 1951/1992, Bd. 2, S. 6: „Meine Grundsätze habe ich nicht meinen Vorurteilen entnommen, sondern der Natur der Dinge".

82 *Montesquieu*, Œuvres complètes, Bibliothèque de la Pléiade, Tome II, S. 880; Übersetzung *Ernst Forsthoff*, 1951/1992, Bd. 2, S. 369: „Man muss darauf achten, dass die Gesetze so abgefasst werden, dass sie nicht gegen die Natur der Dinge verstoßen".

83 *Montesquieu*, Œuvres complètes, Bibliothèque de la Pléiade, Tome II, S. 230 Übersetzung *Ernst Forsthoff*, 1951/1992, Bd. 1, S. 7: „Ich würde mich für den glücklichsten der Sterblichen halten, wenn es mir gelänge, dass die Menschen von ihren Vorurteilen geheilt werden könnten. Vorurteile nenne ich hier nicht, was in und Kenntnis über bestimmte Dinge hält, sondern was bewirkt, dass man sich selbst nicht kennt".

schlossen ist. Das führt zu überraschenden Einsichten im Sinne der französischen Moralistik: *« Le commerce guérit des préjugés destructeurs »* (XX 1).[84]

Diese Erkenntnis dringt tiefer als der Gemeinspruch vom ‚Wandel durch Handel'. Denn daran zeigt sich, wie gleich zwei jener Determinanten miteinander zusammenhängen, die in ihrer Gesamtheit den Geist der Gesetze ausmachen, nämlich der Handel und die Sitten. Überregionaler Handel verlangt Kenntnis der Sitten und Gebräuche des jeweiligen Landes, setzt also ein Verständnis voraus, das die Bereitschaft zum Abbau von Vorurteilen in sich trägt, weil es sonst schwerlich zu erfolgreichen Geschäftsabschlüssen kommen wird, indem Eigennutz und Sinn für die Interessen der Gegenseite in Einklang gebracht werden können.[85]

Auch im Bereich der Gesetzgebung geht es darum, Vorurteile zu überwinden. Doch ist das Wechselspiel dort komplizierter, weil auch die an der Gesetzgebung Beteiligten von Vorurteilen durchdrungen sind und nicht frei von Leidenschaften entscheiden. Die wechselseitige Abhängigkeit und Beeinflussung vollzieht sich in einer Weise, die Montesquieu am Ende des 29. Buches metaphorisch zum Ausdruck bringt, wie es vor allem die Vertreter der französischen Moralisten vermochten, wenn es um die Freilegung menschlicher Leidenschaften, Schwächen und Vorurteile ging: *« Les lois rencontrent toujours les passions et les préjugés du législateur. Quelquefois elles passent au travers, et s'y teignent; quelquefois elles y restent, et s'y incorporent »* (XXIX 19).[86]

84 *Montesquieu*, Œuvres complètes, Bibliothèque de la Pléiade, Tome II, S. 585; Übersetzung *Ernst Forsthoff*, 1951/1992, Bd. 2, S. 2: „Der Handel beseitigt störende Vorurteile".

85 *Adam Smith*, The Theory of Moral Sentiments, 1759; *ders.*, Wealth of Nations, 1776, konnte auf derartigen Erkenntnissen Montesquieus aufbauen. Geistesgeschichtlich dazu weiterführend *Walter Eucken*, Die Grundlagen der Nationalökonomie, 9. Auflage 1989, S. 25: „Montesquieu z. B., der den Geist des 18. Jahrhunderts wirkungsvoll repräsentiert und der im übrigen auch auf Adam Smith stark gewirkt hat, besaß bekanntlich ein ungeheures Wissen über einzelne Staaten und Völker von der Antike bis zur Neuzeit. Aber die Erforschung der einzelnen Tatsachen, Staaten und Völker war ihm nicht Selbstzweck. Er wollte durch Untersuchung der Einzelheiten zu allgemeinen Erkenntnissen über das Staats- und Völkerleben und die wirksamen historischen Kräfte vorstoßen und dadurch die Grundlage für den Aufbau eines richtigen, vernunftgemäßen Staates schaffen. In den positiven, tatsächlichen Ordnungen und durch deren geistige Durchdringung wollte er die richtige Staatsordnung finden." Zu dieser Stelle bereits *Jens Petersen*, Rechtsordnung und Wirtschaftsordnung nach Eucken, 2019, S. 65.

86 *Montesquieu*, Œuvres complètes, Bibliothèque de la Pléiade, Tome II, S. 883; Übersetzung *Ernst Forsthoff*, 1951/1992, Bd. 2, S. 372: „So begegnen die Gesetze immer den Leidenschaften und Vorurteilen des Gesetzgebers. Manchmal gehen sie durch sie hindurch und nehmen nur eine Tönung von ihnen an, manchmal bleiben sie in ihnen stecken und verkörpern sie in sich".

Wüsste man nicht, dass Marcel Proust Montesquieus Esprit des Lois an keiner Stelle seiner *Recherche* berücksichtigt hat,[87] dann könnte man in Anbetracht einer so sprachmächtigen und literarisch anspruchsvollen Erklärung an eine Rezeptionslinie denken.[88] Doch darf man nicht übersehen, dass Montaigne die gesamte französische Moralistik geprägt und beeinflusst hat.[89] Daher konnten sowohl Montesquieu als auch Proust bezüglich solcher Beobachtungen letztlich aus derselben Quelle schöpfen.[90] Im Übrigen empfahl auch Proust – wenngleich nicht gesondert den Esprit des Lois – so doch wenigstens allgemein und gewiss auch wegen seiner literarischen Bedeutung die Lektüre Montesquieus.[91]

Den Geist der Gesetze anderer Völker und Zeiten kann somit nur erkennen, wer sich von kultureller oder moralischer Voreingenommenheit frei macht und im letzteren Fall den Geist der Zeiten berücksichtigt:[92] *« Quand j'ai été rappelé à l'antiquité, j'ai cherché à en prendre l'esprit, pour ne pas regarder comme semblables des cas réellement différents; et ne pas manquer les différences de ceux qui paroissent semblables »* (Préface).[93] Es geht ihm also weniger um den Blick auf das das Phänotypische als vielmehr die Erkenntnis des Genotypischen (VII 5). Zugleich erinnert dies an Goethes Wort über den Geist der Zeiten, welcher ‚der Herren eigner Geist' ist[94] – eine Beobachtung, die Montesquieu im Hinblick auf fehlerhafte Vorurteile mit anderen Worten bereits vor ihm gemacht hat, allerdings in der Diktion der französischen Moralistik: *« Transporter dans les siècles reculés toutes les idées du*

87 *Jean-Yves Tadié*, Marcel Proust, 1996, S. 138: «Parmie les grandes œuvres classiques, Proust évoquera jamais *L'esprit des lois*».

88 Näher *Jens Petersen*, Marcel Proust und Tacitus, 2021, S. 1.

89 *Karlheinz Stierle*, Montaigne und die Moralisten. Klassische Moralistik – Moralistische Klassik, 2016, passim; *ders.*, Zeit und Werk, 2008, grundlegend zu Prousts Recherche und Dantes Commedia.

90 Zu einer ähnlichen Konstellation *Jens Petersen*, Marcel Proust und Tacitus, 2021; *Fritz Schalk*, Einleitung, in: Die französischen Moralisten, 1949, S. XXXII, veranschaulicht die Nähe zu Tacitus: „Ein Künstler war es, der die systematische Erforschung der Geschichte der Verfassung belebte; in der Schärfe des Ausdrucks Tacitus verwandt, dem er verehrend nacheiferte." Davon zeugen viele Tacitus-Zitate Montesquieus. Eingehend *Catherine Volpilhac-Auger*, Tacite et Montesquieu, 1985.

91 *Marcel Proust*, Écrits de Jeunesse 1887–1895, (Textes rassemblés, établis, présentés et annotés par Anne Borel), 1991, S. 81 f. : «Lisez (...) Montesquieu».

92 *Hugo Friedrich*, Montaigne, 1949, S. 226, stellt seinerseits in moralistischer Manier mit Sinn für Pointierung und Paradoxon im Hinblick auf Montaigne fest, was in gewisser Hinsicht auch für Montesquieu gilt: „Der allgemeinste Zug, den seine *science morale* mit der europäischen Moralistik teilt, ist das Absehen von Moral." Hervorhebung auch dort.

93 *Montesquieu*, Œuvres complètes, Bibliothèque de la Pléiade, Tome II, S. 229; Übersetzung *Ernst Forsthoff*, 1951/1992, Bd. 1, S. 5 f.: „Wenn ich auf die Antike zurückgegriffen habe, habe ich mich bemüht, ihren Geist zu treffen, um nicht Dinge für ähnlich zu halten, die in Wirklichkeit verschieden sind, und nicht die Unterschiede unter den ähnlich erscheinenden zu verfehlen".

94 *Johann Wolfgang von Goethe*, Faust. Der Tragödie erster Teil, 1808, Vers 577 f.

siècles où l'on vit, c'est des sources de l' erreur celle qui est la plus féconde » (XXX 14).[95] Auch hier begegnet der für diese Stilrichtung bezeichnende pointierte Schluss, der durch den überraschend auf die Fehler bezogenen Superlativ umso wirkungsvoller hervorhebt.

Wie verhängnisvoll die Befangenheit in Vorurteile ist, wie sehr sie der Selbsterkenntnis im Wege stehen und wie nachteilig sie sich auf ein ganzes Volk auswirken, zeigt ein vorausgehender Gedanke, der Immanuel Kants Schrift vorwegzunehmen scheint, die der Frage nachgeht, was Aufklärung sei[96]: « *Il n'est pas indifférent que le peuple soit éclairé. Les préjugés des magistrats ont commencé par être le préjugés de la nation. Dans un temps d'ignorance on n'a aucun doute, même lorsqu'on fait les plus grands maux; dans un temps de lumière, on tremble encore lorsqu'on fait les plus grands bien* » (Préface).[97] Der Gedanke veranschaulicht, warum Montesquieu neben Voltaire und Rousseau zu den besonders bedeutenden Vertretern der französischen Aufklärung gehört.

Im Einzelnen ist daran zweierlei bemerkenswert. Zum einen zeichnet er den Weg nach, den Vorurteile zu nehmen pflegen. Sie gehen nicht unmittelbar von der Obrigkeit aus, sondern von den Menschen und Stimmungen im Volk, wodurch sie sich freilich noch schneller verbreiten. Das entspricht seiner eingangs dargestellten Auffassung, wonach er zunächst die Menschen geprüft habe, um die Sitten und Gesetze besser kennenzulernen. Es ist daher auch für seine Anschauungen über die Regierungsformen von Bedeutung, deren notwendigen Zusammenhang mit den Gesetzen er mit Bedacht vergleichsweise früh behandelt.

Zum andern zeigt die Stelle die heilsame Wirkung des Zweifels, auch wenn Montesquieu sie im moralistisch gefärbten Nachsatz paradoxerweise seinerseits zu bezweifeln scheint, weil nun sogar bedeutende Errungenschaften Zittern und Zagen verursachen. Der Grund dafür dürfte darin liegen, dass sich in der Zeit der Aufklärung das Wissen vervielfältigt und damit auch die Möglichkeiten der kritischen Überprüfung vermeintlicher Gewissheiten entsprechend vermehren. Jede neue Entdeckung wird gleich nach ihrem Bekanntwerden auf die Probe stellt, ver-

95 *Montesquieu*, Œuvres complètes, Bibliothèque de la Pléiade, Tome II, S. 902; Übersetzung *Ernst Forsthoff*, 1951/1992, Bd. 2, S. 396: „Die Übertragung alter Vorstellungen aus dem Jahrhundert, in dem wir leben, auf weit zurückliegende Jahrhunderte bedeutet eine Quelle von Irrtümern, und zwar die reichste von allen".

96 *Immanuel Kant*, Was ist Aufklärung?, 1784, Akademie Ausgabe (AA VIII 33, 35): „Aufklärung ist der Ausgang des Menschen aus seiner selbstverschuldeten Unmündigkeit".

97 *Montesquieu*, Œuvres complètes, Bibliothèque de la Pléiade, Tome II, S. 230; Übersetzung *Ernst Forsthoff*, 1951/1992, Bd. 1, S. 6: „Es ist nicht belanglos, ob ein Volk aufgeklärt ist oder nicht. Die Vorurteile der Behörden sind als Vorurteile der Völker entstanden. In einer Zeit der Unwissenheit hat man keinen Zweifel, selbst wenn man das größte Unheil anrichten; in einer aufgeklärten Zeit zittert man noch, wenn man die größten Wohltaten ins Werk setzt".

meintliche Erkenntnisse können bestritten oder widerlegt werden, so dass die daraus resultierende Ungewissheit während dieses Schwebezustandes ihren Urheber unweigerlich in Unruhe versetzt. Es zeigt Montesquieus psychologische Hellsicht, die zugleich zu den Kennzeichen der großen französischen Moralisten gehört, dass er dies vorhergesehen hat – gewiss auch für sein eigenes Werk, woraus sich wohl auch die weiter oben behandelte Stelle des Vorworts erklärt, an der er darum bittet, seine Arbeit von zwanzig Jahren vorurteilsfrei zu lesen und zu prüfen.[98]

So störend sich jedoch der Zweifel zunächst auswirkt, weil er althergebrachte Gewissheiten erschüttert und die verändernden Kräfte im Ungewissen darüber lässt, ob sie den Zustand der Verfassung wirklich verbessern, so förderliche Folgen zeitigt er, weil er eine erschließende Wirkung entfaltet, auch und gerade für die wissenschaftliche Erkenntnis. Das entspricht letztlich dem Erbe Montaignes, dessen Skeptizismus eben gerade nicht zersetzender Natur war, sondern erschließender.[99] Durch ihn eröffneten sich Montaigne gerade im Hinblick auf das Recht neue Horizonte,[100] so dass er zugleich vordem unbekannte Rechtsgebiete erahnen konnte, wie beispielsweise die Rechtsanthropologie.[101] Entsprechendes gilt für die Rechtssoziologie, die ebenfalls bereits andeutungsweise durch Montaigne erschlossen wurde, zuvor aber bereits wesentliche Impulse durch Machiavelli erhielt.[102]

Es war dann allerdings erst das besondere Verdienst des bereits genannten Vico sowie Montesquieus die Rechtssoziologie begründet zu haben.[103] Wir werden dies im weiteren Verlauf der Untersuchung eingehend verfolgen, können aber bereits im Vorwort seines Werkes eine weichenstellende Andeutung in diese Richtung ausmachen: *« C'est en cherchant à instruire les hommes, que l'on peut pratiquer cette*

98 *Montesquieu*, Œuvres complètes, Bibliothèque de la Pléiade, Tome II, S. 229 ff.; Übersetzung *Ernst Forsthoff*, 1951/1992, Bd. 1, S. 5 ff.

99 *Hugo Friedrich*, Montaigne, 1949, S. 10 („eine erschließende Skepsis mit der Ehrfurcht vor der Überlegenheit der reinen Erscheinung einer Sache über die immer nur unvollkommene Deutung der Sache").

100 *James Poskett*, Horizons. The Global Origins of Modern History, 2022, macht unter anderem auf die häufig zugrundeliegende eurozentrische Weltsicht in der Wissenschaft aufmerksam. Das ist für den vorliegenden Zusammenhang insofern interessant, als nicht nur Montaigne, sondern auch Montesquieu für die Verhältnisse ihrer Zeit auch in territorialer Hinsicht deutlich darüber hinaus dachten, indem sie Normen und Gesetze anderer Kontinente berücksichtigten und auf die unterschiedlichen Rechtsanschauungen zurückführten.

101 *Jens Petersen*, Montaignes Erschließung der Grundlagen des Rechts, 2. Auflage 2019, § 6.

102 *Susanne Baer*, Rechtssoziologie. Eine Einführung in die interdisziplinäre Rechtsforschung, 2011, S. 5. Eingehend *Jens Petersen*, Machiavellis Gesetzgebungslehre, 2020.

103 *Vittorio Hösle*, Moral und Politik. Grundlagen einer Politischen Ethik für das 21. Jahrhundert, 1997, S. 547. Vgl. auch *Georges Gurvitch*, La sociologie juridique de Montesquieu, Revue de Métaphysique et de Morale 46 (1939), 611–626.

vertu générale qui comprend l'amour de tous. L'homme, cet être flexible, se pliant, dans la société, aux pensées et aux impressions des autres, est également capable de connoître sa propre nature lorsqu'on la lui montre, et d'en perdre jusqu'au sentiment lorsqu'on la lui dérobe » (Préface).[104]

Die darin aufscheinende Vielschichtigkeit der Wesensbestimmung – etwa bezüglich der Biegsamkeit des Menschen, die an Blaise Pascals Wendung vom denkenden Schilfrohr (« *roseau pensant* ») erinnert[105] – mit ihren unter Bedingungen stehenden Möglichkeiten beschreibt die « *condition humaine* », wie es vor allem die französischen Moralisten beherrschten, zu denen im Übrigen ja auch Pascal gehört.[106] Denn sie erforschten gerade das Wesen des Menschen in der Gesellschaft, also jenen Prozess der Anpassung und Amalgamierung, mit dem besonderen Erkenntnisinteresse der inneren Regungen und unausgesprochenen Hintergedanken, von denen hier auch Montesquieu spricht. So ist seine Zielrichtung eine soziologische avant la lettre, und da er sie seinem Werk über den Esprit des Lois voranstellt, eine rechtssoziologische. Bereits an dieser bedeutsamen Stelle zeigt sich, dass Montesquieus Beitrag zur Begründung der Rechtssoziologie aufs engste mit seiner Herkunft aus der französischen Moralistik zusammenhängt.

Zugleich schlägt seine Feststellung den Bogen zur Aufklärung, indem sie die Gefahren beschwört, die von einer obrigkeitsstaatlichen Bevormundung ausgehen können, andererseits aber auch die Möglichkeiten aufzeigt, die sich dem Menschen

---

104 *Montesquieu*, Œuvres complètes, Bibliothèque de la Pléiade, Tome II, S. 230; Übersetzung *Ernst Forsthoff*, 1951/1992, Bd. 1, S. 7: „Gerade indem man die Menschen zu unterrichten trachtet, kann man jene allgemeine Tugend üben, welche die Liebe zu allen in sich schließt. Der Mensch, dieses biegsame Wesen, das sich in der Gesellschaft den Gedanken und Empfindungen der anderen anpaßt, ist gleich fähig, seine eigene Natur zu erkennen, wenn man sie ihm zeigt, aber auch selbst das Gefühl dafür zu verlieren, wenn man sie ihm verbirgt".

105 Zu ihm *Jens Petersen*, Pascals Gedanken über Gerechtigkeit und Ordnung, 2016. *Karlheinz Stierle*, Montaigne und die Moralisten. Klassische Moralistik – Moralistische Klassik, 2016, S. 174, hat wohl nicht zuletzt deswegen sein für die französische Moralistik so leistungsfähiges Erklärungsmodell der negativen Anthropologie gerade auch von Pascal her entwickelt: „Pascals unerhörter Versuch besteht darin, die Erfahrung des Glaubens als eine aus der menschlichen Natur hervorgehende Notwendigkeit in einer Folge von Schritten darzustellen. (...) Pascals negative Anthropologie tilgt den positiven Bezugspunkt der Montaigneschen Anthropologie radikal." – Der damit herausgearbeitete Stellenwert der Glaubenserfahrung dürfte auch für Montesquieus Moralistik im Geist der Gesetze wichtiger sein, als man zunächst annehmen könnte, und zwar anders als bei Pascal nicht wegen einer individuellen Glaubenserfahrung oder gar eines Bekehrungserlebnisses, sondern vielmehr deswegen, weil er die Bedeutung der Religion für die Anschauungen des Volkes und damit auch den Geist der Gesetze ermessen hat.

106 Bündig *Fritz Schalk*, Einleitung, in: Die französischen Moralisten, 1949, S. X: „Im Mittelpunkt ihrer Betrachtungen steht immer der ganze Mensch".

eröffnen, wenn es gelingt, die Bindung durch Vorurteile befreiend aufzulösen:[107] *« Comme, pour jouir de la liberté, il faut que chacun puisse dire ce qu'il pense, et que, pour la conserver, il faut encore que chacun puisse dire ce qu'il pense, un citoyen, dans cet État, diroit et écriroit tout ce que les lois ne lui ont pas défendu expressément de dire ou d'écrire »* (XIX 27).[108] Es fällt auf, dass Montesquieu hier, anders als an der vorgenannten Stelle, vom Bürger im Singular spricht. Das ist jedoch auch in rechtssoziologischer Hinsicht folgerichtig, weil er ihn nun der Gesellschaft gegenüberstellt.

Denn hier geht es um die anthropologische Bestimmung des Menschen, dessen Anpassungsfähigkeit gegenüber gesellschaftlichen Stimmungen und eben auch Vorurteilen im Mittelpunkt steht, weil sie prägende Wirkung entfalten, die wohl erst Montesquieu in dieser Reichweite erkannt hat. Indem er diese weitreichende Aussage über den Menschen in der Gesellschaft seinem Werk gleichsam vor der Klammer voranstellt, ebnet er zugleich auf elegante und unaufdringliche Weise den Weg von einer allgemeinen soziologischen Bemerkung zu einer später auf die Gesetze bezogenen Betrachtungsweise der Gesellschaft, mithin zur Rechtssoziologie.

Doch wurde er nicht zuletzt deswegen einer ihrer Wegbereiter, weil er zugleich eine Form der französischen Moralistik mitgeprägt hat, die über die Berücksichtigung der menschlichen Leidenschaften hinaus auch die Stellung des Menschen in Staat und Gesellschaft in den Mittelpunkt gestellt hat.[109] Wenn man Montesquieu somit zu Recht mit der Begründung der Rechtssoziologie in Verbindung bringt, darf man nicht übersehen, dass dies eine Folge seiner ideengeschichtlichen Herkunft aus der französischen Moralistik war, die er selbst maßgeblich in diese Richtung fortentwickelte. Seine moralistische Herkunft steht also in einem inneren Kausal- und Verweisungszusammenhang zur Mitbegründung der Rechtssoziologie, weil jene den Blick auf die Herausforderungen dieser schärfte.

---

107 Aus theologischer Sicht vgl. die Modalanthropologie von *Eugen Biser*, Der Mensch – das uneingelöste Versprechen, 2. Auflage 1996, S. 65, der zwar ebenfalls nicht Montesquieu, wohl aber Montaigne und Pascal berücksichtigt, also gleichfalls französische Moralisten.

108 *Montesquieu*, Œuvres complètes, Bibliothèque de la Pléiade, Tome II, S. 577; Übersetzung *Ernst Forsthoff*, 1951/1992, Bd. 1, S. 435: „Da es jedem, will man seine Freiheit genießen und bewahren, gestattet sein muss, seine Meinung zu äußern, so wird ein Bürger in diesem Staat alles das sagen und schreiben, was ihm die Gesetze nicht ausdrücklich zu sagen oder schreiben verboten haben".

109 *Fritz Schalk*, Einleitung, in: Die französischen Moralisten, 1949, S. XXXII, wonach Montesquieu „überleitet zu dem Typus des Moralisten, der nicht nur Leidenschaften, Charaktere und Sitten, sondern auch Mensch, Gesellschaft und Staat in seine Betrachtung und Kritik einbezieht. Der Künstler und Moralist wird zugleich Gesellschaftskritiker wie Chamfort." *Gerhard Neumann*, Ideenparadiese. Untersuchungen zur Aphoristik von Lichtenberg, Novalis, Friedrich Schlegel und Goethe, 1976, berücksichtigt Montesquieu bezüglich seines Einflusses auf Herder (S. 12) und Schlegel (S. 458).

Montesquieu wusste, dass Entfaltung seines Einfallsreichtums auch eine Frage des Blickwinkels und der Akzentsetzung war, da ein Vorhaben wie das Seine schwerlich zu verwirklichen gewesen wäre, wenn er es gleichsam aus der Zentralperspektive angehen würde, sondern die jeweils ausschließliche Hinwendung auf einen bestimmten Aspekt erforderlich sei, mag währenddessen auch alles Andere zeitweise in den Hintergrund treten:[110] *« Pour peu qu'on voie les choses avec une certaine étendue, les saillies s'évanouissent; elles ne naissent d'ordinaire que parce que l'esprit se jette tout d'un côté, et abandonne tous les autres »* (Préface).[111] Damit ist zugleich das Moment der Absichtslosigkeit der Moralistik angesprochen; freilich auf seinerseits so moralistische Weise, dass aus der Erklärungsnot eine Kunst gemacht wird.[112] Angesichts solcher Einsichten nimmt es nicht wunder, dass Montesquieus Esprit des Lois, wie weiter oben schon bemerkt wurde, auch unter literarischen und künstlerischen Gesichtspunkten bereits Interesse gefunden hat, selbst wenn der moralistische Gehalt des Werkes von dieser Seite eher beiläufig berücksichtigt wurde.[113]

So setzt er die Einsicht voraus, dass die Kenntnis der Klassiker zu einer gedanklichen Klarheit führen kann, deren Darstellung ihrerseits neue Einsichten zu eröffnen imstande ist, wie er in einem seiner typischen Kapitelschlüsse nicht ohne Selbstironie, doch zugleich mit der heiteren Gelassenheit der französischen Moralistik notiert: *« J'ai travaillé à donner une idée claire de ces choses, qui, dans les auteurs de ces temps-là, sont si confuses et si obscures, qu'en vérité les tirer du chaos où elles sont, c'est les découvrir »* (XXVIII 28).[114] Hier schwingt indes womöglich

---

110 Zur Bedeutung der Perspektive aus Sicht eines anderen Vorläufers der Rechtssoziologie *Jens Petersen*, Machiavellis Gesetzgebungslehre, 2020, S. 22 ff.

111 *Montesquieu*, Œuvres complètes, Bibliothèque de la Pléiade, Tome II, S. 229 f.; Übersetzung *Ernst Forsthoff*, 1951/1992, Bd. 1, S. 6: „Betrachtet man die Dinge in einer gewissen Ausdehnung, dann verflüchtigen sich die geistreichen Einfälle. Sie kommen nur zustande, sofern der Geist sich einer Seite zuwendet und alle anderen darüber vernachlässigt." Zum darin vorausgesetzten Begriff *«sailles»* weiterführend *Corrado Rosso*, Montesquieu moraliste. Des lois au bonheur, 1971, S. 33 ff.

112 *Karlheinz Stierle*, Montaigne und die Moralisten. Klassische Moralistik – Moralistische Klassik, 2016, S. 296, bringt es metaphorisch auf den Punkt: „Das Denken des Moralisten schnappt zu wie eine Falle, aber was sie fasst, entzieht sich seiner Verfügung." – Vielleicht ist gerade deswegen die Moralistik Montesquieus ein Komplement seines Hauptwerkes, das neben die systematische Herleitung tritt, aber für die Verwirklichung seines spezifischen Anliegens, nämlich nicht zuletzt die Auffächerung der Vielgestaltigkeit despotischer Herrschaft, gleichwohl ebenso unverzichtbar ist wie die systematische Durchdringung.

113 *Victor Klemperer*, Montesquieu, 1914, Bd. 2, S. 284 ff.

114 *Montesquieu*, Œuvres complètes, Bibliothèque de la Pléiade, Tome II, S. 839; Übersetzung *Ernst Forsthoff*, 1951/1992, Bd. 2, S. 317: „Ich habe mich bemüht, eine klare Vorstellung von diesen Dingen zu geben, die bei den Schriftstellern jener Zeit so verworren und dunkel dargestellt sind, dass sie sogar eine gewisse Genugtuung mit, weil er an jenem 28. Buch erklärtermaßen besonders hart gearbeitet hat, obwohl es aus heutiger Sicht vergleichsweise unergiebig ist.[115] Doch allein um einer solchen Einsicht willen wie jener, dass die Durchdringung des Dickichts dunkler Meinungsstreitigkeiten einer wissenschaftlichen Entdeckung gleichgeachtet werden kann, ist auch die Berücksichtigung dieses sperrigen Buches des Esprit des Lois der Mühe wert. Allein die Tatsache, dass Montesquieu selbst die Fertigstellung dieses Teils sinngemäß als Bewältigung einer Herkulesaufgabe erachtete, sollte zu denken geben.

Es ist nicht ausgeschlossen, dass ihm das berühmte Kapitel über die Gewaltenteilung deswegen vergleichsweise leichter von der Hand ging, weil er die Auswüchse schrankenloser Despotie zuvor auf hunderten von Seiten so anschaulich dargestellt hatte, dass ihm das Gegenmittel entsprechend deutlich vor Augen stand und in einem Flusse niedergeschrieben werden konnte. Denn auch sein Wissenschaftsverständnis entspricht der feinsinnigen Leichtigkeit und souveränen Ironie der französischen Moralistik, welche die allzumenschliche Schwäche für verlässlicher und aussagekräftiger hält als den Autoritätsglauben an große Koryphäen, da deren Rang, Geltungsanspruch und Ehrsucht zugleich der Erkenntnis entgegenstehen kann:[116] *« Rien ne recule plus le progrès des connoissances qu'un mauvais ouvrage d'un auteur célèbre, parce qu'avant d'instruire, il faut commencer par détromper »* (XXX 15).[117]

Nicht nur Höflinge und Herrscher, sondern auch Wissenschaftler zeichnen sich durch Eitelkeit, Rivalität, Geltungsbedürfnis, und Neid aus, die mitunter schwerer wiegen als das Streben nach wissenschaftliche Wahrheit. Blaise Pascal, der bedeutendste Wissenschaftler unter den französischen Moralisten,[118] wunderte sich

aus diesem Chaos, in dem sie sich befinden, herauszuziehen, tatsächlich gleichbedeutend ist mit ihrer Entdeckung".

115 *Ernst Forsthoff* zitiert in seiner hervorragenden Übersetzung (Bd. 2, S. 254, in der einleitenden Fußnote) eine briefliche Äußerung Montesquieus vom 18.3.1748, wonach er sich an diesem Buch „drei Monate lang fast zu Tode gearbeitet" habe.

116 *Hugo Friedrich*, Montaigne, 1949, S. 13, stellt als Merkmal der Moralistik im Hinblick auf diesen fest wie der Mensch gemeinhin beschaffen ist: „ein Wesen der Durchschnittlichkeit, der Humanitas im Sinne des Allzumenschlichen und Anfälligen, ein Geschöpf von überraschender Vielschichtigkeit, das sich mittels seiner ethischen, sozialen, ja religiösen Kultur eher versteckt als zum Vorschein bringt." – Das gilt wohl ebenso für Montesquieu.

117 *Montesquieu*, Œuvres complètes, Bibliothèque de la Pléiade, Tome II, S. 905; Übersetzung *Ernst Forsthoff*, 1951/1992, Bd. 2, S. 399 f.: „Nichts hemmt den Fortschritt der Wissenschaft mehr als ein schlechtes Werk eines berühmten Verfassers, weil man erst die falschen Ansichten entkräften muss, ehe man die richtigen vortragen kann".

118 *Karlheinz Stierle*, Montaigne und die Moralisten. Klassische Moralistik – Moralistische Klassik, 2016, S. 174.

in seinen nachgelassenen Gedanken, warum man so anmaßend sei, von der ganzen Welt, ja sogar von Menschen gekannt sein zu wollen, die erst zu leben beginnen, wenn wir selbst längst nicht mehr sein werden.[119] Die zeitliche Abfolge bringt das widersinnige Streben aus wissenschaftlicher Ehrsucht auf den Punkt. Es ist ebenfalls eine moralistische Einsicht, aber präziser und pessimistischer als die aphoristischen Maximen Montesquieus, die von einer vergleichsweise heiteren Gelassenheit sind.

Dabei ist gerade die scheinbare Einfachheit und Mühelosigkeit seiner Gedankenführung bemerkenswert, weil sie darüber hinwegsehen lässt, dass seine Prinzipien von Grund auf durchdacht sind, auch wenn sie von ihm mitunter verworfen werden mussten, um in neuerer und schärferer Ausprägung größere Überzeugungskraft zu entfalten.[120] So sicher er sich seiner Sache war, stand ihm im Hinblick auf die zuletzt zitierte Stelle in souverän vorweggenommener Selbstkritik vor Augen, dass auch er vor Irrtümern nicht gefeit sein würde, derer man ihn früh oder später zeihen werde (XXX 15), wie er mit einem beeindruckend anerkennenden und souveränen argumentum a fortiori zum Ausdruck bringt: *« Je ne tirerai de toutes mes critiques que cette réflexion : Si ce grand homme a erré, que ne dois-je pas craindre »* (XXX 25).[121]

In dieser Schlichtheit des Ausdrucks bei gleichzeitiger Überzeugungskraft über Jahre gewachsener Einsichten ähnelt er wiederum Pascal, der freilich im Gegensatz zu ihm ein eher negatives und mitunter angstvolles Gesetzesverständnis zu Grunde legt.[122] Anders als jener hat Montesquieu freilich ein tendenziell positives Menschenbild. Vor diesem Hintergrund kann er im Hinblick auf die Erkenntnis des Geistes der Gesetze beiläufig sagen: *« J'ai posé les principes, et j'ai vu les cas particuliers s'y plier comme d'eux-mêmes; les histoires de toutes les nations n'en être que les suites; et chaque loi particulière liée avec une autre loi, ou dépendre d'une autre plus générale »* (Préface).[123] Das ist gleichsam die positive Seite in Gestalt der Sou-

119 *Blaise Pascal,* Pensées, Fragment 148: «Nous sommes si présomptueux, que nous voudrions être connus de toute la terre, et même des gens qui viendront quand nous ne serons plus».

120 *Hans Maier,* Montesquieu und die Tradition, in: Montesquieu-Traditionen in Deutschland. Beiträge zur Erforschung eines Klassikers (Hg. Edgar Maas/Paul-Ludwig Weinacht), 2005, S. 159, 162, lobt die trotz aller kleineren Brüche „an sich klare Gedankenführung des ersten Buches", die lediglich „durch andere Ideenkreise überlagert und teilweise gestört wird".

121 *Montesquieu,* Œuvres complètes, Bibliothèque de la Pléiade, Tome II, S. 937; Übersetzung *Ernst Forsthoff,* 1951/1992, Bd. 2, S. 438: „Ich will meiner ganzen Kritik nur den einen Gedanken entnehmen: Wenn dieser bedeutende Mann sich geirrt hat, was muss dann ich erst befürchten".

122 *Jens Petersen,* Pascals Gedanken über Gerechtigkeit und Ordnung, 2016, § 1.

123 *Montesquieu,* Œuvres complètes, Bibliothèque de la Pléiade, Tome II, S. 229; Übersetzung *Ernst Forsthoff,* 1951/1992, Bd. 1, S. 5: „Ich habe Grundsätze aufgestellt und gesehen, wie die einzelnen Gegenstände sich ihnen wie von selbst einfügen, wie die Geschichte der Völker lediglich ihre Folge

veränität selbstbewusster Urteilskraft, die ihn im zuvor behandelten Gedanken noch im Sinne des Montaigneschen *« Que sai-je »* zweifeln ließ (XXX 25), aber gerade wegen dieser moralistischen Einsicht in die Bedingtheit menschlicher Erkenntnis auch dort nicht übermütig werden lässt, wo er nach zwanzigjährigem Nachdenken über den Geist der Gesetze seiner Sache so verhältnismäßig sicher ist, wie man es angesichts der notwendigen Einsicht in die *« condition humaine »* mit all ihren Unwägbarkeiten nur sein kann.

Man kann Montesquieu nur dann Gerechtigkeit widerfahren lassen und seine grundlegenden Gedanken heutigen Disziplinen, wie etwa der Rechtssoziologie, der Rechtsökonomie, der Rechtsanthropologie, der Rechtspsychologie oder überhaupt der Rechtspolitik zuordnen, ihn sogar mitunter deren Begründern zuzählen, wenn man ihm im Ausgangspunkt zugesteht, dass er seine ursprünglichen Einsichten nicht mit alten Begriffen umschreiben konnte, sondern neue finden musste. Damit hat er beiläufig auch für das Verhältnis von Recht und Sprache neuartige Einsichten geschaffen: *« Il a bien fallu trouver de nouveaux mots, ou donner aux anciens de nouvelles acceptions. Ceux qui n'ont pas compris ceci m'ont fait dire des choses absurdes, et qui seroient révoltantes dans tous les pays du monde; parce que, dans tous les pays du monde, on veut de la morale »* (Avertissement de l'auteur).[124]

Nach dem bisher Bedachten beinahe unnötig zu bemerken ist der Umstand, dass man auch für diese Überlegungen, wenn überhaupt, nur einen gedanklichen Vorläufer finden kann, nämlich Montaigne, wie Montesquieu übrigens außerhalb seines juristischen Werks bekennt: *« Dans la plupart des auteurs, je vois l'homme qui écrit ; dans Montagne, l'homme qui pense ».*[125] Die beinahe ironisch anmutende aphoristische Begründung, die ihrerseits dem Geist der französischen Moralistik entspricht, bringt in ihrer lakonischen Kürze einen gemeinsamen Nenner zum Ausdruck, der zugleich deutlich macht, warum sich Montesquieu selbst jeglicher moralisierenden Betrachtung enthält. Moralische Urteile könnten seinen Scharfblick auf den Geist der Gesetze trüben, weil sie regionale oder nur in einzelnen Ländern gültige Wertungen auf andere Gebiete oder gar Kontinente übertragen

---

ist, wie jedes besondere Gesetz mit einem anderen verbunden ist oder von einem anderen, allgemeineren abhängt".

124 *Montesquieu*, Œuvres complètes, Bibliothèque de la Pléiade, Tome II, S. 227; Übersetzung *Ernst Forsthoff*, 1951/1992, Bd. 1, S. 3: „Es kam darauf an, neue Worte zu finden oder den alten neue Bedeutung zu geben. Diejenigen, die das nicht begriffen haben, haben mich ungereimte Dinge sagen lassen, die in allen Ländern der Erde Empörung auslösen würden. Denn in allen Ländern der Erde hält man auf Moral".

125 *Montesquieu*, Pensées et fragments inédits (Hg. Gaston de Montesquieu), Tome II, 1901, S. 48; Übersetzung *Fritz Schalk*, Gedanken, in: Die französischen Moralisten, 1949, S. 201: „In den meisten Schriftstellern sehe ich nur den Menschen, der schreibt, in Montaigne den, der denkt".

würden, die von ihnen nichts wissen, obwohl auch sie auf ihre Weise die Moral hochhalten, wie er an der zuvor zitierten Stelle eines Hauptwerks zu verstehen gibt.

Aber noch in einer weiteren Hinsicht finden sich im Vorwort des Esprit des Lois augenfällige Parallelen zu den Essais Montaignes. Dabei geht es um ein stilistisch überaus anspruchsvoll mit einer dreifachen Anapher angeordnetes Lob, das uns aus heutiger Sicht befremdlich vorkommt, weil es nach einer schönfärberischen Verbrämung obrigkeitsstaatlichen Denkens klingt, wie bereits das erste Glied dieser anaphorischen Seligpreisung zu erkennen gibt: *« Si je pouvois faire en sorte que tout le monde eût de nouvelles raisons pour aimer ses devoirs, son prince, sa partie, ses lois; qu'on pût mieux sentir son bonheur dans chaque pays, dans chaque gouvernement, dans chaque poste où l'on se trouve, je me croirois le plus heureux des mortels »* (Préface).[126]

Erneut ist es die in einen Superlativ mündende Wendung, die auf selbstironische Weise die Unmöglichkeit und Wünschbarkeit zugleich zum Ausdruck bringt. Damit steht der fromme Wunsch ebenfalls in der Tradition der französischen Moralistik, zumal da er die Möglichkeit der Glückseligkeit des Menschen von einer ebenso einfachen wie schwerlich erfüllbaren Bedingung abhängig macht, die eben ein grundsätzliches Umdenken verlangt. Blendet man zur sinnvollen Vergegenwärtigung der zitierten Stelle den Herrscher als Objekt der Liebe aus und stutzt die Vaterlandsliebe auf ein gesundes Maß, dann wird dieser Wunsch zumindest zeitgemäßer, auch wenn er vielleicht immer noch ein wenig pathetisch anmutet.

Jedenfalls ist es der Ausdruck einer konservativen Grundhaltung, die ihn mit Montaigne vereint, darüber hinaus aber insgesamt mit der Gedankenrichtung der Skeptiker.[127] Denn diese ist entgegen landläufiger Auffassung ihrer Denkungsart nach entschieden konservativ, weil sie eben auch skeptisch gegenüber allem Neuen urteilt.[128] So darf man wohl auch einen der ersten Sätze des Vorworts verstehen, in dem Montesquieu unverhohlen und leutselig bekennt: *« Je n'ai point naturellement l'esprit désapprobateur »* (Préface).[129] Auch das klingt eher nach Montaignes kon-

---

126 *Montesquieu*, Œuvres complètes, Bibliothèque de la Pléiade, Tome II, S. 230; Übersetzung *Ernst Forsthoff*, 1951/1992, Bd. 1, S. 7: „Könnte ich erreichen, dass jedermann neue Ursache hätte, seine Pflichten, seinen Fürsten, sein Vaterland, seine Gesetze zu lieben, dass man in jedem Lande, unter jeder Regierung, an jeder Stelle, wo man sich befindet, sein Glück stärker empfinde – ich würde mich für den glücklichsten der Sterblichen halten".

127 *Agnes Heller*, Charles de Montesquieu Vom Geist der Gesetze, in: Zeit-Bibliothek der 100 Sachbücher (Hg. Fritz J. Raddatz), 1984, S. 88, 90: „Montesquieus realistischem Vertrauen bleibt immer ein gewisser Skeptizismus eigen".

128 *Max Horkheimer*, Montaigne und die Funktion der Skepsis, Gesammelte Schriften (Hg. Alfred Schmidt), Bd. 4, 1988, S. 240 ff.

129 *Montesquieu*, Œuvres complètes, Bibliothèque de la Pléiade, Tome II, S. 229; Übersetzung *Ernst Forsthoff*, 1951/1992, Bd. 1, S. 5: „Ich bin von Natur aus kein Krittler".

servativer Geisteshaltung als nach aristokratischem Standesdünkel. Destruktive Kritik ist Montesquieu fremd, so dass er sich wie jener ihm Geistesverwandte auch fremden Kulturen und Rechtsanschauungen zunächst vorurteilsfrei nähert.

Jenseits des autobiographischen Bekenntnisses der zuletzt zitierten Bemerkung findet sich im zweiten Teil seines Werkes ein aus juristisch kundiger Lebenserfahrung geschöpfter, korrespondierender Rat, der in methodischer Hinsicht Beachtung verdient: *« Lorsque, dans une loi, les exceptions, limitations, modifications ne sont point nécessaires, il vaut beaucoup mieux n'en point mettre, de pareils détails jettent dans de nouveaux détails »* (XXIX 16).[130] Kleinteiliges Kritisieren rächt sich eben auch im Rahmen der Gesetzgebung, wie dies bei der Gesetzesanwendung bekannt ist. Denn Ausnahmen und Unterausnahmen führen leicht zu unfundierten Eigenwertungen oder bloßen ad-hoc-Hypothesen, denen dann die systematische Folgerichtigkeit oder künftige Berechenbarkeit und damit die Rechtssicherheit fehlt.[131]

Darüber hinaus ist ein weiterer potentieller Superlativ bei näherem Hinsehen von einer gewissen Doppelbödigkeit oder steht zumindest unter einer unausgesprochenen Bedingung: *« Si je pouvois faire en sorte que ceux qui commandent augmentassent leurs connoissances sur ce qu'ils doivent prescrire, et que ceux qui obéissent trouvassent un nouveau plaisir à obéir, je me croirois le plus heureux des mortels »* (Préface).[132] Denn der reaktionär anmutende, aber vielleicht auch in subtiler Ironie geäußerte Wunsch, dass die Untergebenen Gefallen am Gehorsam finden mögen, steht unter der Bedingung, dass man vorrangig auf die Weisheit der Herrschenden einwirken könnte, wie sich aus dem Adjektiv des ‚neuen' (sc. Gefallen) ergibt.[133] So steht dieser Gedanke nicht nur in der Tradition der französischen Moralistik, sondern zugleich der Fürstenspiegel, weil er von der Hoffnung beseelt

---

130 *Montesquieu*, Œuvres complètes, Bibliothèque de la Pléiade, Tome II, S. 878; Übersetzung *Ernst Forsthoff*, 1951/1992, Bd. 2, S. 366: „Wenn in einem Gesetz Ausnahmen, Einschränkungen, Abänderungen nicht unbedingt nötig sind, so sollte man sie besser vermeiden, denn solche Einzelheiten führen immer zu neuen Einzelheiten. An einem Gesetz darf man nicht ohne triftigen Grund Veränderungen vornehmen".

131 Zu ihnen etwa *Karl Larenz/Claus-Wilhelm Canaris*, Lehrbuch des Schuldrechts, 13. Auflage 1994, § 84 III 1 c.; *Jens Petersen*, Von der Interessenjurisprudenz zur Wertungsjurisprudenz, 2001, S. 49.

132 *Montesquieu*, Œuvres complètes, Bibliothèque de la Pléiade, Tome II, S. 230; Übersetzung *Ernst Forsthoff*, 1951/1992, Bd. 1, S. 7: „Könnte ich erreichen, dass die Inhaber der Befehlsgewalt ihre Kenntnisse über das, was sie anzuordnen haben, vermehrten und dass die Gehorchenden an ihrem Gehorsam neuen Gefallen fänden – ich würde mich für den glücklichsten der Sterblichen halten".

133 Zum Gehorsam gegenüber den Gesetzen in vergleichbarem Zusammenhang *Jens Petersen*, Machiavellis Gesetzgebungslehre, 2020, S. 218 ff.

ist, den Herrscher auf diskrete Weise lenken und unterweisen zu können.[134] Doch weiß Montesquieu – nicht anders als die übrigen französischen Moralisten – wie eitel diese unter der *« condition humaine »* stehende Hoffnung ist, weil sie nicht ohne gehörige Selbstüberschätzung Kausalität annimmt, wo Willkür herrscht.

Davon abgesehen ist der Gedanke allerdings auch Ausdruck einer gewissen Schicksalsergebenheit, die neben einer lebensbejahenden Einstellung auch von einer optimistischen Heiterkeit zeugt, die noch deutlicher an jener zuvor betrachteten Stelle zu Tage tritt, die im Anschluss an die Feststellung findet, dass er nicht zur engherzigen Kritik neige: *« Platon remercioit le ciel de ce qu'il étoit né du temps de Socrate; et moi, je lui rends grâces de ce qu'il m'a fait naître dans le gouvernement où je vis, et de ce qu'il a voulu que j'obéisse à ceux qu'il m'a fait aimer »* (Préface).[135] Sieht man von der etwas synkretistischen Vermengung platonischen Gedankenguts und christlicher Zuversicht ab, so entspricht auch dieses Bekenntnis einem Grundzug Montaignes, der bekannte, immer allen Gesetzen zu gehorchen und daraus eine ebenso optimistische, wenngleich positivistische Einstellung gewonnen hat.[136]

Das dritte Glied der Anapher kann man nach allem bisher Bedachten wohl zugleich als Ausdruck einer Steigerung deuten, wenn es dort lapidar heißt, dass er sich für den Glücklichsten hielte, wenn er die Vorurteile der Menschen entkräften könne. Denn jetzt wird deutlich, dass die scheinbar restaurative Tendenz der bisherigen Wünsche ungeachtet ihres strukturellen Konservativismus in Wahrheit aufklärerisches Denken zutage fördert.[137] Daraus ergibt sich, warum es für ihn, wie

---

134 *Niklas Luhmann*, Der neue Chef (Hg. Jürgen Kaube), 2. Auflage 2016, ist mit seiner hintergründigen Ironie, dem Humor der Beispiele, der Reichhaltigkeit der Lebenserfahrung, dem Sinn für die mögliche Umkehr der Herrschaftsverhältnisse, der hellwachen Zeitgenossenschaft, dem heiteren Sinn für Paradoxien, der prägnant-pointierten, nachgerade subversiven Begriffsbildung (S. 90: „Unterwachung") und nicht zuletzt der Einsicht in die Bedeutung des Taktes für das menschliche Miteinander vielleicht dem Geist der französischen Moralistik beinahe ebenso nahe wie der traditionell schwerblütigen Organisationssoziologie (vgl. nur S. 22 zu den anthropologischen Gegebenheiten und Beharrungskräften). Siehe zu ihm sowie einem anderen Denker, welcher der französischen Moralistik ebenfalls näher stehen dürfte, als man meinen könnte, *Benedikt Melters*, Vor der Differenz. Anmerkungen zum Verhältnis von allgemeiner Systemtheorie und der Philosophie Michel Serres', Soziale Systeme 21 (2016), 390.

135 *Montesquieu*, Œuvres complètes, Bibliothèque de la Pléiade, Tome II, S. 229; Übersetzung *Ernst Forsthoff*, 1951/1992, Bd. 1, S. 5: „Plato dankte dem Himmel, dass er zu Zeiten des Sokrates geboren wurde, und ich danke ihnen dafür, dass er mich unter der Regierung geboren werden ließ, unter der ich lebe und dass ich durch seine Führung denen gehorche, die er mich lieben gemacht hat." *Corrado Rosso*, Montesquieu moraliste. Des lois au bonheur, 1971, S. 73, hat den moralistischen Gehalt dieses Gedankens bereits mustergültig herausgearbeitet.

136 Näher *Jens Petersen*, Montaignes Erschließung der Grundlagen des Rechts, 2. Auflage 2019.

137 *Agnes Heller*, Charles de Montesquieu. Vom Geist der Gesetze, in: Zeit-Bibliothek der 100 Sachbücher (Hg. Fritz J. Raddatz), 1984, S. 88.

bereits weiter oben bemerkt, entscheidend ist, dass sein Volk einem aufgeklärten Gedankentum verpflichtet ist. Denn das bedeutet wiederum, dass er die erzieherische Aufgabe seines Werks nicht zuletzt darin erblickt, die Befangenheit der Menschen in ihren Vorurteilen zu zeigen und möglichst zu beseitigen.

Gelänge ihm dies, indem die Menschen durch ihn den Geist der Gesetze kennen lernten, dann würden sie zugleich über die Regierungsformen, Sitten sowie die religiösen, klimatischen und wirtschaftlichen Hintergründe belehrt; dann würden sie die Gesetze, sofern diese sich in jener Hinsicht als vernünftig erweisen, bereitwilliger befolgen, weil sie letztlich ihrer Vernunft gehorchten. So handelt es sich bei diesen drei auf den ersten Blick seltsamen Beteuerungen weniger um fromme Wünsche als vielmehr um einen unausgesprochen postulierten Primat der Vernunft.[138] Seine Zuversicht in die Vernunft und seine erfahrungsmäßig gewonnene Einsicht, die einen vorsichtigen Optimismus gegenüber den auf heilsamen, nämlich vernunftmäßig erkannten Prinzipien gründenden Institutionen zum Ausdruck bringt, führt ihn zu der folgenden auflösend bedingten Annahme: *« Il y a peu de lois qui ne soient bonnes, lorsque l'État n'a point perdu ses principes »* (VIII 11).[139]

Man kann Montesquieus Moralistik im Geist der Gesetze schwerlich anders darstellen als durch möglichst viele Zitate aus dem großen Werk, in denen sich die besondere Sprache der französischen Moralistik offenbart. So gilt für den Verfasser der vorliegenden Abhandlung das, womit Montesquieu selbst für seine rege Zitierung um Verständnis bittet, weil diese unweigerlich einen Verstoß gegen das

---

138 *Fritz Schalk*, Einleitung, in: Die französischen Moralisten, 1949, S. XXXI, sah Montesquieus Verdienst nicht zuletzt in seinen Fähigkeiten als Geschichtsschreiber, das er mit einer begrifflichen Anleihe bei Max Weber so überzeugend geltend macht, dass damit zugleich unausgesprochen Montesquieus Bedeutung für die Herrschafts- und Rechtssoziologie umrissen ist: „Als Historiker war er imstande, überkommene Theorien zurückzudrängen und die geschichtlich gewachsene Vernünftigkeit von Erscheinungen einzusehen, die dem Vernunftgesetz widersprachen. (...) *Er untersuchte das innere Gesetz der Staatsformen und fand eine Art Idealtypus:* das Wesen von Monarchie, Republik und Despotismus überhaupt. Zwiespältig spiegeln sich aufklärerisches Denken und zukünftige Möglichkeiten der Forschung in seinem Werk." Hervorhebungen nur hier. – Doch gerade diese Ambivalenz macht seine bleibende Bedeutung aus, deren Zeitlosigkeit sich paradoxerweise gerade dann enthüllt, wenn man seine Provenienz aus der französischen Moralistik mit ihrer eigentümlichen Anthropologie berücksichtigt, die *Karlheinz Stierle*, Montaigne und die Moralisten. Klassische Moralistik – Moralistische Klassik, 2016, S. 276 ff., aus gutem Grund als ‚negative' kennzeichnet. Vgl. zum Erstgenannten im Verhältnis zum Typus auch *Jens Petersen*, Max Webers Rechtssoziologie und die juristische Methodenlehre, 3. Auflage 2020, § 5.

139 *Montesquieu*, Œuvres complètes, Bibliothèque de la Pléiade, Tome II, S. 359; Übersetzung *Ernst Forsthoff*, 1951/1992, Bd. 1, S. 168: „Es gibt wenige Gesetze gibt, die nicht gut wären, solange der Staat nicht seine Grundsätze verloren hat".

oberste Gebot der Moralisten begründet, nämlich nicht zu langweilen:[140] *« Je supplie le lecteur de me pardonner l'ennui mortel que tant de citations doivent lui donner »* (XXX 15).[141] Dieses schöne Wort ist zugleich ein Beweis für die beständige Gegenwart der französischen Moralistik im Esprit des Lois.

140 *Corrado Rosso*, Montesquieu moraliste. Des lois au bonheur, 1971, S. 59, zum folgenden Wort mit dem treffenden Hinweis, dass der einnehmend familiäre Ton bewusst nicht recht übereinstimmt mit den Gepflogenheiten einer solchen Abhandlung.

141 *Montesquieu*, Œuvres complètes, Bibliothèque de la Pléiade, Tome II, S. 905; Übersetzung *Ernst Forsthoff*, 1951/1992, Bd. 2, S. 399: „Ich muss den Leser bitten, mir die tödliche Langeweile zu verzeihen, die so viele Zitate ihm verursacht haben müssen".

I. Geist der Gesetze als Inbegriff

Montesquieu bringt den zuletzt herausgearbeiteten Primat der Vernunft gegen Ende des ersten Buches auf eine allgemeine Gleichung: « *La loi, en général, est la raison humaine, en tant qu'elle gouverne tous les peuples de la terre; et les lois politiques et civiles de chaque nation ne doivent être que les cas particuliers où s'applique cette raison humaine* » (I 3).[142] Insofern kann man wohl bereits bei ihm von einem aufgeklärten Vernunftrecht sprechen. Er selbst spricht übrigens auch in rechtsgeschichtlicher Hinsicht wiederholt von einer « *raison écrite* » (XXVIII 12/42).[143]

Die danach geforderte Entsprechung mit den vernunftmäßigen Anschauungen des jeweiligen Volkes wird gegen Mitte der Werkes auf jene durch eingeübte Verhaltensweisen und Sitten entstandene erweitert: « *C'est au législateur à suivre l'esprit de la nation, lorsqu'il n'est pas contraire aux principes du gouvernement; car nous ne faisons rien de mieux que ce que nous faisons librement, et en suivant notre génie naturel* » (XIX 5).[144] Der Nachsatz bildet wohl über die Betonung des vernunftmäßigen Autonomiegedankens hinaus – aber gerade deswegen auch mit ihr zusammenhängend – eine verallgemeinernde Sentenz nach Art der französischen Moralistik. So führt die Beobachtung menschlicher Leidenschaften – hier in Gestalt der Verwirklichung der Willensfreiheit der Individuen – zu einem idealerweise damit übereinstimmenden Gleichgewicht von Regierungsform und Sitte, also zweier Elemente, die den Geist der Gesetze mitbestimmen.[145]

---

142 *Montesquieu*, Œuvres complètes, Bibliothèque de la Pléiade, Tome II, S. 237; Übersetzung *Ernst Forsthoff*, 1951/1992, Bd. 1, S. 16: „Das Gesetz, ganz allgemein, ist die menschliche Vernunft, sofern sie alle Völker der Erde beherrscht; und die Staats- und Zivilgesetze jedes Volkes soll nur die einzelnen Anwendungsfälle dieser menschlichen Vernunft sein".

143 *Montesquieu*, Œuvres complètes, Bibliothèque de la Pléiade, Tome II, S. 807, 859; Übersetzung *Ernst Forsthoff*, 1951/1992, Bd. 2, S. 276, 342: „geschriebene(s) Vernunftrecht".

144 *Montesquieu*, Œuvres complètes, Bibliothèque de la Pléiade, Tome II, S. 559; Übersetzung *Ernst Forsthoff*, 1951/1992, Bd. 1, S. 414: „Es ist die Aufgabe des Gesetzgebers, sich dem Volksgeist anzupassen, wenn dieser nicht den Regierungsgrundsätzen widerspricht; denn nichts tun wir so gut wie das, was wir aus freiem Willen und unserer Natur entsprechend tun".

145 *Fritz Schalk*, Einleitung, in: Die französischen Moralisten, 1949, S. XXXIX, spricht zwar nicht von ‚Gleichgewicht', bringt aber auf sprachästhetischer Ebene etwas Ähnliches zur Geltung, das den vorliegenden Zusammenhang erhellt, ohne dass man deswegen den ‚Esprit des Lois' mit *Victor Klemperer*, Montesquieu, 1914, Bd. 2, S. 284 ff. als Kunstwerk begreifen muss: „Die Symmetrie der Maximen beruht gerade auf jenem klassischen Prinzip, das die Schönheit faßt als die Erscheinung des Wahren und Logischen, so daß die ratio das Kunstwerk ordnend, beschränkend, begrenzend durchwaltet".

https://doi.org/10.1515/9783111396132-003

Diese für die Moralistik typische Einsicht der Befangenheit in die *« condition humaine »* wird im folgenden Kapitel noch deutlicher: *« Qu'on nous laisse tels que nous sommes. Nos qualités indiscrètes, jointes à notre peu malice, font que les lois qui gêneroient l'humeur sociable parmi nous, ne seroient point convenables »* (XIX 6).[146] Dieser Gedanke steht ersichtlich in einem anthropologischen Zusammenhang mit jener eingangs betrachteten Beschreibung der Menschen, die sich vielleicht im Kleinen mitunter spitzbübisch verhalten, im großen Ganzen aber anständig sind (XXV 2). Montesquieu erkennt die Unzulänglichkeit und Schwäche der Menschennatur in der Tradition der französischen Moralisten nicht nur als notwendige anthropologische Konstanten, sondern auch in rechtstheoretischer Hinsicht als Daseins- und Geltungsgrund der Gesetze. So erweisen sie sich auch und gerade dort als vernünftig, wo sie der Unvernunft und Zügellosigkeit Einhalt gebieten.

Dieser Primat der Vernunft zeigt sich bereits zu Beginn des ersten Buches des Esprit des Lois, dessen erster Abschnitt von den Gesetzen im Allgemeinen handelt und daher nicht nur die Gesetze im Rechtssinne meint, sondern von ihnen im weitesten Sinne spricht, indem die Vernunft als Ursprung festgestellt wird: *« Il y a donc une raison primitive; et les lois sont les rapports qui se trouvent entre elle et les différents êtres, et les rapports de ces divers êtres entre eux »* (I 1).[147] Diese Vernunft als ursprünglicher Grund weist zunächst noch keinen spezifisch juristischen Bezug auf. Aufschlussreich ist bereits an dieser Stelle der Vergleich mit seinem Zeitgenossen Vico. An ihn zu denken, liegt nahe, wenn man die folgende – nunmehr juristisch relevante – Möglichkeit bedenkt, die Vicos verum-factum-Prinzip in Erinnerung ruft,[148] wonach die Menschen das als wahr erkennen können, was sie selbst gemacht haben:[149] *« Les êtres particuliers intelligents peuvent avoir des lois qu'ils ont faites; mais ils en ont aussi qu'ils n'ont pas faites »* (I 1).[150]

---

146 *Montesquieu,* Œuvres complètes, Bibliothèque de la Pléiade, Tome II, S. 559; Übersetzung *Ernst Forsthoff,* 1951/1992, Bd. 1, S. 415: „Man lasse uns also, wie wir sind. Unsere Unbesonnenheit, verbunden mit ein wenig Bosheit, würde die Gesetze, die unseren geselligen Sinn einschränken sollen, für uns ganz unzuträglich machen".

147 *Montesquieu,* Œuvres complètes, Bibliothèque de la Pléiade, Tome II, S. 232; Übersetzung *Ernst Forsthoff,* 1951/1992, Bd. 1, S. 9: „Es gibt also eine ursprüngliche Vernunft, und Gesetze sind die Beziehungen, die zwischen ihr und den verschiedenen Wesen bestehen, sowie die Beziehungen dieser Wesen untereinander." – Wenn der Übersetzer in seiner tiefdringenden Einführung auf S. XVI von einem „vulgären Deismus" spricht, dann könnten Stellen wie diese gemeint sein, an die sich Ausführungen zum Schöpfergott anschließen.

148 Zu diesem Prinzip im Hinblick auf einen anderen großen französischen Aufklärer erhellend *Karlheinz Stierle,* Ursprung und Supplement in Rousseaus Discours sur l'origine et les fondements de l'inégalité parmis les hommes, in: Aufklärung (Hg. Roland Galle/Helmut Pfeiffer), 2006, S. 172, 177).

149 *Jens Petersen,* Vicos Kulturgeschichte des Rechts, 2022, § 1.

Und doch veranschaulicht diese Gegenüberstellung eher den Unterschied zu Vico.[151] Denn während dieser in seiner *Scienza Nuova* eine Metaphysik begründet, liegen Montesquieu solche Gedanken ganz und gar fern.[152] Metaphysische Annahmen und Voraussetzungen sucht man bei Montesquieu vergebens. Vielmehr neigt er in der Darstellung der nicht auf das Recht bezogenen Gesetze eher einer physikalischen Anschauung zu, mag diese auch aus heutiger Sicht wissenschaftstheoretisch weniger weiterführend sein, als es ihm schien, während die moralistischen Prämissen wegen der im Hinblick auf die Grundlaster der Ehrsucht, Herrschsucht und Habsucht unveränderlichen Menschennatur bleibenden Wert beanspruchen dürften.

Montesquieus Klassifizierung ist denn auch im Ausgangspunkt denkbar allgemein gehalten, aber ohne spekulative Voraussetzungen: *« Les lois, dans la signification la plus étendu, sont les rapports nécessaires qui dérivent de la nature des choses »* (I 1).[153] Die Notwendigkeit wird hier ganz bewusst im Gegensatz zum Zufall und zur Kontingenz verstanden.[154] Die vorausgesetzte Natur der Dinge ruft etwas in Erinnerung, was wir bereits im Rahmen der Erörterung seines Vorworts erfahren haben, nämlich Montesquieus Bekenntnis, dass er die von ihm zugrunde gelegten Prinzipien nicht seinen Vorurteilen, sondern der Natur der Dinge entnommen habe.

Das jedenfalls führt er an später Stelle mit einer Sentenz aus, deren gedankliche Herkunft aus der französischen Moralistik unverkennbar ist: *« Les connoissances rendent les hommes doux; la raison porte à l'humanité : il n'y a que les préjugés qui y fassent renoncer »* (XV 3).[155] Alles verstehen, heißt vielleicht nicht alles verzeihen, führt aber doch zu einer gewissen Mäßigung der Affekte. Zudem begegnet erneut der unvereinbare Gegensatz zwischen Vernunft und Vorurteil, den Montesquieu

---

150 *Montesquieu*, Œuvres complètes, Bibliothèque de la Pléiade, Tome II, S. 233; Übersetzung *Ernst Forsthoff*, 1951/1992, Bd. 1, S. 10: „Die vernunftbegabten Einzelwesen können Gesetze haben, die sie selbst geschaffen haben, aber sie haben auch solche, die sie nicht selbst gemacht haben".

151 *Corrado Rosso*, Montesquieu moraliste. Des lois au bonheur, 1971, S. 327, zu Montesquieu und Vico.

152 Im Folgenden wird Vicos Ausgabe letzter Hand von 1744 zitiert; verwiesen sei auch auf Giambattista Vico, Die Erste Neue Wissenschaft (1725), die *Jürgen Trabant* zum ersten Mal überhaupt ins Deutsche übersetzt und mit einer überaus dichten und luziden Einleitung versehen hat (2022); dazu *Jens Petersen*, Archiv für Rechts- und Sozialphilosophie 110 (2024), 584.

153 *Montesquieu*, Œuvres complètes, Bibliothèque de la Pléiade, Tome II, S. 232; Übersetzung *Ernst Forsthoff*, 1951/1992, Bd. 1, S. 9: „Gesetze im weitesten Sinne des Wortes sind Beziehungen, die sich aus der Natur der Dinge mit Notwendigkeit ergeben".

154 Zur zitierten Stelle *Jürgen Habermas*, Strukturwandel der Öffentlichkeit, 1962 (hier zitiert nach der Ausgabe von 1990), S. 118: „Vernunftregeln von einer gewissen Allgemeinheit und Dauer".

155 *Montesquieu*, Œuvres complètes, Bibliothèque de la Pléiade, Tome II, S. 493; Übersetzung *Ernst Forsthoff*, 1951/1992, Bd. 1, S. 333: „Kenntnisse machen die Menschen milde; die Vernunft führt zur Menschlichkeit und nur Vorurteile halten sie davon ab".

bereits im Vorwort zur Geltung bringt. Auch hieran zeigt sich der Primat der Vernunft, der ihn zu einem aufgeklärten Vernunftrecht anleitet.

So lässt sich am Beispiel und in der Zusammenschau dieser Stellen zeigen, dass Montesquieu die einleitenden Prämissen durchgehend berücksichtigt, freilich nicht im Sinne trockener Deduktionen herleitet und weiterentwickelt, sondern mitunter unvermittelt durch schlaglichtartige Erhellungen und Beobachtungen ergänzt. Diese stehen in der Tradition der französischen Moralistik, indem sie vernunftmäßig gewonnene Einsichten aus der Menschennatur ableiten und typisierte Verhaltensweisen aufzeigen, denen durch eine darauf abgestimmte Gesetzgebung entsprochen werden kann.

Die zuletzt zitierte Stelle zeigt zugleich eine erfrischend empirische Herangehensweise, vermittels derer ein Erfahrungssatz formuliert wird, wonach die Vermehrung des Wissens zur Nachsicht führt. (XV 3). Denn zur Vergrößerung des Wissens gehört unweigerlich die Kenntnis und Berücksichtigung möglicher Fehlentwicklungen infolge menschlicher Unzulänglichkeiten. Wo Fehler gemacht werden können, werden sie unweigerlich begangen.[156] Es beweist Montesquieus Sinn für Humanität, dass die seines Erachtens einzig vernünftige, vorurteilsfreie und menschliche Folgerung, die aus dieser elementaren Einsicht zu ziehen ist, die schonende Nachsicht darstellt, die er bei Montaigne erlernt haben dürfte.

Wir werden noch verschiedentlich sehen, dass diese Konsequenz dem übergeordneten Gebot der Mäßigung – « *modération* » – folgt, welches wiederum die Gesetzgebung bestimmt (XXIX 1). Auf das Recht bezogen bedeutsam ist daher eine temporale Feststellung, die zugleich für Montesquieus Verständnis des positiven Rechts im Verhältnis zur Möglichkeit eines Naturrechts prägend ist: « *Avant qu'il y eût des lois faites, il y avoit des rapports de justice possibles. Dire qu'il n'y a rien de juste ni d'injuste que ce qu'ordonnent ou défendent les lois positives, c'est dire qu'avant qu'on eût trace de cercle, tous les rayons n'étoient pas égaux* » (I 1).[157]

Diese Begründung ist deswegen bemerkenswert, weil sie Montesquieus naturwissenschaftlich-physikalisches und mitunter mathematisches Verständnis der Naturgesetze auch im Hinblick auf die juristischen Gesetze um eine Beweisführung ergänzt, die gleichsam more geometrico verfährt. Und doch verliert er nie aus den

156 *Savielly Tartakower*, Die hypermoderne Schachpartie, 1925, S. 90, formuliert es pointiert aphoristisch und in gewissem Sinne auch moralistisch: „Die Fehler sind dazu da, um gemacht zu werden". Geistreich auch: „Im Fehler steckt immer etwas Richtiges".

157 *Montesquieu*, Œuvres complètes, Bibliothèque de la Pléiade, Tome II, S. 233; Übersetzung *Ernst Forsthoff*, 1951/1992, Bd. 1, S. 10: „Noch ehe Gesetze geschaffen wurden, gab es mögliche Rechtsbeziehungen. Zu behaupten, dass es kein Recht oder Unrecht gebe als das, was die positiven Gesetze befehlen oder verbieten, heißt soviel wie behaupten, ehe man den ersten Kreis gezogen habe, seien die Radien nicht gleich gewesen".

Augen, dass die Gesetze nicht für seelenlose Körper gelten, sondern gerade für Menschen mit all ihren Mängeln und Unzulänglichkeiten bestimmt sind. Da diese aber seit jeher bestehen und das Recht älter ist als die Gesetze, erweist sich seine moralistisch unterlegte Beweisführung auch in rechtsanthropologischer Hinsicht als ebenso aufschlussreich wie diejenige Montaignes.[158]

Allerdings leitet Montesquieu das Recht nicht starr aus der Vernunft ab, sondern setzt vielmehr in pragmatischer Weise die Vernünftigkeit der Einhaltung von Rechtsregeln einer Gemeinschaft der Rechtsunterworfenen voraus: *« Il faut donc avouer des rapports d'équité antérieurs à la loi positive qui les établit : comme, par exemple, que, supposé qu'il y eût des sociétés d'hommes, il seroit juste de se conformer à leurs lois »* (I 1).[159] Der Wegbereiter der Rechtssoziologie lässt sich beiläufig an der konditional formulierte Annahme erahnen, dass es menschliche Gesellschaften gebe. Und doch ist das Vorsichtige und Tastende dieser Voraussetzung bemerkenswert, gleich als ob Montesquieu sich noch nicht sicher wäre, ob man auch zu jener Vorzeit, in der noch keine positiven Gesetze bestanden, überhaupt schon von Gesellschaften sprechen könne.[160]

Aber gerade diese begrifflich sorgfältige Zurückhaltung, die nicht nur wissenschaftliche Präzision, sondern in der Sprache der Moralistik auch einen gewissen Verzicht auf zur Schau getragene Selbstgewissheit zum Ausdruck bringt, veranschaulicht gerade im Zusammenwirken mit der evolutionär ausgerichteten Feststellung, dass die positiven Gesetze diese Billigkeitsregeln erst und nur kodifizierten, den damit übereinstimmenden und einhergehenden Entstehungsprozess der Gesellschaft. Die auf diese Weise elegant zum Ausdruck gebrachte Kongruenz von Recht und Gesellschaft, deren allmähliche Entwicklung miteinander Schritt hielt, ist bezeichnend für die Begründung der Rechtssoziologie durch Montesquieu – freilich nicht in einer affirmativ oder gar rechthaberisch postulierten Form, sondern mit den sprachlich abstufenden und mehrschichtigen Mitteln der Moralistik, insbesondere Montesquieus treffenden Aphorismen.[161]

---

158 *Jens Petersen*, Montaignes Erschließung der Grundlagen des Rechts, 2. Auflage 2019, § 6.

159 *Montesquieu*, Œuvres complètes, Bibliothèque de la Pléiade, Tome II, S. 233; Übersetzung *Ernst Forsthoff*, 1951/1992, Bd. 1, S. 10 f.: „Man muss also zugeben, dass es Grundsätze der Billigkeit gibt, die älter sind als die positiven Gesetze, die sie begründeten: so z. B. daß es gerecht ist, wenn es menschliche Gesellschaften gibt, sich nach ihren Gesetzen zu richten (...)".

160 Vgl. dazu *Uwe Wesel*, Frühformen des Rechts in vorstaatlichen Gesellschaften, 1985.

161 *Fritz Schalk*, Einleitung, in: Die französischen Moralisten, 1949, S. XXXII, gehört zu den Wenigen, welche die Moralistik innerhalb des ‚Esprit des Lois' berücksichtigt haben, und veranschaulicht die werkimmanente Entwicklung: „Folgt er in den ‚Persischen Briefen' der typisierenden Methode der Moralisten, so bedient er sich in seinem juristischen Hauptwerk, dessen Zusammenhang er dem Leser kunstvoll verborgen hat, oft ihrer aphoristischen Form: es ist bekannt, daß man statt vom ‚Geist der Gesetze' vom Geist über die Gesetze sprach." – Präzisierend zu

Obwohl Montesquieu von einem Primat der Vernunft ausgeht, so sieht er doch, dass sich in der irdischen Welt, wie sie ist, die Vernunft angesichts der menschlichen Irrungen und Leidenschaften nicht durchzusetzen vermag, weil die Regierenden ohnehin zu wenig darauf vertrauen und die Willensfreiheit ein Übriges tut: *« Mais il s'en faut bien que le monde intelligent soit aussi bien gouverné que le monde physique. Car, quoique celui-là ait aussi des lois qui, par leur nature, sont invariables, il ne les siennes. La raison en est que les êtres particuliers intelligents sont bornés par leur nature, et par conséquent sujets à l'erreur; et d'un autre côté, il est de leur nature qu'ils agissent par eux-mêmes »* (I 1).[162]

Man war vielleicht zu eifrig damit beschäftigt, Montesquieu Widersprüche bezüglich seines scheinbar positivistischen wissenschaftlichen Denkens nachzuweisen, um darüber zu ermessen, dass er mit seinen aphoristischen Bemerkungen nicht zuletzt auch die Widersprüchlichkeit des Menschen selbst im Blick hatte.[163] Es ist letztlich wieder die für die französische Moralistik maßgebliche *« condition*

diesem letztgenannten Wort, das seinerseits von der französischen Moralistik bestimmt gewesen sein dürfte, mit einem zeitgenössischen Zeugnis *Werner Krauss*, 1734 als Jahr der Entscheidung für Montesquieus *Esprit des lois*, in: Montesquieu-Traditionen in Deutschland. Beiträge zur Erforschung eines Klassikers (Hg. Edgar Maas/Paul-Ludwig Weinacht), 2005, S. 135: „Die hochgespannte Erwartung (sc. des ‚*Esprit des lois*') ist auch noch in dem kritischen Bonmot zu spüren, mit dem ‚Geist der Gesetze' hätte Montesquieu doch nur Geist *über* die Gesetze verbreitet." Hervorhebung auch dort. – Das Wort war also schon vor Erscheinen des Werks in der Welt, so dass es sich nicht auf die konkrete Ausgestaltung der Sentenzen beziehen konnte. So hat Montesquieu mit seinen Aphorismen nicht einfach nur den Geist über die Gesetze ausgegossen, sondern es besteht ein besonderer Zusammenhang zwischen den treffsicheren Sentenzen mit dem als Inbegriff verstandenen Geist der Gesetze und schließlich seiner Begründung der Rechtssoziologie.

162 *Montesquieu*, Œuvres complètes, Bibliothèque de la Pléiade, Tome II, S. 233; Übersetzung *Ernst Forsthoff*, 1951/1992, Bd. 1, S. 11: „Aber die vernunftbegabte Welt wird lange nicht so gut reagiert, wie die physische. Denn obgleich auch sie Gesetze hat, die ihrer Natur nach unveränderliche sind, so gehorcht sie ihnen nicht immer so wie die physische Welt den ihrigen. Das liegt daran, dass die vernünftigen Einzelwesen von Natur aus beschränkt und damit dem Irrtum unterworfen sind. Andererseits entspricht es ihrer Natur, dass sie aus eigenem Entschluss handeln".

163 *Victor Klemperer*, Montesquieu, 1914, Bd. 2, S. 288, nimmt den Gegenstandpunkt ein: „Als Philosoph will Montesquieu den ‚Esprit des Lois' eröffnen und basieren; er strauchelt gedanklich, Widersprüche stoßen aufeinander, und das einigende Element des ersten Buches liegt nur im Gefühl, liegt in der Sehnsucht, das Staatsgetriebe klar zu erfassen, um es der Vollkommenheit entgegenführen zu können." – Es ist erstaunlich, dass ein so bedeutender Romanist und scharfsichtiger Menschenkenner, der Montesquieu in die französische Moralistik einzuordnen verstand wie nur wenige, ausgerechnet bei dem Vorhaben, den ‚Esprit des Lois' als Kunstwerk zu begreifen, die auf Schritt und Tritt über das ganze Werk begegnenden moralistisch gefärbten Maximen, Sentenzen und Aphorismen außer Betracht gelassen hat.

humaine » mit all ihren teils irrationalen Beschränkungen, die das Verhalten des Einzelnen zur Gesellschaft beeinflussen und von daher Rückwirkungen erfahren.[164]

Das zeigt sich besonders deutlich an der vorliegenden Stelle, wo er mit den Möglichkeiten und Mitteln der Moralistik die im Vergleich zur unbeseelten Welt mangelhafte Regierbarkeit der zwar vernunftbegabten Menschen betrachtet, die aber eben zugleich ihrer Herrschsucht, Habsucht und Ehrsucht gehorchen. Nicht zuletzt wegen dieser fundamentalen Mängel der menschlichen Natur, die sich aphoristisch treffender schildern lassen als durch langatmige Herleitungen, hat er gerade den Regierungsformen, die den Geist der Gesetze maßgeblich prägen, besondere Bedeutung beigemessen, weil gerade ihre durch die Menschennatur noch verstärkten Mängel schlimmstenfalls zur Despotie auswachsen, innerhalb derer sich die ungezügelten negativen Affekte verhängnisvoll Bahn brechen.

Diese Beobachtungen lassen sich bis in die Einzelheiten der Gewaltenteilung verfolgen. Das gilt etwa für die Beantwortung der von Montesquieu aufgeworfenen Frage, welcher von zwei Gewalten die Bürger den Vorzug geben werden. Die Antwort hängt seines Erachtens davon ab, von welcher sie sich den größten jeweiligen Vorteil erhoffen. Es sind mit anderen Worten – nämlich denen der französischen Moralistik – die egoistischen Beweggründe der Ehrsucht, Habgier und Herrschsucht, welche die Oberhand gewinnen, das Gemeinwesen aber paradoxerweise gleichwohl am Leben halten:[165] *« Toutes les passions y étant libres, la haine, l'envie, la jalousie, l'ardeur de s'enrichir et de se distinguer, paroîtroient dans toute leur étendue : et si cela étoit autrement, l'État seroit comme un homme abattu par la maladie, qui n'a point de passions parce qu'il n'a point de forces »* (XIX 27).[166] Es ist dies wohl

---

164 *Jens Petersen*, Montaignes Erschließung der Grundlagen des Rechts, 2. Auflage 2019, S. 119 ff.

165 *Hans Maier*, Montesquieu und die Tradition, in: Montesquieu-Traditionen in Deutschland. Beiträge zur Erforschung eines Klassikers (Hg. Edgar Maas/Paul-Ludwig Weinacht), 2005, S. 159, 167, verteidigt Montesquieus Verständnis der Gewaltenteilung gegen seine modernen Kritiker: „Das Eigentümliche an diesen und ähnlichen Versuchen ist nun, daß sie alle über Montesquieus angeblich starres Gewaltentrennungsschema hinauszugehen beanspruchen oder jedenfalls von der Ergänzungsbedürftigkeit seiner Lehren ausgehen. In Wahrheit jedoch ist gerade die wechselseitige Zuordnung, ja gelegentlich sogar Identifizierung von Staatsfunktionen und gesellschaftlichen Kräften für Montesquieu, der eine Trennung von Rechts- und Soziallehre des Staates nicht kennt, noch eine Selbstverständlichkeit gewesen." – Gerade der letztgenannte Verteidigungsgesichtspunkt entspricht mit anderer Terminologie der hier vertretenen Auffassung, wonach nicht zuletzt die Begründung der Rechtssoziologie mit seiner Akzentuierung der Gesellschaft Montesquieus Vorstellung der Gewaltenteilung als größtmögliche Abwendung der die niedrigen Instinkte begünstigenden Despotie ergänzt und mit den sprachlichen Mitteln der Moralistik auf den Punkt bringt.

166 *Montesquieu*, Œuvres complètes, Bibliothèque de la Pléiade, Tome II, S. 575; Übersetzung *Ernst Forsthoff*, 1951/1992, Bd. 1, S. 433: „Da alle Leidenschaften dort ungehemmt sind, so werden Hass, Neid, Eifersucht und das Verlangen, sich zu bereichern und auszuzeichnen, in ihrem vollen Um-

zugleich ein Anwendungsfall der bei Montesquieu immer wieder begegnenden Umgestaltung von Leidenschaften in Interessen.[167]

Bei aller Wertschätzung der Vernunft gelangt Montaignes moralistisches Erbe, in dem Maß und Mitte eine herausragende Rolle spielen, auch in dieser Hinsicht zur Geltung, so dass eine Verabsolutierung der Vernunft schon deswegen nicht in Betracht kommt, weil sie die allgegenwärtige Relativität und Verhältnismäßigkeit der Dinge in Frage stellen würde, wie Montesquieu selbst im Hinblick auf die Freiheit am Ende seines berühmten Kapitels über die Gewaltenteilung zum Ausdruck bringt: *« Comment dirois-je cela, moi qui crois que l'excès même de la raison n'est pas toujours désirable, et que les hommes s'accommodent presque toujours mieux des milieux que des extrémités? »* (XI 6).[168] Hier bestätigen sich die zum unmittelbaren Beginn des Werkes angestellten Beobachtungen besonders deutlich (I 1).

Denn damit zeigt sich, dass die unabänderlichen anthropologischen Laster der Habsucht und des Neides allein durch die ihrerseits von Leidenschaften getrübte menschliche Vernunft nicht wirkungsvoll eingedämmt werden können, sondern es wirkungsvoller Gesetze mit Regierungsformen bedarf, welche die niedrigen Instinkte beschränken, damit sich keine Despotie entwickelt. Der abschließende physiologisch geprägte Vergleich mit einem Schwerkranken veranschaulicht durch die scheinbare Paradoxie auf moralistische Weise drastisch, dass diese Dynamik nur im Wege einer gesetzlich angeordneten Beschränkung der Gewalten gebannt werden kann. Es gibt für Montesquieu folgerichtig selbst ein Übermaß im Guten, das sich so langfristig, wie die Gesetzesgeltung angelegt ist, auf Dauer als schlecht erweisen kann (XX 21).

Sieht man einmal von der scheinbar deistischen Komponente und der nicht sehr glaubhaft vorgetragenen göttlichen Einstiftung ab, so erweist sich die folgende Bestandsaufnahme des Menschen mit all seinen – später auch von Johann Gottfried Herder erkannten[169] – Mängeln als typisches Zeugnis französischer Moralistik:

---

fang in Erscheinung treten. Wäre das anders, so gliche der Staat einem Schwerkranken, der keine Leidenschaften mehr hat, weil ihm die Kräfte fehlen".

167 *Albert O. Hirschman*, Leidenschaften und Interessen. Politische Begründungen des Kapitalismus vor seinem Sieg, 1987, S. 13, der dies in grundlegender Weise zu einer auch auf andere Denker anwendbaren Theorie ausgearbeitet hat, auf die noch an verschiedenen Stellen zurückzukommen sein wird.

168 *Montesquieu*, Œuvres complètes, Bibliothèque de la Pléiade, Tome II, S. 407; Übersetzung *Ernst Forsthoff*, 1951/1992, Bd. 1, S. 229: „Wie könnte auch gerade ich dergleichen behaupten, der ich glaube, dass selbst ein Zuviel an Vernunft nicht immer wünschenswert ist und dass die Menschen sich besser dem Maßvollen als den Extremen anpassen".

169 *Johann Gottfried Herder*, Abhandlung über den Ursprung der Sprache, 1772 (dazu wahrhaft erhellend und tiefdringend *Jürgen Trabant*, Mithridates im Paradies. Kleine Geschichte des Sprachdenkens, 2003, S. 174 f., 181, 217–230, 263, 295 und öfter). Man darf daher davon absehen, die

« L'homme, comme être physique, est, ainsi que les autres corps, gouverné par des lois invariables. Comme être intelligent, il viole sans cesse les lois que Dieu a établies, et change celles qu'il établit lui-même. Il faut qu'il se conduise; et cependant il est un être borné; il est sujet à l'ignorance et à l'erreur, comme toutes les intelligences finies; les foibles connaissances qu'il a, il les perd encore : comme créature sensible, il devient sujet à mille passions » (I 1).[170] Auf welche Weise Montesquieu hier die Lage des Menschen schildert, erinnert erneut an einen anderen Leser Montaignes, nämlich Blaise Pascal,[171] der wegen seiner tiefen Einsichten über die Natur des Menschen ebenfalls zu den französischen Moralisten gezählt wird.[172]

Doch anders als bei Pascal wirken religiös klingende Erklärungen göttlichen Waltens bei Montesquieu weder überzeugt noch überzeugend, sondern eher wie die folgende ironisch gefärbte moralistische Maxime, die den Plan eines auf eine Universalmonarchie sinnenden Fürsten zu seinem Vorteil durchkreuzt sehen; freilich nicht notwendigerweise durch göttliche Fügung, sondern eher im Wege jener Art der Vorsehung, die später die Schottische Aufklärung im Gefolge Montesquieus näher ausführen wird:[173] *« Le ciel, qui connoît les vrais avantages, l'a mieux servi par des défaites qu'il n'auroit fait par des victoires »* (IX 7).[174]

Es ist eben kein göttliches Eingreifen, sondern es sind die unbeabsichtigten Folgen menschlichen Handelns, auf die Montesquieu aufmerksam macht. In diesen

---

ideengeschichtliche Linie von Montesquieu bis zu *Arnold Gehlen*, Der Mensch, 1940, wonach der Mensch ein Mängelwesen darstellt, zu ziehen. Zu Recht nämlich macht *Vittorio Hösle*, Eine kurze Geschichte der deutschen Philosophie, 2013, S. 275, unter Verweis auf *Gehlen*, Urmensch und Spätkultur, 1956, geltend, dass im Hinblick auf *Gehlens* Bezugnahme auf die frühesten Menschen eher eine bemerkenswerte Parallele zu Vico besteht, also jenem anderen Mitbegründer der Rechtssoziologie, von dem in der vorliegenden Abhandlung schon verschiedentlich die Rede war.

170 *Montesquieu*, Œuvres complètes, Bibliothèque de la Pléiade, Tome II, S. 234; Übersetzung *Ernst Forsthoff*, 1951/1992, Bd. 1, S. 12: „Als physisches Wesen wird der Mensch wie die anderen Geschöpfe von unabänderlichen Gesetzen beherrscht; als vernunftbegabtes Wesen aber verletzt er ohne Unterlass die Gesetze, die Gott ihm gegeben hat und ändert die, welche er sich selbst gegeben hat. Er muss sich selbst leiten, und doch ist er ein beschränktes Wesen und wie alle irdischen Vernunftwesen der Unwissenheit und dem Irrtum ausgesetzt. Die schwachen Kenntnisse, die er besitzt, verliert er gar noch. Als fühlendes Geschöpf unterliegt er tausend Leidenschaften".

171 *Léon Brunschvicg*, Descartes et Pascal, lecteurs de Montaigne, 2. Auflage 1945.

172 *Jens Petersen*, Pascals Gedanken über Gerechtigkeit und Ordnung, 2016, S. 1 ff., mit einer Reihe von Zitaten über die Lage des Menschen, welche die Ähnlichkeiten deutlich zeigen.

173 *Albert O. Hirschman*, Leidenschaften und Interessen. Politische Begründungen des Kapitalismus vor seinem Sieg, 1987; siehe auch *Jens Petersen*, Adam Smith als Rechtstheoretiker, 2. Auflage 2017, S. 35, 64 f., 255 ff., 272 ff. und öfter.

174 *Montesquieu*, Œuvres complètes, Bibliothèque de la Pléiade, Tome II, S. 275; Übersetzung *Ernst Forsthoff*, 1951/1992, Bd. 1, S. 187: „Der Himmel, der die wahren Vorteile kennt, hat ihm durch Niederlagen einen besseren Dienst geleistet, als es durch die Siege hätte geschehen können".

tiefblickenden Feststellungen, um erneut Hegels Wort aufzugreifen,[175] sind darüber hinaus mannigfache Beobachtungen enthalten, die erst viel später, teilweise im 20. Jahrhundert wahrgenommen wurden. So ist etwa die verhängnisvolle Mischung von Unwissenheit und Irrtum vergleichsweise spät – nicht zuletzt wiederum im Gefolge der Schottischen Aufklärung, insbesondere von Adam Smith – als Voraussetzungen des Rechts in Gestalt der konstitutionellen Unwissenheit der Rechtsunterworfenen erkannt worden.[176]

Aber auch in anderer Hinsicht stehen die einleitenden Gedanken Montesquieus über die Gesetze im Allgemeinen in aufschlussreichem Zusammenhang zu Einsichten des 20. Jahrhunderts. Das zeigt sich am Beispiel derjenigen Stellen, an denen er den Menschen die Tiere entgegensetzt und zu folgender hellsichtiger Überlegung gelangt: *« Les bêtes n'ont point les suprêmes avantages que nous avons; elles en ont que nous n'avons pas. Elles n'ont point nos espérances, mais elles n'ont pas nos craintes; elles subissent comme nous la mort, mais c'est sans la connoître »* (I 1).[177] Hier ist nicht nur unausgesprochen der dritte Gesichtspunkt von Kants anthropologischer Feststellung mitbedacht, wonach die Menschen drei Dinge gegeben sind, die sein Dasein erträglicher machen, nämlich das Lachen, der Schlaf und die Hoffnung.[178]

Vielmehr zeugt die Erkenntnis des Zusammenhangs der Einsicht in die eigene Todverfallenheit mit der allgegenwärtigen Angst und Sorge von einem Gedanken,[179] den wohl erst Martin Heidegger mit seiner Vorstellung vom Dasein als Sorge auf den Begriff gebracht hat.[180] Aber auch für die französische Moralistik hat die menschliche Sorge seit Montaigne eine besondere Bedeutung.[181] So erweist sich Montes-

---

175 *Georg Wilhelm Friedrich Hegel*, Grundlinien der Philosophie des Rechts, 1821, § 273.

176 Etwa durch von Hayek; näher *Jens Petersen*, Freiheit unter dem Gesetz. Friedrich August von Hayeks Rechtsdenken, 2014, S. 28 ff.

177 *Montesquieu*, Œuvres complètes, Bibliothèque de la Pléiade, Tome II, S. 234; Übersetzung *Ernst Forsthoff*, 1951/1992, Bd. 1, S. 11: „Die Tiere besitzen nicht die hohen Vorzüge, die wir haben; aber sie besitzen auch solche, die uns fehlen. Sie haben nicht unsere Hoffnungen, aber auch nicht unsere Sorgen. Sie sind wie wir dem Tode unterworfen, aber ohne ihn zu kennen".

178 Vgl. *Jens Petersen*, Kants Recht der Freiheit, 2024, S. 49.

179 *Martin Scherer*, Hingabe. Versuch über die Verschwendung, 2021, S. 54, verortet ebenso anschaulich wie tiefsinnig: „Vor dem Haus des Seins steht in Leuchtschrift *Sorge.*" Hervorhebung auch dort. Siehe auch *Eugen Biser*, Überwindung der Lebensangst. Wege zu einem befreienden Gottesbild, 2. Auflage 1997, S. 5 f., der auf der Grundlage einer Bestimmung der conditio humana (S. 15 f.), in der Folge nicht von ungefähr auch Pascal in den Blick nimmt (S. 26).

180 *Martin Heidegger*, Sein und Zeit, 1927, §§ 39–44. Siehe auch bereits *Søren Kierkegaard*, Der Begriff Angst, 1844.

181 *Stefan Zweig*, Montaigne (nachgelassenes Typoskript), 4. Auflage 2001, S. 71 f.: „Immer sagt es Montaigne von neuem, daß, was wir Sorgen nennen, nicht sein eigenes Gewicht hat, sondern wir vergrößern und verkleinern".

quieus zuletzt zitierte und scheinbar beiläufige Bemerkung über den Vergleich von Mensch und Tier als Paradigma französischer Moralistik in Reinkultur, obwohl sie auf den ersten Blick wie ein Fremdkörper in einem Werk über den Geist der Gesetze erscheint, bei näherer Betrachtung aber in ihrer Abgründigkeit existenzielle Grundstimmungen wie Angst und Sorge vergegenwärtigt, die gerade unter einem Despoten das Dasein der Rechtsunterworfenen bestimmen.

Es hat also durchaus seinen guten Grund, dass Montesquieu die Menschen und die Tiere im Hinblick auf die Gesetze einander gegenüberstellt. Zum besseren Verständnis ist darüber hinaus noch eine weitere Besonderheit der Tiere zu erwähnen, die Montesquieu für beachtlich hält: *« Elles ont des lois naturelles, parce qu'elles sont unies par le sentiment; elles n'ont point de lois positives, parce qu'elles ne sont point unies par la connoissance »* (I 1).[182] Diese auf den ersten Blick trivial anmutende Feststellung ist bei näherem Hinsehen von bemerkenswerter Tiefe, wenn man bedenkt, wie viel gerade in den letzten Jahrzehnten über die Frage der Rechte von Tieren nachgedacht wurde.[183] Denn die Problematik der Anthropozentrik ist auch in neueren Diskussion mit jener der Ratiozentrik verbunden, die Montesquieu bereits andeutet.

Wichtiger aber als etwaige Vorahnungen künftiger Diskussionen, die naturgemäß etwas Spekulatives haben, andererseits auch seine bleibende Wirkung bezeugen, ist Montesquieus Feststellung, dass die Existenz gesetzten Rechts die kognitive Verbundenheit der Menschen voraussetzt. Gesetzesrecht kann nur dort sinnvoll gedacht werden, wo und weil die Menschen, die ihm unterworfen sind und für die es gilt, vernunftbegabte Lebewesen sind, die ermessen können, was von ihnen seitens der Rechtsordnung verboten oder verlangt wird.

Man missverstehe das zuletzt Gesagte nicht: Es soll nicht behauptet werden, dass Montesquieu alle Einzelheiten der genannten Probleme bereits durchdacht habe und seiner Zeit auf dieser Grundlage gedanklich Jahrhunderte voraus gewesen sei. Aber es ist wichtig festzustellen, dass die Grundlagen, aufgrund derer er zu epochalen Einsichten gelangte, in einer deutlich über den gesunden Menschenverstand hinausgehenden Tiefe des Denkens bestanden, die ihn in philosophischer Hinsicht als weit mehr denn einen Epigonen und Eklektiker auszeichneten.

Es lohnt sich, vor diesem Hintergrund nochmals auf das Zusammenspiel jener Elemente zurückzukommen, die in ihrer Gesamtheit den Geist der Gesetze aus-

---

182 *Montesquieu*, Œuvres complètes, Bibliothèque de la Pléiade, Tome II, S. 234; Übersetzung *Ernst Forsthoff*, 1951/1992, Bd. 1, S. 11: „Sie haben natürliche Gesetze, weil sie durch ihr Gefühl, und keine positiven Gesetze, weil sie nicht durch Erkenntnis miteinander verbunden sind".

183 Vgl. nur *Jens Petersen*, Anthropozentrik und Ökozentrik im Umweltrecht, Archiv für Rechts- und Sozialphilosophie 83 (1997), 361 (behutsam überarbeitet und aktualisiert in: Studien zur juristischen Ideengeschichte, 2023, S. 149–161).

machen, also namentlich den Handel, die Sitten und nicht zuletzt die Religion, um zu sehen, welche Folgerungen er im Wege zwanzigjährigen ungestörten Nachdenkens zu ziehen imstande war. Paradigmatisch ist ein unscheinbares Kapitel über die Klöster, das in einer kalkulierten Andeutung von Koketterie mit dem *« bon sens »* beginnt, in eine rechtsökonomische Reflexion übergeht, um in eine geistreiche Sentenz zu münden, deren Herkunft aus der französischen Moralistik augenscheinlich ist: *« Le moindre bon sens fait voir que ces corps qui se perpétuent sans fin, ne doivent pas vendre leurs fonds à vie, ni faire des emprunts à vie, à moins qu'on ne veuille qu'ils se rendent héritiers de tous ceux qui n'ont point de parents, et de tous ceux qui n'en veulent point avoir. Ces gens jouent contre le peuple, mais ils tiennent la banque contre lui »* (XXV 6).[184]

Es erfordert weit mehr als nur ‚gesunden Menschenverstand', sondern darüber hinaus wirtschaftliches Verständnis im Zusammenwirken mit der Kenntnis religiöser Lebensformen und schließlich ein eminentes soziologisches Gespür, um eine so komplexe Überlegung auf diese Weise zu verdichten.[185] Daher darf man den Autor, der eingangs selbstbewusst feststellt, er habe eigene Gedanken gehabt, getrost ernst nehmen, wenn er am Ende seines Vorworts in einer geschmackssicher angeordneten Mischung von Bescheidenheit und Selbstbewusstsein die Bedingungen des Gelingens seiner Ergebnisse zwanzigjährigen Nachdenkens so formuliert: *« Si cet ouvrage a du succès, je le devrai beaucoup à la majesté de mon sujet; cependant je ne crois pas avoir totalement manqué de génie »* (Préface).[186]

Das erinnert daran, dass der Geist der Gesetze eben auch der Geist des Menschen ist, der ihn erkennt und letztlich die Anthropozentrik der Gesetzgebung nicht aus dem Blick verliert. Denn der Gesetzgebung bedarf es entsprechend der von Montesquieu im Sinne der französischen Moralistik gewählten Begründung letztlich, um der Schlechtigkeit der Menschen entgegenzuwirken und sie um ihretwillen sogar für besser zu halten, als sie sind, wie er in jener eingangs zitierten Sentenz

---

184 *Montesquieu*, Œuvres complètes, Bibliothèque de la Pléiade, Tome II, S. 742; Übersetzung *Ernst Forsthoff*, 1951/1992, Bd. 2, S. 193 f.: „Bei dem geringsten bißchen gesunden Menschenverstandes muss man einsehen, dass diese Körperschaften, die endlos fortbestehen, ihre Grundstücke nicht auf Lebenszeit veräußern oder Anleihe auf Lebenszeit aufnehmen dürfen, wenn man nicht will, dass sie zu Erben aller derer werden, die keine Verwandten haben oder keine haben wollen. Diese Leute spielen gegen das Volk und halten auch noch die Bank gegen es".

185 *Karlheinz Stierle*, Montaigne und die Moralisten. Klassische Moralistik – Moralistische Klassik, 2016, S. 295, betont nicht von ungefähr, dass „der Moralist der Sprache eine äußerste Verdichtung abnötigt".

186 *Montesquieu*, Œuvres complètes, Bibliothèque de la Pléiade, Tome II, S. 231; Übersetzung *Ernst Forsthoff*, 1951/1992, Bd. 1, S. 8: „Hat dieses Werk Erfolg, so verdanke ich ihn zum größten Teil der Majestät des Gegenstandes; doch glaube ich, dass es mir nicht ganz an Geist gefehlt hat".

zusammengefasst hat, die ihrerseits in Form und Inhalt moralistisch ausgestaltet ist (VI 16).

Die so sprachmächtig vorgetragene Größe des behandelten Themas, die er wohl nicht nur in rhetorischer Verbrämung eigener Bescheidenheit an den Anfang stellt, ergibt sich nach seinem Verständnis nämlich nicht zuletzt aus der besonderen Verbindung bestimmter religiöser Voraussetzungen der Gesetzgebung mit ihrer Eigentümlichkeit, schlichtes Menschenwerk darzustellen: « *Un tel être pouvoit, à tous les instants, oublier son créateur; Dieu l'a rappelé à lui par les lois de la religion. Un tel être pouvoit, à tous les instants s'oublier lui-même; les philosophes l'ont averti par les lois morale. Fait pour vivre dans la société, il y pouvoit oublier les autres; les législateurs l'ont rendu à ses devoirs par les lois politiques et civiles* » (I 1).[187]

Auch hier beeindruckt die wiederum durch eine wirkungsvolle Anapher hergestellte stilistische Brillanz, indem die Fähigkeit zu vergessen, auch auf moralischer Ebene in Gestalt der Pflichtvergessenheit erscheint. Auf den ersten Blick überrascht die für aufklärerisches Denken ungewohnte religiöse Beteuerung. Aber man darf nicht übersehen, dass es hier um keine gleichwie gearteten Gottesbeweise geht,[188] die wohl auch nach Montesquieus unausgesprochener Auffassung ohnehin allesamt unbehelflich, wenn nicht gar zum Scheitern verurteilt sind.[189] Vielmehr wird der religiöse Ursprung unzähliger Gesetze innerhalb der Menschheitsgeschichte mitbedacht. Indes dürfte sich der so bezeichnete Beitrag Gottes zumindest zu Zeiten Montesquieus aus Sicht des Klerus als unangemessen ironisierend dargestellt haben, zumal auf der nächsten Stufe der Anapher sogleich von den Philosophen die Rede ist.

Die Pointe stellt schließlich – durchaus im Sinne der französischen Moralistik und zugleich auf dem Weg zur Soziologie des Rechts – das durch Gesetze geleitete Leben des Individuums in der Gesellschaft dar, mit deren Mitgliedern es doch unweigerlich aneinandergeraten muss. Denn zu den genannten Entstehungsbedingungen für die Gesetzgebung gehört für Montesquieu auch das Leben in der Gemeinschaft, mag sich der Mensch mitunter anscheinend noch so soziopathisch verhalten und die berechtigten Interessen seiner Mitmenschen vergessen. Gerade

187 *Montesquieu*, Œuvres complètes, Bibliothèque de la Pléiade, Tome II, S. 234; Übersetzung *Ernst Forsthoff*, 1951/1992, Bd. 1, S. 12: „Ein solches Wesen konnte jederzeit seinen Schöpfer vergessen: Aber Gott hat es durch die Gesetze der Religion zu sich zurückgerufen; ein solches Wesen konnte auch sich selbst jederzeit vergessen: Die Philosophen haben es durch die Sittengesetze gewarnt; geschaffen zum Leben in der Gemeinschaft, konnte es doch die Mitmenschen vergessen: die Gesetzgeber haben es durch staatliche und bürgerliche Gesetze zu seinen Pflichten zurückgeführt".

188 *Hans Küng*, Existiert Gott? Antwort auf die Gottesfrage der Neuzeit, 4. Auflage 1987, S. 35–202, hat die wichtigsten nachgezeichnet.

189 *Robert Spaemann*, Der letzte Gottesbeweis, 2007, bildet keine Ausnahme.

im Hinblick darauf ist der Nachsatz bedeutsam, dass die Gesetzgeber ihn durch die Gesetze zu seinen Pflichten zurückgeführt haben. Hier zeigt sich erneut, dass Montesquieu gerade in seiner Provenienz aus der französischen Moralistik neben Giambattista Vico als einer der beiden maßgeblichen Begründer der Rechtssoziologie gilt.[190]

Man darf das zuletzt zur Rolle der Religion Gesagte freilich nicht dahingehend missverstehen, dass Montesquieu in theologischer Hinsicht hätte provozieren wollen, auch wenn ihm klar sein musste, dass seine Gedanken bei der Geistlichkeit Anstoß erregen würden. Denn die Religion gehört eben auch zu den mitwirkenden Determinanten des Geists der Gesetze, so dass er über die Buchreligionen sogar sagt: *« Le code religieux supplée au code civil, et fixe l'arbitraire »* (XII 29).[191] Religionssoziologie und Rechtssoziologie lassen sich in ihrem überaus komplexen Verhältnis zueinander kaum knapper gegenüberstellen als durch diesen nach Art der französischen Moralistik geformten und in seiner provozierenden Ausgestaltung zum Nachdenken anregenden kulturgeschichtlichen Surrogationsgedanken, der gleichwohl nichts Aufwieglerisches an sich hat, sondern im Gegenteil zu einer versöhnlich stimmenden Verklammerung unter dem Prinzip der Willkürfreiheit führt.

Dass Montesquieu dies ohne besondere religiöse Beteuerung in einer für seine Zeitgenossen und Obrigkeit nicht anstößigen Weise formuliert, mag man seiner Besonnenheit zuschreiben, die Konflikte dort vermeidet, wo sie sich an Sachfragen entzünden würden, die für ihn keine entscheidende Bedeutung haben.[192] Zugleich zeigt diese in ihrer pointiert-paradoxen Prägnanz ersichtlich moralistisch geprägte Sentenz erneut den zwingenden Zusammenhang der Rechtssoziologie mit der Gewaltenteilung, da es, von der Rechtsfolge her betrachtet, hier wie dort gerade um die Beschränkung der Willkür geht.

Man darf den Esprit des Lois gewiss nicht im Sinne eines religiösen Bekenntnisses lesen, wie etwa die Gedanken Pascals. Dessen Unterscheidung von Herz und Verstand findet sich zwar auch bei Montesquieu, aber mehr mit dem Sinn für Maß und Mitte, um den Regeln die rechte Form zu geben: *« Les lois humaines, faites pour parler à l'esprit, doivent donner des préceptes et point de conseils : la religion,*

---

190 *Vittorio Hösle*, Moral und Politik. Grundlagen einer Politischen Ethik für das 21. Jahrhundert, 1997, S. 547.

191 *Montesquieu*, Œuvres complètes, Bibliothèque de la Pléiade, Tome II, S. 456; Übersetzung *Ernst Forsthoff*, 1951/1992, Bd. 1, S. 289: „Das religiöse Buch ersetzt das bürgerliche Gesetzbuch und zieht der Willkür feste Grenzen".

192 Dass ihm dies nicht gelungen ist, zeigt die baldige Aufnahme des Werkes in den vatikanischen Index, die es bis 1967 mit so vielen anderen teilt; dazu *Jens Petersen*, Medienrecht in der Katholischen Kirche, Archiv für Katholisches Kirchenrecht 176 (2007), 433.

faite pour parler au cœur, doit donner beaucoup des conseils, et peu de préceptes » (XXIV 7).[193] Diese stilistisch überaus kunstvoll verwobene Verbindung von Parallelismus, Anapher und Chiasmus zeigt ein ebenso souveränes wie gelassenes und treffendes Urteil, das ganz im Sinne der französischen Moralistik gefällt wird,[194] aber gerade ohne jenen zelotischen Eifer, den man bei Pascal mitunter finden kann.[195]

Vielmehr ist Montesquieu, der diesen Geist in möglichst rational nachvollziehbare Faktoren zerlegt, die Feststellung wichtig, dass religiöse Motive im weitesten Sinne maßgebliche geschichtliche Entstehungsbedingungen für die Gesetzgebung bilden. Mit den pointierten Mitteln der französischen Moralistik entlarvt er freilich auch das Missbrauchspotential der Bindung an die Religion: *« Ainsi la misère même des peuples est un motif qui les attache à cette religion, qui a servi de prétexte à ceux qui ont causé leur misère »* (XXV 2).[196] Das liest sich wie eine Prolepse jenes berühmten Wortes von Marx, wonach die Religion das ‚Opium des Volkes' ist.[197] Im Unterschied zum zuvor bedachten Gedanken bezüglich der Religion erscheint dieser für Montesquieu ungewohnt bitter. Doch erklärt sich die Schärfe dieser überaus anspruchsvoll verschränkten Formel mit Blick auf die darin zum Ausdruck kommende unentrinnbare und fortgesetzte Versklavung, welche die Empörung des moralistisch geschulten Aufklärers rechtfertigt, handelt es sich hier doch in Kantischer Umkehrung, aber zumindest über einen Erst-recht-Schluss gleichsinnig, um den Ausgang des Menschen aus seiner *fremd*verschuldeten Unmündigkeit.

Hier zeigt sich besonders deutlich, dass der oben verschiedentlich betonte Primat der Vernunft (I 3) in einem untrennbaren Zusammenhang zur Gemeinschaft steht, in der die jeweiligen Personen zueinander stehen, weil die Gesetze ihr Zusammenleben ordnen. Auch das klingt zunächst simpel, erweist sich aber als ent-

---

193 *Montesquieu*, Œuvres complètes, Bibliothèque de la Pléiade, Tome II, S. 719; Übersetzung *Ernst Forsthoff*, 1951/1992, Bd. 2, S. 167: „Menschliche Gesetze, gemacht, um zum Verstande zu sprechen, müssen Gebote enthalten und nicht Lehren erteilen: die Religion aber, geschaffen, um zum Herzen zu sprechen, darf viele Lehren, aber wenig Gebote geben".

194 *Karlheinz Stierle*, Montaigne und die Moralisten. Klassische Moralistik – Moralistische Klassik, 2016, S. 156, stellt zutreffend im Hinblick auf Montaigne fest: „Die gelassene Vergenwärtigung ist ein Akt der Befreiung von falschen Hoffnungn, Befürchtungen und Zwängen, die durch ihre reflexive Brechung auf ihr Maß zurückgeführt werden." – Besser könnte man es auch im Hinblick auf Montaignes Leser Montesquieu nicht ausdrücken.

195 *Jens Petersen*, Pascals Gedanken über Gerechtigkeit und Ordnung, 2016, § 1.

196 *Montesquieu*, Œuvres complètes, Bibliothèque de la Pléiade, Tome II, S. 737; Übersetzung *Ernst Forsthoff*, 1951/1992, Bd. 2, S. 188: „So ist selbst das Elend der Völker ein Grund, sie an die Religion zu binden, die denen, die ihr Elend schufen, zum Vorwand diente".

197 *Karl Marx*, Zur Kritik der Hegelschen Rechtsphilosophie, 1844, Einleitung.

scheidende Bedingung einer rational ausgerichteten Rechtssoziologie.[198] So konnte Montesquieu erst und nur dadurch zu einem der Begründer der Rechtssoziologie werden, dass er bei aller tiefen Einsicht in die teilweise Irrationalität und hauptsächliche Eigennützigkeit menschlichen Handelns, welche die französische Moralistik so trefflich auf den Punkt zu bringen vermochte, den Zusammenhang zwischen prinzipieller Vernunftbegabung des Menschen und seinem Drang nach Geselligkeit und Gemeinschaft erkannte.

Bei allen manifesten Unterschieden im einzelnen verbindet ihn diese ursprüngliche Einsicht mit einem anderen Mitbegründer der Rechtssoziologie, den bereits verschiedentlich erwähnten Giambattista Vico.[199] Anders als dieser zum pessimistischen Grübeln neigende Gelehrte, der außerhalb seiner Familie und mit Ausnahme einiger Kleriker kaum nennenswerten sozialen Umgang führte, bringt Montesquieu freilich das Geselligkeitsstreben mit der abgeklärten Heiterkeit der französischen Moralistik zum Ausdruck und endet in der Tradition dieser Geistesart bei der Verfeinerung des guten Geschmacks, die er mit einer bemerkenswerten Beobachtungsgabe und dem Sinn für überraschende Wendungen auf den Punkt bringt:[200] *« Plus les peuples se communiquent, plus ils changent aisément de manières, parce que chacun est plus un spectacle pour un autre; on voit mieux les singularités des individus. Le climat qui fait qu'une nation aime à se communiquer, fait aussi qu'elle aime à changer, et ce qui fait qu'une nation aime à changer, fait aussi qu'elle se forme le goût »* (XIX 8).[201]

Allerdings sollte man mit der Annahme etwaiger Parallelen zu Vico zurückhaltend verfahren. Auch wenn beide Zeitgenossen waren und Montesquieu während eines Aufenthalts in Neapel in der Nähe wohnte, spricht nichts für eine Begegnung der beiden bedeutenden Denker.[202] In Montesquieus Bibliothek findet sich

---

198 Zur Rationalität des Rechts im Verhältnis zu einer wissenschaftlich betriebenen Soziologie des Rechts *Jens Petersen*, Max Webers Rechtssoziologie und die juristische Methodenlehre, 3. Auflage 2020, § 1.

199 *Vittorio Hösle*, Moral und Politik. Grundlagen einer Politischen Ethik für das 21. Jahrhundert, 1997, S. 547.

200 *Corrado Rosso*, Montesquieu moraliste. Des lois au bonheur, 1971, S. 231–241, geht der Frage nach, ob Montesquieu Pessimist war.

201 *Montesquieu*, Œuvres complètes, Bibliothèque de la Pléiade, Tome II, S. 560; Übersetzung *Ernst Forsthoff*, 1951/1992, Bd. 1, S. 415: „Je mehr die Menschen miteinander verkehren, desto leichter ändert sich ihr Wesen, weil jeder jedem neugierig zuschaut; man sieht dann deutlicher die Eigenheiten jedes einzelnen. Das Klima, das ein Volk mitteilsam macht, lässt es auch den Wechsel lieben; und was es dem Wechsel geneigt macht, das bildet auch seinen Geschmack".

202 *Vittorio Hösle*, Vico und die Idee der Kulturwissenschaft, Einleitung der Meiner-Ausgabe 1990, S. CCLXVIII mit Fußnote 315, erwähnt kenntnisreich Anhaltspunkte für die Vermutung, Montesquieu habe ein Exemplar von Vicos Scienza Nuova kaufen wollen, lässt die Nichterweislichkeit

jedenfalls kein Exemplar der *Scienza Nuova* Vicos.[203] Überliefert ist jedoch eine Notiz Montesquieus über den Kauf des Buches.[204] Aufschlussreich ist immerhin Goethes Feststellung über Vico in seiner ‚Italienischen Reise', dass seine neuen „neapolitanischen Gesetzfreunde (...) ihn dem Montesquieu vorziehen."[205] Viele ihrer Anschauungen könnten gegensätzlicher nicht sein, auch wenn sie nicht gegeneinander gerichtet sind.

So spielt etwa die väterliche Gewalt für Vicos entwicklungsgeschichtliches Rechtsdenken eine beträchtliche Rolle.[206] Zwar ist die väterliche Gewalt auch für Montesquieu von Bedeutung, aber in einer fundamental anderen Weise als bei Vico, wie sich an einer späteren Stelle zeigt: *« L'autorité paternelle est encore très utile pour maintenir les mœurs. Nous avons déjà dit que, dans une république, il n'y a pas une force si réprimante que dans les autres gouvernements. Il faut donc que les lois cherchent à y suppléer : elles le font par l'autorité paternelle »* (V 7).[207] Diese autoritär-patriarchalische Sichtweise ist heute allenfalls vom dogmatischen Standpunkt aus von Interesse, weil die väterliche Gewalt nach Montesquieu offenbar eine Art gesetzlich zu gewährleistendes, sittenprägendes Komplement innerhalb der vergleichsweise weniger rigiden Republik darstellt.

Während die väterliche Gewalt für Vicos evolutionär ausgerichtetes Rechtsdenken archetypische Bedeutung hat, fungiert sie bei Montesquieu eher als ein kompensatorisches Relikt. Diese Gegenüberstellung veranschaulicht paradigmatisch den tiefgreifenden Unterschied, der nicht nur in rechtsphilosophischer, sondern auch in rechtssoziologischer Hinsicht zwischen beiden Denkern besteht.[208] Auch in dieser Hinsicht ist Montesquieu Montaigne nahe, weil die von jenem für richtig gehaltene Herleitung der Regierungsform wiederum Montaignes Begrün-

---

dieser Annahme und ihre Irrelevanz in geistesgeschichtlicher Hinsicht aber mit der treffenden Begründung dahinstehen, dass „jedenfalls kein tiefergehender Einfluß stattgefunden zu haben scheint, denn wenn Montesquieu die SN in Händen gehabt haben sollte, wird sein nüchterner Geist durch Vicos visionäres Denken eher befremdet gewesen sein".

203 Vgl. *Louis Desgraves*, Catalogue de la bibliothèque de Montesquieu, 1954; anderer Ansicht *Benedetto Croce*, Die Philosophie Giambattista Vicos (deutsche Übersetzung Erich Auerbach/Theodor Lücke), 1927, S. 284.

204 *Corrado Rosso*, Montesquieu moraliste. Des lois au bonheur, 1971, S. 327.

205 *Johann Wolfgang von Goethe*, Italienische Reise, Hamburger Ausgabe 1981, Bd. 11, S. 192.

206 *Jens Petersen*, Vicos Kulturgeschichte des Rechts, 2022, S. 168, 220, 241.

207 *Montesquieu*, Œuvres complètes, Bibliothèque de la Pléiade, Tome II, S. 283; Übersetzung *Ernst Forsthoff*, 1951/1992, Bd. 1, S. 74: „Auch die väterliche Gewalt dient sehr der Aufrechterhaltung guter Sitten. Wir haben schon erwähnt, dass es in den Republiken kein so strenges Regiment gibt wie in anderen Regierungsformen. Daher müssen die Gesetze hier für eine Ergänzung sorgen, und das tun sie durch die väterliche Gewalt".

208 *Vittorio Hösle*, Moral und Politik. Grundlagen einer Politischen Ethik für das 21. Jahrhundert, 1997, S. 547.

dung aus der Natur und der Anpassung an die Besonderheiten des jeweiligen Volkes entspricht.

Diese Relativität der jeweils passenden Regierungsformen zu den territorialen und von den Sitten her vorgegebenen Bedingungen eines jeden Volkes stellt eine Besonderheit des Denkens Montesquieus dar. Er verordnet keine ein für alle Mal gültige oder auch nur heilsame Regierungsform, sondern bemisst die Vorzugswürdigkeit entsprechend der jeweiligen Gegebenheiten, des Klimas und der Sitten. Einzig die Despotie lehnt er unter allen erdenklichen Umständen ab. Selbst dort, wo Montesquieu und Vico dem äußeren Anschein nach in gleicher Weise urteilen, sind die Gründe unterschiedlicher Art. So haben wir gesehen, dass beide die Geselligkeit der Menschen betonen und nicht zuletzt deswegen als maßgebliche Wegbereiter der Soziologie gelten.[209]

Montesquieu jedoch begründet dies von Grund auf unterschiedlich: « *Ils ont donc un nouveau motif de s'unir; et le désir de vivre en société est une quatrième loi naturelle. Sitôt que les hommes sont en société, ils perdent le sentiment de leur foiblesse; l'égalité, qui étoit entre eux, cesse, et l'état de guerre commence* » (I 2/3).[210] Hier wurde bewusst übergangslos zitiert, obwohl in Montesquieus Einteilung nach der Feststellung dieses vierten Naturgesetzes ein neues Kapitel beginnt. Doch wird in der hier dargestellten Weise, die das vierte Naturgesetz konstatiert, im Vergleich mit Vico deutlicher, welche Naturgesetze ihm vorangehen.

Denn diese Präzedenz ist für Montesquieu zugleich das Charakteristikum der Naturgesetze vor allen anderen, insbesondere den positiven Gesetzen. Die Besonderheit seiner Terminologie gegenüber der herkömmlichen zeigt sich daran, dass Naturgesetze für ihn eben nicht die naturwissenschaftlich geltenden sind, sondern jene, die der menschlichen Wesensart entsprechen und aus ihr hervorgehen. Auch

---

209 *Émile Durkheim*, Montesquieu & Rousseau. Forerunners of Sociology, 1965, hält in seiner grundlegenden Studie, die auf seine ursprünglich in lateinischer Sprache verfasste Dissertation zurückgeht, eher Rousseau für einen weiteren Vorläufer. Erhellend dazu *Wolfgang Schluchter*, Grundlegungen der Soziologie, 2. Auflage 2015, S. 124: „Was fasziniert Durkheim an dieser Schrift vor allem? Daß sie nicht normativ, sondern beschreibend, nicht evolutionistisch, sondern vergleichend, nicht auf Einzelerscheinungen, sondern auf soziale Typen, nicht auf die Natur des Menschen, sondern auf die Natur des sozialen Organismus gerichtet sei." *Panajotis Kondylis*, Montesquieu und der Geist der Gesetze, 1996, S. 9 („Janusgesicht" im Hinblick auf die Gewaltenteilung einerseits und die Entwicklung der Soziologie andererseits).

210 *Montesquieu*, Œuvres complètes, Bibliothèque de la Pléiade, Tome II, S. 236; Übersetzung *Ernst Forsthoff*, 1951/1992, Bd. 1, S. 14: „Sie haben also einen neuen Grund, sich zusammenzuschließen, und der Drang, in Gesellschaft zu leben, ist ein viertes Naturgesetz. Sobald die Menschen in Gesellschaft leben, verlieren sie das Gefühl ihrer Schwäche; die Gleichheit, die unter ihnen bestand, geht verloren und der Kriegszustand beginnt".

diese Weltsicht folgt wohl letztlich dem Denken Montaignes, wonach vor allem entsprechend der Natur zu urteilen und zu leben ist.

Montesquieus Verständnis des Naturgesetzes ist auch in dieser Hinsicht anthropozentrisch ausgerichtet, weil er diese Art der Gesetze nicht im herkömmlichen Sinne versteht und keine Naturkonstanten in der physikalischen Welt sucht. Vielmehr geht es ihm um die Natur des Menschen, deren Gesetzmäßigkeit er zu ergründen sucht. Zu diesem Zweck vergegenwärtigt er sich die Befindlichkeit eines Menschen im Naturzustand: *« Pour les connoître bien, il faut considérer un homme avant l'établissement des société. Les lois de la nature seront celles qu'il recevroit dans un état pareil »* (I 2).[211]

Diese trocken anmutende Herleitung erinnert gewiss nicht unmittelbar an die scharfzüngigen Maximen der französischen Moralistik, wohl aber der zugrundeliegende Impetus, die Natur des Menschen möglichst genau zu bestimmen, um dann auf dieser Grundlage die angestellten Beobachtungen im Hinblick auf die widerstreitenden Wünsche auf den Punkt zu bringen.[212] Man muss also auch seine dogmatischen Deduktionen berücksichtigen, um im Hinblick auf die darin aufscheinende Menschenkenntnis seine moralistischen Anschauungen zu bestimmen.

Hier richtet sich seine durchaus konservative Gesinnung zunächst auf Gott als den Schöpfer, wie er es bereits in seinen anfänglichen Darlegungen über die Gesetze im Allgemeinen unternommen hat: *« Dieu a du rapport avec l'univers, comme créateur et comme conservateur : les lois selon lesquelles il a créé sont celles selon lesquelles il conserve. Il agit selon ces règles, parce qu'il les connoît; il les connoît parce qu'il les a faites; il les a faites, parce qu'elles ont du rapport avec sa sagesse et sa puissance »* (I 1).[213] Das klingt für einen zwar konservativen, aber durchaus skeptisch gesonnenen Aufklärer scheinbar gottesfürchtig und mag der Zensur oder dem kirchlichen Einfluss im katholischen Frankreich geschuldet sein.

---

211 *Montesquieu,* Œuvres complètes, Bibliothèque de la Pléiade, Tome II, S. 235; Übersetzung *Ernst Forsthoff,* 1951/1992, Bd. 1, S. 12: „Um sie recht zu verstehen, muss man sich einen Menschen vor der Gründung der Gemeinschaften vorstellen. Gesetze, die er in einem solchen Zustand empfangen würde, werden Naturgesetze sein".

212 *Fritz Schalk,* Einleitung, in: Die französischen Moralisten, 1949, S. XI, kennzeichnet die Gattung der Maxime, die an sich alleinsteht, in einer auch für die bei Montesquieu in den ‚Geist der Gesetze' eingewobenen Maximen treffenden Weise: „Zu den in sich fragmentarischen Formen (...) kommt als die wesentlichste, vornehmste Form die Maxime, in der die moralistische Literatur ihren selbstbewußten und geprägten Ausdruck erhalten hat".

213 *Montesquieu,* Œuvres complètes, Bibliothèque de la Pléiade, Tome II, S. 232; Übersetzung *Ernst Forsthoff,* 1951/1992, Bd. 1, S. 9: „Gott steht zum Weltall als Schöpfer und als Erhalter in Beziehung; die Gesetze, nach denen er geschaffen hat, sind dieselben, nach denen er erhält. Er handelt nach diesen Regeln, weil er sie kennt; er kennt sie, weil er sie gemacht hat, und hat sie gemacht, weil sie seiner Weisheit und seiner Macht entsprechen".

Wir haben bereits weiter oben gesehen, dass derart fromme Gedanken eher zu seinem kongenialen Zeitgenossen Vico passen, der am Ende seiner Neuen Wissenschaft die Frömmigkeit als Weg zur Weisheit preist.[214] Während dort jedoch die Berufung auf die göttliche Vorsehung ein konstitutives Element seiner neuen Wissenschaft ist,[215] mutet die Nennung des Schöpfers bei Montesquieu eher deklaratorisch an: « *Cette loi qui, en imprimant dans nous-mêmes l'idée d'un créateur, nous porte vers lui, est la première des lois naturelles par son importance, et non pas dans l'ordre de ces lois* » (I 2).[216] Obwohl Montesquieu die Bedeutung des Schöpfers unterstreicht, erscheint sie in inhaltlicher Hinsicht eher affirmativ und leer. Insofern mag es sich bei Montesquieu ebenso wie bei Descartes verhalten, der sich deswegen den Unmut Pascals zuzog.[217]

Es gibt jedoch noch einen fundamentalen Unterschied zwischen Vicos Vorsehung und Montesquieus Vorstellung des Geists der Gesetze.[218] Denn wir haben bereits gesehen, dass der Vorrang der Vernunft für Montesquieu eine tragende Bedeutung besitzt. Er betont jedoch deren Ursprung aus der Natur des Menschen: « *la raison humaine* » (I 3).[219] Es ist also kein gleichwie geartetes göttliches Walten und damit eben auch kein göttlich gesetzgebender Geist im Sinne Vicos.[220]

Nicht von ungefähr erschöpft sich das erste Kapitel des 25. Buchs, welches von den Gesetzen in ihrer Beziehung zur Religion handelt, in einer einzelnen geistrei-

---

214 *Giambattista Vico*, Scienza Nuova, 1744, 1111. Grundlegend *Jürgen Trabant*, Neue Wissenschaft von alten Zeichen: Vicos Sematologie, 1994; *ders.*, Vico in Germanien 1750–1850, in: Italien in Deutschland (Hg. Frank-Rutger Hausmann), 1996, S. 232; *ders.*, Wie ‚geschichtlich' ist Vicos mondo civile?, in: Geschichtlichkeit von Sprache und Text. Philologien – Disziplingenese – Wissenschaftshistoriographie (Hg. Wulf Oestereicher/Maria Selig), 2014, S. 31; *ders.*, Giambattista Vico – Poetische Charaktere, 2019; *ders.*, La filisofia la reduce in forma di scienza. Über die Verwissenschaftlichung der Philologie bei Giambattista Vico, in: Wozu Philologie? Symposium für Hendrik Birus zum 80. Geburtstag, Jahrbuch des Freien Deutschen Hochstifts (Hg. Anne Bohnenkamp), 2023, S. 9–18.

215 *Giambattista Vico*, Scienza Nuova, 1744, 2.

216 *Montesquieu*, Œuvres complètes, Bibliothèque de la Pléiade, Tome II, S. 235; Übersetzung *Ernst Forsthoff*, 1951/1992, Bd. 1, S. 12: „Das Gesetz, das uns die Vorstellung eines Schöpfers einprägt und so zu ihm hinführt, ist, nach der Bedeutung, nicht nach der Zeitfolge betrachtet, das erste aller Naturgesetze".

217 *Jens Petersen*, Pascals Gedanken über Gerechtigkeit und Ordnung, 2016, S. 117–135.

218 *Vittorio Hösle*, Moral und Politik. Grundlagen einer Politischen Ethik für das 21. Jahrhundert, 1997, S. 684, hält aus gutem Grund Vico und Montesquieu neben Tocqueville für die „größten wertenden Soziologen". Zu Letzterem *Corrado Rosso*, Montesquieu moraliste. Des lois au bonheur, 1971, S. 29, 47, 109, 166 und öfter.

219 *Montesquieu*, Œuvres complètes, Bibliothèque de la Pléiade, Tome II, S. 237; Übersetzung *Ernst Forsthoff*, 1951/1992, Bd. 1, S. 16: „die menschliche Vernunft".

220 Dazu *Jens Petersen*, Vicos Kulturgeschichte des Rechts, 2022, S. 316 ff.

chen Bemerkung, die eher einem Aphorismus ähnelt als einer gleichwie gearteten Beweisführung:[221] *« L'homme pieux et l'athée parlent toujours de religion; l'un parle de ce qu'il aime, et l'autre de ce qu'il craint »* (XXV 1).[222] Auch diese Paradoxie macht mit ihrer eigentümlichen Pointierung der permanenten Gottesfurcht des Gottlosen, der sich dennoch nicht sicher ist, ob dereinst Gericht über ihn gehalten wird und den das Thema daher nicht loslässt, die Wurzeln eines derart ausgefeilten Denkens in der französischen Moralistik deutlich.[223]

Montesquieu geht stets von den Menschen, ihren Gefühlen und Leidenschaften aus, die durch Gesetze gebändigt werden, aber vor allem der menschlichen Vernunft, die für ihn selbst in gewissem Sinne Gesetz ist, auch wenn er sie, wie weiter oben gesehen, gleichwohl mit Bedacht nicht verabsolutiert (I 3). Freigeistige Sentenzen durfte sich Montesquieu wohl überhaupt erst gestatten, weil er zu Beginn seines Werkes das zitierte Fundament im Hinblick auf Vernunft, Religion und Gesetz errichtet hat (I 2). Zudem konnte er nur auf dieser Grundlage die unterschiedlichen Blickrichtungen nach moralistischer Manier schlaglichtartig und ergebnisoffen beleuchten (XXV 1).

Die Betonung der menschlichen Vernunft zeigt sich auch im Naturzustand. Denn dabei geht er entgegen seiner oben zitierten Beteuerung nach der zeitlichen Abfolge der Gedanken vor, die sich einem solchen Menschen im Naturzustand stellen werden. Gleich als ob er sich dafür rechtfertigen müsste, dass ein derartiger Mensch zwar die Bedeutung des Schöpfergottes unauslöschlich in seinem Bewusstsein eingeprägt vorfindet, sie sich aber dennoch nicht als erste vergegenwärtigt, sondern stattdessen Näherliegenderes zu beobachten hat, räumt Montesquieu ein, dass es vordringlich die Selbsterhaltung und weder der Gedanke an einen Schöpfergott noch an philosophische Systeme sein dürfte, der den Menschen im Naturzustand zuerst beschäftigt: *« Il est clair que ses premières idées ne seroient point des idées spéculatives : il songeroit à la conservation de son être, avant chercher*

---

221 *Fritz Schalk*, Einleitung, in: Die französischen Moralisten, 1949, S. XV, geht davon aus, dass die „Funktion der Darstellung in Aphorismen" darin besteht, „die systematische Form zu überwinden." – Doch muss man dies gerade im Hinblick auf Montesquieus Hauptwerk mit einer Einschränkung versehen, weil systematische Durchdringung und aphoristische Beobachtung eher in einem Komplementaritätsverhältnis zueinander stehen.

222 *Montesquieu*, Œuvres complètes, Bibliothèque de la Pléiade, Tome II, S. 735; Übersetzung *Ernst Forsthoff*, 1951/1992, Bd. 2, S. 185: „Der Fromme und der Gottlose sprechen immer von der Religion: der eine spricht von dem, was er liebt, der andere von dem, was er fürchtet".

223 *Hugo Friedrich*, Montaigne, 1949, S. 13, formuliert allgemeingültig für die Moralistik: „Mit einer besonderen Passion bohrt sich die Beschreibung gerade in das Paradoxe und Unstimmige ein. Sie vermeidet jede Gruppierung und verfrühte Deutung, die das einzelne Faktum einem allgemeinen Zusammenhang unterordnen würde".

l'origines de son être » (I 2).[224] Hier ist bereits moralistisches Gedankengut am Werk, wenn man bedenkt, dass er angesichts der harten und bodenständigen Realität der *« condition humaine »* in einem solchen Stadium mit einer vornehmen und rhetorisch wirkungsvollen Untertreibung keinen Raum für weltfremde Spekulationen sieht.

Kaum dass Montesquieu die Bedeutung Gottes wortreich an den Anfang gestellt hat, scheint er sich in seiner Argumentation mit dem für die französische Moralistik bezeichnenden feinsten Takt von ihr distanzieren zu wollen. Seine Berufung auf den Schöpfer hat etwas Halbherziges, ist womöglich der Konvention geschuldet, die der konservative Aufklärer möglichst rasch hinter sich zu bringen geneigt scheint. Sein Augenmerk gilt selbst dort, wo er die göttliche Gerechtigkeit einbezieht, in der Tradition der französischen Moralistik letztlich nur den Hintergedanken und Befangenheiten der Menschen: *« La justice humaine, qui ne voit que les actions, n'a qu'un pacte avec les hommes, qui est celui de l'innocence; la justice divine, qui voit les pensées, en a deux, celui de l'innocence et celui du repentir »* (XXVI 12).[225]

So steht Montesquieus Moralistik gleichsam zwischen beidem, indem er bezüglich der irdischen Gerechtigkeit mit strenger Rationalität vom Schuldprinzip ausgeht, zugleich aber mit der für die französische Moralistik charakteristischen psychologischen Klarsicht die verborgenen Vorbehalte und typischen Hintergedanken der Menschen durchschaut, so dass er sie in der dafür geeigneten verallgemeinernden Form als Sentenzen einstreut oder die Kapitelschlüsse sentenziös abrundet.[226] Nicht zuletzt dadurch erhält der Esprit des Lois mitunter eine ironische Brechung, die einen neuen Aspekt erschließt und den Leser vornehmlich am Ende eines Abschnitts erneut nachdenklich stimmt, weil alles soeben Dargelegte infolge der sich allen schematischen Gesetzmäßigkeiten widersetzenden *« condition humaine »* zumindest künftig oder auch in der Rückschau eine Spur anders ausfallen kann (XXXI 2).

Alles in allem ähnelt also die Bedeutung Gottes aus Sicht Montesquieus dem cartesischen Verständnis: Seine Existenz wird vorausgesetzt, von Descartes sogar zu

---

224 *Montesquieu*, Œuvres complètes, Bibliothèque de la Pléiade, Tome II, S. 235; Übersetzung *Ernst Forsthoff*, 1951/1992, Bd. 1, S. 12/13: „Es ist klar, dass seine ersten Gedanken keine spekulativen Ideen sein würden: Er würde eher an seine Selbsterhaltung denken, als über den Ursprung seines Wesens nachsinnen".

225 *Montesquieu*, Œuvres complètes, Bibliothèque de la Pléiade, Tome II, S. 762; Übersetzung *Ernst Forsthoff*, 1951/1992, Bd. 2, S. 219: „Denn die menschliche Gerechtigkeit, die nur die Taten sieht, verbindet nur ein Band mit den Menschen, das der Unschuld; die göttliche Gerechtigkeit aber, die die Gedanken sieht, kennt deren zwei, das der Unschuld und das der Reue".

226 *Fritz Schalk*, Einleitung, in: Die französischen Moralisten, 1949, S. XV, erinnert an Pascals Selbstverständnis im Hinblick auf seine ‚Hintergedanken'.

beweisen versucht, aber es hängt nichts von ihr ab.[227] Montesquieus Grundhaltung geht der Form halber von einem allmächtigen Schöpfergott aus, der den Lauf der Welt nach festgefügten Gesetzmäßigkeiten geordnet und in Gang gesetzt hat. Aber es ist keine spezifisch christliche Ethik, wie bereits der *« Avertissement de l'auteur »*, den er seinem Werk vorangestellt hat, verdeutlicht: *« Pour l'intelligence des quatre premiers livres de cet ouvrage, il faut observer que ce que j'appelle la vertu dans la république est l'amour de la patrie, c'est-à-dire l'amour de l'égalité. Ce n'est point une vertu morale, ni une vertu chrétienne, c'est la vert politique ».*[228]

Montesquieu vernachlässigt die Religionen keineswegs; im Gegenteil erweist sie sich nach seiner Vorstellung für die Bestimmung des Geistes der Gesetze als außerordentlich bedeutsam, wie wir im weiteren Verlauf der Untersuchung allenthalben sehen werden. Doch selbst dort wird es ihm mitnichten um theologische Fragen gehen, so dass auch die Existenz Gottes für die Funktionstüchtigkeit des Gemeinwesens nicht den Ausschlag gibt. Bereits das beeindruckende Bild abgestufter Grade der Dunkelheit dürfte paradoxerweise eher in der aufklärerischen Tradition der französischen Moralistik stehen, weil er damit untergründig zu verstehen gibt, dass ihn weniger die jeweiligen Heilsbotschaften interessieren als vielmehr die Wirkung, welche diese auf das Volk haben: *« Comme on peut juger parmi les ténèbres celles qui sont les moins épaisses, et parmi les abîmes ceux qui sont les moins profonds, ainsi l'on peut chercher entre les religions fausses celles qui sont les plus conformes au bien de la société; celles qui, quoiqu'elles n'aient pas l'effet de mener les hommes aux félicités de l'autre vie, peuvent le plus contribuer à leur bonheur dans celle-ci »* (XXIV 1).[229] Wenn er unausgesprochen zwischen der wahren und den falschen Religionen unterscheidet, dann weniger deswegen, weil er für jene und gegen diese streiten wollte, als vielmehr zur Feststellung der gesell-

227 Eingehend *Hans Küng*, Existiert Gott? Antwort auf die Gottesfrage der Neuzeit, 4. Auflage 1987, S. 23 ff., 55 f. zu Descartes, sowie S. 64 ff. zu Pascal.

228 *Montesquieu*, Œuvres complètes, Bibliothèque de la Pléiade, Tome II, S. 227; Übersetzung *Ernst Forsthoff*, 1951/1992, Bd. 1, S. 3: „Was ich die Tugend in der Republik nenne, ist die Liebe zum Vaterland, d. h. die Liebe zur Gleichheit. Es ist weder eine moralische noch eine christliche Tugend, es ist die politische Tugend".

229 *Montesquieu*, Œuvres complètes, Bibliothèque de la Pléiade, Tome II, S. 714; Übersetzung *Ernst Forsthoff*, 1951/1992, Bd. 2, S. 160: „Wie man die Finsternis nach dichten und weniger dichten und Abgründe nach tiefen und weniger tiefen unterscheiden kann, so kann man auch unter den falschen Religionen diejenigen heraussuchen, die dem Wohl der Allgemeinheit am besten entsprechen und die zwar die Menschen nicht zur Glückseligkeit des jenseitigen Lebens führen, aber doch zu ihrem Glück im diesseitigen beitragen können".

schaftlichen Vorteile, die das Gemeinwesen daraus ohne Rücksicht auf den Wahrheitsgehalt der betreffenden Religionen ziehen kann.[230]

Eine der tiefsten Einsichten Montesquieus, die gleichwohl kaum je berücksichtigt worden ist, obwohl sie von ungebrochener Aktualität ist, findet sich im 24. Buch über das Verhältnis der Religion zu den bürgerlichen Gesetzen. Denn die sichere Erwartung jenseitiger Verheißungen kann das Verhalten gerade fanatischer Menschen erheblich zum Nachteil aller beeinflussen: *« L'idée d'un lieu de récompense emporte nécessairement l'idée d'un séjour de peines; et quand on espère l'un sans craindre l'autre, les lois civiles n'ont plus de force. Des hommes qui croient des récompenses sûres dans l'autre vie échapperont au législateur; ils auront trop de mépris pour la mort. Quel moyen de contenir par les lois un homme qui croit être sûr que la plus grande peine quel es magistrats lui pourront infliger, ne finira dans un moment que pour commencer son bonheur? »* (XXIV 14).[231]

Man beachte vor allem den mittleren Satz über die Todesverachtung derjenigen, die sich des Paradieses sicher sind. Er ist in die Form einer Sentenz gegossen, die gleich zu Beginn von einer geradezu mustergültigen anthropologischen Verallgemeinerung zeugt, wie sie für die französische Moralistik kennzeichnend ist.[232] Denn in der Verbindung der Todesverachtung mit der Selbstgerechtigkeit veranschaulicht sie das Eigennützige und Berechnende solcher Menschen, die vorgeblich der Religion dienen, sich in Wahrheit aber dadurch eher einer umfassenden Immunität und Indemnität versichern. Es verwundert vor diesem Hintergrund nicht, dass auch Denker, die den religiösen Verheißungen selbst nichts abzugewinnen vermochten, gleichwohl für besser hielten, dass die Menschen daran glauben, um sich hienieden im Sinne des Gemeinwohls verträglich zu verhalten.[233]

Montesquieu interessiert lange vor Max Weber die geistesgeschichtliche Wechselwirkung von Theologie und Wirtschaft, die er am Beispiel eines Wertpa-

---

230 Zu einer insoweit ähnlichen Ausrichtung am Beispiel eines anderen neuzeitlichen Denkers *Jens Petersen*, Machiavellis Gesetzgebungslehre, 2020.

231 *Montesquieu*, Œuvres complètes, Bibliothèque de la Pléiade, Tome II, S. 725; Übersetzung *Ernst Forsthoff*, 1951/1992, Bd. 2, S. 173 f.: „Die Vorstellung eines Ortes der Belohnung führt notwendig auch die Vorstellung eines Ortes der Strafe mit sich; und wenn man auf den einen hofft, ohne den anderen zu fürchten, so haben die bürgerlichen Gesetze keine Kraft mehr. Menschen, die sich der Belohnungen im Jenseits sicher fühlen, werden dem Gesetzgeber entschlüpfen, da sie den Tod zu sehr verachten. Wo wäre das Mittel, um durch Gesetze einen Menschen zu binden, der sicher zu sein glaubt, dass die schwerste Stufe, die Behörden ihm auferlegen können, nur enden wird, um im selben Augenblick der Anfang seines Glückes zu sein?".

232 *Fritz Schalk*, Einleitung, in: Die französischen Moralisten, 1949, S. XXI: „Den Reiz der Sprachkürze steigert noch die Verallgemeinerung".

233 Zu Machiavelli wiederum, den Montesquieu gründlich studiert hat, *Jens Petersen*, Machiavellis Gesetzgebungslehre, 2020, S. 212 ff.

piers veranschaulicht, woran sich zugleich zeigt, auf welche Weise Religion und Handel als Determinanten des Geists der Gesetze miteinander zusammenhängen: *« Cependant on vit le commerce sortir du sein de la vexation et du désespoir. (...) Les théologiens furent obligés de restreindre leurs principes; et le commerce, qu'on avoit violemment lié avec la mauvaise foi, rentra, pour ainsi dire, dans le sein de la probité. Ainsi nous devons aux spéculations des scolastiques tous les malheurs qui ont accompagné la destruction du commerce; et, à l'avarice des princes, l'établissement d'une chose qui le met en quelque façon hors de leur pouvoir »* (XXI 20).[234] Dieses Mittel war übrigens der Wechsel, mit dem sich auch Max Weber in seiner rechtswissenschaftlichen Laufbahn im Rahmen einer Vorlesung zum Wertpapierrecht auseinandersetzte.[235]

Kehren wir vor diesem Hintergrund zurück zum Naturzustand, in dem sich Montesquieu den Menschen mit seinen Sorgen und Sehnsüchten vorstellt: *« Un homme pareil ne sentiroit d'abord que sa foiblesse; sa timidité seroit extrême »* (I 2).[236] Es ist auch hier die *« condition humaine »* mit ihrer Befangenheit in allgegenwärtige Angst vor dem Unbekannten, die ihm nächstliegend erscheint. Montaigne hat gerade für die Beantwortung elementarer anthropologischer Fragen in juristischen Zusammenhängen in einer alles andere als eurozentrischen Perspektive auf diejenigen Zeugnisse, Normen und Verhaltensweisen geblickt, die sich in der Menschheitsgeschichte aller Kontinente finden ließen.[237] Auf diese Weise hat er wohl als erster neuzeitlicher Denker die Rechtsanthropologie erschlossen.[238]

Es ist aufschlussreich, auf welche Weise Montesquieu mit diesen Prämissen nicht nur die grundsätzliche Friedfertigkeit des Menschen begründet und den Frieden sogar zu einem Naturgesetze erhebt, sondern sich erklärtermaßen von Thomas Hobbes absetzt, dessen anthropologischer Pessimismus wohl nicht zuletzt

---

234 *Montesquieu*, Œuvres complètes, Bibliothèque de la Pléiade, Tome II, S. 640 f.; Übersetzung *Ernst Forsthoff*, 1951/1992, Bd. 2, S. 70 f.: „Gleichwohl sieht man den Handel aus diesem Schoß der Qual und Verzweiflung hervorgehen. (...) Die Theologen waren gezwungen, ihren Grundsatz einzuschränken; und der Handel, den man gewaltsam mit Unredlichkeit verbunden hatte, kehrte sozusagen in den Schoß der Rechtschaffenheit zurück. So verdanken wir also den Denkergebnissen der Scholastiker all das Unglück, das die Zerstörung des Handels begleitete und der Habgier der Fürsten die Erfindung eines Mittels, das den Handel gewissermaßen ihrer Macht entzog".

235 Näher *Jens Petersen*, Max Webers Rechtssoziologie und die juristische Methodenlehre, 3. Auflage 2020, S. 3 f. mit Fußnote 20.

236 *Montesquieu*, Œuvres complètes, Bibliothèque de la Pléiade, Tome II, S. 235; Übersetzung *Ernst Forsthoff*, 1951/1992, Bd. 1, S. 13: „Ein solcher Mensch würde zunächst nur seine Schwäche empfinden und äußerst furchtsam sein".

237 *Hans Joas*, Sind die Menschenrechte westlich?, 2015, S. 7 ff., zutreffend zur Überwindung der ‚Gefahr eines westlichen Triumphalismus'.

238 *Jens Petersen*, Montaignes Erschließung der Grundlagen des Rechts, 2. Auflage 2019, § 6.

auf den von ihm übersetzten Thukydides zurückgeht.[239] *« Dans cet état, chacun se sent inférieur; à peine chacun se sent-il égal. On ne chercheroit donc point à s'attaquer, et la paix seroit la première loi naturelle. Le désir que Hobbes donne d'abord aux hommes de se subjuguer les uns les autres, n'est pas raisonnable. L'idée de l'empire et de la domination est si composée, et dépend de tant d'autres idée, que ce ne seroit pas celle qu'il auroit d'abord »* (I 2).[240]

Die Tiefe der letztgenannten Begründung, die durch ihre vordergründige Einfachheit, wie sie Montesquieus Gedankenreichtum auszeichnet, verdeckt wird, lässt sich wiederum nur durch einen geistesgeschichtlichen Rückgriff ermessen. Erneut ist es Montaigne, der die für den Außenstehenden scheinbar unsichtbare Komplexität der Herrschaft sinnfällig gemacht hat. Es kann nach dem weiter oben Bedachten nicht verwundern, dass auch dies in einem rechtsanthropologischen Zusammenhang erfolgte. Montaigne schildert in seinen Essais die Begebenheit, dass der damals minderjährige König von Frankreich, umgeben von seinem Hofstaat, einen jener Ureinwohner eines entfernten Kontinents empfing. Dieser habe einen Umstehenden gefragt, warum er den König nicht einfach niederschlage, wo er doch offensichtlich stärker sei, und statt seiner den Thron besteige.[241]

Vor dem Hintergrund dieser überaus anschaulichen Episode begreift man beispielhaft, warum Montesquieu in dem bereits weiter oben zitierten Gedanken bemerkt, dass er in Montaigne einen Schriftsteller sehe, der nicht nur schreibt, sondern denkt.[242] Bei Montaigne wie bei Montesquieu besticht der eigentümliche Zusammenhang zwischen einer soziologischen Betrachtungsweise, die aus Sicht eines unbeteiligten Beobachters die nach außen offenkundigen Herrschaftsverhältnisse taxiert, mit einer rechtsanthropologischen, aufgrund derer ein von kulturellen und herrschaftssoziologischen Vorurteilen unbeeinflusster Mensch eines gänzlich anderen Kulturkreises unbefangen urteilt.

---

239 Vgl. nur *Thukydides*, 1.8.3 (Übersetzung Michael Weißenberger, 2017, S. 111 der Tusculum-Ausgabe 2017): „Aufgrund dieses Gewinnstrebens nämlich fanden die Schwächeren sich mit der Unterordnung unter die Stärkeren ab, und die Mächtigeren, mit Mitteln in Fülle ausgestattet, brachten die schwächeren Städte als Hörige in ihrer Abhängigkeit".

240 *Montesquieu*, Œuvres complètes, Bibliothèque de la Pléiade, Tome II, S. 235; Übersetzung *Ernst Forsthoff*, 1951/1992, Bd. 1, S. 13: „In diesem Zustand fühlt sich jeder unterlegen und dem anderen kaum gewachsen. Man wird also nicht den Angriff suchen, und Friede wäre so das erste Naturgesetz. Mit Unrecht legt Hobbes den Menschen als ersten den Wunsch bei, einander zu unterjochen. Der Gedanke an Macht und Herrschaft ist so kompliziert und hängt von so vielen anderen Gedanken ab, dass die Menschen ihn nicht als ersten gehabt haben können".

241 *Michel de Montaigne*, Les Essais, I 30, Pléiade-Ausgabe, S. 221. Näher zu dieser Stelle *Jens Petersen*, Montaignes Erschließung der Grundlagen des Rechts, 2. Auflage 2019, S. 199 f.

242 *Montesquieu*, Pensées et fragments inédits (Hg. Gaston de Montesquieu), Tome II, 1901, S. 48; Übersetzung *Fritz Schalk*, in: Die französischen Moralisten, 1949, S. 201.

Herrschaftsverhältnisse und Regierungsformen lassen sich nämlich nur vor dem Hintergrund historischer Ordnungen und unsichtbarer Abhängigkeitsverhältnisse begreifen, wie Montesquieu nicht ohne einen historistischen Unterton postuliert: *« Il faut se transporter dans ces temps-là »* (XXVIII 38).[243] Vor allem dies dürfte Montesquieu im Einklang mit Montaigne gemeint haben, wenn er Hobbes gegenüber zu bedenken gibt, dass der Gedanke von Macht und Herrschaft so vielschichtig und anspruchsvoll sei, dass er sich lediglich im Zusammenwirken mit anderen Gedanken erschließe. Zugleich hat er erkannt, auf welche Weise wechselseitige Abhängigkeit in wirtschaftlicher Hinsicht förderlich und friedenstiftend sein kann, wie wir bereits am Beispiel einer früheren Stelle gesehen haben, die sowohl handelsrechtlich als auch für das internationale Wirtschaftsrecht von Bedeutung ist (XX 1):[244] *« L'effet naturel de commerce est de porter à la paix. Deux nations qui négocient ensemble se rendent réciproquement dépendantes »* (XX 2).[245]

Montesquieu fühlt sich an keine Werturteilsfreiheit gebunden.[246] Dies zeigt sich an einem etwas absonderlichen Beispiel zum Völkerrecht, das einerseits seinen kosmopolitischen Blick auf das Recht veranschaulicht,[247] andererseits wiederum den Einfluss Montaignes, hier in Gestalt des sogenannten Kannibalen-Essais,[248] an

---

243 *Montesquieu*, Œuvres complètes, Bibliothèque de la Pléiade, Tome II, S. 852; Übersetzung *Ernst Forsthoff*, 1951/1992, Bd. 2, S. 334: „Man muss sich in die damalige Zeit versetzen".

244 *Vittorio Hösle*, Moral und Politik. Grundlagen einer Politischen Ethik für das 21. Jahrhundert, 1997, S. 1017, stellt am Beispiel des im Folgenden zitierten Kapitels richtigerweise fest: „Spätestens seit Montesquieus ‚De l'esprit des Lois' gehört zu den Grundgedanken des Liberalismus die Überzeugung, daß wirtschaftliche Interaktionen zwischen verschiedenen Staaten – im Idealfall der *Freihandel* – positiv zu bewerten seien." Hervorhebung auch dort.

245 *Montesquieu*, Œuvres complètes, Bibliothèque de la Pléiade, Tome II, S. 585; Übersetzung *Ernst Forsthoff*, 1951/1992, Bd. 2, S. 3: „Die natürliche Wirkung des Handels besteht darin, zum Frieden geneigt zu machen. Zwei Völker, die miteinander Handel treiben, werden, werden wechselseitig abhängig voneinander".

246 *Agnes Heller*, Charles de Montesquieu Vom Geist der Gesetze, in: Zeit-Bibliothek der 100 Sachbücher (Hg. Fritz J. Raddatz), 1984, S. 88, 89, vergleicht Montesquieus Hauptwerk mit demjenigen Max Webers: „Gänzlich verschiedene Kulturen werden von gleicher Perspektive aus analysiert. Von Rom bis zur Türkei, von Griechenland bis Indien und China, von den germanischen Stämmen bis hin zu den Inkas, von Ost-Europa bis Amerika und Afrika wird nichts außer Acht gelassen, was zu den verschiedenen menschlichen Kulturen in irgendeiner Weise beigetragen hat. Trotz der Spärlichkeit der zur Verfügung stehenden Fakten, spärlich im Vergleich mit unserer Zeit, zeichnen sich einige historische Analysen durch ihre Frische und Relevanz aus. (...) Im Gegensatz zu ‚Wirtschaft und Gesellschaft' ist aber ‚Vom Geist der Gesetze' kein tragisches Buch, auch kein wertfreies." Aus rechtssoziologischer Sicht auch *Jens Petersen*, Max Webers Rechtssoziologie und die juristische Methodenlehre, 3. Auflage 2020.

247 Allgemein dazu *Alexander Somek*, The Cosmopolitan Constitution, 2014.

248 *Corrado Rosso*, Montesquieu moraliste. Des lois au bonheur, 1971, S. 77, behandelt ihn an anderer Stelle, aber ebenfalls im Zusammenhang mit der Absudität der sozialen Ordnung. Gleich den der folgende Gedanke Montesquieus erinnert:[249] *« Toutes les nations ont un droit des gens; et les Iroquois même, qui mangent leurs prisonniers, en ont un. Ils envoient et reçoivent des ambassades; ils connoissent des droits de la guerre et de la paix : le mal est que ce droit des gens n'est pas fondé sur les vrais principes »* (I 3).[250] Anders als Montaigne unternimmt Montesquieu jedoch keinen Versuch, den Tabubruch in irgendeiner Weise ins Verhältnis zu anderen Verstößen gegen elementare Menschenrechte zu setzen.[251]

Vielmehr finden sich bei Montesquieu, der ja bereits von Beginn an auf den in allen Ländern geltenden Stellenwert der Moral hinweist, ausdrücklich moralische Wertungen und eben auch Unwerturteile. Bei aller Weltoffenheit, die ihn mit Montaigne eint, kennt Montesquieus Skepsis Grenzen, die durch seine konservative moralische Grundhaltung gezogen sind: *« Un législateur sage auroit cherché à ramener les esprits par un juste tempérament des peines et des récompenses; par des maximes de philosophie, de morale et de religion, assorties à ces caractères; par la juste application des règles de l'honneur; par le supplice de la honte; par la jouissance d'un bonheur constant et d'une douce tranquillité »* (VI 13).[252]

Diese auf Ausgewogenheit dringende Mahnung veranschaulicht zugleich den Inbegriff des Geistes der Gesetze, der sich unter anderem aus Religion, Sitten und Gebräuchen zusammensetzt, deren entscheidungserhebliche Wechselwirkung sich letztlich aus den Besonderheiten des Falles ergibt. Doch setzt dies voraus, dass zunächst der Gesetzgeber die richtigen Wertungen getroffen hat, bei deren Ermittlung die genannten Elemente und Prinzipien ebenfalls zur Geltung kommen. Vor allem ist es der Geist der Mäßigung, der den Gesetzgeber leiten soll, wie wir am Ende der vorliegenden Abhandlung noch eingehend erörtern werden (XXIX 1).

---

im Anschluss nennt er zur Veranschaulichung desselben Gedankens überraschend, aber bemerkenswert *Antoine de Saint-Exupéry*, Le Petit Prince, 1943.

249 *Michel de Montaigne*, Les Essais, I 30, Pléiade-Ausgabe, S. 215.

250 *Montesquieu*, Œuvres complètes, Bibliothèque de la Pléiade, Tome II, S. 237; Übersetzung *Ernst Forsthoff*, 1951/1992, Bd. 1, S. 15: „Alle Völker haben ein Völkerrecht, sogar die Irokesen, die ihre Gefangenen aufessen. Sie entsenden und empfangen Gesandtschaften und kennen die Rechte des Krieges und Friedens: das Schlimme ist nur, daß ihr Völkerrecht nicht auf den richtigen Grundsätzen beruht".

251 *Jens Petersen*, Montaignes Erschließung der Grundlagen des Rechts, 2. Auflage 2019, S. 188 f., zu Montaignes Vergleich mit der Todesstrafe und der Folter.

252 *Montesquieu*, Œuvres complètes, Bibliothèque de la Pléiade, Tome II, S. 323; Übersetzung *Ernst Forsthoff*, 1951/1992, Bd. 1, S. 124: „Ein weiser Gesetzgeber hätte versucht, durch eine gerechte Abmessung von Strafen und Belohnungen, durch Grundsätze der Philosophie, der Moral und der Religion, wie sie dem Charakter dieses Volkes entsprechen, durch eine richtige Anwendung, der Ehrvorschriften, durch die Strafe der Schande, durch den Genuss eines beständigen Glücks und süßer Ruhe, die Gemüter auf den rechten Weg zu führen".

Montesquieus Moralistik zeichnet sich daher auch durch eine weltoffene, ebenso lebensnahe wie lebensbejahende, den Zusammenhang von Philosophie, Moral und Religion berücksichtigende und die menschlichen Triebfedern des Ehrgeizes für das Gemeinwohl fruchtbar machende Sichtweise aus.[253]

Die zuletzt zitierte Hypothese findet denn auch an späterer Stelle noch eine allgemeinere Fassung, deren kautelarjuristische Zuspitzung und pointierte Verdichtung ganz im Geiste der französischen Moralistik ist: « *Un législateur prudent prévient le malheur de devenir un législateur terrible* » (XV 16).[254] Die doppelte Alliteration verbindet die auf die Gesetzgebung bezogene Klugheit wirkungsvoll mit der daraus resultierenden Vorsorge (« *prudent prévient* »), so dass sich die Antithese des klugen und schrecklichen Gesetzgebers, die äußerlich denkbar weit auseinander gesperrt sind, gerade durch das Desiderat der umsichtigen Prävention vermeiden lässt (« *de devenir* »). Eleganter und taktvoller ist wohl kaum je ein Gesetzgeber angeleitet worden.

Die kosmopolitische Betrachtungsweise ist bezeichnend für Montesquieu.[255] Sie zeigt sich am Beispiel des Völkerrechts in Gestalt einer buchstäblich globalen Perspektive, die er einnimmt, wenn er über die Menschen im Allgemeinen sagt: « *Considérés comme habitants d'une si grande planète, qu'il est nécessaire qu'il y ait différents peuples, ils ont des lois dans le rapport que ces peuples ont entre eux; et c'est le droit des gens* » (I 3).[256] Diese wohl von Montaigne übernommene neuartige Sicht auf die Erweiterung der Welt vergrößert bei hegemonialen Mächten die Herrschaft, wie sich etwa an Karl V. zeigt, in dessen Reich bekanntlich die Sonne niemals un-

253 Vgl. dazu *Oliver Günther*, Die diverse Universität. Gefahr für die Demokratie oder Garantin des Gemeinwohls?, 2025, der zunächst (S. 101) in einer Kapitelüberschrift nach Art der französischen Moralistik entlarvend fragt: „Warum promovieren wir?", um wenig später (S. 107) – insofern ähnlich wie Montesquieu zur Ehrsucht und in dessen Sinne – folgert: „Aber Titelsucht ist noch immer etwas, das viele Menschen umtreibt (...)." – In der Tat ist die Titelsucht eine Ausprägung menschlicher Ehrsucht und erscheint daher ebenfalls als anthropologische Konstante.

254 *Montesquieu*, Œuvres complètes, Bibliothèque de la Pléiade, Tome II, S. 503; Übersetzung *Ernst Forsthoff*, 1951/1992, Bd. 1, S. 345: „Ein weiser Gesetzgeber beugt dem Übel vor, ein grausamer werden zu müssen".

255 Vgl. auch *Gerhard Wagner*, Plädoyer für eine kosmopolitische Soziologie, in: Montesquieu-Traditionen in Deutschland. Beiträge zur Erforschung eines Klassikers (Hg. Edgar Maas/Paul-Ludwig Weinacht), 2005, S. 275.

256 *Montesquieu*, Œuvres complètes, Bibliothèque de la Pléiade, Tome II, S. 236; Übersetzung *Ernst Forsthoff*, 1951/1992, Bd. 1, S. 14: „Als Bewohner eines Planeten, der so groß ist, dass es notwendigerweise mehrere Völker geben muss, haben sie Gesetze, die ihre Beziehungen untereinander regeln: das ist das Völkerrecht".

terging:[257] *« Charles-Quint (...) parvint à l'empire; et, pour lui procurer un nouveau genre de grandeur, l'univers s'étendit, et l'on vit paroître un monde nouveau sous son obéissance »* (XXI 21).[258] So wurden erst die Grenzen seiner Herrschaft die Grenzen der damaligen Welt.

Auch auf der Ebene des Völkerrechts kommt das von Montesquieu als erstes Naturgesetz formulierte Streben nach Frieden zur Geltung (I 3). So lapidar diese Herleitung anmutet, ist sie doch von großer gedanklicher Klarheit und veranschaulicht paradigmatisch Montesquieus Methode zur Ermittlung des Geists der Gesetze. Im Ausgangspunkt handelt es sich um eine teleologische Betrachtungsweise, die zunächst die Interessen der Beteiligten zum Ausdruck bringt. Der entscheidende gedankliche Schritt geht von der Faktizität aus und führt zur Normativität. Die Teleologie des tatsächlichen Befundes prägt die gesetzlichen Bestimmungen, die diese zur Geltung bringen sollen, von denen jedoch er mit Recht bemerkt, dass die einzelnen Regelungen seinem Erkenntnisinteresse entsprächen, da er schließlich den Geist der Gesetze behandele und nicht die Gesetze selbst : *« Je n'ai point séparé les lois politiques des civiles : car, comme je ne traite point des lois, mais de l'esprit des lois, et que les lois peuvent avoir avec diverses choses »* (I 3).[259]

Entscheidend sind für Montesquieu somit die Beziehungen derjenigen Elemente zueinander, die den Inbegriff des Geistes der Gesetze prägen, so dass er beispielsweise die Bedeutung der Religion, die Auswirkungen des Klimas, die Leistungsfähigkeit des Handels oder das Herkommen der Sitten berücksichtigt. Auf diese Weise geht er gedanklich so vor, wie jeder gute Gesetzgeber es tun sollte und wie Montesquieu es auch von Montaigne erlernt hat, indem möglichst nichts gegen die Natur der jeweiligen Regelungsgegenstände gesetzlich angeordnet wird:[260] *« Il*

---

257 *Vittorio Hösle*, Moral und Politik. Grundlagen einer Politischen Ethik für das 21. Jahrhundert, 1997, S. 683 mit Fußnote 199, mit einem in dieselbe Richtung weisenden weiteren Wort aus diesem Kapitel.

258 *Montesquieu*, Œuvres complètes, Bibliothèque de la Pléiade, Tome II, S. 642; Übersetzung *Ernst Forsthoff*, 1951/1992, Bd. 2, S. 72: „Karl V. (...) erwarb die Kaiserwürde, und um ihr neue Größe zu verleihen, dehnte sich die Welt aus, und man sah eine neue Welt unter seiner Herrschaft auftauchen". Zum *«monde nouveau»* in einem späteren Wort (XXVIII 22) *Corrado Rosso*, Montesquieu moraliste. Des lois au bonheur, 1971, S. 58.

259 *Montesquieu*, Œuvres complètes, Bibliothèque de la Pléiade, Tome II, S. 238; Übersetzung *Ernst Forsthoff*, 1951/1992, Bd. 1, S. 16 f.: „Ich habe dabei staatliche und bürgerliche Gesetze nicht getrennt, da ich ja nicht die Gesetze, sondern den Geist der Gesetze behandele und dieser Geist in den verschiedenen möglichen Beziehungen der Gesetze zu den verschiedenen Dingen besteht".

260 Vgl. dazu auch *Jens Petersen*, Machiavellis Gesetzgebungslehre, 2020.

faut prendre garde que les lois soient conçues de manière qu'elles ne choquent point la nature des choses » (XXIX 16).[261]

Es ist bezeichnend für sein Vorgehen, dass er erst an später Stelle die legislatorischen Folgerungen aus den eingangs ermittelten Prämissen zieht. Aber gerade sein Bestreben nach einer möglichst umfassenden Sichtung der konfligierenden Interessen, die gesetzlich zu ordnen und zu werten sind, führt zu einer strukturierten Ermittlung der Tatsachengrundlage, die von einer rechtsoziologischen Ausrichtung zeugt. Dazu passt auch das zuvor von ihm ermittelte Naturgesetz, wonach die Menschen in Gesellschaft leben wollen: « *Outre le sentiment que les hommes ont d'abord, ils parviennent encore à avoir des connoissances; ainsi ils ont un second lien que les autres animaux n'ont pas* » (I 2).[262]

Wir haben bereits weiter oben gesehen, dass dieser Wunsch nach Geselligkeit ein konstituierendes Merkmal nicht nur der Rechtstheorie Montesquieus ist, sondern auch derjenigen Vicos. Beide gelten folgerichtig als Begründer der Rechtssoziologie.[263] Zugleich erkennt man daran, dass ein Zusammenhang zwischen der Begründung der Rechtssoziologie und der moralistischen Betrachtungsweise Montesquieus besteht. Denn der zugrundeliegende anthropologische Befund des zur Selbsterkenntnis führenden Gemeinschaftsgefühls, das die Menschen von den Tieren unterscheiden und in Gemeinschaft miteinander leben lassen will, ist für ihn etwas naturgesetzlich Gutes und Erstrebenswertes.

Die von Montesquieu postulierte Übereinstimmung der Regierungsform mit den Eigentümlichkeiten des jeweiligen Volkes zeigt ein prägendes Strukturmerkmal dessen, was er den Geist der Gesetze nennt: « *Il vaut mieux dire que le gouvernement le plus conforme à la nature est celui dont la disposition particulière se rapporte mieux à la disposition du peuple pour lequel il est établi* » (I 3).[264] Die zuletzt bedachte Bemerkung, wonach die Regierungsform der Natur zu entsprechen habe, bedarf allerdings noch einer Präzisierung. Denn damit zusammenhängt die Frage, ob Montesquieu einem klassischen Naturrecht anhängt, welches das Recht aus der

261 *Montesquieu*, Œuvres complètes, Bibliothèque de la Pléiade, Tome II, S. 880; Übersetzung *Ernst Forsthoff*, 1951/1992, Bd. 2, S. 369: „Man muss darauf achten, dass die Gesetze so abgefasst werden, dass sie nicht gegen die Natur der Dinge verstoßen".

262 *Montesquieu*, Œuvres complètes, Bibliothèque de la Pléiade, Tome II, S. 236; Übersetzung *Ernst Forsthoff*, 1951/1992, Bd. 1, S. 14: „Über ihr ursprüngliches Fühlen hinaus gelangen die Menschen aber zur Erkenntnis, und so verknüpft sie ein zweites Band, das den übrigen Geschöpfen fehlt".

263 *Vittorio Hösle*, Moral und Politik. Grundlagen einer Politischen Ethik für das 21. Jahrhundert, 1997, S. 547.

264 *Montesquieu*, Œuvres complètes, Bibliothèque de la Pléiade, Tome II, S. 237; Übersetzung *Ernst Forsthoff*, 1951/1992, Bd. 1, S. 15: „Richtiger ist es daher, zu sagen, die Regierungsform entspreche am besten der Natur, deren Eigenart dem Wesen des betreffenden Volkes am meisten angepasst ist".

Natur herleitet.[265] Aufschlussreich ist sein Ausruf über die archaische Härte des Mosaischen Gesetzes und das Auseinanderfallen von Naturrecht und positivem Recht, der zugleich vom Sinn für Paradoxien im Geiste der französischen Moralistik beseelt ist: *« Quel peuple que celui où il falloit que la loi civile se relâchât de la loi naturelle »* (XV 17).[266]

In einem naturalistischen Sinne scheint für die Bindung an das Naturrecht eine spätere Forderung zu sprechen, wonach die Gesetze folgender Maßgabe gehorchen sollten: *« Elles doivent être relatives au physique du pays; au climat glacé, brûlant ou tempéré; à la qualité du terrain, à sa situation, à sa grandeur; au genre de vie des peuples, laboureurs, chasseurs ou pasteurs »* (I 3).[267] Die Natur ist hier sogar drucktechnisch hervorgehoben. Das hat ersichtlich seine Bewandtnis darin, dass Montesquieu dort von den klimatischen Gegebenheiten sowie der Beschaffenheit des Bodens spricht. Man kann dies in einer etwas moderneren Diktion, die alle Faktoren auf einen gemeinsamen Nenner bringt, als Umweltbedingungen bezeichnen.[268] In diesem Sinne dürfte der Begriff der Natur sogar besonders naheliegend sein, weil es sich um die natürlichen Lebensgrundlagen im weiteren, also nicht nur ökologischen Sinne handelt.[269]

---

265 *Fritz Schalk*, Einleitung, in: Die französischen Moralisten, 1949, S. XXXI, erkennt Montesquieus Zugehörigkeit zur französischen Moralistik und deutet sein Werk vor diesem Hintergrund weiterführend: „Montesquieu schwankte zwischen naturrechtlichen und empirisch-realistischen Tendenzen, aber letztere waren oft so stark, dass seine Schriften das Schauspiel eines Denkens bieten, das die Trennungslinien zwischen Theorie und Geschichte verwischen konnte und aufklärerische Prinzipien mit offenem Blick für die Notwendigkeit geschichtliche Entwicklung, mit Aufgeschlossenheit für das Recht des Sonderdaseins von Verfassungen, Staaten und Völkern vereinte." – Diese hellsichtig beobachtete Dominanz ‚empirisch-realistischer Tendenzen' ist es wohl auch, die Montesquieu aus dem Geiste der Moralistik zur Begründung der Rechtssoziologie führte.

266 *Montesquieu*, Œuvres complètes, Bibliothèque de la Pléiade, Tome II, S. 504; Übersetzung *Ernst Forsthoff*, 1951/1992, Bd. 1, S. 347: „Was für ein Volk, bei dem sich das bürgerliche Recht so vom Naturrecht lösen musste!".

267 *Montesquieu*, Œuvres complètes, Bibliothèque de la Pléiade, Tome II, S. 238; Übersetzung *Ernst Forsthoff*, 1951/1992, Bd. 1, S. 16: „Sie müssen weiter der Natur des Landes entsprechen, seinem kalten, heißen oder gemäßigten Klima, der Beschaffenheit des Bodens, seiner Lage und Größe, der Lebensweise der Völker, ob Ackerbauer, Jäger oder Hirten".

268 Vgl. auch *Jens Petersen*, Anthropozentrik und Ökozentrik im Umweltrecht, Archiv für Rechts- und Sozialphilosophie 83 (1997), 361, ergänzt und leicht überarbeitet in: Studien zur juristischen Ideengeschichte, 2023, S. 149.

269 *Michel Serres*, Le contrat naturel, 1990, hat eine völlige neuartige Sichtweise eingenommen, die in ihrer bemerkenswerten Weltoffenheit und Vorurteilslosigkeit zumindest mittelbar vom Geist der französischen Moralistik getragen sein könnte. Zu ihm ebenso weiterführend wie tiefdringend *Benedikt Melters*, Relektüre ohne Rückkehr: Annäherungen an Michel Serres' nachmetaphysische Religionsphilosophie, Deutsche Zeitschrift für Philosophie 71 (2023), 646.

Montesquieu hält also Klima, Grund und Boden für maßgebliche Faktoren der Gesetzgebung. Die Interdependenz zeigt sich an sehr viel späterer Stelle, nämlich im achten Kapitel des 18. Buches, wo er vom inneren systematischen Zusammenhang her auf die zuletzt zitierte Stelle unausgesprochen Bezug nimmt: *« Les lois ont un très grand rapport avec la façon dont les divers peuples se procurent la subsistance. Il faut un code de lois plus étendu pour un peuple qui s'attache au commerce et à la mer, que pour un peuple qui se contente de cultiver se terres. Il en faut un plus grand pour celui-ci que pour un peuple qui vit de ses troupeaux. Il en faut un plus grand pour ce dernier que pour un peuple qui vit de sa chasse »* (XVIII 8).[270] Es geht also um die konkreten gesetzgeberischen Herausforderungen, die ihrerseits den ökonomischen Bedürfnissen und dem jeweiligen Zivilisationsgrad entsprechen sollten, die gedeckt werden müssen, so dass die Regelungsdichte unterschiedlich ausfallen kann. Die damit von Montesquieu erstmals aufgeworfenen Fragen sind ersichtlich rechtssoziologischer Natur avant la lettre.

Vor diesem Hintergrund scheint es sich auf den ersten Blick so zu verhalten, als leite Montesquieu das Recht aus der Natur her. Man muss sich freilich die im Ausgangspunkt behandelte Stelle, wonach die Regierungsform der Natur bestmöglich zu entsprechen habe, erneut vergegenwärtigen. Denn es geht nicht einfach um die Natur als solche, sondern deren übereinstimmender Disposition mit derjenigen des jeweiligen Volkes (I 3). Mit dieser Bezugnahme auf das Wesen des jeweiligen Volkes gerät nun freilich wiederum eine gewisse Anthropozentrik in den Blick, vor allem aber eine für Montesquieu eigentümliche kollektive Individualität, wenn man es so scheinbar widersprüchlich bezeichnen darf, was aber bei einem Denker der Paradoxien nicht scheut, vielleicht am ehesten gestattet ist.[271] So fordert er im Hinblick auf die Staats- und Zivilgesetze eines jeden Volkes die individuelle

---

270 *Montesquieu*, Œuvres complètes, Bibliothèque de la Pléiade, Tome II, S. 536; Übersetzung *Ernst Forsthoff*, 1951/1992, Bd. 1, S. 387: „Die Gesetze stehen in sehr enger Beziehung zu der Art und Weise, wie die verschiedenen Völker sich ihren Unterhalt verschaffen. Ein Volk, das sich mit Handel und Schifffahrt befasst, braucht ein viel umfassenderes Gesetzbuch, als ein Volk, das sich damit begnügt, den Boden zu bestellen; und dieses wiederum ein größeres als ein Volk, dass von seinen Herden lebt, und endlich dieses ein größeres als ein Jägervolk." Siehe auch *Michael Stürner*, Krise und Zukunft der staatlichen Gerichtsbarkeit als Instrument der Streitbeilegung im internationalen Handel, in: Abkehr vom Multilateralismus – Internationales Recht in Gefahr? (Hg. Anne Peters/Stefan Hobe/Eva-Maria Kieninger), 2023, S. 249.

271 *Fritz Schalk*, Einleitung, in: Die französischen Moralisten, 1949, S. XXXI, bringt es ungleich besser zum Ausdruck, auch wenn seine geschichtswissenschaftliche Prämisse vielleicht nicht mehr ganz zeitgemäß ist: „Die Erkenntnis der modernen Historie; daß die Individualität einmalige, auf keine Allgemeinheit reduzierbare Züge aufweist, hat er zwar nicht gefunden, aber *Bezirke der Individualität – von Institutionen und Völkern* – so eingehend und unbefangen studiert, daß er fast in die moderne Geschichtsschreibung hineinzuwachsen scheint." Hervorhebung nur hier.

Passgenauigkeit im Hinblick auf die jeweiligen Regelungsbedürfnisse: « *Elles doivent être tellement propres au peuple pour lequel elles sont faites, que c'est un très grand hasard si celles d'une nation peuvent convenir à une autre* » (I 3).[272]

Zwar heißt es im unmittelbar darauf folgenden Abschnitt wiederum in konsequenter Verfolgung der Prämissen Montaignes, dass sie der Natur entsprechen müssen. Aber auch das steht unter dem Vorbehalt einer bereits früher betrachteten Stelle, die wir erörtert haben, als es um den Vorrang der Vernunft ging. Nunmehr können wir die Stelle in Erinnerung rufen, an der zu erkennen ist, dass es ihm zunächst und vor allem um die menschliche Vernunft geht, die für den Ursprung aller Gesetzgebung maßgeblich ist. Denn danach wird, wie erinnerlich, das Gesetz mit der menschlichen Vernunft sogar unter der Bedingung gleichgesetzt, dass diese in allen Völkern waltet, so dass die einfachen Gesetze des Zivil- und Staatsrechts jene menschliche Vernunft lediglich konkretisieren (I 3).

Gewiss steht dies unter einer nicht leicht zu erfüllenden einschränkenden Bedingung, nämlich jener, dass die menschliche Vernunft auch wirklich alle Völker der Erde leitet. Seine Menschenkenntnis hat ihm nahegelegt, dass dies keineswegs immer der Fall ist, wie er durchaus sinnig und im Geiste der Moralistik kontraintuitiv auf den Punkt bringt: « *Par la nature de l'entendement humain, nous aimons en fait de religion tout ce qui suppose un effort, comme, en matière de morale, nous aimons spéculativement tout ce qui porte la caractère de la sévérité* » (XXV 4).[273] Er erkennt, dass auch die Vernunft menschlich urteilt, indem sie ihre Wertschätzung gleichsam mit negativen Vorzeichen entgegen der naheliegenden Neigung verteilt, so dass man mit der Religion eher Kasteiung und mit der Moral strenge Sittenbefolgung einhergehen lassen möchte. Demgegenüber gibt die französische Moralistik ihre Einsichten mit einer gewissen Leichtigkeit und Heiterkeit aus erfahrener Menschenkenntnis preis, wie Montesquieu hier einmal mehr unter Beweis stellt.

Bei aller Berücksichtigung der Wirklichkeit und der faktischen Gegebenheiten, wie beispielsweise des Klimas, die Montesquieus buchstäbliche Bodenständigkeit bezeugen, ist ihm zugleich auch eine idealistische Sichtweise zu eigen, die daher Sollenssätze formuliert, wie eben jenen, dass die Gesetze eben lediglich die ein-

272 *Montesquieu*, Œuvres complètes, Bibliothèque de la Pléiade, Tome II, S. 237; Übersetzung *Ernst Forsthoff*, 1951/1992, Bd. 1, S. 16: „Sie müssen dem Volk, für das sie geschaffen sind, so genau angepasst sein, dass es ein sehr großer Zufall wäre, wenn sie auch einem anderen Volk angemessen wären".

273 *Montesquieu*, Œuvres complètes, Bibliothèque de la Pléiade, Tome II, S. 740; Übersetzung *Ernst Forsthoff*, 1951/1992, Bd. 2, S. 191: „Dem Wesen der menschlichen Vernunft entsprechend lieben wir in Sachen der Religion alles, was eine Anstrengung erfordert, wie wir in Sachen der Moral theoretisch alles Ernsthafte schätzen".

zelnen Anwendungsfälle der menschlichen Vernunft darstellen sollen.[274] Wenn man eine Gewichtung vornehmen möchte, dann geht sie eher in die Richtung, dass Montesquieu die Gesetze aus der menschlichen Vernunft und nicht allein der Natur ableitet. Man kann ihn daher zu den maßgeblichen Mitbegründern eines aufgeklärten Vernunftrechts zählen.

Zugleich zeigt sich allenthalben, wie tiefsinnig Montesquieu zwar noch in der Tradition der französischen Moralistik Faktizität und Normativität gleichermaßen berücksichtigt und in Einklang zueinander bringt, wodurch er aber über Montaigne konstruktiv hinausweist:[275] *« Les hommes, par leurs soins et par de bonnes lois, ont rendu la terre plus propre à être leur demeure »* (XVIII 7).[276] Hier scheinen unausgesprochen Elemente auf, die den Geist der Gesetze als Inbegriff von Regierungsformen, Handel, Klima, Religion, Sitten und Gebräuchen erkennen lassen. Die vielfältigen Mühen zeigen sich am Beispiel des Handels, der den Wohlstand mehrt, sowie der geleisteten Arbeit, die unter den jeweiligen klimatischen Umweltbedingungen verrichtet wird. Gute Gesetze wiederum sind solche, die im Einklang mit entsprechenden Sitten und althergebrachten Gebräuchen stehen, ohne die religiösen Vorstellungen mutwillig zu verletzen.

---

274 *Ernst-Wolfgang Böckenförde*, Die Theorie der Gewaltengliederung, in: Montesquieu-Traditionen in Deutschland. Beiträge zur Erforschung eines Klassikers (Hg. Edgar Maas/Paul-Ludwig Weinacht), 2005, S. 153, leitet aus dem Gesetzesbegriff folgendermaßen ab: „Montesquieu bekennt sich damit zur Natur der Sache als dem Prinzip auch der Sollensgesetze. Er verbindet den Rationalismus des Vernunftrechts mit der Sachbezogenheit des Erforschers der tatsächlichen Gegebenheiten, was kein Wunder nimmt für jemanden, der sein Wirken als Naturforscher begonnen hat." Unter Verweis auf *Ernst Cassirer*, Die Philosophie der Aufklärung, 1932, S. 325.

275 *Hugo Friedrich*, Montaigne, 1949, S. 239, zeigt dessen Rechtdenken am Beispiel einer Stelle (*Essais* III 13), die „klassisch für Montaigne, für moralistisches Denken überhaupt ist: Scharf zeigt sie das Mißverhältnis zwischen dem Gegebenen auf der einen Seite (der unendlichen Verschiedenheit menschlichen Verhaltens) und dem Ausgewählten und Fixierten auf der anderen (hunderttausend in Gesetzen vorbedachte Fälle)." – Montesquieu kennt diesen Gedanken nur zu gut, aber er belässt es nicht bei der bohrenden Rechtskritik Montaignes, sondern gelangt – seinerseits moralistisch denkend, nämlich nicht zersetzend, sondern die menschlichen Möglichkeiten erschließend (wie wiederum *Friedrich* im Hinblick auf Montaigne hellsichtig herausgearbeitet hat; vgl. *Jens Petersen*, Montaignes Erschließung der Grundlagen des Rechts, 2. Auflage 2019) – über den als Inbegriff verstandenen Geist der Gesetze zu einer Lösung, welche die Gesetzgebung und Gesetzesanwendung ermöglicht, indem sie menschliche Selbstbestimmung und notwendige Bindung miteinander in Einklang bringt.

276 *Montesquieu*, Œuvres complètes, Bibliothèque de la Pléiade, Tome II, S. 535; Übersetzung *Ernst Forsthoff*, 1951/1992, Bd. 1, S. 385: „Durch ihre Mühen und durch gute Gesetze haben die Menschen die Erde wohnlicher gemacht." Man denkt unwillkürlich an den Topos der ‚Kolonialisierung der Lebenswelt', den *Jürgen Habermas*, Theorie des kommunikativen Handelns, Bd. 2, 1981, in anderem, aber ebenfalls zumindest auch rechtsrelevantem Zusammenhang geprägt hat.

Vor allem aber zeichnet solche Gesetze aus, dass sie unter Beachtung der Gewaltenteilung zustande gekommen sind, also nicht despotisch erlassen oder von sonstiger Willkür gezeichnet sind. Auch wenn die zitierte Wendung jene Schärfe vermissen lässt, welche die französische Moralistik in der Nachfolge des Herzogs de La Rochefoucauld kennzeichnet, sondern einen vom Gefühl für Maß und Mitte bestimmten Optimismus erkennen lässt, erweist sich die Sentenz in ihrer Bodenständigkeit als moralistisch gefärbt, urteilt und steht ihr Verfasser doch als Mitbegründer der Rechtssoziologie gleichsam auf dem Boden der Tatsachen.

II. Gesetze aus dem Geist der Regierungsformen

Man hat den Esprit des Lois mitunter als ein etwas ungeordnetes Ganzes oder ein ausuferndes, barockes Buch angesehen.[277] Es wäre allzu leicht, Belege für scheinbar Überflüssiges zu finden. Viele mitgeteilte Einzelheiten über bestimmte Regelungen des Altertums oder des französischen Lehensrechts könnten als sinnfällige Belege angeführt werden. Insofern teilt es dasselbe Schicksal wie das große Werk Montaignes, von dem ebenfalls gesagt worden ist, dass es sich in unzähligen Einzelheiten über antike oder fremde Kulturen verliert, obwohl gerade diese nicht nur die permanente Denkbewegung veranschaulichen, sondern auch seine Erschließung der Rechtsanthropologie.[278] Nicht zuletzt deswegen muss man seine Essais zur Gänze gelesen haben, um Montesquieu auch nur ansatzweise gerecht werden zu können.

Vollends Gerechtigkeit widerfahren lassen kann man ihm freilich nur durch eine Lektüre des gesamten Esprit des Lois. Denn ebensowenig, wie eine solche Sichtweise dem Werk seines Vorbildes gerecht wird, in dem die meisten dieser scheinbar überflüssigen Details zumindest den Zweck haben zu zeigen, dass jene Normen, die für das europäische Rechtsdenken den höchsten Stellenwert haben, zu anderen Zeiten und in anderen Kulturkreisen keinerlei Bedeutung beanspruchen konnten oder gar verpönt waren, darf man die auf den ersten Blick redundanten Ausführungen Montesquieus über bestimmte Regelungen für unbeachtlich erklären, weil sie ihn weniger als solche interessieren denn vielmehr paradigmatische Bedeutung für den Geist der Gesetze entfalten, der sich im Hinblick auf Regierungsformen, Sitten, klimatische Verhältnisse, religiöse Normen oder ökonomische Bedingungen beispielhaft enthüllt.[279]

Entscheidend ist nämlich, dass man sein unmissverständlich formuliertes Anliegen ernst nimmt. Es besteht zunächst in der gleichsam negatorischen Abgrenzung, nicht die Gesetze, sondern den Geist der Gesetze zu behandeln, wie es ja weiter oben schon betont wurde und Montesquieu bewusst am Ende des ersten

---

277 *Victor Klemperer*, Montesquieu, 1914, Bd. 2, S. 284ff., mit umsichtig zusammengestellten Nachweisen für die verschiedenen, in diese Richtung reichenden Sichtweisen. *Corrado Rosso*, Montesquieu moraliste. Des lois au bonheur, 1971, S. 66, hält dieser Strömung – wenngleich nicht unmittelbar *Klemperer*, dessen Werk er aus gutem Grund sehr schätzt – innerhalb des Schrifttums der Sache nach zutreffend entgegen, dass gerade die moralistische Ausrichtung jene Entgegensetzung von Ordnung und Unordnung überwindet.

278 *Jens Petersen*, Montaignes Erschließung der Grundlagen des Rechts, 2. Auflage 2019, § 6.

279 *Vittorio Hösle*, Moral und Politik. Grundlagen einer Politischen Ethik für das 21. Jahrhundert, 1997, S. 842 mit Fußnote 107, S. 856 mit Fußnote 113, behandelt solche Konstellationen aus dem 26. Buch überaus aufschlussreich (XXVI 14; 22).

https://doi.org/10.1515/9783111396132-004

Buches wissen lässt (I 3). Die Mitteilungen über einzelne Gesetze vergangener Zeiten oder entfernter Länder erhellen immer nur schlaglichtartig und paradigmatisch, inwieweit Belange des Handels, der Regierungsformen, der Sitten, der Religion oder des Klimas im Blickpunkt stehen und zur Geltung gelangen.

Wichtiger ist allerdings das, was er im positiven Sinne über den Geist der Gesetze sagt. Denn wenn man den Schluss des ersten Buches aufmerksam liest, dann kann man darin die gedanklich glasklare Gliederung des nur anscheinend so verworrenen Werks finden. Man muss im Ausgangspunkt eine Unterteilung berücksichtigen, die Montesquieu folgerichtig bereits da behandelt, wo er auch vom Völkerrecht spricht (I 3). Dort ist die Rede von den Menschen, deren Bestreben es ist, in Gesellschaft zu leben (I 2). Dass Montesquieu die Feststellung dieses Naturgesetzes mit rechtlichen Folgerungen verbindet, spricht dafür, ihn als einen der Begründer der Rechtssoziologie zu bezeichnen, auch wenn es für sich betrachtet noch nicht zureichend ist.[280]

Allerdings lässt er es nicht bei einer noch so rudimentären Rechtstatsachenforschung bewenden, sondern erweist sich zugleich immer auch als dogmatisch geschulter Jurist, indem er etwa deutlich zwischen dem Staatsrecht und dem bürgerlichen Recht unterscheidet, dabei aber den soziologischen Standpunkt nicht aus dem Blick verliert und folgerichtig auch hier von den Menschen ausgeht, und zwar in ihrer Eigenschaft als Zugehörige zur Gesellschaft:[281] *« Considérés comme vivants dans une société qui doit être maintenue, ils ont des lois dans le rapport qu'ont ceux qui gouvernent, avec ceux qui sont gouvernés; et c'est le droit politique. Ils en ont encore dans le rapport que tous les citoyens ont entre eux; et c'est le droit civil »* (I 3).[282] So wichtig freilich diese Unterscheidung in dogmatischer und kategorialer Hinsicht ist, so unabweislich sieht Montesquieu, dass es auf die konkreten Gesetze

---

280 *Vittorio Hösle*, Moral und Politik. Grundlagen einer Politischen Ethik für das 21. Jahrhundert, 1997, S. 547.

281 *Panajotis Kondylis*, Montesquieu und der Geist der Gesetze, 1996, S. 95, setzt den Akzent anders: „Geistesgeschichtlich gesehen bildete die Gewaltenteilung jedenfalls eine Konstruktion, die um so mythologischer wurde, je mehr sie sich von Montesquieus soziologischr Betrachtung entfernte, um sich in die Spitzfindigkeiten des liberalen juristischen Formalismus zu verwickeln." – Gerade deswegen wird hier der Versuch unternommen, sein herausragendes Rechtsdenken vor allem in rechtsdogmatischer Hinsicht mit Montesquieus rechtssoziologischer Betrachtung aus dem Geist der Moralistik in Einklang zu bringen, so dass sich daraus sein zeitlos gültiges Verständnis der Gewaltenteilung als Immunisierung gegen jede Despotie gleichsam von selbst ergibt.

282 *Montesquieu*, Œuvres complètes, Bibliothèque de la Pléiade, Tome II, S. 236; Übersetzung *Ernst Forsthoff*, 1951/1992, Bd. 1, S. 14 f.: „Als Glieder einer Gesellschaft, die aufrechterhalten werden soll, haben sie Gesetze, die sich auf das Verhältnis der Regierenden zu den Regierten beziehen: das ist das Staatsrecht. Und weiter haben sie Gesetze, die sich auf das Verhältnis aller Bürger zueinander beziehen: das ist das bürgerliche Recht".

für sein spezifisches Erkenntnisinteresse – nicht die Darstellung und Auslegung bestimmter Gesetze, sondern die Erfassung des Geists der Gesetze – nicht entscheidend ankommt.

Wie jeder gute Jurist lässt er zunächst außer Acht, was er gerade nicht behandeln muss, weil es für sein Vorhaben nicht entscheidungserheblich ist und daher dahinstehen kann. Denn wenn der Ausgangspunkt all seiner Betrachtungen über die menschliche Vernunft, aus der alle staatlichen und bürgerlichen Gesetze hervorgehen, indem sie ihre Ausprägungen darstellen und gleichsam Beispiele dieser menschlichen Vernunft in legislatorischer Hinsicht darstellen, dann kommt es nicht mehr darauf an, ob die Gesetze dem Staatsrecht oder dem bürgerlichen Recht zu gehören: *« Il faut qu'elles se rapportent à la nature et au principe du gouvernement qui est établi, ou qu'on veut établir; soit qu'elles le forment, comme font les lois politiques; soit qu'elles le maintiennent, comme font les lois civiles »* (I 3).[283]

Für Montesquieu ist also entscheidend, inwiefern sie sich auf die jeweilige Regierung beziehen: *« J'ai dû moins suivre l'ordre naturel des lois, que celui de ces rapports et de ces choses »* (I 3).[284] Aber auch dieser bloße Regierungsbezug ist noch zu wenig aussagekräftig und daher farblos, weil es für Montesquieu auch darauf ankommt, welcher Art die konkrete Regierung ist, in welcher Form sie also verfasst ist, weil nicht zuletzt davon abhängt, welche Gesetze eine solche Regierung erlässt und auf welche Weise die Gesetzgebung vonstatten geht: *« J'examinerai d'abord les rapports que les lois ont avec la nature et avec le principe de chaque gouvernement : et, comme ce principe a sur les lois une suprême influence, je m'attacherai à le bien connoître; et, si je puis une fois l'établir, on en verra couler les lois comme de leur source »* (I 3).[285]

An dieser Stelle zeigt sich erstmals innerhalb seines Werkes Montesquieus unnachahmliche Fähigkeit, ein treffendes Bild für einen schwierigen Zusammenhang zu finden, das aussagekräftiger ist als alle trockenen Kategorisierungen. Hieran sieht man, wie gerade seine Provenienz aus der französischen Moralistik

283 *Montesquieu*, Œuvres complètes, Bibliothèque de la Pléiade, Tome II, S. 237 f.; Übersetzung *Ernst Forsthoff*, 1951/1992, Bd. 1, S. 16: „Sie müssen der Natur und dem Prinzip der bestehenden oder erst zu errichtenden Regierungsform entsprechen, mögen sie nun die Regierung prägen, wie die Staatsgesetze, oder aufrechterhalten, wie die bürgerlichen Gesetze".

284 *Montesquieu*, Œuvres complètes, Bibliothèque de la Pléiade, Tome II, S. 238; Übersetzung *Ernst Forsthoff*, 1951/1992, Bd. 1, S. 17: „So musste ich mich weniger an die natürliche Einteilung der Gesetze als an die der Beziehungen und Dinge halten".

285 *Montesquieu*, Œuvres complètes, Bibliothèque de la Pléiade, Tome II, S. 238; Übersetzung *Ernst Forsthoff*, 1951/1992, Bd. 1, S. 17: „Zuerst werde ich die Beziehungen der Gesetze zum Wesen und Prinzip der einzelnen Regierungsformen untersuchen; und da dieses Prinzip entscheidenden Einfluss auf die Gesetze ausübt, werde ich mich besonders um seine Erkenntnis bemühen. Und ist es einmal aufgezeigt, so wird man sehen, wie die Gesetze aus ihm wie aus einer Quelle fließen".

mit ihrer sprachlichen Virtuosität die zunächst eher trockenen Darlegungen der Anfangskapitel mit Leben erfüllen. Wir werden dies noch weiter unten beobachten, wenn er an einer berühmten Stelle den Richter als « *la bouche, qui prononce les paroles de la loi* » bezeichnet (XI 6). Diese einprägsamen Formulierungen, welche die Klarheit seiner Herleitungen pointiert zum Ausdruck bringen, waren wohl nicht zuletzt mitursächlich dafür, dass seine anschauliche Darstellung der Gewaltenteilung bleibenden Weltruhm erlangte.

Nicht von ungefähr nämlich ist die Lehre von der Gewaltenteilung mit den Regierungsformen verbunden. Entscheidend für die Einsicht in den Aufbau des Werkes ist daher die systematische Erkenntnis des Spezialitätsverhältnisses: Montesquieu geht vom allgemeinen Prinzip, nämlich dem der einzelnen Regierungsformen, zu den besonderen Beziehungen über, die für die Gesetzgebung als Ausprägung der menschlichen Vernunft entscheidend sind. Dazu gehören alle weiteren Umstände, die zunächst von der natürlichen Eigenart des jeweiligen Landes abhängen (I 3). Auch hieran erkennt man, dass Montesquieu als einerseits deduktiv argumentierender Systematiker, andererseits aber ebenso lebensnah wie pointiert formulierender Moralist, der er ebenfalls war,[286] zu den Wegbereitern der Rechtssoziologie gehört.[287]

Gewiss gab es auch vor ihm Denker, welche beispielsweise die Abhängigkeit gesetzlicher Bestimmungen von der Belegenheit des Regelungsortes erkannten, wie etwa Machiavelli, der bereits über die Besonderheiten der Gesetzgebung eines in territorialer Hinsicht so exponierten Ortes wie der Republik Venedig nachdachte.[288] Diesen Gedanken Machiavellis hat Montesquieu in einer überaus aufschlussreichen Weise weiterverfolgt: « *On a vu partout la violence et la vexation donner naissance*

---

286 *Hugo Friedrich*, Montaigne, 1949, S. 221, bietet den Versuch einer historischen Begriffsbestimmung, der man auch Montesquieu subsumieren kann: „Im historischen Sinne meint man mit den Moralisten eine Gruppe französischer Aufklärer des 17. und 18. Jahrhunderts (was eine unzulässige Einschränkung ist). Im begrifflichen Sinne meint man Geister, die auf die Frage, was der Mensch sei, antworten durch Betrachten und Beschreiben aller Erscheinungsweisen des Menschen in seelischer, sittlicher, sittengeschichtlicher, gesellschaftlicher, politischer Hinsicht, jeweils nach der Verschiedenheit der Räume und Zeiten, – und die eigentlich keine Antwort auf die Frage geben, sondern sie, im Anblick bisher unentdeckter Tiefenschichten und Verwicklungen, immer wieder neu stellen, als die unbeantwortbare Frage schlechthin." – Man muss nur die Gesamtheit der Erscheinungsformen der Despotie bei Montesquieu betrachten, wie dies im Verlauf der vorliegenden Untersuchung unternommen wird, um zu sehen, dass praktisch alle Elemente der Begriffsbestimmung *Friedrichs* – unter Einschluss der letztgültigen Unbeantwortbarkeit aufgrund der unendlichen Vielgestaltigkeit der dadurch hervorgerufenen Ängste bei den davon betroffenen Menschen – erfüllt zu finden.

287 *Vittorio Hösle*, Moral und Politik. Grundlagen einer Politischen Ethik für das 21. Jahrhundert, 1997, S. 547.

288 Näher *Jens Petersen*, Machiavellis Gesetzgebungslehre, 2020, S. 99 f.

au commerce d'économie, lorsque les hommes sont contraints de se réfugier dans les marais, dans les îles, le bas fonds de la mer, et ses écueils même. C'est ainsi que Tyr, Venise, et les villes de Hollande furent fondées; les fugitifs y trouvèrent leur sûreté. Il fallut subsister; ils tirèrent leur subsistance de tout l'univers » (XX 5).[289]

Der erste Teil dieses Kapitelschlusses zeigt eine bemerkenswert empathische Grundhaltung, aus der letztlich Gesetzmäßigkeiten des Welthandels abgeleitet werden. Es zeugt von großer Sprachgewalt, auf welche Weise Montesquieu in einer durch und durch humanistischen Gesinnung die anthropologische Grunderfahrung des Bedürfnisses der Selbsterhaltung zu einem Kontinuum ausgestaltet, das die Binnenspannung des Gedankens ausmacht, und in diesem Rahmen zugleich den Prozess zwischen anfänglicher drangvoller Enge bis hin zur buchstäblich weltöffnenden Weite zum Ausdruck bringt. In der Zusammenschau bildet dieser Satz eine moralistische Sentenz im anspruchsvollsten Sinne, weil der zunächst scheinbar weitausgreifende Grundgedanke beengter Verhältnisse sich in eine knappe Wendung zu verengen scheint, während er inhaltlich gerade umgekehrt einen immensen Raum eröffnet.[290] Form und Inhalt scheinen zuerst auseinanderzustreben, um einander sodann in vollkommener Übereinstimmung zu bedingen und dementsprechend wirtschaftspolitisch freiheitlich auszugestaltende Regelungen rechtsphilosophisch zu begründen.

---

289 *Montesquieu*, Œuvres complètes, Bibliothèque de la Pléiade, Tome II, S. 589; Übersetzung *Ernst Forsthoff*, 1951/1992, Bd. 2, S. 7: „Man hat überall beobachten können, dass Gewalt und Bedrängnis, den der Bedarfsdeckung dienenden Handel entstehen ließen, wenn die Menschen gezwungen waren, in Sümpfen, auf Inseln, auf Sandbänken, ja selbst Klippen des Meeres Zuflucht zu suchen. So wurden Tyrus, Venedig und die Städte Hollands gegründet; Flüchtlinge fanden hier Zuflucht. Sie mussten leben können und holten sich ihren Unterhalt aus der ganzen Welt".

290 *Karlheinz Stierle*, Montaigne und die Moralisten. Klassische Moralistik – Moralistische Klassik, 2016, S. 281, ist die wichtige Feststellung zu verdanken, dass dasjenige, was wir häufig als Sentenz der Moralisten bezeichnen, nicht zufällig ein ‚Satz' im Wortsinne ist und gelangt dadurch zu zeitlos gültigen Einsichten: „Der Satz als kleinste eigenständige Einheit der Rede ist der eigentliche Ort moralistischer Einsicht. In ihm kommt ein Maximum momentaner konzentrierter Aufmerksamkeit zu seiner sprachlichen Gestalt. (...) Die Darstellungskunst des Moralisten mobilisiert alle Möglichkeiten der Intensivierung, die dem Satz semantisch, syntaktisch, rhythmisch und klanglich zu Gebote stehen. Keine andere Darstellungsform, es sei denn die der Lyrik, reflektiert so intensiv ihre eigene Sprachlosigkeit. Je mehr aber der Satz binnenbestimmt wird, desto mehr nimmt seine Außenbindung ab, widersetzt er sich einer problemlosen Kontinuität. Der moralistische Satz muss daher auch wieder und wieder gelesen werden, bis er sich in seiner gedanklichen Energetik ganz erschließt." – Gerade der abschließende Imperativ dieser beeindruckenden Einsicht verdient Hervorhebung, scheint es doch im Falle Montesquieus erstaunlicherweise so, als seien gerade seine prägnantesten moralistischen Sentenzen eher überlesen worden, wenn sie denn (sofern sie nämlich in den entlegeneren Teilen des Werkes stehen) überhaupt im Zusammenhang analysiert worden sind.

Dass gerade die ursprünglich unwirtlichsten Orte Europas infolge menschlicher Zwangslagen für die Weltwirtschaft bedeutsam wurden und durch den prosperierenden Handel mit dem Drang der wirtschaftlich Erfolgreichen, einander wechselseitig durch Kunstsinn und Luxus zu übertreffen, womöglich sogar zu den schönsten Plätzen werden konnten, ist eine über Machiavelli hinausgehende bemerkenswerte Einsicht, die in ihrer buchstäblich globalen Verallgemeinerung des besonderen Falles im Wege der überraschenden Entgegensetzung des beengten menschlichen Schicksals mit einer zwar feindlich wirkenden, aber gleichwohl chancenreichen Umwelt wohl nicht von ungefähr aus der Feder eines französischen Moralisten stammt. Montesquieu jedenfalls gebührt das Verdienst, als Erster in aller Schärfe erkannt zu haben, welch förderlichen Einfluss für die Weltwirtschaft die vor Despoten geflüchteten Menschen entfalten können.

Auch in dieser Hinsicht hilft ihm ein Blick auf das römische Recht, dem er ungeachtet der hegemonialen Tendenzen einen unerwarteten Humanismus zubilligt: *« Mais les Romains, qui faisoient des lois pour tout l'univers, en avoient fait de très humaines sur les naufrages : ils réprimèrent, à cet égard, les brigandages de ceux qui habitoient les côtes, et, ce qui étoit plus encore, la rapacité de leur fisc »* (XXI 17).[291] Montesquieu erkennt hier einen jener seltenen Fälle, in denen eine imperialistisch gesonnene Weltmacht die Habgier in den eigenen Reihen um fremder Menschenleben willen zügelt. Dabei kommt Montesquieus eigener humanistischer Grundhaltung ersichtlich entgegen, dass ausnahmsweise menschenfreundliche Hilfsbereitschaft als Ausprägung der Sitten und des Handels den Geist eines Gesetzes ausmachen kann. Daran lässt sich zugleich exemplarisch der rechtssoziologische Gehalt des Werkes ermessen.[292]

Wie sehr die weiteren Gesichtspunkte von der primär zu bestimmenden Regierungsform abhängen, zeigt jene für Montesquieu so bedeutsame politische Freiheit, die für die Schaffung der konkreten Gesetze entscheidend ist: *« Elles doivent se rapporter au degré de liberté que la constitution peut souffrir »* (I 3).[293]

291 *Montesquieu*, Œuvres complètes, Bibliothèque de la Pléiade, Tome II, S. 638; Übersetzung *Ernst Forsthoff*, 1951/1992, Bd. 2, S. 67: „Die Römer dagegen, die Gesetze für die ganze Welt erließen, haben für die Schiffbrüchigen sehr menschliche Gesetze geschaffen: sie unterdrückten in dieser Hinsicht die Räubereien der Küstenbewohner und, was noch mehr war, die Raffsucht ihrer Staatskasse".

292 *Corrado Rosso*, Montesquieu moraliste. Des lois au bonheur, 1971, S. 68 Fußnote 28, macht allerdings mit weiterem Nachweis zutreffend darauf aufmerksam, dass Montesquieu ein hervorragender Kenner des römischen Rechts war und bereits ansatzweise historische Rechtsvergleichung betrieben hat. Aus moderner Sicht dazu *Reinhard Zimmermann*, The Law of Obligations. Roman Foundations of the Civilian Tradition, 1996.

293 *Montesquieu*, Œuvres complètes, Bibliothèque de la Pléiade, Tome II, S. 238; Übersetzung *Ernst Forsthoff*, 1951/1992, Bd. 1, S. 16: „Sie müssen dem Grad von Freiheit entsprechen, der sich mit der

Versteht sich die Abhängigkeit der Freiheit von der Regierungsform noch vergleichsweise von selbst (XI 1), so ist die Erkenntnis der Maßgeblichkeit der weiteren Lebensformen und Institutionen Montesquieus besondere Leistung. Denn sie findet die Faktoren der Gesetzgebung in bestimmenden Gegebenheiten der menschlichen Gesellschaft, so dass sich auch von daher die rechtssoziologische Ausrichtung erschließt: *« À la religion des habitants, à leurs inclinations, à leurs richesses, à leur nombre, à leur commerce, à leurs mœurs, à leurs manières »* (I 3).[294] Die zuletzt zitierte die Einsicht in die Relevanz des Reichtums und Handels zeigt zudem paradigmatisch, warum Montesquieu zu den prägenden Vordenkern der Volkswirtschaftslehre gehört.[295]

Über diese mannigfaltigen Erscheinungsformen hinaus, deren Durchdringung ihn für die Rechtsökonomie, die Rechtssoziologie und die Rechtsphilosophie, aber auch das Verhältnis von Recht und Religion zu einem maßgeblichen Denker machen, ist Montesquieus Werk aber auch im Hinblick auf die allgemeine Rechtstheorie und insbesondere die juristische Methodenlehre von Bedeutung, wie die weiteren und abschließenden Gesichtspunkte zeigen, die er für den Geist der Gesetze als maßgeblich erachtet: *« Enfin elles ont des rapports entre elles; elles en ont avec leur origine, avec l'objet du législateur, avec l'ordre des choses sur lesquelles elles sont établies. C'est dans toutes ces vues qu'il faut les considérer »* (I 3).[296] Selten hat jemand sein systematisch angelegtes Vorhaben in weniger Worten klarer umrissen und zugleich die Gliederung der folgenden fast tausend Seiten kenntlich gemacht.

Es ist vor diesem Hintergrund merkwürdig, dass der im bisherigen Verlauf der Untersuchung bereits mehrfach erwähnte Untertitel seines großen Werks gele-

---

Verfassung verträgt"; siehe allgemein dazu *Christoph Möllers*, Freiheitsgrade. Elemente einer liberalen politischen Mechanik, 2020.

294 *Montesquieu*, Œuvres complètes, Bibliothèque de la Pléiade, Tome II, S. 238; Übersetzung *Ernst Forsthoff*, 1951/1992, Bd. 1, S. 16: „der Religion der Bewohner, ihre Neigungen, ihrem Reichtum, ihrer Zahl, ihrem Handel, ihren Sitten und Gebräuchen".

295 *John Maynard Keynes*, The General Theory of Employment, Interest and Money, 1936, würdigt Montesquieus Bedeutung als größten französischen Ökonomen und in dieser Hinsicht, nämlich auf seine Herkunft bezogen, gleichrangig mit Adam Smith im Vorwort der französischen Ausgabe (Théorie Générale de l'Emploi, de l'Intérêt et de la Monnaie, 1943) seines epochalen Werkes. Siehe auch *Nicos E. Devletoglou*, Montesquieu and the Wealth of Nations, The Canadian Journal of Economics and Political Science 29 (1963), 1; *Jens Petersen*, Adam Smith als Rechtstheoretiker, 2. Auflage 2017, S. 14 f., 99 f., 166, 196, 210 f., 254 f., 271 ff., 278, zur Bedeutung Montesquieus.

296 *Montesquieu*, Œuvres complètes, Bibliothèque de la Pléiade, Tome II, S. 238; Übersetzung *Ernst Forsthoff*, 1951/1992, Bd. 1, S. 16: „Schließlich stehen sie in Beziehungen zueinander: zu ihrem Entstehungsgrund, dem Willen des Gesetzgebers und der Ordnung der Dinge, für die sie bestimmt sind. Von allen diesen Gesichtspunkten aus muss man sie betrachten. Dies soll die Aufgabe des vorliegenden Werkes sein. Alle diese Beziehungen will ich untersuchen: sie alle zusammen bilden den ‚Geist der Gesetze'".

gentlich ganz unterschlagen wird, obwohl er dasjenige beispielhaft und sinnfällig verdeutlicht, was der Verfasser unter dem Geist der Gesetze versteht.[297] Daher soll die folgende Darstellung auch diese Zielsetzung weiterhin begleitend im Blick behalten, weil es der bestechend einfachen, aber niemals simplen Gedankenführung des Autors entspricht. So wird sich von selbst ergeben, dass Montesquieus Esprit des Lois weit über die Darstellung der Gewaltenteilung hinausreicht und in der Nachfolge Montaignes die Grundlagen des Rechts in einer Monumentalität ausarbeitet, wie sie zuvor nur andeutungsweise – eben durch Montaignes moralistische Weltsicht – bekannt war und danach kaum je wieder erreicht wurde.

Dass die Gesetze dem Geist der Regierungsformen entsprechen sollten, verdeutlicht Montesquieu an eher versteckter Stelle durch eine aufschlussreiche Gegenüberstellung der Regierungsformen, die zugleich veranschaulicht, welchen Stellenwert die Rechtsgeschichte für ihn hat: *« Les lois de Rome, qui avoient accoutumé les jeunes gens à la dépendance, établirent une longue minorité. Peut-être avons-nous eu tort de prendre cet usage : dans une monarchie on n'a pas besoin de tant de contrainte. Cette même subordination dans la république y pourroit demander que le père restât, pendant sa vie, le maître des biens de ses enfants, comme il fut réglé à Rome. Mais cela n'est pas de l'esprit de la monarchie »* (V 7).[298]

Dieser Gedanke ist insoweit beispielhaft und verallgemeinerungsfähig, als er verschiedene Gesichtspunkte veranschaulicht, die Montesquieus vorrangige Behandlung der Regierungsformen verdeutlicht. Zum einen betrifft dies die erzieherische Wirkung, welche die Gesetze entfalten, die wiederum die Sitten und Gebräuche prägen. Zum anderen zeigt sich hieran, dass bestimmte gesetzliche Einrichtungen nicht unter allen Umständen gut oder schlecht sind, sondern in Abhängigkeit von den jeweiligen Regierungsformen förderlich oder weniger vorzugswürdig sein können. Je nachdem stellen sie im einen Fall ein bedeutsames funktionales Äquivalent dar, während sie im anderen Fall leerlaufen oder sogar schädlich wirken. Die in den Herrschaftsformen wirkenden Prinzipien erweisen sich auf diese Weise als zumindest mitbestimmend für den Geist der Gesetze.

297 Nach dem Titelblatt der Erstausgabe von 1748 folgt, wie erinnerlich, die graphisch kleiner gedruckte Fortsetzung nach ‚De l'Esprit des Loix': « Ou du rapport que les Loix doivent avoir avec la Constitution de chaque Gouvernement, les Mœurs, le Climat, la Religion, le Commerce, &c ».

298 *Montesquieu*, Œuvres complètes, Bibliothèque de la Pléiade, Tome II, S. 283; Übersetzung *Ernst Forsthoff*, 1951/1992, Bd. 1, S. 74 f.: „Da die römischen Gesetze die Jugend an Abhängigkeit gewöhnt hatten, führten sie eine lange Dauer der Minderjährigkeit ein. Vielleicht taten wir Unrecht, diesen Brauch zu übernehmen; denn in einer Monarchie braucht man keinen so großen Zwang. Dieselbe Unterordnung in der Republik könnte zu der Forderung führen, dem Vater für die Dauer seines Lebens das Eigentum am Kindesvermögen zu geben, wie das in Rom gesetzlich bestimmt war. Aber dem Geist der Monarchie entspricht dies nicht".

Dieser hängt nicht zuletzt vom Geist der jeweiligen Regierungsform ab, weil die ihr entsprechende Triebfeder beispielsweise über die gerechte Strafe entscheiden kann, wie Montesquieu am Beispiel der alten französischen Gesetze in einem kurzen Kapitel erläutert: *« C'est bien dans les anciennes lois françoises que l'on trouve l'esprit de la monarchie. Dans les cas où il s'agit de peines pécuniaires, les non nobles sont moins punis que les nobles. C'est tout le contraire dans les crimes; le noble perd l'honneur et réponse en cour, pendant que le vilain, qui n'a point d'honneur, est puni en son corps »* (VI 10).[299] In Ermangelung einer Rechtsgleichheit entschied die Fühlbarkeit der Bestrafung aus Sicht der Rechtsunterworfenen, die ihrerseits wiederum durch die Regierungsform bestimmt wurde.

Montesquieu wusste kraft seiner gedanklichen Herkunft aus der französischen Moralistik, dass in der Rangfolge der menschlichen Laster der Habsucht, Ehrsucht und Herrschsucht für den Fall des Verlust eine unsichtbare Interessenhierarchie bestand.[300] So erbrachte man in einer Monarchie lieber materielle Opfer, als die Stellung bei Hofe einzubüßen, weil diese zugleich zum Machtverlust führen würde, dem der Verfall alles Übrigen unweigerlich folgen würde, wie folgender Kapitelschluss mit einer wirkungsvollen Ellipse deutlich macht: *« Se priver de quelques terres étoit peu de chose; renoncer aux grands office, c'étoit perdre la puissance même »* (XXXI 7).[301]

Innerhalb der unterschiedlichen Richtungen der französischen Moralistik ähnelt dieser Aphorismus Montesquieus vielleicht am ehesten den Maximen des Herzogs de La Rochefoucauld. Die Knappheit dieser doch scheinbar so erklärungsbedürftigen, jedenfalls aber voraussetzungsreichen Feststellung ist zugleich

299 *Montesquieu*, Œuvres complètes, Bibliothèque de la Pléiade, Tome II, S. 319; Übersetzung *Ernst Forsthoff*, 1951/1992, Bd. 1, S. 119 f.: „In den alten französischen Gesetzen findet man so recht den Geist der Monarchie. In den Fällen, wo es sich um Geldstrafen handelte, wurden die Nicht-Adeligen geringer bestraft als die Adeligen. Gerade umgekehrt aber war es bei den Verbrechen; der Adelige verlor seine Ehre und Stellung bei Hofe, während der gemeine Mann, der keine Ehre hatte, am Leibe bestraft wurde".

300 *Karlheinz Stierle*, Text als Handlung. Grundlegung einer systematischen Literaturwissenschaft, Neue, veränderte und erweiterte Auflage, 2012, S. 139, hat unter Hinweis auf einen Gedanken eines anderen Moralisten, nämlich *Blaise Pascal* (Fragment 40), betont, was wohl auch hier zu beachten ist: „Dabei gilt grundsätzlich auch, was Pascal in einer scharfsinnigen Bemerkung über Exemplum und problematischen Fall festgestellt hat, nämlich die Abhängigkeit dieser Relation von gegebenen Interessen." – Montesquieu könnte aus den Gedanken Pascals einiges über die Durchsetzung der Interessen sowie das Verhältnis von Recht und Macht erfahren haben; dazu überblicksartig *Jens Petersen*, Blaise Pascals Gedanken über das Recht, in: Festschrift für Werner Merle, 2010, S. 289–298.

301 *Montesquieu*, Œuvres complètes, Bibliothèque de la Pléiade, Tome II, S. 951; Übersetzung *Ernst Forsthoff*, 1951/1992, Bd. 2, S. 456: „Der Verzicht auf einige Ländereien wollte wenig besagen, der Verzicht auf hohe Ämter dagegen bedeutete Verlust der eigenen Macht".

taciteisch, weil sie zumindest für habgierige Materialisten auf den ersten Blick paradox anmutet. Aber hohe Ämter verhießen Nähe zur Macht mit Gesprächsverbindungen zu den Mächtigeren, die damit potentiell einhergehende Begründung wechselseitiger Abhängigkeitsverhältnisse, zudem mehr oder minder sichtbare Herrschaftsbefugnisse und im Übrigen auch erweiterte Möglichkeiten der Bereicherung, so dass mit der wenigstens zeitweiligen Befriedigung der Ehrsucht über kurz oder lang auch der Herrschsucht und Habsucht entsprochen werden konnte.

Montesquieu bewertet gerade bei der Regierungsform der Monarchie nicht allein den Gerechtigkeitsgehalt der Gesetze, sondern ermittelt neben der den Regelungen innewohnenden Zweckrichtung zugleich aus soziologischem Interesse die Rechtstatsachen und die Konsequenzen beider für die Gesellschaft insgesamt; dies freilich unter dem besonderen Gesichtspunkt der aus Sicht der französischen Moralisten wesentlichen Merkmale des Reichtums, der Stellung bei Hofe, der Machtverhältnisse und des daraus resultierenden oder fortfallenden Einflusses innerhalb der höfischen Gesellschaft. Es bedarf beinahe keiner Erwähnung mehr, dass bereits diese Aufzählung zeigt, dass der moralistische Blick darüber hinaus die gesellschaftlichen Verhältnisse insgesamt betrachtet. Da Montesquieu diese aber wiederum in Abhängigkeit zu den Befugnissen und Kräfteverhältnissen untersucht, ebnet die zuletzt zitierte moralistische Einsicht zugleich auch der Rechtssoziologie den Weg (XXXI 7).

Die Kehrseite der zuletzt behandelten Problematik zeigt sich bei der Begnadigung beziehungsweise der Möglichkeit, beim Monarchen in Ungnade zu fallen: *« Les grands y sont si fort punis par la disgrâce, par la perte souvent imaginaire de leur fortune, de leur crédit, de leurs habitudes, de leurs plaisirs, que la rigueur à leur égard est inutile »* (VI 21).[302] Die gedankliche Nähe zur französischen Moralistik im Allgemeinen und zu Montaigne im Besonderen zeigt sich bei der sinngemäßen Wendung der lediglich in der Vorstellung des Betroffenen empfundenen Einbuße ihres Wohlergehens. So kann sich in der Umkehrung jener weiter oben behandelten Einsicht schon der bloße Anschein verminderter Macht als für den Betroffenen sorgenvoll auswirken, wie bereits Montaigne wusste.

Dass die Sorge kein Eigengewicht hat, sondern nur zu oft ausschließlich in der Vorstellung des Besorgten besteht, gehört zu dessen Grundgedanken.[303] In diesem

---

302 *Montesquieu*, Œuvres complètes, Bibliothèque de la Pléiade, Tome II, S. 331; Übersetzung *Ernst Forsthoff*, 1951/1992, Bd. 1, S. 134: „Die Großen sind hier häufig durch die Ungnade, den oft nur eingebildeten Verlust ihres Glücks, ihres Ansehens, ihrer Lebensgewohnheiten und Freuden so schwer gestraft, dass Strenge gegen sie überflüssig ist“.

303 *Stefan Zweig*, Montaigne (nachgelassenes Typoskript), 4. Auflage 2001, S. 71 f., hat das in einer literarisch stilisierten, aber nichtsdestoweniger psychologisch ingeniösen Weise auf den Punkt gebracht, indem er sich in den Schlossherrn von Montaigne hineinversetzt und mit (hier wegge-

Sinne lässt auch Montesquieu mit ähnlich unbestechlichem Blick offen, ob den gestraften Aristokraten unter der Regierungsform der Monarchie der Rangverlust und die zerstobenen Illusionen nicht empfindlicher peinigen als die körperliche Züchtigung den einfachen Mann (VI 10). Doch enthält er sich wohl auch wegen seines Mitgefühls gegenüber den Minderprivilegierten eines Urteils. Dies verbot ihm seine humanistische und empathische Grundhaltung, der jeder herablassende Zynismus fremd war.

Zum besseren Verständnis dessen, was Montesquieu über die unterschiedlichen Regierungsformen zu sagen hat und letztlich beiläufig zu seiner berühmten Darstellung der Gewaltenteilung führen wird (XI 6), empfiehlt es sich zunächst, die Überschrift zu betrachten, die er dem zweiten Buch gegeben hat. In konsequenter Fortführung seiner zuletzt entwickelten Gedanken, wonach der Geist der Gesetze gleichsam der Inbegriff dessen ist, was sich aus den Regierungsformen, Sitten und Gebräuchen der Menschen, ihren religiösen Vorstellungen sowie den klimatischen Bedingungen unter denen sie leben, für die Gesetzgebung ergibt, legt er nach dem bereits behandelten Grundsatz der Spezialität zuerst das Augenmerk auf die Frage, welche Gesetze direkt aus der Natur einer jeden Regierungsform hervorgehen.

Montesquieu unterscheidet drei verschiedene Regierungsformen, nämlich die Republik, die Monarchie und die Despotie. Die erstgenannte unterteilt er zudem danach, ob das gesamte Volk Inhaber der obersten Gewalt ist – dann spricht er von einer Demokratie – oder ob die Republik aristokratisch verfasst ist, weil das Volk die Gewalt nur teilweise ausübt und anderenteils eine kleine Zahl von Menschen entscheidet. Es ist in didaktischer Hinsicht überaus aufschlussreich, auf welche Weise Montesquieu den Beurteilungsmaßstab insbesondere im Hinblick auf die Monarchie sowie die ihm verhasste Despotie bestimmt und diese beiden Regierungsformen aus Sicht des Volkes gegeneinander abgrenzt: *« Pour en découvrir la nature, il suffit de l'idée qu'en ont les hommes les moins instruits. (…) Le monarchique, celui où un seul gouverne, mais par des lois fixes et établies; au lieu que, dans le despotique, un seul, sans loi et sans règle, entraîne tout par sa volonté et par ses caprices »* (II 1).[304]

lassenen) Zitaten aus dem Werk anreichert: „Man hat Plato gelesen und muß sich herumzanken mit Dienstleuten, prozessieren mit den Nachbarn, jede kleine Reparatur wird zur Sorge. (…) Immer sagt es Montaigne von neuem, daß, was wir Sorge nennen, nicht sein eigenes Gewicht hat, sondern wir vergrößern oder verkleinern." – Eben diese Art der psychologischen Innenschau ist auch Montesquieu alles andere als fremd, auch wenn er rechtsphilosophisch großräumiger denkt, aber darüber eben gleichwohl die dabei mitwirkenden gefühlsmäßigen Determinanten (um es in Anlehnung an einer noch mehrfach zitierte Wendung Max Webers zu sagen) nicht aus dem Blick verliert.

304 *Montesquieu*, Œuvres complètes, Bibliothèque de la Pléiade, Tome II, S. 239; Übersetzung *Ernst Forsthoff*, 1951/1992, Bd. 1, S. 18: „Um ihre Natur klarzustellen, genügt die Vorstellung, die sich ganz einfache Menschen ohne Vorbildung von ihr machen. (…) Die monarchische ist die, bei der ein

Es ist bezeichnend für Montesquieu moralistischen Blick, dass er im Unterschied zu anderen Theoretikern, welche die Herrschaftsformen definiert und kategorisiert haben, gleichsam den unbefangenen, unverbildeten, gesunden Menschenverstand zum Maßstab nimmt, um sich über die Natur der Regierungsformen Klarheit zu verschaffen.[305] Auch das einfache Volk begreift die Bindung eines Herrschers an Gesetze im Unterschied zur ungezügelten Tyrannei dessen, der nur nach seinen impulsiven Leidenschaften regiert. Diese Unbefangenheit des Urteils und der unverstellte Blick auf die eigensüchtigen Motive der Handelnden, offenbart sich bei der schrankenlosen Willkür innerhalb der Despotie (XXVI 16). Hier zeigt sich auch den Rechtsunterworfenen der Rest ungezügelter Ehrsucht, Herrschsucht und Habsucht, welche die französischen Moralisten so kunstvoll aufs Korn nehmen.

Das führt umgekehrt zu einer weiteren Einsicht, die Montesquieu an einer systematisch ungewöhnlichen und überaus prominenten Stelle zum Ausdruck bringt, nämlich gleich zu Beginn seines Werks innerhalb des *« Avertissement de l'auteur »*, dessen erste Sätze über die politische Tugend der Sache nach hierher gehören: *« Et celle-ci est le ressort qui fait mouvoir le gouvernement républicain, comme l'honneur est le ressort qui fait mouvoir la monarchie. J'ai donc appelé vertu politique l'amour de la patrie et de l'égalité »*.[306] Diese Präzisierung, die offenbar auf entsprechende Missverständnisse antwortet, ist nicht zuletzt deswegen bedeutend, weil sie in Abkehr religiös gestimmter Tugendlehren und moraltheoretischer Traktate den Begriff des Politischen auf die Tugend anwendet.[307]

Über diese Weichenstellung hinaus, deren Tragweite sich Montesquieu nur zu bewusst ist, weil er zur Vermeidung von Missverständnissen die Neuartigkeit seiner Gedanken hervorhebt, dürfen die Beweggründe der Regierungsformen nicht außer Acht gelassen werden. Wenn er die Ehre zur Triebfeder der Monarchie erhebt, dann

einzelner, aber nach fest bestimmten Gesetzen reagiert, während bei der despotischen ein einzelner ohne Recht und Gesetz alles nach seinem Willen und seinen Launen lenkt".

305 Man vergleiche dies nur mit entsprechenden Ausführungen von *Max Weber*, Wirtschaft und Gesellschaft, 5. Auflage 1972, dessen Werk, wie weiter oben dargestellt, *Agnes Heller* (in: Zeit-Bibliothek der 100 Sachbücher, Hg. Fritz J. Raddatz, 1984, S. 88) in aufschlussreicher Weise mit Montesquieu in Beziehung gesetzt hat. Über das von ihr Festgestellte hinaus wird man dessen farbige und einnehmende Darstellung Max Webers schwerblütigen Kategorisierungen entgegenstellen können. Zu ihnen *Jens Petersen*, Max Webers Rechtssoziologie und die juristische Methodenlehre, 3. Auflage 2020, § 1.

306 *Montesquieu*, Œuvres complètes, Bibliothèque de la Pléiade, Tome II, S. 227; Übersetzung *Ernst Forsthoff*, 1951/1992, Bd. 1, S. 3: „Sie ist die Triebfeder, welche die republikanische Regierung in Bewegung setzt, wie die Ehre als Triebfeder die Monarchie bewegt. Ich habe also die Liebe zum Vaterland und zur Freiheit als politische Tugend bezeichnet".

307 *Georg Wilhelm Friedrich Hegel*, Grundlinien der Philosophie des Rechts, 1821, § 273, warnt denn auch vor Missverständnissen.

schwingt auch hier das Gedankengut der französischen Moralistik mit, wie es bei La Rochefoucauld und La Fontaine zur Blüte gebracht wurde.[308] Die besondere Bedeutung des dem Werk vorangestellten *« Avertissement de l'auteur »* mit seinen Ausführungen zur Ehre und politischen Tugend besteht nicht zuletzt darin, dass er die ursprünglich nicht auf systematischer Grundlage gewonnenen tiefen Einsichten der französischen Moralistik in politische Kategorien mit der Möglichkeit verfassungsrechtlicher Folgerungen überträgt.

Es ist bezeichnend für seinen klar strukturierenden Geist und seine Abneigung gegenüber Übertreibungen mit kategorischen Urteilen, dass Montesquieu dort mit Bedacht keine Ausschließlichkeit formuliert: *« Il faut faire attention qu'il y a une très grande différence entre dire qu'une certaine qualité, modification de l'âme, ou vertu, n'est pas le ressort qui fait agir un gouvernement, et dire qu'elle n'est point dans ce gouvernement. (...) En un mot, l'honneur est dans la république, quoique la vertu politique en soit le ressort; la vertu politique est dans la monarchie, quoique l'honneur en soit le ressort »* (Avertissement de l'auteur).[309] Diese leitsatzartige Formulierung der zugrundeliegenden Prinzipien ist auch in stilistischer Hinsicht bemerkenswert, weil sie die Grundaussage mit der eigentümlichen Mischung eines Chiasmus und einem die Konzessivsätze tragenden Parallelismus zum Ausdruck bringt.

Montesquieu hat es wohl wie kein anderer vermocht, die tiefen Einsichten der französischen Moralistik zu verinnerlichen, darüber hinaus aber allgemeingültige Sentenzen zu formulieren, die den Gedanken nicht nur aphoristisch wirkungsvoll in Szene setzen, sondern auch für die rechtlichen und politischen Zusammenhänge systematisch präzise verallgemeinern. Die darin aufscheinende Verbindung bemerkenswerter Menschenkenntnis mit vorurteilsfreier und stilsicherer Beschreibung rechtspolitischer Einsichten dürfte zumindest mitursächlich dafür sein, dass es ihm gelungen ist, die Notwendigkeit der Gewaltenteilung auf wenigen Seiten so

---

308 Eingehend *Karlheinz Stierle*, Montaigne und die Moralisten. Klassische Moralistik – Moralistische Klassik, 2016, S. 169 ff. sowie S. 277 ff. zu La Rochefoucauld, und zu La Fontaine S. 207–240. Vgl. zu den beiden französischen Moralisten auch *Jens Petersen*, Nietzsches Genialität der Gerechtigkeit, 3. Auflage 2020, S. 2, 18 ff. und öfter; ferner *ders.*, Recht und Macht in den Fabeln La Fontaines, Liber amicorum Otmar Seul, 2014, S. 384 (ergänzt in: Studien zur juristischen Ideengeschichte, 2023, S. 53–61).

309 *Montesquieu*, Œuvres complètes, Bibliothèque de la Pléiade, Tome II, S. 227 f.; Übersetzung *Ernst Forsthoff*, 1951/1992, Bd. 1, S. 3 f.: „Man muß beachten, daß es einen sehr beträchtlichen Unterschied ausmacht, ob man sagt, daß eine bestimmte Eigenschaft, Seelenart oder Tugend nicht die bewegende Triebfeder einer Regierung ist, oder ob man behauptet, daß sie in dieser Regierung nicht statthat. (...) Mit einem Wort: die Ehre gibt es in der Republik, obgleich die politische Tugend ihre Triebfeder ist; die politische Tugend gibt es in der Monarchie, obgleich ihr die Ehre als Triebfeder wirkt".

überzeugend darzustellen, dass sie dauerhaft mit seinem Namen verknüpft bleibt (XI 6).[310]

Denn da die Gewaltenteilung letztlich der ihm besonders verhassten Despotie entgegenwirken sollte, diese aber vor allem auf der Rechtsunsicherheit durch permanente Furcht der Untertanen vor den unkalkulierbaren Launen des Despoten gründet und Montesquieu die damit verbundenen Ängste der Rechtsunterworfenen vor der haltlosen Schlechtigkeit des Alleinherrschers im Gefolge der französischen Moralistik zum Ausdruck bringt, ist es wohl kein Zufall, dass die Beschreibung der Notwendigkeit einer Bändigung der Gewalten gerade einem französischen Moralisten am klarsten gelang, der vorderhand die Verfassung Englands betrachtete, aber zugleich – und wohl deutlich mehr noch – die Auswirkungen des französischen Absolutismus' mit all seinen Schattenseiten vor Augen hatte.

Die zuletzt angestellten Überlegungen zur von Montesquieu so genannten politischen Tugend verdeutlichen, warum man ihn auch als einen Wegbereiter der Politikwissenschaft angesehen hat, weil er der ursprünglich moraltheoretisch konnotierten Tugend eine explizit politische Komponente zumisst. Wir haben bereits gesehen, dass sich Montesquieu seiner Originalität durchaus bewusst war.[311] Insofern ist sein *« Avertissement de l'auteur »* auch wissenschaftstheoretisch bemerkenswert, weil er, ohne sich wahrscheinlich der disziplinprägenden Dimension seiner Anleihe und der begrifflichen Zusammensetzung bewusst gewesen zu sein oder darauf Anspruch erheben zu wollen, die Notwendigkeit sah, ungewohnte Begriffsprägungen vorzunehmen, wie er dort hervorgehoben hat: *« Il a bien fallu trouver de nouveaux mots, ou donner aux anciens de nouvelles acceptions ».*[312]

---

310 *Walter Kuhfuß*, Die Bedeutung der Mäßigung im Werk Montesquieus, in: Montesquieu-Traditionen in Deutschland. Beiträge zur Erforschung eines Klassikers (Hg. Edgar Maas/Paul-Ludwig Weinacht), 2005, S. 205, 207, bemerkt treffend: „Die Gewaltenteilungslehre hat ihre psychologisch-moralische Grundlage in der Erkenntnis, daß die Mäßigung der Menschen weder die Basis für das Glück in der Staatsgemeinschaft noch für die rationale Konstruktion einer politischen Theorie sein kann. Dic Mäßigung der politischen Einrichtung korrigiert die Menschennatur." – Nach der hier vertretenen Auffassung ist das, was er als „psychologisch-moralische Grundlage" bezeichnet, wohl letztlich der Geist der französischen Moralistik, dem die Mäßigung immanent ist.

311 *Corrado Rosso*, Montesquieu moraliste. Des lois au bonheur, 1971, S. 67 f. mit Fußnoten 26–28, unterscheidet hinsichtlich dessen mehr oder minder ausgeprägten Originalität sorgsam danach, ob und inwieweit sie dem Philosophen, Soziologen und Juristen, dem Historiker, Schriftsteller oder eben dem Moralisten gilt.

312 *Montesquieu*, Œuvres complètes, Bibliothèque de la Pléiade, Tome II, S. 227; Übersetzung *Ernst Forsthoff*, 1951/1992, Bd. 1, S. 3: „Es kam darauf an, neue Worte zu finden oder den alten neue Bedeutung zu geben".

Diese Herausforderung zu Beginn eines rechtsphilosophischen Werkes ist auch sprachphilosophisch aufschlussreich.[313] Entsprechend der vornehmen Zurückhaltung, die Montesquieu selbst walten lässt, sollte man ihn indes auch nicht zum Begründer der politischen Wissenschaft verklären, zumal da Machiavelli zwei Jahrhunderte zuvor bereits bahnbrechend in diese Richtung gewirkt hat.[314] Allerdings lässt sich wohl mit Fug behaupten, dass erst Montesquieu das Verhältnis von Recht und Politik so grundlegend gestaltet hat, dass er innerhalb eines in erster Linie juristischen Werkes ideengeschichtlich beiläufig – und womöglich im Gefolge der Rechtssoziologie – die Entwicklung der Politikwissenschaft in der Tat mitgeprägt hat.[315]

Montesquieus Verdienst liegt nicht zuletzt darin, schon zu seiner Zeit die Person Machiavellis vom Machiavellismus unterschieden und auf dieser Grundlage den Gesichtspunkt der Mäßigung in den Mittelpunkt gestellt zu haben, der den gesamten Esprit des Lois prägt (XXVI 15): *« On a commencé à se guérir du machiavélisme, et on s'en guérira tous les jours. Il faut plus de modération dans les conseils. Ce qu'on appeloit autrefois des coups d'État, ne seroit aujourd'hui, indépendamment de l'horreur, que des imprudences »* (XXI 20).[316] Interessanterweise findet sich diese aufschlussreiche Einsicht im Zusammenhang mit wechselrechtlichen Errungenschaften.[317] Aber auch das kann nach den bisherigen Überlegungen nicht mehr überraschen, weil nicht zuletzt der internationale Handel, dessen Vereinfachung das Wechselrecht ursprünglich diente, den Geist der Gesetze neben den Sitten und Gebräuchen, der Religion und dem Klima mitbestimmt.

Der Nachsatz dieses stilprägenden Gedankens, den Montesquieu in einen eigenständigen Absatz gießt, ist ideengeschichtlich von beträchtlicher Bedeutung und vereinigt darüber hinaus – und womöglich damit zusammenhängend – alle Merkmale der französischen Moralistik in sich: *« Et il est heureux pour les hommes d'être dans une situation où, pendant que leurs passions leur inspirent la pensée d'être*

---

313 Zur Problematik von Äquivokationen *Jens Petersen*, Die systematische Stellung des Allgemeinen Teils vor der Klammer der anderen Bücher, Juristische Ausbildung 2011, S. 759.

314 Grundlegend *Herfried Münkler*, Die Begründung des politischen Denkens der Neuzeit aus der Krise der Republik Florenz, 1984.

315 *Hiltrud Naßmacher*, Politikwissenschaft, 5. Auflage 2004, S. 288, 342 ff., ordnet ihn folgerichtig im Rahmen der ‚Politischen Ideengeschichte' ein.

316 *Montesquieu*, Œuvres complètes, Bibliothèque de la Pléiade, Tome II, S. 641; Übersetzung *Ernst Forsthoff*, 1951/1992, Bd. 2, S. 71: „Man begann, sich vom Machiavellismus zu befreien, und wird sich von ihm immer mehr befreien. Man braucht größere Mäßigung in den Entschlüssen: denn, was man früher Staatsstreiche nannte, würde heute, abgesehen von dem Abscheu, den sie erregen, als Torheit gelten".

317 Zu ihnen *Alfred Hueck/Claus-Wilhelm Canaris*, Recht der Wertpapiere, 15. Auflage 1986, im einleitenden Kapitel.

méchants, ils ont pourtant intérêt de ne pas l'être » (XXI 20).[318]. Die verallgemeinernde Sentenz bildet nicht von ungefähr den Schluss eines Kapitels, wie man es bei den aphoristischen Äußerungen im Stil der französischen Moralistik so oft im Esprit des Lois beobachten kann. Zudem gelangt damit ein im Grundsatz durchaus positives Menschenbild zum Ausdruck.

Zwar gefährden und trüben die Leidenschaften der Eitelkeit, Habgier und Herrschsucht als das Verhalten bestimmende Kräfte stets aufs Neue die Urteilsbildung. Aber diese niedrigen Instinkte gewinnen nicht zwangsläufig die Oberhand. Denn es ist nicht zuletzt das Verdienst der französischen Moralistik, die allgegenwärtige Mitwirkung dieser anthropologischen Gegebenheiten in einprägsamen Sentenzen auf den Punkt gebracht zu haben. Damit können sie zugleich eine erfahrungsgesättigte und warnende Wirkung auf das allgemeine politische Bewusstsein erlangen, wenn man nur bedenkt, wie schnell witzige Worte Talleyrands, die im Sinne der französischen Moralistik geformt waren, über den Hofklatsch hinaus durch die Salons mehr oder minder gezielt ihren Weg in die Öffentlichkeit fanden.[319]

Gerade aus den historischen Lehren eingeschlagener Irrwege kann sich die aufklärerische Einsicht durchsetzen, dass es dem wohlverstandenen Interesse der Menschheit entspricht, sich den Leidenschaften vernunftmäßig zu widersetzen. Dieser Gedankengang Montesquieus bildet zugleich ein Beispiel – um nicht zu sagen: das zentrale Beispiel, weil die zitierte Stelle einem überaus einflussreichen ideengeschichtlichen Werk vorangestellt ist – für die in der zweiten Hälfte des zwanzigsten Jahrhunderts nicht zuletzt unter Rückgriff auf ihn ausgearbeitete Theorie, wie sich Leidenschaften in Interessen umgebildet haben.[320] Es ist jener Gedanke, der später von Adam Smith weiterverfolgt wurde und nicht zuletzt in seine Idee der 'invisible hand' mündete.[321]

---

318 *Montesquieu*, Œuvres complètes, Bibliothèque de la Pléiade, Tome II, S. 641; Übersetzung *Ernst Forsthoff*, 1951/1992, Bd. 2, S. 71: „Es ist ein Glück für die Menschen, sich in einer Lage zu befinden, wo sie gegenüber den Einflüsterungen ihrer Leidenschaften, böse zu sein, doch ein Interesse daran haben, das nicht zu sein".

319 *Charles Maurice de Talleyrand*, Mots, Propos, Aphorismes (Choix et Présentation d'Éric Schell; Préface d'Emmanuel de Waresquiel), 3. Auflage 2020; davon wird weiter unten noch die Rede sein.

320 *Albert O. Hirschman*, Leidenschaften und Interessen. Politische Begründungen des Kapitalismus vor seinem Sieg, 1987, S. 7, wo die Stelle dem Essay vorangestellt ist, sowie eingehend S. 83, wo es in der Übersetzung von Sabine Offe über den zitierten Kapitelschluss heißt: „Und das Kapitel endet mit dem Satz, der Kronzeuge für die These dieses Essays ist und ihm als Motto vorangestellt wurden".

321 *Jens Petersen*, Adam Smith als Rechtstheoretiker, 2. Auflage 2017, S. 13, 31, 40 f., 56, 79, 81, 90 f., 95, 98, 122, 146, 155, 158, 171, 181 f., 192, 219–222, 235 f., 240, 254.

Wie sehr Herrschsucht und Eigenliebe das Urteil der Menschen trüben, veranschaulicht folgender Aphorismus, der französische Moralistik in Reinkultur repräsentiert. Man beachte den abschließenden Chiasmus (« *faire le bien – le bien faire* »), der buchstäblich veranschaulicht, wie die eigenen guten Absichten durchkreuzt werden von den beherrschenden Leidenschaften, die sich als stärker erweisen:[322] « *L'âme goûte tant de délices à dominer les autres âmes; ceux même qui aiment le bien s'aiment si fort eux-mêmes, qu'il n'y a personne qui ne soit assez malheureux pour avoir encore à se défier de ses bonnes intentions : et, en vérité, nos actions tiennent à tant de choses, qu'il est mille fois plus aisé de faire le bien, que de le bien faire* » (XXVIII 41).[323]

Es ist das Grundmotiv der unbeschränkten Eigenliebe, das namentlich der Herzog von La Rochefoucauld auf unnachahmliche Weise mannigfaltig variiert und zugleich prägnant auf den Punkt gebracht hat.[324] Wie so viele andere Aphorismen Montesquieus innerhalb des Esprit des Lois könnte dieser Gedanke ebenso gut für sich stehen, entfaltet darin jedoch den Vorzug, einen selbstironischen Ton zu setzen, der den Leser nicht vergessen lässt, dass die Erörterungen über Regierungsformen, Religion, Handel sowie Sitten und Gebräuche von einem Autor stammen, der bei allem Scharfsinn um die in der « *condition humaine* » gründende eigene Befangenheit weiß.[325]

In einer anderen rechtspolitisch relevanten Hinsicht hat Montesquieu, ob es ihm bewusst war oder nicht, eine Einsicht Machiavellis aufgenommen und weiter ausgeführt, die auch dieser für die Staatsform der Republik fruchtbar gemacht hat. Es geht dabei um die immense Menge an Informationen, die das Volk in seiner Gesamtheit aufnehmen, verarbeiten und verbreiten kann, so dass es gleichsam –

---

322 *Corrado Rosso*, Montesquieu moraliste. Des lois au bonheur, 1971, S. 265, zum zweiten Teil des folgenden Zitats.

323 *Montesquieu*, Œuvres complètes, Bibliothèque de la Pléiade, Tome II, S. 858; Übersetzung *Ernst Forsthoff*, 1951/1992, Bd. 2, S. 341: „Dem Herzen bereitet es solchen Genuss, andere Herzen zu beherrschen; auch die, die das Gute lieben, lieben sich selbst so sehr, dass jeder leider Grund genug hat, seinen guten Absichten zu misstrauen: und in der Tat hängen unsere Handlungen von so vielen Dingen ab, dass es tausendmal leichter ist, das Gute zu tun, als etwas gut zu machen".

324 *La Rochefoucauld*, in: Die französischen Moralisten, (Hg. Fritz Schalk), 1949, S. 5: „Eigenliebe übertrifft alle Schmeichler".

325 *Fritz Schalk*, Einleitung, in: Die französischen Moralisten, 1949, S. XVI, macht auf „die charakteristischen Erscheinungsformen des Aphorismus als Kunstform" aufmerksam: „Er kann für sich stehen oder eingebettet in einen Aphorismenzusammenhang. Für sich in einem doppelten Sinn: es lassen sich Sätze aus einem Werk, aus einem Essai, aus einem philosophischen Traktat (...) als Aphorismen herauslösen oder (...) zu einem neuen Aphorismenzusammenhang verbinden".

übrigens auch in historischer Hinsicht[326] – zu einer Art Wissenszusammenrechnung kommt, die dem Volk in bestimmter Hinsicht eine beträchtliche Urteilskraft verleiht, die über das Wissen eines einzelnen Herrschers deutlich hinausgeht.[327]

Ein Anhaltspunkt für die Annahme, dass diese Wissenszusammenrechnung auch Montesquieu gewärtig war könnte in folgender methodisch hellsichtiger Feststellung über die Tragweite gesetzlicher Vermutungen zu finden sein: *« En fait de présomption, celle de la loi vaut mieux que celle de l'homme »* (XXIX 16).[328] Hier gelangt wenigstens unterschwellig Montaignes Gedanke über das Fundament der Autorität des Gesetzes zur Geltung.[329] In gewisser Hinsicht hat sich das vielfältige Erfahrungswissen nämlich auch in Gesetzen niedergeschlagen, so dass das Gesetz mitunter sogar klüger sein kann als der Gesetzgeber.[330]

Montesquieu hat diesen Gedanken noch näher ausdifferenziert, indem er gesehen hat, dass das Volk bezüglich des in der Öffentlichkeit Sichtbaren zwar eine kluge Auswahl treffen kann, dagegen nicht notwendigerweise die richtigen Folgerungen daraus zieht und entsprechende Entscheidungen zu treffen vermag: *« Le peuple est admirable pour choisir ceux à qui il doit confier quelque partie de son autorité. Il n'a à se déterminer que par des choses qu'il ne peut ignorer, et des faits qui tombent sous les sens. (…) Il sait qu'un juge est assidu; que beaucoup de gens se retirent de son tribunal contents de lui; qu'on ne l'a pas convaincu de corruption; en voilà assez pour qu'il élise un préteur. (…) Toutes ces choses sont des faits dont il s'instruit mieux dans la place publique, qu'un monarque dans son palais. Mais saura-t-il conduire une affaire, connaître les lieux, les occasions, les moments, en profiter? Non : il ne le saura pas »* (II 2).[331]

---

326 *Werner Krauss*, 1734 als Jahr der Entscheidung für Montesquieus *Esprit des lois*, in: Montesquieu-Traditionen in Deutschland. Beiträge zur Erforschung eines Klassikers (Hg. Edgar Maas/Paul-Ludwig Weinacht), 2005, S. 135, 145, hat dies in anderem Zusammenhang herausgearbeitet: „Die Wendung zum Wissen vollzieht zugleich die Rückkehr zu den vergangenen Lebenswerten, das ist das Wissen, das uns die Kenntnis der Antike vermittelt: das Wissen um den menschlichen Ursprung: und dieses humanistische Wissen dient nicht dem geschichtlichen Fortschritt, auf den sich die Zielsetzung der modernen Wissenschaft beziffert".

327 Zu ihr *Jens Petersen*, Machiavellis Gesetzgebungslehre, 2020, S. 202 ff.

328 *Montesquieu*, Œuvres complètes, Bibliothèque de la Pléiade, Tome II, S. 879; Übersetzung *Ernst Forsthoff*, 1951/1992, Bd. 2, S. 368: „Was die Vermutungen betrifft, so wiegt eine gesetzliche schwerer als die eines einzelnen Menschen".

329 Näher dazu mit weiteren Nachweisen *Jens Petersen*, Montaignes Erschließung der Grundlagen des Rechts, 2. Auflage 2019, § 4.

330 *Jens Petersen*, Anfechtung und Widerruf des Vertrags, Liber amicorum Detlef Leenen, 2012, S. 219, 226, mit weiteren Nachweisen.

331 *Montesquieu*, Œuvres complètes, Bibliothèque de la Pléiade, Tome II, S. 240 f.; Übersetzung *Ernst Forsthoff*, 1951/1992, Bd. 2, S. 20: „Das Volk ist bewundernswert geschickt für die Auswahl derer, denen ist einen Teil seiner Macht anvertrauen soll. Es braucht sich nur durch Dinge be-

Montesquieu bezeichnet hier der Sache nach den oben genannten Gesichtspunkt der Wissenszusammenrechnung. Es ist interessant, dass er gerade den öffentlichen Markt als Ort des Informationsaustausches nennt. Auch wenn das an dieser Stelle – anders als im zweiten Teil des Esprit des Lois – noch nicht ökonomisch beeinflusst ist, lässt sich bereits hier erkennen, warum kein Geringerer als Adam Smith, der Montesquieu viel verdankt, den Gesichtspunkt des Wissens seinerseits noch näher ausdifferenzieren und für seine ökonomische Theorie fruchtbar machen wird, wie dies bereits eingangs seines Wealth of Nations im Zusammenhang mit der von ihm herausgestellten Arbeitsteilung zum Vorschein kommt.[332] Besonders deutlich wird die Bedeutung des Wissens bei Montesquieu an einer Stelle des berühmten Kapitels über die Gewaltenteilung: *« L'on connoît beaucoup mieux les besoins de sa ville que ceux des autres villes; et on juge mieux de la capacité de ses voisins que de celle de ses autres compatriotes »* (XI 6).[333] Wir werden diesen latenten Zusammenhang zwischen Arbeitsteilung und Gewaltenteilung weiter unten nochmals ansprechen.

Empirisch gewonnene Einsichten wie diese verraten nicht nur eine beträchtliche Lebenserfahrung, durch die der Esprit des Lois weit entfernt davon ist, eine trockene Abhandlung zu werden, sondern sind paradoxerweise gleichwohl in Gefahr überlesen zu werden, obwohl oder gerade weil sie in jenem berühmten Kapitel stehen, in dem Montesquieu die Unverzichtbarkeit der Gewaltenteilung herleitet (XI 6). Doch gerade derartige unscheinbare Erfahrungssätze sind bedeutsam, weil sie die eminente politische und lebensnahe Klarsicht des Autors zeigen, ohne die er die im selben Kapitel stehenden bekannteren Aussagen womöglich nicht so sinnfällig hätte veranschaulichen können. Nicht zuletzt dieses Zusammenwirken seines Verständnisses der erfahrungsmäßig beobachteten Rechtstatsachen mit außerordentlicher rechtspolitische Urteilskraft, die nicht selten in einer moralisti-

stimmen zu lassen, die es wissen muss, und durch solche Tatsachen, die ins Auge fallen. (...) Oder es weiß, dass ein Richter fleißig ist, dass viele Leute befriedigt seinen Gerichtshof verlassen und dass man ihm nie Bestechlichkeit vorwerfen konnte: das sind Gründe, um ihn zum Prätor zu wählen. (...) Über alle diese Dinge kann es sich auf öffentlichem Markt besser unterrichten als ein Monarch in seinem Schloss. Wird er aber auch ein starkes Geschäft leiten, Ort, Zeit und richtige Gelegenheit nutzbringend wahrnehmen können? Nein, das wird es nicht verstehen".

332 *Adam Smith*, Wealth of Nations, 1776, S. 1ff.; zu diesem berühmten Anfangssatz erhellend *Carl Christian von Weizsäcker*, Freedom and Adaptive Preferences, 2024, S. 161: "We then should also recognize that modern tax systems mainly impose taxes on the division of labour." Zu den Steuersystemen wiederum *Stephen Utz*, Tax Policy, 1993.

333 *Montesquieu*, Œuvres complètes, Bibliothèque de la Pléiade, Tome II, S. 399; Übersetzung *Ernst Forsthoff*, 1951/1992, Bd. 1, S. 218: „Man kennt viel besser die Bedürfnisse der eigenen Stadt als die der anderen Städte, und man urteilt besser über die Fähigkeit der Nachbarn als über die der sonstigen Staatsgenossen".

schen Sentenz ihren Ausdruck finden, erklärt den Erfolg und bleibenden Wert seines Werkes.

Es gibt noch weitere Beobachtungen und Gründe, die veranschaulichen, warum man Montesquieu nicht nur als Wegbereiter der Rechtssoziologie, sondern zumindest in der Nachfolge Machiavellis auch der Politikwissenschaft begreifen kann.[334] Eine von ihnen sticht bereits äußerlich dadurch hervor, dass der sonst so nüchterne Autor sie mit besonders markigen Worten versehen hat, um ihr Gewicht zu verleihen, zugleich aber wohl auch eine gewisse Abscheu zum Ausdruck zu bringen: *« Le malheur d'une république, c'est lorsqu'il n'y a plus de brigues; et cela arrive lorsqu'on a corrompu le peuple à prix d'argent »* (II 2).[335] Es ist – zumal zu seiner Zeit – alles andere als selbstverständlich, dass Montesquieu in einem Werk über den Geist der Gesetze die Bedeutung der politischen Parteien erkennt. Zugleich zeigt dies ungeachtet der markanten Individualität des Verfassers, dass sein von Hegel gerühmter tiefer Blick die Bedeutung der Institutionen für die langfristige Stabilität der politischen Willensbildung gesehen hat,[336] wie dies wohl nur ein Soziologe avant la lettre vermochte.[337]

Die zweite Aussage dieses Satzes, welche zugleich Anlass seiner Empörung ist, betrifft die Korruption, die ebenfalls bereits Machiavelli als Grundübel verkommene Republiken gegeißelt hat, die durch private Mittel aus den Fugen geraten sind.[338] Um das eigentlich Neue der zitierten Stelle zu erkennen, das sich in einer Selbstverständlichkeit zu erschöpfen scheint, sollte man der Frage nachgehen, warum es für die Republik so verheerend wäre, wenn es keine Parteien mehr gäbe. In der Tat ist es zunächst, die dadurch gewährleistete Meinungsvielfalt, welche die unterschiedlichen Parteien zum Ausdruck bringen können.

Montesquieu geht jedoch darüber wohl noch hinaus, wenn er den Daseinsgrund der Parteien in der Korruptionsbekämpfung erblickt. Seine Begründung legt dies zwar nahe, da er über ein bestochenes Volk nicht von ungefähr im Ausgangspunkt betont, wie kaltblütig es wird: *« Il devient de sang-froid, il s'affectionne à l'argent, mais il ne s'affectionne plus aux affaires : sans souci du gouvernement et de*

---

334 *Corrado Rosso*, Montesquieu moraliste. Des lois au bonheur, 1971, S. 317–326, zu Montesquieu und Machiavelli.

335 *Montesquieu*, Œuvres complètes, Bibliothèque de la Pléiade, Tome II, S. 244; Übersetzung *Ernst Forsthoff*, 1951/1992, Bd. 1, S. 24: „Für die Republik ist es ein Unglück, wenn es keine Parteien mehr gibt, und das ist der Fall, wenn man das Volk mit Geld bestochen hat!".

336 *Georg Wilhelm Friedrich Hegel*, Grundlinien der Philosophie des Rechts, 1821, § 273.

337 *Vittorio Hösle*, Eine kurze Geschichte der deutschen Philosophie, 2013, S. 147.

338 *Jens Petersen*, Machiavellis Gesetzgebungslehre, 2020, S. 298, 315 ff.

ce qu'on y propose, il attend tranquillement son salaire » (II 2).[339] Gewiss beschreibt Montesquieu mit dem Blick des französischen Moralisten für die Gesetzmäßigkeiten, denen die menschliche Natur gehorcht, die Realität vieler Republiken, die es eher der äußeren Form nach dann noch sind, während sie schließlich von innen durch Geldflüsse verdorben wurden, wie es schon Tacitus beschrieben hatte.[340]

Aber auch zum Verständnis dieser Stelle muss man den dem Werk vorangestellten *« Avertissement de l'auteur »* bedenken, wonach die Tugend innerhalb der Republik letztlich nichts anderes ist als die Liebe zur Gleichheit. Während wir dies weiter oben unter dem Gesichtspunkt der politischen Tugend gelesen haben, deren Feststellung Montesquieus Augenmerk gilt, tritt nunmehr die Liebe zur Gleichheit in den Blick. Dass er dies durch einen Affekt zum Ausdruck bringt, passt zur Erkaltung, die er bei einem durch Geld korrumpierten Volk ausmacht, das eben nur noch das Geld liebt und nicht mehr sein Heimatland noch die Gleichheit.

Doch auch damit ist die Bedeutung der Parteien in der Republik noch nicht hinreichend erklärt, die er für entscheidend hält (I 2), mag auch die Gefahr von Korruption und Bereicherung bestehen. Vielmehr kommt wohl noch ein soziologisch bedeutsamer Gesichtspunkt hinzu, der wiederum veranschaulicht, warum Montesquieu nicht nur zu den Gründervätern der Rechtssoziologie zählt, sondern auch der Soziologie insgesamt. Denn die Erkenntnis der Bedeutung von Parteien innerhalb der Republik, die Montesquieu entsprechend seinem historischen Vorgehen den Erfahrungen der griechischen und römischen Antike entnimmt, weist ihn zugleich als Kenner der Institutionen aus. Ihm war aus der historischen Kenntnis, darüber hinaus aber wohl auch intuitiv klar, dass Institutionen, wie es Parteien zumindest sein können, Stabilität verheißen.[341]

Diese ist in einer Demokratie deswegen vonnöten, weil das Volk eben auch momentanen Stimmungen gehorcht und daher anfällig für hastige Entscheidungen sein kann, wie er zuvor in anderem Zusammenhang bildhaft zum Ausdruck bringt: *« Il faut que les affaires aillent, et qu'elles aillent un certain mouvement qui ne soit ni trop lent ni trop vite. Mais le peuple a toujours trop d'action, ou trop peu. Quelquefois avec cent mille bras il renverse tout; quelquefois avec cent mille pieds il ne va que*

339 *Montesquieu*, Œuvres complètes, Bibliothèque de la Pléiade, Tome II, S. 244; Übersetzung *Ernst Forsthoff*, 1951/1992, Bd. 1, S. 24: „Dann wird es kalt, liebt nur noch das Geld und nicht mehr den Dienst für den Staat: ohne sich um die Regierung und ihre Pläne zu kümmern, erwartet es in Ruhe sein Gehalt".

340 *Tacitus*, Annales, 1.2.2: ‚postremo pecunia'.

341 *Mario Rainer Lepsius*, Interessen, Ideen und Institutionen, 1990, hat mit diesem Dreiklang in grundlegender Weise herausgearbeitet, dass nicht zuletzt Institutionen, wie insbesondere die Parteien, geeignet sind, einem Staatswesen gerade nach Diktaturen Stabilität zu verleihen.

comme les insectes » (II 2).[342] Beiläufig betrachtet, erkennt man an dem zuletzt zitierten doppelten Bild, von dem aus es nicht mehr weit ist bis zu den Fabeln La Fontaines, die für die französischen Moralisten bezeichnende, suggestiv wirkende Formulierungskunst Montesquieus, die den sorgfältigen Gang der Argumentation mit wenigen Worten je nach Dichte der Darlegung buchstäblich zu beschleunigen oder zu verlangsamen vermochte.

Man darf das Gesagte nicht als Geringschätzung des Volkes missverstehen, auch wenn er an späterer Stelle über dessen Impulsivität sagt: *« parce que le peuple agit par sa fougue, et non pas par ses desseins »* (II 3).[343] Montesquieu hat hier wiederum in aller Schärfe erkannt, dass auch im Hinblick auf das Vermögen des Volkes Arbeitsteilung je nach Befähigung nicht nur im individuellen und ökonomischen Bereich von Bedeutung ist, wie ihn später Adam Smith gleich zu Beginn seines bahnbrechenden Werkes herausgearbeitet hat,[344] sondern auch auf der Ebene der Staatsordnung und der Institutionen: *« Le peuple qui a la souveraine puissance doit faire par lui-même tout ce qu'il peut bien faire; et ce qu'il ne peut pas bien faire, il faut qu'il fasse par ses ministres »* (II 2).[345]

Arbeitsteilung innerhalb eines Gemeinwesens ist auf diese Weise geeignet, Gewaltenteilung in scheinbar entlegenen Bereichen der öffentlichen Ordnung zu verwirklichen. Hier zeigt sich der bereits weiter oben angedeutete Zusammenhang zwischen Arbeitsteilung und Gewaltenteilung noch etwas klarer. Deutlicher noch hat er die Bedeutung der Arbeitsteilung auch in jenem engeren Bereich vorausgesehen, den Adam Smith später für die Nationalökonomie fruchtbar gemacht hat:[346] *« Si, dans un État, les richesses sont également partagées, il n'y aura point de luxe; car il n'est fondé que sur les commodités qu'on se donne par le travail des autres »* (VII 1).[347] Die feine Ironie der Begründung und des Relativsatzes zeugt wiederum

---

342 *Montesquieu*, Œuvres complètes, Bibliothèque de la Pléiade, Tome II, S. 241; Übersetzung *Ernst Forsthoff*, 1951/1992, Bd. 1, S. 21: „Geschäfte müssen im Gang bleiben und müssen nicht zu langsam und nicht so schnell, sondern in einer gewissen Stetigkeit betrieben werden. Das Volk aber ist immer zu rasch oder zu langsam. Bald wirft es mit hunderttausend Armen alles durcheinander, bald kriecht es mit hunderttausend Füßen dahin wie die Raupen".

343 *Montesquieu*, Œuvres complètes, Bibliothèque de la Pléiade, Tome II, S. 245; Übersetzung *Ernst Forsthoff*, 1951/1992, Bd. 1, S. 26: „das Volk im Jähzorn und nicht mit kühler Berechnung handelt".

344 *Adam Smith*, Wealth of Nations, 1776, S. 1 ff.

345 *Montesquieu*, Œuvres complètes, Bibliothèque de la Pléiade, Tome II, S. 240; Übersetzung *Ernst Forsthoff*, 1951/1992, Bd. 1, S. 20: „Das Volk, welches die höchste Gewalt besitzt, muss alles, was es selbst gut leisten kann, selber tun und das andere seinen Ministern überlassen".

346 Vgl. nochmals *Adam Smith*, Wealth of Nations, 1776, S. 1ff.

347 *Montesquieu*, Œuvres complètes, Bibliothèque de la Pléiade, Tome II, S. 332; Übersetzung *Ernst Forsthoff*, 1951/1992, Bd. 1, S. 135: „Wenn in einem Staat der Reichtum gleichmäßig verteilt ist, so gibt vom Erbe der französischen Moralistik, indem sie die zugrunde liegende Wahrheit der Verbindung des für den Privilegierten Angenehmen mit dem Nützlichen ebenso ungeschminkt wie elegant zum Ausdruck bringt.

Man kann aus alledem ersehen, dass Montesquieu einen ungetrübten Blick für die konkreten sozialen Verhältnisse und ihre rechtliche Regelungsbedürftigkeit hat. Das zeigt sich beispielsweise an dem genannten Vergleich, wonach das Volk in seiner Gesamtheit aufgrund des regen Informationsaustauschs, wie er auf Marktplätzen üblich ist, bestimmte Dinge besser, sachnäher und im Hinblick auf die örtlichen Gegebenheiten verlässlicher beurteilen kann, als ein König in der Abgeschiedenheit seines Hofes. Daher ist es nur folgerichtig, dass man ihn auch als einen Wegbereiter der Wissenssoziologie ansieht.[348] Da er als solcher indes praktisch jede seiner Einsichten sogleich auf die Belange der Herrschaft und die juristischen Auswirkungen angewandt hat, ist es auch unter diesem Gesichtspunkt wiederum die Rechtssoziologie, die er mitbegründet hat.

Die hermetische Abgeschlossenheit höfischer Strukturen, die Konzentration auf die Person des Herrschers, das damit verbundene Filtern von Informationen, die den Herrscher erreichen oder ihm verheimlicht werden sollen, und die örtliche Abgeschiedenheit bringen Nachteile im Rahmen der Entscheidungsfindung mit sich, die Montesquieu aus dem Frankreich seiner Zeit nur zu gut gekannt haben dürfte und die er mit äußerstem Takt lediglich andeutet. Adam Smith wird später mit ähnlicher Zielrichtung derartige Kriterien, wie beispielsweise die Ortskenntnis bei Geschworenengerichten, in seine Rechtstheorie einbeziehen.[349]

Aber noch in anderer Hinsicht entspricht Montesquieu seinem im zweiten Buch verfolgten Vorhaben, diejenigen Gesetze zu behandeln, die unmittelbar aus der Natur der Regierungsform folgen. Auf die Republik bezogen, zeigt sich dies besonders deutlich am Beispiel des Wahlrechts dessen überragende Bedeutung bereits im Ausgangspunkt feststellt: *« Les lois qui établissent le droit de suffrage sont donc fondamentales dans ce gouvernement. En effet, il est aussi important d'y régler comment, par qui, à qui, sur quoi, les suffrages doivent être donnés qu'il l'est dans une monarchie de savoir quel est le monarque, et de quelle manière il doit gouverner »* (II 2).[350] Er hat nicht nur bezogen auf die Demokratie die in institutioneller Hinsicht

---

es keinen Luxus, denn er beruht nur auf den Annehmlichkeiten, die man sich durch die Arbeit anderer verschafft".

348 *Werner Stark*, Montesquieu. Pioneer of the Sociology of Knowledge, 1960.

349 *Jens Petersen*, Adam Smith als Rechtstheoretiker, 2. Auflage 2017, S. 72 f.

350 *Montesquieu*, Œuvres complètes, Bibliothèque de la Pléiade, Tome II, S. 239 f.; Übersetzung *Ernst Forsthoff*, 1951/1992, Bd. 1, S. 19: „Daher sind in dieser Regierungsform die das Stimmrecht regelnden Gesetze von grundlegender Bedeutung. Hier ist es genauso wichtig, zu bestimmen, wie, entscheidende Bedeutung von Wahlmodalitäten, Wahlberechtigung und Abstimmungsgegenstand erkannt, sondern auch in der Tradition der französischen Moralistik den Unterschied zur vornehmlich auf einem hervorgehobenen Individuum beruhenden Monarchie auf den Punkt gebracht, in der alles um die Person des Monarchen kreist, dessen Stimmungen, Launen und Vorlieben sich unwillkürlich staatstragend oder staatsgefährdend auswirken können und auf diese Weise zwangsläufig institutionelle Bedeutung erlangen.[351]

Montesquieu hat die elementaren Grundsätze des Wahlrechts mit zeitloser Gültigkeit zusammengefasst: *« La loi qui fixe la manière de donner les billets de suffrage, est encore une loi fondamentale dans la démocratie. C'est une grande question, si les suffrages doivent être publics ou secrets »* (II 2).[352] Man muss nur an die Florentiner Verhältnisse zu Zeiten Machiavellis denken, in denen bereits durch Manipulationen der Stimmzettel vor Entscheidungen getroffen worden sind,[353] aber auch an moderne Demokratien, die diesen Namen nicht verdienen, weil missliebige Personen von vornherein willkürlich von der Wählbarkeit ausgeschlossen werden, um zu erkennen, dass Montesquieu mit der Nennung solcher scheinbarer Selbstverständlichkeiten etwas nicht nur für seine Zeit Revolutionäres angesprochen hat.

Ein weiterer Grundgedanke, der mannigfaltige Bereiche durchzieht, betrifft die Frage der Befähigung sowie der Erprobung, und zwar wiederum im individuellen wie im institutionellen Sinne. Zum einen zeigt sich dies am Beispiel der bereits behandelten Problematik, welche Bereiche der öffentlichen Tätigkeit dem Volke überantwortet werden können und welche von anderer Seite effektiver bewerkstelligt werden können (II 2). Die aktive und passive Teilhabe an öffentlichen Entscheidungen folgt für Montesquieu also aus der grundsätzlichen Unterscheidung danach, ob die betreffende Regelungsmaterie eine gewisse Stetigkeit und Nachhaltigkeit voraussetzt oder ob es in erster Linie um Urteilsfindung geht, die auf der Grundlage größtmöglicher Zusammenführung von Informationen gefällt werden, über die der einzelne naturgemäß weniger verfügt als die Gesamtheit des Volkes.

---

durch wen, für wen und worüber abgestimmt werden soll, wie in einer Monarchie, zu wissen, wer der Monarch ist und wie er reagieren soll".

351 *Vittorio Hösle*, Moral und Politik. Grundlagen einer Politischen Ethik für das 21. Jahrhundert, 1997, S. 70, zu den für die Verwirklichung der Gewaltenteilung erforderlichen „institutionellen Garantien *innerhalb* des Staates gegen staatlichen Machtmißbrauch." Hervorhebung auch dort.

352 *Montesquieu*, Œuvres complètes, Bibliothèque de la Pléiade, Tome II, S. 243; Übersetzung *Ernst Forsthoff*, 1951/1992, Bd. 1, S. 23: „Auch das Gesetz, das die Art und Weise der Abgabe der Stimmzettel regelt, ist ein Grundsatz der Demokratie. Es ist eine wichtige Frage, ob die Abstimmungen öffentlich oder geheim sein sollen".

353 *Volker Reinhardt*, Machiavelli oder Die Kunst der Macht. Eine Biographie, 2012, S. 41; wichtig und weiterführend auch *John P. McCormick*, Machiavellian Democracy, 2011, S. 108.

Auch hier sind es letztlich soziologische Erwägungen, die Montesquieu – freilich auf der Grundlage des moralistisch geschulten gesunden Menschenverstandes und keiner gleichwie gearteten statistischen Erhebungen – zu bestimmten Ergebnissen führen. Das empirische Material, dessen er sich bedient, ist überwiegend der griechischen und römischen Verfassungsgeschichte entnommen. Hierzu betrachtet er nicht zuletzt die Werke der großen Gesetzgeber, beispielsweise des Solon.[354] In einen ähnlichen Zusammenhang gehören seine Überlegungen über die institutionelle Erprobung von Gesetzen: *« C'est encore une loi fondamentale de la démocratie, que le peuple seul fasse des lois. Il y a pourtant mille occasions où il est nécessaire que le sénat puisse statuer; il est même souvent à propos d'essayer une loi avant de l'établir »* (II 2).[355]

Was Montesquieu hier wiederum am Beispiel der Zuständigkeit von Senatsbeschlüssen und Gesetzen der Antike erwägt, kann auch für die moderne Gesetzgebung je nach Regelungsmaterie in Betracht gezogen werden.[356] Die Idee eines entsprechenden Verfallsdatums des Gesetzes oder einer neuerlichen Evaluierung zur Feststellung der Verstetigung einer Regelung könnte, wenn man die von ihm mitgeteilte rechtsgeschichtliche Provenienz nicht kennte, durchaus für eine zeitgenössische rechtssoziologische Empfehlung gehalten werden. Man sieht daran beispielhaft, auf welche Weise Montesquieu Rechtsgeschichte, Rechtspolitik und Rechtssoziologie zueinander führt und füreinander fruchtbar macht; beides freilich ebenfalls bei Montaigne erlernt.[357]

Das Erbe der französischen Moralistik zeigt sich auch – wenig verwunderlich – nicht zuletzt dort, wo Montesquieu diejenigen Gesetze behandelt, welche die Aristokratie betreffen: *« On n'y doit point donner le suffrage par sort; on n'en auroit que les inconvénients. En effet, dans un gouvernement qui a déjà établi les distinctions les plus affligeantes, quand on seroit choisi par le sort, on n'en seroit pas moins odieux :*

354 Dazu *Jens Petersen*, Friedrich Schiller über die Gesetzgebung des Lykurgus und Solon, in: Festschrift für Reinhard Singer, 2021, S. 497 (= Studien zur juristischen Ideengeschichte, 2023, S. 131–149).

355 *Montesquieu*, Œuvres complètes, Bibliothèque de la Pléiade, Tome II, S. 244; Übersetzung *Ernst Forsthoff*, 1951/1992, Bd. 1, S. 24: „Es ist ein weiteres Grundgesetz der Demokratie, dass allein das Volk die Gesetze mache. Trotzdem gibt es Tausende von Fällen, wo der Senat das Recht der Gesetzgebung haben muss; oft ist es sogar angebracht, ein Gesetz erst versuchsweise zu erlassen, ehe man es endgültig einführt".

356 *Christoph Möllers*, Die drei Gewalten. Legitimation der Gewaltengliederung in Verfassungsstaat, Europäischer Integration und Internationalisierung, 2008, S. 21, macht auf einen weiteren wichtigen Gesichtspunkt aufmerksam: „Entscheidend ist (…) Montesquieus Sensibilität für die konkreten Funktionsbedingungen von Institutionen, die die Gewaltenteilungsdoktrin besonders zur Geltung bringt, etwa wenn er zwischen Vetorecht und Beschlussfähigkeit unterscheidet".

357 *Jens Petersen*, Montaignes Erschließung der Grundlagen des Rechts, 2. Auflage 2019, § 7.

c'est le noble qu'on envie, et non pas le magistrat » (II 3).[358] Die Pointe liegt, wie so oft bei Montesquieu, im begründenden Nachsatz, der in seiner aphoristischen Prägung eine aus Lebenserfahrung gewonnene Einsicht auf den Punkt bringt, die ihrerseits wiederum eine anthropologische Konstante, nämlich den allgegenwärtigen Neid der Besitzlosen sowie umgekehrt den Standesdünkel der Inhaber von Vorrechten, der sich nicht zuletzt im Gefolge besonders empfindlicher Standesunterschiede einstellt, und jederzeit in Hass umschlagen kann.[359]

Und doch dachte Montesquieu nicht schlecht über die Menschen oder gar das Volk im Allgemeinen. Als Aristokraten war ihm zwar bewusst, dass der Geburtsadel Neid erregt, wie er im berühmten Kapitel über die Gewaltenteilung ebenso beiläufig wie lapidar feststellt: *« Les grands sont toujours exposé à l'envie »* (XI 6).[360] Aber wie das zuvor zitierte Wort zeigt, bezieht sich der Neid eher auf die Annehmlichkeiten als auf die die damit verbundene Lastentragung. Nicht zuletzt deswegen zeigt er sich bestrebt, innerhalb der möglichen Herrschaftsform einer Aristokratie das Volk in die Entscheidungsfindung und Mitbestimmung tunlichst einzubinden: *« Ce sera une chose très heureuse dans l'aristocratie, si, par quelque voie indirecte, on fait sortir le peuple de son anéantissement »* (II 3).[361] Der Neid ist eine zwar anthropologische Konstante. Doch wusste Montesquieu um die Unvernunft des Neides als Leser Montaignes, der sinngemäß immer wieder riet, niemanden zu beneiden, bevor man nicht sein Ende kennt. Denn diese moralistische Einsicht führt ersichtlich zu jenem kategorischen Imperativ: Beneide niemanden.

Auch hieran lässt sich beispielhaft Montesquieus gleichermaßen aufklärerisches wie moralistisches Gedankengut ersehen. Sogar im Hinblick auf den römischen Imperialismus hält er es für erwähnenswert, dass den Römern etwas fremd war, das doch wirtschaftlich aussichtsreich sein könnte, nämlich der *« jalousie sur le*

---

358 *Montesquieu*, Œuvres complètes, Bibliothèque de la Pléiade, Tome II, S. 244; Übersetzung *Ernst Forsthoff*, 1951/1992, Bd. 1, S. 25: „Hier darf man keine Abstimmungen durch das Los gestatten, denn daraus würden sich nur Nachteile ergeben. In der Tat würde jemand unter einer Regierung, die schon die kränkendsten Standesunterschiede eingeführt hat, darum nicht weniger verhasst sein, weil er durch das Los bestimmt wurde; denn um den Adel wird man beneidet, nicht um das Amt".

359 *Jürgen von Stackelberg*, Tacitus in der Romania, 1960, S. 222–224 behandelt Montesquieu nur kursorisch; auf der letztgenannten Seite heißt es lapidar: „Der antike Historiker wird nicht mehr als Politiker oder Moralist, sondern als historische Quelle aufgefaßt." Zur Frage, inwieweit insbesondere die französischen Moralisten von Tacitus' anthropologischem Pessimismus geprägt waren, *Jens Petersen*, Recht bei Tacitus, 2019, S. 6 ff.; *ders.*, Marcel Proust und Tacitus, 2021, passim.

360 *Montesquieu*, Œuvres complètes, Bibliothèque de la Pléiade, Tome II, S. 404; Übersetzung *Ernst Forsthoff*, 1951/1992, Bd. 1, S. 224: „Die Großen sind immer dem Neid ausgesetzt".

361 *Montesquieu*, Œuvres complètes, Bibliothèque de la Pléiade, Tome II, S. 245; Übersetzung *Ernst Forsthoff*, 1951/1992, Bd. 1, S. 25: „Es ist ein wahres Glück für eine Aristokratie, wenn sie auf irgendeinem mittelbaren Weg das Volk aus seiner Bedeutungslosigkeit herausführen kann".

commerce » (XXI 14).[362] Aber auch hier blickte er tiefer und sah, dass der Neid auf den Handel der Anderen auch den eigenen Handel mittelfristig ersticken und zum Erliegen bringen könnte. So sah er zumindest intuitiv das Problem wirtschaftlicher Macht.[363] Es verwundert daher nicht, dass im Rahmen der Behandlung der die Aristokratie betreffenden Gesetze erstmals das Problem der Begrenzung und des Missbrauchs der Macht für Montesquieu von Interesse ist.

Um dies besser verstehen zu können, muss man sich eine Grundeinsicht Montesquieus vergegenwärtigen. Sie besteht darin, dass alle Regierungsformen die Tendenz haben, zum Schlechteren zu entarten, schlimmstenfalls zur Despotie, die ihrerseits davon naturgemäß ebenfalls oder sogar erst recht betroffen ist: « *Le principe du gouvernement despotique se corrompt sans cesse, parce qu'il est corrompu par sa nature* » (VIII 10).[364] Auch in dieser Hinsicht gründet seine Erkenntnis auf dem Studium der Verhältnisse innerhalb der römischen Rechtsgeschichte mit ihrem steten Wandel der Gesetze und Verfassungsformen: « *Je me trouve fort dans mes maximes, lorsque j'ai pour moi les Romains; (...) lorsque je vois ce grand peuple changer (...) de lois civiles, à mesure qu'il changeoit de lois politiques* » (VI 15).[365]

Diese aus historischem Studium gewonnene Einsicht ist von großer Bedeutung nicht nur für sein Rechtsdenken, sondern darüber hinaus das neuzeitliche Rechtsverständnis überhaupt. Bei näherem Hinsehen beschreibt diese plötzlich vonstattengehende Entwicklung eher die Deszendenz der Republik in Richtung einer Despotie als eine Monarchie, wie die Wortwahl nahezulegen scheint. Er spricht hier nämlich gleichsam kontrastierend von der Monarchie. Diese lehnt er durchaus nicht ab, sondern favorisiert sie wohl letztlich sogar als Regierungsform, allerdings mit entscheidenden Einschränkungen, die den Missbrauch der Macht betreffen und sich hier in aller Deutlichkeit offenbaren. Die Daseinsberechtigung der Monarchie gründet nämlich für Montesquieu in der im Vorhinein bestimmten Begrenzung ihrer Macht durch Gesetze. Nicht der Monarch bestimmt willkürlich, sondern auch er ist an die Gesetze gebunden.

---

362 *Montesquieu*, Œuvres complètes, Bibliothèque de la Pléiade, Tome II, S. 632; Übersetzung *Ernst Forsthoff*, 1951/1992, Bd. 2, S. 60, in gewohnter Prägnanz: „Handelsneid".

363 Näher *Jens Petersen*, Rechtsordnung und Wirtschaftsordnung nach Eucken, 2019, S. 109–205, zu den damit einhergehenden Problemen, die weiter unten noch unter dem Gesichtspunkt der Gewaltenteilung vertieft werden.

364 *Montesquieu*, Œuvres complètes, Bibliothèque de la Pléiade, Tome II, S. 357; Übersetzung *Ernst Forsthoff*, 1951/1992, Bd. 1, S. 165: „Das Prinzip der despotischen Regierung entartet unaufhörlich, weil es von Natur aus schon verdorben ist".

365 *Montesquieu*, Œuvres complètes, Bibliothèque de la Pléiade, Tome II, S. 325; Übersetzung *Ernst Forsthoff*, 1951/1992, Bd. 1, S. 126: „Ich finde mich in meinen Grundsätzen bestärkt, wenn ich die Römer auf meiner Seite habe (...), wenn ich sehe, wie dies große Volk (...) seine bürgerlichen Gesetze im selben Maße änderte wie seine Verfassungsgesetze".

Interessanterweise ist es genau dies, was Machiavelli in seinen *Discorsi* an der französischen Monarchie hervorhebt, nämlich die Bindung des Monarchen an das Gesetz.[366] Montesquieu beschreibt es auf eine geschmeidig anmutende Weise, indem er die Rücksichtnahme der Gesetze auf die Regierungsform der Monarchie anspricht beziehungsweise die Anpassung der Gesetze an sie zum Ausdruck bringt. Auf diese Weise entgeht er dem Vorwurf der beschwichtigenden Verbrämung tatsächlicher Machtverhältnisse zu Zeiten des französischen Absolutismus'[367]: *« Vers le milieu du règne des Louis XIV, la France fut au plus haut point de sa grandeur relative »* (IX 9).[368] Es ist bezeichnend für sein von Maß und Mitte geprägtes, dabei die Dinge ins Verhältnis zueinander setzendes Denken, dass er der absoluten Herrschaft des Landes durch eine einzige Person die gleichzeitige Relativität der territorialen Größe des Landes gegenüberstellt. Er wertet nicht ausdrücklich, es sei denn durch die moralistisch gefärbte Anordnung der Tatsachen.

Die zuletzt angesprochene Ausdehnung des französischen Königsreichs führt Montesquieu im zweiten Teil seines Werkes im Zusammenhang mit der durch den Juristenstand gewährleisteten Herrschaft der Gesetze zu einer interessanten Überlegung: *« Et si, depuis deux ou trois siècles, il a augmenté sans cesse sa puissance, il faut attribuer cela à la bonté de ses lois, non pas à la fortune, qui n'a pas ces sortes de constance »* (XX 22).[369] Das wohl wiederum auf Montaigne zurückgehende Lob der Beständigkeit der Gesetze wird kunstreich, wie es vor allem die Vertreter der französischen Moralistik verstehen, der Kontingenz des Schicksals mit all seinen Wechselfällen entgegengesetzt. Der tiefere und wahre Kern, den die moralistische Einsicht ans Licht bringt, ist eben die Rationalität guter Gesetzgebung, die langlebige Wohlfahrt verheißt.

---

366 *Machiavelli*, Discorsi sopra la prima deca di Tito Livio, 1531, III 5; dazu näher *Jens Petersen*, Machiavellis Gesetzgebungslehre, 2020, S. 324 f.

367 *Helmut Schelsky*, Die Arbeit tun die anderen. Klassenkampf und Priesterherrschaft der Intellektuellen, 1975, S. 347, setzt offenbar ebenfalls voraus, dass Montesquieu Soziologe war und hält in diesem Zusammenhang seine Abkehr von Absolutismus für bedeutsam, obwohl oder gerade weil er selbst dem Adel zugehörte.

368 *Montesquieu*, Œuvres complètes, Bibliothèque de la Pléiade, Tome II, S. 376; Übersetzung *Ernst Forsthoff*, 1951/1992, Bd. 1, S. 188: „Um die Mitte der Regierung Ludwigs XIV. stand Frankreich auf dem Gipfel seiner relativen Größe." Zu ihm weiterführend *Christoph Möllers*, Die drei Gewalten. Legitimation der Gewaltengliederung in Verfassungsstaat, Europäischer Integration und Internationalisierung, 2008, S. 22.

369 *Montesquieu*, Œuvres complètes, Bibliothèque de la Pléiade, Tome II, S. 599; Übersetzung *Ernst Forsthoff*, 1951/1992, Bd. 2, S. 20: „Und wenn es seit zwei oder drei Jahrzehnten seine Macht unaufhörlich vergrößern konnte, so dankt es das der Güte seiner Gesetze und nicht dem Glück, das solche Beständigkeit nicht kennt".

Möglicherweise schwebten Montesquieu auch hier, ebenso wie in seinen Darlegungen *« De la constitution d'Angleterre »*, die ihn zur Lehre der Gewaltenteilung veranlasst haben, eher die dortigen verfassungsmäßigen Zustände vor, als die in seinem Heimatland tatsächlich herrschenden (XI 6). Ersichtlich bedeutsam ist für ihn der Gesichtspunkt der Vorhersehbarkeit einer gesetzlichen Beschränkung, wie sie wohl auch ohne eine schriftlich niedergelegte Verfassung möglich ist. Rechtliche Institutionen, wie es eben auch Gesetze sind, können nur dann den nötigen Schutz vor Willkür aller Art und schlimmstenfalls dem Abgleiten in die Despotie entfalten, wenn ihr Eingreifen und ihre Wirksamkeit im Vorhinein bestimmt, begrenzt und erkennbar ist. Die permanente Betonung der Vernunft bei gleichzeitiger Einsicht in die irrationalen Beweggründe der Menschen ist es, die Montesquieu zum Systematiker unter den französischen Moralisten macht.[370]

Es sind gleichsam die Selbstheilungskräfte einer Republik wie auch einer Monarchie, die allerdings beim unvorhersehbaren Abgleiten in eine Despotie infolge der Machtanhäufung eines Einzelnen nicht mehr ihre Wirkung entfalten können. Dabei ist für die Ermittlung seines Gesetzesverständnisses nicht unwichtig hervorzuheben, dass Gesetze auf die jeweilige Regierungsform Rücksicht nehmen und sich ihr anpassen. Dieses gleichsam dynamische Gesetzesverständnis, das allmählich verlaufenden Verschiebungen hinsichtlich der Machtverteilung und anderer tatsächlicher Einflüsse flexibel begegnen kann, stößt freilich dann an eine Grenze, wenn es zu einer abrupten Anhäufung von Macht kommt, die zur Despotie führt, deren typisches Merkmal die Willkür ist (XXVI 16), wie Montesquieu bereits gleich zu Beginn des zweiten Buches feststellt (II 2).

Es sind aber nicht nur die Gesetze, die sich der Verfassung anpassen. Vielmehr kommt es auch innerhalb der an sich streng voneinander geschiedenen Regierungsformen der Republik, Monarchie und Despotie idealerweise zu Annäherungen und Amalgamierungen, die dem Staatswesen förderlich sein können: *« Les familles aristocratiques doivent donc être peuple autant qu'il est possible. Plus une aristocratie approchera de la démocratie, plus elle sera parfaite; et elle le deviendra moins, à mesure qu'elle approchera de la monarchie »* (II 3).[371] Die Wirkungsweise

370 *Hugo Friedrich*, Montaigne, 1949, S. 221f., schließt gerade aufgrund des im Text formulierten Vorbehalts den moralistischen Gehalt innerhalb eines so systematisch konzipierten Werkes nicht aus: „Da der moralistische Gegenstand, der Mensch, ein tausendfach aufgesplittetes, widerspruchsvolles Gebilde ist, bedient sich die moralistische Darstellung mit Vorliebe der offenen literarischen Formen, die zu keiner Systematik nötigen, vielmehr Wiederholungen, Variationen, Nuancen, jedes Für und Wider erlauben".

371 *Montesquieu*, Œuvres complètes, Bibliothèque de la Pléiade, Tome II, S. 247; Übersetzung *Ernst Forsthoff*, 1951/1992, Bd. 1, S. 28: „Die aristokratischen Familien müssen also möglichst zahlreich

innerhalb der unterschiedlichen Regierungsformen ähnelt hier, was den angesprochenen Optimierungsprozess betrifft, einer Art beweglichem System, wie es bereits im Zusammenhang mit dem als Inbegriff verstandenen Geistes der Gesetze begegnete:[372] Je mehr adelige Familien Einfluss auf die Regierungsgeschäfte nehmen, desto geringer ist die Gefahr despotischer Einzelherrschaft, und je mehr Erfahrungswissen in die Entscheidungen einfließt, desto weniger Raum besteht für launenhafte Willkür eines einzelnen Herrschers.

Damit kann man dem so nüchtern mitgeteilten Befund eine unausgesprochene Rüge vor dem Hintergrund der später eingehend behandelten Gewaltenteilung entnehmen. Kritik schwingt ferner mit, wenn wiederum in der Tradition der französischen Moralistik der Ehrgeiz vom Einzelnen auf den Familienverbund verallgemeinert und damit dynastisch fortgesetzt wird, wie es Montesquieu überhaupt naheliegend erscheint, dass sich Missbrauch perpetuiert: *« Que l'ambition d'un seul devient celle d'une famille, et l'ambition d'une famille celle de plusieurs »* (II 3).[373] Denn der übersteigerte Ehrgeiz in Gestalt der Ehrsucht gehört ebenso wie der Neid zu den anthropologischen Konstanten, denen das moralistische Interesse seit jeher in besonderer Weise galt. Er wuchert gerade in dynastisch geprägten Verbünden unkontrolliert, wenn ihm nicht durch vernunftmäßige Selbstgesetzgebung Grenzen gesetzt werden. Aufschlussreich ist, dass Montesquieu entsprechend seiner Neigung zum Individualismus auch im Negativen vom Einzelnen und seiner potentiell nachteiligen Vorbildwirkung ausgeht, die sich – ebenso wie nach Goethe Gesetze und Rechte – ‚wie eine ew'ge Krankheit von Geschlecht zu Geschlecht fortschleppen'.[374]

So missbilligt Montesquieu innerhalb der Regierungsformen zwar nur die Despotie unter allen Umständen. Aber auch im Verhältnis der anderen beiden Regierungsformen zueinander nimmt Montesquieu wertende Abstufungen vor, deren entscheidendes Kriterium sich letztlich wiederum aus dem ergibt, was er eingangs von den positiven Gesetzen bemerkt, wenn er über diese allgemein sagt, dass sie dem der Verfassung zuträglichen Freiheitsgrad zu entsprechen haben (I 3). Indem er auf diese Weise vom Allgemeinen zum Einzelnen geht, behält er als das

---

sein. Je mehr sich eine Aristokratie der Demokratie nähert, um so vollkommener ist sie; und sie wird umso unvollkommener, je mehr sie sich der Monarchie nähert".

372 Zu ihm und seiner Wirkungsweise, für welche die Formulierung des ‚Je...desto' typisch, wenngleich nicht notwendig ist, *Jens Petersen*, Unternehmenssteuerrecht und bewegliches System, 1999, S. 28 ff.

373 *Montesquieu*, Œuvres complètes, Bibliothèque de la Pléiade, Tome II, S. 246; Übersetzung *Ernst Forsthoff*, 1951/1992, Bd. 1, S. 27: „Der Ehrgeiz eines einzelnen wird zum Ehrgeiz einer Familie und ihr Ehrgeiz zu dem mehrerer Familien".

374 *Johann Wolfgang von Goethe*, Faust. Der Tragödie erster Teil, Vers 1972–1974.

entscheidende Kriterium stets den Grad der Freiheit im Blick, den die jeweilige Regierungsform zulässt.[375]

Folgerichtig ist die niedrigste und in jeder Hinsicht abzulehnende Ausprägung der Aristokratie diejenige, in der auch nur ein Teil des Volkes faktisch zur Sklaverei verdammt ist (II 3). Leibeigenschaft ist für ihn die verkommenste Form des Freiheitsverlustes, zumal da sie sich für die Rechtsunterworfen ebenso unberechenbar und einschneidend auswirkt wie die Despotie: *« L'esclavage est d'ailleurs aussi opposé au droit civil qu'au droit naturel »* (XV 2).[376] Auch hieran wird deutlich, dass das allgegenwärtige Seitenthema seiner Ausführungen die allgegenwärtige Gefahr des Machtmissbrauchs ist, bezüglich derer er nach entsprechenden Vorbildern aus der Geschichte Roms und Venedigs sogar die Möglichkeit behördlicher Kontrollinstanzen erwägt, die freilich ihrerseits hinsichtlich ihrer Eingriffsbefugnisse durch zumindest befristende Regelungen beschränkt werden (II 2).

Letztlich entscheiden aus seiner Sicht der gesunde Menschenverstand sowie der Sinn für Maß und Mitte, den Montesquieu freilich allenthalben durch die Reflexion historischer Beispiele schärft. Dabei dürften im konkreten Fall die Amtszeiten der römischen Konsulen Pate gestanden haben.[377] Montesquieus Ausführungen über diejenigen Gesetze, welche die Natur der Monarchie betreffen, scheinen teilweise eine Art Ouvertüre zu seinen berühmten Gedanken über die Gewaltenteilung zu sein. Immer deutlicher wird jedenfalls, dass man diese nicht isoliert betrachten und nicht allein aus dem Abschnitt *« De la constitution d'Angleterre »* begreifen darf (XI 6). Vielmehr muss man ihre unausgesprochene Einbettung in das Gesamtwerk und damit nicht zuletzt die ersten beiden Bücher berücksichtigen.

Dieser innere systematische Zusammenhang zeigt sich im Übrigen am Beispiel einer leicht zu übersehenden Stelle, deren Dezenz nicht darüber hinwegtäuschen darf, dass Montesquieu dort mit der ihm eigenen Zurückhaltung eine unterschwellige Warnung ausspricht: *« Les Anglois, pour favoriser la liberté, ont ôté toutes les puissances intermédiaires qui formoient leur monarchie. Ils ont bien raison de conserver cette liberté; s'ils venoient à la perdre, ils seroient un des peuples les plus*

375 *Christoph Möllers*, Freiheitsgrade, 2020, S. 25, macht mit Recht darauf aufmerksam, dass Montesquieu die Despotie gerade wegen ihrer Abwesenheit jeglicher Freiheit von Grund auf ablehnt.

376 *Montesquieu*, Œuvres complètes, Bibliothèque de la Pléiade, Tome II, S. 492; Übersetzung *Ernst Forsthoff*, 1951/1992, Bd. 1, S. 332: „Die Sklaverei widerstreitet im übrigen dem bürgerlichen Recht genauso wie dem Naturrecht." *John Rawls*, Die Idee des politischen Liberalismus, 1994, S. 242, bezieht sich maßgeblich auf dieses Kapitel Montesquieus.

377 *Tacitus*, Annales 1.1.1: ‚neque tribunorum militum consulare ius diu valuit' (dazu *Jens Petersen*, Recht bei Tacitus, 2019, S. 1) schwingt hier mit.

esclaves de la terre » (II 4).[378] Dass dieses vierte Kapitel des zweiten Buches die Gewaltenteilung zumindest streift, wenn auch noch nicht vorwegnimmt, kann man bereits daran erkennen, dass Montesquieu dort den eigentümlichen Begriff der « *pouvoirs intermédiaires* » einführt.

Dessen Bedeutungsgehalt kann nur annäherungsweise erfasst werden, findet er sich doch dort auch im Zusammenhang mit der Despotie in abgewandelter Form in Gestalt der « *puissances intermédiaires* » (V 11).[379] Gleichwohl bietet jener vielschichtige Begriff eine gewisse Gewähr, weil er den Kern der Regierungsform anschaulich umreißt und eine Art Fluidum der Macht bezeichnet: « *Les pouvoirs intermédiaires, subordonnés et dépendants, constituent la nature du gouvernement monarchique, c'est-à-dire de celui où un seul gouverne par des lois fondamentales. J'ai dit les pouvoirs intermédiaires, subordonnés et dépendants : en effet, dans la monarchie, le prince est la source de tout pouvoir politique et civil. Ces lois fondamentales supposent nécessairement des canaux moyens par où coule la puissance* » (II 4).[380]

Diese Durchleitung der Macht erfolgt nach Montesquieu über den Adel, den er zu den genannten « *pouvoirs intermédiaires* » zählt. Die Existenz des Adels unterscheidet damit letztlich die Monarchie von der verhassten Despotie. Diese Differenz ist deswegen so bedeutsam, weil das Fehlen eines entsprechenden Zwischengliedes bei der Despotie und das daraus resultierende Machtvakuum auf eine Weise gefüllt wird, die wohl erst Montesquieu hellsichtig erkannt hat, zumal da die sich bietende Gelegenheit eines Machtwechsels nur zu verlockend ist: « *Car tout homme qui a assez de force pour chasser celui qui est déjà le maître absolu dans un État, en a assez pour le devenir lui-même* » (XIX 27).[381] Auch diese Lebensweisheit eines Gleichgewichts des Putschpotentials atmet den Geist der französischen Moralistik. Es ist

---

378 *Montesquieu*, Œuvres complètes, Bibliothèque de la Pléiade, Tome II, S. 248; Übersetzung *Ernst Forsthoff*, 1951/1992, Bd. 1, S. 30: „Um die Freiheit zu fördern, haben die Engländer alle Zwischengewalten, die ihre Monarchie ausmachten, beseitigt. Sie haben allen Grund, diese Freiheit zu bewahren; würde sie ihnen verloren gehen, so würden sie in schlimmerer Knechtschaft Leben als alle anderen Völker der Erde".

379 *Montesquieu*, Œuvres complètes, Bibliothèque de la Pléiade, Tome II, S. 291; Übersetzung *Ernst Forsthoff*, 1951/1992, Bd. 1, S. 84: „Zwischengewalten".

380 *Montesquieu*, Œuvres complètes, Bibliothèque de la Pléiade, Tome II, S. 247; Übersetzung *Ernst Forsthoff*, 1951/1992, Bd. 1, S. 28: „Das Vorhandensein untergeordneter und abhängiger Zwischengewalten macht das Wesen der monarchischen Regierungsform aus, d.h. der, in welcher ein einzelner nach Grundgesetzen reagiert. Ich sagte: untergeordnete und abhängige Zwischengewalten, denn in der Monarchie ist tatsächlich der Fürst die Quelle aller staatlichen und bürgerlichen Macht. Diese Grundgesetze erfordern mit Notwendigkeit verbindende Kanäle, durch welche die Macht fließen kann".

381 *Montesquieu*, Œuvres complètes, Bibliothèque de la Pléiade, Tome II, S. 576; Übersetzung *Ernst Forsthoff*, 1951/1992, Bd. 1, S. 435: „Denn jeder Mann, der Macht genug hat, um den absoluten Herrscher eines Staates zu vertreiben, hat auch Macht genug es selbst zu werden".

gleichsam die umgekehrte Sentenz jener Einsicht, dass es noch niemand vermocht hat, seinen Nachfolger zu verhindern.

Montesquieu hat auch die Macht der Religion sowie der Sitten und Gebräuche in despotischen Staaten mit aller Klarsicht ermessen,[382] nicht von ungefähr zwei besondere und ausdrücklich im Untertitel genannte Ausprägungen jenes Inbegriffs des Geistes der Gesetze:[383] *« Dans les États despotique, où il n'y a point de lois fondamentales, il n'y a pas non plus de dépôt de lois. De là vient que, dans ces pays, la religion a ordinairement tant de force : c'est qu'elle forme une espèce de dépôt et de permanence; et, si ce n'est pas la religion, ce sont les coutumes qu'on y vénère, au lieu des lois »* (II 4).[384] Vor allem die Einsicht in die stabilisierende Bedeutung der Religion innerhalb despotisch regierter Länder kann – sieht man einmal von theokratischen Despotien ab, in denen sich die Übel vervielfältigen – nicht hoch genug eingeschätzt werden, zumal da man sie bis heute tagtäglich in der politischen Wirklichkeit mit allen verhängnisvollen Folgen beobachten kann.

Allerdings erkennt Montesquieu zugleich auch die unter Umständen heilsame Wirkung der Religion, wenn eine Monarchie in die Despotie abzugleiten droht, was für ihn ohnehin einer Grundtendenz des Verfalls der Regierungsformen entspricht: *« Autant que le pouvoir du clergé est dangereux dans une république, autant est-il convenable dans une monarchie, surtout dans celles qui vont au despotisme »* (II 4).[385] Bestechend ist einmal mehr, dass Montesquieu die Bedeutung von Institutionen – hier der Religion mit all ihren überindividuellen Verfestigungen und Ausprägungen – nicht abstrakt und allgemeingültig bestimmt, sondern relativ in Bezug auf die jeweiligen Regierungsformen und damit abhängig von der Frage, ob es um eine Monarchie, Despotie oder eine Republik geht.

---

382 *Vittorio Hösle*, Moral und Politik. Grundlagen einer Politischen Ethik für das 21. Jahrhundert, 1997, S. 661, unter erhellendem Verweis auf das Frühwerk.

383 Zur Erinnerung: Ausweislich des Titelblatts der Erstausgabe von 1748 lautet die graphisch kleiner gedruckte Fortsetzung nach ‚De l'Esprit des Loix': «Ou du rapport que les Loix doivent avoir avec la Constitution de chaque Gouvernement, les Mœurs, le Climat, la Religion, le Commerce, &c».

384 *Montesquieu*, Œuvres complètes, Bibliothèque de la Pléiade, Tome II, S. 249; Übersetzung *Ernst Forsthoff*, 1951/1992, Bd. 1, S. 31: „In despotischen Staaten, wo es keine Grundgesetze gibt, ist auch kein Hüter der Gesetze vorhanden. Daher kommt es, dass in diesen Ländern in der Regel die Religion so große Macht besitzt; sie bildet gewissermaßen den Hort der Sicherheit und Beständigkeit. Und ist es nicht die Religion, so sind es die Gebräuche, die man anstelle der Gesetze dort verehrt".

385 *Montesquieu*, Œuvres complètes, Bibliothèque de la Pléiade, Tome II, S. 248; Übersetzung *Ernst Forsthoff*, 1951/1992, Bd. 1, S. 29: „So gefährlich die Macht der Geistlichkeit für eine Republik ist, so zuträglich ist sie für eine Monarchie, und zwar besonders für eine, die sich zur Despotie entwickelt".

Die Bedeutung solcher Institutionen, wie beispielsweise der Religion oder der Sitten und Gebräuche, jeweils im Hinblick auf die Regierungsformen in ihrer Wechselbezüglichkeit zu erkennen, führt, wie wir gesehen haben, zum Inbegriff des Geists der Gesetze (I 3). Man darf dies freilich nicht dahingehend missverstehen, dass beispielsweise der Adel innerhalb der Monarchie die Rolle eines Hüters der Gesetze einnimmt. In dieser Hinsicht nämlich denkt Montesquieu nicht eben vorteilhaft über seine Standesgenossen: *« L'ignorance naturelle à la noblesse, son inattention, son mépris pour le gouvernement civil, exigent qu'il y ai un corps qui fasse sans cesse sortir les lois de la poussière où elles seroient ensevelies »* (II 4).[386] Hochmut, Herrschsucht, Dünkel und Ehrsucht sind daher konstante Angriffspunkte der französischen Moralistik; geschliffene Worte und kaustische Sentenzen konnten – man denke wiederum nur an die im Geiste der französischen Moralistik geprägten Bonmots von Talleyrand[387] – über die Salons verhaltenssteuernder wirken, als es Gesetze vermocht hätten.

Die oben angesprochene Vervielfältigung des Erfahrungswissens durch möglichst viele Adelsdynastien bietet also zwar idealiter, nicht aber notwendigerweise realiter, ein Bollwerk gegen die Despotie (II 3). Der Adel erscheint so gleichsam als notwendiges Übel einer Monarchie, weil sie ohne ihn zur Despotie herabsinken würde: *« Car, s'il n'y a dans l'État que la volonté momentanée et capricieuse d'un seul, rien ne peut être fixe, et par conséquent aucune loi fondamentale »* (II 4).[388] Das Problem einer jeden ungebundenen Herrschaft eines Einzelnen, wie es etwa der Monarch ohne entsprechende *« pouvoir intermédiaires »* (II 4) oder schlimmstenfalls der Despot darstellt, besteht in der Launenhaftigkeit und Wankelmütigkeit, die zur Willkür verführen (XXVI 16).

---

386 *Montesquieu*, Œuvres complètes, Bibliothèque de la Pléiade, Tome II, S. 249; Übersetzung *Ernst Forsthoff*, 1951/1992, Bd. 1, S. 30: „Die dem Adel eigene Unwissenheit, seine Gleichgültigkeit und seine Missachtung gegenüber der bürgerlichen Verwaltung erfordern eine Körperschaft, die unaufhörlich die Gesetze aus dem Staube, darin sie vergraben werden, wieder hervorholt".

387 *Charles Maurice de Talleyrand*, Mots, Propos, Aphorismes (Choix et Présentation d'Éric Schell; Préface d'Emmanuel de Waresquiel), 3. Auflage 2020, bietet eine ebenso repräsentative wie geistreiche Auswahl, unter der (auf S. 170) aus rechtlicher Sicht vor allem folgende Sentenz herausragt: « On peut violer les lois sans qu'elles crient. » – Dieser Aphorismus ist moralistisch gefärbt und steht mit seiner einerseits modalen, andererseits pointiert negatorischen anthropomorphen Ausrichtung wohl durchaus in der Tradition Montesquieus. Vgl. auch *Jean Orieux*, Talleyrand ou le Sphinx incompris, 1970; *Duff Cooper*, Talleyrand, 1935, die als Biographien mit moralistischem Grundton zu nennen sind; bemerkenswert ferner *Roberto Calasso*, La rovina di Kasch, 1983 – letztlich ebenfalls ein Buch über Talleyrand.

388 *Montesquieu*, Œuvres complètes, Bibliothèque de la Pléiade, Tome II, S. 247; Übersetzung *Ernst Forsthoff*, 1951/1992, Bd. 1, S. 28: „Denn wenn in einem Staat nur der von Augenblickslaunen diktierte Wille eines Einzelnen gilt, so kann es keine feste Regel und daher auch kein Grundgesetz geben".

Es bedarf also eines hinreichend gewissenhaften Korrektivs, dass nicht einfach den Willen des Fürsten wiedergibt oder ihm nach dem Mund redet, sondern ihn an die Gesetze erinnert und damit die vollziehende Gewalt an die Existenz der legislativen erinnert, auch wenn die Produkte dieser Tätigkeit – die Gesetze – zwischenzeitlich der Vergessenheit anheimgefallen sind: *« Il ne suffit pas qu'il y ait, dans une monarchie, des rangs intermédiaires; il faut encore un dépôt de lois. Ce dépôt ne peut être que dans les corps politiques, qui annoncent les lois lorsqu'elles sont faites et les rappellent lorsqu'on les oublie »* (II 4).[389]

Diese mnemotechnische Funktion einer beratenden Instanz bedeutet zumindest dort ein wichtiges Bindeglied zwischen Monarch und Volk im Hinblick auf die Gesetzgebung und die vollziehende Gewalt, wo von einer Gewaltenteilung noch nicht vollends die Rede sein kann. Denn ein solcher Hüter der Gesetze, den die von Montesquieu gemeinte Körperschaft oder Behörde bilden sollte, müsste auch aus Sicht des Volkes vertrauenswürdig sein und den Geltungsgrund der in Vergessenheit geraten Gesetze jederzeit angeben können, um das Volk auf diese Weise persuasiv zum Gesetzesgehorsam anzuleiten.

Die selektive Erinnerung der Allgemeinheit, die Montesquieu auch an anderer Stelle noch erwähnt (XXVIII 19), führt ihn zu einer religionssoziologischen Beobachtung, die ganz im Geiste der französischen Moralistik von einer ironisch gefärbten, aufschlussreichen Klimax ausgeht: *« Les lois humaines statuent sur le bien; la religion sur le meilleur. (...) L'antiquité convient à la religion, parce que souvent nous croyons plus les choses à mesure qu'elles sont plus reculées; car nous n'avons pas dans la tête des idées accessoires tirées de ces temps-là, qui puissent les contredire. Les lois humaines, au contraire, tirent avantage de leur nouveauté, qui annonce une attention particulière et actuelle du législateur, pour les faire observer »* (XXVI 2).[390]

Der betont überspitzte Eingangssatz steht jedoch nicht für sich allein in der Tradition der französischen Moralistik, sondern veranschaulicht zugleich deren erschließende Wirkung für die Religions- und Rechtssoziologie, wie folgende

389 *Montesquieu*, Œuvres complètes, Bibliothèque de la Pléiade, Tome II, S. 249; Übersetzung *Ernst Forsthoff*, 1951/1992, Bd. 1, S. 30: „Es genügt nicht, dass sie in einer Monarchie ständig als Mitglieder vorhanden sind, sondern es muss auch ein sicherer Ort für die Gesetze da sein. Dieser Ort kann nur in den politischen Körperschaften liegen, welche die erlassenen Gesetze verkünden und in Vergessen geratene wieder in Erinnerung rufen".

390 *Montesquieu*, Œuvres complètes, Bibliothèque de la Pléiade, Tome II, S. 751 f.; Übersetzung *Ernst Forsthoff*, 1951/1992, Bd. 2, S. 206 f.: „Die menschlichen Gesetze betreffen das Gute, die Religion, das Beste. (...) Eine Religion darf alt sein, weil wir häufig etwas umso fester glauben, je weiter es zeitlich zurückliegt, da wir keine Nebenvorstellungen aus jenen Zeiten im Kopf haben, die ihr widersprechen. Menschliche Gesetze dagegen gewinnen durch ihre Neuheit, die auf ein besonderes, augenblickliches Streben des Gesetzgebers hinweist, ihnen Geltung zu verschaffen".

komplementäre Überlegung zeigt, die man zum besseren Verständnis hinzunehmen sollte: *« Les lois de perfection, tirées de la religion, ont plus pour objet la bonté de l'homme qui les observe, que celle de la société dans laquelle elles sont observées : les lois civiles, au contraire, ont plus pour objet la bonté morale des hommes en général, que celle des individus »* (XXVI 9).[391] An dieser Gegenüberstellung lässt sich beiläufig ersehen, dass die französische Moralistik, wie eben auch Montesquieu sie verkörpert, gerade nicht moralisiert.[392]

Es geht Montesquieu mithin um die pointierte Hervorhebung der unterschiedlichen Zwecksetzung, im Rahmen derer bezüglich der Religion allenfalls eine milde Ironie durchschimmert, aber gewiss keine abrechnende Religionskritik. Auch im Hinblick auf die bürgerlichen Gesetze geht es eher um die generelle Ausrichtung der Moral, aber eben nicht um bestimmte Inhalte oder eine gleichwie geartete Moraltheorie. Ganz im Stile der französischen Moralistik ist schließlich die allgemeine anthropologische Zielrichtung auf die Menschen schlechthin und nicht den einzelnen Menschen.

Wie nur wenige seiner Zeitgenossen hat Montesquieu das Erfordernis der Unterrichtung des Volkes und damit letztlich die Bedeutung der öffentlichen Meinung erkannt, die freilich ebenfalls zuvor schon Machiavelli in aller Deutlichkeit gesehen hatte.[393] Dass Montesquieu gleichwohl nicht immer als Wegbereiter der Französischen Revolution anerkannt wurde, mag an einem konservativen und bisweilen restaurativ anmutenden Grundton liegen, der vor zu weitgehenden Umstürzen zu warnen scheint:[394] *« Abolissez dans une monarchie les prérogatives des seigneurs, du clergé, de la noblesse et des villes : vous aurez bientôt un État po-*

391 *Montesquieu*, Œuvres complètes, Bibliothèque de la Pléiade, Tome II, S. 759; Übersetzung *Ernst Forsthoff*, 1951/1992, Bd. 2, S. 216: „Die aus der Religion entnommenen Gesetze der Vollkommenheit, beziehen sich mehr auf die Moral des einzelnen Menschen, der sie befolgt, als auf die der Gesellschaft, in der sie befolgt werden; dagegen bezwecken die bürgerlichen Gesetze mehr die moralische Haltung der Menschen im allgemeinen als die des Einzelmenschen".

392 *Hugo Friedrich*, Montaigne, 1949, S. 222, hat das am deutlichsten herausgearbeitet und in Form einer negatorisch formulierten Begriffsbestimmung – gleichsam unter einer auflösenden Bedingung – zur Geltung gebracht: „Vor allem aber sieht die Moralistik (...) von ethischer Bewertung und Bevormundung ab oder drängt sie in den Hintergrund. Sie ist keine Morallehre. Ebensowenig ist sie eine Moralphilosophie, d. h. Ergründung der sittlichen Normen in einem Allgemeinen oder Metaphysischen. Daß sie dies nicht ist, bildet ihre wichtigste negative Bestimmung".

393 *Jens Petersen*, Machiavellis Gesetzgebungslehre, 2020, S. 320 ff.

394 *Walter Kuhfuß*, Die Bedeutung der Mäßigung im Werk Montesquieus, in: Montesquieu-Traditionen in Deutschland. Beiträge zur Erforschung eines Klassikers (Hg. Edgar Maas/Paul-Ludwig Weinacht), 2005, S. 205, 218, bemerkt am Ende seiner gehaltvollen Studie mit vornehmem Understatement trocken: „Die gesellschaftlichen Probleme wurden in der Französischen Revolution nicht durch Maßhalteappelle gelöst".

pulaire, ou bien un État despotique » (II 4).[395] Es scheint, als habe Montesquieu bereits vorausgeschaut in das Frankreich unmittelbar nach der Revolution.[396]

Wer solche Gedanken aus dem Zusammenhang reißt und den vorangestellten « *Avertissement de l'auteur* » vergisst, wonach die Tugend in der Republik die Liebe zur Gleichheit bedeutet, übersieht, dass die betreffenden Stellen in einem Zusammenhang stehen, der auf Schritt und Tritt darauf ausgerichtet ist, unumschränkte Macht zu begrenzen und Willkür einzudämmen, indem die Kompetenzen von Entscheidungsbefugnissen strikt eingehalten werden: « *Je ne suis point entêté des privilèges des ecclésiastiques; mais je voudrois qu'on fixât bien une fois leur juridiction* » (II 4).[397] Die Vertreter des Klerus durften dies durchaus als Erinnerung an die allfällige Gewaltenteilung verstehen.

---

395 *Montesquieu*, Œuvres complètes, Bibliothèque de la Pléiade, Tome II, S. 247; Übersetzung *Ernst Forsthoff*, 1951/1992, Bd. 1, S. 29: „Man schaffe in einer Monarchie die Vorrechte der Großen, der Geistlichkeit, des Adels und der Städte ab, dann wird man bald einen Volksstaat oder gar einen despotischen Staat haben".

396 *Vittorio Hösle*, Moral und Politik. Grundlagen einer Politischen Ethik für das 21. Jahrhundert, 1997, S. 76 f., folgert anthropologisch ebenso treffend wie nachdenklich stimmend: „Nichts kann einen mehr Angst vor dem Fanatismus des lauteren Herzens lehren als der unheimliche Zusammenhang zwischen der Verkündung der Menschen- und Bürgerrechte, und dem Terror, ein Zusammenhang den nur wenige moderne Intellektuelle wirklich begriffen haben".

397 *Montesquieu*, Œuvres complètes, Bibliothèque de la Pléiade, Tome II, S. 248; Übersetzung *Ernst Forsthoff*, 1951/1992, Bd. 1, S. 29: „Ich bin durchaus nicht auf die Vorrechte der Geistlichen versessen, aber ich wünschte doch, dass man endlich einmal den Umfang ihrer Gerichtsbarkeit genau begrenzte".

III. Laster und Leidenschaften im Lichte der Moralistik

Das erste Kapitel des dritten Buches enthält eine fundamentale Weichenstellung für den gesamten Esprit des Lois, und zwar im Sinne des Buchtitels wie auch vor allem der Sache nach. Montesquieu unterstreicht dies durch einen diskreten Hinweis in der Fußnote, deren buchstäblich erschließende Wirkung nicht ernst genug genommen werden kann: *« Cette distinction est très importante, et j'en tirerai bien des conséquences; elle est la clé d'une infinité de lois »* (III 1).[398] Wenn man sich vor diesem Hintergrund fragt, welcher Art diese bedeutsame Unterscheidung ist, dann muss man sich im Ausgangspunkt in Erinnerung rufen, an welche Feststellungen angeknüpft wird.

Wie systematisch strukturiert Montesquieu vorgeht und auf welche Weise er vorgreifliche Fragen erörtert, erkennt man daran, dass es sich bei der Untersuchung von Wesen und Prinzip der Regierungsformen um zwei verschiedene Prüfungsgegenstände handelt, die daher auch in unterschiedlichen Büchern erörtert werden. Denn das Wesen der Regierungsformen ist nichts anderes als ihre Natur, die er im zweiten Buch als Ursprung der Gesetze ausmacht. Es geht ihm also zunächst um eine im Hinblick auf die Regierungsformen naturgemäße Entsprechung der Gesetze. Auf den ersten Blick scheint dies annähernd gleichbedeutend mit dem Prinzip der Regierungsformen zu sein.

Aber Montesquieu hat den Leser bereits ganz zu Beginn daran erinnert, dass er den alten Begriffen eine neue Bedeutung geben musste, um das eigentlich Neue seiner Gedanken ermessen und ausdrücken zu können. Vor diesem Hintergrund lässt sich auch seine vorliegende Unterscheidung begreifen: *« Il y a cette différence entre la nature du gouvernement et son principe, que sa nature est ce qui le fait être tel, et son principe ce qui le fait agir. L'une est sa structure particulière, et l'autre les passions humaines qui le font mouvoir »* (III 1).[399]

398 *Montesquieu,* Œuvres complètes, Bibliothèque de la Pléiade, Tome II, S. 250, Fußnote a; Übersetzung *Ernst Forsthoff,* 1951/1992, Bd. 1, S. 33, Fußnote 1: „Diese Unterscheidung ist sehr wichtig, und ich werde daraus viele Folgerungen ziehen: sie ist der Schlüssel zu einer Unzahl von Gesetzen".

399 *Montesquieu,* Œuvres complètes, Bibliothèque de la Pléiade, Tome II, S. 250 f.; Übersetzung *Ernst Forsthoff,* 1951/1992, Bd. 1, S. 33: „Zwischen der Natur und dem Prinzip der Regierung besteht folgender Unterschied: Die Natur der Regierung ist das, was sie so sein, das Prinzip, was sie so handeln lässt; die Natur ist ihre besondere eigene Struktur, das Prinzip liegt in den menschlichen Leidenschaften, welche ihre Bewegung bestimmen".

https://doi.org/10.1515/9783111396132-005

Die Bedeutung dieser Differenzierung erschöpft sich wohl nicht einmal in den ohnehin schon außerordentlich weitreichenden Folgen für sein Werk, sondern betrifft darüber hinaus auch dessen disziplinprägende wissenschaftstheoretische Bedeutung. Darüber hinaus aber enthüllt der zuletzt zitierte Satz mit seiner Zentrierung der menschlichen Leidenschaften den Zusammenhang der Ordnungsprinzipien des Werkes mit der Zugehörigkeit seines Verfassers zur französischen Moralistik, welche die Wirkungsweisen, Auswüchse und geheimen Vorbehalte der menschlichen Hintergedanken so virtuos auf den Punkt zu bringen imstande ist.[400]

Zunächst fällt auf, dass der zuletzt zitierte Relativsatz jene mechanistische Prägung aufweist, die wir bereits zu Beginn ausgemacht haben. Es lohnt sich daher, wiederum aus dem *« Avertissement de l'auteur »* zu zitieren: *« Si je disois : telle roue, tel pignon, ne sont point le ressort qui fait mouvoir cette montre, en concluroit-on qu'ils ne sont point dans la montre? »*.[401] Diese rhetorische Frage scheint auf den ersten Blick nichts mit dem ersten Kapitel des dritten Buches zu tun zu haben, das freilich vor dem Hintergrund des zuletzt Bedachten wie eine Art zweites Vorwort erscheint. Aber in beiden Fällen geht es, wenn auch zuletzt vermittelt über den Vergleich der Staatsverfassung mit einem Uhrwerk, um dasjenige, was die Regierung im Gang hält und deren Tätigkeit bestimmt.[402]

Betrachtet man die Unterscheidung zwischen Natur und Prinzip der Regierungsform unter diesem Blickwinkel, so ergibt sich, dass die Natur das Phänotypische und das Prinzip gleichsam das Genotypische darstellt. Denn Montesquieu hat im vorangehenden zweiten Buch ja zunächst die typischen Erscheinungsformen der Republik, der Monarchie und der Despotie aufgezeigt. Nicht von ungefähr konnte man diese Unterscheidung bereits weiter oben auf historischer Ebene fruchtbar machen. Indem er darüber hinaus die Bewegungsprinzipien der jeweiligen Regierungsformen untersucht und im Ausgangspunkt in den menschlichen Leiden-

---

400 *Fritz Schalk*, Einleitung, in: Die französischen Moralisten, 1949, S. XIV f., hält es „für kein(en) Zufall, daß der Aphoristiker oft geheimnisvoll, orakelhaft spricht, daß die ironische Sprachkraft am Werk ist in Pascals Gedanken, die er selbst Hintergedanken nennt, satirische bei La Rochefoucauld, Vauvenargues, Chamfort".

401 *Montesquieu*, Œuvres complètes, Bibliothèque de la Pléiade, Tome II, S. 228; Übersetzung *Ernst Forsthoff*, 1951/1992, Bd. 1, S. 3: „Wenn ich sagen würde, dieses Rad oder jenes Rädchen ist nicht die Triebfeder, welche die Uhr in Bewegung setzt, würde man daraus folgern, dass sie überhaupt nicht in der Uhr sind?".

402 Zu ähnlich mechanischen oder maschinenmäßigen Vorstellungen *Wilhelm von Humboldt*, Ideen zu einem Versuch, die Grenzen der Wirksamkeit des Staates zu bestimmen, 1792 (postum 1851 erschienen); dazu *Jens Petersen*, Wilhelm von Humboldts Rechtsphilosophie, 3. Auflage 2015; andeutungsweise auch *Corrado Rosso*, Montesquieu moraliste. Des lois au bonheur, 1971, S. 274 Fußnote 6.

schaften erblickt, gibt er sich wiederum als Vertreter der französischen Moralistik zu erkennen.

Denn diese hat seit jeher die menschlichen Leidenschaften, insbesondere die anthropologischen Konstanten der Eitelkeit, des Ehrgeizes und des Neides als Triebfedern menschlichen Handelns ausgemacht. Montesquieu spricht an einer Stelle sogar von *« de la vanité des peuples »* (X 14).[403] Diese den Leidenschaften entspringende progressive Dynamik, die zu einer gewissen Ruhelosigkeit der Verfassung führt, spiegelt sich übrigens auch im berühmten Kapitel über die Gewaltenteilung: *« Ces trois puissances devroient former un repos ou une inaction. Mais comme, par le mouvement nécessaire des choses, elles sont contraintes d'aller, elles seront forcées d'aller de concert »* (XI 6).[404]

In der Tradition der französischen Moralistik erhellt Montesquieu auf Schritt und Tritt schlaglichtartig die Motive menschlichen Handelns, um die beispielsweise Notwendigkeit eines gesetzgeberischen Einschreitens rechtzeitig zu erkennen, weil er weiß, dass dieses selbstwidersprüchlich sein kann, wenn es auf dem falschen Weg erfolgt: *« Lorsque le législateur, au lieu de donner des lois, a donné des conseils, c'est qu'il a vu que ses conseils, s'ils étoient ordonnés comme des lois, seroient contraires à l'esprit de ses lois »* (XXIV 6).[405] Montesquieu trifft seine rechtssoziologischen Unterscheidungen, wie wir bereits gesehen haben, nicht mit der alles erfassenden, niemals den geraden Weg verlassenden, aber dadurch auch trockenen Stringenz der Klassifizierungen eines Max Weber.[406] Doch gerade deswegen sind sie so viel lebendiger, lesbarer, gedankenreicher, phantasievoller und im Wortsinne menschlicher – kurz: im Sinne der französischen Moralistik, wie das zuletzt zitierte Paradoxon.

Das zeigt sich beispielhaft im Zusammenhang von Eitelkeit und Luxus, die beide jeweils für sich, umso mehr aber noch im Zusammenwirken miteinander, ein klassisches Motiv der französischen Moralistik bilden: *« Plus il y a d'hommes ensemble, plus ils sont vains et sentent naître en eux l'envie de se signaler par de petites*

403 *Montesquieu*, Œuvres complètes, Bibliothèque de la Pléiade, Tome II, S. 390; Übersetzung *Ernst Forsthoff*, 1951/1992, Bd. 1, S. 207: „der Eitelkeit der Völker".

404 *Montesquieu*, Œuvres complètes, Bibliothèque de la Pléiade, Tome II, S. 405; Übersetzung *Ernst Forsthoff*, 1951/1992, Bd. 1, S. 226: „Aus diesen drei Gewalten müsste ein Zustand der Ruhe oder Untätigkeit hervorgehen. Aber da sie durch die notwendige Bewegung der Dinge gezwungen sind, fortzuschreiten, werden sie genötigt sein, dies gemeinsam zu tun".

405 *Montesquieu*, Œuvres complètes, Bibliothèque de la Pléiade, Tome II, S. 719; Übersetzung *Ernst Forsthoff*, 1951/1992, Bd. 2, S. 167: „Wenn ein Gesetzgeber, statt Gesetze zu erlassen, nur Lehren aufstellt, so deshalb, weil er einsieht, dass seine Lehren, als Gesetze gefaßt, dem Geist seiner Gesetze widersprechen würden".

406 Dazu *Jens Petersen*, Max Webers Rechtssoziologie und die juristische Methodenlehre, 3. Auflage 2020.

choses. (...) Le luxe donne cette espérance; chacun prend les marques de la condition qui précède la sienne. Mais à force de vouloir se distinguer, tout devient égal, et on ne se distingue plus : comme tout le monde veut se faire regarder, on ne remarque personne » (VII 1).[407] Das Streben des Emporkömmlings, sein Herkunftsmilieu zu verlassen und durch Distinktion vergessen zu machen, um sich nur mehr angestrengt nach den sozialen Regeln des Aufnahmemilieus zu richten, um es soziologisch steifleinen zu formulieren, bringt Montesquieu demgegenüber mit der Eleganz des französischen Moralisten zum Ausdruck. Kennzeichnend für die moralische Provenienz ist neben der frappierenden Menschenkenntnis auch die gleichmachende Wirkung der Gier nach Überflüssigem, die damit zugleich ad absurdum geführt wird. Nicht nur in dieser Hinsicht finden sich vergleichbar lebensnahe und tiefdringende soziologische Einsichten wohl erst wieder bei Marcel Proust, dessen Provenienz aus der französischen Moralistik bereits an früherer Stelle angedeutet wurde,[408] allerdings auch zuvor schon bekannt war.[409]

Montesquieu zieht freilich zugleich die juristischen Konsequenzen, indem er auch in Übertreibungen des Gleichheitsdenkens eine Gefahr für die Demokratie sieht; es ist der *« l'esprit d'égalité extrême »* (VIII 2).[410] Aber auch jenseits dieses für die Moralistik typischen Paradoxons, zeigt der Gedankengang, dass es Montesquieu nicht damit bewenden lässt, originelle Beobachtungen zum Besten zu geben, sondern vielmehr darauf aus ist, die eigentümliche Ökonomie eines solchen sinnwidrigen Verhaltens darzustellen. Denn wenn man den werkimmanenten Zusammenhang betrachtet, dann greift dieser Gedanke bereits vor, nämlich in den zweiten Teil des Werkes, wo wirtschaftliche Probleme in Bezug auf den Geist der Gesetze behandelt werden. Das zeigt sich vor allem an der abschließenden Einschätzung Montesquieus: *« Quelques gens ont pensé qu'en assemblant tant de peuple dans une capitale, on diminuoit le commerce, parce que les hommes ne sont plus à une certaine*

---

407 *Montesquieu*, Œuvres complètes, Bibliothèque de la Pléiade, Tome II, S. 333 f.; Übersetzung *Ernst Forsthoff*, 1951/1992, Bd. 1, S. 136: „Je mehr Menschen zusammenleben, umso eitler sind sie und umso stärker fühlen sie die Freude in sich reifen, sich durch Kleinigkeiten hervor zu tun. (...) Der Luxus bietet diese Aussicht, und jeder eignet sich die Kennzeichen einer höheren Lebensstellung an, als er einnimmt. Allein durch dieses Streben, sich auszuzeichnen, wird wieder alles gleich und keiner kann sich wirklich hervortun, denn da jeder Aufsehen erregen will, bleibt jeder unbeachtet".

408 *Jens Petersen*, Marcel Proust und Tacitus, 2021, S. 1 ff.

409 *Karlheinz Stierle*, Montaigne und die Moralisten. Klassische Moralistik – Moralistische Klassik, 2016, S. 263, nach dessen prägnanter Formulierung „der moralistische Gesellschaftsschriftsteller Proust (...) eine ganze Welt der gesellschaftlich verwurzelten Sprachen und Sprachstile evoziert und sie moralistisch seziert".

410 *Montesquieu*, Œuvres complètes, Bibliothèque de la Pléiade, Tome II, S. 351; Übersetzung *Ernst Forsthoff*, 1951/1992, Bd. 1, S. 158: „Geist überspannter Gleichheit".

distance les uns des autres. Je ne le crois pas; on a plus de désir, plus de besoins, plus de fantaisies quand on est ensemble » (VII 1).[411]

Das ist gleichsam die Pointe seiner tiefsinnigen Überlegungen, weil hier die anthropologische Konstante der Eitelkeit und Geltungssucht ins Ökonomische gewendet wird. Zugleich zeigt diese Einschätzung, auf welche Weise die erfahrungsmäßig gewonnenen Einsichten Montesquieus zu einer moralistisch gefärbten Beobachtung führen, die den Blick öffnet für soziologische und ökonomische Ideen. Gerade diese Wechselwirkung zwischen moralistischer Sentenz und rechtssoziologischer Hypothese, die auch in die umgekehrte Richtung verlaufen kann, führt zu originellen Ideen, von denen er mit dem aus dem « *Avertissement de l'auteur* » zitierten Wort wahrhaftig sagen darf, dass er neue Gedanken gehabt habe: « *J'ai eu des idées nouvelles* ».[412]

Immer wieder und stets unaufdringlich streut Montesquieu Bemerkungen über seine Methode ein, die vielleicht nicht von dogmatischer Strenge zu zeugen scheinen, weil auch sie eher in der unverbindlich wirkenden Tradition der französischen Moralistik gründen, gleichwohl aber deswegen nicht unsystematisch sind. Das zeigt sich etwa, wenn er, ausgehend vom Prinzip der Demokratie, aber letztlich darüber hinausweisend, die politische Tugend im vorerwähnten Sinne als Triebfeder dieser Regierungsform in Erinnerung ruft: « *Ce que je dis est confirmé par le corps entier de l'histoire, et est très conforme à la nature des choses. Car il est clair que dans une monarchie, où celui qui fait exécuter les lois se juge au-dessus des lois, on a besoin de moins de vertu que dans un gouvernement populaire, où celui qui fait exécuter les lois sent qu'il y est soumis lui-même, et qu'il en portera le poids* » (III 3).[413]

---

411 *Montesquieu*, Œuvres complètes, Bibliothèque de la Pléiade, Tome II, S. 334; Übersetzung *Ernst Forsthoff*, 1951/1992, Bd. 1, S. 137: „Manche Leute waren der Ansicht, durch die Ansammlung zu vieler Bewohner in einer Hauptstadt, vermindere man den Handel, weil zwischen den Menschen eine gewisse Entfernung wegfiele. Ich glaube das nicht, denn man hat mehr Wünsche, mehr wirkliche und vermeintliche Bedürfnisse, wenn man zusammenlebt".

412 *Montesquieu*, Œuvres complètes, Bibliothèque de la Pléiade, Tome II, S. 227; Übersetzung *Ernst Forsthoff*, 1951/1992, Bd. 1, S. 3: „Ich habe neue Gedanken gehabt".

413 *Montesquieu*, Œuvres complètes, Bibliothèque de la Pléiade, Tome II, S. 251; Übersetzung *Ernst Forsthoff*, 1951/1992, Bd. 1, S. 34: „Meine Behauptung wird durch den ganzen Verlauf der Geschichte bestätigt und entspricht auch völlig dem Wesen der Dinge. Denn es ist klar, dass in einer Monarchie, wo der, welcher die Gesetze vollzieht, sich über sie erhaben dünkt, weniger Tugend erforderlich ist als in einer Volksregierung, wo der, der die Gesetze vollziehen lässt, sich selbst ihnen unterworfen fühlt und ihre Last mittragen muss".

Aus methodischer Sicht interessant daran ist, dass zunächst in antiker Tradition die Geschichte als Lehrmeisterin bezeichnet wird.[414] Gelegentlich überspitzt Montesquieu dies (XXX 20). Doch könnte darin ein Stilmittel der französischen Moralistik zu erblicken sein, wenn er etwa resümiert: *« En un mot, l'histoire nous apprend assez que les lois pénales n'ont jamais eu d'effet que comme destruction »* (XXV 12).[415] Man sollte dies nicht wörtlich nehmen, sondern berücksichtigen, dass er gerade dort, wo er in der Tradition der Moralistik spricht, eher eine Richtung angeben möchte, und zwar die Begründung eines aufgeklärten und toleranten Strafrechts im Geiste der Mäßigung (XXVI 3).

Von daher überrascht es nicht, dass einige Beispiele aus der römischen und griechischen Geschichte folgen, interessanterweise aber auch aus der jüngeren englischen. Letzteres ist deswegen bemerkenswert, weil seine berühmten Ausführungen zur Gewaltenteilung ja ebenfalls unter der Überschrift *« De la constitution d'Angleterre »* stehen (XI 6). Dies wiederum ist vor dem Hintergrund der zuletzt zitierten Stelle bedeutungsvoll, weil auch dort bereits Elemente der Gewaltenteilung aufscheinen, ohne dass von ihr ausdrücklich die Rede ist, aber immerhin in Anspielungen. Die Gewaltenteilung wirft also auch im Zusammenhang mit den methodischen Vorbemerkungen und ihren historischen Ausführungen ihre Schatten voraus.

Die zweite methodische Komponente, die von dem zuletzt Gesagten nicht ganz unabhängig ist, sondern eher eine komplementäre Überlegung darstellt, welche die gesamte Abhandlung durchzieht, betrifft das bereits mehrfach angesprochene Wesen der Dinge (I 3). Gewiss ist man im Laufe des letzten Jahrhunderts argwöhnisch gegenüber solchen Wesensargumenten geworden, weil sie letztlich tautologisch und inhaltsleer anmuten.[416] Aber wir haben weiter oben schon gesehen, dass Montesquieu eher an einen Einklang mit der Natur denkt, der im Zusammenhang mit dem bereits mehrfach für entscheidungserheblich erkannten Primat der Vernunft auf die Berücksichtigung des gesunden Menschenverstandes in Verbindung mit allen rationalen Maßstäben hinausläuft.

Montesquieu erkennt nämlich gerade unter Berücksichtigung des gesunden Menschenverstandes die allgegenwärtigen Laster der Menschen mit einem anthropologischen Realismus, der seine Provenienz aus der französischen Moralistik

---

414 *Cicero*, De oratore, 36, 2: ‚Historia magistra vitae'. Dazu *Reinhart Koselleck*, Historia Magistra Vitae. Über die Auflösung des Topos im Horizont neuzeitlich bewegter Geschichte, in: ders., Vergangene Zukunft. Zur Semantik geschichtlich bewegter Zeiten, 1989, S. 38.

415 *Montesquieu*, Œuvres complètes, Bibliothèque de la Pléiade, Tome II, S. 746; Übersetzung *Ernst Forsthoff*, 1951/1992, Bd. 2, S. 199: „Mit einem Wort: die Geschichte lehrt uns zu Genüge, dass Strafgesetze immer nur zerstörend gewirkt haben".

416 *Wilhelm Scheuerle*, Das Wesen des Wesens, Archiv für die civilistische Praxis 163 (1964), 429.

erkennen lässt und vor allem die berufstypische Habgier bestimmter Amtsträger in Despotien im Blick hat, zumal da diese dort leicht zur Kleptokratie ausartet (XI 18). So verwundert es nicht, dass die folgende Stelle im Zusammenhang mit den nachteiligen Folgen der Despotie zu finden ist: « *Pensez-vous que des lois qui ôtent la propriété des fonds de terre et la succession des biens, diminueront l'avarice et la cupidité des grands? Non : elles irriteront cette cupidité et cette avarice. On sera porté à faire mille vexations, parce qu'on ne croira avoir en propre que l'or ou l'argent que l'on pourra voler ou cacher* » (V 14).[417] Laster erschöpfen sich nicht in der Begehung der Tat, sondern führen zu weiteren Verbrechen, zumal da die Habgier keine Sättigung kennt, sondern sich eher mit Herrschsucht mischt.[418]

Eine Fortsetzung findet dieser Gedanke im zweiten Teil des Werkes, in dem der Handel für den Geist der Gesetze fruchtbar gemacht wird. Dort behandelt er – ebenfalls in der Tradition der französischen Moralistik – auch das Laster des Geizes, das dem davon Befallenen wie bei Molières ‚Geizigem' – auch er ein Autor der französischen Moralistik,[419] aber zugleich von einer humanen Heiterkeit[420] – so zwanghaft wesensimmanent wird, dass Montesquieu es sprachlich dergestalt zum Ausdruck bringt, dass er vom Geiz selbst als Akteur spricht: « *L'avarice garde l'or et l'argent, parce que, comme elle ne veut pas consommer, elle aime des signes qui ne se détruisent point. Elle aime mieux garder l'or que l'argent, parce qu'elle craint tou-*

417 *Montesquieu*, Œuvres complètes, Bibliothèque de la Pléiade, Tome II, S. 295; Übersetzung *Ernst Forsthoff*, 1951/1992, Bd. 1, S. 89: „Wenn man etwa glaubt, dass die Gesetze, die das Eigentum am Grund und Boden und die Erbfolge in die Güter aufheben, auch den Geiz und die Habsucht der Großen beseitigen, so irrt man sich. Im Gegenteil: Sie reizen die Habgier und Begehrlichkeit nur noch mehr. Die Menschen werden zu tausend Erpressungen verleitet, weil sie glauben, nur noch Gold und Silber als ihr Eigen zu besitzen, das man stehlen oder verstecken könnte".

418 *Hugo Friedrich*, Montaigne, 1949, S. 209, dürfte auch solche Entwicklungen meinen, wenn er in moralistischer Hinsicht feststellt: „Zwischen Mensch und Gegenstand gibt es nur ruhelose Unstimmigkeit. Und aus der Unstimmigkeit des Menschen in sich selbst folgt die Inkongruenz von Motiv und Tat. Das ist ein klassisches Thema aller neueren Moralistik und ihrer Demaskierungspsychologie." – Speziell bei Montesquieu lässt sich die genannte Inkongruenz auch in seinen verstreuten Gedanken über das Strafrecht nachvollziehen.

419 *Josef Rattner/Gerhard Danzer*, Europäische Moralistik in Frankreich von 1600 bis 1950. Philosophie der nächsten Dinge und der alltäglichen Lebenswelt des Menschen, 2006, S. 67 ff. Speziell zum ‚Misanthrope' *Karlheinz Stierle*, Text als Handlung. Grundlegung einer systematischen Literaturwissenschaft, Neue, veränderte und erweiterte Auflage, 2012, S. 333: „Mit dem *Misanthrophe* tritt der Komödienschreiber auf eine Ebene mit den großen Gestaltern gesellschaftlicher Erfahrungen seiner Zeit, den jansenistischen Moralisten und Philosophen wie dem jansenistischen Tragiker." Ebenda, S. 354, zu einer Protagonistin: „mit dem Scharfblick der Moralistin".

420 So ließe man wohl auch über Montesquieu sagen, was *Hugo Friedrich*, Montaigne, 1949, S. 218, feststellt, dass er „der französischen Literatur jene milde Menschlichkeit zuführt, in deren Geist die Komödien Molières und die Fabeln La Fontaines leben".

jours de perdre, et qu'elle peut mieux cacher ce qui est en plus petit volume » (XXII 9).[421]

Die psychologisch ingeniöse Schilderung in der Tradition der französischen Moralisten läuft auf das Grundgefühl der Angst hinaus, das für die Despotie bezeichnend ist, von welcher der Geizige durch den schnöden Mammon irrational beherrscht wird.[422] So verstärken die menschlichen Schwächen und Leidenschaften einander in verhängnisvoller Wechselwirkung, so dass der Reichste in seiner Angst weniger hat als der Ärmste unter der Sonne, weil dieser sicherer vor der Habgier des Despoten ist als jener.

Dieses Motiv findet sich passgenau am Ende der taciteischen Germania, die Montesquieu immer wieder zitiert, wenn auch nicht mit genau dieser moralistisch gefärbten Stelle.[423] Es geht dort letztlich um das Bewusstsein von Freiheit und Rechtssicherheit, das unter einem Despoten gerade die Ärmsten stärker verspüren als die Reichsten, die in allgegenwärtiger Angst vor dem habgierigen Despoten leben; wer aber hat, was der Willkürherrscher begehrt, kann sich auch seines Lebens nicht sicher sein.[424] Angesichts der vielen Tacitus-Zitate, die sich im Esprit des Lois finden und unter denen etliche aus der taciteischen Germania stammen – man denke nur an jenes bereits in der Einleitung erwähnte von dem in den Wäldern erfundenen System, das sich ausgerechnet im Kapitel über die Gewaltenteilung findet (XI 6)[425] – darf man getrost davon ausgehen, dass Montesquieu auch diesen Gedanken genau kannte.

Konsequenterweise unterscheidet Montesquieu zu Beginn des zwölften Buches im Hinblick auf die Wirkung der politischen Freiheit bezüglich des einzelnen

---

421 *Montesquieu*, Œuvres complètes, Bibliothèque de la Pléiade, Tome II, S. 658; Übersetzung *Ernst Forsthoff*, 1951/1992, Bd. 2, S. 91: „Der Geiz hütet Gold und Silber, weil er, der nichts verbrauchen mag, solche Wertzeichen liebt, die sich nicht verzehren. Er hütet noch lieber Gold als Silber, weil er dauernd Angst vor Verlust hat und das, was am wenigsten Platz einnimmt, am besten verstecken kann." Zum Prozess des Verlusts als entscheidendem Gesichtspunkt für Montesquieu anhand des Frühwerks treffend und sich auch hier als weiterführend erweisend *Vittorio Hösle*, Moral und Politik. Grundlagen einer Politischen Ethik für das 21. Jahrhundert, 1997, S. 425 f.

422 *Fritz Schalk*, Einleitung, in: Die französischen Moralisten, 1949, S. X, bestätigt ein frühere Beobachtung Wilhelm Diltheys, deren Richtigkeit sich auch an der zitierten Stelle erweist: „In der Tat: die moralistische Psychologie der Klassifizierung und Nuancierung der Leidenschaften, verwoben mit der Kunst, die geheimsten Motive des Handelns aufzudecken, die ‚Charaktere' zu schildern und das Leben zu gestalten, hat, von den Affekten ausgehend, allmählich zu einer organischen Betrachtung des Menschen sowohl als auch der Gesellschaft und des Staates übergeleitet".

423 *Tacitus*, Germania 46.3, mit einem pointierten und im besten Sinne moralistischen Kapitelschluss.

424 *Jens Petersen*, Recht bei Tacitus, 2019, S. 566.

425 *Montesquieu*, Œuvres complètes, Bibliothèque de la Pléiade, Tome II, S. 407.

Bürgers *« Elle consiste dans la sûreté, ou dans l'opinion que l'on a de sa sûreté »* (XII 1).[426] Dass die schiere Einbildung des Gefühls der Sicherheit mehr als eine Illusion, sondern im Zusammenwirken mit genügend Gleichgesinnten eine politische Realität darstellt, dürfte eine Folgerung moralistischen Gedankenguts sein, das in seiner französischen Ausprägung nicht zuletzt im schonungslosen Blick auf die *« condition humaine »* wurzelt. Gleichermaßen zur Betonung und Vermeidung von Missverständnissen wiederholt er: *« La liberté politique consiste dans la sûreté, ou du moins dans l'opinion que l'on a de sa sûreté »* (XII 2).[427] Das ist ganz im Sinne jener zuletzt zitierten Stelle aus der taciteischen Germania.[428]

Dieses Bewusstsein der eigenen Sicherheit ist auch in ökonomischer Hinsicht entscheidend, wie der Blick auf den Handel zeigt, der wiederum den Geist der Gesetze prägt: *« En un mot, une plus grande certitude de sa propriété, que l'on croit avoir dans ces États, fait tout entreprendre; et, parce qu'on croit être sûr de ce que l'on a acquis, on ose l'exposer pour acquérir davantage; on ne court de risque que sur les moyens d'acquérir : or, les hommes espèrent beaucoup de leur fortune »* (XX 4).[429] Montesquieu hat wie kaum jemand vor ihm erkannt, dass Rechtssicherheit eine auch für unternehmerische Entscheidungen maßgebliche Komponente bei der Wahl der Belegenheit eines Betriebsorts und damit einen Standortfaktor darstellt, wie man es heute nennen würde.[430] Denn Ansprüche sind vor unabhängigen Gerichten einklagbar, selbst Akte der öffentlichen Gewalt können gerichtlich angegriffen werden; Bestechung wird bestraft und Wirtschaftsfreiheit garantiert.

Der Nachsatz über Risiko und Glück grundiert das Ganze im Hinblick auf die Menschennatur im Geiste der französischen Moralistik. Montesquieu kennt die

---

426 *Montesquieu*, Œuvres complètes, Bibliothèque de la Pléiade, Tome II, S. 430; Übersetzung *Ernst Forsthoff*, 1951/1992, Bd. 1, S. 257: „die Sicherheit oder die Meinung, die man von seiner Sicherheit hat".

427 *Montesquieu*, Œuvres complètes, Bibliothèque de la Pléiade, Tome II, S. 431; Übersetzung *Ernst Forsthoff*, 1951/1992, Bd. 1, S. 258: „Die politische Freiheit besteht in der Sicherheit oder wenigstens in dem Glauben, den man an seine Sicherheit hat".

428 *Tacitus*, Germania 46.3. Dazu *Jens Petersen*, Recht bei Tacitus, 2019, S. 566.

429 *Montesquieu*, Œuvres complètes, Bibliothèque de la Pléiade, Tome II, S. 588; Übersetzung *Ernst Forsthoff*, 1951/1992, Bd. 2, S. 6: „Die größere Sicherheit des Eigentums, die man in der Republik zu haben glaubt, stärkt den Unternehmungsgeist, und weil man sich des Erworbenen sicherfühlt, wagt man es als Einsatz für weiteren Gewinn; diese Mittel zum Gewinn unterliegen zwar einem gewissen Risiko, aber die Menschen haben viel Vertrauen zu ihrem Glück".

430 *Ernst Ulrich von Weizsäcker* (Hg.), Umweltstandort Deutschland. Argumente gegen die ökologische Phantasielosigkeit, 1994, richtet den Blick diesbezüglich in eine andere Richtung, die aber mutatis mutandis womöglich ebenfalls im Sinne Montesquieus sein könnte, wenn man seine vielgescholtenen Überlegungen zum Klima, das schließlich neben den Regierungsformen, der Religion, dem Handel und den Sitten ebenfalls zum Inbegriff des Geistes der Gesetze gehört, einmal in ökologischer Hinsicht fortdenken würde.

Menschen mit ihren typischen Lastern, unsteten Verheißungen, trügerischen Hoffnungen und Enttäuschungen, aus denen sie doch nie lernen werden. So erweist sich die unbedachte Profitgier im Zusammenwirken mit dem Nervenkitzel des ungewissen Ausgangs gerade bei riskanten Geschäften als idealer Nährboden im Hinblick auf das aleatorische Moment des Handels: *« Ce commerce est une espèce de loterie, et chacun est séduit par l'espérance d'un billet noir. Tout le monde aime à jouer; et les gens les plus sages jouent volontiers, lorsqu'ils ne voient point les apparences du jeu, ses égarements, ses violences, ses dissipations, la perte du temps, et même de toute la vie »* (XX 6).[431]

Die abschließende Klimax erhöht die Überzeugungskraft eindrucksvoll, indem sie das Risiko regelrecht potenziert.[432] Montesquieu berücksichtigt nicht nur die Natur der Sache als maßgeblichen Entscheidungsgesichtspunkt, sondern in der Tradition der französischen Moralistik gerade auch die Menschennatur mit allen ihren Unwägbarkeiten, aber darüber hinaus den Kehrseiten förderlicher Tätigkeit, wie es im Hinblick auf den Handel die Habgier ist.

Habgier ist freilich kein individuelles Laster, sondern ubiquitär anzutreffen. Sie betrifft sogar ganze Völkerschaften, wie Montesquieu gleich einer menschlichen Konstante feststellt: *« L'avarice des nations se dispute les meubles de tout l'univers »* (XX 23).[433] Hier ist zumindest der für die französische Moralistik bezeichnende Grundton gesetzt, der von einem anthropologischen Realismus ausgeht und ein universelles Laster als allgegenwärtig bestehend voraussetzt. Nimmt man eine im selben Kapitel weiter entfernt stehende Wesensbestimmung gleichsam übergangslos hinzu, so wird daraus in der Zusammenschau durch den sinnigen Chiasmus eine geschliffene Sentenz: *« Mais c'est la nature du commerce de rendre les*

---

431 *Montesquieu*, Œuvres complètes, Bibliothèque de la Pléiade, Tome II, S. 590; Übersetzung *Ernst Forsthoff*, 1951/1992, Bd. 2, S. 8: „Dieser Handel ist eine Art von Lotterie und jeder wird verführt durch die Hoffnung auf ein Glückslos. Jeder liebt das Spiel und selbst die verständigsten Leute spielen gern, seine Verirrungen, Grausamkeiten und Verschwendung, den Verlust an Zeit, ja selbst des Lebens vor Augen haben".

432 *Karlheinz Stierle*, Montaigne und die Moralisten. Klassische Moralistik – Moralistische Klassik, 2016, S. 296, hat das Risiko als Merkmal moralistischen Denkens erkannt: „Aber der Moralist glaubt unerschütterlich, dass nur riskantes Denken zur Einsicht führen kann." – Nicht zuletzt deswegen war wohl auch Montesquieu klar, dass sein Hauptwerk im Kern systematisch angelegt sein musste und die moralistischen Sentenzen eher ein – für ihn freilich unverzichtbares – Komplement darstellen sollten.

433 *Montesquieu*, Œuvres complètes, Bibliothèque de la Pléiade, Tome II, S. 600; Übersetzung *Ernst Forsthoff*, 1951/1992, Bd. 2, S. 21: „Die Habsucht der Völker streitet sich um dies bewegliche Vermögen der Welt".

choses superflues utiles nécessaires » (XX 23).[434] Das entspricht einer Einsicht seines Zeitgenossen Vico, wonach der Handel das Laster der Habgier gleichsam gesellschaftsfähig macht.[435]

Gesetzlich verdrängte Laster leben unweigerlich an anderer Stelle und mit größerer Intensität wieder auf, wie bereits der von Montesquieu geschätzte Tacitus wusste.[436] Ebenso aussichtslos wäre es, auf eine willkommene Reflexwirkung zu vertrauen und darauf zu hoffen, dass eine gesetzgeberische Maßnahme die elementaren menschlichen Laster der Herrschsucht und Habsucht gleich mit ausrottet. Im schlimmsten Falle ermöglichen die Gesetze die Habgier wie im Römischen Reich: *« Et, comme chaque gouverneur faisoit son édit en entrant dans sa province, dans lequel il mettoit à l'usure le taux qu'il lui plaisoit, l'avarice prêtoit la main à la législation, et la législation à l'avarice »* (XXII 22).[437] Zudem hat Montesquieu erkannt, dass derartige gesetzliche Bestrebungen stets zum Schlechteren führen, weil sich die Laster vervielfältigen.

Es verwundert nicht, dass diese Erkenntnisse im Hinblick auf den schalen anthropologischen Rest den Einsichten der französischen Moralisten entsprechen, deren bleibenden Wert Montesquieu für die Rechtswelt fruchtbar macht. Dabei darf man freilich eine grundlegende Unterscheidung Montesquieus nicht außer Betracht lassen, nämlich diejenige zwischen moralischen und politischen Lastern: *« J'ai seulement voulu faire comprendre que tous les vices politiques ne sont pas des vices moraux, et que tous les vices moraux ne sont pas des vices politiques; et c'est ce que ne doivent point ignorer ceux qui font des lois qui choquent l'esprit général »* (XIX 11).[438]

---

434 *Montesquieu,* Œuvres complètes, Bibliothèque de la Pléiade, Tome II, S. 601; Übersetzung *Ernst Forsthoff,* 1951/1992, Bd. 2, S. 22 f.: „Aber es liegt im Wesen des Handels, überflüssige Dinge nützlich und nützliche notwendig zu machen".

435 *Giambattista Vico,* Scienza Nuova, 1744, 132. Zu ihm grundlegend *Vittorio Hösle,* Vico's New Science of the Intersubjective World, 2016; *ders.,* Kritik der verstehenden Vernunft. Eine Grundlegung der Geisteswissenschaften, 2018, S. 16, 113, 345, 350, 389, 448; *ders.,* Globale Fliehkräfte. Eine geschichtsphilosophische Kartierung der Gegenwart, 3. Auflage 2021, S. 126 f., 132.

436 Näher *Jens Petersen,* Recht bei Tacitus, 2019, S. 550 ff. und öfter.

437 *Montesquieu,* Œuvres complètes, Bibliothèque de la Pléiade, Tome II, S. 681; Übersetzung *Ernst Forsthoff,* 1951/1992, Bd. 2, S. 120: „Und da jeder Statthalter beim Amtsantritt ein Edikt erließ, in welchem er den Zinsfuß nach seinem Belieben festsetzte, so liehen Habsucht und Gesetzgebung sich gegenseitig die Hand".

438 *Montesquieu,* Œuvres complètes, Bibliothèque de la Pléiade, Tome II, S. 563; Übersetzung *Ernst Forsthoff,* 1951/1992, Bd. 1, S. 418: „Ich habe nur zeigen wollen, dass nicht alle politischen Laster auch moralische, und dass nicht alle moralischen Laster auch politische sind; und das dürfen die nicht außer Betracht lassen, die Gesetze machen, die die Geisteshaltung eines Volkes verletzen".

Hier spiegelt sich die anfängliche, bereits im *« Avertissement de l'auteur »* getroffene Unterscheidung zwischen moralischer und politischer Tugend. Daran erweist sich ungeachtet aller Exkurse und Abschweifungen stringente innere Konsistenz des Werkes, das neben der Rechtssoziologie und Moraltheorie auch die Politikwissenschaft geprägt hat. Das Erbe der französischen Moralistik zeigt sich bei Montesquieu wiederum besonders im Rahmen seiner Behandlung der von ihm verhassten Regierungsform der Despotie: *« Un homme à qui ses cinq sens disent sans cesse qu'il est tout, et que les autres ne sont rien, est naturellement paresseux, ignorant, voluptueux »* (II 5).[439]

Auch wenn Montesquieu den anthropologischen Pessimismus anderer französischer Moralisten nicht unbedingt teilt, sondern in der Nachfolge Montaignes besser über die Menschen denkt – zumal über das Volk insgesamt –, bildet seine Darstellung des Despoten eine Ausnahme.[440] Doch dürfte sich auch deren Herkunft leicht erklären lassen, weil gerade diejenigen französischen Moralisten, welche die Menschen tendenziell für schlecht halten, ihrerseits maßgeblich von Tacitus beeinflusst sind,[441] der in der Tradition der senatorischen Prinzipatsopposition eine mehr oder minder ablehnende Meinung über den jeweiligen Herrscher hatte.[442] Auch bei ihm gründet die Darstellung auf der Annahme, dass derjenige, der niemandem verpflichtet ist und keinen im Range neben sich dulden muss, eher früher als später charakterlich verdirbt.[443]

Eine unliebsame Folge dieser Sonderstellung ergibt sich daraus, dass der Despot zu Lebzeiten auf Verwalter angewiesen ist, die ihn zu betrügen versuchen, ihm in die Quere kommen oder gar nach dem Leben trachten könnten. Während für die römischen Kaiser Freigelassene mitunter ideale Verwalter waren, weil sie zwar

---

439 *Montesquieu*, Œuvres complètes, Bibliothèque de la Pléiade, Tome II, S. 249; Übersetzung *Ernst Forsthoff*, 1951/1992, Bd. 1, S. 31: „Ein Mensch, dem seine fünf Sinne unaufhörlich sagen, er sei alles und alle anderen seien nichts, ist naturgemäß faul, unwissend und genusssüchtig".

440 *Hugo Friedrich*, Montaigne, 1949, S. 188, bringt es pointiert zum Ausdruck, indem er vergleichend und in gewisser Hinsicht seinerseits moralistisch feststellt, was wohl auch für Montesquieu gelten würde, wenn man sich ihn im folgenden Zitat an Stelle Montaignes denkt: „Machiavelli weiß noch, warum einer grausam sein muß, Montaigne weiß es nicht mehr." – Die Auflösung dieser Paradoxie findet sich wenig später und dürfte ebenfalls für Montesquieu gelten, wobei man nun nicht einmal mehr die Namen austauschen muss (S. 189): „Der kontemplative Franzose ahnt noch ein wenig mehr vom Menschen als der praktische Florentiner, der, wie alle Praktiker, abkürzt, was unendlich ist".

441 Zum Zusammenhang *Jens Petersen*, Marcel Proust und Tacitus, 2021, S. 1 ff.

442 *Tacitus*, Historiae 4.42.6, wonach der beste Tag nach dem Tod eines Herrschers (nur) der erste ist – auch dies eine pessimistische, moralistische Maxime; dazu *Jens Petersen*, Recht bei Tacitus, 2019, S. 560.

443 *Richard Reitzenstein*, Aufsätze zu Tacitus, 1967, S. 87 Fußnote 1: „Der leitende Gedanke, daß die Seele dessen, der nichts über sich, nichts neben sich hat, notwendig zerrüttet wird".

vergleichsweise wenig eigene Rechte, dafür aber umfangreiche Kompetenzen innehatten und dem jeweiligen Herrscher oft aus freien Stücken Loyalität entgegenbrachten, da sie ihm ihre Stellung verdankten und ohne ihn nichts waren, erwähnt Montesquieu interessanterweise die Wesire der orientalischen Despoten.[444]

Deren Einsatz gestattete es dem Mächtigen, unbehelligt seinen Gelüsten nachzugehen und die Regierung dem Vertreter zu überantworten.[445] Die Macht der Freigelassenen beschreibt Montesquieu mit einem feinsinnigen Chiasmus ganz und gar im Sinne der französischen Moralistik, welche die Schwächen der Herrschenden und den Opportunismus der Dienenden aufs Korn nimmt: « *Et, comme ils ont étudié les foiblesses de leur maître, et non pas ses vertus, ils le font régner, non pas par ses vertus, mais par ses foiblesses* » (XV 19).[446]

Im Unterschied zur antiken Tradition betont Montesquieu die Wichtigkeit der Machtverwaltung durch einen einzelnen Vertreter, weil damit kompetenzielle Streitigkeiten, Intrigen und Bestrebungen um die Vorrangstellung unter den Inhabern der ausführenden Gewalt vermieden werden können, die den Despoten sonst gegen seinen Willen dazu veranlassen würden, sich doch wieder mit den lästigen Alltagsproblemen zu beschäftigen (II 5). Es gibt aber noch eine weitere Gemeinsamkeit, die Montesquieu mit den anderen französischen Moralisten verbindet, nämlich die Fähigkeit, aus mitunter betrüblich stimmenden Befunden eine allgemeine Gesetzmäßigkeit zu folgern, die ihrerseits wiederum in der Natur des Menschen gründet.

Wie so häufig bei den Einsichten der großen französischen Moralisten, führt auch hier die Beobachtung der niedrigen Instinkte des Menschen zur Erkenntnis eines Paradoxons. Denn je größer die territoriale Macht des Herrschers ist, desto geringer ist sein Interesse an den damit verbundenen Amtsgeschäften, so dass er diese, die eigentlich seine ungeteilte Aufmerksamkeit beanspruchen würden, bald mit völliger Gleichgültigkeit versieht und schließlich ganz vernachlässigt: « *Plus l'empire est étendu, plus le sérail s'agrandit, et plus, par conséquent, le prince est enivré de plaisirs. Ainsi, dans ces États, plus le prince a de peuples à gouverner, moins*

---

444 *Corrado Rosso*, Montesquieu moraliste. Des lois au bonheur, 1971, S. 28 Fußnote 11, zur Ähnlichkeit mit einem entsprechenden Idealtypus des orientalischen Despoten bei Max Weber.
445 *Vittorio Hösle*, Moral und Politik. Grundlagen einer Politischen Ethik für das 21. Jahrhundert, 1997, S. 499, macht freilich unter Verweis auf das Frühwerk Montesquieus zutreffend darauf aufmerksam, dass gerade solche „im zweiten Rang" stehenden Personen dem Herrscher vordringlich gefährlich werden können, so dass dieser gut beraten ist, eine heimliche Allianz mit deren Feinden einzugehen. Hervorhebung auch dort.
446 *Montesquieu*, Œuvres complètes, Bibliothèque de la Pléiade, Tome II, S. 507; Übersetzung *Ernst Forsthoff*, 1951/1992, Bd. 1, S. 350: „Und da sie die Schwächen ihres Herrn, nicht aber seine Tugenden studiert haben, so lassen sie ihn nicht durch seine Tugenden, sondern durch seine Schwächen regieren".

il pense au gouvernement; plus les affaires y sont grandes, et moins on y délibère sur les affaires » (II 5).[447]

Erneut ist es der pointierte Schlusssatz, der den in der Despotie wurzelnden Missstand für diese schlechteste aller Regierungsformen in der Tradition der französischen Moralistik allgemeingültig zum Ausdruck bringt. So nimmt es nicht wunder, dass er die Mängel der Despotie in immer neuen Farben ausmalt, weil ihr im Unterschied zur Monarchie das Zwischenglied des Adels fehlt und sie überhaupt von einer Banalität ist, deren Ausprägungen nicht von ungefähr den niedrigsten Instinkten des Menschen passgenau entsprechen. Gerade das macht sie aber auch für die Rechtsunterworfenen und die gesamte Umwelt des Despoten so gefährlich. Deshalb spricht Montesquieu nur mit äußerster Verachtung von dieser Regierungsform, aus deren Unzulänglichkeiten er die Notwendigkeit der Gewaltenteilung wie kaum jemand zuvor erkannt hat.

447 *Montesquieu*, Œuvres complètes, Bibliothèque de la Pléiade, Tome II, S. 250; Übersetzung *Ernst Forsthoff*, 1951/1992, Bd. 1, S. 32: „Je ausgedehnter das Reich ist, umso größer wird das Serail und umso mehr berauscht sich der Fürst an Genüssen. Je zahlreicher also in diesem Staate die Völker sind, die er zu regieren hat, umso weniger kümmert sich der Fürst um die Regierung; je wichtiger die Staatsgeschäfte sind, umso weniger denkt man über sie nach".

IV. *« Le triomphe de la liberté »*

Montesquieus Moralistik im Esprit des lois zeigt sich am Beispiel eines Gedankens zur politischen Freiheit aus dem berühmten sechsten Kapitel des elften Buches zur Gewaltenteilung. Der kurze Absatz, um den es geht, ist so eingebettet in die Ausführungen über die Gewaltenteilung, dass er paradoxerweise gleichwohl leicht überlesen werden kann, weil es dort nicht um die Funktionsweise, Gliederung und Verschränkung der Gewalten geht, sondern deren Geltungsgrund, nämlich das Dasein der Freiheit. Aus moralistischer Sicht bemerkenswert ist dabei, dass er erneut das Befinden und Gefühl der Rechtssicherheit des Bürgers in den Mittelpunkt stellt: *« La liberté politique dans un citoyen est cette tranquillité d'esprit qui provient de l'opinion que chacun a de sa sûreté; et pour qu'on ait cette liberté, il faut que le gouvernement soit tel qu'un citoyen ne puisse pas craindre un autre citoyen »* (XI 6).[448]

Im Hintergrund steht wiederum die Abscheu gegenüber dem Despotismus, dessen Kennzeichen die allgegenwärtige Furcht vor der Unberechenbarkeit des allmächtigen Herrschers und seiner brutalen Schergen ist. Darüber hinaus soll der einzelne Bürger jedoch auch seinesgleichen nicht fürchten. Mit diesem horizontalen Primat der Furchtlosigkeit im Bewusstsein gesetzmäßiger Freiheit dürfte nicht zuletzt die Angst vor Denunziationen gemeint sein, die in Despotien allgegenwärtig ist, weil jeder willfährige Bürger gleichsam zum verlängerten Arm der Tyrannei werden kann. In der Tradition der französischen Moralistik stehend ist er auch in dieser Hinsicht als Leser Montaignes jederzeit gewahr, dass die – sei es auch nur von interessierter Seite geschürte und darum eingebildete – Sorge aus Sicht des betroffenen Bürgers peinigender sein kann als der tatsächliche Anlass, den sie ohnehin überdauert.[449] Gerade wenn man die Despotie als größtmögliches Unglück auf Schritt und Tritt berücksichtigt, zeigt sich die Gewaltenteilung in ihrer Erhabenheit. So spricht er an einer Stelle sinnfällig von *« cette harmonie des trois pouvoirs »* (XI 19).[450]

Montesquieu hat seine Idee der Freiheit mit ihren praktischen Auswirkungen zu Beginn des 20. Kapitels des 26. Buches beschrieben: *« La liberté consiste principalement à ne pouvoir être forcé à faire une chose que la loi n'ordonne pas; et on n'est*

448 *Montesquieu*, Œuvres complètes, Bibliothèque de la Pléiade, Tome II, S. 397; Übersetzung *Ernst Forsthoff*, 1951/1992, Bd. 1, S. 215: „Die politische Freiheit des Bürgers ist jene Ruhe des Gemüts, die aus dem Vertrauen erwächst, dass ein jeder zu seiner Sicherheit hat. Damit man diese Freiheit hat, muss die Regierung so eingerichtet sein, dass ein Bürger den anderen nicht zu fürchten braucht".
449 *Eugen Biser*, Überwindung der Lebensangst. Wege zu einem befreienden Gottesbild, 2. Auflage 1997, S. 25.
450 *Montesquieu*, Œuvres complètes, Bibliothèque de la Pléiade, Tome II, S. 428; Übersetzung *Ernst Forsthoff*, 1951/1992, Bd. 1, S. 254: „Harmonie der drei Gewalten".

https://doi.org/10.1515/9783111396132-006

dans cet état que parce qu'on est gouverné par des lois civiles : nous sommes donc libres, parce que nous vivons sous des lois civiles » (XXVI 20).[451] Er hat hier mit der für seine Zeit unerhörten Forderung nach einer Ermächtigungsgrundlage bezüglich hoheitlicher Eingriffe in die persönliche Freiheit eine Bedingung und Beschränkung öffentlicher Gewalt begründet, die auf einen bemerkenswert weitreichenden Gesetzesvorbehalt hinausläuft. Die scheinbare Paradoxie, dass wir frei sind, obwohl oder gerade weil wir unter Gesetzen leben, ist freilich keine originäre Einsicht französischer Moralistik, sondern bereits bei Cicero angelegt,[452] wonach wir Sklaven des Gesetzes sind, damit wir frei sein können.[453] Es handelt sich mit anderen Worten um Freiheit unter dem Gesetz.[454]

Wenn man vor diesem Hintergrund erneut die Behauptung betrachtet, wonach die Demokratie jener bereits besprochenen Triebfeder der politischen Tugend bedarf, so wird der Blick auf die Konsequenzen gelenkt, welche der Verlust der Tugend unweigerlich zeitigen wird. Der Schluss der folgenden Stelle setzt das oben Genannte voraus, obwohl es erst sehr viel später folgt: « *Lorsque cette vertu cesse, l'ambition entre dans les cœurs qui peuvent la recevoir, et l'avarice entre dans tous. Les désirs changent d'objets : ce qu'on aimoit, on ne l'aime plus; on étoit libre avec les lois, on veut être libre contre elles* » (III 3).[455]

Es ist geradezu das fratzenhafte Zerrbild der Freiheit unter dem Gesetz, bei welcher der Einzelne zum Sklaven seiner haltlosen und unsteten Begierden nach

451 *Montesquieu*, Œuvres complètes, Bibliothèque de la Pléiade, Tome II, S. 772; Übersetzung *Ernst Forsthoff*, 1951/1992, Bd. 2, S. 232: „Die Freiheit besteht hauptsächlich darin, dass man nicht zu einer Handlung gezwungen werden kann, die das Gesetz nicht vorschreibt; und man befindet sich in dieser Lage nur, weil man von bürgerlichen Gesetzen beherrscht wird: wir sind also frei, weil wir unter Zivilgesetzen leben".

452 *Hugo Friedrich*, Montaigne, 1949, verfolgt allerdings insbesondere die für die Moralisitik bedeutsame „Antinomie zwischen *utile* und *honestum*", bis auf Cicero zurück, der ihr „auszuweichen" sucht (S. 228; Hervorhebungen auch dort), um auf dieser negatorischen Grundlage das vor allem auf Machiavelli zurückgehende neuzeitliche realpolitische Verständnis mit einer ansprechenden juristischen Formulierung auf den Punkt zu bringen: „Politischen Notwendigkeiten wird eine eigenständige Gesetzmässigkeit eingeräumt, neben der sittliche Prinzipien wohl möglich bleiben, aber ohne Einspruchs- und Berufungsrecht." (S. 229).

453 *Cicero*, Pro Cluentio 53, 146: ‚Legum denique idcirco omnes servi sumus, ut liberi esse possimus'.

454 *Jens Petersen*, Freiheit unter dem Gesetz. Friedrich August von Hayeks Rechtsdenken, 2014, S. 64, auch mit Verweis auf Montesquieu.

455 *Montesquieu*, Œuvres complètes, Bibliothèque de la Pléiade, Tome II, S. 252; Übersetzung *Ernst Forsthoff*, 1951/1992, Bd. 1, S. 35: „Wenn die Tugend verloren geht, so zieht der Ehrgeiz in die dafür empfänglichen Herzen und Habgier in alle Gemüter ein. Die Wünsche wechseln ihre Ziele. Was man früher liebte, lebt man nicht mehr; war man früher mit den Gesetzen frei, so will man jetzt gegen sie sein".

fremdem Hab und Gut sowie der Ehrenstellungen der Mitbürger wird. Hier ist das Erbe der stoischen Philosophie ebenso unmittelbar gegenwärtig wie die französischen Moralistik, indem die libertas durch licentia ersetzt wird und die Selbstbestimmung verloren geht. Die Leerstelle, welche der Verlust guter Eigenschaften hinterlässt, wird unversehens ausgefüllt durch fragwürdige, sinistre oder niederträchtige menschliche Regungen.

Besondere Ausprägung moralistischen Denkens ist die anthropomorphe Beobachtung der Beliebigkeit und Ziellosigkeit der Wünsche, die sich verselbständigen und die menschliche Vernunft ihrer Freiheit berauben. Ehrgeiz und Habgier wirken als anthropologische Konstanten ungebremst. Die grundsätzliche Empfänglichkeit der Herzen für diese negativen Effekte entspricht einer der prinzipiellen Einsichten aller französischen Moralisten.[456] Montesquieu kann unter ihnen darüber hinaus das Verdienst beanspruchen, die Gesetze im Zusammenhang mit diesen Erkenntnissen systematisch in Verbindung gebracht und erschöpfend behandelt zu haben. Aus der Freiheit unter dem Gesetz wird nunmehr ein Libertinismus wider das Gesetz.

Diese falsch verstandene Freiheit ist aber letztlich nichts anderes als Zügellosigkeit und kollektive Willkür; sie führt geradewegs zur Habgier, Faulheit und Genusssucht: *« Le peuple se distribuera tous les deniers publics; et, comme il aura joint à sa paresse la gestion des affaires, il voudra joindre à sa pauvreté les amusements du luxe »* (VIII 2).[457] Diese aufrüttelnde Verbindung von Parallelismus und Antithese ist ganz im Geiste der französischen Moralistik. Aber auch das bittere Ende lässt an Schärfe und Klarsicht, wie sie für die Moralistik typisch ist, nicht zu wünschen übrig, wenn er den unausweichlichen Niedergang der Demokratie über die Ochlokratie zur Despotie beschreibt: *« Il se forme de petits tyrans qui ont tous les vices d'un seul. Bientôt ce qui reste de liberté devient insupportable; un seul tyran s'élève; et le peuple perd tout, jusqu'aux avantages de sa corruption »* (VIII 2).[458] Der pointierte Schluss mit seinem eigentümlichen Paradoxon, das über den Verlust der Freiheit

---

456 *Karlheinz Stierle*, Montaigne und die Moralisten. Klassische Moralistik – Moralistische Klassik, 2016, S. 281, bringt dies besonders deutlich zum Ausdruck: „Der moralistische Diskurs beruht (...) auf der Vorstellung einer negativen Anthropologie, einer Erfahrung von der ewigen Instabilität und Verwandlungsfähigkeit der menschlichen Natur".

457 *Montesquieu*, Œuvres complètes, Bibliothèque de la Pléiade, Tome II, S. 350; Übersetzung *Ernst Forsthoff*, 1951/1992, Bd. 1, S. 157 f.: „Das Volk verteilt alle öffentlichen Gelder unter sich, und so, wie es die Führung der Geschäfte mit seiner Faulheit verbunden hat, möchte es auch die Genüsse des Luxus mit seiner Armut vereinen".

458 *Montesquieu*, Œuvres complètes, Bibliothèque de la Pléiade, Tome II, S. 351; Übersetzung *Ernst Forsthoff*, 1951/1992, Bd. 1, S. 157 f.: „Es stellen sich kleine Tyrannen ein mit allen den Fehlern eines einzigen. Bald wird der Rest der Freiheit unerträglich: ein einziger Tyrann steht auf und das Volk verliert alles, selbst die Vorteile aus seiner Bestechlichkeit".

hinaus die Einbuße des unrechtmäßig Erlangten freilegt, ist besonders bezeichnend für die französische Moralistik.

Daran lässt sich der innere Zusammenhang zwischen den durch die französische Moralistik gewonnenen Einsichten und einem zentralen Kapitel des berühmten elften Buches *« De la constitution d'Angleterre »* erkennen (XI 6), in dem Montesquieu die Weichen für das richtige Verständnis der von ihm sogenannten politischen Freiheit innerhalb der Demokratie stellt. So sieht man im Einklang mit dem soeben Bedachten, dass nur gesetzlich gebundene Freiheit der Zügellosigkeit und blinden Willkür entgegenwirkt: *« Mais la liberté politique ne consiste point à faire ce que l'on veut. Dans un État, c'est-à-dire dans une société où il y a des lois, la liberté ne peut consister qu'à pouvoir faire ce que l'on doit vouloir, et à n'être point contraint de faire ce que l'on ne doit pas vouloir »* (XI 3).[459]

An diesem Primat des Wollens unter dem Vorbehalt des Dürfens zur Bestimmung der recht verstandenen Freiheit kann man beiläufig nicht nur erkennen, wie viel Kant Montesquieu verdankt.[460] Darüber hinaus zeigt sich wiederum die rechtssoziologische Sicht auf die rudimentäre Gesellschaft, die erst durch Gesetze zum Staat wird: *« La liberté est le droit de faire tout ce que les lois permettent »* (XI 3).[461] Im berühmten Kapitel über die Gewaltenteilung setzt Montesquieu im Wege eines scheinbaren Paradoxons nach Art der französischen Moralistik voraus, dass die Bürger *« Auquel cas ils sont réellement libres, puisqu'ils ne sont soumis qu'à la puissance de la loi »* (XI 6).[462] Diese Begründung nimmt unausgesprochen den bereits zitierten Gedanken Ciceros auf (XXVI 20).[463]

Daraus folgt der Unterschied zwischen Freiheit und Bindungslosigkeit, weil die einmalige Aufhebung der gesetzlichen Bindung auch die Freiheit insgesamt aufheben würde, und zwar sogar zu Lasten dessen, der durch den ersten Sündenfall bevorzugt worden wäre: *« Et si un citoyen pouvoit faire ce qu'elles défendent, il n'auroit plus de liberté, parce que les autres auroient tout de même ce pouvoir »*

---

459 *Montesquieu*, Œuvres complètes, Bibliothèque de la Pléiade, Tome II, S. 395; Übersetzung *Ernst Forsthoff*, 1951/1992, Bd. 1, S. 212 f.: „Aber politische Freiheit besteht nicht darin, zu tun, was man will. In einem Staat, das heißt in einer Gesellschaft, in der es Gesetze gibt, kann die Freiheit nur darin bestehen, das tun zu können, was man wollen darf und nicht gezwungen zu sein, zu tun, was man nicht wollen darf".

460 Vgl. auch *Jens Petersen*, Kants Recht der Freiheit, 2024.

461 *Montesquieu*, Œuvres complètes, Bibliothèque de la Pléiade, Tome II, S. 395; Übersetzung *Ernst Forsthoff*, 1951/1992, Bd. 1, S. 213: „Freiheit ist das Recht, alles zu tun, was die Gesetze erlauben".

462 *Montesquieu*, Œuvres complètes, Bibliothèque de la Pléiade, Tome II, S. 399; Übersetzung *Ernst Forsthoff*, 1951/1992, Bd. 1, S. 218: „wirklich frei sind, weil sie nur der Macht des Gesetzes unterworfen sind".

463 *Cicero*, Pro Cluentio 53, 146.

(XI 3).[464] Hier begegnet man in rudimentärer Form dem Freiheitsparadoxon, wonach die Freiheit auch die Möglichkeit enthält, dieselbe aufzuheben.[465] Doch ist das ebenfalls nicht jene Form der Paradoxie, welche die französische Moralistik auszeichnet, weil sie zwar auf gedanklicher Folgerichtigkeit und Prinzipienstrenge beruht, ihr jedoch die auf die Menschennatur bezogene zündende Idee der in wenigen Worten gebündelten Einsicht fehlt, durch die etwas anthropologisch Neuartiges vermittelt wird.

So gelangt Montesquieu zu einem die Freiheit in den Mittelpunkt stellenden Menschenbild, wie sich gerade am Beispiel der Strafgewalt erweist, an der sich in besonderer Weise zeigt, dass die Willkür das Gegenteil des Rechts ist:[466] *« C'est le triomphe de la liberté, lorsque les lois criminelles tirent chaque peine de la nature particulière du crime. Tout l'arbitraire cesse; la peine ne descend point du caprice du législateur, mais de la nature de la chose; et ce n'est point l'homme qui fait violence à l'homme »* (XII 4).[467] Womöglich kann man in diesem tiefsinnigen Gedanken, dessen Kern daher auch die Überschrift des vorliegenden Kapitels bildet, den ideengeschichtlichen Ursprung jener strafrechtlichen Lehre von der Natur der Sache erblicken,[468] die dann unter dem Begriff der sachlogischen Strukturen in die Rechtsphilosophie und Strafrechtsdogmatik eingegangen ist.[469] Vor allem aber dürfte man daraus das Postulat einer strikt anhand des nach den Prinzipien einer

464 *Montesquieu*, Œuvres complètes, Bibliothèque de la Pléiade, Tome II, S. 395; Übersetzung *Ernst Forsthoff*, 1951/1992, Bd. 1, S. 213: „Wenn ein Bürger tun könnte, was die Gesetze verbieten, so hätte er keine Freiheit mehr, weil die anderen ebenfalls diese Macht hätten".

465 Näher *Wolfgang Fikentscher*, Die Freiheit und ihr Paradox, 1997.

466 *Jens Petersen*, Recht vor Gnade in Ovids Tristia, in: Gedächtnisschrift für Hannes Unberath, 2015, S. 351 (überarbeitete und leicht veränderte Fassung in den: Studien zur juristischen Ideengeschichte, 2023, S. 23).

467 *Montesquieu*, Œuvres complètes, Bibliothèque de la Pléiade, Tome II, S. 433; Übersetzung *Ernst Forsthoff*, 1951/1992, Bd. 1, S. 260: „Das ist der Triumph der Freiheit, wenn die Strafgesetze jede Freiheit der besonderen Natur der Straftat entnehmen. Alle Willkür entfällt. Die Strafe hängt nicht von der Laune des Gesetzgebers ab, sondern von der Natur der Sache, und es ist nicht der Mensch, der dem Menschen Gewalt antut"; mitunter erinnert seine ‚Natur der Straftat' als Maßstab der Ahndung (XII 4) an Dantes contrapasso; dazu *Jens Petersen*, Dante Alighieris Gerechtigkeitssinn, 2. Auflage 2016, S. 20.

468 Dazu *Karl Engisch*, Zur ‚Natur der Sache' im Strafrecht, in: Festschrift für Eberhard Schmidt, 1961, S. 90; im Hinblick auf Montesquieu *Gustav Radbruch*, Die Natur der Sache als juristische Denkform, in: Montesquieu-Traditionen in Deutschland. Beiträge zur Erforschung eines Klassikers (Hg. Edgar Maas/Paul-Ludwig Weinacht), 2005, S. 107.

469 Grundlegend *Hans Welzel*, Naturrecht und materiale Gerechtigkeit, 1951, S. 196 f.

freiheitlichen Verfassung zu bestimmenden Rechtsguts ausgerichtete Bestrafung entnehmen können.[470]

Im Unterschied zur Monarchie, die zwar immer mit der Gefahr des Abgleitens in die Despotie behaftet ist, aber aus Montesquieus Sicht Stabilität und ein Mindestmaß an Rechtssicherheit in Aussicht stellt, sofern der Monarch unter dem Gesetz regiert, birgt die der politischen Tugend entkleidete Volksherrschaft das Risiko, erkannte Fehlentscheidungen nicht ohne weiteres rückgängig machen zu können, weil es nicht mehr nur um die Launen oder den Willensentschluss eines Einzelnen geht, sondern eines ganzen Volkes (III 3). Die Aussetzung des Gesetzesvollzugs erweist sich also als einer der sichersten Wege in die Anarchie und zum Verlust der politischen Freiheit.[471]

Erneut wird klar, warum Montesquieu ganz zu Beginn seines Werkes noch vor der *« Préface »* im *« Avertissement de l'auteur »* an die Unerlässlichkeit der politischen Tugend innerhalb der Demokratie erinnert. Es ist eine Erkenntnis zeitloser Gültigkeit, dass diese politische Tugend für Montesquieu sogar bedeutsamer ist als alle ökonomischen Belange, die er in seinem Werk aus gutem Grund zwar ebenfalls als maßgeblich für die Ermittlung des Geistes der Gesetze erachtet, aber erst nach und in Abhängigkeit von der Darstellung der Regierungsformen, die wiederum, soweit es die Volksherrschaft betrifft, von der politischen Tugend abhängen (III 2; VII 2).

Montesquieu schildert den Zustand, der mit dem Verlust der Tugend innerhalb der Republik einhergeht, auf eine eindrückliche Weise, die an die so genannte Pathologie im Werk des Thukydides erinnert:[472] *« Ce qui étoit maxime, on l'appelle rigueur; ce qui étoit règle, on l'appelle gêne; ce qui y étoit attention, on l'appelle crainte. C'est la frugalité qui y est l'avarice, et non pas le désir d'avoir »* (III 3).[473] Einzuräumen ist jedoch, dass Montesquieu in den Nachweisen dieses Kapitels zwar Plutarch und Platon sowie Demosthenes nennt, nicht aber Thukydides. Dieser war, wie erinnerlich, eher der Gewährsmann seines englischen Übersetzers Thomas

470 *Claus Roxin*, Strafrecht. Allgemeiner Teil, Bd. 1, 4. Auflage 2006, S. 13–43, hat eine solche teleologisch ausgerichtete und verfassungsrechtlich fundierte Rechtsgüterlehre in grundlegender Weise ausgearbeitet.

471 *Christoph Möllers*, Die drei Gewalten. Legitimation der Gewaltengliederung in Verfassungsstaat, Europäischer Integration und Internationalisierung, 2008, S. 21, erkennt gerade im Zusammenhang mit dem Gesetzesvollzug Montesquieus Originalität: „So entwickelt er als Erster audrücklich in der bis heute gewohnten Manier die Unterscheidung zwischen Gesetzgebung, Gesetzesvollzug und Rechtsprechung".

472 *Thukydides*, Der Peloponnesische Krieg, III 82–84.

473 *Montesquieu*, Œuvres complètes, Bibliothèque de la Pléiade, Tome II, S. 252; Übersetzung *Ernst Forsthoff*, 1951/1992, Bd. 1, S. 36: „Was Grundsatz war, heißt jetzt Härte, was Ordnung, Zwang, was früher Achtung hieß, bedeutet jetzt Angst, und Sparsamkeit nicht Habsucht, nennt man jetzt Geiz".

Hobbes, von dessen Vorstellungen zur Staatsbegründung sich Montesquieu betont absetzt. Aber in dieser besonderen Frage der sprachlichen Umformung, die mit dem moralischen Niedergang einhergeht, wenn der Republik die politische Tugend abhandenkommt, ähnelt die Beobachtung Montesquieus ausnahmsweise derjenigen des Thukydides.[474]

Dem folgenden Abschnitt über das Prinzip der Aristokratie kann man etwas entnehmen, das auf den ersten Blick rätselhaft erscheint, bei näherem Hinsehen aber wieder einmal auf das Erbe Montaignes zurückgeht: *« Il suffit qu'il y ait des lois, pour qu'à cet égard elles soient exécutées »* (III 4).[475] Montesquieu folgert diese aphoristisch anmutende Bemerkung aus der eigentümlichen Kraft der Aristokratie mit ihren Vorrechten und partikularen Interessen. Das erinnert von Ferne her erneut an den Grund der Autorität, den Montaigne für die Kraft der Rechtsgeltung ausgemacht hat.[476] Vielleicht erklärt sich vor diesem Hintergrund auch eine weitere enigmatische Bemerkung über die aristokratische Verfassung: *« Telle est la nature de cette constitution, qu'il semble qu'elle mette les mêmes gens sous la puissance des lois, et qu'elle les en retire »* (III 4).[477]

Auch hier ist wieder die auf Montaigne zurückgehende Neigung der französischen Moralisten zu Paradoxien festzustellen.[478] Schließlich darf man nicht außer Betracht lassen, dass für den Moralisten das Rätselhafte immer zugleich im Allzumenschlichen selbst gründet.[479] Ausgerechnet Montesquieu, der für seinen überaus

474 *Helmut Flashar,* Nachwort zur Auswahl des peloponnesischen Krieges, 2005, S. 91/92, der freilich den markanten Unterschied der kriegsbedingten der Version der Begriffe hervorhebt: „Es ist nun weiterhin eine gültige Entdeckung des Thukydides, dass eine derartige kriegsbedingte Entartung der Humanität Auswirkungen auf der Ebene der Sprache hat. Insbesondere die traditionellen Wertbegriffe verlieren ihre Gültigkeit und werden ihrerseits pervertiert, und zwar im Sinne der Vertauschung der Tugenden mit ihren Extremen. (...) Die Umwertung der Werte erfolgt auf der Ebene der Sprache".

475 *Montesquieu,* Œuvres complètes, Bibliothèque de la Pléiade, Tome II, S. 254; Übersetzung *Ernst Forsthoff,* 1951/1992, Bd. 1, S. 37: „Das Vorhandensein von Gesetzen genügt für ihren Vollzug in dieser Richtung".

476 *Michel de Montaigne,* Les Essais, III 13.

477 *Montesquieu,* Œuvres complètes, Bibliothèque de la Pléiade, Tome II, S. 254; Übersetzung *Ernst Forsthoff,* 1951/1992, Bd. 1, S. 38: „Es liegt in der Natur der aristokratischen Verfassung, dass sie anscheinend auch die Adeligen den Gesetzen unterwirft, während sie sie ihnen in Wirklichkeit entzieht".

478 *Hugo Friedrich,* Montaigne, 1949, S. 190, resümmiert pointiert: „Der Mensch ist ein Paradoxienbündel".

479 *Karlheinz Stierle,* Montaigne und die Moralisten. Klassische Moralistik – Moralistische Klassik, 2016, S. 295, formuliert treffsicher die entscheidende Bedingung möglicher Erkenntnis darüber, die freilich kaum über den Augenblick hinausreicht: „Nur im Flug oder im Sprung oder Satz gibt sich ein unverhoffter Blick auf das Rätselwesen Mensch frei".

klaren, rational geprägten Stil mit Recht gerühmt wird, versagt sich an bestimmten Stellen nicht den Sinn für geistreiche Bemerkungen, die zunächst widersinnig erscheinen, aber in ihrem Bedeutungsgehalt ganz im Geiste der französischen Moralistik die eigentümlichen Spannungen zur Geltung bringen, die von alters her etablierten Herrschaftsformen eigentümlich sind. Daher erweisen sich nicht zuletzt gerade diese aphoristischen Beobachtungen als rechtssoziologisch aufschlussreich: *« Il y a des lois que le législateur a si peu connues, qu'elles sont contraires au but même qu'il s'est proposé »* (XXIX 4).[480]

Montesquieu wird im romanistischen Schrifttum nicht unbedingt als strenger Systematiker erachtet.[481] Vielleicht mögen sich hier und da innerhalb des riesigen Werkes verstreute Beobachtungen und Bewertungen finden, die nicht immer mit gleicher Schärfe und zwingender Folgerichtigkeit streng logisch aus dem vorangehenden abgeleitet werden. Umso überraschender ist es im Übrigen auch in dieser Beziehung, dass gerade der moralistische Gehalt des Werkes weitgehend außer Betracht gelassen worden ist, der schließlich gerade dort zum Zuge kommen könnte, wo die logische Stringenz zu fehlen scheint. Doch muss man sich gerade wegen Montesquieus allumfassenden juristischen Blicks hüten, seine Herleitungen deswegen in systematischer Hinsicht zu unterschätzen.

Die aus dogmatischer Sicht entscheidenden Wertungen und Weichenstellungen ruft er nicht zuletzt deswegen gelegentlich in Erinnerung, obwohl er ihre innere Folgerichtigkeit gleich zu Beginn mit Wirkung für das gesamte Werk herausgearbeitet hat. Doch bedarf es derartiger systematischer Klarstellungen vor allem dann, wenn innerhalb einer Regierungsform ein konkretes Motiv des Handelns eine bestimmte Tugend surrogieren soll. So ist es bezüglich der Regierungsform der Monarchie der Beweggrund der Ehre, der diese Herrschaftsform in Bewegung hält, um es in Anlehnung an die mechanistische Vorstellung des Autors zu formulieren, andererseits aber die politische Tugend ersetzt:[482] *« L'honneur, c'est-à-dire le préjugé de chaque personne et de chaque condition, prend la place de la vertu politique dont j'ai parlé, et la représente partout »* (III 6).[483]

---

480 *Montesquieu*, Œuvres complètes, Bibliothèque de la Pléiade, Tome II, S. 867; Übersetzung *Ernst Forsthoff*, 1951/1992, Bd. 2, S. 352: „Es gibt Gesetze, die der Gesetzgeber so wenig erkannt hat, dass sie dem Ziel, das er sich gesetzt hat, gerade zuwiderlaufen".

481 *Victor Klemperer*, Montesquieu, 1914, Bd. 2, S. 286.

482 *Corrado Rosso*, Montesquieu moraliste. Des lois au bonheur, 1971, S. 99, zitiert einen Ausschnitt der folgenden Stelle, um zu begründen, dass Montesquieu die Ehre tendenziell negativ definiert.

483 *Montesquieu*, Œuvres complètes, Bibliothèque de la Pléiade, Tome II, S. 256; Übersetzung *Ernst Forsthoff*, 1951/1992, Bd. 1, S. 40: „Die Ehre, d. h. das Prestige jeder Person und jedes Standes tritt an die Stelle der politischen Tugend, von der ich gesprochen habe, und ersetzt sie überall".

Daran erkennt man deutlich den Unterschied zwischen engstirnigem Moralismus und moralistischer Betrachtung.[484] Denn während jene Gut und Böse pedantisch voneinander scheidet, urteilt diese zwar nicht unbedingt im nietzscheanischen Sinne jenseits dessen,[485] sondern stellt die Rückwirkungen von Rang, Stand und Ehre auf ihre Träger in Rechnung – und damit mittelbar auch auf die gesamte Gesellschaft. Die Erkenntnis der Maßgeblichkeit der Ehre für die Regierungsform der Monarchie verdankt Montesquieu nach eigener Aussage den Historikern, womit erneut deutlich wird, dass die Geschichte als Erfahrungsraum für ihn von besonderer Bedeutung ist: « *Qu'on lise ce que les historiens de tous les temps ont dit sur la cour des monarques ; qu'on se rappelle les conversations des hommes de tous les pays sur le misérable caractère des courtisans : ce ne sont point des choses de spéculation, mais d'une triste expérience* » (III 5).[486]

Was Montesquieu hier unter Hinweis auf die Historikern und Berichterstattern aus aller Welt andeutet, findet sich aus Sicht der französischen Moralistik paradigmatisch in den *Maximen und Reflexionen* des Herzogs von La Rochefoucauld, welche in ihrer pointierten Form wohl auch die eigenen Erfahrungen und Zurücksetzungen am französischen Königshof spiegeln.[487] Beide Arten der Quellen – die Zeugnisse der Geschichtsschreiber sowie die Reflexionen der französischen Moralisten, welche die anthropologischen und soziologischen Beobachtungen auf den Punkt bringen – zeigen in ihrer Gesamtheit den empirischen Zugriff des Autors, der die Macht der Gewohnheit im Guten wie im Schlechten kannte und in moralistischer Manier knapp zum Ausdruck brachte: « *On tient beaucoup aux choses dont on est continuellement occupé* » (XXV 2).[488]

---

484 *Martin Scherer*, Takt. Über Nähe und Distanz im menschlichen Umgang, 2024, S. 81, betont mit Recht die Differenz: „Die Moralistik versteht sich als pragmatische Menschenkunde jenseits fixierter Moral oder gar Moralismus." Im Hinblick auf Montesquieu bemerkenswert ist der geistesgeschichtliche Ausgangspunkt dieser Überlegung, nämlich *Helmuth Plessner*, Grenzen der Gemeinschaft. Eine Kritik des sozialen Radikalismus, 1924, 8. Auflage 2019. Denn er war nicht nur Philosoph und Soziologe, sondern auch „geistiger Nachfahre jener französischen Moralisten" (so treffend *Scherer*, S. 80). Davon zeugt wohl auch folgender Satz über den Menschen aus einem anderen großen Werk von *Helmuth Plessner*, Die verspätete Nation, 1959 (hier zitiert nach der Suhrkamp-Ausgabe 1974, S. 171): „Spielend erledigt er jede noch so radikale Skepsis und Ironie".

485 *Friedrich Nietzsche*, Jenseits von Gut und Böse. Vorspiel einer Philosophie der Zukunft, 1886.

486 *Montesquieu*, Œuvres complètes, Bibliothèque de la Pléiade, Tome II, S. 255 f.; Übersetzung *Ernst Forsthoff*, 1951/1992, Bd. 1, S. 39: „Man lese nur, was die Geschichtsschreiber aller Zeiten über die Fürstenhöfe berichten und erinnere sich an die Gespräche von Männern aus aller Welt über den schlechten Charakter der Höflinge: das sind Früchte nicht einer Einbildung, sondern einer traurigen Erfahrung".

487 *François de La Rochefoucauld*, Réflexions ou sentences et maximes morales, 1665.

488 *Montesquieu*, Œuvres complètes, Bibliothèque de la Pléiade, Tome II, S. 736; Übersetzung *Ernst Forsthoff*, 1951/1992, Bd. 2, S. 187: „Denn man hängt sehr an dem, womit man sich dauernd befasst".

Montesquieu hat auf diese Weise nicht zuletzt auf der Grundlage der französischen Moralistik die Rechtssoziologie mitbegründet, darüber hinaus wohl zumindest ansatzweise die dogmatische Rechtswissenschaft, wenngleich weniger, als man bei einem so systematisch angelegten Buch, das vom Geist der Gesetze handelt, annehmen könnte.[489] Denn es geht ihm bei der Ermittlung dieses Geistes gerade nicht um die Ausarbeitung des teleologischen Gehaltes einzelner Rechtsvorschriften im Sinne der klassischen juristischen Methodenlehre, so sehr er diese auch beherrschte, wenn es für die Zweckbestimmung bestimmter Regelungen darauf ankam. Davon zeugt namentlich sein großes Kapitel über die römischen Erbgesetze, das ein ganzes Buch des Esprit des Lois ausmacht (XXVII). Vielmehr kümmert ihn entsprechend seiner rechtssoziologischen Ausrichtung das Verhältnis des Einzelnen zur Gesellschaft in rechtlicher Hinsicht.

Daher interessieren ihn Straftatbestände auch eher im Hinblick auf die verletzten Interessen und Rechtsgüter, je nachdem, ob es sich um Partikularinteressen oder solche des Allgemeinwohls handelt: « *Quoique tous les crimes soient publics par leur nature, on distingue pourtant les crimes véritablement publics d'avec les crimes privés, ainsi appelés, parce qu'ils offensent plus un particulier que la société entière. Or, dans les républiques, les crimes privés sont plus publics, c'est-à-dire choquent plus la constitution de l'État, que les particuliers* » (III 5).[490]

Es ist beeindruckend, wie Montesquieu zu seiner Zeit schon das jeweils geschützte Rechtsgut als Zentralproblem des Strafrechts in den Blick nimmt,[491] dabei allerdings das Staatsinteresse beinahe nach Art einer Staatsräson in Rechnung

---

489 *Vittorio Hösle*, Moral und Politik. Grundlagen einer Politischen Ethik für das 21. Jahrhundert, 1997, S. 547, hat dies am deutlichsten herausgearbeitet indem er zu bedenken gibt, dass „die von Vico und Montesquieu begründete Rechtssoziologie, die die Funktion des positiven Rechts, aber auch der Rechtswissenschaft innerhalb menschlicher Gesellschaften analysiert, ein Teil der Sozialwissenschaft (ja der Politikwissenschaft) und nicht der Jurisprudenz ist, auch wenn manche ihrer Einsichten wiederum für die Arbeit des Rechtswissenschaftlers bedeutsam sein können".

490 *Montesquieu*, Œuvres complètes, Bibliothèque de la Pléiade, Tome II, S. 255; Übersetzung *Ernst Forsthoff*, 1951/1992, Bd. 1, S. 39: „Obgleich alle Verbrechen ihrer Natur nach gegen die Allgemeinheit gerichtet sind, unterscheidet man hier doch Verbrechen gegen das Gemeinwohl im eigentlichen Sinne und private Verbrechen, die so heißen, weil sie mehr gegen einen einzelnen als gegen die ganze Gesellschaft gerichtet sind. In der Republik gelten nun auch die Privatverbrechen als gegen das Gemeinwohl gerichtet, d.h. sie verletzen mehr das Staatsinteresse als das des Einzelnen".

491 *Claus Roxin*, Strafrecht. Allgemeiner Teil, Bd. 1, 4. Auflage 2006, S. 13–43, sei in diesem Zusammenhang nochmals erwähnt, weil sich seine Ausführungen zum Rechtsgüterschutz passgenau mit den Prämissen Montesquieus vertragen dürften, auch wenn er ihn nicht ausdrücklich erwähnt. Zur Übereinstimmung mit seiner kriminalpolitischen Lehre sogleich noch näher.

stellt.[492] Das zeigt sich hier paradigmatisch auf der Ebene der Zuwiderhandlungen. Montesquieu macht dadurch gleichsam die Probe aufs Exempel, indem er die Interessen und den jeweiligen Schutzzweck sowie das Rechtsgut freilegt, um in strafrechtlicher Hinsicht die Belange des Einzelnen im Verhältnis zur Gesellschaft zu ordnen. Das aber sind, freilich noch in rudimentärer Form, nicht nur rechtsdogmatische und rechtspolitische, sondern auch rechtssoziologische Überlegungen avant la lettre.[493]

Vor diesem Hintergrund verwundert es nicht, dass Montesquieu einen früheren Wegbereiter der Rechtssoziologie in seiner Bedeutung gerade dort erkennt, wo die allgegenwärtige Richterbestechung im Interesse einzelner Personen oder Dynastien das Gemeinwohl korrumpierte und die Freiheit der Bürger zersetzte: *« Machiavel attribue la perte de la liberté de Florence à ce que le peuple ne jugeoit pas en corps, comme à Rome, des crimes de lèse-majesté commis contre lui. Il y avoit pour cela huit juges établis : Mais, dit Machiavel, peu sont corrompus par peu. J'adopterois bien la maxime de ce grand homme, mais comme dans ces cas l'intérêt politique force, pour ainsi dire, l'intérêt civil (car c'est toujours un inconvénient que le people juge lui-même ses offenses), il faut, pour y remédier, que les lois pourvoient, autant qu'il est en elles, à la sûreté des particuliers »* (VI 5).[494]

492 *Hugo Friedrich*, Montaigne, 1949, S. 223, erachtet es als charakteristisch für die Moralistik: „Zu diesen Ereignissen gehört das Ermatten der der theologischen Systemkraft und die Herauslösung der einzelnen Lebensbezirke aus der Stufenordnung zu selbstständigen Wertbezirken (Staat, Stände usw.). Anstelle einer für alle Teile verbindlichen, die gestuften Bezirke durchwaltenden Idee ethisch-metaphysischer Art treten mehrere sich isolierende Ideen empirisch-praktischer Art auf. Das bekannteste Beispiel hierfür ist die Idee der Staatsraison, die die Unzuständigkeit der allgemeinen Ethik für die politische Praxis wenn nicht ausdrücklich ratifiziert, so mindestens für Konfliktfälle zugibt." – Dieser von *Friedrich* hellsichtig herausgearbeitete politische und damit letztlich wohl auch staatsrechtliche Zusammenhang mit der Moralistik zeigt wohl auch die Nähe zu Montesquieus Hauptwerk und veranschaulicht zugleich, was *Karlheinz Stierle*, Text als Handlung. Grundlegung einer systematischen Literaturwissenschaft, Neue, veränderte und erweiterte Auflage, 2012, S. 193 Fußnote 34, zu *Friedrichs* Monographie festgestellt hat: „Die Perspektive dieser bedeutenden Darstellung reicht indes über ihr Programm weit hinaus".

493 *Claus Roxin*, Kriminalpolitik und Strafrechtssystem, 2. Auflage 1973, S. 17, hat als führender Strafrechtsdogmatiker in seiner epochalen Schrift allgemeingültig herausgearbeitet, was man hier anhand einer Einzelheit – wenn auch einer unter Prinzipiengesichtspunkten wissenschaftstheoretisch bedeutsamen – verdeutlichen kann, um zu zeigen, wie modern Montesquieu urteilt, auch wenn er ihn selbst nicht nennt: „Zunächst einmal *bringt der normative Ausgangspunkt die soziale Realität*, die alle dogmatischen Differenzierungen untergründet, *mit überraschender Klarheit in den Blick.*" Hervorhebungen nur hier.

494 *Montesquieu*, Œuvres complètes, Bibliothèque de la Pléiade, Tome II, S. 313; Übersetzung *Ernst Forsthoff*, 1951/1992, Bd. 1, S. 111: „Machiavelli schreibt den Verlust der Freiheit von Florenz dem Umstand zu, dass nicht das Volk als Ganzes, wie in Rom, die gegen es verübten Hochverratsverbrechen abgeurteilt habe. Es waren hierfür acht Richter bestellt, aber, sagt Machiavelli, wenige

Machiavelli und Montesquieu haben die Rechtstatsachen kongenial erfasst und urteilen hinsichtlich der die Missstände bannenden Gesetze komplementär,[495] auch wenn dieser eher den Individualschutz zu verbessern trachtet, während jener den Institutionsschutz betont.[496] Gleichwohl kennt auch Montesquieu in dieser Hinsicht Ausnahmen, selbst wenn es um die Freiheit geht: *« Il y a, dans les États où l'on fait le plus de cas de la liberté, des lois qui la violent contre un seul, pour la garder à tous »* (XII 19).[497] Hier hat die individuelle Freiheit ausnahmsweise zurückzustehen, um die Freiheit in institutionalisierter Weise zur Geltung zu bringen.[498] Es ist jedoch entscheidend, dass Montesquieu dies offenbar nur unter der Bedingung anerkennt, dass die Freiheit in solchen Staaten grundsätzlich den größten Stellenwert haben muss, weil die Ausnahme sonst nur zu leicht unter dem paternalistischen Vorwand der Betonung der Freiheit als solcher zur Regel und damit letztlich ausgehebelt werden könnte, wie Montesquieu mit dem ihm eigenen Gespür für potentielle Umgehungen sieht.

Doch selbst diese Ausnahme bestätigt die Regel, vor allem jene, dass er kategorische Urteil meidet, um stets den Besonderheiten des Einzelfalles und dem Grundsatz der Verhältnismäßigkeit Rechnung tragen zu können. Denn auch dort, wo er ausnahmsweise Freiheitsverletzungen zum Wohle aller für möglich hält, formuliert er sein Dafürhalten mit unterschwelliger Ironie so elegant und aphoristisch, wie es nur die französischen Moralisten vermochten: *« J'avoue pourtant que l'usage des peuples les plus libres qui aient jamais été sur la terre me fait croire qu'il y a des cas où il faut mettre, pour un moment, un voile sur la liberté, comme l'on cache*

werden durch wenige bestochen. Ich möchte den Grundsatz dieses großen Mannes wohl übernehmen, aber da in solchen Fällen das Staatsinteresse das private Interesse gleichsam vergewaltigt (denn es ist immer misslich, dass das Volk selbst über die ihm zugefügten Beleidigungen urteilt), so müssen, um hier Abhilfe zu schaffen, die Gesetze so gut wie möglich für die Sicherheit der einzelnen sorgen".

495 Ideengeschichtlich aufschlussreich *Jeremy Adelmann*, Worldly Philosopher. The Odyssey of Albert O. Hirschman, 2014, S. 506–511.

496 Zu dieser Unterscheidung *Jens Petersen*, Das Bankgeheimnis zwischen Individualschutz und Institutionsschutz, 2005.

497 *Montesquieu*, Œuvres complètes, Bibliothèque de la Pléiade, Tome II, S. 448; Übersetzung *Ernst Forsthoff*, 1951/1992, Bd. 1, S. 279 f.: „In Staaten, in denen man auf die Freiheit den größten Wert legt, kommen Gesetze vor, die die Freiheit gegen einen einzelnen verletzen, um sie für alle zu bewahren".

498 *Christoph Möllers*, Die drei Gewalten. Legitimation der Gewaltengliederung in Verfassungsstaat, Europäischer Integration und Internationalisierung, 2008, S. 20, hat daher im Grundsatz recht: „Ihm geht es um die Frage, wie individuelle Freiheit in einer Gesellschaft geschützt werden kann".

les statues des dieux » (XII 19).[499] Seine Skepsis gegenüber jedem Übermaß, macht selbst vor der Freiheit nicht halt, wenngleich er umsichtig genug ist, jede Begrenzung mit einem temporären Vorbehalt zu versehen, dabei die Einzelheiten zugleich metaphorisch zu verbrämen und allenfalls taktvoll anzudeuten. Wie so oft beschließt er ein Kapitel mit einer geschliffenen Sentenz.[500]

Bei aller Wertschätzung der Regierungsform der Monarchie übersieht er einen hauptsächlichen Mangel nicht, der darin besteht, dass am Hofe des Monarchen Personen Einfluss erlangen, die weniger um ihrer Fähigkeiten oder Tugenden willen, sondern allein aufgrund ihrer Dienstfertigkeit und servilen Haltung gegenüber dem Regierenden gehört werden:[501] « *L'ambition dans l'oisiveté, la bassesse dans l'orgueil, le désir de s'enrichir sans travail, l'aversion pour la vérité, la flatterie, la trahison, la perfidie, l'abandon de tous ses engagements, le mépris des devoirs du citoyen, la crainte de la vertu du prince, l'espérance de ses foiblesses, et plus que tout cela, le ridicule perpétuel jeté sur la vertu, forment, je crois, le caractère du plus grand nombre des courtisans, marqué dans tous les lieux et dans tous les temps* » (III 5).[502]

Diese schonungslose und treffende Aneinanderreihung negative Eigenschaften und Unarten ist wiederum aus der Erfahrung geschöpft, allerdings, wie er hervorhebt, mit einem zeitlichen und territorialen Universalitätsanspruch ausgestattet. Gerade dies lässt ihn aber wiederum als Erbe und Zugehörigen der französischen Moralistik erscheinen. Denn der fehlgeleitete Ehrgeiz, der sich unter Missachtung des Leistungsprinzips durch Verleumdungen eigennützig Bahn bricht, bildet im

---

499 *Montesquieu*, Œuvres complètes, Bibliothèque de la Pléiade, Tome II, S. 449; Übersetzung *Ernst Forsthoff*, 1951/1992, Bd. 1, S. 279 f.: „Gleichwohl gestehe ich, dass die Übung der freiheitlichsten Völker, die es je auf Erden gab, die Ansicht in mir befestigt, dass es Fälle gibt, in denen man zeitweilig der Freiheit einen Schleier überwerfen muss, wie man die Bilder der Götter verhüllt".

500 In gewissem Sinne bestätigt sich hier eine Beobachtung von *Fritz Schalk*, Einleitung, in: Die französischen Moralisten, 1949, S. XXI: „Es liegt eine besondere Ironie der Aphoristiker darin, diese Verallgemeinerung als eine scheinbare hinzustellen. (...) Ein Aphorismus kann den Charakter eines allgemeingültigen Lehrsatzes haben, weil er sich an die Eingeweihten wendet: ein überlegener Geist versteht, warum eine Maxime nur auf diesen oder jenen Fall überhaupt nicht anwendbar ist. (...) Das heißt: die Gattung zwingt zur Verallgemeinerung".

501 *Vittorio Hösle*, Moral und Politik. Grundlagen einer Politischen Ethik für das 21. Jahrhundert, 1997, S. 506 Fußnote 281, sowie S. 525 mit Fußnote 328, jeweils unter Verweis auf Montesquieus Frühwerk.

502 *Montesquieu*, Œuvres complètes, Bibliothèque de la Pléiade, Tome II, S. 256; Übersetzung *Ernst Forsthoff*, 1951/1992, Bd. 1, S. 39 f.: „Ehrgeiz, verbunden mit Müßiggang, Niedertracht und Hochmut, der Wunsch, sich ohne Arbeit zu bereichern, Abneigung gegen die Wahrheit, Schmeichelei, Verrat, Treulosigkeit, Pflichtvergessenheit, Missachtung der Bürgerpflichten, Furcht vor der Tugend des Fürsten, Vertrauen auf seine Schwächen und vor allem das beständige Lächerlichmachen der Tugend bilden, wie ich glaube, den Charakter der meisten Höflinge, wie er sich an allen Orten und zu allen Zeiten gezeigt hat".

Einvernehmen mit der Ausnutzung der Eitelkeit des Monarchen ein weites Betätigungsfeld innerhalb dieser Regierungsform, das freilich die großen französischen Moralisten in aller Schärfe erkannt haben.

Hier schwingt wohl auch unausgesprochen mit, dass gerade im Absolutismus die wichtige Funktion des Adels, die Montesquieu verschiedentlich betont, außer Kraft gesetzt wird oder schlicht versagt, weil und sofern die Adeligen am Hofe des Königs selbst zu Höflingen werden. Die schlechten Eigenschaften und niedrigen Instinkte, die dieser Missstand zur Blüte bringt, leisten letztlich dem Umschlagen einer Monarchie in eine Despotie Vorschub. Diese Möglichkeit beschreibt er selbst, indem er kunstvoll den natürlichen Verlauf und die buchstäblich fließenden Übergänge in einer für die französische Moralistik bezeichnenden Weise durch einen Parallelismus zum Ausdruck bringt: *« Les fleuves courent se mêler dans la mer : les monarchies vont se perdre dans le despotisme »* (VIII 17).[503] Erneut findet sich die moralistische Sentenz am Ende des Kapitels; in ihr verdichtet sich gleichsam der vorangegangene Gedankengang, indem die übergangslose, allmählich alles überschwemmende und buchstäbliche Uferlosigkeit der Despotie vor dem geistigen Auge der Leser erscheint.

Besinnt sich die Regierung innerhalb der Monarchie hingegen auf ihre Tugenden, so bleibt Raum für eine gewisse Seelengröße, die Montesquieu im zwölften Kapitel des fünften Buches in einer geistreichen Gegenüberstellung der Regierungsformen zum Ausdruck bringt:[504] *« Ou'on n'aille point chercher de la magnanimité dans les États despotiques; le prince n'y donneroit point une grandeur qu'il n'a pas lui-même : chez lui, il n'y a pas de gloire. C'est dans les monarchies que l'on verra autour du prince les sujets recevoir ses rayons; c'est là que chacun, tenant, pour ainsi dire, un plus grand espace, peut exercer ces vertus qui donnent à l'âme, non pas de l'indépendance, mais de la grandeur »* (V 12).[505]

Moralistisch geprägt ist nicht zuletzt der Gedanke mangelnder Verleihungsbefugnis bezüglich der magnitudo animi, weil auch der Despot nicht über etwas verfügen kann, was ihm selbst am meisten fehlt. So zeichnet Montesquieu ein

---

503 *Montesquieu*, Œuvres complètes, Bibliothèque de la Pléiade, Tome II, S. 364; Übersetzung *Ernst Forsthoff*, 1951/1992, Bd. 1, S. 174: „Wie sich die Flüsse ins Meer ergießen, so verlieren sich die Monarchien im Despotismus".

504 *Corrado Rosso*, Montesquieu moraliste. Des lois au bonheur, 1971, S. 116, zum letzten Halbsatz des folgenden Gedankens.

505 *Montesquieu*, Œuvres complètes, Bibliothèque de la Pléiade, Tome II, S. 292; Übersetzung *Ernst Forsthoff*, 1951/1992, Bd. 1, S. 85: „In despotischen Staaten suche man keine Hochherzigkeit. Der Fürst kann dort keine Größe verleihen, da er sie selbst nicht besitzt; unter ihm gibt es keinen Raum. In Monarchien dagegen kann man rings um den Fürsten die Untertanen in seinem Abglanz sehen; hier, wo jeder sozusagen einen größeren Raum einnimmt, kann er die Tugenden üben, welche der Seele zwar nicht Unabhängigkeit, aber doch Größe verleihen".

trostloses Bild der inneren Leere der Despotie, die sich nur in der sinnlosen Abfolge von Befehl, Gehorsam und Vollstreckung erschöpft. Für einen Freigeist ihn wie dürfte selbst innerhalb einer geordneten Monarchie schon jede Aufgabe seiner inneren Freiheit bei Hofe kaum je aufzuwiegen sein. Der Verfasser des Esprit des lois war nicht zum Höfling geschaffen, wohl aber zum *« honnête homme »*.

Wenn Montesquieu dieser Bemerkung ein eigenes Kapitel widmet, dann dürfte dies wiederum dafür sprechen, dass er auch als Rechtsgelehrter im Sinne der französischen Moralisten urteilt, die in abgesonderten Sentenzen aus der Erfahrung abgezogene Beobachtungen angestellt haben,[506] die für alle gleichgelagerten Fallgestaltungen Gültigkeit besaßen, das Wirken der menschlichen Leidenschaften thematisierten und ungeachtet äußerer Zwänge zur inneren Freiheit anleiteten. Denn selbst dort, wo schrankenlose äußere Freiheit selbst für die Höhergestellten utopisch ist, wie etwa für die Aristokraten unter einem absolutistischen Monarchen, bieten die Maximen der Moralisten die Aussicht auf einen Zuwachs innerer Freiheit, obwohl oder gerade weil der ungestillte Ehrgeiz überwunden wird.

Montesquieu erkennt freilich wie kaum jemand vor ihm, welche heilsamen Wirkungen auf der anderen Seite der Ehrgeiz entfalten kann, wenn er im Wortsinne das Streben nach Ehre als Triebfeder der Monarchie ernst nimmt. In einer seinen kühnen physikalisch geprägten Überlegungen, die hier nicht weiter interessieren, bereitet er den Boden für eine epochale Einsicht, deren Originalität nicht deutlich genug hervorgehoben werden kann, weil sie sich als prägend für die juristische Geistesgeschichte erweist, wenn man sie in ihrer Tragweite berücksichtigt: *« L'honneur fait mouvoir toutes les parties du corps politiques; il les lie par son action même; et il se trouve que chacun va au bien commun, croyant aller à ses intérêts particuliers »* (III 7).[507]

Das ist der Sache nach eine Vorwegnahme des Wirkens der unsichtbaren Hand, wie sie Adam Smith in seinen beiden Hauptwerken, dem Wealth of Nations und zuvor bereits der Theory of Moral Sentiments, ausgeführt hat.[508] Es ist

---

506 *Golo Mann*, Versuch über Tacitus, Neue Rundschau 87 (1976), 249, spricht bei Tacitus' Sentenzen sinnfällig von „aus der Wirklichkeit abgezogenen Beobachtungen." Von ihnen führt ein Weg zur französischen Moralistik; näher *Jens Petersen*, Marcel Proust und Tacitus, 2021, passim.

507 *Montesquieu*, Œuvres complètes, Bibliothèque de la Pléiade, Tome II, S. 257; Übersetzung *Ernst Forsthoff*, 1951/1992, Bd. 1, S. 41: „Die Ehre setzt alle Glieder des Staatskörpers in Bewegung, sie verbindet sie durch ihr Wirken, und schließlich ergibt sich, dass jeder zum Gemeinwohl beiträgt, auch wenn er glaubt, nur seine Sonderinteressen zu verfolgen".

508 *Adam Smith*, The Theory of Moral Sentiments, 1759; *ders.*, Wealth of Nations, 1776. Zu beiden *Jens Petersen*, Adam Smith als Rechtstheoretiker, 2. Auflage 2017. Hellsichtig *Albert O. Hirschman*, Leidenschaften und Interessen. Politische Begründungen des Kapitalismus vor seinem Sieg, 1987, S. 18 (Übersetzung Sabine Offe): „Die Vorstellung von einer ‚Invisible Hand' – einer Kraft, die bewirkt, dass Menschen, die ihren privaten Leidenschaften frönen, unwissentlich im Sinne des

dies eine jener Stellen, an denen sich mit aller Deutlichkeit zeigt, dass Montesquieu eben nicht nur als Theoretiker der Gewaltenteilung in Erinnerung bleiben sollte, sondern auch im Hinblick auf Einsichten, welche die Wirtschaftswissenschaften maßgeblich geprägt haben, wie sich im Rahmen seiner vielfältigen Bemerkungen zum Handel erweist, der nicht von ungefähr bestimmend für den Geist der Gesetze ist.[509]

Doch zeigt sich auch an dieser Stelle, warum es ratsam war, dass Montesquieu unter allen Gesichtspunkten, die den Geist der Gesetze bestimmen, zunächst die Regierungsformen erörtert hat, weil sich daraus prägende Weichenstellungen ergeben, die für die Präzisierung des Esprit des lois in seiner Gesamtheit, also etwa auch unter Einschluss des Handels als bedeutsamem Gesichtspunkt, maßgeblich sind. Betrachtet man diesen Befund ideenhistorisch, so führt er zu einem rezeptionsgeschichtlichen Paradoxon. Während Montesquieu für seine Darstellung der Gewaltenteilung berühmt wurde, die in rudimentärer und abgewandelter Form bereits bei Locke angelegt war, verdankt Adam Smith den vergleichsweise wenigen Zeilen über die unsichtbare Hand in seinem Wealth of Nations einen beträchtlichen Teil seines bleibenden Ruhms, obwohl der Wirkungszusammenhang bereits von Montesquieu angedeutet wurde.

An versteckter Stelle spricht er unter der Überschrift des Missbrauchs der Freiheit sogar sinnfällig und bildhaft von ihrer Hand: *« Et, méconnoissant la main de la liberté qui faisoit ce présent, on s'est adressé à la servitude qui refuse tout »* (XIII 15).[510] Die anthropomorphe Bezeichnung der Hand der Freiheit steht ersichtlich in einer ideengeschichtlichen Nähebeziehung zur unsichtbaren Hand, die ja gleichfalls der Freiheit Ausdruck gibt, auch wenn sich nicht nachweisen lässt, dass Smith den zuletzt zitierten Satz im Blick hatte, zumal da er den Topos der unsichtbaren Hand auch noch in seiner Moraltheorie und – weit weniger bekannt – in seiner Geschichte der Astronomie verwendet hat.[511] Beiläufig offenbart sich auch hier das für die französische Moralistik kennzeichnende Stilmittel des Paradoxons,

öffentlichen Wohls zusammenwirken – wurde in der Tat nicht im Zusammenhang mit dem Verlangen nach Geld, sondern mit dem Streben nach Ruhm von Montesquieu formuliert".

509 *Carl Christian von Weizsäcker*, Ist Eucken noch aktuell? Anmerkungen zu „Walter Euckens Ordnungspolitik", herausgegeben von Ingo Pies und Martin Leschke, ORDO 55 (2004), 345, 348: bemerkt treffend: „Wir können nur konstatieren, daß die Ansätze der Ökonomen, zu Verfassungen zu kommen, bisher im Staatsrecht und bei seinen Verwaltern, den Staatsrechtslehrern, nicht rezipiert worden sind. Schon Montesquieu war sich der Schwierigkeit einer Integration von Staatslehre und Ökonomie bewußt".

510 *Montesquieu*, Œuvres complètes, Bibliothèque de la Pléiade, Tome II, S. 468; Übersetzung *Ernst Forsthoff*, 1951/1992, Bd. 1, S. 303: „Und indem man die Hand der Freiheit verkannte, der man diesen Vorteil verdankte, hat man sich an die Knechtschaft gewandt, die alles verweigert".

511 Näher *Jens Petersen*, Adam Smith als Rechtstheoretiker, 2. Auflage 2017, S. 210 f., 221 ff.

ganz ähnlich wie am Ende des Kapitels über die Gewaltenteilung, wo er über Harrington sagt: *« Mais on peut dire de lui qu'il n'a cherché cette liberté qu'après l'avoir méconnue »* (XI 6).[512]

Beiden Denkern – Montesquieu wie auch Adam Smith – gebührt das unsterbliche Verdienst, die jeweilige Einsicht in einer so prägnanten und bildhaften Sprache veranschaulicht zu haben, dass damit ein unhintergehbarer Maßstab für alles Spätere gesetzt wurde. Beide verstanden es vor allem, ihre epochalen Einsichten in einfachem Stil auszudrücken, wie sie Montesquieu im Interesse der Rechtssicherheit auch vom Gesetzgeber erwartet: *« Le style des lois doit être simple; l'expression directe s'entend toujours mieux que l'expression réfléchie. (...) Il est essentiel que les paroles des lois réveillent chez tous les hommes les mêmes idées »* (XXIX 16).[513] Diese schlichten, aber mitnichten simplen Vorgaben dringen tiefer als manche noch so ausdifferenzierte Traktate zur Verbindung zwischen Rechts- und Sprachphilosophie.

Es ist wohl kein Zufall, dass sowohl der Wealth of Nations von Adam Smith als auch der Esprit des Lois von Montesquieu in der allgemeinen Wahrnehmung mit diesen beiden berühmtesten Einsichten – der unsichtbaren Hand einerseits und der Gewaltenteilung andererseits – in Verbindung gebracht werden, darüber hinaus aber diese beiden auch dem Umfang nach monumentalen Werke zwar zu den meistzitierten, aber vielleicht auch am wenigsten zur Gänze gelesenen gezählt werden. Das zieht freilich die Gefahr nach sich, eigene Ideen als vermeintlich neuartige zu erachten, die bei näherem Hinsehen bereits an unscheinbaren Stellen der Klassiker – gleichsam im toten Winkel der vielzitierten Worte – verborgen sind. Belesenheit bewahrt vor Originalität.

Man kann jedoch noch einen Schritt weiter zurückgehen und sich fragen, auf welchen Ursprung der zuletzt behandelte Gedanke von Montesquieu zurückweist, den schließlich Adam Smith in so fruchtbarer Weise auf den Begriff gebracht hat. Zunächst wird man wohl an Montesquieus nur knapp zwei Jahrzehnte älteren Zeitgenossen Bernhard Mandeville und seine berühmte Bienenfabel denken.[514]

512 *Montesquieu,* Œuvres complètes, Bibliothèque de la Pléiade, Tome II, S. 407; Übersetzung *Ernst Forsthoff,* 1951/1992, Bd. 1, S. 229: „Aber er hat, wie man von ihm sagen kann, diese Freiheit gesucht, nachdem er sie verkannt hat".

513 *Montesquieu,* Œuvres complètes, Bibliothèque de la Pléiade, Tome II, S. 877; Übersetzung *Ernst Forsthoff,* 1951/1992. Bd. 2, S. 364: „Die Sprache muss einfach sein; der schlichte Ausdruck wird immer besser verstanden als der ausgeklügelte. (...) Wesentlich ist zwar, dass die Worte des Gesetzgebers bei allen Menschen die gleichen Vorstellungen hervorrufen".

514 *Bernhard Mandeville,* The Fable of the Bees: or, Private Vices Public Benefits, 1714 (Hg. Frederick Benjamin Kaye, 1924). Bemerkenswert zu Montesquieu und Mandeville auch *Corrado Rosso,* Montesquieu moraliste. Des lois au bonheur, 1971, S. 93 f.

Dass Montesquieu die Bienenfabel geläufig war, zeigt sich an versteckter Stelle seines Hauptwerks, an der er in der Fußnote auf sie verweist, um einen moralistischen Aphorismus zu belegen, der seine Eleganz und Lebenserfahrung ebenso bestätigt wie seine Originalität und den Sinn für Ökonomie:[515] *« Les modes sont un objet important : à force de se rendre l'esprit frivole, on augmente sans cesse les branches de son commerce »* (XIX 8).[516]

Scheinbar oberflächlicher Tand vermag gerade deswegen, weil ihm so viele aus ganz unterschiedlichen Gründen nacheifern – sei es zur Verbesserung ihrer gesellschaftlichen Stellung, dem Versuch der Entsprechung gesellschaftlicher Normen, ästhetischen Erwägungen oder aus reinem Vergnügen –, eine Nachfrage zu erzeugen und damit die Volkswirtschaft zu befördern, ohne dass auch nur einer der Beteiligten dies beabsichtigt hätte. Im Übrigen konnte es einem zynisch gesonnenen Herrscher nur recht sein, wenn sich die Adeligen an seinem Hofe in gegenseitigem Wetteifer um die neueste Mode kostspielig verausgabten. Diese tiefsinnige Sentenz mit ihrer eminenten soziologischen Aussagekraft bildet denn auch zugleich ein typisches Zeugnis französischer Moralistik.

---

515 *Karlheinz Stierle*, Pariser Prismen. Zeichen und Bilder der Stadt, 2016, S. 36, hat einen überaus wichtigen Zusammenhang herausgearbeitet, indem er darauf aufmerksam macht, dass nach „Montesquieus Theorie der Stadt als einem Zirkulationssystem von Arbeit und Genuss zum Wohl und zum Vorteil aller, angetrieben vom (...) Eigennutz, der in der großen Stadt und deren modernem Inbild Paris die höchsten Leistungen von Industrie, Kunst und Geist hervortreibt." – In der Fußnote 20 zu dieser höchst bemerkenswerten Feststellung weist er weitblickend auf „die Nähe von Montesquieus Gedanken" zu Mandevilles berühmter Bienenfabel hin und setzt darüber hinaus beide Denker in einer auch für den vorliegenden Zusammenhang aufschlussreichen Weise zum französischen Moralisten La Bruyère in Verbindung. Dieser hellsichtige Gedanke veranschaulicht paradigmatisch, auf welche Weise die französische Moralistik in Gestalt ihrer alle Bereiche beherrschenden und durchdringenden Person Montesquieus nicht nur die Sphäre des Rechts und der Politik, sondern auch die damit zusammenhängende der Ökonomie und des Handels zusammengeführt hat. Wir werden im Rahmen der Behandlung des Handels, den er, wie erinnerlich, zu einem für den Geist der Gesetze bedeutsamen Gesichtspunkt hält, noch näher sehen, wie alle diese Bereiche zusammenwirken und auf diese Weise den Geist der Gesetze beeinflussen. Der weiterführende Verweis *Stierles* auf Mandeville (‚private vices – public benefits') wurde im bisherigen Verlauf der Untersuchung komplementär durch Hinweise auf Adam Smith und andere – zu nennen wäre insbesondere Adam Ferguson – belegt, die in ihrer Gesamtheit unabhängig voneinander denselben Gedanken der unbeabsichtigten Folgen menschlichen Handelns ideengeschichtlich weiterentwickelt haben. In diese Richtung auch *Fritz Schalk*, Montesquieu und die europäischen Traditionen, in: Montesquieu-Traditionen in Deutschland. Beiträge zur Erforschung eines Klassikers (Hg. Edgar Maas/Paul-Ludwig Weinacht), 2005, S. 117, 131.

516 *Montesquieu*, Œuvres complètes, Bibliothèque de la Pléiade, Tome II, S. 560; Übersetzung *Ernst Forsthoff*, 1951/1992, Bd. 1, S. 416, Fußnote 1: „Die Mode ist eine wichtige Sache: denn dadurch, dass man sich dem Leichtsinn ergibt, vermehrt man unaufhörlich seine Geschäftszweige".

Doch hatten beide – Montesquieu wie Mandeville[517] – noch einen geistesgeschichtlichen Vorläufer, dessen Bedeutung für jenen bereits mehrfach angesprochen wurde. Es handelt sich erneut um keinen anderen als Michel de Montaigne. Denn dieser hat als prägender Denker der Neuzeit besonderen Gefallen an der Einsicht gefunden, dass Eigenschaften, die zumindest in ihrer übersteigerten Ausprägung als schlecht empfunden werden, gute und für das Gemeinwohl heilsame Folgen zeitigen können.[518] Einmal mehr zeigt sich, dass Montaigne gerade im Hinblick auf Montesquieu einflussreich bezüglich solcher Gedanken gewesen ist, die nicht zuletzt für die Erkenntnis der Grundlagen des Rechts, aber auch der Ökonomie, von Bedeutung geworden ist.[519]

Die Ehre als Beweggrund der Monarchie gründet für Montesquieu letztlich auch in ihrer eigenen Unabhängigkeit. Er beschreibt ihr Wesen mit anthropomorph klingenden Formulierungen, die sie als kapriziös erscheinen lassen:[520] *« De plus, comme l'honneur a ses lois et ses règles, et qu'il ne sauroit plier; qu'il dépend bien de son propre caprice, et non pas de celui d'un autre, il ne peut se trouver que dans des États où la constitution est fixe, et qui ont des lois certaines »* (III 8).[521] Auch diese Beschreibung der Ehre ist der französischen Moralistik verpflichtet. Denn sie setzt Menschen voraus, die permanent nach Ehre streben und im Wortsinne ehrgeizig veranlagt sind. Zugleich aber distanziert sie den nach Ehre Strebenden dadurch, dass sie gerade nicht in seinem Belieben steht, sondern gleichsam ihr eigener Gesetzgeber ist. Diese stilistisch beeindruckende Darstellung könnte sich durchaus in den Maximen, Reflexionen und Aphorismen der anderen großen französischen Moralisten finden.[522]

---

517 Vgl. auch *Vittorio Hösle*, Moral und Politik. Grundlagen einer Politischen Ethik für das 21. Jahrhundert, 1997, S. 72.

518 *Hugo Friedrich*, Montaigne, 1949, S. 237, bezeichnet es als Montaignes „Lieblingsparadoxie", dass „Wertwidriges (hier Rechtswidriges) die Voraussetzung der ‚Gesundheit' eines Gebildes (hier der Gesellschaft) sein kann." – Er hat es hier bereits so treffend auf Recht und Gesellschaft zugerichtet, dass die Entsprechung mit Montesquieu unwillkürlich besonders deutlich wird, darüber hinaus aber auch dessen Mitbegründung der Rechtssoziologie.

519 *Jens Petersen*, Montaignes Erschließung der Grundlagen des Rechts, 2. Auflage 2019, passim.

520 *Corrado Rosso*, Montesquieu moraliste. Des lois au bonheur, 1971, S. 100.

521 *Montesquieu*, Œuvres complètes, Bibliothèque de la Pléiade, Tome II, S. 258; Übersetzung *Ernst Forsthoff*, 1951/1992, Bd. 1, S. 42: „Da übrigens die Ehre ihre eigenen unbeugsamen Gesetze und Regeln hat, und nur von ihrer eigenen Laune, nicht aber der eines anderen abhängen kann, kann sie ihren Platz nur in Staaten mit einer festen Verfassung und sicheren Gesetzen finden".

522 *Vittorio Hösle*, Im Dialog mit Gómez Dávila, 2022, hat zu diesem bemerkenswerten Aphoristiker Lateinamerikas, wie der Untertitel dieses überaus geistreichen Buches verheißt, Gegenaphorismen, Variationen und Korollarien verfasst, die in ihrer Zusammenschau mit jenem in einen intellektuell außerordentlich anregenden überzeitlichen Disput münden. Aus juristischer Sicht

Und doch geht Montesquieu entscheidend darüber hinaus, indem er – gleichsam Tatbestand und Rechtsfolge einer Norm imitierend – eine rechtstheoretisch bedeutsame Folgerung aus dieser anthropologisch hellsichtigen Annahme zieht. Denn er erkennt, dass etwas so Volatiles, wie es die Ehre seines Erachtens ist, nur in solchen Staaten als Triebfeder menschlichen Handelns mit potentiell heilsamen Folgen für das Gemeinwesen bestehen kann, die ihrerseits das Unstete durch ein festgefügtes rechtsstaatliches Fundament ausgleichen.[523] Die Ehre als Element eines Staatswesens findet also nur dort im Wortsinne eine Berechtigung, wo Gesetz und Recht herrschen, in dem sie selbst den Herrscher binden. So erweist sich letztlich als Daseinsgrund dieser Vorstellung der Ehre jene Freiheit unter dem Gesetz, von der bereits eingangs dieses Kapitels die Rede war.

Es bedarf also einer seit alters bestehenden Verfassung, die den Rahmen für ein freiheitliches Handeln setzt, innerhalb dessen sich der Ehrgeiz zum Wohle aller entfalten kann. Unter diesen Bedingungen erweist sie sich freilich auch und gerade in der Monarchie als belebendes Element. Montesquieu untermauert dies mit einem interessanten Befund, der das Verhältnis von Recht und Sprache verdeutlicht: *« L'honneur, inconnu aux États despotiques, où même souvent on n'a pas de mot pour l'exprimer, règne dans les monarchies; il y donne la vie à tout le corps politique, aux lois et aux vertus même »* (III 8).[524]

Auch dieses Resümee veranschaulicht, dass Montesquieu einerseits zu den großen französischen Moralisten zählt, andererseits aber ein diese in jeder Hinsicht überragender Rechtsdenker ist, der das Erbe der Moralistik gewinnbringend anzulegen verstand, indem er ihre tiefen anthropologischen Einsichten für das Gemeinwesen und die menschliche Gesellschaft fruchtbar gemacht hat. Wir haben

---

wichtig insbesondere ebenda, S. 149, die Warnung vor der „Zersetzung jeder Idee von Gerechtigkeit".

523 *Hugo Friedrich*, Montaigne, 1949, S. 225, nennt das Fragmentarische und Unbeständige, das der Moralistik erst die entscheidende Einsicht in die anthropologischen Gegebenheiten verleiht, auf deren Grundlage, wie im Text angedeutet, Montesquieu dann juristisch aufbauen und eine für das menschliche Zusammenleben in Ansehung aller Fragilität rechtssichere gesetzgeberische Grundlage in Gestalt des Geistes der Gesetze formen kann: „Kein Zweifel daß in der moralistischen Gesinnung jede sittliche Unbedingtheit zusammengebrochen ist. Einer solchen Verwüstung aber steht gegenüber der Reichtum an Erkenntnissen über menschliche Wirklichkeit. Nur einer Anschauung, die sich auf die Individuen und auf die wechselnden Situationen richtet, geht diese Wirklichkeit voll und tief auf." – Nicht zuletzt diese ‚Erkenntnisse über menschliche Wirklichkeit' haben Montesquieu in der Nachfolge der Wegbereitung durch Montaigne für die Begründung der Rechtssoziologie aus dem Geist der Moralistik prädestiniert.

524 *Montesquieu*, Œuvres complètes, Bibliothèque de la Pléiade, Tome II, S. 258; Übersetzung *Ernst Forsthoff*, 1951/1992, Bd. 1, S. 42: „Die Ehre ist in despotischen Staaten unbekannt, ja man hat häufig dort nicht einmal einen Ausdruck für sie. Sie herrscht dagegen in den Monarchien und verleiht dort dem ganzen Staatskörper, den Gesetzen und selbst den Tugenden Leben".

bereits mehrfach gesehen, dass Montesquieu die despotische Herrschaft zutiefst verachtet. In einer scheinbar ungewohnt emotionalen Betonung dieses Befundes, die freilich rhetorisch kunstvoll stilisiert sein dürfte, verdeutlicht er den moralischen Abstand zwischen den Regierungsformen der Monarchie und Volksherrschaft einerseits zur Despotie andererseits: *« On ne peut parler sans frémir de ces gouvernements monstrueux »* (III 9).[525] In der Despotie fehlt es an jeder Form von Freiheit, äußerer wie innerer, positiver wie negativer.

Am Beispiel Chinas schildert Montesquieu die Aussichtslosigkeit der Bändigung der Despotie durch Gesetze, weil diese wirkungslos werden, während jene zu einem umso schlimmeren Ungeheuer erstarkt, da die Entfesselung eine umso destruktivere Kraft freisetzt: *« On a voulu faire régner les lois avec le despotisme; mais ce qui est joint avec les despotisme n'a plus de force. En vain ce despotisme, pressé par ses malheurs, a-t-il voulu s'enchaîner; il s'arme de ses chaînes, et devient plus terrible encore »* (VIII 21).[526] Die vollendete Plastizität dieses trostlosen Bildes dürfte durch den tiefen moralistischen Blick Montesquieus befördert sein. Während die Ehre für ihn in der Regierungsform der Monarchie unter Gesetzen, die auch den Monarchen binden, die maßgebliche Triebfeder darstellt, ist sie in der Despotie gegenstandslos, weil anstelle sicherer Gesetze nur die Launen des Despoten gelten, der über Gesetze herrscht, die ihrerseits von seiner Willkür bestimmt sind und sich dementsprechend permanent ändern (VIII 19).

Despotien gründen daher auf schierer Angst vor den Launen des Despoten, *« où tout est incertain, parce que tout y est arbitraire »* (XXVI 16).[527] Das zuletzt zitierte Wort scheint auch auf das herkömmliche Begriffsverständnis der Moralistik zuzutreffen.[528] Montesquieu hat freilich mit seinem an der französischen Moralistik und ihrer Einsicht in die menschlichen Leidenschaften geschulten Blick erkannt, dass es zwischen dem Despoten und seinem Volk noch eine administrative Zwischenebene gibt, deren höchster Repräsentant in ebenso großer Gefahr lebt. Da er

---

525 *Montesquieu*, Œuvres complètes, Bibliothèque de la Pléiade, Tome II, S. 259; Übersetzung *Ernst Forsthoff*, 1951/1992, Bd. 1, S. 43: „Man kann von diesen ungeheuerlichen Regierungen nicht ohne Schaudern sprechen".

526 *Montesquieu*, Œuvres complètes, Bibliothèque de la Pléiade, Tome II, S. 368; Übersetzung *Ernst Forsthoff*, 1951/1992, Bd. 1, S. 178 f.: „Man hat durch den Despotismus den Gesetzen zur Herrschaft verhelfen wollen; aber was sich mit dem Despotismus verbündet, verliert seine Kraft. Vergeblich hat sich dieser Despotismus unter dem Druck seines Unglücks bemüht, sich Ketten anzulegen: er benutzt seine Ketten als Waffen und wird noch furchtbarer".

527 *Montesquieu*, Œuvres complètes, Bibliothèque de la Pléiade, Tome II, S. 769; Übersetzung *Ernst Forsthoff*, 1951/1992, Bd. 2, S. 229: „wo alles unsicher, weil alles willkürlich ist".

528 *Hugo Friedrich*, Montaigne, 1949, S. 6, spricht freilich – und nicht zuletzt deswegen wird er in der vorliegenden Abhandlung so oft zitiert – mit Bedacht und Recht von „diesem Begriff (sc. der Moralistik), der entgegen dem üblichen schwankenden Gebrauch scharf umrissen werden muß".

nämlich jederzeit und unmittelbar der Willkür des Despoten ausgesetzt ist, genießt er noch weniger Rechtssicherheit als das einfache Volk unter noch so ungerechten Gesetzen:[529] *« Il faut que le peuple soit jugé par les lois, et les grands par la fantaisie du prince; que la tête du dernier sujet soit en sûreté, et celle des bachas toujours exposée »* (III 9).[530]

Die Diktatur der Angst unter einem allmächtigen Alleinherrscher, der gerade die einflussreichsten Paladine jederzeit um ihre Macht, ihre Privilegien, ihren Reichtum und ihr Leben bringen kann, weil diese allesamt von seinen Gnaden abhängen, entspricht einem taciteischen Grundmotiv.[531] Es ist daher wohl auch kein Zufall, dass Montesquieu gerade die Despotie mit dem historischen Beispiel des römischen Kaisers Domitian veranschaulicht. Denn das so genannte Domitianerlebnis, also die allgegenwärtige Angst vor jenem Herrscher, der vielleicht sogar den Schwiegervater des Tacitus aus Neid auf dessen militärische Erfolge vergiftet hat, wie Tacitus mit kunstvollen Anspielungen insinuiert,[532] war die prägende Erfahrung des römischen Historikers.[533]

Was die Qualifizierung der Regierung dieses römischen Kaisers betrifft, so beweist Montesquieu seinen scharfen institutionensoziologischen Blick dadurch, dass er dessen Herrschaft als eine Despotie in Gestalt einer Militärregierung einordnet: *« Son gouvernement étoit militaire; ce qui est une des espèces du gouvernement despotique »* (III 9).[534] Erneut begegnet hier in einer scheinbar beiläufigen Anmerkung eine ursprüngliche Einsicht, die Montesquieu als Mitbegründer der Rechtssoziologie zeigt, weil er die Ausprägungen von Herrschaft zumindest hinsichtlich des entscheidenden Punktes, wenn auch noch nicht fallgruppenartig be-

---

529 *Corrado Rosso*, Montesquieu moraliste. Des lois au bonheur, 1971, S. 111 f., zur folgenden Stelle.

530 *Montesquieu*, Œuvres complètes, Bibliothèque de la Pléiade, Tome II, S. 259; Übersetzung *Ernst Forsthoff*, 1951/1992, Bd. 1, S. 43: „Das Volk muss nach Gesetzen und die Großen müssen nach dem Gutdünken des Fürsten gerichtet werden; der Kopf des letzten Untertanen muss stets in Sicherheit, der Kopf des Paschas beständig in Gefahr sein".

531 *Jens Petersen*, Recht bei Tacitus, 2019, S. 566.

532 *Tacitus*, Agricola 43.2: ‚Nobis nihil comperti adfirmare ausim'. *Eduard Fraenkel*, Tacitus, in: Tacitus (Hg. Viktor Pöschl), 1969, S. 16, 27 f., attestiert dem Frühwerk des Tacitus, dass er „sein späteres Lieblingswerkzeug verleumderischer Insinuation schon hier zu vollendeter Eleganz ausgebildet hat. (...) In unangreifbarer Form wahrt er also den Schein streng unparteiischer Berichterstattung, dann aber bearbeitet er den Leser mit allen Mitteln seiner Kunst derart, daß schließlich niemand mehr an dem Giftmord zweifeln wird." Im Ergebnis ebenso *Clarence W. Mendell*, Tacitus. The Man and his Work, 1957, S. 27.

533 *Kurt von Fritz*, Tacitus, Agricola, Domitian, and the Problem of the Principate, Classical Philology 52 (1957), 73; *Herbert Nesselhauf*, Tacitus und Domitian, Hermes 80 (1952), 222.

534 *Montesquieu*, Œuvres complètes, Bibliothèque de la Pléiade, Tome II, S. 259 Fußnote d; Übersetzung *Ernst Forsthoff*, 1951/1992, Bd. 1, S. 44, Fußnote 1, klassifiziert fallgruppenartig: „Seine Regierung war eine Militärherrschaft, eine Spielart der despotischen Regierung".

schreibt, was im Übrigen auch gar nicht seiner Absicht entsprach, sondern eher punktuell als klassifikatorisch unterscheidend, wie es dann erst im zwanzigsten Jahrhundert herrschaftssoziologisch ausgearbeitet wurde.[535]

Neben diesen rechtssoziologischen Beobachtungen sind die Ausführungen zur Regierungsform der Monarchie aber auch in religionssoziologischer Hinsicht aufschlussreich – und damit auch für die Beziehung zwischen der Rechtssoziologie einerseits und dem Verhältnis von Recht und Religion andererseits, wie etwa folgender Gedanke zeigt: *« Le christianisme donna son caractère à la jurisprudence; car l'empire a toujours du rapport avec le sacerdoce »* (XXIII 21).[536] Es ist zwar keine unmittelbare Priesterherrschaft, auf die Montesquieu hier Bezug nimmt, wegen der seinerseits geargwöhnten Allianz von Kaiser und Klerus jedoch eine immerhin mittelbare. Aus juristischer Sicht wichtiger ist die damit einhergehende Prägung der Rechtswissenschaft durch die christliche Religion. Montesquieus auf den ersten Blick gewagte These hat jedoch durch eine bahnbrechende Arbeit im zwanzigsten Jahrhundert der Sache nach Unterstützung erfahren.[537] Darüber hinaus ist bemerkenswert, dass Montesquieu hier durch einen bloßen Erfahrungssatz, dessen Schein ihn allerdings wohl angesichts der historischen Tatsachen schwerlich trügt, Interdependenzen zwischen Religions- und Rechtssoziologie einerseits und Rechtswissenschaft und Theologie andererseits erkannt hat.

Montesquieu macht an markanter Stelle auf eine Einschränkung der an sich schrankenlosen Herrschaft des Despoten aufmerksam, die er bereits zuvor einmal andeutet, weil sie einen funktional bedeutsamen Ausgleich innerhalb dieser Regierungsform darstellt. Wir haben bereits gesehen, dass in der Despotie aus Sicht des Volkes die Bedeutung der Religion und der angestammten Sitten zunimmt, weil sie im Gegensatz zu den potentiell jäh umschlagenden Launen des Despoten Stabilität und Sicherheit verheißen. Sicherheit für Leib und Leben fehlt freilich auch dem Despoten.

Montesquieu hat die verhängnisvolle Gesetzmäßigkeit zu dessen Ungunsten aufgrund einer tiefsinnigen Beobachtung auf eine so maliziöse Weise als Frage formuliert, dass nicht nur der Widersinn unumschränkter Macht offenbar wird, sondern sogar der allenthalben Hochverrat witternde Verfolgungswahn des Despoten nicht einmal mehr vor der eigenen Person haltmachen kann, wenn man sich die folgende Zuspitzung bewusst macht, die den angesprochenen Menschen nach

535 *Max Weber*, Wirtschaft und Gesellschaft, 5. Auflage 1972, S. 122 ff.; dazu auch *Jens Petersen*, Max Webers Rechtssoziologie und die juristische Methodenlehre, 3. Auflage 2020.

536 *Montesquieu*, Œuvres complètes, Bibliothèque de la Pléiade, Tome II, S. 705; Übersetzung *Ernst Forsthoff*, 1951/1992, Bd. 2, S. 149: „Das Christentum drückte der Rechtswissenschaft seinen Stempel auf, denn Kaisertum und Priestertum stehen immer in enger Verbindung".

537 *Harold J. Berman*, Law and Revolution. The Formation of Western Legal Tradition, 1985.

Art der französischen Moralistik auf sich selbst zurückwirft: « *Mais s'il est vrai (ce que l'on a vu dans tous les temps) qu'à mesure que le pouvoir du monarque devient immense, sa sûreté diminue; corrompre ce pouvoir, jusqu'à le faire changer de nature, n'est-ce pas un crime de lèse-majesté contre lui?* » (VIII 7).[538] Kaum je ist willkürliche, ungeteilte und unumschränkte Herrschaft mit weniger Worten wirkungsvoller durch den allgegenwärtigen Vorwurf des Hochverrats infrage gestellt und ad absurdum geführt worden.

Diesen originellen Gedanken, der für den Esprit des Lois ersichtlich von prägender Bedeutung ist, verallgemeinert Montesquieu auf die Hybris eines imperialistisch gesonnenen – nämlich des römischen – Volkes, dessen Exzess zum Verlust der Freiheit führte: « *Mais lorsqu'il eut de ménagements; jusqu'à ce qu'enfin, devenu son propre tyran et son propre esclave, il perdit la force de la liberté pour tomber dans la foiblesse de la licence* » (VIII 12).[539] Hier mischen sich stoisches und moralistisches Denken, weil die Ohnmacht des scheinbar Mächtigen zu beidem gehört, der Verlust der Selbstbeherrschung eher zur Stoa passt, während die – wenngleich im Kollektiv gedachte – Personalunion von Tyrann und Sklave wohl der französischen Moralistik nähersteht.[540]

Eine vergleichbare Mischung stoischer Einflüsse mit Grundannahmen der französischen Moralistik bildet die Verknüpfung moralischer Verkommenheit mit dem besonderen Laster der Habgier: « *il en est de la luxure comme de l'avarice : elle augmente sa soif par l'acquisition des trésors* » (XVI 6).[541] Die stoische Einsicht, dass die Bedürfnisse niemals erfüllt sind, sondern im Gegenteil unersättliche Gier begründen, gilt – ergänzt durch das Laster falscher Ehrsucht – gilt auch und gerade für

538 *Montesquieu*, Œuvres complètes, Bibliothèque de la Pléiade, Tome II, S. 356; Übersetzung *Ernst Forsthoff*, 1951/1992, Bd. 1, S. 164: „Wenn es aber richtig ist (was man zu allen Zeiten beobachten konnte), dass sich die Sicherheit eines Herrschers im gleichen Maße vermindert, wie seine Macht übermäßig wächst, heißt das dann nicht, diese Macht bis zur Unnatur zu verändern, Hochverrat gegen sich selbst begehen?".

539 *Montesquieu*, Œuvres complètes, Bibliothèque de la Pléiade, Tome II, S. 360; Übersetzung *Ernst Forsthoff*, 1951/1992, Bd. 1, S. 169: „Aber als es seine Grundsätze verließ, verlor es seine Selbstbeherrschung in gleichem Maße wie es Macht gewann, bis es endlich als sein eigener Tyrann und sein eigener Sklave die Macht der Freiheit verlor und in die Schwäche der Zügellosigkeit versank".

540 *Fritz Schalk*, Einleitung, in: Die französischen Moralisten, 1949, S. X, hat den Zusammenhang zwischen höfischer Gesellschaft, in der die moralistische Literatur ursprünglich beheimatet war, und stoischem Gedankengut klar herausgearbeitet: „Aus der Gesellschaft kam sie und strebte über sie hinaus in das Reich der stoisch oder noch christlich gefärbten ‚Weisheit', in dem der Affekt durch die Vernunft gefesselt und das Glück durch entsagende Hinnahme der Wirklichkeit gewonnen wird".

541 *Montesquieu*, Œuvres complètes, Bibliothèque de la Pléiade, Tome II, S. 513; Übersetzung *Ernst Forsthoff*, 1951/1992, Bd. 1, S. 357: „Es geht mit der Ausschweifung genau so wie mit der Habsucht; ihre Gier wächst nur mit dem Erwerb von Schätzen".

die französische Moralistik, wenn man nur an La Rochefoucaulds Maxime denkt, wonach noch mehr gelobt werden möchte, wer sich Lob verbittet. Je mehr als Ausprägungen der drei Hauptübel der Ehrsucht, Herrschsucht und Habsucht zusammenkommen bzw. sich mischen, desto verhängnisvoller die Rückwirkung auf den davon beherrschten Herrscher.

Beide Motive finden sich übrigens im taciteischen Denken,[542] dessen Einfluss nicht nur auf Montesquieu, sondern auch die französische Moralistik man auch in dieser Hinsicht nicht unterschätzen sollte.[543] Moralistische Einsichten finden sich im Zusammenhang mit dem Imperialismus und seinem verhängnisvollen Zusammenwirken mit der Religion: *« Quel bien les Espagnols ne pouvoient-ils pas faire aux Mexicains? Ils avoient à leur donner une religion douce; ils leur apportèrent une superstition furieuse »* (X 4).[544] Das erinnert an eine taciteische Sentenz über den Imperialismus der Römer, wonach sie es Frieden nennen, wo sie Verlassenheit schaffen.[545] Emphatischer mit den Unterdrückten und zugleich kaustischer als Montesquieu kann man die grausame Verkehrung der Heilsbotschaft nicht auf den Punkt bringen. Der Verfasser solcher Sentenzen im Geiste der französischen Moralistik musste damit rechnen, dass sich sein Werk früh oder später auf dem Index der katholischen Kirche finden lassen würde,[546] wo es denn auch von 1751, drei Jahre nach seinem Erscheinen, bis 1967 zu finden war.[547]

So erinnert er die Kirchen mit der subtilen Ironie der französischen Moralisten an das Auseinanderfallen kultischer Praxis und ursprünglicher Heilsbotschaft, wenn er das Maßhalten predigt, wo er eigennützige Verschwendung beobachtet:[548]

---

542 *Tacitus*, Dialogus de oratoribus 13.4: ‚tantum posse liberti solent'; dazu *Clarence W. Mendell*, Tacitus. The Man and his Work, 1957, S. 24 f.

543 Näher *Jens Petersen*, Marcel Proust und Tacitus, 2021, passim.

544 *Montesquieu*, Œuvres complètes, Bibliothèque de la Pléiade, Tome II, S. 381; Übersetzung *Ernst Forsthoff*, 1951/1992, Bd. 1, S. 195: „Wieviel Gutes hätten die Spanier nicht den Mexikanern antun können! Sie konnten ihnen eine Religion der Sanftmut bringen, aber sie brachten ihnen einen fürchterlichen Aberglauben".

545 *Tacitus*, Agricola 30.4: ‚Ubi solitudinem faciunt, pacem appellant'.

546 Vgl. zum Index auch *Jens Petersen*, Medienrecht in der Katholischen Kirche, Archiv für Katholisches Kirchenrecht 176 (2007), 433 (= Studien zur juristischen Ideengeschichte, 2023, S. 177, 180 f.).

547 Siehe auch *Peter Godman*, Weltliteratur auf dem Index. Die geheimen Gutachten des Vatikans, 2006.

548 *Vittorio Hösle*, Moral und Politik. Grundlagen einer Politischen Ethik für das 21. Jahrhundert, 1997, S. 1012 mit Fußnote 69, nennt noch einen anderen Aspekt, hinsichtlich dessen er Anstoß erregte: „Der Katholik Montesquieu hat in einigen Kapiteln (sc. 25.10 und 15) von ‚De l'Esprit des Lois', die manchen seiner Zeitgenossen ein Ärgernis waren, Verständnis für jene Staaten bekundet, die Missionare fremder, auch christlicher Staaten nicht zuließen, weil dies eine Destabilisierung der eigenen Gesellschaft zur Folge haben müsse".

« Le soin que les hommes doivent avoir de rendre un culte à la divinité, est bien différent de la magnificence de ce culte. Ne lui offrons point nos trésors, si nous ne voulons lui faire voir l'estime que nous faisons des choses qu'elle veut que nous méprisions. (...) Il ne faudroit pas non plus que la religion encourageât les dépenses des funérailles. Qu'y a-t-il de plus naturel, que d'ôter la différence des fortunes dans une chose et dans les moments qui égalisent toutes les fortunes? » (XXV 7).[549]

Nicht alle prachtliebenden Prälaten seiner Zeit werden gerne mit so pointierten Paradoxa an die Bedürfnislosigkeit des Religionsstifters und die Gleichheit der Seelen vor Gott erinnert worden sein. Der Blick auf Bestattungsriten ähnelt zwar scheinbar dem Mitbegründer der Rechtssoziologie Giambattista Vico.[550] Doch anders als dieser interessiert sich Montesquieu nicht für die menschheitsgeschichtlichen Änderungen des Kults und der Zeremonien, sondern für die gleichmacherische Wirkung des Todes, welche den prunksüchtigen und pompösen Bestattungsformen huldigenden Klerus seiner Zeit mit der ursprünglichen Heilsbotschaft konfrontiert.[551]

Man beachte auch in herrschaftssoziologischer Hinsicht noch die Einwirkung der Religion, die neben den Regierungsformen, dem Klima und den Sitten und Gebräuchen zum Geist der Gesetze gehört. Im Sinne des zuletzt Bedachten stellt Montesquieu nämlich in einer kühnen Überwölbung den Despoten, der kein weltliches Gesetz über sich hat, gleichwohl unter die Gesetze der Religion: *« Les lois de la religion sont d'un précepte supérieur, parce qu'elles sont données sur la tête du prince, comme sur celle des sujets. Mais quant au droit naturel, il n'en est pas de même; le prince est supposé n'être plus un homme »* (III 10).[552]

---

549 *Montesquieu*, Œuvres complètes, Bibliothèque de la Pléiade, Tome II, S. 742 f.; Übersetzung *Ernst Forsthoff*, 1951/1992, Bd. 2, S. 195: „Die Sorgfalt, die Menschen anwenden müssen, um die Gottheit zu ehren, ist weit verschieden von der Pracht dieses Kultes. Opfern wir ihr nicht unsere Schätze, um ihr nicht zu zeigen, welche Achtung wir vor Dingen haben, die wir nach ihrem Willen verachten sollen. (...) Ebensowenig sollte die Religion den Aufwand bei den Begräbnissen begünstigen. Was wäre natürlicher, als den Unterschied der Vermögen bei dem Anlass und in dem Augenblick zu beseitigen, wo alle Vermögen gleich werden?".

550 *Jens Petersen*, Vicos Kulturgeschichte des Rechts, 2022, § 1.

551 *Werner Krauss*, 1734 als Jahr der Entscheidung für Montesquieus *Esprit des lois*, in: Montesquieu-Traditionen in Deutschland. Beiträge zur Erforschung eines Klassikers (Hg. Edgar Maas/Paul-Ludwig Weinacht), 2005, S. 135, 144, hat im Zusammenhang mit der Despotie einen ähnlichen Gedanken entwickelt, der in seiner Gesamtschau mit dem vorliegenden den werkimmanenten Zusammenhang erhellt: „Dem alles nivellierenden Despotismus begegnet die Orientierung der Gesetzlichkeit einer vergangenen Lebensordnung, die Bestrebung, die nationale Ursprungsverfassung, die *Konstitution*, aus dem Schutt der Geschichte zu bergen." Hervorhebung auch dort.

552 *Montesquieu*, Œuvres complètes, Bibliothèque de la Pléiade, Tome II, S. 260; Übersetzung *Ernst Forsthoff*, 1951/1992, Bd. 1, S. 45: „Die Gesetze der Religion stehen höher, denn sie gelten für den

Betrachtet man die unterschiedlichen Sichtweisen über das Verhältnis von Recht und Religion in der Zusammenschau, so führt dies zu einer eigentümlichen Reziprozität zwischen dem Despoten und dem Volk, das ihm zwar untertan ist, aber gleichwohl die angestammte Religion in Ehren hält, so dass umgekehrt der Despot gut daran tut, sich nicht über die religiösen Gesetze zu erheben. Er mag das Naturrecht mit Füßen treten und seine eigenen Statthalter nach Belieben hinrichten lassen, aber er wird sich hüten, Untaten zu begehen, die aus Sicht des Volkes als Religionsfrevel erscheinen. Ausprägungen dieser Maxime kann man bereits bei Machiavelli nachlesen.[553]

Doch die sich hier allmählich herauskristallisierende Bedeutung der Religion in ihrer wechselseitigen Abhängigkeit von den Regierungsformen ist wohl seine ureigene Schöpfung. Hinzukommt der damit zusammenhängende Einfluss der Sitten innerhalb der Geschichte des jeweiligen Landes. Denn nicht zuletzt diese Interdependenz erweist sich als maßgeblich für die Bestimmung des Geistes der Gesetze. Beide verankern das Gemeinwesen mit seinen wechselnden Regierungsformen buchstäblich: *« Rome étoit un vaisseau tenu par deux ancres dans la tempête : la religion et les mœurs »* (VIII 13).[554] Wie so oft bei Montesquieu beschließt eine Sentenz ein Kapitel, welche die eigentlichen Bestimmungs- und Beweggründe der Institutionen und Individuen entweder metaphorisch veranschaulicht oder moralistisch auf den Punkt bringt.

Fürsten so gut wie für die Untertanen. Anders verhält es sich mit dem Naturrecht, denn der Fürst wird nicht als Mensch betrachtet“.

553 *Jens Petersen*, Machiavellis Gesetzgebungslehre, 2020, §§ 1, 3 mit weiteren Nachweisen.

554 *Montesquieu*, Œuvres complètes, Bibliothèque de la Pléiade, Tome II, S. 361; Übersetzung *Ernst Forsthoff*, 1951/1992, Bd. 1, S. 170: „Rom glich einem Schiff, das durch zwei Anker gehalten wurde: durch die Religion und die Sitten“.

V. « *Modestie superbe : C'est par orgueil que nous sommes polis* »

Das vierte Buch beginnt mit einem Primat der Erziehung, nachdem im ersten der Primat der Vernunft niedergelegt wurde. Doch ist dies kein Widerspruch, sondern vielmehr die zwanglose Fortsetzung dieser vernunftmäßigen Entwicklung, weil die Gesetze der Erziehung entsprechend der Überschrift des vierten Buches abhängig sind von den Prinzipien der jeweiligen Regierungsform: *« Les lois de l'éducation seront donc différentes dans chaque espèce de gouvernement »* (IV 1).[555] Auch hieran zeigt sich wieder das Abhängigkeitsverhältnis, das zwischen denjenigen Elementen besteht, die in ihrer Zusammenschau den Geist der Gesetze bilden.

Unter ihnen hat Montesquieu im ersten Teil die Regierungsformen für bestimmend erachtet, weil sich nach ihnen die Gesetze richten, die erforderlich sind, um den Triebfedern menschlichen Handelns so zu entsprechen, dass Missstände vermieden und Erhaltungswürdiges gefördert wird. Das führt bei Umbrüchen in der Verfassungsentwicklung zu einer eigentümlichen Spannung und Entladung mit einem kompetitiven Moment bezüglich des Wirkens der konfligierenden Kräfte: *« C'est pour lors que tous les ressorts du gouvernement sont tendus; que tous les citoyens ont des prétentions; qu'on s'attaque ou qu'on se caresse; et qu'il y a une noble émulation entre ceux qui défendent la constitution qui décline, et ceux qui mettent en avant celle qui prévaut »* (XI 13).[556]

Von daher versteht sich, warum Montesquieu der Erziehung besonderes Augenmerk zuwendet, weil hier vom Mikrokosmos der einzelnen Familie edukatorisch auf den Makrokosmos der gesamten Gesellschaft hingewirkt werden kann: *« Les lois de l'éducation sont les premières que nous recevons. Et, comme elles nous préparent à être citoyens, chaque famille particulière doit être gouvernée sur le plan*

---

555 *Montesquieu*, Œuvres complètes, Bibliothèque de la Pléiade, Tome II, S. 261 f.; Übersetzung *Ernst Forsthoff*, 1951/1992, Bd. 1, S. 47: „Daher müssen also die Gesetze der Erziehung in den einzelnen Regierungsformen verschieden sein".

556 *Montesquieu*, Œuvres complètes, Bibliothèque de la Pléiade, Tome II, S. 415; Übersetzung *Ernst Forsthoff*, 1951/1992, Bd. 1, S. 238: „Alle Triebfedern der Regierung sind angespannt, alle Bürger haben Ansprüche. Man bekämpft sich oder umwirbt sich. Es findet ein edler Wettstreit statt zwischen denen, welche die untergehende Verfassung verteidigen, und den Vorkämpfern der neu entstehenden." – Das ähnelt jenem Kampf ums Recht, den *Rudolf von Jhering*, Der Kampf ums Recht, 1872, später zwischen den als Anspruchsstellern vorgestellten Bürgern ausgefochten wissen wollte, wodurch das Recht insgesamt verfeinert würde. Dazu *Jens Petersen*, Zivilrechtsdogmatik und methodischer Individualismus am Beispiel Rudolf von Jherings, in: Festschrift für Claus-Wilhelm Canaris, 2017, S. 87, sowie noch weiter unten im Text.

https://doi.org/10.1515/9783111396132-007

de la grande famille qui les comprend toutes » (IV 1).[557] Die Vorstellung, dass die Familie gleichsam Keimzelle der Gesellschaft sein kann, erklärt wohl auch, warum kein Geringerer als Hegel, wie bereits erwähnt, den „tiefen Blick" Montesquieus bewunderte.[558] Jedoch sollte man sich auch hier hüten, Montesquieu hegelianisch vereinnahmen zu wollen. Es ist vielmehr Hegel gewesen, der Montesquieu verpflichtet war.[559]

Ebensogut könnte man seinen Gedanken wiederum im Hinblick auf einen bereits genannten Zeitgenossen verstehen, den Hegel gar nicht kannte, aber wohl auch Montesquieu selbst nicht, so dass es allenfalls ein Beleg dafür sein könnte, dass zur selben Zeit Gedanken entstanden, die von einer prinzipiellen Übereinstimmung der Familien mit dem Volk ausgingen. Dieser Schluss von der Familie auf das Volk und darüber hinaus vom einzelnen Volk auf die Völker insgesamt, so dass bei übereinstimmenden und gleichartigen Verhaltensweisen von einem gewissen Wahrheitsanspruch ausgegangen werden könne, findet sich nämlich ebenfalls bereits bei Giambattista Vico, dem zusammen mit Montesquieu das Verdienst zukommt, die Rechtssoziologie mitbegründet zu haben.[560]

Aber im tiefgreifenden Unterschied zu diesem Denker geht es Montesquieu gerade nicht um ein evolutionäres Rechtsverständnis, das entwicklungsgeschicht-

---

557 *Montesquieu*, Œuvres complètes, Bibliothèque de la Pléiade, Tome II, S. 261; Übersetzung *Ernst Forsthoff*, 1951/1992, Bd. 1, S. 47: „Die Gesetze der Erziehung sind die ersten, die wir erhalten, und da sie uns zu Bürgern heranbilden sollen, so muss jeder einzelnen Familie nach demselben Plan wie die große Familie, die sie alle umfasst, regiert werden".

558 *Georg Wilhelm Friedrich Hegel*, Grundlinien der Philosophie des Rechts, 1821, § 273. *Ernst-Joachim Mestmäcker*, Europäische Prüfsteine der Herrschaft und des Rechts, 2016, S. 600, gehört zu den wenigen Juristen, die sich mit dem berühmten Wort befasst haben: „Wenn Hegel den ‚tiefen Blick' von Montesquieu rühmt, dann tut er das im Hinblick auf die Fähigkeit der verschiedenen Staatsformen, die zentrifugalen Mächte der Besonderheit, also die Mächte der bürgerlichen Gesellschaft zusammenzuhalten." Zu diesem weiterführenden Gedanken, der mit Recht die auch im zuletzt wiedergegebenen Zitat angesprochene Heranbildung zum Bürger voraussetzt und damit zugleich die Herausbildung der bürgerlichen Gesellschaft vorbereitet, auch *Jens Petersen*, Studien zur juristischen Ideengeschichte, 2023, S. 175.

559 *Vittorio Hösle*, Eine kurze Geschichte der deutschen Philosophie, 2013, S. 147, macht mit Recht darauf aufmerksam, dass Hegels ‚Grundlinien' zugleich auch eine *„politische Soziologie im Gefolge Montesquieus* darstellen. Das wird besonders im dritten Teil, ‚Die Sittlichkeit', deutlich, der Familie, bürgerliche Gesellschaft und Staat erörtert." Hervorhebung nur hier. – Auch in der zitierten Stelle geht es ja um die Erziehung ‚zu Bürgern', also die Genese der bürgerlichen Gesellschaft. Zur dort vorausgesetzten politischen Soziologie *Gunther Ipsen*, Montesquieu und die politische Soziologie, in: Montesquieu-Traditionen in Deutschland. Beiträge zur Erforschung eines Klassikers (Hg. Edgar Maas/Paul-Ludwig Weinacht), 2005, S. 75.

560 *Giambattista Vico*, Scienza Nuova, 1744, 141, 144. Dazu *Jens Petersen*, Vicos Kulturgeschichte des Rechts, 2022, worin näher ausgearbeitet wird, was hier nur sehr bruchstückhaft und verkürzt angedeutet werden kann.

lich die Menschheit von den rohen Herrschaftsformen der Familie aus betrachtet. Sein vorrangiges Interesse gilt im Anfangskapitel des vierten Buches vielmehr der Frage, wie sich die Zivilisation von den je nach Regierungsformen unterschiedlichen Motiven her gestaltet, also danach, ob politische Tugend, das Streben nach Ehre oder die schiere Angst das Verhalten der Menschen bestimmen (XII 22).

Nachdem Montesquieu die Gesetze über die Erziehung als vorrangig erkannt hat, wendet er sie folgerichtig auf die Regierungsformen an und beginnt mit der Monarchie, im Rahmen derer die Ehre nicht nur die maßgebliche Triebfeder darstellt, sondern auch als Lehrerin in jener Kunst gilt, die an den Höfen zählt. So systematisch folgerichtig dies vor dem Hintergrund seiner in den ersten Büchern entworfenen methodischen Vorgehensweise anmutet, so augenscheinlich ist, dass das nun Folgende, was er über die Schule der Ehre bemerkt, vor allem aus dem Geist der französischen Moralistik stammt.

Es handelt sich um eine sich über mehrere Seiten erstreckende Sammlung von Sentenzen und Aphorismen, wie sie die französischen Moralisten geprägt haben, zu denen nicht von ungefähr auch Montesquieu zählt; wenn auch eher durch seine Lettres persanes als durch den Esprit des Lois:[561] *« Les vertus qu'on nous y montre sont toujours moins ce que l'on doit aux autres, que ce que l'on se doit à soi-même : elles ne sont pas tant ce qui nous appelle vers nos concitoyens, que ce qui nous en distingue »* (IV 2).[562] Die juristische Unterscheidung zwischen Pflichten und Obliegenheiten wird hier in den Bereich der Moral, besser noch: der Moralistik übertragen.[563] Bezeichnend für die französische Moralistik ist hier vor allem die Betonung des Trennenden, weil sie eine gewisse Reibung erzeugt, vor allem aber der Unterschiedlichkeit der Menschen mit ihren gegenläufigen Interessen Rechnung trägt. Einmal mehr begegnet der Hang zum Paradoxon, der die französische Moralistik ohnehin kennzeichnet.

Geistiger Ahnherr ist wiederum der Herzog von La Rochefoucauld, dessen Maximen und Reflexionen in ihrer geronnenen Menschenkenntnis vor allem die Triebfeder der menschlichen Eitelkeit in all ihren Maskierungen entlarvt hat.[564] Aber anders als dieser verbietet sich Montesquieu jegliche Bissigkeit, so dass seine

---

561 Grundlegend *Karlheinz Stierle*, Mode et temps urbain chez La Bruyère et Montesquieu, in: Montaigne und die Moralisten. Klassische Moralistik – Moralistische Klassik, 2016, S. 253–263.

562 *Montesquieu*, Œuvres complètes, Bibliothèque de la Pléiade, Tome II, S. 262; Übersetzung *Ernst Forsthoff*, 1951/1992, Bd. 1, S. 48: „Die Tugenden, die uns hier gelehrt werden, sind weniger Pflichten gegen andere als gegen uns selbst. Sie sind nicht so sehr das Verbindende gegenüber unseren Mitbürgern als vielmehr das, was uns von ihnen unterscheidet".

563 Zu ihr in juristischer Hinsicht *Reimer Schmidt*, Die Obliegenheiten, 1953; überblicksartig *Jens Petersen*, Die kaufmännische Rügeobliegenheit, Juristische Ausbildung 2012, S. 796.

564 *François de La Rochefoucauld*, Réflexions ou sentences et maximes morales, 1665.

Ausführungen über die Ehre als Lehrmeisterin innerhalb der Regierungsform der Monarchie gerade in ihrer nicht verletzenden Kürze eher an gewisse Beobachtungen des Moralisten Vauvenargues erinnern, der im Übrigen ein Bewunderer Montesquieus war und ihn wohl auch persönlich noch kannte.[565]

Vor diesem Hintergrund ist folgende scheinbar prägnante Erklärung, bei näherer Betrachtung jedoch kontraintuitive und daher zum selbstkritischen Nachdenken einladende Einsicht so bezeichnend für Montesquieu, dass sie auch die Überschrift des vorliegenden Kapitels bildet, weil sie die Möglichkeit zu bedenken gibt, dass dem Grad der Höflichkeit auch eine dementsprechende Herablassung liegen kann: *« C'est par orgueil que nous sommes polis »* (IV 2).[566] Der paradox anmutende Gehalt dieses tiefsinnigen Wortes erschließt sich, wenn man sich in Erinnerung ruft, dass auch hier Montaignes bevorzugtes Paradoxon Pate gestanden haben könnte, wonach aus Wertwidrigem – dem Hochmut – etwas für die Gesellschaft Wertvolles – der friedenstiftende, höfliche Umgang der Menschen untereinander – werden kann.

Wenn man sich fragt, warum sich eine solche Sentenz in einem rechtsphilosophischen Grundlagenwerk findet, dann dürfte der Grund nicht zuletzt in der rechtssoziologisch begründeten Einsicht bestehen, dass die Höflichkeit den innewohnenden Stolz in einer das gesellschaftliche Zusammenleben erträglich machenden Weise konventionell verbirgt, so dass untergründig schwelende Konflikte – ähnlich den Gepflogenheiten im diplomatischen Verkehr[567] – möglichst nicht aufscheinen, erst recht nicht aufbrechen und ausgetragen werden.[568] Erneut erkennt

565 *Fritz Schalk*, Einleitung, in: Die französischen Moralisten, 1949, S. XXX; man vergleiche aus dieser Sammlung auf S. 159 nur Vauvenargues' Ausspruch: „Hochmut tröstet die Schwachen".

566 *Montesquieu*, Œuvres complètes, Bibliothèque de la Pléiade, Tome II, S. 263; Übersetzung *Ernst Forsthoff*, 1951/1992, Bd. 1, S. 49: „Aus Stolz sind wir höflich".

567 *Hugo Friedrich*, Montaigne, 1949, der auch das im Text genannte ‚Lieblingsparadoxon' herausgearbeitet hat (S. 237), nennt zuvor auf S. 223 nicht von ungefähr das Aufkommen der Diplomaten im Zusammenhang mit der Entstehung und Herausbildung der Moralistik: „In diesem Zusammenhang taucht eine neue Technik des politischen Verkehrs auf, repräsentiert durch die Gestalt des Diplomaten. Die Relationen der italienischen Gesandten lassen erkennen, wie sich auf dem Boden politischen Interessenwahrung eine Menschen- und Situationsbeobachtung entwickelt, die um so scharfsichtiger ist, als sie sich auf das Vermitteln reiner Tatsachen beschränkt und die Tatsachen prüft als Symptome des Interessenegoismus der anderen, mit dem der eigene abzuwägen ist." – So gesehen wird man wohl auch einen bedeutenden Florentiner mit seiner eminenten Menschenkenntnis zu den Vorläufern der europäischen Moralistik – freilich in ihrer durch einen anthropologischen Pessimismus verdüsterten Ausprägung – zählen können; zu ihm *Jens Petersen*, Machiavellis Gesetzgebungslehre, 2020.

568 *Norbert Elias*, Über den Prozeß der Zivilisation. Soziogenetische und psychogenetische Untersuchungen. Zweiter Band: Wandlungen der Gesellschaft. Entwurf zu einer Theorie der Zivilisation, 2. Auflage 1969 (hier zitiert nach der text- und seitenidentischen stw-Ausgabe 1976), S. 351–

man zugleich den Zusammenhang zwischen Rechtssoziologie und französischer Moralistik, der gerade bei Montesquieu deutlich wird.

Ähnlich prägnant, wenngleich um der pointierten Formulierung willen vorurteilsbehaftet, aber jedenfalls nach Art der französischen Moralistik ausgestaltet, ist die folgende Sentenz: *« Les nations libres sont superbes, les autres peuvent plus aisément être vaines »* (XIX 27).[569] Der schmale Grat zwischen Hochmut und Eitelkeit ist ohnedies eine beliebte Unterscheidungslinie der französischen Moralisten; häufiger im Hinblick auf Personen, hier sogar auf ganze Völker. Schließlich erweist sich das selbst die Herrscher beherrschende Gefühl des Stolzes noch in folgendem Aphorismus: *« Les grands capitaines écrivent leurs actions avec simplicité, parce qu'ils sont plus glorieux de ce qu'ils ont fait que de ce qu'ils ont dit »* (XXI 11).[570]

Montesquieu lässt es eben nicht bei dem Befund des Hochmuts als solchem bewenden, sondern geht ihm buchstäblich auf den Grund, weil man erst daraus erschließen kann, worauf der Betreffende stolz ist und – da damit allenfalls der Ehrsucht Genüge getan ist – welche weiteren Absichten im Hinblick auf Herrschsucht und Habsucht der betreffenden Person oder Gruppe noch zu erwarten sind. Obwohl seine sentenziösen Ausführungen über die Ehre vorderhand wenig Juristisches enthalten, scheint Montesquieu in seinem Element, wenn er die erzieherische Wirkung, die sie entfalten, in immer neuen Beobachtungen schildert.

Man sollte nämlich nicht vergessen, dass Montesquieu auch für die politische Soziologie prägend war.[571] Das veranschaulicht folgende der Ehre eingeräumte Befugnis, die wie eine durch ein ästhetisches Moment angereicherte Verfeinerung der Anleitungen Graciáns anmutet:[572] *« Il permet la ruse lorsqu'elle est unie à l'idée*

369, hat dies innerhalb des soziologischen Schrifttums verdeutlicht unter der Überschrift der „Verhöflichung der Krieger".

569 *Montesquieu*, Œuvres complètes, Bibliothèque de la Pléiade, Tome II, S. 583; Übersetzung *Ernst Forsthoff*, 1951/1992, Bd. 1, S. 443: „Freie Völker sind stolz, während die anderen eher eitel sind".

570 *Montesquieu*, Œuvres complètes, Bibliothèque de la Pléiade, Tome II, S. 625; Übersetzung *Ernst Forsthoff*, 1951/1992, Bd. 2, S. 53: „Große Führer beschreiben ihr Taten immer einfach, weil sie stolzer sind auf das, was sie getan, als auf das, was sie gesagt haben".

571 *Walter Kuhfuß*, Die Bedeutung der Mäßigung im Werk Montesquieus, in: Montesquieu-Traditionen in Deutschland. Beiträge zur Erforschung eines Klassikers (Hg. Edgar Maas/Paul-Ludwig Weinacht), 2005, S. 205, 217, erklärt die Genese anschaulich: „Aus dem Fragehorizont einer sich kategorial verändernden politischen Theorie, die sich ihrer Entwicklung von der Normengültigkeit der klassisch-politischen Philosophie zur empirisch-soziologischen Erfahrungswissenschaft bewußt ist, wird die grundlegende Ambivalenz der politischen Begriffe im Werk Montesquieus verständlich".

572 Gundlegend zu ihm *Werner Krauss*, Graciáns Lebenslehre, 1947. *Hugo Friedrich*, Montaigne, 1949, S. 225 f., nennt Gracián beispielhaft in einem die Moralistik so treffend bezeichnenden Gedanken, dass dieser ausführlich wiedergegeben sei, weil er unausgesprochen berücksichtigt, woher Montesquieu geistesgeschichtlich kam und wohin auch er die französische Moralistik

de la grandeur de l'esprit ou de la grandeur des affaires comme dans la politique, dont les finesse ne l'offensent pas » (IV 2).[573] Und doch hat diese Sentenz nichts Machiavellistisches, zumal da er ihre Geltung unter gewisse Bedingungen stellt, insbesondere die Größe des Geistes oder der sie betreffenden Angelegenheiten, bei denen, soweit sie die Politik betreffen, die wechselseitig angewandten Listen ohnehin einander aufheben. Montesquieu bringt den für sein Werk unverzichtbaren juristischen Unterton elegant durch eine politische Konnotation zum Ausdruck, welche die Gesetze, von denen er handelt, auf die höfische Welt erstrecken.[574]

In der Tradition der französischen Moralistik blickt Montesquieu auf die Innenwelt des Monarchen, bevor er daraus die beruhigende Wirkung guter Gesetze auf die dadurch vermittelte Rechtssicherheit herleitet und den Gemütszustand des Fürsten einmal mehr mit einem treffenden Bild erhellt: *« Celui qui a tant d'inquiétudes, de soupçons et de craintes, est un acteur qui est embarrassé à jouer son rôle. Quand il voit qu'en général les lois sont dans leur force, et qu'elles sont respectées, il peut se juger en sûreté. L'allure générale lui répond de celle de tous les particuliers »* (XII 23).[575] Die etwas despektierliche Metapher des Monarchen als

führte: „Wer Entstehung, Charakter und Leistung der Moralisten im vollen Umfang darstellen wollte, müßte bei den (...) gesellschafts- und staatsgeschichtlichen, theologischen und humanistischen Voraussetzungen beginnen und in einer Analyse von Guiccardini (...), Quevedo, Gracián einmünden, ihr komplexes Menschenbild ergänzen durch die dichterischen Gestaltungen etwa bei Bandello, Cervantes, Shakespeare, und in das so erworbene weite Feld europäischer Menschenkunde im höfischen Zeitalter die französischen Moralisten einfügen. Das Unternehmen erforderte ein Buch." – Ein solches Buch stammt seither womöglich am ehesten von *Karlheinz Stierle*, Montaigne und die Moralisten. Klassische Moralistik – Moralistische Klassik, 2016, mit seinem eminent leistungfähigen, ja bahnbrechenden Begriff der ‚negativen Anthropologie', durch dessen konsequente Anwendung er die von *Friedrich* exemplarisch genannten ‚dichterischen Gestaltungen' auf dem ‚Feld europäischer Menschenkunde' um Dantes Commedia entscheidend erweitert (S. 295–297 mit Fußnote 4). Zu Gracián in rechtsphilosophischer Hinsicht auch *Jens Petersen*, Baltasar Graciáns ‚Phönix der Gerechtigkeit', in: Studien zur juristischen Ideengeschichte, 2023, S. 25–41.

573 *Montesquieu*, Œuvres complètes, Bibliothèque de la Pléiade, Tome II, S. 262; Übersetzung *Ernst Forsthoff*, 1951/1992, Bd. 1, S. 48: „Sie erlaubt auch die List, wenn sie sich mit geistigem Glanz verbindet oder in bedeutsamen Geschäften wirksam wird, wie in der Politik, durch deren Ränke sie sich nicht verletzt fühlt".

574 Zu derartigen Metaphern der Rechtssprache im Hinblick auf die Kunst auch *Jens Petersen*, Marcel Proust und Tacitus, 2021.

575 *Montesquieu*, Œuvres complètes, Bibliothèque de la Pléiade, Tome II, S. 452; Übersetzung *Ernst Forsthoff*, 1951/1992, Bd. 1, S. 284: „Hat er zuviel Unruhe, Argwohn und Befürchtungen, so gleicht er dem Schauspieler, der in Verlegenheit ist, wie er seine Rolle spielen soll. Wenn er sieht, dass die Gesetze im allgemeinen in Geltung stehen und beachtet werden, darf er sich in Sicherheit erachten. Das allgemeine Verhalten ist ihm Gewähr für das jedes Einzelnen".

Schauspieler erinnert daran, dass wir bereits im Zusammenhang mit Molières ‚Geizigem' diesen Aspekt der französischen Moralistik kennengelernt haben.

Aber nicht nur aus dem wohl bewusst verkleinernden Vergleich des Monarchen mit den Nöten eines Schauspielers, der ja in gewissem Sinne gleichfalls öffentlichkeitswirksamer Repräsentant ist, lässt sich ersehen, dass Montesquieu in der Tradition der französischen Moralisten über ein eminentes psychologisches Einfühlungsvermögen verfügt, das die scheinbar inkommensurablen Dinge in ein so gleichermaßen verblüffendes wie einleuchtendes Verhältnis zueinander zu setzen verstand, so dass daraus eine überraschende Einsicht folgt. Zudem zeigt die zuletzt zitierte Stelle, dass er die Geltung der Gesetze als ein – wenn auch besonders bedeutsames – Indiz für die Funktionsfähigkeit des Staatswesens erachtet,[576] von dem aus deduktive Schlüsse vom Allgemeinen auf das Besondere gezogen werden können. Neben dem juristischen Gehalt und der Zwangswirkung der Gesetze blickt er freilich auch auf andere normierende Gesichtspunkte, welche ihn wiederum als einen der Mitbegründer der Rechtssoziologie erweisen.

Durch diese Gesetze ist freilich auch der Monarch selbst gebunden, so dass auf diesem Wege die Ehre zur gesetzgebenden Gewalt wird: *« Il n'y a rien dans la monarchie que les lois, la religion et l'honneur prescrivent tant que l'obéissance aux volontés du prince : mais cet honneur nous dicte que le prince ne doit jamais nous prescrire une action qui nous déshonore, parce qu'elle nous rendroit incapables de le servir »* (IV 2).[577] Hier nun entfaltet sich unversehens die Pointe der Darstellung, die auf der Ebene der Ehre in geradezu ingeniöser Weise gleichsam eine Durchbrechung der Gewaltenteilung markiert, wie folgender Konzessivsatz zeigt: *« Mais, en imposant cette loi, l'honneur veut en être l'arbitre; et, s'il se trouve choqué, il exige ou permet qu'on se retire chez soi »* (IV 2).[578]

So zeigt sich, auf welche Weise der Gedanke der Gewaltenteilung über ihren unmittelbaren Anwendungsbereich alles Andere durchwirkt und wie Montesquieu ihn zugleich kunstvoll zu variieren versteht. Bei näherem Hinsehen verschränkt er

576 *Christoph Möllers*, Die drei Gewalten. Legitimation der Gewaltengliederung in Verfassungsstaat, Europäischer Integration und Internationalisierung, 2008, S. 44, macht mit Recht geltend, dass „Montesquieu auch die Arbeitsfähigkeit der Herrschaft im Auge hat".

577 *Montesquieu*, Œuvres complètes, Bibliothèque de la Pléiade, Tome II, S. 264; Übersetzung *Ernst Forsthoff*, 1951/1992, Bd. 1, S. 50: „Nichts schreiben uns in der Monarchie Gesetze, Religionen und Ehre so streng vor wie Gehorsam gegenüber dem Willen des Fürsten; zugleich aber verlangt die Ehre, dass der Fürst uns nie eine Tat befehlen dürfe, die uns ändert, weil sie uns unfähig machen würde, ihm zu dienen".

578 *Montesquieu*, Œuvres complètes, Bibliothèque de la Pléiade, Tome II, S. 264; Übersetzung *Ernst Forsthoff*, 1951/1992, Bd. 1, S. 51: „Aber obwohl die Ehre dieses Gesetz aufstellt, will sie doch darüber richten können; und wenn sie sich verletzt fühlt, fordert oder gestattet sie, den Abschied zu nehmen".

ihn mit der Einsicht der französischen Moralisten, wonach die menschlichen Leidenschaften danach trachten, ungebremst zu regieren. Auf diese Weise bringt er paradoxerweise die Gewaltenteilung zur Geltung, indem er am Beispiel des Ehrgeizes als Kehrseite der zu erstrebenden Ehre verdeutlicht, wie nachteilig es sich auch in der Monarchie auswirken kann, wenn dem Bestreben nach Ehre keinerlei Schranken mehr auferlegt sind. Zugleich veranschaulicht Montesquieu eine eigentümliche Komplementarität von Recht und Moral, die freilich auch ambivalent ausfallen kann: *« Le commerce a fait que la connoissance des mœurs de toutes les nations a pénétré partout »* (XX 1).[579]

Wenn man die Ehre innerhalb der Monarchie jener nicht vom Recht erfassten Sphäre der Moralität zuordnet, weil es sich eben um Pflichten gegen sich selbst, also moralische Obliegenheiten handelt, die zu beachten im eigenen Interesse liegt (IV 2), dann kann sie diejenigen Lücken schließen, welche die Gesetze durchaus mit Absicht unausgefüllt lassen: *« Que les choses que l'honneur défend sont plus rigoureusement défendues, lorsque les lois ne concourent point à les proscrire; et que celles qu'il exige sont plus fortement exigées, lorsque les lois ne les demandent pas »* (IV 2).[580] So handelt es sich auch hier um eine Art bewegliche System, wenn man es mit der bereits weiter oben behandelten Figur der juristischen Methodenlehre bezeichnen wollte.[581]

Montesquieu hat den Zusammenhang zwischen Verbot und Ehre noch an anderer Stelle hergestellt, und zwar in Gestalt eines Aphorismus', der eine auf den ersten Blick trivial erscheinende Einsicht sinnig abwandelt, nachdem er in einem weit ausgreifenden Gedanken von der aristotelischen Philosophie zum Welthandel übergeleitet hatte, wie wohl nur er es mit wenigen Worten vermochte, um daraus eine allgemeine Einsicht abzuleiten:[582] *« Par là, le commerce, qui n'étoit que la*

---

579 *Montesquieu*, Œuvres complètes, Bibliothèque de la Pléiade, Tome II, S. 585; Übersetzung *Ernst Forsthoff*, 1951/1992, Bd. 2, S. 2: „Man kann mit demselben Recht behaupten, die Gesetze des Handels vervollkommneten die Sitten, wie dass sie sie verderben".

580 *Montesquieu*, Œuvres complètes, Bibliothèque de la Pléiade, Tome II, S. 265; Übersetzung *Ernst Forsthoff*, 1951/1992, Bd. 1, S. 51: „Die Verbote der Ehre sind umso strenger, wenn die Gesetze die gleichen Verbote nicht kennen, und ihre Forderungen sind umso dringender, wenn die Gesetze die gleichen Forderungen nicht stellen".

581 Zur Wirkungsweise *Jens Petersen*, Unternehmenssteuerrecht und bewegliches System, 1999, S. 5 ff.

582 *Fritz Schalk*, Einleitung, in: Die französischen Moralisten, 1949, S. XI, schöpft zur Erklärung derartiger Zusammenhänge aus der Geistesgeschichte: „Aber auch die Themen des privaten und öffentlichen Lebens, die Rolle der Gewohnheit, die Lebensalter – über die schon Aristoteles in der Nikomachischen Ethik gehandelt hat – Liebe und Ehe, Freundschaft, die Öffentlichkeit, Religion, Kultus und Politik hängen in der moralistischen Tradition zusammen." – Interessanterweise passen einige der zuletzt erwähnten Gesichtspunkte, wie die Religion, der Kultus und die als *profession des gens vils, devint encore celle des malhonnêtes gens : car toutes les fois que l'on défend une chose naturellement permise ou nécessaire, on ne fait que rendre malhonnêtes gens ceux qui la font »* (XXI 20).[583]

Untaugliche Verbote gesellschaftlich unentbehrlicher Tätigkeiten veranschaulichen den Zusammenhang zwischen Moralistik und Rechtssoziologie besonders deutlich, weil sich dann die schlechten menschlichen Eigenschaften durchsetzen, zumal da sich erfahrungsgemäß rasch die Habsucht als anthropologische Schattenseite des Handels Bahn bricht. Das wusste übrigens auch Montesquieus Zeitgenosse und Mitbegründer der Rechtssoziologie Giambattista Vico.[584] Montesquieu hat es freilich eleganter zum Ausdruck gebracht. Diese aphoristisch Zurichtung eines von Naturrecht und Ethik ausgehenden Gedankens auf den menschlichen und gesellschaftlichen Begriff der Ehre unter beispielhafter Berücksichtigung des Handels bildet ein eindrucksvolles Zeugnis französischer Moralistik.[585]

Ebenso wichtig ist die damit zusammenhängende rechtstheoretische Einsicht, dass Montesquieu bezüglich der Normativität in einer rechtssoziologisch hellsichtigen Weise zwischen Sanktionen auf der gesellschaftlichen Ebene und solchen mit rechtlicher Geltung unterscheidet. Beide wirken von Grund auf unterschiedlich, ergänzen einander aber wirkungsvoll, indem sie das Zusammenleben innerhalb der jeweiligen Regierungsform ordnen. Dass Montesquieu letztlich auch hier in der Nachfolge Montaignes dem Ideal des *« honnête homme »* verpflichtet ist, bekennt er selbst, wenn er zusammenfasst:[586] *« C'est sur toutes ces choses que l'éducation se porte pour faire ce qu'on appelle l'honnête homme, qui a toutes les qualités et toutes les vertus que l'on demande dans ce gouvernement »* (IV 2).[587]

Inbegriff der Regierungsformen verstandene Politik, mit nur ganz geringer Abwandlung zu jenen Elementen, die nach Montesquieu den Geist der Gesetze ausmachen.

583 *Montesquieu*, Œuvres complètes, Bibliothèque de la Pléiade, Tome II, S. 639; Übersetzung *Ernst Forsthoff*, 1951/1992, Bd. 2, S. 69: „Dadurch wurde der Handel, der bisher nur die Beschäftigung kleiner Leute gewesen war, nun auch die Beschäftigung ehrloser Leute; denn jedes Mal, wenn man etwas naturgemäß Erlaubtes und Notwendiges verbietet, erreicht man nur, dass man die Leute, die es betreiben, ehrlos macht".

584 *Giambattista Vico*, Scienza Nuova, 1744, 132; zur den rechtssoziologischen Implikationen dieses Gedankens *Jens Petersen*, Vicos Kulturgeschichte des Rechts, 2022, S. 305 ff.

585 *Fritz Schalk*, Einleitung, in: Die französischen Moralisten, 1949, S. X, erklärt die Bedeutung der Gesellschaft doppelsinnig: „Die Gesellschaft, in der die Moralisten lebten, die sie durchschauten und belehrten, war die Luft, in der sie atmeten".

586 *Martin Scherer*, Takt. Über Nähe und Distanz im menschlichen Umgang, 2024, S. 80, kennzeichnet eine solchermaßen souveräne Person treffend als „Existenzideal, für beide Geschlechter wohlgemerkt, (...) Esprit im Einklang mit Taktgefühl, Virtuosität im Gespräch, ebenso unterhaltsam wie unaufdringlich im Auftreten, mehr Herrscher über die Konvention als ihr Sklave".

587 *Montesquieu*, Œuvres complètes, Bibliothèque de la Pléiade, Tome II, S. 264; Übersetzung *Ernst Forsthoff*, 1951/1992, Bd. 1, S. 50: „Auf alles dieses richtet sich die Erziehung aus, um den so

So ist das Verhältnis zwischen der Ehre und den Gesetzen innerhalb der Regierungsform der Monarchie wiederum Ausdruck der Interdependenz, die wir bereits weiter oben als kennzeichnend für die Bestimmung des Geistes der Gesetze ausgemacht haben. Denn Montesquieu hat grundverschiedene Elemente, wie die Religion, das Klima, die Sitten und Gebräuche sowie die Regierungsformen als bestimmend für die jeweils zu erlassenden Gesetze erkannt. Auch wenn die ersten vier von der jeweiligen Regierungsform abhängig sind, so wirken sie sich im Rahmen derjenigen Prinzipien aus, die – wie bei der Monarchie die Ehre – für eine bestimmte Regierungsform prägend sind: *« Cet honneur bizarre fait que les vertus ne sont que ce qu'il veut, et comme il les veut : il met, de son chef, des règles à tout ce qui nous est prescrit; il étend ou il borne nos devoir à sa fantaisie, soit qu'ils aient leur source dans la religion, dans la politique, ou dans la morale »* (IV 2).[588]

Daraus lässt sich ersehen, dass die Interdependenz eben nicht nur auf jener oberen Ebene der für den Geist der Gesetze bestimmenden Elemente wirkt, sondern wenigstens eine Ebene tiefer reicht und auch die Prinzipien der unterschiedlichen Regierungsformen erfasst. Zugleich zeigt sich durch die Einbeziehung der Politik wiederum, warum Montesquieu auch zu den Begründern der politischen Wissenschaft gezählt wird, insbesondere der politischen Soziologie.[589] Besonderes Augenmerk verdient vor diesem Hintergrund eine unscheinbare Fußnote: *« On dit ici ce qui est, et non pas ce qui doit être : l'honneur est préjugé, que la religion travaille tantôt à détruire, tantôt à régler »* (VI 2).[590] Der erste Satz dieser wichtigen Klarstellung entspricht praktisch passgenau einer Prämisse Machiavellis.[591] Ebenso wie dieser unterscheidet Montesquieu zwischen Sein und Sollen.[592]

---

genannten Ehrenmann heranzubilden, der alle die Tugenden und Eigenschaften besitzt, die unter dieser Regierungsform erforderlich sind".

588 *Montesquieu*, Œuvres complètes, Bibliothèque de la Pléiade, Tome II, S. 264; Übersetzung *Ernst Forsthoff*, 1951/1992, Bd. 1, S. 50: „Diese eigenwillige Ehre bestimmt das Was und Wie aller Tugenden; von sich aus gibt sie die Regeln für alles, was uns vorgeschrieben ist; nach ihrem Belieben erweitert und begrenzt sie ihre Pflichten, ob sie nun aus der Religion, der Politik oder der Moral entspringen".

589 Vgl. auch *Walter Struck*, Montesquieu als Politiker. Eine Erläuterung zu den Büchern I-VIII und XI-XII des Geistes der Gesetze, 1933; dazu *Corrado Rosso*, Montesquieu moraliste. Des lois au bonheur, 1971, S. 20 f.

590 *Montesquieu*, Œuvres complètes, Bibliothèque de la Pléiade, Tome II, S. 265 Fußnote a; Übersetzung *Ernst Forsthoff*, 1951/1992, Bd. 1, S. 51, Fußnote 1: „Es wird hier nur ausgesprochen, was ist, nicht, was sein sollte. Die Ehre ist ein Vorurteil (…), und die Religion strebt danach, es bald zu zerstören, bald zu regeln".

591 *Jens Petersen*, Machiavellis Gesetzgebungslehre, 2020, S. 1 f.

592 *Hugo Friedrich*, Montaigne, 1949, S. 12, hat in seinen grundlegenden Ausführungen zur Moralistik herausgearbeitet, dass nicht zuletzt diese Unterscheidung im Wesentlichen auch Michel de Montaigne als Moralisten ausmacht, „daß nämlich seine *Essais* nicht von einem normativen

Dementsprechend wird die Religion nicht um ihrer Lehre und Heilsbotschaft willen als vielmehr wegen ihres konkreten Einflusses auf bestimmte Prinzipien einer Regierungsform beobachtet. Auch das Verhältnis von Höfling und Herrscher beschreibt er als eine Art Austauschbeziehung, in welcher der Verlust von Autonomie umgewandelt wird in ehrenvolle Nähe zum Monarchen. Diese nimmt freilich mit jeglicher Entfernung von ihm wieder ab: *« L'air de la cour consiste à quitter sa grandeur propre, pour une grandeur empruntée. Celle-ci flatte plus un courtisan que la sienne même. Elle donne une certaine modestie superbe qui se répand au loin, mais dont l'orgueil diminue insensiblement, à proportion de la distance où l'on est de la source de cette grandeur »* (IV 2).[593] Auch dieser in der Kapitelüberschrift begegnende Gedanke entspricht dem Geist der französischen Moralistik, wie das Oxymoron der *« modestie superbe »* eindrucksvoll belegt.[594] Die stolze Bescheidenheit könnte leicht als sinnwidrige contradictio in adiecto abgetan werden, wenn sie nicht als Komplement jener Einsicht zu begreifen wäre, dass wir aus Stolz höflich sind (IV 2).[595] Bescheidenheit bezüglich Bewunderung fällt leicht; schwerer gegenüber Geringschätzung.

So erweist sich am Beispiel des Verhältnisses zweier moralistisch gefärbter Sentenzen zueinander, wie systematisch Montesquieu selbst innerhalb des gedanklichen Bezirks der moralistischen Sentenzen seines Werkes dachte und wie sorgsam er sie in scheinbarer Unverbindlichkeit weiträumig über sein Werk anordnete. Es ist zudem bemerkenswert, mit welch seziererischem Blick der Adelige aus der Provinz – freilich mit jahrelanger Lebenserfahrung in Paris – das Gebaren

---

Seinsollen aus denken, sondern von einem faktischen Sosein." – Das lässt sich wiederum mutatis mutandis auf Montaignes Leser Montesquieu übertragen. Zu Recht formuliert *Christoph Möllers*, Die drei Gewalten. Legitimation der Gewaltengliederung in Verfassungsstaat, Europäischer Integration und Internationalisierung, 2008, S. 20: „Seine Beobachtungen sind zudem eben Beobachtungen, nicht in einem strengen Sinne normativ".

593 *Montesquieu*, Œuvres complètes, Bibliothèque de la Pléiade, Tome II, S. 263; Übersetzung *Ernst Forsthoff*, 1951/1992, Bd. 1, S. 49: „Die höfische Art besteht darin, seine eigene Größe gegen eine erborgte herzugeben. Diese schmeichelt einem Höfling mehr als seine eigene. Sie verleiht ihm eine Art stolzer Bescheidenheit, die sich sehr weit erstreckt, deren Stolz aber allmählich abnimmt, je weiter man sich von der Quelle dieser Größe entfernt".

594 *Corrado Rosso*, Montesquieu moraliste. Des lois au bonheur, 1971, S. 116, spricht (in der Übersetzung von Marc Régaldo) sinngemäß von einer „alliance de mots".

595 *Bruno Snell*, Die Entdeckung des Geistes. Studien zur Entstehung des europäischen Denkens bei den Griechen, 9. Auflage 2009, S. 150, hat durch einen geistreichen Chiasmus in aphoristischer Weise eine Einsicht auf den Punkt gebracht, die auch Montesquieu geistesgeschichtlich gegenwärtig gewesen sein könnte: „Sowohl Herodot wie Thukydides lehren uns das, was die Griechen aus den Ruinen der alten Burgen gelernt haben: bescheiden sein in ihrem Stolz – und etwas stolz auf ihre Bescheidenheit".

um den absolutistischen Herrscher am Hof von Versailles durchschaut hat (IX 9).[596] Daran lässt sich ebenfalls erkennen, dass man Montesquieus Einsicht in die Erforderlichkeit der Gewaltenteilung nicht von seiner moralistischen Haltung des *« honnête homme »* und seinen rechtssoziologischen Erkenntnissen trennen kann.

Die weiter oben behandelte Stelle über die Bestrebungen der Religion zeigt jedoch einmal mehr, welche bestimmende Rolle ihr im Gefüge der gesellschaftlichen Normen zukommt (IV 2). Man konnte dies selbst bei der Regierungsform der Despotie sehen, weil sie dort die Leere ausfüllt, welche die Willkür des Despoten in der Vorstellungswelt des Volkes dadurch gerissen hat, dass Religion und Sitten zu Garanten der Stabilität werden. Nicht zuletzt deswegen vermindert sich auch die Bedeutung der Erziehung unter der Despotie: *« Dans les États despotiques, chaque maison est un empire séparé. L'éducation, qui consiste principalement à vivre avec les autres, y est donc très bornée; elle se réduit à mettre la crainte dans le cœur, et á donner à l'esprit la connoissance de quelques principes de religion fort simples. Le savoir y sera dangereux, l'émulation funeste »* (IV 3).[597]

Geradezu beiläufig wird hier die soziologische Bedeutung der Erziehung vorausgesetzt und mit der Wissenssoziologie verknüpft,[598] indem etwas vorderhand Förderliches – das Vorhandensein von Wissen – unter der Regierungsform der Despotie pervertiert wird und zu einer Gefahrenquelle gerät. Montesquieu bringt darüber hinaus durch eine kontrastierende Entgegensetzung unausgesprochen den Geist der Aufklärung in Erinnerung, weil die persuasive Verabreichung vergleichsweise primitiver religiöser Vorstellungen unter Abwendung von jeglicher wissenschaftlichen Erkenntnis bezeichnend für despotische Herrschaftsformen ist.

Die beiden zuletzt behandelten Komponenten – das soziologische Moment des gesellschaftlichen Zusammenlebens und die Bedeutung der Religion – scheinen

---

596 *Werner Krauss*, 1734 als Jahr der Entscheidung für Montesquieus *Esprit des lois*, in: Montesquieu-Traditionen in Deutschland. Beiträge zur Erforschung eines Klassikers (Hg. Edgar Maas/Paul-Ludwig Weinacht), 2005, S. 135, 145, zeigt den Zusammenhang mit Montesquieus deszendenzorientierter historischer Ausrichtung und seiner Ablehnung der Despotie: „Das Scheitern des Weltmachtstrebens Ludwigs XIV. bewahrte Frankreich vor einer unheilvollen Befestigung der despotischen Tendenzen." – Auch hier erweist sich, dass Montesquieu die *« condition humaine »* mit ihrer unauslöschlichen und unersättlichen Herrschsucht stets unausgesprochen mitberücksichtigt hat.

597 *Montesquieu*, Œuvres complètes, Bibliothèque de la Pléiade, Tome II, S. 265; Übersetzung *Ernst Forsthoff*, 1951/1992, Bd. 1, S. 52: „In den despotischen Staaten ist jedes Haus ein Reich für sich. Daher ist die Erziehung, die hauptsächlich auf dem Zusammenleben mit anderen beruht, hier sehr eingeschränkt und begnügt sich damit, dem Herzen Furcht einzuflößen und dem Geist einige einfache Grundsätze der Religion zu vermitteln. Wissen wird hier gefährlich und Ehrgeiz verhängnisvoll".

598 Allgemein zu seiner Bedeutung in dieser Hinsicht *Werner Stark*, Montesquieu. Pioneer of the Sociology of Knowledge, 1960.

auch in einer persönlich gehaltenen Reflexion des Autors über den Vergleich der Erziehung in der Antike und in seiner Gegenwart auf:[599] *« Aujourd'hui, nous recevons trois éducations différentes ou contraires : celle de nos pères, celle de nos maîtres, celle du monde. Ce qu'on nous dit dans la dernière renverse toutes les idées des premières. Cela vient, en quelque partie, du contraste qu'il y a parmi nous entre les engagements de la religion et ceux du monde; chose que les anciens ne connoissoient pas »* (IV 4).[600]

Die Tragweite dieser Einsicht ist vielleicht noch nicht hinlänglich berücksichtigt worden. In einer für den bisherigen Verlauf der Darlegungen – aber darüber hinaus für die gesamte geistesgeschichtliche und soziologische Entwicklung – ungewohnten und unbekannten Weise stellt Montesquieu die Gesellschaft in den Mittelpunkt der Erziehung, wobei jener eine entscheidende Rolle zukommt. Stilistisch bemerkenswert ist daran, dass zunächst Individuen – die Eltern und Lehrer – und sodann der Inbegriff der Zusammenfassung aller Individuen in Gestalt der Gesellschaft die Erziehung übernehmen.

Der inhaltlich bereits vorbereitete Widerspruch wird formal durch eine Antithese hervorgehoben.[601] Die scheinbar organisch sich fortentwickelnde Erziehung des Einzelnen wird scheinbar jäh durchbrochen, zugleich aber bereichert um die Konfrontation mit der Gesellschaft. Wenn man an die antiken Autoren denkt, von denen diese Überlegung ausgegangen sein könnte, so findet sich bei Thukydides, der den Krieg an einer weiter oben bereits behandelten Stelle als harten und unerbittliche Lehrmeister bezeichnet, eine noch sehr viel einschneidendere Vorstellung der Erziehung des Menschengeschlechts.[602] Gegenüber dieser freilich erweist sich diejenige Montesquieus als vergleichsweise harmonisch und geschmeidig, indem der Einzelne sich der Gesellschaft allmählich anpasst.

Nicht minder aufschlussreich ist die Begründung Montesquieus, anhand derer er einmal mehr die bestimmende Bedeutung der Religion zeigt. Religion und Gesellschaft – so will uns Montesquieu sagen – gehen in der neuzeitlichen Welt ge-

---

599 Zur folgenden Stelle auch *Corrado Rosso*, Montesquieu moraliste. Des lois au bonheur, 1971, S. 41.

600 *Montesquieu*, Œuvres complètes, Bibliothèque de la Pléiade, Tome II, S. 266; Übersetzung *Ernst Forsthoff*, 1951/1992, Bd. 1, S. 53: „Heute werden wir auf drei verschiedene oder sich widersprechende Weisen erzogen: durch unsere Eltern, unsere Lehrer und durch die Gesellschaft. Was uns die Letztere lehrt, stellt alle Lehren der beiden ersten auf den Kopf. Dies beruht großenteils auf dem Gegensatz, der bei uns zwischen den Anforderungen der Religion und der Gesellschaft besteht, den die Alten nicht kannten".

601 *Corrado Rosso*, Montesquieu moraliste. Des lois au bonheur, 1971, S. 58, beobachtet zutreffend, dass Antithesen in stilistischer Hinsicht bei Montesquieu sehr häufig begegnen und von essentieller Bedeutung sind.

602 *Thukydides*, Der peloponnesiche Krieg, III 82, 2.

trennte Wege, auch wenn diese den über Jahrhunderte gewachsenen und daher im Bewusstsein der Menschen immer noch gegenwärtigen Einfluss der Religion mitnichten geringschätzen darf. Der ursprüngliche Gleichklang zwischen den in der Gesellschaft verfassten Menschen und ihrer religiösen Bindung gerät daher immer wieder zu einer mehr oder minder schrillen Dissonanz. Daran zeigt sich, dass die rechtssoziologischen und religionssoziologischen Vorstellungen Montesquieus womöglich näher beieinanderliegen, als man bisher gedacht hat.[603]

Wie wichtig für Montesquieu die Verbindung von Religion und Gesellschaft ist, zeigt sich auch am Beispiel einer Stelle, an der er erstmals den Blick auf ein bestimmtes Land eines anderen Kontinents richtet, nämlich Paraguay. Auch wenn es hier noch nicht um landesspezifische Besonderheiten geht, scheint bereits die globale Perspektive auf, die Montesquieu einnimmt. Hier geht es einstweilen nur um die Vorgehensweise der Gesellschaft der Jesuiten, über die er rühmend berichtet: *« Il est glorieux pour elle d'avoir été la première qui ait montré dans ces contrées l'idée de la religion jointe à celle de l'humanité. En réparant les dévastation des Espagnols, elle a commencé à guérir une des plus grandes plaies qu'ait encore reçues le genre humain »* (IV 6).[604] Das ist systematisch gesehen die korrespondierende Stelle zu jener über die Untaten der Spanier in Mexiko, die wir weiter oben behandelt haben (X 4).

Obwohl Montesquieu von Beginn an betont, dass die ihm angelegene Tugend die politische und nicht die christliche sei, zeigt er sich in seinem moralischen Urteil erneut als Weltbürger avant la lettre (V 19): Indem er nämlich die Opfer dieses schrecklichen Unrechts als Repräsentanten der Menschheit begreift und mit der Idee der Menschlichkeit in Verbindung bringt, veranschaulicht er ein kosmopolitisches, aufklärerisches Denken, das ein gutes Jahrzehnt nach der Veröffentlichung des Esprit des Lois noch in der Moraltheorie von Adam Smith begegnet[605] und später mit ähnlicher Zielrichtung von Kant ausgeführt werden wird:[606] *« Comme*

---

603 *Agnes Heller*, Charles de Montesquieu Vom Geist der Gesetze, in: Zeit-Bibliothek der 100 Sachbücher (Hg. Fritz J. Raddatz), 1984, S. 88, hat interessanterweise in anderem Zusammenhang den sich auch hier anbietenden Vergleich mit Max Weber gezogen. Vgl. auch *Jens Petersen*, Max Webers Rechtssoziologie und die juristische Methodenlehre, 3. Auflage 2020.

604 *Montesquieu*, Œuvres complètes, Bibliothèque de la Pléiade, Tome II, S. 269; Übersetzung *Ernst Forsthoff*, 1951/1992, Bd. 1, S. 56: „Es gereicht ihr zum Ruhm, die erste gewesen zu sein, die in diesen Ländern die Verbindung der Religion mit der Idee der Menschlichkeit verwirklichte. Indem sie die Verwüstungen der Spanier wiedergutmachte, begann sie eine der schwersten Wunden zu heilen, die je die Menschheit empfangen hat".

605 *Jens Petersen*, Adam Smith als Rechtstheoretiker, 2. Auflage 2017, S. 310 mit weiteren Nachweisen.

606 *Immanuel Kant*, Zum ewigen Frieden, 1785, Dritter Definitivartikel zum ewigen Frieden: „Da es nun mit der unter den Völkern der Erde einmal durchgängig überhand genommenen (engeren

dans cet ouvrage je ne suis point théologien, mais écrivain politique, il pourroit y avoir des choses qui ne seroient entièrement vraies que dans une façon de penser humaine, n'ayant point été considérées dans le rapport avec des vérités plus sublimes » (XXIV 1).[607] Montesquieu interessiert das Verhältnis von Gesellschaft und Religion insgesamt, nicht notwendigerweise im Hinblick auf bestimmte Glaubensrichtungen innerhalb der Religionen als vielmehr bezüglich der Frage, wie Gesetze unter Berücksichtigung religiöser Anschauungen und gewachsener Gebräuche ausgestaltet sein müssen, um eine friedliche Gesellschaft zu ermöglichen.

Die Erziehung zum Bürger, von der Montesquieu eingangs spricht, kann daher in einer kosmopolitischen Lesart auch als Erziehung zum Weltbürger begriffen werden. Damit steht sie keineswegs im Widerspruch zum Ideal des *« honnête homme »*. Das zeigt folgende Reflexion am Beispiel eines widersinnigen altrömischen Gesetzes, die ihrerseits freilich ganz in der Tradition der französischen Moralistik steht, weil sie voraussetzt, dass man unter den obwaltenden normativen Gegebenheiten nur anständige Menschen für eine an sich ja wertwidrige, hier aber gebotene Umgehung in Betracht ziehen konnte: *« Il n'y avoit que les gens d'un bon naturel qui pensassent à éluder la loi; il n'y avoit que les honnêtes gens qu'on pût choisir pour l'éluder : car c'est toujours un triomphe à remporter sur l'avarice et les voluptés; et il n'y a que les honnêtes gens qui obtiennent ces sortes de triomphes »* (XXVII).[608]

---

oder weiteren) Gemeinschaft so weit gekommen ist, daß die Rechtsverletzung an einem Platz der Erde an allen gefühlt wird: so ist die Idee eines Weltbürgerrechts keine phantastische und überspannte Vorstellungsart des Rechts, sondern eine notwendige Ergänzung des ungeschriebenen Kodex, sowohl des Staats- als des Völkerrechts zum öffentlichen Menschenrechte überhaupt, und so zum ewigen Frieden, zu dem man sich in der kontinuierlichen Annäherung zu befinden nur unter dieser Bedingung schmeicheln darf." Zu dieser Stelle auch *Jürgen Habermas*, Kants Idee des Ewigen Friedens – aus dem historischen Abstand von 200 Jahren, Kritische Justiz 28 (1992), 293, 300. Zum weiteren Zusammenhang *Jens Petersen*, Kants Recht der Freiheit, 2024, S. 180–197.

607 *Montesquieu*, Œuvres complètes, Bibliothèque de la Pléiade, Tome II, S. 714; Übersetzung *Ernst Forsthoff*, 1951/1992, Bd. 2, S. 160: „Da ich nun dieses Werk nicht als Theologe, sondern als Politiker schreibe, so ist es möglich, dass Behauptungen darin vorkommen, die nur nach menschlicher Denkweise ganz wahr sind die aber nicht im Hinblick auf höhere Wahrheiten geprüft werden." – Bezüglich der prädikativen Formulierung ‚als Politiker' ist jedoch auch jenes briefliche Bekenntnis zu berücksichtigen, das *Corrado Rosso*, Montesquieu moraliste. Des lois au bonheur, 1971, S. 68 Fußnote 28, ausfindig gemacht hat und demzufolge Montesquieu festgestellt hat: *«Mon livre est le livre d'un jurisconsulte»*.

608 *Montesquieu*, Œuvres complètes, Bibliothèque de la Pléiade, Tome II, S. 786; Übersetzung *Ernst Forsthoff*, 1951/1992, Bd. 2, S. 249: „Nur Leute mit guten Charakter trachteten danach, das Gesetz zu umgehen, und nur Ehrenmänner konnte man für diese Umgehung auswählen; denn es galt immer, Habgier und Genusssucht zu besiegen, und nur Ehrenmänner erringen solche Siege".

So sehr sich seine Gedanken in gleichsam weltbürgerlicher Absicht fortdenken lassen,[609] ist zu berücksichtigen, dass sie in erster Linie auf eine bestimmte staatliche Ordnung zugerichtet sind, vornehmlich die Erziehung innerhalb der Republik, bei der die Hinwendung des Einzelnen zu seinem Heimatland vorausgesetzt wird, wenngleich mit Rücksicht auf den Vorrang des Gemeinwohls gegenüber dem Eigennutz, welcher die bereits im *« Avertissement de l'auteur »* zum Ausdruck kommende politische Tugend ausmacht: *« On peut définir cette vertu, l'amour des lois et de la patrie. Cet amour, demandant une préférence continuelle de l'intérêt public au sien proper, donne toutes les vertus particulières; elles ne sont que cette préférence. Cet amour est singulièrement affecté aux démocraties. Dans elles seules, le gouvernement est confié à chaque citoyen. Or, le gouvernement est comme toutes les choses du monde : pour le conserver, il faut l'aimer »* (IV 5).[610]

So zeigt sich auch hier, dass der Verfasser des Esprit des Lois die Geistesart der französischen Moralisten durch die Zurückdrängung des Eigennutzes gegenüber dem Gemeinwohl auf die Belange des Gemeinwesens zu übertragen imstande ist und damit jenen persönlichen Bezirk sowie die Grenzen überschreitet, welche den ursprünglich für den privaten Bereich oder die mondänen Salons gedachten Einsichten in die menschlichen Leidenschaften und Irrtümer von der Grundrichtung dieser auf Reflexion sinnenden Haltung gesetzt zu sein schienen. Besonders deutlich wird das durch die vorliegende Verklammerung der eingangs genannten Liebe zu den Gesetzen mit dem scheinbar widersprüchlichen Imperativ der abschließenden moralistischen Einsicht, wonach man lieben muss, was man bewahren will. Wenn dies wirklich gelingt, dann können – so wird man Montesquieus in moralistischer Manier kurzgefassten Gedanken ergänzen dürfen – solche Gesetze das Gemeinwesen gegen Auflösungserscheinungen der Gewaltenteilung wirkungsvoll immunisieren.

Das veranschaulicht die folgende, etwas unerwartete Überlegung, die auf eine Pointe zuläuft, wie sie in der französischen Moralistik häufiger begegnet, aber

---

609 *Hugo Friedrich*, Montaigne, 1949, S. 12, hat eine derartige weltbürgerliche Tendenz, wie erinnerlich, bereits bei Montaigne ausgemacht. Montesquieu könnte man insofern womöglich schon als gedanklichen Vorläufer in Richtung eines Weltbürgerrechts im Sinne von *Immanuel Kant*, Idee zu einer allgemeinen Geschichte in weltbürgerlicher Absicht, Berlinische Monatsschrift 1784, S. 385, begreifen. Näher dazu unten Fußnote 633.

610 *Montesquieu*, Œuvres complètes, Bibliothèque de la Pléiade, Tome II, S. 267; Übersetzung *Ernst Forsthoff*, 1951/1992, Bd. 1, S. 53: „Man kann den Begriff dieser Tugend bestimmen als Gesetzestreue und Vaterlandsliebe. Indem diese Liebe die beständige Bevorzugung des Gemeinwohls vor dem eigenen Wohl verlangt, verleiht sie alle die einzelnen Tugenden, die sich durch diese Bevorzugung ausdrücken. Diese Liebe ist besonders mit der Demokratie verbunden, in der allein die Regierung jedem Bürger anvertraut ist. Nun geht es aber mit der Regierung genauso wie mit allen anderen Dingen in der Welt: man muss sie lieben, um sie zu erhalten".

kaum je mit einer solchen autobiographischen Ausrichtung: *« Il auroit fallu que je m'étendisse davantage à la fin de ce livre; et qu'entrant dans de plus grands détails, j'eusse suivi tous les changements insensible qui, depuis l'ouverture des appels ont formé le grand corps de notre jurisprudence françoise. Mais j'aurois mis un grand ouvrage dans un grand ouvrage. Je suis comme cet antiquaire qui partit de son pays, arriva en Égypte, jeta un coup d'œil sur les Pyramides, et s'en retourna »* (XXVIII 45).[611] Vielleicht lässt sich in kühner Fortführung dieses ebenso erhabenen wie paradox anmutendenen Bildes sagen, dass neben der Systematik auch die Moralistik einen mehr oder minder möglichen Zugang zu jener großen Pyramide eröffnet, die der Esprit des Lois innerhalb der juristischen Geistesgeschichte bildet.[612]

Dass die Leidenschaften zum Irrtum verleiten und auf Eitelkeit beruhen, ist eine Grundeinsicht der französischen Moralistik, die sich besonders deutlich an folgendem Monitum Montesquieus erweisen lässt, das mit der eigentümlichen Begründung seinerseits eine moralistischen Sentenz zum Ausdruck bringt, die ihrerseits juristisch konnotiert ist: *« Que l'on ne parle pas surtout de la gloire du prince; sa gloire seroit son orgueil; c'est une passion et non pas un droit légitime »* (X 2).[613] Bemerkenswert ist die Rückführung auf die Leidenschaft und deren Abgrenzung zum Recht. Wenn das Gemeinwohl jedoch infrage steht, müssen sie als solche entlarvt und von verbrieften Rechten geschieden werden, um keine illegitimen Ansprüche aus dem bloßen Wollen abzuleiten. Hieran erkennt man beispielhaft, warum die aphoristische Darstellung nach Art der französischen Moralistik auch und gerade im Esprit des Lois ihren Platz hat, weil sie Montesquieus aufklärerisches Denken veranschaulicht, das in juristischer Hinsicht gerade durch das Postulat der Gewaltenteilung bleibenden Ruhm beanspruchen kann.

Wir haben bereits mehrfach gesehen, dass Montesquieu vor allem aus antiken Quellen schöpft, um den Geist der Gesetze zu ermitteln. Wenn er über die Ge-

---

611 *Montesquieu*, Œuvres complètes, Bibliothèque de la Pléiade, Tome II, S. 865; Übersetzung *Ernst Forsthoff*, 1951/1992, Bd. 2, S. 349: „Ich hätte mich zum Schluss dieses Buches vielleicht noch ausführlicher verbreiten und durch Eingehen auf viel mehr Einzelheiten alle die allmählichen Veränderungen verfolgen sollen, die von der Einführung der Berufungen an den gesamten Bau unserer französischen Rechtswissenschaft geformt haben. Aber ich hätte dann ein Werk im Werk geschaffen. Ich gleiche dem Altertumsforscher der sein Land verließ, nach Ägypten kam, einen Blick auf die Pyramiden warf und wieder umkehrte".

612 *Corrado Rosso*, Montesquieu moraliste. Des lois au bonheur, 1971, hat auch insofern eine wichtige Vorarbeit geleistet, als er im Hinblick auf die Moralistik Montesquieus den Weg von der Persischen Briefen bis zum ‚Esprit des Lois' erschlossen hat.

613 *Montesquieu*, Œuvres complètes, Bibliothèque de la Pléiade, Tome II, S. 378; Übersetzung *Ernst Forsthoff*, 1951/1992, Bd. 1, S. 191: „Vor allem sollte man nicht immer vom Ruhm des Fürsten reden, denn sein Ruhm könnte sein Stolz sein; das aber ist eine Leidenschaft und kein legitimes Recht".

setzgebung des Lykurg urteilt, so sind die Einzelheiten weniger von Bedeutung, als vielmehr eine Bemerkung über die Gesetzgeber im Allgemeinen, die von einer Hochachtung zeugt, wie sie gerade im Hinblick auf den genannten Gesetzgeber selten zu lesen ist, aber wohl vor allem seinen generellen Respekt gegenüber solchen Gesetzgebern bezeugt, die es gewagt haben, Althergebrachtes von Grund auf zu ändern:[614] *« Je prie qu'on fasse un peu d'attention à l'étendue de génie qu'il fallut à ces législateurs pour voir qu'en choquant tous les usages reçus, en confondant toutes les vertus, ils montreroient à l'univers leur sagesse »* (IV 6).[615]

Diese Bewunderung ist umso überraschender, als Montesquieu an sich eher konservativ gesonnen war, so dass es erstaunt, wenn er Gesetzgeber adelt, die eine gleichsam revolutionäre Umwälzung des bestehenden Rechts vorantrieben, während man eher erwarten würde, dass er einer behutsamen, allmählich vonstattengehenden und somit einem evolutionären Rechtsdenken verpflichtenden Betrachtung das Wort reden würde, wie er sie in anderem Zusammenhang etwa unter Verweis auf das Verhältnis von Ursache und Wirkung scharfsichtig beobachtet (XXXI 16): *« Tout cela se fit peu à peu, et par la force de la chose »* (XXVIII 43).[616]

Das ist besonders bemerkenswert, weil er damit in Betracht zieht, dass sich eine Rechtsentwicklung, die gleichsam an der Zeit ist, nicht notwendigerweise sofort vollziehen muss, sondern sich in kleinen Schritten, aber eben doch kraft Natur der Sache unaufhaltsam verwirklicht. Hier scheint zugleich seine realwissenschaftliche Betrachtungsweise auf, welche wohl auch die Mitbegründung der Rechtssoziologie durch ihn begünstigt hat. Demgegenüber geht es an der weiter oben zitierten Stelle jedoch ausdrücklich nicht um den Geist der Gesetze, sondern den Geist der Gesetzgeber (IV 6). Daher sind die Sitten und Gebräuche, die er sonst für die Ermittlung des Geistes der Gesetze in besonderer Weise heranzieht, nicht mehr entscheidend. Er lenkt vielmehr das Interesse auf die Weisheit dessen, der den rechten Augenblick erkennt, wenn diese Sitten und Gebräuche Verfallserscheinungen zeigen.[617]

---

614 Siehe dazu *Jens Petersen*, Friedrich Schiller über die Gesetzgebung des Lykurg und Solon, in: Festschrift für Reinhard Singer, 2021, S. 497 (= Studien zur juristischen Ideengeschichte, 2023, S. 131–149).

615 *Montesquieu*, Œuvres complètes, Bibliothèque de la Pléiade, Tome II, S. 267 f.; Übersetzung *Ernst Forsthoff*, 1951/1992, Bd. 1, S. 54: „Ich bitte, einmal zu überlegen, welchen überragenden Geist diese Gesetzgeber haben mussten, als sie alle überkommenen Bräuche zu verletzen alle Sittenbegriffe zu verwirren wagten, um der Welt ihre Weisheit offenbaren zu können".

616 *Montesquieu*, Œuvres complètes, Bibliothèque de la Pléiade, Tome II, S. 861; Übersetzung *Ernst Forsthoff*, 1951/1992, Bd. 2, S. 345: „All dies entwickelte sich allmählich durch die Macht der Tatsachen".

617 *Johan Huizinga*, Herfsttij der Middeleeuwen. Studie over levens- en gedachtenvormen der veertiende en vijftiende eeuw in Frankrijk en de Nederlanden, 1919, hat einen solchen Verfalls-

Das zeigt auch die römische Geschichte, deren markanten Verfallserscheinungen er von der Republik bis in die späte Kaiserzeit sarkastisch nachzeichnet und in einen Aphorismus münden lässt, der dem historischen Zusammenhang nach wie ein taciteisches Verdikt anmutet, in seiner souveränen Heiterkeit jedoch den Geist der französischen Moralistik zeigt: *« Mais bientôt les lois les plus sages ne purent rétablir ce qu'une république mourante, ce qu'une anarchie générale, ce qu'un gouvernement militaire, ce qu'un empire dur, ce qu'un despotisme superbe, ce qu'une monarchie foible, ce qu'une cour stupide, idiote et superstitieuse, avoient successivement abattu : on eût dit qu'ils n'avoient conquis le monde que pour l'affoiblir, et le livrer sans défense aux barbares »* (XXIII 23).[618]

Montesquieu geht es wohl auch darum, aus markanten Paradigmenwechseln der Gesetzgebung, wenn man es in moderner wissenschaftstheoretischer Sprache ausdrücken darf,[619] beispielhafte Entwicklungen zu veranschaulichen, deren erklärende Wirkung bis hinein in seine Gegenwart exemplarischen Charakter aufweist.[620] In einer Fortführung des für seine Verhältnisse beinahe aufrührerischen Gedankens verbindet er zeitkritische Überlegungen mit dem Rückgriff auf Vorbilder aus dem Altertum: *« Cet extraordinaire que l'on voyoit dans les institutions de la Grèce, nous l'avons vu dans la lie et la corruption de nos temps modernes »* (IV 6).[621]

Der gemessene Rekurs auf die Einrichtungen der Griechen kontrastiert hier wirkungsvoll mit der Verfallsrhetorik, die, wie Montesquieu in der Fußnote erklärt, ein derbes Wort Ciceros aufgreift.[622] In ideengeschichtlicher Hinsicht interessant ist daran, dass der bereits mehrfach zitierte andere große Mitbegründer der Rechts-

---

prozess in historischer Hinsicht im Übergang vom Mittelalter zur Neuzeit und ausweislich des Untertitels territorial innerhalb Frankreichs und den Niederlanden ausgemacht.

618 *Montesquieu*, Œuvres complètes, Bibliothèque de la Pléiade, Tome II, S. 708 f.; Übersetzung *Ernst Forsthoff*, 1951/1992, Bd. 2, S. 153 f.: „Bald aber konnten die weisesten Gesetze nicht wiedergutmachen, was eine sterbende Republik, eine allgemeine Anarchie, eine Militärregierung, ein hartes Kaisertum, ein hochfahrender Despotismus, eine schwache Monarchie und was ein törichter, dummer und abergläubische Hof nach und nach niedergerissen hatten: man möchte sagen, sie hätten die Welt nur erobert, um sie zu schwächen und widerstandslos den Barbaren auszuliefern".

619 Im Sinne von *Thomas Kuhn*, The Structure of Scientific Revolutions, 1962.

620 Zur wissenschaftstheoretischen Erklärungsfigur des Paradigmenwechsels speziell in der juristischen Methodenlehre *Jens Petersen*, Von der Interessenjurisprudenz zur Wertungsjurisprudenz, 2001.

621 *Montesquieu*, Œuvres complètes, Bibliothèque de la Pléiade, Tome II, S. 268; Übersetzung *Ernst Forsthoff*, 1951/1992, Bd. 1, S. 55: „Die außerordentliche Kraft, die wir in den Einrichtungen der Griechen erkannten, sahen wir wiedererstehen aus dem Abschaum und der Verderbnis unserer Zeit".

622 *Cicero*, Brief an Atticus vom 3. Juni 60 v. Chr., der über die Reden des Cato im Senat schrieb: ‚Dicit enim tamquam in Platonis Politeiai, non tamquam in Romuli faece sententiam'.

soziologie und Zeitgenosse Montesquieus, nämlich Giambattista Vico,[623] dieses Wort ebenfalls in seinem Hauptwerk zugrundelegt.[624] Dort allerdings – und das macht es für den vorliegenden Zusammenhang besonders aufschlussreich – veranschaulicht der Autor damit die für die juristische Geistesgeschichte nicht hoch genug zu veranschlagende Einsicht, dass aus Wertwidrigem Wertvolles entstehen kann. Dies aber bildet, wie erinnerlich, auch eine bevorzugte Paradoxie Montesquieus, die er von Montaignes übernommen hat, auf den sie zurückreicht.[625]

Eben diese auf Montaigne zurückgehende Paradoxie haben wir aber bereits weiter oben bei Montesquieu kennengelernt, der den Mechanismus der berühmten unsichtbaren Hand von Adam Smith der Sache nach bereits erkannt hat (III 7). Es ist ein geistesgeschichtlich aufschlussreiches Beispiel dafür, dass bestimmte Gedanken gleichsam in der Luft lagen und von kongenialen Zeitgenossen, wenngleich in anderem Zusammenhang, annähernd zeitgleich erahnt wurden. Insofern gebührt die Wertschätzung, welche Montesquieu dem Gesetzgeber entgegenbringt, auch den Exponenten des Geistes, die derartige ideengeschichtliche Gesetzmäßigkeiten zu ersinnen imstande waren.

Montesquieu nimmt seine Überlegungen über die Einrichtungen der alten Griechen zum Anlass für eine Reflexion über die Voraussetzungen, unter denen die spartanische Gesetzgebung auch in einem modernen Gemeinwesen noch Erfolge zeitigen könnte. Man darf dabei nicht übersehen, dass er die entsprechenden Überlegungen mit Bedacht nicht kategorisch formuliert, sondern unter Bedingungen stellt, indem er über jemanden, der diese Institutionen auch heute noch einrichten wollte, urteilt: *« Ils proscriront l'argent, dont l'effet est de grossir la fortune des hommes au delà des bornes que la nature y avoit mises; d'apprendre à conserver inutilement ce qu'on avoit amasse de même; de multiplier à l'infini les désirs, et de suppléer à la nature, qui nous avoit donné des moyens très bornés d'irriter nos passions, et de nous corrompre les uns les autres »* (IV 6).[626]

Von den Römern wusste er, dass die durch den grassierenden Luxus bedingte Vergrößerung der Wünsche eine typische Verfallserscheinung ist (VII 2). So hat er

623 *Vittorio Hösle*, Moral und Politik. Grundlagen einer Politische Ethik für das 21. Jahrhundert, 1997, S. 517.

624 *Giambattista Vico*, Scienza Nuova, 1744, 132; dazu *Jens Petersen*, Vicos Kulturgeschichte des Rechts. 2022, S. 300 ff., 312 ff.

625 *Hugo Friedrich*, Montaigne, 1949, S. 237.

626 *Montesquieu*, Œuvres complètes, Bibliothèque de la Pléiade, Tome II, S. 269; Übersetzung *Ernst Forsthoff*, 1951/1992, Bd. 1, S. 56 f.: „Er müsste das Geld verbannen, das nur dazu dient, das Vermögen der Menschen über die von der Natur gesteckten Grenzen hinaus zu vergrößern, sie die nutzlose Bewahrung von nutzlos Aufgehäuftem zu lehren, Wünsche ins Unendliche zu steigern und die sehr begrenzten Mittel zu stärken, die uns die Natur verliehen hat, um unsere Leidenschaften aufzupeitschen und uns gegenseitig zu verderben".

den Automatismus des Gewinnstrebens klarer beschrieben als die meisten seiner Vorgänger, weshalb seine Einsichten auch von der Nationalökonomie aufgegriffen wurden:[627] « *Un commerce mène à l'autre; le petit au médiocre, le médiocre au grand; et celui qui a eu tant d'envie de gagner peu, se met dans une situation où il n'en a pas moins de gagner beaucoup* » (XX 4).[628] Hier bewahrheitet sich die bereits beobachtete stoische Einsicht, wonach die vorübergehende Erfüllung der Wünsche zu unzähligen neuen führt. Ebenso wie sein kongenialer Zeitgenosse Vico hat er erkannt, wie das Laster der Habgier durch den wechselseitigen Handel zu einem für die Gesellschaft förderlichen Instrument wird.[629]

So sind die zuvor zitierten, schwärmerisch anmutenden Gedanken ersichtlich von der Lehre der Stoa beeinflusst, wie er mit der Heiterkeit des französischen Moralisten in einem Wort über die philosophischen Schulen der Antike bekennt:[630] « *Il n'y en a jamais eu dont les principes fussent plus dignes de l'homme, et plus propres à former des gens de bien, que celle des stoïciens; et, si je pouvois un moment cesser de penser que je suis chrétien, je ne pourrois m'empêcher de mettre la destruction de la secte de Zénon au nombre des malheurs du genre humain* » (XXIV 10).[631]

Montesquieu selbst mag der Stoa in seiner Lebensklugheit nahegestanden haben, ebenso wie Montaigne zahlreiche Anleihen in diese Richtung aufgenommen hat, wenn man nur an die ihm zugeschriebene Antwort gegenüber dem französischen König denkt, der seine Dienste mit beträchtlichen Geldversprechungen zu gewinnen erhoffte und zu seinem Missvergnügen erfuhr, dass Montaigne gerade

---

627 *Walter Eucken*, Die Grundlagen der Nationalökonomie, 9. Auflage 1989, S. 25; lesenswert und weiterführend *Carl Christian von Weizsäcker*, Ist Eucken noch aktuell? Anmerkungen zu „Walter Euckens Ordnungspolitik", herausgegeben von Ingo Pies und Martin Leschke, ORDO 55 (2004), 345.

628 *Montesquieu*, Œuvres complètes, Bibliothèque de la Pléiade, Tome II, S. 588; Übersetzung *Ernst Forsthoff*, 1951/1992, Bd. 2, S. 6: „Ein Handel führt zum anderen, der kleine zum mittleren, der mittlere zum großen, und wer bisher so eifrig war und auf der Jagd nach einem kleinen Gewinn, der betreibt nun ebenso eifrig die Jagd nach einem großen".

629 *Giambattista Vico*, Scienza Nuova, 1744, 131.

630 *Fritz Schalk*, Einleitung, in: Die französischen Moralisten, 1949, S. X f., beleuchtet im Anschluss an den stoischen Einfluss die ideengeschichtliche Linie, die sich am Beispiel der folgenden Stelle paradigmatisch zeigt: „Themen und Formen der Moralisten weisen jahrhundertelang eine überraschende Kontinuität auf. Die Ergründung der Leidenschaften verband sich mit der Methode, sie zu lenken und zu bekämpfen – antike Gedanken, die in einen neuen geistigen Raum übernommen wurden, fanden hier ihre Erben".

631 *Montesquieu*, Œuvres complètes, Bibliothèque de la Pléiade, Tome II, S. 721; Übersetzung *Ernst Forsthoff*, 1951/1992, Bd. 2, S. 169: „Keine hat je des Menschen würdigere und zur Heranbildung guter Menschen geeignetere Grundsätze vertreten als die stoische; und wenn ich für einen Augenblick vergessen könnte, dass ich ein Christ bin, so könnte ich nicht umhin, die Zerstörung der Schule des Zenon zu den ganz großen Unglücken der Menschheit zu zählen".

über so viel Geld verfüge, wie er sich nur wünsche.[632] Und doch war weder er noch Montaigne Stoiker, weil sie weniger belehren als vielmehr ohne Absolutheitsanspruch oder missionarischen Eifer darstellen wollten, wie die Menschen nun einmal sind, um auf dieser Grundlage unverbindlich Wege zu einem relativ gedeihlichen Zusammenleben zu weisen.[633]

Montesquieu erkannte, dass nur ein kleiner und überschaubarer Staat nach solchen Prinzipien regiert werden könne: *« Mais, dans les grandes sociétés, le nombre, la variété, l'embarras, l'importance des affaires, la facilité des achats, la lenteur des échanges, demandent une mesure commune. Pour porter partout sa puissance, ou la défendre partout, il faut avoir ce à quoi les hommes ont attaché partout la puissance »* (IV 7).[634] Diese Macht aber ist das Geld und das Privateigentum. Damit greift Montesquieu in gewisser Weise vor, weil er den Handel und die Geldwirtschaft erst im zweiten Teil vertieft untersucht, auch wenn er die Bedeutung des Geldes bereits zuvor am Beispiel archaischer Gesellschaften erörtert (XVIII 16).

Doch zeigt dies wiederum die Interdependenz jener Erscheinungsformen, welche in ihrem Zusammenwirken den Geist der Gesetze ausmachen; hier in Gestalt der Regierungsformen und des Handels: *« Le commerce a du rapport avec la constitution »* (XX 4).[635] Gleichwohl zeigt sich bereits hier seine eminente Weitsicht, mit welcher er die entscheidenden Faktoren der Wirtschaft, die Leichtigkeit und Flexibilität des Handelsverkehrs,[636] und viele andere Gesichtspunkte andeutet, die

---

632 *Stefan Zweig*, Montaigne, 4. Auflage 2001, S. 91, zitiert ihn mit den wunderbaren Worten wahrer Selbstbescheidung: «Je suis, Sire, aussi riche que je me souhaite».

633 *Hugo Friedrich*, Montaigne, 1949, S. 12, stellt für diesen fest, was wohl auch für jenen gelten dürfte: „Kein Weiser stoischen Stils, kein Heiliger, überhaupt keine Idealgestalt irgendwelcher Art geht als erzieherisches absolutes Leitbild durch dieses Buch. Die weltbürgerliche Gesellschaftsbildung, die sich Montaigne als schönste Blüte derzeitigen Menschentums denkt, ist ausdrücklich als zwanglose Empfehlung, nicht als Lehrstück gemeint." Jene ‚weltbürgerliche Gesellschaftsbildung', die *Friedrich* so treffend bezeichnet, ist in ihrer rechtlichen Ausformung letztlich auf ein Weltbürgerrecht gerichtet, wie es Kant postulierte (dazu *Jens Petersen*, Kants Recht der Freiheit, 2024, S. 180–197), in ihrer eher rudimentären Erscheinung und von Montesquieu eingeleiteter Transformation aber ein bedeutsamer Schritt zur Begründung der Rechtssoziologie.

634 *Montesquieu*, Œuvres complètes, Bibliothèque de la Pléiade, Tome II, S. 270; Übersetzung *Ernst Forsthoff*, 1951/1992, Bd. 1, S. 57/58: „In großen Staaten aber erfordern die Zahl, die Verschiedenartigkeit, Schwierigkeit und Bedeutung der Geschäfte, die Leichtigkeit der Kauf- und die Langsamkeit der Tauschmöglichkeiten einen allgemeinen Wertmesser. Um seine Macht überall zur Geltung zu bringen oder überall verteidigen zu können, muss man über das Mittel verfügen, an das die Menschen überall die Macht geknüpft haben".

635 *Montesquieu*, Œuvres complètes, Bibliothèque de la Pléiade, Tome II, S. 587; Übersetzung *Ernst Forsthoff*, 1951/1992, Bd. 2, S. 5: „Der Handel steht in Beziehung zur Staatsverfassung".

636 Dazu aus heutiger Sicht *Claus-Wilhelm Canaris*, Handelsrecht, 24. Auflage 2006, S. 7, 438.

zu seiner Zeit noch keineswegs selbstverständlich waren, etwa den Preismechanismus (XXII 7):[637] *« C'est la concurrence qui met un prix juste aux marchandises, et qui établit les vrais rapports entre elles »* (XX 9).[638] Diese Einsicht ist nach wie vor prägend für die Wirtschaftspolitik sowie das Verhältnis von Rechtsordnung und Wirtschaftsordnung.[639]

Doch auch in methodischer Hinsicht ist aufschlussreich, dass er die Gelegenheit nutzt, im Rahmen eines geistesgeschichtlichen Rückblicks auf die Gesetzgebung der Griechen auch die Wirtschaftspolitik einzubeziehen. Denn daran ersieht man paradigmatisch, dass Montesquieu die bewusst vorrangig betrachteten Regierungsformen unter allen Faktoren, die den Geist der Gesetze bestimmen, stets auch im Hinblick auf die jeweils anderen, hier also den Handel, untersucht, weil sich bereits auf dieser Ebene zwangsläufig Wechselwirkungen ergeben, wie ein Blick auf die Tatsachen lehrt: *« De plus, les grandes entreprises des négociants sont toujours nécessairement mêlées avec les affaires publiques »* (XX 4).[640] Auch hieran zeigt sich beispielhaft, warum Montesquieu zu den Begründern der Rechtssoziologie gehört.

Denn durch den Blick auf regelmäßig wiederkehrende tatsächliche Geschehensverläufe erfasst er das zwischen diesen bestehende Bedingungsverhältnis, das ihn vor kategorischen und damit unter Umständen unzutreffenden Beobachtungen bewahrt. Denn nach wie vor geht es um die Interdependenz zwischen jenen Faktoren, die in ihrer Gesamtheit den Geist der Gesetze bilden, also Regierungsformen, Religion, Handel, Klima, Sitten und Gebräuchen. Daher war es für den vorliegenden Zusammenhang bedeutsam, den Unterschied zwischen kleinen und großen Gemeinwesen sowie den dort getätigten Handelsgeschäften herauszuarbeiten (IV 7). Denn gerade die unterschiedlichen quantitativen Beziehungen zwischen den zu beurteilenden Lebenssachverhalten spiegeln sich in den Wechselwirkungen jener Gesichtspunkte, die den Geist der Gesetze ausmachen.

Aber noch in einer anderen Hinsicht ist das nach den Grundsätzen stoischer Selbstgenügsamkeit regier- und überschaubare Gemeinwesen aufschlussreich

---

637 Zum Preismechanismus *Viktor Mayer-Schönberger/Thomas Ramge*, Das Digital. Markt, Wertschöpfung und Gerechtigkeit im Datenkapitalismus, 3. Auflage 2017, S. 58 f., unter Bezugnahme auf von Hayek; zu ihm auch *Jens Petersen*, Freiheit unter dem Gesetz. Friedrich August von Hayeks Rechtsdenken, 2014.

638 *Montesquieu*, Œuvres complètes, Bibliothèque de la Pléiade, Tome II, S. 591; Übersetzung *Ernst Forsthoff*, 1951/1992, Bd. 2, S. 10: „Nur der Wettbewerb gibt den Waren einen gerechten Preis und bestimmt ihren gegenseitigen wahren Wert".

639 *Walter Eucken*, Grundsätze der Wirtschaftspolitik, 6. Auflage 1990, S. 288; dazu *Jens Petersen*, Rechtsordnung und Wirtschaftsordnung nach Eucken, 2019, S. 157.

640 *Montesquieu*, Œuvres complètes, Bibliothèque de la Pléiade, Tome II, S. 588; Übersetzung *Ernst Forsthoff*, 1951/1992, Bd. 2, S. 6: „Im übrigen sind die großen kaufmännischen Unternehmungen notwendigerweise mit den politischen Geschäften verbunden".

(VIII 16).[641] Denn auch Adam Smith, dessen gedankliche Nähe zu Montesquieu wir bereits an verschiedenen Stellen festgestellt haben, war nicht zuletzt in seiner Theory of Moral Sentiments von stoischem Gedankengut beeinflusst.[642] Und wenngleich er wusste, dass sich allein damit keine Volkswirtschaft ordnen lässt, um den Wohlstand der Nationen zu befördern, lebt auch sein ökonomisches Hauptwerk von der Grunderfahrung der stoischen Philosophie, die überhaupt für die Schottische Aufklärung bedeutsam ist.[643] Montesquieu wie Adam Smith waren sich der praktischen Grenzen der stoischen Philosophie bewusst, haben aber nie aufgehört, sie insgeheim zum Gradmesser ihrer Gedanken zu machen, wenngleich jener in der Tradition der französischen Moralisten im Unterschied zu den Stoikern vor allem die Gesellschaft zum Bezugspunkt machte (XXIV 10).[644] Doch gerade deswegen konnte er eben auch die Rechtssoziologie prägen.

Man muss dies auch deswegen berücksichtigen, weil einige der zuvor bedachten Stellen sonst nur zu leicht als Verabsolutierung der Macht missverstanden werden könnten. Diese wirkt aber vielmehr relativ, wie Montesquieu in einem auf den ersten Blick unscheinbaren, bei näherem Hinsehen aber für sein gesamtes politisches Denken grundlegenden Gedanken erläutert: *« Toute grandeur, toute force, toute puissance est relative. Il faut bien prendre garde qu'en cherchant à augmenter la grandeur réelle, on ne diminue la grandeur relative »* (IX 9).[645] Auch am Beispiel der Macht erweist sich somit das im Hinblick auf alle den Geist der Gesetze bestimmenden Faktoren obwaltende Prinzip der Relativität und Wechselbezüglichkeit als für Montesquieu prägend. Je stärker das Machtstreben, desto größer die Gefahr der Machteinbuße, die insbesondere dann bis zum Machtverlust führen kann, wenn nach außen hin augenfällig geworden ist, so dass auch in der öffentlichen Meinung Zweifel am Machterhalt aufkeimen können.[646]

---

641 *Vittorio Hösle*, Moral und Politik. Grundlagen einer Politischen Ethik für das 21. Jahrhundert, 1997, S. 934, zu Montesquieus Auffassung zur Leistungsfähigkeit der republikanischen Regierungsform auf kleinen Territorien.

642 *Adam Smith*, The Theory of Moral Sentiments, 1759.

643 *Jens Petersen*, Adam Smith als Rechtstheoretiker, 2. Auflage 2017, passim.

644 *Fritz Schalk*, Einleitung, in: Die französischen Moralisten, 1949, S. X.

645 *Montesquieu*, Œuvres complètes, Bibliothèque de la Pléiade, Tome II, S. 376; Übersetzung *Ernst Forsthoff*, 1951/1992, Bd. 1, 1992, S. 188: „Alle Größe, alle Stärke und alle Macht ist relativ. Man muß sich sehr hüten, daß man in seinem Bestreben, die wirkliche Größe zu steigern, nicht die relative Größe vermindert".

646 *Vittorio Hösle*, Moral und Politik. Grundlagen einer Politischen Ethik für das 21. Jahrhundert, 1997, S. 394, kommentiert die zitierte Stelle darüber hinaus treffend: „Aus dem relationalen Charakter von Macht folgt ferner, daß sich die Machtbeziehung durchaus auch dann ändern kann, wenn sich das eine der Relate gar nicht gewandelt hat".

Von Missverständnissen der soeben genannten Art lebt die von Montesquieu verabscheute Despotie: *« Quant à l'État despotique, il est inutile d'en parler. Règle générale : dans une nation qui est dans la servitude, on travaille plus à conserver qu'à acquérir. Dans une nation libre, on travaille plus à acquérir qu'à conserver »* (XX 4).[647] Dieser geistreiche Chiasmus, der eine auch rechtssoziologisch aufschlussreiche Beziehung zwischen Macht, Erwerbsfleiß und Geltungsbedürfnis der jeweils Herrschenden veranschaulicht, steht ganz in der Tradition der französischen Moralistik. Denn es sind einmal mehr die aus der Tatsachenwelt herausgelösten Einsichten, welche die Gesetzmäßigkeiten der gesellschaftlichen Verhältnisse unter Berücksichtigung der anthropologischen Gegebenheiten veranschaulichen.

Letztlich geht es bei dem genannten ökonomischen Erwerbsanreiz auch um die Möglichkeit einer Instrumentalisierung, im Rahmen derer das Geld als verkehrsfähiges Wirtschaftsgut nur Zahlungsmittel, aber keinen Selbstzweck darstellt. Allerdings zeigt sich bei dieser Gelegenheit zugleich, dass es einen untrennbaren Zusammenhang zwischen einer auf Rechtssicherheit gründenden Regierungsform und einer verantwortungsvollen, auf Geldwertstabilität achtenden Wirtschaftspolitik gibt (XXI 16).[648]

Montesquieu hat diese Wechselwirkung zumindest intuitiv erfasst, auch wenn er sie eigenwillig löst, jedoch mit einem auf gerechten Ausgleich sinnenden Vorbehalt der Humanität versieht,[649] der moralistisches Denken erkennen lässt, weil es

---

647 *Montesquieu*, Œuvres complètes, Bibliothèque de la Pléiade, Tome II, S. 588; Übersetzung *Ernst Forsthoff*, 1951/1992, Bd. 2, S. 6: „Von dem despotischen Staat brauchen wir in diesem Zusammenhang gar nicht zu sprechen. Allgemeine Regel ist: bei einem geknechteten Volk arbeitet man mehr, um zu bewahren, als um zu erwerben, bei einem freien mehr, um zu erwerben, als um zu bewahren".

648 Zu einem besonders wichtigen und praktisch wirksamen Ansatz, der die Geldwertstabilität nicht umsonst zu den konstituierenden Prinzipien zählt, *Walter Eucken* Grundsätze der Wirtschaftspolitik, 6. Auflage 1990, S. 331, der sich wiederholt auf Montesquieu berief, zumal da für seine Theorie auch die Gewaltenteilung eine tragende Rolle spielt, insbesondere am Beispiel ungebändigter wirtschaftlicher Macht; in diesem Sinne auch *Ernst-Joachim Mestmäcker*, Wettbewerb in der Privatrechtsgesellschaft, 2019, S. 20: „Die Wirtschaftsverfassung ergänzt das Prinzip der Gewaltenteilung im Verhältnis zur Wirtschaft; sie erstreckt die Kontrolle und Begrenzung von Macht von der staatlichen Herrschaft auf gesellschaftlich und/oder wirtschaftlich begründete mächtige Organisationen, insbesondere auf die privatrechtlich begründeten Kartelle und Monopole." Ferner *Jens Petersen*, Rechtsordnung und Wirtschaftsordnung nach Eucken, 2019, S. 254 ff.

649 *Christoph Möllers*, Die drei Gewalten. Legitimation der Gewaltengliederung in Verfassungsstaat, Europäischer Integration und Internationalisierung, 2008, S. 25, betont im Einklang mit Montesquieu zu Recht den prinzipiellen „Eigenwert" der Freiheit des Einzelnen.

jene höher schätzt als Finanzierungsverantwortung um jeden Preis:[650] « *Mais, dans les conventions qui dérivent du commerce, la loi doit faire plus de cas de l'aisance publique que de la liberté d'un citoyen; ce qui n'empêche pas les restrictions et les limitations que peuvent demander l'humanité et la bonne police* » (XX 15).[651]

Aus dem unverzichtbaren Element der Humanität folgt, dass Montesquieu nicht nur die Wirtschaft, sondern auch die Kultur mit all ihren musischen Ausprägungen mitberücksichtigt hat. Zu den, wenn überhaupt je, seltener betrachteten Stellen des Esprit des Lois dürfte nämlich diejenige gehören, an der er im Gefolge seiner Betrachtungen über die Einrichtungen der Griechen die Bedeutung der Musik für die Ausbildung der Sitten und überhaupt das Gemeinwesen entfaltet. Vielleicht meint Montesquieu auch sich selbst, wenn er über ein von seinem eigentlichen Gegenstand so weit entferntes Wissensgebiet schreibt, wie es die Musik darstellt, was er in moralistischer Manier aphoristisch verallgemeinert: « *Ce qui coûte le plus à ceux dont l'esprit flotte dans une vaste érudition, c'est de chercher leurs preuves là où elles ne sont point étrangères au sujet, et de trouver, pour parler comme les astronomes, le lieu du soleil* » (XXX 12).[652]

Möglicherweise sucht er deswegen Rat bei den Alten, deren Werke er am besten kennt. Dabei sind die Gedanken der antiken Autoren zur Musik mit Bedacht in die Erwägungen zur Staatsform und Staatsverfassung eingebettet. Daraus erklärt sich wohl auch der systematische Standort, den Montesquieu dieser Erklärung zuweist: « *Explication d'un paradoxe des anciens par rapport aux mœurs* » (IV 8).[653] Wenn die Sitten innerhalb eines Gemeinwesens auch von der Bedeutung der Musik abhängen können, dann rechtfertigt sich ihre Behandlung im Rahmen der Regierungsformen, weil die Sitten nach Auffassung Montesquieus neben den Regierungsformen und in Abhängigkeit von ihnen mitbestimmend für den Geist der Gesetze sind.

---

650 *Karlheinz Stierle*, Montaigne und die Moralisten. Klassische Moralistik – Moralistische Klassik, 2016, S. 296, geht noch einen Schritt weiter: „Im Tiefsten ist die moralistische Einsicht ebenso subjekt- wie verantwortungslos".

651 *Montesquieu*, Œuvres complètes, Bibliothèque de la Pléiade, Tome II, S. 595; Übersetzung *Ernst Forsthoff*, 1951/1992, Bd. 2, S. 15: „Aber bei Handelsverträgen muss das Gesetz größeres Gewicht auf die allgemeine Rechtssicherheit als auf die Freiheit des einzelnen Bürgers legen; was aber gewisse Einschränkungen und Begrenzungen, die die Menschlichkeit und gute Ordnung fordern, nicht ausschließt".

652 *Montesquieu*, Œuvres complètes, Bibliothèque de la Pléiade, Tome II, S. 898; Übersetzung *Ernst Forsthoff*, 1951/1992, Bd. 2, S. 390: „Leuten, deren Geist ein allzu weites Wissensgebiet durchmisst, fällt in der Regel nichts so schwer, wie ihre Beweise da zu suchen, wo sie mit ihrem Gegenstand wirklich verbunden sind, und so, um in der Sprache der Astronomen zu reden, den Stand der Sonne zu finden".

653 *Montesquieu*, Œuvres complètes, Bibliothèque de la Pléiade, Tome II, S. 270; Übersetzung *Ernst Forsthoff*, 1951/1992, Bd. 1, S. 58: „merkwürdigen Ansicht der Alten über die Sitten".

Montesquieu unternimmt dies freilich im Geist der Moralistik, also mit der pointierten Prägnanz solcher Sentenzen: « *Mais, dira-t-on, pourquoi choisir la musique par préférence? C'est que, de tous les plaisirs des sens, il n'y en a aucun qui corrompe moins l'âme* » (IV 8).[654] Bemerkenswert ist die negatorische Ausrichtung der Formulierung, nach der es nicht um den größeren Hörgenuss, sondern den Ausschluss seelischer Verdorbenheit geht. Montesquieu ist nicht etwa unversehens pessimistisch geworden, sondern berücksichtigt selbst im Bezirk künstlerischer Ausdrucksformen die Abgrenzung gegenüber allen Formen despotischer Vereinnahmung, wie sie im Bereich der Literatur oder bildenden Kunst immerhin unterschwellig propagandistisch erfolgen könnte.[655] Insofern ist die scheinbar kontingente und assoziativ anmutende Einordnung der Musik in das Gefüge des Gesamtwerks teleologisch und konzeptionell durchaus konsistent. So finden sich im Esprit des Lois sogar avant la lettre überraschende Gedanken zur Musiksoziologie.[656]

Ebenso wie sein kongenialer Zeitgenosse Giambattista Vico, der vielen als Begründer der Kulturwissenschaft gilt,[657] berücksichtigt Montesquieu alle möglichen menschlichen künstlerischen und kulturellen Aspekte, um den Geist der Gesetze zu bestimmen.[658] Es geht ihm jedoch noch um mehr, wenn er den Gedanken der an-

---

654 *Montesquieu*, Œuvres complètes, Bibliothèque de la Pléiade, Tome II, S. 273; Übersetzung Ernst Forsthoff, 1951/1992, Bd. 1, S. 61: „Aber, so wird man fragen, warum muss es gerade die Musik sein? Weil von allen Sinnesgenüssen keiner die Seele weniger verdirbt." Zu dieser Stelle in kultursoziologischer Hinsicht bereits *Jens Petersen*, Steuerkritik bei Montesquieu, Gedächtnisschrift für Andreas Musil, 2024, S. 19, 28.

655 Zur despotischen Herrschaft und zum ‚grausamen Gesetz der Kunst' innerhalb der Literatur im übertragenden Sinne *Jens Petersen*, Marcel Proust und Tacitus, 2021, S. 227–265.

656 *Max Weber*, Zur Musiksoziologie. Nachlaß 1921, MWG I/14 (Hg. Christoph Braun/Ludwig Fischer), 2004, hat wohl auch in dieser Hinsicht grundlegende Einsichten erarbeitet. Der bedeutende Jurist *Karl Loewenstein*, Des Lebens Überfluß. Erinnerungen eines ausgewanderten Juristen (Hg. Oliver Lepsius/Robert Chr. van Ooyen/Frank Schale), 2023, S. 54, ist in musikalischer und musiksoziologischer Hinsicht besonders aufschlussreich, denn er gehörte noch zu den Gesprächspartnern Max Webers über dessen Musiksoziologie: „was er mir bei dieser ersten Begegnung bot, die Darlegung seiner Musiksoziologie, an der er damals arbeitete (...)".

657 *Friedrich Kittler*, Eine Kulturgeschichte der Kulturwissenschaft, 2. Auflage 2011, S. 19; weitere Nachweise bei *Jens Petersen*, Vicos Kulturgeschichte des Rechts, 2022, S. 200 und öfter.

658 *Christoph Möllers*, Die drei Gewalten. Legitimation der Gewaltengliederung in Verfassungsstaat, Europäischer Integration und Internationalisierung, 2008, S. 20, präzisiert in diesem Sinne richtigerweise den von Montesquieu beabsichtigten Schutz der individuellen Freiheit: „Dieser Schutz muss sich aber den Traditionen und kulturellen Kontingenzen einpassen, so wie die ‚Gesetze' des ‚Esprit' keine kategorial normativen Gesetze sind, sondern viel von Naturgesetzen haben." – Allerdings behandelt Montesquieu exemplarisch durchaus auch Gesetze im juristischen Sinne.

tiken Autoren referiert, dass die Musik einen Ausgleich zu den harten Strafen und Sitten der damaligen Zeit herstellen kann. Er zeigt sich darüber hinaus bemüht, diesen Bemerkungen der Alten das Zufällige und Beiläufige zu nehmen: *« Ce n'est point une opinion jetée sans réflexion; c'est un des principes de leur politique. C'est ainsi qu'ils donnoient des lois; c'est ainsi qu'ils vouloient qu'on gouvernât les cités »* (IV 8).[659]

Die folgende Erklärung ist deswegen bedeutsam für den Aufbau des Werkes, weil sie Handel und Wirtschaft einbezieht, die ebenfalls neben den Regierungsformen und Sitten den Geist der Gesetze bestimmen. Er erklärt nämlich die Haltung der alten Autoren mit der Prämisse, dass alle auf den Erwerb wirtschaftlicher Güter gerichteten Tätigkeiten verpönt waren. Damit verblieben nurmehr solche, die der Vorbereitung auf den Krieg dienten. Um diese im Wortsinne polemische Ausrichtung abzumildern, bedurfte es einer Verfeinerung der Sitten durch die Musik:[660] *« La musique, qui tient à l'esprit par les organes du corps, étoit très propre à cela »* (IV 8).[661]

Gewiss erschließt sich dieser Gedanke ohne weiteres innerhalb eines Kapitels, das der Erziehung gewidmet ist. Doch darf man auch hier nicht übersehen, dass die wirkungsvoll ans Ende gestellte Begründung so pointiert formuliert ist, dass sie neben der Veranschaulichung der erzieherischen und sittenverfeinernden Wirkung der Musik einen Aphorismus darstellt, der in jede Anthologie der französischen Moralisten aufgenommen werden könnte.

---

659 *Montesquieu*, Œuvres complètes, Bibliothèque de la Pléiade, Tome II, S. 271; Übersetzung *Ernst Forsthoff*, 1951/1992, Bd. 1, 1992, S. 58 f.: „Und das ist nicht etwa eine unüberlegt hingeworfene Ansicht, sondern einer der Grundsätze ihrer Politik. Dementsprechend gaben sie ihre Gesetze, und so wollten sie ihre Städte regiert wissen. Ich glaube, dies erklären zu können".

660 *Nikolaus Harnoncourt*, Musik als Klangrede, Wege zu einem neuen Musikverständnis, 10. Auflage 2021, S. 244, entwickelt am Beispiel der Suite, die unter Ludwig XIV. durch dessen Hofkomponisten Lully maßgeblich geprägt wurde, eine kulturgeschichtlich überaus aufschlussreiche Beobachtung, die wohl auch den Geist der französischen Moralistik im Allgemeinen sowie die Überlegungen Montesquieus im Besonderen zu erhellen geeignet ist: „Die nun fertig ausgebildete Suite war ein echtes Produkt französischen Geistes: von größtmöglicher Freiheit im Großen, knapp in der Aussage, und streng und klar in der Formung der Details. (...) Es waren gleichsam geistvolle Bonmots, in denen kein unnötiges Wort angebracht werden durfte." – Besser als in dieser Darstellung der ‚Klangrede' könnte man auch die französische Moralistik kaum zum Ausdruck bringen. Hieran zeigt sich paradigmatisch, wie harmonisch ganz unterschiedliche Ausprägungen der Kultur im damaligen Frankreich aufeinander abgestimmt waren und wie sie einander unter dem einheitlichen, freilich unausgesprochen für selbstverständlich gehaltenen Prinzip der pointierten Prägnanz und des Takts im übertragenen und wörtlichen Sinne ergänzten.

661 *Montesquieu*, Œuvres complètes, Bibliothèque de la Pléiade, Tome II, S. 272; Übersetzung *Ernst Forsthoff*, 1951/1992, Bd. 1, 1992, S. 60: „Die Musik, die durch die Sinne zum Herzen spricht, ist hierzu besonders geeignet".

VI. « *L'esprit de modération* »

Maß und Mitte prägen den Esprit des Lois. Sie sind das Heilmittel gegen die Auswüchse der anthropologischen Konstanten der Eitelkeit, Macht- und Habgier. Bei Machiavelli waren dies die Gesetze selbst.[662] Montesquieu blickte aber womöglich auch in dieser Hinsicht tiefer und sah, dass all jene Gesichtspunkte, welche den Geist der Gesetze ausmachen – also Regierungsformen, Religion, Handel, Sitten und Gebräuche – immerfort mit den entsprechenden menschlichen Lastern der Herrschsucht, der Frömmelei, der Habsucht, der Sittenlosigkeit und der Missbräuche aller Art in Konflikt geraten und in Übereinstimmung zueinander gebracht werden müssen.

Daher nimmt Montesquieu diese unausrottbaren Leidenschaften im Geiste der französischen Moralistik immerfort aufs Neue und über das gesamte Werk verteilt in Sentenzen und Aphorismen aufs Korn; freilich auf eine konstruktive Weise, die nicht nur zersetzt oder anprangert, sondern daraus für das Leben in der Gesellschaft förderliche Folgerungen zieht. Eine entscheidende Rolle spielt dabei der Begriff der Mäßigung.[663] Das zeigt sich auch anhand der Regierungsformen, insbesondere am Beispiel der Republik, deren Repräsentanten und Verwalter vermögensmäßige Eigeninteressen zu Lasten der Allgemeinheit entwickeln können. Denn mit zunehmenden administrativen Anforderungen vergrößert sich die Gier der Verwalter und verringert sich der Gemeinsinn, so dass in einer Republik die Selbstsucht grassiert: *« Dans une grande république, il y a de grandes fortunes, et par conséquent peu de modération dans les esprits : il y a de trop grands dépôts à mettre entre les mains d'un citoyen; les intérêts se particularisent »* (VIII 16).[664]

Die vom Gesetzgeber erlassenen Gesetze haben somit nicht nur dem Prinzip der jeweiligen Regierung zu entsprechen, wie die spröde anmutende Paraphrase der Überschrift des fünften Buches verlangt, sondern auch und letztlich vor allem dem Geist der Mäßigung, der *modération* (VII 3). Der Geist der Mäßigung steht gleichsam vor der Klammer all dessen, was den Inbegriff des Geists der Gesetze ausmacht. Dementsprechend aufschlussreich sind die im jeweiligen Anfangskapitel

---

662 *Jens Petersen*, Machiavellis Gesetzgebungslehre, 2020, S. 325.

663 *Walter Kuhfuß*, Die Bedeutung der Mäßigung im Werk Montesquieus, in: Montesquieu-Traditionen in Deutschland. Beiträge zur Erforschung eines Klassikers (Hg. Edgar Maas/Paul-Ludwig Weinacht), 2005, S. 205, wonach „die Mäßigung im Werk Montesquieus ein universell anwendbares Muster sprachlichen Verhaltens und politischer Bewertung darstellt".

664 *Montesquieu*, Œuvres complètes, Bibliothèque de la Pléiade, Tome II, S. 362; Übersetzung *Ernst Forsthoff*, 1951/1992, Bd. 1, S. 172: „In einer großen Republik gibt es große Vermögen und infolgedessen wenig Sinn für Mäßigung. Den Händen des einzelnen Bürgers müssen zu große Werte anvertraut werden; dadurch werden die Interessen eigensüchtig".

https://doi.org/10.1515/9783111396132-008

angestellten Überlegungen, die das Vorhaben mit Leben füllen und neuartige Gesichtspunkte zu Tage fördern, nachdem das zuletzt Behandelte bündig wiederholt wird: « *Nous venons de voir que les lois de l'éducation doivent être relatives au principe de chaque gouvernement. Celles que le législateur donne à toute la société, sont de même* » (V 1).[665]

Der zuletzt genannte Gesichtspunkt der Gesetzgebung für die gesamte Gesellschaft veranschaulicht bereits begrifflich die rechtssoziologische Zielrichtung avant la lettre. Diese scheinbare Selbstverständlichkeit des Gesetzeserlasses für die ganze Gesellschaft gewinnt an Bedeutung, wenn man sich auch hier vor Augen führt, dass der Begriff der Gesellschaft zwar aus unserer heutigen Sicht nicht mehr erklärungsbedürftig ist und sich daher in der Tat von selbst versteht, in der Ständegesellschaft des seinerzeitigen Frankreichs als Inbegriff aller Bewohnerinnen und Bewohner gleich welcher Schicht aber alles andere als naheliegend war.[666] Anhand des auf das Recht oder die Gesetzgebung bezogenen Begriffs der « *société* » lässt sich beispielhaft ersehen, warum Montesquieu als Mitbegründer der Rechtssoziologie zu gelten hat.[667]

So führen gerade paradox anmutende Beobachtungen zu kultur- und rechtssoziologischen Einsichten, die ihrerseits wiederum moralistischen Erkenntnisse den Weg ebnen. So verhält es sich etwa, wenn er am Beispiel drakonischer Strafen eines japanischen Kaisers folgende Absurdität pointiert herausarbeitet, welche die Mäßigung als Prinzip der Gerechtigkeit umso heller leuchten lässt: « *L'atrocité des lois en empêche donc l'exécution. Lorsque la peine est sans mesure, on est souvent oblige de lui préférer l'impunité* » (VI 13).[668] Maßlose Strafen könne gerade wegen ihrer offensichtlichen Ungeeignetheit, den rechtspolitisch erwünschten Erfolg

---

665 *Montesquieu*, Œuvres complètes, Bibliothèque de la Pléiade, Tome II, S. 273; Übersetzung *Ernst Forsthoff*, 1951/1992, Bd. 1, S. 362: „Wir sahen soeben, dass die Gesetze der Erziehung dem Prinzip jeder Regierung entsprechen müssen. Ebenso verhält es sich mit den Gesetzen, die der Gesetzgeber für die ganze Gesellschaft erlässt".

666 *Christoph Möllers*, Die drei Gewalten. Legitimation der Gewaltengliederung in Verfassungsstaat, Europäischer Integration und Internationalisierung, 2008, S. 20, bestimmt den Ausgangspunkt zutreffend: „Wenn Montesquieu seine Überlegungen zur Gewaltenteilung entwickelt, so tut er dies vor dem Hintergrund eines altliberalen Verfassungsverständnisses, das die *ständische Gesellschaft, die societas civilis, als ganze* in den Blick nimmt, nicht einen davon unabhängigen Apparat der öffentlichen Gewalt." In dem hier Hervorgehobenen kann man eben auch einen aus damaliger Sicht neuartigen Schritt zur Begründung der Rechtssoziologie sehen.

667 *Vittorio Hösle*, Moral und Politik. Grundlagen einer Politischen Ethik für das 21. Jahrhundert, 1997, S. 547.

668 *Montesquieu*, Œuvres complètes, Bibliothèque de la Pléiade, Tome II, S. 324; Übersetzung *Ernst Forsthoff*, 1951/1992, Bd. 1, S. 126: „Die Grausamkeit der Gesetze verhindert dort also ihre Vollstreckung. Ist die Strafe ganz ohne Maß, so ist man häufig genötigt, Straflosigkeit ihr vorzuziehen".

herbeizuführen, einander aufheben, sind aber darum nicht weniger schädlich und ungerecht, weil sie gleichwohl im Arsenal der Obrigkeit verbleiben und daher gegen vorgebliche Staatsfeinde ebenso unerwartet wie willkürlich doch einmal wieder vollstreckt werden können.[669]

Einhaltung der Verhältnismäßigkeit ist für Montesquieu oberstes Gebot, da sie gerade in dieser begrifflichen Zusammensetzung im Wortsinne die Berücksichtigung der jeweiligen Verhältnisse, die besonderen Beziehungen, mit dem Grundgedanken der Mäßigkeit vereint, der vor allem bei den Bußen und Strafen entscheidend ist, weil nur die Beachtung der Verhältnismäßigkeit sie legitimiert, daneben freilich auch das Fundament übereinstimmender Sitten, die durch Strafen niemals ersetzbar sind (XIX 17).[670] Doch ist dies, wie so oft bei Montesquieu, nur ein Aspekt, der weitere einschließt: *« Il est bon que les pénitences soient jointes avec l'idée de travail, non avec l'idée d'oisiveté; avec l'idée du bien, non avec l'idée de l'extraordinaire; avec l'idée de frugalité, non avec l'idée d'avarice »* (XXIV 12).[671]

Maßvolle Sanktionen sind eher geeignet, sogar die Akzeptanz der Delinquenten selbst zu erlangen; Geldbußen dürfen daher ihrer Höhe wegen nicht in Verruf geraten, allein der Bereicherung des Staates zu dienen oder als maßlose Abgaben angesehen zu werden. So erklärt sich auch die kontraintuitive Vorzugswürdigkeit des Guten vor dem Außerordentlichen, die nicht unbedingt der aristotelischen Mesotes-Lehre verpflichtet ist. Vielmehr kann sie in ihrer pointierten Prägnanz ihre geistesgeschichtliche Herkunft aus der französischen Moralistik schwerlich verleugnen. Denn gerade die dementsprechende und darin zum Ausdruck kommende Abkehr von allem Extremem ist ihm so wichtig, dass jener einzelne Satz ein ganzes Kapitel ausmacht.

Montesquieu untermalt seine Ausführungen mit gelegentlichen Anleihen aus der Welt der Physik und insbesondere der Mechanik, die von einem kausalistischen Weltbild zeugen, das in merkwürdigem Kontrast zu seinem sonstigen Einfallsreichtum zu stehen scheint, aber vielleicht gerade in dieser zunächst krude anmutenden Zusammensetzung eine Hinwendung zu einem aufgeklärten Moralver-

---

669 *Tacitus*, Annalaes, 6.26.3, hat mit der Wendung ‚ius valuit' eine ähnliche Gesetzmäßigkeit der Herrscherwillkür herausgestellt, mit der ein unvorhergesehen wiederauflebendes Gesetz im Wortsinne für alle Fälle als Instrument der Obrigkeit zu Lasten etwaiger Täter in Geltung verbleibt; dazu *Jens Petersen*, Recht bei Tacitus, 2019, S. 560 f.

670 *Vittorio Hösle*, Moral und Politik. Grundlagen einer Politischen Ethik für das 21. Jahrhundert, 1997, S. 604 mit treffendem wörtlichen Zitat in Fußnote 84.

671 *Montesquieu*, Œuvres complètes, Bibliothèque de la Pléiade, Tome II, S. 722; Übersetzung *Ernst Forsthoff*, 1951/1992, Bd. 2, S. 170: „Es ist gut, wenn die Bußen mit dem Gedanken der Arbeit, nicht des Müßigganges, mit dem Gedanken des Guten, nicht des Außerordentlichen, mit dem Gedanken der Mäßigkeit, nicht der Habsucht verknüpft sind".

ständnis erfährt,[672] das trotz oder gerade wegen dieser Widersprüche seine Zugehörigkeit zur französischen Moralistik begreiflich macht.[673] Die physikalisch-mechanistischen Metaphern insinuieren eine Objektivität im Bereich der Gesetzgebung, stehen damit freilich in einem erklärungsbedürftigen Spannungsverhältnis zu den Wechselwirkungen von Regierungsformen, Klima, Religion, Handel, Sitten und Gebräuchen, die in ihrer Gesamtheit den Geist der Gesetze ausmachen.

Einiges klärt allerdings die folgende aphoristische Bemerkung, die zugleich Montesquieus Bedeutung für die Entwicklung der Politikwissenschaft avant la lettre berücksichtigt: *« La mécanique a bien ses frottements qui souvent changent ou arrêtent les effets de la théorie : la politique a aussi les siens »* (XVII 8).[674] Die prägnant-pointierte Gleichsetzung, deren ungenannte und vom Leser eher zu erahnende als rational zu erklärende Analogiebasis ihrerseits eine produktive Reibung erzeugt, ähnelt in ihrer provozierenden Gleichsetzung den zum Widerspruch herausfordernden und zum Nachdenken einladenden Maximen der französischen Moralisten. Auch hier haben wir es wieder mit der Vereinbarkeit des an sich Unvereinbaren zu tun, so dass sich aus diesem dialektischen Spannungsverhältnis eine neue Einsicht herausbildet. Zudem entspricht es der inneren Architektonik und eigenartigen Dramaturgie des Werkes, dass es sich bei dieser Sentenz nicht nur, wie so oft, um einen Kapitelschluss handelt, sondern damit zugleich ein ganzes Buch beschlossen wird.

---

672 *Walter Kuhfuß*, Die Bedeutung der Mäßigung im Werk Montesquieus, in: Montesquieu-Traditionen in Deutschland. Beiträge zur Erforschung eines Klassikers (Hg. Edgar Maas/Paul-Ludwig Weinacht), 2005, S. 205, 216, rekonstruiert aus brieflich geäußerten Selbstzweifeln Montesquieus und diagnostiziert: „Die Widersprüche seines Systems sind nicht gering: die Einheitlichkeit eines naturgesetzlichen Determinismus als Grundlage einer rein beschreibenden Soziologie geht nur bis zu der Grenze, an der Moral und Vernunft die konsequente Weiterführung verbieten." – Diese scharfsichtige Bestandsaufnahme zeigt zugleich unwillkürlich, warum der moralistische Gehalt aufklärungsbedürftig ist, da dieser eben keine Morallehre im herkömmlichen Sinne darstellt.

673 *Fritz Schalk*, Einleitung, in: Die französischen Moralisten, 1949, S. XXX f., hat dies wohl am deutlichsten gesehen: „In Montesquieu verbanden sich mächtige, einander oft widersprechende Anschauungen zur Bildung eines neuartigen Geschichtsbewußtseins. Kausal-deterministische Gedanken flossen in seinem Weltbild mit moralischen zusammen; beide empfingen ihre stärksten Lebensantriebe aus der Aufklärung, in der die Methode, Naturgesetzlichkeiten auf das menschliche Leben zu übertragen, sich mit einem ‚moralischen' Protest gegen die Macht- und Eroberungspolitik verband." Und doch ist erstaunlich, dass gerade dieser scharfsinnige Experte, dem eine der besten Darstellungen und Begriffsbestimmungen der Moralistik zu verdanken ist, die im *Esprit des Lois* aufscheinende Moralistik so vergleichsweise wenig berücksichtigt.

674 *Montesquieu*, Œuvres complètes, Bibliothèque de la Pléiade, Tome II, S. 530; Übersetzung *Ernst Forsthoff*, 1951/1992, Bd. 1, S. 379: „Die Mechanik kennt ihre Reibungen, die häufig die Ergebnisse der Theorie abändern oder hemmen; in der Politik ist es ebenso".

Betrachtet man die zuletzt angestellten Beobachtungen in der Zusammenschau, so ergibt sich ein schlüssigeres Bild, als die vorderhand fragmentarischen Überlegungen erahnen lassen. Denn die wechselseitige Abhängigkeit zwischen der Regierungsform und der darauf zugerichteten gesetzgeberischen Maßnahmen zur Ausbildung der Bürger im Hinblick auf die gesamte Gesellschaft ist neuartiger als die mechanistische Betrachtung dieses Wirkungszusammenhangs. Montesquieu, der wohl mit betonter Rationalität auf der Höhe der damaligen Physik zu argumentieren beabsichtigte, war womöglich paradoxerweise seiner Zeit gerade dadurch voraus, dass er die Faktoren, welche die Gesetzgebung bestimmen, durch eine rechtssoziologische Betrachtungsweise exakter gewichtete, als diese Faktoren – insbesondere Religion, Klima, Handel oder eben die Regierungsformen – infolge ihrer vielfältigen Ausprägungen wirken.

Es ist vor dem Hintergrund dieser scheinbaren *coincidentia oppositorum* von exakter Wissenschaftlichkeit einerseits und der in der Vielgestaltigkeit der menschlichen Verhaltensweisen gründenden Moralistik andererseits letztlich auch kein Widerspruch, wenn man annimmt, dass Montesquieu die systematisch nach Art der Naturwissenschaften geschulte Methode und die in den Aphorismen zur Geltung gelangende moralistische Provenienz miteinander zu vereinen wusste, um in der Synthese aus möglichst vielen in der « *condition humaine* » wurzelnden Beweggründen immer aufs Neue darzulegen, wann und unter welchen Voraussetzungen rechtssichere Regierungsformen typischerweise Gefahr laufen, in die rechtlose und nur noch den niederen Instinkten gehorchende Despotie abzugleiten.[675]

Vor allem durch seinen von Hegel anerkennend hervorgehobenen ‚tiefen Blick' auf die jeweiligen Regierungsformen und ihre zugehörigen Triebfedern[676] – oder sagen wir besser: Prinzipien, um nicht ebenfalls die mechanistische Sichtweise zu überhöhen und dem hegelianischen Begriffsverständnis näher zu kommen – ver-

675 *Hugo Friedrich*, Montaigne, 1949, S. 12, hat zwar in einer romanistischen Pionierleistung sondergleichen von diesem Lehrmeister Montesquieus ausgehend den Begriff der Moralistik entscheidend geschärft, indem er ihn als einen „von den exakten Wissenschaften getrennten und nur zeitlich mit ihnen parallel gehenden" verstanden hat. Doch bereits der nächste Satz veranschaulicht, warum die im Text gemeinte – vielleicht nicht more geomerico bestimmbare, aber dennoch prinzipienmäßig trennscharf vollziehbare – Abgrenzung von der Despotie und insbesondere die zum Geist der Gesetze gehörenden Sitten gerade durch das Kontrastmittel der Moralistik zum Vorschein kommen können: „Moralistik, das ist etwas, was sehr wenig mit Moral, dagegen sehr viel mit den *mores* zu tun hat, das heißt mit den Lebens- und Seinsweisen der Menschen in ihrer reinen, auch ‚unmoralischen' Tatsächlichkeit." – Denn gerade diese ist herauszuarbeiten, um der Wilkürherrschaft, die auf ihr gründet, entgegenzuwirken. Hervorhebungen auch dort.

676 *Georg Wilhelm Friedrich Hegel*, Grundlinien der Philosophie des Rechts, 1821, § 273.

mochte er die Eigenarten und gesetzgeberischen Erfordernisse Bedürfnisse der jeweiligen Gesellschaft zu erkennen, die durch diese Regierungsformen typischerweise entstehen. Zugleich konnte er dadurch nicht nur für die Rechtssoziologie, sondern auch für die Politikwissenschaft disziplinprägende Vorarbeiten leisten, obwohl er wahrscheinlich nichts weniger beabsichtigte als das – insoweit ähnlich wie später Adam Smith im Hinblick auf die Nationalökonomie.[677]

Im Übrigen herrscht in der Aristokratie jene abgeklärte Form des Geists der Mäßigung, mit der Montesquieu die Dinge grundsätzlich betrachtet. In diesem Sinne lässt sich auch die auf Tugend gründende Mäßigung begreifen, die er zum Prinzip der Aristokratie erhebt, aber unter der bezeichneten Bedingung des Beweggrundes mit der tugendmäßigen Fundierung versieht und dadurch präzisiert: *« Ou par une vertu moindre, qui est une certaine modération qui rend les nobles au moins égaux à eux-mêmes, ce qui fait leur conservation. La modération est donc l'âme de ces gouvernements. J'entends celle qui est fondée sur la vertu, non pas celle qui vient d'une lâcheté et d'une paresse de l'âme »* (III 4).[678]

Herrschaftssoziologisch aufschlussreich ist jene Ausprägung der Mäßigung, welche die Aristokraten im Verhältnis zueinander im Interesse der Aufrechterhaltung des gesamten Standes gleichordnet, obwohl die Rangunterschiede je nach Anciennität und Titel beträchtlich gewesen sein dürften. Ranghöhere mögen sich vornehm zurückgehalten haben, um die Unterschiede gegenüber dem niederen Adel geringer aussehen zu lassen, doch dürfte den Eingeweihten ein stets allgegenwärtiger schaler Rest von Hochmut und Dünkel spürbar geblieben sein.[679]

Erneut entscheidend ist für Montesquieu die Triebfeder, aus der die jeweilige Tugend hervorgeht. Die Mäßigung kann also nur dann für Gleichheit und Beständigkeit sorgen, wenn sie nicht auf Gleichgültigkeit und Nachlässigkeit beruht; übrigens ebenfalls ein Kennzeichen der Moralistik, welche die zur Schau getragene Enthaltsamkeit aufs Korn nimmt, wenn sie auf persönlichen Abträglichkeiten beruhen, die nichts mit Verzicht zu tun haben. Aber auch das Prinzip der Mäßigung als Kennzeichen der Gerechtigkeit im weiteren Sinne lässt sich auf seinen großen

677 *Jens Petersen*, Adam Smith als Rechtstheoretiker, 2. Auflage 2017, S. 1.

678 *Montesquieu*, Œuvres complètes, Bibliothèque de la Pléiade, Tome II, S. 254; Übersetzung *Ernst Forsthoff*, 1951/1992, Bd. 1, S. 38: „Oder durch weniger große Tugend, die in einer gewissen Mäßigung besteht, die die Adligen untereinander gleichstellt und für ihren Fortbestand sorgt. Die Mäßigung ist also die Seele dieser Regierungsform, und zwar die Mäßigung, die auf der Tugend beruht und nicht etwa aus der Gleichgültigkeit und Trägheit der Seele entspringt".

679 *Pierre Bourdieu*, Die feinen Unterschiede. Kritik der gesellschaftlichen Urteilskraft, 1987, S. 357, zitiert zustimmend eine auch insoweit aufschlussreiche Bemerkung von *Norbert Elias*, Die höfische Gesellschaft, 1969, S. 92: „Kulturelle Formungen, die wir meist rein ästhetisch, nämlich als Varianten eines bestimmten Stils, wahrnehmen, werden von den Mitlebenden selbst zugleich auch als differenzierter Ausdruck von sozialen Qualitäten wahrgenommen".

Vorgänger zurückführen (VI 13).[680] Denn auch in dieser Hinsicht erweist sich wiederum Montaigne mit seinem untrüglichen Sinn für Maß und Mitte als prägend für Montesquieus Denken. Dieser lobt es sogar, dass bestimmte Völker Mäßigung im Rahmen der Ausübung besonders barbarischer Rechte walten lassen: *« ils les* [sc. *les droits les plus barbares*] *exercèrent avec modération »* (XXVI 15).[681]

Geht es im Rahmen der Regierungsform der Aristokratie in besonderer Weise um die Mäßigung, so zeigt sich die soziologische und insbesondere rechtssoziologische Grundausrichtung vor allem im Hinblick auf das einfache Volk, vor allem im Verhältnis zur etwas herablassend sogenannten ‚besseren' Gesellschaft, also nach seinerzeitigen Maßstäben, zu den höheren Ständen: *« Quand le peuple a une fois de bonnes maximes, il s'y tient plus longtemps que ce qu'on appelle les honnêtes gens. Il est rare la corruption commence par lui. Souvent il a tiré de la médiocrité de ses lumières un attachement plus fort pour ce qui est établi »* (V 2).[682] Auffallend hieran ist zunächst die inhaltliche Übereinstimmung mit gewissen Stellen bei Machiavelli (IX 10). Diese werden freilich im Schrifttum kaum je rezipiert, weil man ihn trotz seiner Discorsi nicht immer als Befürworter der Republik würdigt, seltener noch als einen der Wegbereiter der Rechtssoziologie.[683]

Zugleich zeigen die beiden zitierten Sätze den Zusammenhang zwischen französischer Moralistik und aufkeimender Soziologie. Denn der entlarvende Blick auf die Gesellschaft – vor allem die distanzierend sogenannte ‚gute', die mit den gleichlautenden ‚guten Grundsätzen' des Volkes betont kontrastiert und dadurch eine bemerkenswerte Inkonnzinität schafft – ist kennzeichnend für den unbestechlichen Blick der französischen Moralisten. Montesquieu geht freilich darüber noch mit einer hellsichtigen Beobachtung hinaus, indem er unausgesprochen den aus soziologischer Sicht auch heute noch bedeutsamen Bildungsgrad der Bevölkerung berücksichtigt.

Paradoxerweise scheint es nämlich, als immunisiere die geringere Bildung wirksamer gegen Verfallserscheinungen des Gemeinwesens. Der Blick auf die konservative Einstellung des Volkes, die der Autor sich klugerweise zu eigen gemacht hat, auch wenn und gerade weil er zu den auf klassische Weise Gebildeten gehörte, vereint ihn einmal mehr mit Montaigne. Vielleicht konnte ausgerechnet der

---

680 *Jens Petersen*, Montaignes Erschließung der Grundlagen des Rechts, 2. Auflage 2019, S. 42.
681 *Montesquieu*, Œuvres complètes, Bibliothèque de la Pléiade, Tome II, S. 768; Übersetzung *Ernst Forsthoff*, 1951/1992, Bd. 2, S. 227: „die barbarischsten Rechte mit Mäßigung ausübten".
682 *Montesquieu*, Œuvres complètes, Bibliothèque de la Pléiade, Tome II, S. 274; Übersetzung *Ernst Forsthoff*, 1951/1992, Bd. 1, S. 62 f.: „Hat das Volk einmal gute Grundsätze, so hält es länger daran fest als die sogenannte gute Gesellschaft. Selten beginnt der Verfall bei ihm. Häufig dagegen bewirkt seine mäßige Bildung bei ihm starke Anhänglichkeit an das Bestehende".
683 Näher *Jens Petersen*, Machiavellis Gesetzgebungslehre, 2020, S. 1 ff.

unter den französischen Aufklärern am ehesten standesbewusste Aristokrat Montesquieu deswegen die Prinzipien der Regierungsform der Republik mit ihrem sittenprägenden Moment der aufrichtigen Hinwendung zum eigenen Gemeinwesen am genauesten beschreiben, weil er womöglich das größte Verständnis für das Volk hatte.[684]

Das zeigt sich gerade am Beispiel der Rechtsprechung, im Rahmen derer er die Urteilskraft des Volkes schätzt, zugleich aber erkennt, dass es eine klar umrissene Alternative für die Entscheidungsfindung benötigt: *« Il faut lui présenter un seul objet, un fait, et un seul fait, et qu'il n'ait qu'à voir s'il doit condamner, absoudre, ou remettre le jugement »* (VI 4).[685] Nicht zuletzt die Konzentration auf die einzelne Tatsache veranschaulicht, dass Montesquieu Grund und Grenzen der Urteilsbildung des Volkes ermisst. Zunehmende Komplexität führt in Ermangelung kollektiver Überschaubarkeit oder auch nur rudimentärer Rechtskenntnis unweigerlich zu Unübersichtlichkeit und unwillkommener Vielstimmigkeit.

Die Form des Paradoxons, das bei Montesquieu oft von einer rhetorischen Frage ausgeht und dadurch besonders scharf zugespitzt wird, zeigt wiederum die Provenienz aus dem Geist der französischen Moralistik. Auf eine überaus geistreiche Weise nämlich veranschaulicht er den auf den ersten Blick widersinnig anmutenden Zugewinn des Gemeinwohls am Beispiel einer verblüffenden Parallele aus der Welt monasterischer Lebensformen: *« Moins nous pouvons satisfaire nos passions particulières, plus nous nous livrons aux générales. Pourquoi les moines aiment-ils tant leur ordre? C'est justement par l'endroit qui fait qu'il leur est insupportable »* (V 2).[686]

Diese unscheinbare und eher selten betrachtete Stelle innerhalb eines die Rechtssoziologie prägenden Werkes ist darüber hinaus in religionssoziologischer Hinsicht, vor allem aber bezüglich des Zusammenwirkens beider Ausprägungen der

684 *Karl Loewenstein*, Des Lebens Überfluß. Erinnerungen eines ausgewanderten Juristen (Hg. Oliver Lepsius/Robert Chr. van Ooyen/Frank Schale), 2023, S. 140, spricht demgegenüber in seinen überaus lesenswerten und ebenso kenntnisreich wie sorgsam edierten Erinnerungen von „der elitistischen Repräsentation, wie sie Montesquieu vorschwebte" und stellt sie „dem mystischen Glauben Rousseaus an den Volks- und Gemeinwillen" entgegen.

685 *Montesquieu*, Œuvres complètes, Bibliothèque de la Pléiade, Tome II, S. 312; Übersetzung *Ernst Forsthoff*, 1951/1992, Bd. 1, S. 110: „Ihm muss man einen Gegenstand, eine Tatsache, und zwar eine Einzeltatsache vorlegen, so dass es sich nur zu entschließen braucht, ob es verurteilen, freisprechen oder sich des Urteils enthalten will".

686 *Montesquieu*, Œuvres complètes, Bibliothèque de la Pléiade, Tome II, S. 274; Übersetzung *Ernst Forsthoff*, 1951/1992, Bd. 1, S. 63: „Je weniger wir unsere Sonderneigungen befriedigen können, umso mehr widmen wir uns den Bestrebungen der Allgemeinheit. Warum lieben die Mönche ihren Orden so sehr? Aus demselben Grund, der ihnen das Mönchsdasein so unerträglich schwer macht".

Soziologie bedeutsam. Erneut lässt sich ersehen, dass Montesquieu in seiner ganz ungezwungenen, scheinbar unakademischen, aber durchaus hellsichtigen Betrachtungsweise zu stilistisch glänzend geformten Einsichten findet, die nichts mit den mitunter schwerblütigen Kategorisierungen der Soziologie des vergangenen Jahrhunderts gemein hat, ihnen gleichwohl aber an Tiefe nicht notwendigerweise nachsteht.[687] Denn wenn Montesquieu von der Hinwendung des einzelnen Mönchs zu seinem Orden spricht, dann bedarf es nur einer geringfügigen Verallgemeinerung, um darin die Einbindung des Individuums in die seine Lebensform tragende Institution zu erkennen.[688]

Das ist sowohl rechtssoziologisch als auch religionssoziologisch aufschlussreich, weil es die Befolgung der Normen abstrahiert von der dem Zusammenschluss zugrundeliegenden religiösen Lehre und durch die Ausprägung der Individualität zugleich das Gemeinwohl fördert, wie Montesquieu in einer ebenfalls moralistisch anmutenden Prämisse voranstellt (XXIV 1). Hieran zeigt sich paradigmatisch, warum Montesquieu gleich eingangs seines Werkes verdeutlicht, weswegen die Tugend nicht zuletzt im Hinblick auf die Regierungsformen für ihn eine politisch verstandene und keine religiös geprägte darstellt.

Wir haben bereits verschiedentlich die Zentralität eines Wortes aus jenem dem Esprit des Lois vorangehenden *« Avertissement de l'auteur »* erkannt, wonach innerhalb der Regierungsform der Republik die Liebe zur Gleichheit die entscheidende politische Tugend darstellt, weil sie die Republik im buchstäblichen, d. h. von der mechanistischen Auffassung des Autors her gedachten Weise, bewegt beziehungsweise überhaupt erst in Gang bringt. Systematisch auseinandergesetzt hat Montesquieu dies im dritten Kapitel des fünften Buches und damit wohl so vergleichsweise spät, dass er vielleicht erst bei der erneuten Durchsicht des Werkes entschieden haben mag, ihm diese für sein Vorhaben so wichtige Klarstellung voranzustellen, um gleichsam vor der Klammer zu verdeutlichen, dass es sich bei der damit vorausgesetzten Tugend nicht um eine christliche, sondern um eine politische handelt.

So konnten man bereits eingangs sehen, dass Montesquieu damit zugleich prägend für die später so genannte Politikwissenschaft wurde. In dieser Hinsicht

---

687 Vgl. *Jens Petersen*, Max Webers Rechtssoziologie und die juristische Methodenlehre, 3. Auflage 2020.

688 Beispielhaft *Arno Borst*, Mönche am Bodensee 610–1525, 1978; autobiographisch aufschlussreich *ders.*, Meine Geschichte (Hg. Gustav Seibt), 2009, S. 44: „Jetzt vertiefte ich mich in ihre Sozialgeschichte, deren Keimzellen Klöster waren, und fand monasterische Lebensformen hierzulande herzlicher und geselliger, als ich sie aus Westfalen und Franken zu kennen meinte". *Gustav Seibt*, Nachwort, ebenda, S. 107, spricht treffend von dem „der Geistesgeschichte der Bundesrepublik durchaus zuwiderlaufende(n) Angebot exemplarischer Geschichtsschreibung".

steht er in der Nachfolge Machiavellis, dessen Verständnis von der Republik es auch in anderer Hinsicht andeutungsweise entspricht, wenn er den Bürgern zwar nicht, wie Machiavelli, die Armut nahelegt, aber eben doch eine gewisse Schlichtheit im Hinblick auf die materiellen Möglichkeiten: *« L'amour de la république, dans une démocratie, est celui de la démocratie; l'amour de la démocratie est celui de légalité. L'amour de la démocratie est encore l'amour de la frugalité »* (V 3).[689] Machiavelli ging es wohl in erster Linie um die Bekämpfung der seinerzeit allgegenwärtigen Korruption, zumal da in der damaligen Republik Florenz alles andere als Gleichheit herrschte.[690]

Montesquieu hingegen geht es eher um dasjenige, was wir heute als Chancengleichheit und Chancengerechtigkeit verstehen würden. Es verwundert nicht, dass Montesquieu in dieser Hinsicht Athen und Rom für vorbildlich hält.[691] Doch erkannt er bereits unausgesprochen ein Dilemma, das sich nach der Französischen Revolution mit ihren Idealen der Freiheit, Gleichheit und Brüderlichkeit stellte. Denn insbesondere die gleichzeitige Garantie von Freiheit und Gleichheit gerät unweigerlich in einen gewissen Prinzipienwiderstreit, da die vollständige Gleichheit die Freiheit einschränkt, während die unbedingte Freiheit die Gleichheit gefährdet: *« Ainsi les distinctions y naissent du principe de l'égalité, lors même qu'elle paroît ôtée par des services heureux, ou par des talents supérieurs »* (V 3).[692]

Letztlich trägt Montesquieu hier wiederum der Individualität der Menschen Rechnung. Da nicht alle gleich begabt und gleich erfolgreich sind, kann es allenfalls um die Chancengleichheit gehen. So sehr freilich herausragende Begabungen für den langfristigen Bestand der Republik erforderlich sein werden, so wenig vergisst Montesquieu die anthropologische Mitte, die er für die allgemeine Zufriedenheit in einer Weise herausarbeitet, die nicht in zynischer Manier als Herrschaft des Mittelmaßes verstanden werden darf, sondern sich auch den Gesetzgeber richtet: *« Un*

---

689 *Montesquieu*, Œuvres complètes, Bibliothèque de la Pléiade, Tome II, S. 274; Übersetzung *Ernst Forsthoff*, 1951/1992, Bd. 1, S. 63: „Die Liebe zum Staat in einer Demokratie ist die Liebe zur Demokratie, und die Liebe zur Demokratie ist die Liebe zur Gleichheit. Die Liebe zur Demokratie ist weiter die Liebe zur Einfachheit".

690 *Volker Reinhardt*, Machiavelli oder Die Kunst der Macht. Eine Biographie, 2012; *Jens Petersen*, Machiavellis Gesetzgebungslehre, 2020.

691 *Thukydides*, II 34, mit dem berühmten Epitaphios des Perikles könnte Pate gestanden haben. Dazu grundlegend *Hellmut Flashar*, Der Epitaphios des Perikles. Seine Funktion im Geschichtswerk des Thukydides, Sitzungsberichte der Heidelberger Akademie der Wissenschaften, 1969, S. 6.

692 *Montesquieu*, Œuvres complètes, Bibliothèque de la Pléiade, Tome II, S. 275; Übersetzung *Ernst Forsthoff*, 1951/1992, Bd. 1, S. 64: „So erwachsen die Unterschiede aus dem Gleichheitsgrundsatz dann, wenn er durch erfolgreiche Dienste und höhere Begabungen offenbar aufgehoben scheint".

bon législateur prend un juste milieu » (VI 18).[693] Dieser Satz bringt den Geist der Mäßigung im Hinblick auf den Gesetzgeber so prägnant zur Geltung, wie wir es am Ende der vorliegenden Untersuchung noch wiederholt feststellen werden (XXIX 1).

Auch in dieser Hinsicht entspringt das Gedankengut weniger aristotelischer Tradition als vielmehr der an Montaigne geschulten französischen Moralistik, welche die Gleichheit in der Ungleichheit erkennt und daher niemals den gemeinsamen Nenner der « *condition humaine* » außer Betracht lässt: « *Le bon sens et le bonheur des particuliers consiste beaucoup dans la médiocrité de leurs talents et de leurs fortunes. Une république où les lois auront formé beaucoup de gens médiocres, composée de gens sages, se gouvernera sagement; composée de gens heureux, elle sera très heureuse* » (V 3).[694]

Erneut begegnet ein Paradoxon, wie es die französischen Moralisten lieben, hier in Gestalt der individuellen Zufriedenheit kraft Mittelmäßigkeit der Begabung. Es ist zudem interessant, dass er die Durchschnittlichkeit der individuellen Fähigkeiten in ökonomischer Hinsicht ein durchschnittliches Vermögen an die Seite gestellt hat, denn auch dieser Sinn für Bescheidenheit und Verhältnismäßigkeit eint ihn mit Adam Smith.[695] Doch lässt es Montesquieu nicht dabei bewenden, sondern erinnert unausgesprochen an die zuvor behandelte erzieherische Funktion der Gesetze. Auf diese Weise erziehen die Gesetze gerade die hinsichtlich ihrer Fähigkeiten durchschnittlichen Naturen zwanglos zur Glückseligkeit (V 3).

Ebenfalls im Sinne der französischen Moralistik ist eine Äußerung im sechsten Buch, die gleichfalls der im guten, nämlich buchstäblichen Sinne verstandenen ‚Mittelmäßigkeit' ein vorderhand erstaunliches Lob zollt:[696] « *Les hommes extrêmement heureux, et les hommes extrêmement malheureux, sont également portés à la dureté; témoin les moines et les conquérants. Il n'y a que la médiocrité et le mélange de la bonne et de la mauvaise fortune, qui donnent de la douceur et de la pitié* »

---

693 *Montesquieu*, Œuvres complètes, Bibliothèque de la Pléiade, Tome II, S. 330; Übersetzung *Ernst Forsthoff*, 1951/1992, Bd. 1, S. 132: „Ein guter Gesetzgeber wählt die richtige Mitte".

694 *Montesquieu*, Œuvres complètes, Bibliothèque de la Pléiade, Tome II, S. 275; Übersetzung *Ernst Forsthoff*, 1951/1992, Bd. 1, S. 64: „Der zufriedene Sinn und das Glück der Einzelnen beruht großenteils auf der Mittelmäßigkeit ihrer Begabungen und ihres Vermögens. Besteht eine Republik, in der die Gesetze viele Durchschnittsmenschen erzogen haben, aus klugen Leuten, so wird sie sich weise regieren, und besteht sie aus glücklichen Menschen, so wird auch sie sehr glücklich sein".

695 *Jens Petersen*, Adam Smith als Rechtstheoretiker, 2. Auflage 2017, S. 99 f., 210 ff., 214 ff.

696 *Walter Kuhfuß*, Die Bedeutung der Mäßigung im Werk Montesquieus, in: Montesquieu-Traditionen in Deutschland. Beiträge zur Erforschung eines Klassikers (Hg. Edgar Maas/Paul-Ludwig Weinacht), 2005, S. 205, 211, folgert hinsichtlich XXIX 16: „Auf diese Mittelmäßigkeit der menschlichen Natur muß der Gesetzgeber hinzielen".

(VI 9).[697] Bei näherer Betrachtung erweist sich diese Einschätzung als aus gesättigter Lebenserfahrung geschöpft und bestätigt sogar das wegen seiner im Mittelteil enigmatischen Beweisführung auf den ersten Blick kontraintuitive Urteil, zumal da man es wohl als unausgesprochenen Verweis auf die weiter oben behandelte Stelle zur monasterischen Lebensform begreifen kann (V 2). Es geht also um den Sinn für das rechte Maß, das leichter findet, wer im Guten wie im Schlechten mehr erlebt hat und daher erfahrungsgemäß mehr Mitgefühl aufzubringen imstande ist.

Die Extreme verleiten nämlich nach Montesquieu zur Abstumpfung und Rücksichtslosigkeit, wohingegen die wechselseitige Erfahrung widriger und günstiger Umstände nicht nur zu einer gewissen Empathie, sondern auch zur Tugend anleitet, die, wie Montesquieu dem Esprit des Lois mit Bedacht vorangestellt hat, neben der Ehre eine der beiden Triebfedern der Republik ausmacht. Von daher überrascht nicht, dass auch die zitierte aphoristische Äußerung von der Gegenüberstellung zwischen gemäßigt regierten Staaten und Despotien ausgehen. Erneut erweist sich, dass für ihn im Gefolge Montaignes die Mäßigung ein Grundprinzip der Gerechtigkeit bildet (III 4).[698]

Zuletzt zeigte sich zudem, wie der *« Avertissement de l'auteur »* des Werkes mit dem fünften und sechsten Buch ineinandergreifen. Solche unausgesprochenen Rückverweise bietet auch das vierte Kapitel. Zunächst gilt dies für die bereits soeben behandelte erzieherische Wirkung der Gesetze. Denn alles, was Montesquieu im *Avertissement* zur politischen Tugend sagt, greift er hier auf. Doch zahlt sich nun aus, dass er zwischenzeitlich erörtert hat, auf welche Weise die Gesetze zur Erziehung beitragen können: *« L'amour de l'égalité et celui de la frugalité sont extrêmement excités par l'égalité et la frugalité même, quand on vit dans une société où les lois ont établi l'une et l'autre »* (V 4).[699]

Montesquieu vertraut nicht darauf, dass die Menschen von selbst zur Anspruchslosigkeit gegenüber materiellen Gütern finden. Nicht zuletzt deswegen behandelte er im bisherigen Verlauf seiner Untersuchung die Gesetzgebung der Griechen, namentlich des Lykurg:[700] *« dont les institutions ne sont que la perfection*

---

697 *Montesquieu*, Œuvres complètes, Bibliothèque de la Pléiade, Tome II, S. 318; Übersetzung *Ernst Forsthoff*, 1951/1992, Bd. 1, S. 119: „Äußerst glückliche und äußerst unglückliche Menschen neigen in gleicher Weise zur Härte; Beweis: die Mönche und die Eroberer. Nur die Mittelmäßigkeit und eine Mischung von Glück und Unglück verleihen Milde und Barmherzigkeit".

698 *Jens Petersen*, Montaignes Erschließung der Grundlagen des Rechts, 2. Auflage 2019, S. 42.

699 *Montesquieu*, Œuvres complètes, Bibliothèque de la Pléiade, Tome II, S. 275; Übersetzung *Ernst Forsthoff*, 1951/1992, Bd. 1, S. 64 f.: „Die Liebe zur Gleichheit und Einfachheit wird ganz besonders durch die Gleichheit und Einfachheit selbst gefördert, wenn man in einer Gesellschaft lebt, in der beide durch die Gesetze vorgeschrieben sind".

700 Zu ihnen auch *Jens Petersen*, Friedrich Schiller über die Gesetzgebung des Lykurgus und Solon, in: Festschrift für Reinhard Singer, 2021, S. 497.

des lois de Lycurgue » (VII 16).[701] Denn die spartanischen Gesetze hielten bekanntlich zur äußersten Kargheit und Entbehrungslosigkeit an; ein größerer Unterschied zur verschwenderischen Pracht in Versailles war wohl kaum denkbar. So sah Montesquieu durch seine unmittelbare Umwelt, insbesondere die höfischen Verhältnisse während seiner Aufenthalte in Paris,[702] wie stark der gesellschaftliche Einfluss wirkt.

Auch in dieser Hinsicht zeigt die weiter oben zitierte Feststellung, in deren bedingendem Satz von der Gesellschaft die Rede ist (V 4), dass sein Rechtsdenken von Grund auf soziologisch und damit wegen der Bezugnahme auf die Gesetze im Kern rechtssoziologisch geprägt ist. Denn die rechtliche Beurteilung ins Auge springender gesellschaftlicher Phänomene, wie des grassierenden Luxus' am Königshof, veranschaulicht zugleich Montesquieus Blick auf die gesellschaftlichen Verhältnisse mit ihrer sozialen Ungleichheit, den er aufgrund seiner weithin bemerkenswerten Fähigkeit zur Empathie ungeachtet seiner aristokratischen Herkunft nicht einbüßte.

Da es sich um menschliche Leidenschaften handelt, die durch das Postulat einer gewissen Mäßigung zurückgedrängt werden sollen, zeigt sich zugleich wieder das Erbe der französischen Moralistik mit ihrer aphoristischen Beobachtungskunst: *« Il en est de même de la frugalité. Pour l'aimer, il faut en jouir »* (V 4).[703] An dieser Stelle begegnet wiederum stoisches Gedankengut, auch wenn man dessen Einfluss nicht überschätzen sollte, da es den französischen Moralisten in erster Linie um den Menschen in der Gesellschaft ging.[704] Doch ist Montesquieu auch in dieser

---

701 *Montesquieu*, Œuvres complètes, Bibliothèque de la Pléiade, Tome II, S. 348; Übersetzung *Ernst Forsthoff*, 1951/1992, Bd. 1, S. 155, wonach „Gesetze nur eine Vervollkommnung der Gesetze Lykurgs sind".

702 *Hugo Friedrich*, Montaigne, 1949, S. 224, seziert eindrucksvoll und zeigt zugleich unwillkürlich den Zusammenhang mit der Herrschaftssoziologie auf: „Das Lebensganze zerlegt sich in eine Unzahl wandelbarer Bedingungen, auf die man mit wandelbaren Antworten einzugehen hat. Das wiederholt sich dann im gesellschaftliche Leben der Höfe. Der Verhüllungsstil einer aristokratischen Rangkultur (man will etwas scheinen) erzeugt die Enthüllungs- und Dekonstruktionspsychologie. (...) Dann wird sie, wie im Politischen, zum grundsätzlichen Wissen, daß der Mensch nach verborgenen, mit dem Effekt nicht übereinstimmenden Motiven handelt, die es unter der Maske hervorzuholen gilt." – Zu einem ähnlichen Phänomen, das zugleich Montesquieus Scharfblick auf fremde höfische Strukturen am Beispiel der Musik mit Folgerungen für die Staatsökonomie zeigt und damit wiederum musiksoziologisch aufschlussreich ist, vgl. *Jens Petersen*, Steuerkritik bei Montesquieu, Gedächtnisschrift für Andreas Musil, 2024, S. 19, 27 f., dort auch zur Kultur als Gradmesser fiskalischer Leistungsfähigkeit.

703 *Montesquieu*, Œuvres complètes, Bibliothèque de la Pléiade, Tome II, S. 276; Übersetzung *Ernst Forsthoff*, 1951/1992, Bd. 1, S. 65: „Genau so verhält es sich mit der Einfachheit: um sie zu lieben, muss man sie besitzen".

704 *Fritz Schalk*, Einleitung, in: Die französischen Moralisten, 1949, S. X.

Hinsicht realistisch genug, um richtig abzuschätzen, dass sich die dort verordnete Schlichtheit niemals von selbst durchsetzen wird, wo sie den elementaren Neigungen der Menschennatur zuwiderläuft läuft.

Doch auch dies entspricht den Maximen der französischen Moralistik, deren für die Gesetzgebung förderliche Wirkung auch darin bestehen kann, dass den ungehemmten Affekten gesetzlich entgegengewirkt wird, wo es nötig ist oder umgekehrt verhaltenssteuernde Anreize geschaffen werden können, um negative Leidenschaften in gemeinwohlfördernde Interessen zu überführen.[705] So lässt sich der Esprit des Lois als Anleitung lesen, auf welche Weise der schale Rest des Allzumenschlichen, wie er in der französischen Moralistik pointiert zum Ausdruck gebracht wurde, für die Gesetzgebung förderlich gemacht werden kann.[706]

Indes bleibt es nicht bei dieser Scharfsicht auf gesellschaftliche Gegebenheiten. Vielmehr durchschaut Montesquieu auch staatsrechtliche Gebilde mit seinem systematisch geschulten Verstand und versteht es, selbst die hinter den scheinbar trockensten Begriffen der allgemeinen Staatslehre verborgenen Sachverhalte in einer Weise auf den Punkt zu bringen, dass sie lebendige Anschaulichkeit erhalten und in das Gefüge der Staaten untereinander eingeordnet werden können. Der Zusammenhang zwischen moralistischer Prägnanz und rechtssoziologischer Klarsicht erweist sich etwa anhand seiner Bezeichnung des Staatenbundes – *République fédérative* – als *« une société de sociétés »* (IX 1).[707] Ähnlich wie bei der Erklärung des Geistes der Gesetze selbst, überzeugt hier die Erklärungsform des Inbegriffs; ein solcher ist streng genommen bereits etymologisch das ‚Gesetz' oder die ‚Gesellschaft', wie die gleiche Vorsilbe erkennen lässt, wird jedoch mit dem ‚Geist der Gesetze' oder der ‚Gesellschaft der Gesellschaften' noch auf eine höhere Ebene verlagert, ohne zugleich den sinnfälligen Lebensbezug einzubüßen.[708]

---

705 *Albert O. Hirschman*, Leidenschaften und Interessen. Politische Begründungen des Kapitalismus vor seinem Sieg, 1987.

706 *Friedrich Nietzsche*, Menschliches Allzumenschliches, I 35, hat nicht von ungefähr die französischen Moralisten, wie Fontenelle, Chamfort und Vauvenargues, vor allem aber den bereits mehrfach erwähnten La Rochefoucauld hervorgehoben. Darauf gründet die beeindruckende Deutung von *Karlheinz Stierle*, Montaigne und die Moralisten. Klassische Moralistik – Moralistische Klassik, 2016, S. 277–287; der Versuch einer juristischen Entsprechung im oben genannten Sinne findet sich bei *Jens Petersen*, Nietzsches Genialität der Gerechtigkeit, 3. Auflage 2020, S. 18 f.; 34 f. Speziell zu Fontenelle *Corrado Rosso*, Montesquieu moraliste. Des lois au bonheur, 1971, S. 25, 30, 76, 135, 284.

707 *Montesquieu*, Œuvres complètes, Bibliothèque de la Pléiade, Tome II, S. 369; Übersetzung *Ernst Forsthoff*, 1951/1992, Bd. 1, S. 180: „Gesellschaft von Gesellschaften".

708 *Karlheinz Stierle*, Montaigne und die Moralisten. Klassische Moralistik – Moralistische Klassik, 2016, S. 296, hat eine dementsprechende Beziehung auf der Ebene der Moralistik geltend gemacht:

Gleiches gilt für die folgende Maxime, die in jede Anthologie französischer Moralistik aufgenommen werden könnte: *« La société nous apprend à sentir les ridicules; la retraite nous rend plus propres à sentir les vices »* (XIX 27).[709] Die Aneinanderreihung und Verbindung von Parallelismus und Antithese stellt die beiden Beobachtungen beinahe schroff und monolithisch nebeneinander, wodurch der soziologische und anthropologische Befund noch scharfkantiger zur Geltung kommt. Auf diese Weise kristallisiert sich wiederum die vorzugswürdige Mitte zwischen den beiden Extremen von selbst heraus. So besteht vielleicht auch ein Zusammenhang zwischen der ins Schwarze treffenden Eleganz der Maximen im Sinne französischen Moralistik und der stilistischen Prägnanz, die Montesquieu im Hinblick auf die Formulierung der Gesetzen erwartet: *« Le style en doit être concis »* (XXIX 16).[710] Die Kürze der Maxime ist Ausdruck ihres Inhalts.

Auf diese Weise findet Montesquieu in einem gleichsam zwanglos dialektischen Verfahren von der anfänglichen These, dass die erzieherische Funktion der Gesetze zur Einfachheit im Sinne der Gleichheit anleiten soll, zu den widerstrebenden Kräften innerhalb der *« condition humaine »*, um schließlich zur Folgerung zu gelangen, dass es einer solchen gesetzlichen Reglementierung bedarf: *« C'est donc une maxime très vraie que, pour que l'on aime l'égalité et la frugalité dans une république, il faut que les lois les y aient établies »* (V 4).[711] Denn dann liebt man zugleich die Gesetze, die dies gebieten und zum Ausdruck bringen. So lässt sich womöglich Montesquieus Esprit des Lois als Versuch deuten, die ‚negative' Anthropologie der französischen Moralistik durch ‚positive' Gesetzgebung zum Ausgleich zu bringen (V 8).[712]

„Die Moralistik, wenn sie das moralische Bewusstsein zu erfassen sucht, will Moralistik der Moralistik werden".

709 *Montesquieu*, Œuvres complètes, Bibliothèque de la Pléiade, Tome II, S. 583; Übersetzung *Ernst Forsthoff*, 1951/1992, Bd. 1, S. 443: „Die Gesellschaft lehrt uns den Sinn für Lächerlichkeit, Einsamkeit macht uns empfindlich für Fehler".

710 *Montesquieu*, Œuvres complètes, Bibliothèque de la Pléiade, Tome II, S. 876; Übersetzung *Ernst Forsthoff*, 1951/1992, Bd. 2, S. 364: „Ihr Stil muss knapp sein".

711 *Montesquieu*, Œuvres complètes, Bibliothèque de la Pléiade, Tome II, S. 276; Übersetzung *Ernst Forsthoff*, 1951/1992, Bd. 1, S. 65: „Es ist daher ein sehr richtiger Grundsatz, dass Gleichheit und Einfachheit in einer Republik durch die Gesetze vorgeschrieben sein müssen, wenn man sie lieben soll".

712 Die im Text aufgezeigte Möglichkeit versteht sich im Sinne des oben Gesagten als juristische Entsprechung zu der wegweisenden, von *Karlheinz Stierle*, Montaigne und die Moralisten. Klassische Moralistik – Moralistische Klassik, 2016, S. 287–297, ausgearbeiteten Theorie der ‚negativen Anthropologie', der auch die Zielsicherheit der Moralisten ins Schwarze, wie soeben im Text mit Bedacht zitiert, in Anlehnung an ein Wort von Nietzsche zu einem sinnfälligen und weiterführenden Element seiner überzeugenden Auffassung gewählt und ausgedeutet hat. Die Übereinstimmung dieser Theorie *Stierles* mit den Herausforderungen der Rechtsphilosophie – auch der-

Damit aber führt die Betrachtung unversehens zurück zum bereits unmittelbaren Beginn des Werkes, in dessen letztem Satz des *« Avertissement de l'auteur »* Montesquieu die von ihm entwickelte politische Tugend im Unterschied zur moralischen oder christlichen gleichsam personifiziert, indem er die Figur des rechtschaffenen Mannes – *l'homme de bien* – entwickelt: *« C'est l'homme qui aime les lois de son pays, et qui agit par l'amour des lois de son pays. »*.[713] Es ist gleichsam der in die Sphäre des Rechts und der Politik gewendete *« honnête homme »*. Letztlich ist auch dieser Maßstab vom Geist der französischen Moralistik beseelt, wie man bereits an dem gedanklichen Experiment erkennt, dass er ebenso gut bei Montaigne stehen könnte und in gewissem Sinne auch steht, weil dieser der Maxime folgte, möglichst immer allen Gesetzen zu gehorchen.

Diese Form der Rechtlichkeit und Redlichkeit kann ein ganzes Rechtsgebiet prägen, etwa das Handelsrecht, das den ehrbaren Kaufmann ebenso schützt, wie es ihm aber auch eine Souveränität ansinnt, die auf Vernunft und Rechtschaffenheit gründet und sich sogar dort langfristig auszahlen kann, wo er in weiser Voraussicht Verzicht übt und Rechte nicht um jeden Preis durchsetzt:[714] *« L'esprit de commerce produit dans les hommes un certain sentiment de justice exacte, opposé d'un côté au brigandage, et de l'autre à ces vertus morales qui font qu'on ne discute pas toujours ses intérêts avec rigidité, et qu'on peut les négliger pour ceux des autres »* (XX 2).[715]

Diese Überlegung passt zum Inbegriff des Geists der Gesetze, weil dazu eben auch der Handel mit seiner idealerweise lauteren Gewinnerzielungsabsicht gehört. Beide Seiten verfolgen in der Regel kurzfristig gegenläufige Interessen, werden aber gerade in Geschäftsbeziehungen ein Interesse an langfristigen Einnahmen haben, so dass es sich schon deswegen lohnen kann, einander etwas nachzulassen, weil keine der beiden Seiten dies aufgrund des von Montesquieu so genannten *« senti-*

---

jenigen Montesquieus – veranschaulicht eine weitere Anregung Nietzsches, der – im Übrigen ebenso wie Montesquieu – die Rechts- und Völkervergleichung zum dringenden Desiderat erklärt; vgl. *Jens Petersen*, Nietzsches Genialität der Gerechtigkeit, 3. Auflage 2020, S. 18, 34 f., 78 f., 113, 130, mit weiteren Nachweisen.

713 *Montesquieu*, Œuvres complètes, Bibliothèque de la Pléiade, Tome II, S. 228; Übersetzung *Ernst Forsthoff*, 1951/1992, Bd. 1, S. 4: „Es ist der Mann, der die Gesetze seines Landes liebt und sich von dieser Liebe in seinem Handeln leiten lässt".

714 *Corrado Rosso*, Montesquieu moraliste. Des lois au bonheur, 1971, S. 89, behandelt die im Folgenden zitierte *«justice exacte»* für sich betrachtet und daher in eher übergeordneten Zusammenhang. Zum eingangs zitierten *«esprit de commerce»* ebenda, S. 139.

715 *Montesquieu*, Œuvres complètes, Bibliothèque de la Pléiade, Tome II, S. 586; Übersetzung *Ernst Forsthoff*, 1951/1992, Bd. 2, S. 3: „Der Handelsgeist weckt in den Menschen ein gewisses Gefühl für strenge Rechtlichkeit, die sich einerseits jeder Ausbeutung, andererseits aber auch jenen sittlichen Anschauungen widersetzt, die eine veranlassen, nicht immer starr auf seinen Ansprüchen zu bestehen, sondern sie auch einmal zugunsten des anderen zurückzustellen".

ment de justice exacte » vergessen wird, ohne zugleich die Gegenseite daran erinnern zu müssen. Nachsicht zur rechten Zeit ist nicht nur moralisch vorzugswürdig, sondern auch langfristig effizienter als Kleinlichkeit. Diese Art, im Gegenseitigkeitsverhältnis Schonung zu gewähren, läuft letztlich dasselbe hinaus, was später Nietzsche nicht von ungefähr in seiner von den französischen Moralisten beeinflussten skeptischen Phase als ‚Genialität der Gerechtigkeit' bezeichnen wird.[716]

Montesquieu hat erkannt, dass die Herstellung größtmöglicher Gleichheit die Bedingung des Bestands der Republik bildet, die Verwirklichung der Gleichheit jedoch an schwerlich zu überwindende Grenzen der Freiheit stößt: « *Quoique, dans la démocratie, l'égalité réelle soit l'âme de l'État, cependant elle est si difficile à établir, qu'une exactitude extrême à cet égard ne conviendroit pas toujours* » (V 5).[717] Dieses Dilemma der niemals vollständigen Verwirklichung von Freiheit und Gleichheit wurde bereits weiter oben am Beispiel einer anderen Stelle behandelt (V 3). Es spricht für seinen praktischen Sinn und sein Augenmaß, dass er nicht um jeden Preis eine mathematische Gleichheit herzustellen trachtet, auch wenn er mitunter Analogien zur Geometrie bemüht (IX 4).

Rechtshistorische Beispiele aus der Vergangenheit, die Montesquieu für die Entwicklung derartiger Einsichten heranzieht und ihnen voranstellt, dienen ihm als Anschauungsmaterial in empirischer Hinsicht, die einerseits erstrebenswerte Ideale vorzeichnen, andererseits aber auch praktische Grenzen ziehen, weil und sofern sie sich nur bedingt bewährt haben – nicht zuletzt durch die Begrenzung, die in der « *condition humaine* » gründen. Die rechtsgeschichtlichen Beispiele zeigen ihm vor allem, dass die Verteilungsgerechtigkeit im Hinblick auf Grund und Boden nicht nur entscheidend für die Begründung, sondern auch für die dauerhafte Erhaltung der Republik ist: « *Si, lorsque le législateur fait un pareil partage, il ne donne pas des lois pour le maintenir, il ne fait qu'une constitution passagère; l'inégalité entrera par le côté que les lois n'auront pas défendu, et la république sera perdue* » (V 5).[718]

---

716 *Friedrich Nietzsche*, Menschliches Allzumenschliches, I 635; dazu *Jens Petersen*, Nietzsches Genialität der Gerechtigkeit, 3. Auflage 2020, S. 10 ff.

717 *Montesquieu*, Œuvres complètes, Bibliothèque de la Pléiade, Tome II, S. 278; Übersetzung *Ernst Forsthoff*, 1951/1992, Bd. 1, S. 68: „Obgleich in der Demokratie die tatsächliche Gleichheit die Seele des Staates ist, lässt sie sich doch so schwer verwirklichen, dass eine zu peinliche Genauigkeit in dieser Hinsicht nicht immer angebracht sein dürfte".

718 *Montesquieu*, Œuvres complètes, Bibliothèque de la Pléiade, Tome II, S. 276; Übersetzung *Ernst Forsthoff*, 1951/1992, Bd. 1, S. 65 f.: „Wenn der Gesetzgeber bei der Vornahme dieser Verteilung nicht zugleich Gesetze schafft, um sie aufrechtzuerhalten, so kann diese Verfassung nicht von Dauer sein, denn die Ungleichheit wird sich von der Seite aus durchsetzen, auf der die Gesetze keine Abwehr getroffen haben, und dann wird die Republik verloren sein".

Gerade die Verteilung des Grundbesitzes stellt, wie Montesquieu durch seine Kenntnis der römischen Geschichte vertraut gewesen ist, gleichsam die Sollbruchstelle der Republik dar, deren Schutz nur durch eine kautelarische Gesetzgebung bewirkt werden kann. Das entscheidende Kriterium, das Montesquieu angibt, enttäuscht auf den ersten Blick wegen seiner Allgemeinheit, entspricht aber seiner eingangs festgestellten Einsicht, wonach die Zweifelsfragen entsprechend der Natur der Sache zu beantworten sind: « *Toute inégalité dans la démocratie doit être tirée de la nature de la démocratie et du principe même de l'égalité* » (V 5).[719]

Um ihm Gerechtigkeit widerfahren zu lassen, sollte man deshalb bei näherer Betrachtung und im Vergleich mit modernen juristischen Herausforderungen nicht außer Acht lassen, dass sich Formulierungen dieser Art bis heute in der Dogmatik zum Gleichheitssatz oder in den Leitsätzen einschlägiger Entscheidungen des Bundesverfassungsgerichts finden. Er wusste, dass jede in die Einzelheiten der Regelungsmaterien reichende Vorgabe unweigerlich zu neuen Verteilungsfragen und Unterausnahmen führen würde, so dass es in einem so weiträumig angelegten Werk vorzugswürdig war, sie ganz wegzulassen. Das Verdienst Montesquieus ist auch in dieser Hinsicht umso höher zu veranschlagen, wenn man bedenkt, dass er seine juristischen Studien in einem absolutistisch regierten Staat absolviert hat.

Vor diesem Hintergrund sollte man auch eine weitere Einsicht beurteilen, welche die Ausnahme des zuletzt entwickelten Grundsatzes für den beispielhaften Fall entwickelt, dass Gewerbetreibende, die auf ihre wirtschaftliche Betätigung zur Gewährleistung ihres Lebensbedarfs angewiesen sind, zugleich ein öffentliches Amt versehen und dadurch in ökonomische Schwierigkeiten geraten. Es bedarf einer juristisch bemerkenswerten Fallphantasie, um sich solche Konstellationen nicht nur vorzustellen, sondern sie zur Veranschaulichung denkbarer Ausnahmen des zuletzt entwickelten Prinzips zu erheben: « *Dans ces cas l'égalité entre les citoyens peut être ôtée dans la démocratie pour l'utilité de la démocratie. Mais ce n'est qu'une égalité apparente que l'on ôte : car un homme ruiné par une magistrature seroit dans une pire condition que les autres citoyens; et ce même homme, qui seroit obligé d'en négliger les fonctions, mettroit les autres citoyens dans une condition pire que la sienne; et ainsi du reste* » (V 5).[720]

---

719 *Montesquieu*, Œuvres complètes, Bibliothèque de la Pléiade, Tome II, S. 279; Übersetzung *Ernst Forsthoff*, 1951/1992, Bd. 1, S. 69: „Jede Ungleichheit in der Demokratie muss sich aus der Natur der Demokratie und dem Gleichheitsgrundsatz selbst ergeben".

720 *Montesquieu*, Œuvres complètes, Bibliothèque de la Pléiade, Tome II, S. 279; Übersetzung *Ernst Forsthoff*, 1951/1992, Bd. 1, S. 69: „In solchen Fällen kann die Gleichheit unter den Bürgern in der Demokratie zum Nutzen der Demokratie aufgehoben werden. Aber es ist nur eine scheinbare Gleichheit, die man beseitigt; denn ein durch ein Amt zugrunde gerichteter Mann wäre in einer schlimmeren Lage als die übrigen Bürger; und wenn dieser selbe Mann genötigt worden wäre,

Allein ein herausragender Jurist vermag solche Fallgestaltungen nicht nur vorauszusehen, sondern vor allem mit Grundsätzen abzugleichen, die er soeben in scheinbar kategorischer Form entwickelt hat, nur um zu erkennen, dass sie ihrerseits Raum für Ausnahmen bereithalten müssen, die bei näherer Betrachtung sogar die Regel bestätigen. Wäre man jedoch gehalten, eine einzige Sentenz dieses so gehaltvollen fünften Kapitels des fünften Buches hervorzuheben, dessen rechtsgeschichtlicher Reichtum an Beispielen noch nicht annähernd ausgeschöpft ist, dann wäre es wohl die folgende, weil sie Montesquieus Sinn für Maß und Mitte in einer Weise auf den Punkt bringt, die zugleich seine Lebensklugheit veranschaulicht und sich wiederum liest wie eine auf die Jurisprudenz gewendete Maxime des *honnête homme: « Il est bon quelquefois que les lois ne paroissent pas aller si directement au but qu'elles se proposent »* (V 5).[721]

Auch diese Sentenz atmet den Geist der französischen Moralistik; freilich weniger jener pessimistischen Strömung Pascals als vielmehr der heiter-abgeklärten eines Montaigne oder später Vauvenargues.[722] Auf den ersten Blick wirkt sie womöglich nichtssagend oder zumindest wenig gehaltvoll. Indes geht es ihm ersichtlich zumindest auch darum, problematische Einzelfallregelungen oder Maßnahmengesetze im Zaum zu halten. Demgegenüber hat die von Montesquieu für bestimmte Sachverhalte für vorzugswürdig gehaltene indirekte Form der Legistik den Vorteil, auf lange Sicht auch Konstellationen erfassen zu können, die dem Gesetzgeber gerade nicht gegenwärtig waren. Das kann eine zu kurzfristig anvisierte Lenkungsabsicht bannen und langfristig verhindern, dass gesetzgeberische Entscheidungen als willkürlich angesehen werden.

Montesquieu hat das Wechselspiel zwischen Gleichheit und Einfachheit innerhalb der Demokratie erkannt, indem er den Wirkungszusammenhang zwischen

---

seine Amtspflichten zu vernachlässigen, so hätte er seine Mitbürger in eine schlimmere Lage als seine eigene versetzt, usw.“.

721 *Montesquieu*, Œuvres complètes, Bibliothèque de la Pléiade, Tome II, S. 278; Übersetzung *Ernst Forsthoff*, 1951/1992, Bd. 1, S. 68: „Manchmal ist es gut, wenn Gesetze nicht so geraden Wegs auf das vorgesteckte Ziel losgehen wollen.“ *Vittorio Hösle*, Moral und Politik. Grundlagen einer Politischen Ethik für das 21. Jahrhundert, 1997, S. 956, entwickelt im Hinblick auf diesen Gedanken seinerseits eine inspirierende, zukunftgewandte und zeitlich dynamische ausgerichtete Sentenz, die ihrerseits eine bemerkenswerte Beobachtung zum Ausdruck bringt: „Nicht ausdrücklich gewollte oder als gewollt erkennbare Veränderungen wie die durch die moderne Industrialisierung induzierten sind häufig einschneidender als politisch erstrebte, die Widerstandskräfte wecken können“.

722 *Karlheinz Stierle*, Montaigne und die Moralisten. Klassische Moralistik – Moralistische Klassik, 2016, S. 282, hat im Hinblick auf Pascal am deutlichsten herausgearbeitet, was auch hier gilt: „Er stößt damit zu einer aus dem Alltäglichsten gewonnenen Analyse der *condition humaine* die an abgründiger Einsicht bis heute nicht ihresgleichen gefunden hat.“ *Corrado Rosso*, Montesquieu moraliste. Des lois au bonheur, 1971, S. 38, behandelt Montaigne und Vauvenargues.

diesen beiden, aus seiner Sicht für das Gedeihen einer Republik konstitutiven Elementen veranschaulicht hat: *« Comme l'égalité des fortunes entretient la frugalité, la frugalité maintient l'égalité des fortunes. Ces choses, quoique différentes, sont telles qu'elles ne peuvent subsister l'une sans l'autre; chacune d'elles est la cause et l'effet; si l'une se retire de la démocratie, l'autre la suit toujours »* (V 6).[723] Hier wird der Bezug zur Verteilungsgerechtigkeit offenbar. Die Annahme einer Interdependenz von Gleichheit und Einfachheit gerade in Kenntnis ihrer Unterschiede vermittelt der sich daraus zwanglos ergebenden einen gewissen Spielraum im Sinne einer spontanen Ordnung. Ihm geht es ohne dirigistische Zugriffe um eine annähernd gleiche Verteilung der Vermögen, weil ein zu starkes Ungleichgewicht wirtschaftlicher Macht den Bestand der Republik gefährden könnte und ein Abgleiten in die Despotie befürchten ließe.

Auch wenn Montesquieu dies eher allgemein voraussetzt und nicht im Einzelnen auseinanderlegt, wird deutlich, dass historische Vorbilder, wie namentlich der Verfall der römischen Republik durch grassierenden Reichtum und Bestechung, sein historisches Bewusstsein geprägt haben dürften.[724] Zugleich zeigt die Stelle wiederum, wie wichtig die durch gesetzgeberisches Handeln angeleitete Erziehung zur Einfachheit und Mäßigung für Montesquieu ist (VI 13). So erweist sich in diesem auf den ersten Blick unscheinbar anmutenden Zusammenhang zwischen Gleichheit und Schlichtheit im Kleinen jene Interdependenz, die im Großen für die Bestimmung des Geistes der Gesetze gilt und letztlich im Prinzip der Mäßigung liegt.

Montesquieu selbst hat für die Möglichkeit einer Revolution interessanterweise Vorsorge getroffen, freilich nur in rechtstheoretischer Hinsicht und gewiss ohne die Möglichkeit in Erwägung zu ziehen, dass seine Ausführungen genau hundert Jahre nach seiner Geburt von praktischer Bedeutung sein würden: *« De plus, s'il y a eu quelque révolution, et que l'on ait donné à l'État une forme nouvelle, cela n'a guère pu se faire qu'avec des peines et des travaux infinis, et rarement avec l'oisiveté et des mœurs corrompues. Ceux même qui ont fait la révolution ont voulu la faire goûter, et ils n'ont guère pu y réussir que par de bonnes lois »* (V 7).[725]

---

723 *Montesquieu*, Œuvres complètes, Bibliothèque de la Pléiade, Tome II, S. 279 f.; Übersetzung *Ernst Forsthoff*, 1951/1992, Bd. 1, S. 70: „So wie die Gleichheit die Einfachheit erhält, so bewahrt auch die Einfachheit die Gleichheit der Vermögen. Und wenn beides auch zwei verschiedene Dinge sind, so können sie doch nicht ohne einander bestehen; jedes ist gleichzeitig Ursache und Wirkung, wenn das eine die Demokratie verlässt, folgt ihm das andere immer nach".

724 *Tacitus*, Annalen, 1.2.2; dazu *Jens Petersen*, Recht bei Tacitus, 2019, S. 2 ff.

725 *Montesquieu*, Œuvres complètes, Bibliothèque de la Pléiade, Tome II, S. 281; Übersetzung *Ernst Forsthoff*, 1951/1992, Bd. 1, S. 72: „Weiter, wenn eine Revolution stattgefunden und man dem Staat eine neue Gestalt gegeben hat, so ist das nur unter unsäglichen Mühen und Anstrengungen, nicht aber durch Müßiggang und Sittenverderbnis möglich gewesen. Selbst die Urheber der Revolution

Auch hier verdeutlicht die vom Autor gewählte Zeitform, dass er aus dem Erfahrungsraum der Geschichte schöpft, ohne vielleicht ahnen zu können, dass sich der Staat den gleichwohl hellsichtig erkannten Herausforderungen wenige Jahrzehnte später ausgesetzt sehen würde.

Bedeutsam für diejenigen Faktoren, die seines Erachtens mitbestimmend für den Geist der Gesetze sind, ist der Gesichtspunkt der verdorbenen Sitten, denen es durch gute Gesetze entgegenzuwirken gilt. Auch hieran lässt sich ersehen, dass Gesetze und Sitten in einem Verhältnis der Wechselbezüglichkeit zueinanderstehen. Sein zur Subordination anleitender, gerontokratisch gefärbter Konservativismus überrascht allerdings, zumal wenn man bedenkt, dass er im selben Kapitel steht wie der zuvor zitierte Gedanke:[726] *« Rien ne maintient plus les mœurs qu'une extrême subordination des jeunes gens envers les vieillards. (...) Rien ne donne plus de force aux lois, que la subordination extrême des citoyens aux magistrats »* (V 7).[727] Man möchte auf den ersten Blick kaum glauben, dass auf diese Weise jemand spricht, der eben noch die Möglichkeit von Revolutionen in Betracht gezogen hat.

Doch bei näherem Hinsehen zeigt sich, dass Montesquieu auch dort den Wert des Althergebrachten betont. Denn just nachdem er das Erfordernis der Schaffung guter Gesetze zur Verbesserung der Sitten postuliert hat, gibt er zu bedenken, dass die neueren Gesetze nicht unbedingt die besseren sind, sondern man sich idealerweise auf die alten zurückbesinnt. Damit gibt er sich einmal mehr als Schüler Montaignes zu erkennen, der im Übrigen ungeachtet – und vielleicht sogar gerade wegen[728] – seiner Skepsis durchaus konservativ urteilte.[729] Auf seinen Spuren wandelt auch Montesquieu im Ausgangspunkt, wenn er zu bedenken gibt:[730] *« Les institutions anciennes sont donc ordinairement des corrections, et les nouvelles, des abus. Dans le cours d'un long gouvernement, on va au mal par une pente insensible, et*

---

bemühten sich, sie dem Volke schmackhaft zu machen, und darin konnten sie nur durch gute Gesetze Erfolg haben".

726 *Corrado Rosso*, Montesquieu moraliste. Des lois au bonheur, 1971, S. 64, bemerkt im Hinblick auf Montesquieus Stil interessanterweise im Unterschied zu einer gegenteilig geäußerten Ansicht im Schrifttum „tandis que chez Montesquieu la juxtaposition l'emporte sur la subordination." – Stil und Inhalt entsprechen einander gerade im Geist der Gesetze auffallend häufig.

727 *Montesquieu*, Œuvres complètes, Bibliothèque de la Pléiade, Tome II, S. 282 f.; Übersetzung *Ernst Forsthoff*, 1951/1992, Bd. 1, S. 73 f.: „Nichts trägt zur Erhaltung guter Sitten mehr bei, als strengste Unterordnung der Jugend unter das Alter. (...) Nichts verleiht den Gesetzen größere Kraft als strengste Unterordnung der Bürger unter die Obrigkeit".

728 *Max Horkheimer*, Montaigne und die Funktion der Skepsis, Gesammelte Schriften (Hg. Alfred Schmidt), Bd. 4, 1988, S. 240 ff.

729 *Jens Petersen*, Montaignes Erschließung der Grundlagen des Rechts, 2. Auflage 2019, S. 60.

730 *Corrado Rosso*, Montesquieu moraliste. Des lois au bonheur, 1971, S. 134, zum letzten Halbsatz des folgenden Gedankens.

on ne remonte au bien que par un effort » (V 7).[731] Die Betonung des Verfallsgedankens und die legislatorische Deszendenz entsprechen dann freilich taciteischem Gedankengut, mit dem Montesquieu seit jeher genauestens vertraut war.[732]

Seiner eigenen Eingebung folgt gewiss der Vergleich mit der schiefen Ebene, wie er aus der Physik geläufig ist. Hier kommt Montesquieu unausgesprochen auf dasjenige zurück, was er schon im ersten Kapitel seines Werks zugrunde gelegt hat (I 1). Insofern ist in diesem Gedanken auch der Verfall der Regierungsformen enthalten, die eine ihrer Dauer innewohnende Tendenz dazu aufweisen, unaufhörlich niederzugehen, so dass Revolutionen mit der Zeit unausweichlich sind (V 7). In der Konsequenz dieses Verfallsgedankens liegt dann freilich die Einsicht, dass man sich gerade dann, wenn das Gemeinwesen auf dem Tiefpunkt angelangt ist, auf die alten Gesetze zurückbesinnt, um von ihnen her eine Verbesserung der Sitten einzuleiten.

Auch und gerade wenn Montesquieu an die Möglichkeit einer Revolution denkt, erweist sich hier – nur scheinbar paradoxerweise – sein Konservativismus. Selbst im inneren Zusammenhang mit einem so heiklen Thema findet sich, wenn auch an äußerlich anderer Stelle bei der Behandlung der Despotie, eine geistreiche historische Bemerkung, deren stilistische Brillanz wieder einmal durch einen Chiasmus aphoristische Züge trägt: « *Aussi toutes nos histoires sont-elles pleines de guerres civiles sans révolutions; celles des États despotique sont pleines de révolutions sans guerres civiles* » (V 11).[733] Je despotischer freilich Frankreich nach Montesquieus Tod regiert wurde, desto deutlicher zeigte sich auch dort die Richtigkeit der zweite Teil seiner Sentenz.

Wir haben bereits eingangs der Untersuchung der Regierungsformen gesehen, dass er über den Titel seines Buches hinaus, aber zumindest in einem höheren Sinne, um ihm gerecht zu werden, nicht nur den Geist der Gesetze behandelt, sondern zum Zwecke ihrer Verdeutlichung auch den Geist der einzelnen Regierungsformen herausarbeitet, zunächst der Monarchie, sodann dem Geist der Republik: « *L'esprit de la monarchie est la guerre et l'agrandissement; l'esprit de la*

---

731 *Montesquieu*, Œuvres complètes, Bibliothèque de la Pléiade, Tome II, S. 281 f.; Übersetzung *Ernst Forsthoff*, 1951/1992, Bd. 1, S. 72: „Die alten Gesetze sind also in der Regel Verbesserungen und die neuen Missbräuche; denn im Laufe einer langen Regierung gleitet man in der Regel wie auf einer schiefen Ebene allmählich herab, und nur mit Anstrengung steigt man wieder zum Guten empor".

732 *Jens Petersen*, Recht bei Tacitus, 2019, § 1.

733 *Montesquieu*, Œuvres complètes, Bibliothèque de la Pléiade, Tome II, S. 291; Übersetzung *Ernst Forsthoff*, 1951/1992, Bd. 1, S. 84: „Daher ist doch unsere ganze Geschichte voll von Bürgerkriegen ohne Revolutionen, während die Geschichte der despotischen Staaten von Revolutionen ohne Bürgerkriege voll ist".

république est la paix et la modération » (IX 2).[734] In diesem Sinne der Mäßigung spricht er an späterer Stelle auch vom Geist der Demokratie: *« l'esprit de la démocratie »* (XII 21).[735] Die demokratisch verfasste Republik ist also zumindest unausgesprochen und mit einer gewissen Selbstverständlichkeit vom Geist der Mäßigung getragen.

Ist der Geist der Mäßigung in der Demokratie gleichsam deklaratorisch, so erweist er sich für die Aristokratie als konstitutiv. Folgerichtig bezieht Montesquieu dies auch auf bestimmte Tugenden, derer es bedarf, um die betreffende Regierungsform überhaupt erst zu ermöglichen. Innerhalb der Aristokratie ist dies ebenfalls der Geist der Mäßigung. Anders als bei der Demokratie bildet er dort jedoch ein unentbehrliches Surrogat für die fehlende Gleichheit: *« Mais, comme il est rare que là où les fortunes des hommes sont si inégales, il y ait beaucoup de vertu, il faut que les lois tendent à donner, autant qu'elles peuvent, un esprit de modération, et cherchent à rétablir cette égalité que la constitution de l'État ôte nécessairement. L'esprit de modération est ce qu'on appelle la vertu dans l'aristocratie; il y tient la place de l'esprit d'égalité dans l'État populaire »* (V 8).[736] Eine Aristokratie ohne mäßigende Einflüsse könnte nur zu leicht despotische Züge annehmen.

Wir haben bereits weiter oben in ähnlichem Zusammenhang gesehen, dass die Mäßigung nicht nur für Montesquieu untrennbar zur Aristokratie gehört (III 4), sondern bereits aus Montaignes Sicht überhaupt bezeichnend für die Gerechtigkeit ist.[737] Erneut tritt am Beispiel der zitierten Stelle zudem die erzieherische Funktion der Gesetze in Erscheinung. Eine politische Tugend, die sich angesichts der Schwäche der Menschennatur nicht von selbst verwirklichen lässt, zumindest nicht

---

734 *Montesquieu*, Œuvres complètes, Bibliothèque de la Pléiade, Tome II, S. 371; Übersetzung *Ernst Forsthoff*, 1951/1992, Bd. 1, S. 182: „Der Geist der Monarchie ist auf Krieg und Eroberung gerichtet ist, der Geist der Republik auf Friede und Maßhalten." Zu einer anderen wichtigen Aussage dieses Kapitels erhellend *Vittorio Hösle*, Moral und Politik. Grundlagen einer Politischen Ethik für das 21. Jahrhundert, 1997, S. 615 mit Fußnote 106.

735 *Montesquieu*, Œuvres complètes, Bibliothèque de la Pléiade, Tome II, S. 450; Übersetzung *Ernst Forsthoff*, 1951/1992, Bd. 1, S. 282: „Geist der Demokratie".

736 *Montesquieu*, Œuvres complètes, Bibliothèque de la Pléiade, Tome II, S. 284; Übersetzung *Ernst Forsthoff*, 1951/1992, Bd. 1, S. 75: „Da es aber dort, wo die Vermögen der Menschen so ungleich sind, selten viel Tugend gibt, müssen die Gesetze möglichst bestrebt sein, einen Geist der Mäßigung hervorzurufen, und danach trachten, die Gleichheit wiederherzustellen, die durch die Staatsverfassung zwangsläufig beseitigt wurde. Den Geist der Mäßigung bezeichne ich als die Tugend der Aristokratie; sie tritt dort an die Stelle des Gleichheitsgedankens im Volksstaat".

737 *Jens Petersen*, Montaignes Erschließung der Grundlagen des Rechts, 2. Auflage 2019, S. 42.

von allen zum Wohle aller, bedarf eines gesetzlichen Anstoßes, um das Verhalten der Rechtsunterworfenen zu steuern.[738]

In rechtstheoretischer Hinsicht bemerkenswert daran ist, dass bei der Betrachtung der unterschiedlichen Regierungsformen mit ihren jeweiligen Sachgesetzlichkeiten zentrale Elemente einander behelfsmäßig vertreten können. Das entspricht übrigens auch der wiederholt in diesem Zusammenhang angesprochenen Lehre vom beweglichen System.[739] So verhält es sich hier bei der für die Regierungsform der Republik zentralen Gleichheit, die in der Aristokratie gerade fehlt, deswegen aber durch die Tugend der Mäßigung ausgeglichen werden kann. Nur in der Despotie vermag die Mäßigung nichts zum Besseren zu wenden (VI 13). Da der Geist der Mäßigung zugleich das Prinzip der Gesetzgebung darstellt und auf diese Weise der Despotie entgegenwirkt, ergänzt er die Gewaltenteilung und bringt diese erst vollständig zur Geltung.

Auch wenn Montesquieu die Regierungsform der Monarchie wohl favorisiert (V 10),[740] bleibt er seinem im Vorwort gelobten Vorsatz treu, die Vorzüge und Nachteile der einzelnen Regierungsformen möglichst ohne Vorurteile zu schildern. Ihre Beschreibung erweist sich in rechtssoziologischer Hinsicht nicht zuletzt dadurch als weiterführend, dass die Elemente der einzelnen Regierungsformen gleichsam modellhaft dargestellt werden, um auf dieser Weise zu ermitteln, wie das Fehlen eines Elements durch den Gesetzgeber kompensiert werden kann. Allein die Despotie ist von vornherein unheilbar verdorben, weil sie aufgrund ihrer allgegenwärtigen Maßlosigkeit und Willkür keinerlei gleichwie gearteter Mäßigung zugänglich ist, sondern ihr in allen Belangen entgegenstrebt und bereits leiseste Ausprägungen in diese Richtung im Keim unterdrückt.

Es überrascht angesichts seiner Provenienz aus dem Geist der französischen Moralistik nicht, dass Montesquieu vor allem die menschlichen Leidenschaften zum Ausgangs- und Zielpunkt seiner Untersuchung der Ausgleichsbedürftigkeit im

---

738 Es ist dies allenfalls eine ganz rudimentäre Frühform dessen, was in in der modernen rechtsökonomischen Forschungsdiskussion in Anlehnung an *Richard Thaler/Cass Sunstein*, Nudge. Wie man kluge Entscheidungen anstößt, 2010, genannt wird, weil die im Untertitel aufscheinende Modalität gerade gesetzgeberische Lenkungen in verhaltensökonomischer Hinsicht behandelt. Diese legistische Möglichkeit des ‚nudging' ist vereinbar mit der beeindruckenden Theorie von *Carl Christian von Weizsäcker*, Freedom and Adaptive Preferences, 2024, die sich ihrerseits ohne weiteres auch auf Montesquieu berufen könnte.

739 *Walter Wilburg*, Die Entwicklung eines beweglichen Systems im Bürgerlichen Recht, Grazer Rektoratsrede 1950; für einen speziellen finanz- und wirtschaftsrechtlichen Bereich *Jens Petersen*, Unternehmenssteuerrecht und bewegliches System, 1999.

740 *Walter Kuhfuß*, Die Bedeutung der Mäßigung im Werk Montesquieus, in: Montesquieu-Traditionen in Deutschland. Beiträge zur Erforschung eines Klassikers (Hg. Edgar Maas/Paul-Ludwig Weinacht), 2005, S. 205.

Wege gesetzlicher Maßnahmen erklärt, etwa wenn es um die in der Aristokratie geradezu zwangsläufige Ungleichheit geht: *« De ces deux inégalités résultent des haines et des jalousies que les lois doivent prévenir ou arrêter »* (V 8).[741] Gerade die Entstehung des Hasses wird hier anthropologisch anschaulich abgehandelt, auch wenn Angst und Furcht vor despotischer Willkür letztlich noch hartnäckigere Affekte darstellen.[742] Wir haben diesen Gedanken bereits im Zusammenhang mit der überaus leistungsfähigen Theorie der negativen Anthropologie behandelt und können ihn am Beispiel dieser Stelle vertiefen.[743]

Ehrgeiz und Eifersucht sind nämlich bereits in den Maximen, Sentenzen und Reflexionen La Rochefoucaulds unausweichliche anthropologische Konstanten,[744] die das Sinnen und Trachten der Menschen gerade in der höfischen Welt bestimmen, in der das Rangdenken und der Wettbewerb um die Gunst des Monarchen eine tragende Rolle spielen.[745] Die Gesetze sollen also gerade diese beiden Affekte, welche die davon Befallenen in aller Regel absichtsvoll zu verbergen suchen, in geordnete Bahnen lenken und idealerweise präventiv unterdrücken (XXVI 13). Letzteres ist freilich wegen ihrer permanenten Präsenz und Camouflage schwerlich möglich. Von daher klingt es zunächst unscheinbar, wenn es an späterer Stelle heißt: *« Les lois doivent employer les moyens les plus efficaces pour que les nobles rendent justice au peuple. (...) Toute sorte d'asile contre l'exécution des lois perd l'aristocratie; et la tyrannie en est tout près »* (V 8).[746]

---

741 *Montesquieu*, Œuvres complètes, Bibliothèque de la Pléiade, Tome II, S. 285; Übersetzung *Ernst Forsthoff*, 1951/1992, Bd. 1, S. 76: „Aus dieser doppelten Ungleichheit entstehen Hass und Eifersucht, denen die Gesetze vorbeugen oder Einhalt gebieten müssen".

742 *Vittorio Hösle*, Moral und Politik. Grundlagen einer Politischen Ethik für das 21. Jahrhundert, 1997, S. 496 mit Fußnote 236, verdeutlicht dies bereits am Beispiel des Frühwerks.

743 Grundlegend *Karlheinz Stierle*, Montaigne und die Moralisten. Klassische Moralistik – Moralistische Klassik, 2016, S. 153: „Die klassische Moralistik in Frankreich lässt sich in ihrer Eigenart am leichtesten negativ bestimmen: Sie ist weder beschreibende oder systematische Menschenkunde noch Lehre von den Normen und Verpflichtungen des menschlichen Handelns." So vermag „die negative Anthropologie die verborgene, sich entziehende Wirklichkeit des Menschen (...) zu erfassen" (S. 154). – In gewissem – nämlich auf das Recht bezogenen, also auch rudimentär rechtsanthropologisch ausgerichtetem – Sinne ähnlich *Jens Petersen*, Nietzsches Genialität der Gerechtigkeit, 3. Auflage 2020, mit vielfältigen Hinweisen auf die französischen Moralisten, denen sich Nietzsche verbunden fühlte.

744 *François de La Rochefoucauld*, Réflexions ou sentences et maximes morales, 1665.

745 *Fritz Schalk*, Einleitung, in: Die französischen Moralisten, 1949, S. X.

746 *Montesquieu*, Œuvres complètes, Bibliothèque de la Pléiade, Tome II, S. 286; Übersetzung *Ernst Forsthoff*, 1951/1992, Bd. 1, S. 78: „Die Gesetze müssen mit allen Mitteln dahin wirken, dass der Adel dem Volk Gerechtigkeit widerfahren lässt. (...) Jeder Schutz gegen die Vollstreckung der Gesetze richtet die Aristokratie zugrunde und öffnet der Tyrannei die Tür".

Und doch ist es ein beeindruckendes Beispiel aufklärerischen Denkens eines eingefleischten Aristokraten. Fasst man die beiden zuletzt zitierten Empfehlungen zusammen, so ergibt sich nämlich folgendes Bild. Die Zielrichtung und vor allem die Vollstreckung der Gesetze muss das Volk schützen. Montesquieu urteilt also nicht standesbezogen im eigenen Interesse, sondern sieht, dass der Unterdrückung und Ausplünderung des Volkes in jeder Hinsicht durch verbindliche und unumgängliche Gesetzgebung, die auch den Adel bindet, entgegengewirkt werden muss. Im Hintergrund steht immer wieder die drohende Entartung der Regierungsformen in Richtung der Despotie.

Zur Unterstützung dieser Ziele argumentiert Montesquieu mit dem klassischen Instrumentarium der französischen Moralisten. Es ist dies vor allem der kontinuierliche Verweis auf die Gefahren der allgegenwärtigen Eitelkeit als Kehrseite jenes Ehrgeizes, der die Triebfeder der Monarchie ist: « *La loi séparoit sans cesse la monarchie; la crainte, l'ambition et la cruatuté vouloient la réunir* » (XVIII 29).[747] Es ist naheliegend, dass die entscheidenden Einsichten in der Tradition La Rochefoucaulds stehen, der als Angehöriger des hohen Adels auch die Schattenseiten unbeschränkter königlicher Machtentfaltung erfahren und daraus seine Lehren gezogen hat, die in den verborgenen Ausprägungen menschlicher Ehrsucht und Eitelkeit ihre Wurzeln haben (IV 2).[748]

Vor allem aber klingt in diesem zentralen Gedanken wohl mit Bedacht die Gewaltenteilung an (« *séparoit* »), indem das Gesetz teilendes Subjekt ist, obwohl oder gerade weil die Monarchie Bezugspunkt und Objekt dieser Teilung ist. Die niedrigen Instinkte der Menschennatur arbeiten hingegen an der Vereinigung der Gewalten in möglichst einer Person, weil sie davon auf lange Sicht am meisten profitieren konnten. Denn die daraus schlimmstenfalls hervorgehende Despotie lebt von Furcht und Grausamkeit, aber auch dem Ämterehrgeiz der Schergen des Despoten (V 14). So erweist sich diese kurze moralistische Sentenz als Paradebeispiel der Betonung der Gewaltenteilung mit den Mitteln der Moralistik.

Montesquieu variiert diesen werkimmanenten Grundgedanken immer wieder aufs Neue mit einer sprachlichen Virtuosität, die weder langweilt noch doktrinär anmutet, sondern in immer neuen Facetten die Einheit und Folgerichtigkeit des

---

747 *Montesquieu*, Œuvres complètes, Bibliothèque de la Pléiade, Tome II, S. 554; Übersetzung *Ernst Forsthoff*, 1951/1992, Bd. 1, S. 408: „Das Gesetz teilte dauernd die Monarchie; Furcht, Ehrgeiz und Grausamkeit wollen sie wieder vereinigen".

748 *Hugo Friedrich*, Montaigne, 1949, S. 202 (mit weiteren Nachweisen in Anmerkung 99 S. 471 f.) stellt die Verbindungslinie von Montaigne über La Rochefoucauld zu Montesquieu dar: „Darum trat in den höfischen Kulturen jenes Überhandnehmen der Reputationssucht ein, auf das die Destruktionspsychologie der Moralisten geantwortet hat (...), und das später von Montesquieu ebenso knapp wie unvergleichlich beschrieben werden sollte".

zugrundeliegenden systematischen Fundaments erweist. Das zeigt zugleich beispielhaft die Vereinbarkeit von Montesquieus systematischem Denken mit seiner Herkunft aus der französischen Moralistik. Die vollendete sprachliche Beherrschung dieser wird in den Dienst jener Sache gestellt, die auf systematisch sicherem Boden die Gewaltenteilung begründet und nach moralistischer Manier alle Entartungen der Regierungsformen vorausschauend entlarvt, indem sie das verhängnisvolle Zusammenspiel von Furcht, Ehrgeiz und Grausamkeit veranschaulicht, unter dem die Despotie gedeiht (XVIII 29).

Denn diese negativen Affekte wirken oft stärker und beherrschen den von der Eitelkeit Getriebenen mitunter empfindlicher als die äußeren Grenzen der Macht, zu der sie freilich in einem inneren Kausal- und Verweisungszusammenhang stehen.[749] Doch auch die allfällige Begrenzung der Macht fordert die Eitelkeit und Herrschsucht des Monarchen heraus, wie die folgende moralistisch geprägte Maxime verdeutlicht, die einmal mehr ein Kapitel beschließt: « *Ainsi, comme les monarques doivent avoir de la sagesse pour augmenter leur puissance, ils ne doivent pas avoir moins de prudence afin de la borner. En faisant cesser les inconvénients de la petitesse, il faut qu'ils aient toujours l'œil sur les inconvénients de la grandeur* » (IX 6).[750]

Montesquieu ist die wirkungsvoll an den Schluss gestellte Klugheit in die Einsicht der allfälligen Begrenzung der Macht ersichtlich wichtiger zu betonen, als die Weisheit zur Vermehrung der Macht, die sich bereits im Gefolge der Herrschsucht und Habsucht einstellen wird. Wenn er eingangs gleichwohl die Weisheit zur Voraussetzung erhebt, dann scheint wohl bereits dort das Postulat der weisen Mäßigung gegenüber aufkeimender Hybris auf. Der umsichtige Nachsatz hebt diese doppelte Warnung nochmals so deutlich hervor, dass die vorausschauende Selbstbescheidung gegenüber imperialistischen Tendenzen als entschieden vorzugswürdig erscheint. Beeindruckend ist die in diesem kunstvoll zusammengefügten Gedanken zum Ausdruck kommende persuasive Eleganz der französischen Moralistik,

---

749 *Karlheinz Stierle*, Montaigne und die Moralisten. Klassische Moralistik – Moralistische Klassik, 2016, S. 154, hat die negative Anthropologie zu einem bestimmenden Merkmal der Moralistik erhoben, deren außerordentliche Leistungsfähigkeit im Hinblick auf den im Text genannten Zusammenhang sich bereits weiter oben erwiesen hat und im weiteren Verlauf dieses Kapitels noch weiter zeigen wird.

750 *Montesquieu*, Œuvres complètes, Bibliothèque de la Pléiade, Tome II, S. 374; Übersetzung *Ernst Forsthoff*, 1951/1992, Bd. 1, S. 187: „Wenn daher ein Monarch Weisheit besitzen muss, um seine Macht zu vermehren, so braucht er ebensoviel Klugheit, um sie zu begrenzen. Während er die Nachteile der Kleinheit zu beseitigen sucht, muss er sein Augenmerk beständig auf die Nachteile der Größe richten." Dazu im weiteren Sinne *Vittorio Hösle*, Moral und Politik. Grundlagen einer Politischen Ethik für das 21. Jahrhundert, 1997, S. 627 mit Fußnote 124.

die sich nicht in das Gefolge der Fürstenspiegel einreihen lässt, sondern gleichsam aus eigenem Recht zwanglos Mäßigung nahelegt.

Daraus erhellt zugleich, dass gerade der Eitelkeit innerhalb der Regierungsform der Aristokratie durch die Gesetze Einhalt geboten werden muss, wie Montesquieu ebenfalls aus der Tradition der französischen Moralisten bestens wusste: *« Enfin, il ne faut point que les lois favorisent les distinctions, que la vanité met entre les familles, sous prétexte qu'elles sont plus nobles ou plus anciennes »* (V 8).[751] Er zieht somit im Hinblick auf die Gesetzgebung die Konsequenzen aus den Einsichten der französischen Moralisten und denkt diese in rechtstheoretischer Hinsicht fort, indem er die von ihnen mit aller Klarsicht freigelegten menschlichen Schwächen – insbesondere das in der Moralistik allgegenwärtige Motiv der Eitelkeit und Ehrsucht – durch behutsame legislatorische Eingriffe einzuhegen versucht. Er setzt offenbar voraus, dass in den alten Adelsgeschlechtern ein unersättliches Rangdenken vorherrscht, welches sodann als Ausprägung allfälliger Mäßigung im Wege behutsamer gesetzlicher Zurückhaltung nicht weiter befeuert wird, so dass es allmählich von selbst auf das Normalmaß herabgestutzt wird.

Interessanterweise findet sich der überraschende Bezug zur Familie im Hinblick auf die Gesetzgebung noch in anderem Zusammenhang nämlich bei der konkreten Abfassung gesetzlicher Vorschriften, die der Gesetzgeber nach Art eines ebenso fürsorglichen wie verständigen Sorgeberechtigten ohne artifiziellen Anspruch oder intrikate Winkelzüge formulieren solle: *« Les lois ne doivent point être subtiles; elles sont faites pour des gens de médiocre entendement : elles ne sont point un art de logique, mais la raison simple d'un père de famille »* (XXIX 16).[752] Auch an solchen Stellen zeigt sich Montesquieus Sinn für Maß und Mitte, weil er ohne jede intellektuelle Herablassung das im besten Sinne begriffene Mittelmaß menschlicher Vernunftbegabung als Adressaten der Gesetzgebung erkennt. Die Verwirklichung der Gerechtigkeitsidee durch den Geist der Mäßigung besteht für ihn also zunächst und vor allem in der Ermittlung des rechten Maßstabs.

Es ist bezeichnend für sein Vorgehen, dass Montesquieu zunächst charakteristische Beobachtungen über bestimmte Prozesse innerhalb einer Regierungsform anstellt und auf dieser Grundlage die gesetzgeberischen Herausforderungen be-

---

751 *Montesquieu*, Œuvres complètes, Bibliothèque de la Pléiade, Tome II, S. 288; Übersetzung *Ernst Forsthoff*, 1951/1992, Bd. 1, S. 80: „Endlich dürfen die Gesetze nicht die Unterschiede begünstigen, welche die Eitelkeit unter den Familien durch Berufung auf ihre größere Vornehmheit oder ihr höheres Alter erzeugt".

752 *Montesquieu*, Œuvres complètes, Bibliothèque de la Pléiade, Tome II, S. 878; Übersetzung *Ernst Forsthoff*, 1951/1992, Bd. 2, S. 366: „Gesetze dürfen nicht spitzfindig sein; denn sie werden für Leute mit einem Durchschnittsverstand geschaffen; sie sollen kein logisches Kunstwerk, sondern der Ausdruck der gesunden Vernunft eines Familienvaters sein".

stimmt. So verhält es sich bei der Behandlung der Monarchie, deren prozedurale Vorteile er mit rechtssoziologischer Scharfsicht herausarbeitet, um gleichsam ein Gegengewicht zu ermitteln, das im Wege der Gesetzgebung die korrespondierenden Nachteile auszugleichen geeignet ist: *« Le gouvernement monarchique a un grand avantage sur le républicain : les affaires étant menées par un seul, il y a plus de promptitude dans l'exécution. Mais, comme cette promptitude pourroit dégénérer en rapidité, les lois y mettront une certaine lenteur. Elles ne doivent pas seulement favoriser la nature de chaque constitution, mais encore remédier aux abus qui pourroient résulter de cette même nature »* (V 10).[753]

Daran lässt sich ein Grundgedanke des Esprit des Lois in bemerkenswerter Weise veranschaulichen, weil eben auch der Geist der jeweiligen Institutionen sowie die Schwächen der in ihnen waltenden Individuen vorausschauend berücksichtigt werden müssen.[754] Ambivalent ist freilich der gepriesene Vorteil der Geschäftsführung durch einen Einzelnen und des damit vorgeblich verbundenen raschen Vollzugs. Denn beides trifft auch auf die Despotie zu und veranschaulicht unwillkürlich oder hintersinnig, wie leicht jene vorzugswürdige Herrschaftsform in die zutiefst verabscheuungswürdige der Despotie abgleiten kann. Vorteil und korrespondierendes Risiko müssen also jederzeit gegeneinander abgewogen, ins Verhältnis zueinander gesetzt und einer Gefahrenbewertung unterzogen werden. Man wird daher auch hier unausgesprochen und im Sinne des weiter oben Festgestellten den Geist der Mäßigung gleichsam vor der Klammer mitdenken müssen.

Montesquieu berücksichtigt nicht zuletzt durch seine Herkunft aus der französischen Moralistik den in der *« condition humaine »* begründeten Umstand, dass jedem Vorzug einer beliebigen Regierungsform infolge der allgegenwärtigen menschlichen Schwächen – hier in Gestalt der Gefahr überstürzter Entscheidungen – unweigerlich ein Mangel gegenübersteht, der einer Kompensation bedarf. Insofern führt interessanterweise gerade die Berücksichtigung menschlicher Schwä-

---

753 *Montesquieu*, Œuvres complètes, Bibliothèque de la Pléiade, Tome II, S. 289; Übersetzung *Ernst Forsthoff*, 1951/1992, Bd. 1, S. 82: „Die monarchische Regierungsform hat einen großen Vorzug vor der republikanischen, da die Geschäfte nur von einem einzelnen geleitet werden, ist eine schnellere Vollstreckung möglich. Da aber diese Schnelligkeit in Übereile ausarten könnte, müssen die Gesetze für eine gewisse Verlangsamung sorgen; denn sie müssen nicht nur die Eigenart jeder Verfassung begünstigen, sondern auch die Schäden heilen, die vielleicht gerade aus dieser Eigenart entstehen".

754 *Vittorio Hösle*, Moral und Politik. Grundlagen einer Politischen Ethik für das 21. Jahrhundert, 1997, S. 668 mit Fußnote 180, ruft unter Verweis auf Montesquieus Frühwerk eine bedeutsame Entdeckung, die wohl auch für das Verständnis des Hauptwerks von Bedeutung ist, chiastisch in Erinnerung: „Vermutlich hat Montesquieu recht, wenn er schreibt, daß bei der Entstehung von Gesellschaften die führenden Individuen die Institutionen und danach die Institutionen die führenden Individuen formen".

chen zu einem systematischen Entgegenwirken; so irrational dies vorderhand erscheint, zeigt es gerade, dass Montesquieus Hang zur Systematik und sein Herkommen aus der französischen Moralistik im Esprit des Lois vereinbar sind und nicht im Widerspruch zueinanderstehen.

Diese Einsicht ist umso bemerkenswerter, als sie auf den ersten Blick kontraintuitiv und womöglich sogar zynisch anmutet, da die gewollte Verlangsamung der Verwaltung eigentlich als mangelhaft angesehen wird. So kann sich eine negative Eigendynamik entwickeln, die er beispielsweise mit Blick auf den Handel ausmacht, wo die Langsamkeit sich häufig sogar verstärkt: *« La lenteur produit souvent une plus grande lenteur »* (XXI 6).[755] Auch im Zusammenhang mit dem Steuerrecht, aber durchaus darüber hinaus verallgemeinerbar, spricht er vom drohenden *« l'esprit de paresse »* (V 9).[756] Menschliche Schwäche, insbesondere mangelnde Eigeninitiative können also gerade der wirtschaftlichen Prosperität im Wege stehen.

Auf der anderen Seite kann dieses retardierende Moment aber gerade in einer Monarchie dadurch heilsame Wirkung entfalten, weil die damit einhergehende bürokratische Bedächtigkeit eben auch die Möglichkeit bietet, impulsive Entscheidungen des Monarchen durch gesetzmäßige Verzögerung zu entschärfen: *« Les corps qui ont le dépôt des lois n'obéissent jamais mieux que quand ils vont à pas tardifs, et qu'ils apportent, dans les affaires du prince, cette réflexion qu'on ne peut guère attendre du défaut de lumières de la cour sur les lois de l'État, ni de la précipitation de ses Conseils »* (V 10).[757]

Man vergleiche die spielerische Leichtigkeit und abgeklärte Weisheit dieser Empfehlung einer gewissen Entschleunigung mit den schwerblütigen Ausführungen Max Webers zur bürokratischen Herrschaft, um zu ermessen, wie eine

---

755 *Montesquieu*, Œuvres complètes, Bibliothèque de la Pléiade, Tome II, S. 608; Übersetzung *Ernst Forsthoff*, 1951/1992, Bd. 2, S. 32: „Die Langsamkeit bringt häufig eine noch größere Langsamkeit mit sich".

756 *Montesquieu*, Œuvres complètes, Bibliothèque de la Pléiade, Tome II, S. 289; Übersetzung *Ernst Forsthoff*, 1951/1992, Bd. 1, S. 82: „Geist der Trägheit".

757 *Montesquieu*, Œuvres complètes, Bibliothèque de la Pléiade, Tome II, S. 289 f.; Übersetzung *Ernst Forsthoff*, 1951/1992, Bd. 1, S. 82: „Die Körperschaften, welche die Hüter der Gesetze sein sollen, erfüllen ihre Pflicht nie besser, als wenn sie langsam vorgehen und in die Geschäfte des Fürsten die Überlegung hineintragen, die man von der mangelnden Einsicht des Hofes in die Staatsgesetze und von seinen überstürzten Beschlüssen kaum erwarten kann", mit Fußnote 2, in der Montesquieu *Tacitus*, Annales 6.32, wörtlich zitiert (zu diesem Kapitel *Jens Petersen*, Recht bei Tacitus, 2019, S. 49, 82, 186). Die Pointe dieser aufschlussreichen Stelle liegt allerdings in den drei folgenden Worten, die er nicht mehr zitiert: ‚valuit tamen utilitas'.

Rechtssoziologie auch aus dem Geist der Moralistik entstehen konnte.[758] Sie ist dadurch nicht notwendigerweise leistungsfähiger, aber vielleicht doch imstande, aus langjähriger Praxis gewonnenes Erfahrungswissen dadurch beizusteuern, dass diejenigen, welche die Gesetze bewahren sollen, notfalls Zeit für sich arbeiten lassen, während derer sich ein unverhoffter Gesinnungswandel impulsiver Entscheidungsträger einstellen kann. Doch selbst, wenn dies ausbleibt, vermag sie immerhin, mangelnde Rationalität einsamer Entscheidungen in der Einsicht unvermeidlicher menschlicher Schwäche abzufedern.

Wie sehr Montesquieus diesbezügliche Gedanken in der französischen Moralistik wurzeln und zugleich deren herrschaftssoziologische Ausprägung bedeuten, wird gegen Ende des zwölften Buches deutlich, wo er eine mögliche Regierungsweise aphoristisch vorstellt, ohne sich verbindlich darauf festlegen zu wollen: *« Il y a une certaine facilité dans le commandement »* (XII 25).[759] Gerade in der Verbindung der einerseits prosaischen Tatsachenfeststellung einer solchen Möglichkeit der Erteilung von Weisungen mit der andererseits so eleganten Form, die ins Unverbindliche (*« une certaine »*) zu gehen scheint, wo es gerade um Verbindliches geht, zeigt sich die Verbindungslinie zwischen Rechtssoziologie und französischer Moralistik.

Auch in einer Monarchie bestehen nach Montesquieu von der Person des Monarchen zu unterscheidende Institutionen, die als Hüter der Gesetze fungieren (V 10). Fehlten diese oder würde ihre notfalls retardierende Tätigkeit willkürlich beschränkt, dann läge letztlich eine Despotie vor, wie man nach dem soeben Bedachten ergänzen darf. Aus den unterschiedlichen Prinzipien und Eigenarten der Regierungsformen ergibt sich auch die Menge der zu regelnden Sachverhalte sowie die Zahl der Gesetze überhaupt. Die meisten wird es in der Republik geben, weil dort alle Individuen prinzipiell rechtsgleich sind.

Innerhalb der Monarchie sind es schon weniger Gesetze, darunter freilich diejenigen, die auch den Monarchen binden, weil er sonst wiederum nur zu leicht zum Despoten entartet. Deswegen benötigt man in der Despotie die wenigsten,

758 *Karlheinz Stierle*, Montaigne und die Moralisten. Klassische Moralistik – Moralistische Klassik, 2016, S. 296, hebt die erkenntnisfördernde Möglichkeit des Spielerischen innerhalb des moralistischen Denkens hervor, wenn man es recht begreift: „In einer negativen Anthropologie gewinnt das ludistische Element epistemologische Dignität. Moralistische Gedanken, wenn das Sprachspiel der Moralistik zündet, sind Textemergenzen im Denkgebiet der negativen Anthropologie. (...) Moralistik ist ein Sprachspiel von Harsardeuren".

759 *Montesquieu*, Œuvres complètes, Bibliothèque de la Pléiade, Tome II, S. 454; Übersetzung *Ernst Forsthoff*, 1951/1992, Bd. 1, S. 286: „Es gibt eine gewisse Leichtigkeit im Befehlen", unter Verweis auf ein Tacitus-Wort über Nerva; gemeint sein könnte *Tacitus*, Agricola, 3.1; dazu *Jens Petersen*, Recht bei Tacitus, 2019, S. 53 und öfter.

zumal da die Gesetze dort ohnehin keinerlei Schutz gegen Willkür gewährleisten könnten: *« Le gouvernement despotique a pour principe la crainte : mais à des peuples timides, ignorants, abattus, il ne faut pas beaucoup de lois »* (V 14).[760] In der Despotie ist der Wille des Gewaltherrschers oberstes Gesetz, dem sich alle anderen – Gesetze wie Untertanen – fügen müssen, so dass auch erstere keinen besonderen Regelungsgehalt haben. Letztlich regiert hier die allgegenwärtige Angst vor den unberechenbaren Launen des Despoten und der mehr oder minder grausamen Vollstreckung durch seine Schergen.

Das vom Willkürherrscher beabsichtigte Resultat ist kein schlichter Quietismus, sondern sogar noch schlimmer als jede Friedhofsruhe, weil es auf einen Zustand permanenter angstvoller Erwartung der persönlichen Katastrophe hinausläuft: *« Comme le principe du gouvernement despotique est la crainte, le but en est la tranquillité; mais ce n'est point une paix, c'est le silence de ces villes que l'ennemi est près d'occuper »* (V 14).[761] Es gibt daher auch keine trennscharfe Unterscheidung zwischen Zivilgesetzen, Strafrecht und Staatsrecht, da es einer gesetzmäßigen Verwaltung ohnehin ermangelt. Denn alles ist dem Herrscher gleichermaßen untertan.

Von geradezu dichterischer Ausdruckskraft, aber durchaus auch Empathie, zeugt das abschließende Bild der angstvollen Stille vor dem Ansturm der Feinde. Es mag nicht die eigentümlich französische Richtung der Moralistik mit ihrer feinsinnig ironischen Verknappung repräsentieren, ist aber hinsichtlich der in der Metapher festgehaltenen äußersten Beklommenheit einerseits und der sprungbereiten Aggression andererseits gleichwohl gerade deswegen moralistisch gefärbt, weil es nicht moralisiert, sondern in der zum Abwarten verdammten Passivität im doppeldeutigen Sinne ein gegenläufiges Gleichgewicht des Schreckens abbildet.[762]

Auch in dieser Hinsicht ist Montesquieus Betrachtung der Despotie bei aller konzisen Berücksichtigung des Rechts – oder besser gesagt: des Unrechts – keine rein juristische, sondern bemerkenswerterweise eher eine soziologische, weil die Gesetze ohnehin wenig zählen und sich die Verwaltung letztlich auf die Vollstreckung des Willens des Despoten beschränkt: *« La politique, ses ressorts et ses lois y*

---

760 *Montesquieu*, Œuvres complètes, Bibliothèque de la Pléiade, Tome II, S. 292; Übersetzung *Ernst Forsthoff*, 1951/1992, Bd. 1, S. 86: „Die despotische Regierung beruht auf dem Prinzip der Furcht: für eingeschüchterte, unwissende und geknechtete Völker aber braucht man nicht viele Gesetze".

761 *Montesquieu*, Œuvres complètes, Bibliothèque de la Pléiade, Tome II, S. 294; Übersetzung *Ernst Forsthoff*, 1951/1992, Bd. 1, S. 88: „Bildet die Furcht das Prinzip, so ist die Ruhe das Ziel der despotischen Regierung; aber diese Ruhe ist kein Friede, sondern die Stille von Städten vor der Eroberung durch den Feind".

762 *Corrado Rosso*, Montesquieu moraliste. Des lois au bonheur, 1971, S. 45 ff., überschreibt das zweite Kapitel seines Werkes treffend mit *«Le style de Montesquieu et les images ‚liquides'»*.

doivent être bornés; et le gouvernement politique y est aussi simple que le gouvernement civil » (V 14).[763] Sein vordringliches Interesse gilt hier angesichts der juristisch öden und tristen Lage den Auswirkung solchen Terrors auf die Gesellschaft, welche die Despotie mit sich bringt. An die Stelle einer gesetzmäßigen Verwaltung tritt dort die schiere, unberechenbare Willkür und allgegenwärtige Angst vor ihren vorgeblichen Rechtsakten.

Montesquieu geht auch in dieser Hinsicht kosmopolitisch vor und betrachtet die Despotien ferner Länder paradigmatisch, wobei diese selbst für die vorliegende Betrachtung nicht entscheidend sind, weil es ihm vor allem darum geht, den Widersinn unnötiger Härte zu veranschaulichen: *« Les peines outrées peuvent corrompre le despotisme même »* (VI 13).[764] Doch es ist buchstäblich eine bestimmte Blickrichtung, die er bezüglich der dortigen als zu streng erachteten Gesetze einnimmt und mitnichten Ausdruck der Geringschätzung eines bestimmtes Landes oder der Geistesart seiner Bewohner, denen er an anderer Stelle besonderen Respekt entgegenbringt (XXIV 14). Gerade die Schilderung des Panoramas der Trostlosigkeit, das sich in all diesen Stellen zeigt und auffallend häufig mit den sprachlichen Mitteln der französischen Moralistik verdeutlicht wird, verweist unausgesprochen allenthalben auf die Erforderlichkeit der Gewaltenteilung (XI 6).

Folgerichtig ist es die fehlgeleitete Regierungsform als solche, die er im Hinblick auf die Härte der verhängten Strafen verabscheut: *« Mais le despotisme ne connoît point ces ressort; il ne mène pas par ces voies. Il peut abuser de lui, mais c'est tout ce qu'il peut faire »* (VI 13).[765] Die Länder, in denen despotische Willkür herrscht, sind letztlich austauschbar, weil die Regime sich nicht strukturell unterscheiden, sondern an Härte gegen die Untergebenen wechselseitig übertreffen. Zielrichtung seiner Invektiven ist also wiederum die Despotie als ubiquitär anzutreffende Regierungsform. Der Despot selbst kann sich allerdings hinter einer leutseligen, scheinbar weltoffenen Fassade tarnen und selbst durch unberechenbare Milde sein wahres Gesicht zeitweise verbergen.

Montesquieu lobt den ursprünglichen Geist der Milde in bestimmten Ländern, um später anhand bestimmter Regelungen deren gänzliche Umkehr zu den Ideen

763 *Montesquieu,* Œuvres complètes, Bibliothèque de la Pléiade, Tome II, S. 293; Übersetzung *Ernst Forsthoff,* 1951/1992, Bd. 1, S. 87: „Die Politik mit ihren Triebfedern und Gesetzen hat hier nur geringen Spielraum, und die Staatsverwaltung ist hier deshalb ebenso einfach wie die Zivilverwaltung".

764 *Montesquieu,* Œuvres complètes, Bibliothèque de la Pléiade, Tome II, S. 322; Übersetzung *Ernst Forsthoff,* 1951/1992, Bd. 1, S. 123: „Übertriebene Strafen können sogar dem Despotismus schaden".

765 *Montesquieu,* Œuvres complètes, Bibliothèque de la Pléiade, Tome II, S. 323; Übersetzung *Ernst Forsthoff,* 1951/1992, Bd. 1, S. 124: „Aber der Despotismus kennt diese Triebfedern nicht, er geht solche Wege nicht".

menschlicher Vernunft zu geißeln: *« Les lois renversent toutes les idées de la raison humaine »* (XII 17).[766] Man wird also diesen Gesichtspunkt mangelnder Übereinstimmung mit der Vernunft neben seiner Verachtung despotischer Härte ebenfalls mitberücksichtigen müssen, wenn Montesquieu die Strenge bestimmter Gesetze auf Ursprung und Geist zurückführt (VI 13). Hervorzuheben ist, dass er auch im Zusammenhang mit den vielfältigen Erscheinungsformen und Maßnahmen despotischen Einschreitens jederzeit die möglichen Wechselwirkungen mit den Sitten und der Religion des jeweiligen Volkes als entscheidend für die Gesetzgebung erachtet, auch wenn diese nur zu selten in Richtung eines Geistes der Mäßigung zielen werden.

Das Problem der Perpetuierung despotischer Herrschaft besteht seit jeher in der Sukzession. Allenthalben erkennt Montesquieu Misstrauen und Rivalität, die einer geordneten Nachfolge entgegenstehen, ja sogar zum Mord innerhalb der Familie führen. Es ist bezeichnend für seinen pragmatisch ausgerichteten Verstand, der einfache Lösungen bevorzugt, dass Montesquieu den Erstgeborenen prinzipiell favorisiert, weil dies die Nachfolge gerade aus Sicht des Volkes nachvollziehbar und im Vorhinein bestimmbar regelt: *« L'ordre de succession étant une des choses qu'il importe le plus au peuple de savoir, le meilleur est celui qui frappe le plus les yeux, comme la naissance, et un certain ordre de naissance. Une telle disposition arrête les brigues, étouffe l'ambition; on ne captive plus l'esprit d'un prince foible, et l'on ne fait point parler les mourants »* (V 14).[767]

Die in Betracht kommenden Abstriche, die man bezüglich der Befähigung des Erstgeborenen möglicherweise machen muss, werden also ausgeglichen durch die Rechtssicherheit. Der elegante Nachsatz veranschaulicht wiederum den Geist der französischen Moralistik, insbesondere im Hinblick auf die Gefahr von Einflüsterungen beziehungsweise nachträgliche Ausdeutung letzter Worte des sterbenden Despoten. Es zeigt den erfahrenen Juristen, die Manipulationsmöglichkeiten letztwilliger Verfügungen zu kennen und sprachlich so pointiert und einprägsam auf den Punkt zu bringen, dass sich darin zugleich der anerkennungswürdige Geltungsgrund der Regelung entfaltet, mag diese auch ihrerseits noch so unvollkom-

766 *Montesquieu*, Œuvres complètes, Bibliothèque de la Pléiade, Tome II, S. 446; Übersetzung *Ernst Forsthoff*, 1951/1992, Bd. 1, S. 277, wonach „die Gesetze alle Begriffe der menschlichen Vernunft umstoßen".

767 *Montesquieu*, Œuvres complètes, Bibliothèque de la Pléiade, Tome II, S. 296; Übersetzung *Ernst Forsthoff*, 1951/1992, Bd. 1, S. 90 f.: „Da die Thronfolgeanordnung etwas ist, auf dessen Kenntnisse es dem Volke sehr ankommt, so ist die Ordnung die beste, die am meisten ins Auge springt, wie das Erstgeburtsrecht oder eine durch die Geburt bestimmte Folge. Solch eine Bestimmung verhindert Kabalen und erstickt den Ehrgeiz; man nimmt dann den Geist eines schwachen Fürsten nicht mehr gefangen und lässt Sterbende nicht mehr reden".

men sein. Zu den Stilmitteln, mit denen Montesquieu die sich immer wieder bemerkbar machenden Geburtsmängel der Despotie geißelt, gehört eben auch seine Ironie, der eine gewisse Leichtigkeit und Heiterkeit zu eigen ist. So legt gerade der zuletzt zitierte Satz Zeugnis ab vom Einfluss der französischen Moralistik im Esprit des Lois.

Dank dieser distanzierten und souveränen Haltung des *« honnête homme »*, der sich auch dort nie ereifert, wo er äußerste Ablehnung gegenüber einer Regierungsform erkennen lässt, gelingt es ihm zu erklären, warum eine so sehr auf Furcht und Schrecken gründende Herrschaftsform, welche die Freiheit beseitigt, gleichwohl in so vielen Gegenden der Welt zu Hause ist.[768] Montesquieu nimmt dies zum Anlass, inmitten so grauenvoller Schreckensberichte über despotische Herrschaften als Gegenstück die hohen Anforderungen anzudeuten, unter denen eine ausgewogene Regierung bestehen kann: *« Pour former un gouvernement modéré, il faut combiner les puissances, les régler, les tempérer, les faire agir; donner, pour ainsi dire, un lest à l'une, pour la mettre en état de résister à une autre; c'est un chef-d'œuvre de législation, que le hasard fait rarement, et que rarement on laisse faire à la prudence »* (V 14).[769]

Diese im Schatten der Behandlung der Despotie stehenden Sätze, die dementsprechend auf wenig fruchtbarem Boden gedeihen, gehören gleichwohl zu den bemerkenswertesten Feststellungen der ersten fünf Bücher, weil auch sie das Fundament legen für jenen berühmten Abschnitt über die Gewaltenteilung (XI 6). Denn in gewisser Hinsicht setzen sie die Erforderlichkeit der Gewaltenteilung bereits voraus und widmen sich schon der überaus anspruchsvollen Frage nach der Gewaltengliederung und der allfälligen Austarierung der Kräfte und Mächte, die in einem Staatswesen walten und miteinander ringen.[770] Am Beispiel dieser Stelle lässt sich zudem der Zusammenhang zwischen der die Despotie bannenden Gewaltenteilung und dem Geist der Mäßigung ersehen.

---

768 *Karlheinz Stierle*, Text als Handlung. Grundlegung einer systematischen Literaturwissenschaft, Neue, veränderte und erweiterte Auflage, 2012, S. 352 Fußnote 19, zum *«honnête homme»*. Aufschlussreich auch *Corrado Rosso*, Montesquieu moraliste. Des lois au bonheur, 1971, S. 100.

769 *Montesquieu*, Œuvres complètes, Bibliothèque de la Pléiade, Tome II, S. 297; Übersetzung *Ernst Forsthoff*, 1951/1992, Bd. 1, S. 92: „Denn um eine gemäßigte Regierung zu bilden, muss man die verschiedenen Gewalten miteinander verbinden, sie ordnen, mäßigen, zum Einsatz bringen, der einen sozusagen Ballast mitgeben, damit sie der anderen widerstehen kann: ein Meisterwerk der Gesetzgebungskunst ist hier von Nöten, das der Zufall selten hervorbringt und dass man ebenso selten der Klugheit überlässt".

770 *Ernst-Wolfgang Böckenförde*, Die Theorie der Gewaltengliederung, in: Montesquieu-Traditionen in Deutschland. Beiträge zur Erforschung eines Klassikers (Hg. Edgar Maas/Paul-Ludwig Weinacht), 2005, S. 153, zum Begriff der Gewaltengliederung.

Denn zum einen geht es im Ausgangspunkt um die Bildung einer gemäßigten Regierung, vor allem aber um die Bändigung der unterschiedlichen Gewalten. Mitunter kann der Begriff Gewaltenmäßigung womöglich ergänzend erklären, was Montesquieu im Sinne hat. Paradigmatisch zeigt Montesquieu, wie durch den Kontrast der Schreckensbilder der Despotie, die er gerade mit den sprachlichen Mitteln der französischen Moralistik wirkungsvoll perhorresziert, allmählich die Bedingungen für eine gelingende Staatsverfassung im Geist der Freiheit und Mäßigung durch Gewaltenteilung hervorscheinen.

Nicht von ungefähr spricht er im Anschluss an eine so kunstreiche Darstellung von einem Meisterwerk der Kunst der Gesetzgebung.[771] Die bestmögliche Verfassung, die er der Sache nach meint, ist entsprechend dem vielsagenden Nachsatz weder als Zufallsprodukt schierer Kontingenz zu erhoffen noch in konstruktivistischer Klügelei zu entwerfen, sondern muss sich – so darf man wohl den Gedanken vervollständigen – in historischer und rechtsvergleichende Betrachtung ebenso allmählich herausbilden, wie er es an der weiter oben behandelten Stelle im Hinblick auf das vorzugswürdige Wirken derjenigen Institutionen verlangt hat, welche die Hüter der Gesetze sein sollen (V 10). Und doch dürfte ihm aufgrund der moralistischen Herkunft seines Denkens stets gegenwärtig gewesen sein, dass sich die Vielgestaltigkeit der Wirklichkeit, der die Gesetzgebung beikommen soll, einer geordneten Subsumtion nicht immer fügt und mitunter widersetzt.[772]

---

771 *Hugo Friedrich*, Montaigne, 1949, S. 224, hat ohne Anspruch auf Vollständigkeit eine Reihe von Gesichtspunkten aufgezählt, welche die Moralistik ausmachen und die – wie man vielleicht hinzufügen darf – auch Montesquieu im Rahmen seiner systematischen Arbeit zur Gesetzgebung stets unausgesprochen mitberücksichtigt haben könnte, um kein weltfremdes System zu ersinnen, sondern die Besonderheiten der *«condition humaine»* stets gegenwärtig zu halten: „Antinomische Widersprüchlichkeit, – normfreie Tatsächlichkeit, – Wandelbarkeit, – Unterschiedenheit nach Individuen, nach Ständen, Völkern Ländern, Erdteilen, – Heraustreten aus den herkömmlichen Rubriken der Affektenlehre, – Inkongruenz von Motiv und Tat, – Lebensbewegung in einem Schicksal, das aufgefaßt ist als kombinationsunendliche, unberechenbare, dem Wahrscheinlichen meist zuwiderlaufende Zufälligkeit. Dieses Menschenbild kann sich äußern in einer praktisch-taktischen Interessenklugheit, es kann aufsteigen zu einer philosophischen Anthropologie und weiterhin zu einer echten Lebensweisheit. Das sind Niveauunterschiede, die aber innerhalb des Gemeinsamen bleiben." – Die nach solchen Kriterien geprägte und bei Montaigne erlernte Lebensklugheit war wohl eine wesentliche Bedingung dafür, dass Montesquieu eingedenk dessen unsystematisch verstreuter Gedanken zum Recht (zu ihnen *Jens Petersen*, Montaignes Erschließung der Grundlagen des Rechts, 2. Auflage 2019) über diese hinausgehen und innerhalb seines nur äußerlich nach Art der exakten Wissenschaften systematisch geleiteten Vorgehens den Geist der Gesetze erfassen und damit einen derartigen ‚Niveau-Unterschied' begründen konnte.

772 *Karlheinz Stierle*, Text als Handlung. Grundlegung einer systematischen Literaturwissenschaft, Neue, veränderte und erweiterte Auflage, 2012, S. 196, beobachtet am Beispiel Montaignes, was mutatis mutandis auch für Montesquieu gelten dürfte: „Exemplum ist hier der nicht subsumier-

An markanten Stellen greift Montesquieu dementsprechend zum Mittel der kontrastierenden Entgegensetzung, um die Besonderheiten der Regierungsformen darzustellen, die den Geist der Gesetze prägen. So verhält es sich etwa im Rahmen der unter dem Gesichtspunkt der Rechtsstaatlichkeit heiklen Frage, ob und gegebenenfalls unter welchen Voraussetzungen Vermögen eingezogen werden kann.[773] Montesquieu geht hier unausgesprochen dialektisch vor, indem er zunächst die Despotie behandelt, bei der die Unterschlagung des Vermögens durch die Amtswalter tagtäglich begegnet. Auf eine rhetorisch bemerkenswerte Weise macht Montesquieu die dort grassierende Veruntreuung der Unterschlagung öffentlichen Vermögens buchstäblich manifest, indem er die Hände der ungetreuen Amtswalter in den Mittelpunkt stellt: *« Le gouvernement ne sauroit être injuste sans avoir des mains qui exercent ses injustices; or il est impossible que ces mains ne s'emploient pour elles-mêmes. Le péculat est donc naturel dans les États despotiques »* (V 15).[774]

Die instrumentelle und durchaus konkrete Betrachtung des für die Unrechtsbegehung unverzichtbaren Amtsträgers, der sich die Hände schmutzig macht und dem auf die Finger geschaut wird, ist in ihrer mitschwingenden Mehrdeutigkeit ganz im Sinne der französischen Moralistik. Darüber hinaus aber und damit zusammenhängend gilt dies auch im Hinblick auf die von Montesquieu mitbegründete Rechtssoziologie. Denn er schildert nicht einfach spröde den abstrakten Ablauf durch die vollstreckenden Organe, sondern berücksichtigt den konkreten Gehilfen, der womöglich seinerseits noch im Wege konkludenter Unrechtsvereinbarung die Hand aufhält, sofern er dadurch nicht den Despoten schädigt, vor dem auch er in ständiger Angst lebt.

All dies zeigt Montesquieus klarsichtigen soziologischen Blick für die Lebensverhältnisse in einem Klima der Angst, unter dem sich niemand der Früchte ehrlicher Hände Arbeit sicher sein kann und sich daher dort leichter an fremdem Gut vergreift, wo Vermögen durch seine Hände geht. Die stilsichere Versinnbildlichung der Hand als pars pro toto in einer korrupten Regierungsform, in der die Menschen

bare einzelne Fall, dem selbst durch eine noch so weit getriebene Diversifikation der Gesetze keine Gerechtigkeit widerfahren kann, weil er letzten Ende nur mit sich selbst übereinstimmt." – Montesquieu dürfte diese Gefahr als Leser Montaignes ebenfalls auf Schritt und Tritt im Blick gehalten haben.

773 Vgl. auch *Friedrich August von der Heydte*, Die Persönlichkeit Montesquieus und seine Werke – Lehrmeister des modernen Rechtsstaats, in: Montesquieu-Traditionen in Deutschland. Beiträge zur Erforschung eines Klassikers (Hg. Edgar Maas/Paul-Ludwig Weinacht), 2005, S. 111.

774 *Montesquieu*, Œuvres complètes, Bibliothèque de la Pléiade, Tome II, S. 298; Übersetzung *Ernst Forsthoff*, 1951/1992, Bd. 1, S. 94: „Die Regierung kann nicht ungerecht sein, wenn ihr keine Hände zur Verfügung stehen, um diese Ungerechtigkeiten zu begehen: nun ist es aber ausgeschlossen, dass diese Hände nicht auch für sich selber sorgen. Daher ist die Amtsunterschlagung in despotischen Staaten gang und gäbe".

unweigerlich habgierig werden, weil sie unwillkürlich wenigstens einen ungerechtfertigten Ausgleich für ihre ständige Furcht begehren, veranschaulicht sinnfällig Montesquieus Prägung durch die französische Moralistik mit ihrer erfahrungsmäßig erworbenen Menschenkunde, die ihn alle Ausprägungen der Despotie durchschauen und die Bedeutung der Gewaltenteilung hervorheben lässt.

Dieser These einer zwingenden Vermögenseinziehung in korrupten Despotien stellt er als Antithese die Fragwürdigkeit, ja das kategorische Verbot von Vermögenseinziehungen innerhalb der Republik entgegen, weil man dort unweigerlich in verbriefte Eigentumsrechte eingreifen würde. Auch hier findet er eine sprachmächtige Formulierung, mit der er die Republik wortwörtlich beseelt, der ja die Liebe zur Gleichheit eigentümlich ist, er wie bereits zu Beginn des Werkes geltend gemacht hat (V 4): *« Dans les républiques, elles feroient le mal d'ôter l'égalité qui en fait l'âme, en privant un citoyen de son nécessaire physique »* (V 15).[775]

Es ist bezeichnend für Montesquieu, dass er denselben Grundgedanken immer aufs Neue variiert, scheinbar nur wiederholt, bei näherem Hinsehen aber um einen maßgeblichen Aspekt oder eine zuspitzende Begriffsprägung bereichert, die bei nächster Gelegenheit gleichsam mühelos zu einem Erkenntniszuwachs führt. So kann man auch die vielfältigen Erscheinungsformen der Gewaltenteilung, deren Anklänge die Leser bis dahin bereits mehrfach vernommen haben, als Vorbereitungen jenes berühmten sechsten Kapitels des elften Buchs begreifen, dessen Quintessenz schon vorgezeichnet ist, wenn man die ersten zehn Bücher daraufhin durchsieht, wie Montesquieu mit den sprachlichen Mitteln und der aphoristischen Knappheit der französischen Moralistik in immer neuen Sentenzen die Schrecken der entfesselten Gewalten innerhalb der Despotie ausmalt.

Kehren wir aber nach dieser Gegenüberstellung von These und Antithese bezüglich der Vermögenseinziehung in den beiden denkbar unterschiedlichen Regierungsformen zurück zur Synthese, die Montesquieu einmal mehr unter Heranziehung historischer Beispiele entwickelt. Erstaunlicherweise sieht er ausgerechnet in der Vermögenseinziehung nach Majestätsverbrechen einen tragfähigen Gesichtspunkt, obwohl die einschlägigen historischen Quellen eher den Schluss nahelegen, dass es sich zumindest unter den römischen Kaisern um eine verdeckte Form der Despotie gehandelt hat, in der gerade das Majestätsverbrechen zum Vorwand gemacht wurde, um die senatorische Prinzipatsopposition zu schwächen und willkürlich zu entreichern:[776] *« Une loi romaine veut qu'on ne*

775 *Montesquieu*, Œuvres complètes, Bibliothèque de la Pléiade, Tome II, S. 299; Übersetzung *Ernst Forsthoff*, 1951/1992, Bd. 1, S. 94: „In einer Republik aber würden sie den Nachteil haben, die Gleichheit, die Seele der Republik, zu beseitigen, indem sie einem Bürger seinen notdürftigen Unterhalt raubten".

776 *Jens Petersen*, Recht bei Tacitus, 2019, § 2, mit vielen Beispielsfällen.

confisque que dans le cas de crime de lèse-majesté au premier chef. Il seroit souvent très sage de suivre l'esprit de cette loi, et de borner les confiscations à de certains crimes. Dans les pays où une coutume locale a disposé des propres, Bodin dit très bien qu'il ne faudroit confisquer que les acquêts » (V 15).[777]

Montesquieu geht es hier ersichtlich nicht um die verzweigte Kasuistik der Einzelfälle zu den Einziehungen des Vermögens nach Majestätsprozessen, sondern vielmehr um die Grundrichtung der betreffenden Gesetze.[778] Denn die Stelle ist nicht zuletzt deswegen augenscheinlich von paradigmatischer Bedeutung, weil Montesquieu selbst hier sinngemäß vom ‚Geist dieses Gesetzes' (*« l'esprit de cette loi »*) spricht. Ihm ist zur Abwendung von willkürlicher Bereicherung der öffentlichen Gewalt zu Lasten einzelner Betroffener oder gar mutwillig Ausgewählter daran gelegen, einen Numerus clausus von Delikten zu bestimmen, bei denen eine solche Vermögenseinziehung im öffentlichen Interesse liegen und auch gerechtfertigt sein kann.

Montesquieu argumentiert also teleologisch und stets unter Berücksichtigung allgemeiner Prinzipien, hier in Gestalt der Rechtssicherheit. Es ficht ihn nicht an, dass diese vielleicht bei näherem Hinsehen durch die konkrete historische Praxis gerade infrage gestellt wurde: *« Car, en fait de pratique, on ne sait que ce que l'on pratique »* (XXVIII 40).[779] Hieran zeigt sich beiläufig seine durchaus pragmatische Grundhaltung, die ihm wohl im Unterschied zu Giambattista Vico, seinem Zeitgenossen und Mitbegründer der Rechtssoziologie, eine vergleichsweise größere Be-

777 *Montesquieu,* Œuvres complètes, Bibliothèque de la Pléiade, Tome II, S. 299; Übersetzung *Ernst Forsthoff,* 1951/1992, Bd. 1, S. 94 f.: „Ein römisches Gesetz bestimmt, dass eine Vermögensbeschlagnahme nur im Fall eines Majestätsverbrechens gegen das Staatsoberhaupt selbst stattfinden dürfen. Es wäre häufig sehr klug, dem Geist dieser Gesetze zu folgen und Gütereinziehungen auf bestimmte Verbrechen zu beschränken. In den Ländern, wo nach örtlichem Gewohnheitsrecht das Eigentum Sonderbestimmungen unterliegt, sollte, wie Bodin sehr richtig sagt, nur der Vermögenszuwachs beschlagnahmt werden dürfen".

778 *Hugo Friedrich,* Montaigne, 1949, S. 224, hat am Beispiel der Kasuistik innerhalb der Theologie ein für die Moralistik typisches Paradoxon herausgearbeitet: „Sie (sc. die Theologie) bildet die Kasuistik aus, – vielleicht das markanteste Ereignis moralistischen Denkens, weil hier die wandelbare menschliche Wirklichkeit bis in alle Einzelheiten verselbständigt wird und die Zerstörung der sittlichen Idee trotz gegenteiliger Absicht drastisch hervortritt." – Dieses Paradoxon gilt womöglich auch im Hinblick auf den Stellenwert der Moralistik bezüglich der für für Montesquieu im Vordergrund stehenden Jurisprudenz, die dadurch gerade nicht zu einer reinen Morallehre wird, sondern im engeren Sinne teleologisch argumentiert, im weiteren aber durch die Relevanz der Sitten für die Bestimmung des als Inbegriff verstandenen Geistes der Gesetze nach wie vor sittlich fundiert ist".

779 *Montesquieu,* Œuvres complètes, Bibliothèque de la Pléiade, Tome II, S. 856; Übersetzung *Ernst Forsthoff,* 1951/1992, Bd. 2, S. 339: „Denn in Dingen der Praxis kennt man nur das, was wirklich ausgeübt wird".

deutung gesichert hat. Ebenso wie jener freilich bringt auch Montesquieu das historische Anschauungsmaterial der Rechtsgeschichte zur Geltung, freilich anders als dieser nicht dasjenige der Frühgeschichte.[780]

Auf diese Weise gelangt Montesquieu mit einem spezifisch neuzeitlichen Gerechtigkeitsgesichtspunkt zu einem durchaus modernen legislatorischen Instrument, nämlich der Gewinnabschöpfung unrechtmäßig erlangten Vermögens zur Eindämmung der Bereicherungsabsicht auf Kosten des Gemeinwohls. Daran zeigt sich beiläufig, dass Montesquieus theoretische Durchdringung der Materie zugleich für die Praxis taugt.[781] Denn anders als das zuletzt zitierte moralistisch gefärbte Wort vermuten lassen könnte, trennt er als Systematiker Theorie und Praxis nicht hermetisch voneinander, sondern legt ein Bedingungsverhältnis zugrunde; weil und sofern etwas theoretisch widerspruchsfrei und folgerichtig durchdacht ist, erweist es sich als praxistauglich. Montesquieus Wort ist daher von keinerlei theoretischer Geringschätzung inspiriert, sondern bewusst in moralistischer Manier überspitzt formuliert (XXVIII 40). Die Tonstelle liegt hier wie auch sonst so oft bei Montesquieu auf dem Wissensmoment (*« sait »*). In dieser Hinsicht ist er den Schottischen Aufklärern näher als dem Königsberger Denker oder dem neapolitanischen Gelehrten.

Die Gegenüberstellung der Despotie mit den anderen Regierungsformen, insbesondere der Republik, setzt sich auf der Ebene des Wissens und Wollens fort. Denn in der Despotie zählt allein der Wille des Despoten. Da dieser Wille überallhin durchgesetzt und in allen Instanzen vollstreckt werden muss, besteht das Dilemma der Unkenntnis der Untergebenen, die Gefahr laufen, ihren eigenen Willen ohne befehlswidrige Absicht an die Stelle desjenigen des Herrschers zu setzen, zumal da dieser sich jederzeit ändern kann:[782] *« Mais dans le despotisme, où la loi n'est que la volonté du prince, quand le prince seroit sage, comment un magistrat pourroit-il suivre une volonté qu'il ne connoît pas? Il faut qu'il suive la sienne. (…) Enfin, la loi étant la volonté momentanée du prince, il est nécessaire que ceux qui veulent pour lui, veuillent subitement comme lui »* (V 16).[783]

780 *Jens Petersen*, Vicos Kulturgeschichte des Rechts, 2022, § 1, zu weiteren Gemeinsamkeiten und Unterschieden.

781 *Immanuel Kant*, Über den Gemeinspruch: Das mag in der Theorie richtig sein, taugt aber nicht für die Praxis, Berlinische Monatsschrift 1793, S. 201, hat dies ein halbes Jahrhundert später wissenschaftstheoretisch ausgearbeitet; dazu aus juristischer Sicht *Claus-Wilhelm Canaris*, Theorienrezeption und Theorienstruktur, Festschrift für Zentaro Kitawaga, 1992, S. 59 f. mit Fußnote 7; *ders.*, Funktion, Struktur und Falsifikation juristischer Theorien, Juristenzeitung 1993, 377; vgl. auch *Jens Petersen*, Kants Recht der Freiheit, 2024, S. 2 ff.

782 *Corrado Rosso*, Montesquieu moraliste. Des lois au bonheur, 1971, S. 111, ebenfalls zur folgenden Stelle.

783 *Montesquieu*, Œuvres complètes, Bibliothèque de la Pléiade, Tome II, S. 300; Übersetzung *Ernst Forsthoff*, 1951/1992, Bd. 1, S. 96: „Wie könnte aber in einer Despotie, wo das Gesetz nur der Wille

Man kann die Regierungsform der Despotie schwerlich treffender durch eine rhetorische Frage entlarven, als es Montesquieu hier gemacht hat. Er zeichnet das auf allen Ebenen drohende Machtvakuum anschaulich nach und legt auf diese Weise zugleich die Sollbruchstelle despotischer Regierungen frei, in denen alles an Einem hängt, dessen Wille so unerforschlich ist, wie seine Launen unvorhersehbar sind. Da die Lakaien jedoch jederzeit mit dem Leben dafür einstehen müssen, dass sie den Willen des Despoten erkennen und vollstrecken, vervielfältigt sich die Willkür, vor allem aber die Angst derer, die in seinem unmittelbaren Umfeld tätig sind, und diese daher nach unten weiterverbreiten.

Montesquieus besondere Fähigkeit besteht nicht zuletzt darin, die Absurdität des despotischen Herrschaftssystems in allen Verästelungen und mit allen Konsequenzen so darzustellen, dass es inmitten dieser Ausführungen nur eines einzigen Satzes bedarf, der die Despotie schon deswegen noch trostloser erscheinen lässt, weil er die Vorzugswürdigkeit der an die Gesetze gebundenen Regierungsformen zum Leuchten bringt: *« Dans les pays modérés, la loi est partout sage, elle est partout connue, et les plus petits magistrats peuvent la suivre »* (V 16).[784] Man beachte die anthropomorph klingende Formulierung des klugen Gesetzes, die an die in der juristischen Methodenlehre diskutierte und bereits weiter oben angesprochene Frage erinnert, ob das Gesetz klüger sein kann als der Gesetzgeber.[785]

Nicht minder wichtig ist die conditio sine qua non solcher Gesetze, nämlich das Bestehen einer gemäßigten Regierung. Allein der Geist der Mäßigung als Prinzip der Gesetzgebung bietet Gewähr für das Dasein kluger und allgemein bekannter, verständlicher Gesetze, die auch diejenigen anzuwenden vermögen, welche über keine vertieften Rechtskenntnisse verfügen. Denn gerade verwaltungsrechtliche Vorschriften sollten nach Auffassung Montesquieus möglichst so verständlich abgefasst sein, dass die zuständigen Amtswalter keine Rechtsgelehrten sein müssen und auch gar nicht sein sollten, um sie reibungslos anzuwenden.

Die gemäßigte Regierung als solche bürgt seines Erachtens dafür, dass hier jegliche Willkür ausgeschlossen ist, ebenso wie umgekehrt – so kann man im Um-

---

des Herrschers ist, ein Beamter einem Willen, selbst wenn er weise wäre, gehorchen, den er nicht kennt? Er kann daher nur seinem eigenen folgen. (...) Da endlich das Gesetz nur der Augenblickswille des Fürsten ist, so müssen die, welche für ihn wollen, auch jeden Augenblick wollen wie er".

784 *Montesquieu*, Œuvres complètes, Bibliothèque de la Pléiade, Tome II, S. 300; Übersetzung *Ernst Forsthoff*, 1951/1992, Bd. 1, S. 96: „In den gemäßigten Regierungen gibt es immer kluge Gesetze, die auch überall bekannt sind und nach denen die kleinsten Beamten sich richten können".

785 *Claus-Wilhelm Canaris*, „Falsches Geschichtsbild von der Rechtsperversion im Nationalsozialismus" durch ein Porträt von Karl Larenz?, Juristenzeitung 2011, 879; *Jens Petersen*, Anfechtung und Widerruf des Vertrags, Liber amicorum Detlef Leenen, 2012, S. 219, 226.

kehrschluss folgern – unter einer despotischen Regierung alle anderen Bedingungen erfüllt sein könnten, ohne dass Rechtssicherheit herrschte, weil der Wille des Despoten jederzeit alles durchkreuzen könnte und daher selbst der in der Hierarchie am tiefsten stehende Amtswalter im Zweifel dem mutmaßlichen Willen des Despoten gemäß entscheiden würde. Da er diesen jedoch notwendigerweise niemals ganz erfassen kann, weil wegen der völligen Intransparenz und Irrationalität solcher Systeme Informationsdefizite und Missverständnisse schon wegen der allgegenwärtigen Angst naheliegen, kann in jeder noch so vorsichtigen Entscheidung eine dem Amtswalter verhängnisvolle Anmaßung von Wissen erblickt werden.[786]

Wenn man den Zusammenhang berücksichtigt, in dem Montesquieu diese Gedanken entwickelt, dann kann man angesichts der Komponente mangelnden Wissens um den Willen des Despoten zu der Einsicht gelangen, dass er bereits davon ausgegangen ist, dass in einem guten Gesetz so viele historische Erfahrungen gespeichert sind und so viel Wissen der am Gesetzgebungsverfahren beteiligten Personen eingegangen ist, dass schon deswegen das Gesetz klüger sein kann als der Gesetzgeber.[787] Die anderen Regierungsformen sind jedoch der despotischen Herrschaft auch deswegen überlegen, weil die Gesetze eben ihrer Natur nach allenthalben bekannt gemacht worden sein müssen. Hieran lässt sich auch ersehen, warum die Gleichheit für Montesquieu die Seele der Republik ist (V 15). Denn die Bekanntheit der Gesetze ist in der Republik eine Bedingung für die Gleichheit vor dem Gesetz.

Es ist bezeichnend für seine Methode, dass Montesquieu gute Gesetze von schlechten unterscheidet, nachdem er zuvor einen bestimmten Gesichtspunkt behandelt, der häufig in der Überschrift zur Geltung kommt, etwa die Geschenke, die man unter einer bestimmten Regierungsform den Entscheidungsträgern und Amtswaltern machen darf: *« C'étoit une mauvaise loi que cette loi romaine qui permettoit aux magistrats de prendre de petits présents pourvu qu'ils ne passassent pas cent écus dans toute l'année »* (V 17).[788] Auch hieran zeigt sich die Praxisgerechtigkeit seines Denkens, welche das Missbrauchspotential und die Umgehungsmöglichkeiten jeder Gesetzgebung bereits vorausschauend einkalkuliert.

---

786 In Anlehnung an *Friedrich August von Hayek*, Die verhängnisvolle Anmaßung (Band B 7 seiner Gesammelten Schriften in deutscher Sprache, Hg. Viktor Vanberg, 2011); dazu *Jens Petersen*, Freiheit unter dem Gesetz. Friedrich August von Hayeks Rechtsdenken, 2014.

787 Zu dieser Problematik, die sich interessanterweise auch bei seinem kongenialen Zeitgenossen stellt, *Jens Petersen*, Vicos Kulturgeschichte des Rechts, 2022, S. 343.

788 *Montesquieu*, Œuvres complètes, Bibliothèque de la Pléiade, Tome II, S. 301; Übersetzung *Ernst Forsthoff*, 1951/1992, Bd. 1, S. 97: „Es war ein schlechtes Gesetz in Rom, dass den Beamten erlaubte, kleine Geschenke anzunehmen, wenn nur ihr Wert hundert Taler im ganzen Jahr nicht überstieg".

Denn eine derartige Freigrenze könnte leicht dazu führen, dass die Amtswalter alles unternehmen würden, um diesen Betrag jährlich auch wirklich einzustreichen. Dass Montesquieus ohnehin seismographisches Judiz gerade in dieser Hinsicht noch besonders fein austariert ist, dürfte wohl mit seinem außerordentlichen wirtschaftlichen Verständnis zusammenhängen. Jede Leistung verlangt nach einer Gegenleistung, jeder Gefallen nach einem Gegengefallen. Seine Betrachtungsweise ist so kategorisch und synallagmatisch, dass sie sogar modernen Compliance-Vorgaben ohne weiteres Rechnung tragen könnte.

Montesquieu wusste, dass jede Schwelle gleichwie gearteter Geringfügigkeit nur zu leicht überschritten oder umgangen wird. Zudem kannte er die Natur der Menschen ebenso wie die Einsicht der Stoiker, wonach die Befriedigung von Bedürfnissen unweigerlich neue und weiter ausschweifende nach sich zieht, nichts sich selbst genug ist: *« Ceux à qui on ne donne rien, ne désirent rien; ceux à qui on donne un peu, désirent bientôt un peu plus, et ensuite beaucoup. D'ailleurs, il est plus aisé de convaincre celui qui, ne devant rien prendre, prend quelque chose, que celui qui prend plus, lorsqu'il devrait prendre moins, et qui trouve toujours, pour cela, des prétextes, des excuses, des causes et des raisons plausibles »* (V 17).[789]

Die seziererische Trennschärfe dieses Gedankens, mit dem rechtmäßige von rechtswidriger Amtswaltung unter dem Gesichtspunkt des Lasters der Habgier voneinander geschieden werden, bildet ein Beispiel der Rechtsfindung im Geiste der französische Moralistik. Seine Klarsicht und Lebensklugheit zeigen sich vor allem in der komplementären Überlegung. Jede Freigrenze hat den Nachteil, dass sie durch verdeckte Geschäfte überschritten werden kann. Allein ein kategorisches Verbot genügt den Forderungen der Rechtssicherheit und vor allem der Beweisbarkeit. Die Rigidität dieser Auffassung irritiert zunächst, ist es doch für gewöhnlich geradezu ein Markenzeichen seiner praktischen Vernunft und von Augenmaß bestimmten Urteilskraft, Kompromisse zu suchen, Standpunkte miteinander zu versöhnen und den Rechtsfrieden im Blick zu halten.

Doch nicht zuletzt seine früheren Betrachtungen über die Größe und den Niedergang der Römer dürften ihn eines Besseren belehrt haben,[790] weil die all-

---

789 *Montesquieu*, Œuvres complètes, Bibliothèque de la Pléiade, Tome II, S. 301 f.; Übersetzung *Ernst Forsthoff*, 1951/1992, Bd. 1, S. 97 f.: „Wem man nichts schenkt, der begehrt auch nichts; wem man aber wenig schenkt, der wird bald etwas mehr und endlich viel verlangen. Im Übrigen ist es viel leichter, einen Beamten zu überführen, der etwas annimmt, obwohl er nichts nehmen durfte, als einen, der mehr forderte, als er hätte nehmen dürfen, und hierfür immer Ausflüchte, Entschuldigungen, Gründe und einleuchtende Erklärungen bereit hat".

790 *Helmut Stubbe-Da Luz*, Montesquieu, 1998, S. 62, zitiert aus *Montesquieu*, Größe und Niedergang Roms (Hg. Lothar Schuckert), 1980, S. 5, die folgende, von einem sonst bei ihm eher seltenen anthropologischen Pessimismus zeugende Sichtweise aus seinen ‚Betrachtungen über Größe und

gegenwärtige Korruption innerhalb der späten Republik mit ihren klientelistischen Freundschaftsdiensten und Gegengefallen zumindest mitursächlich für den Verfall der Republik waren.[791] Hier kommt der erste Halbsatz einer später entwickelten Einsicht Montesquieus zur Geltung: *« Lorsque les principes du gouvernement sont une fois corrompus, les meilleures lois deviennent mauvaises, et se tournent contre l'État; lorsque les principes en sont sains, les mauvaises ont l'effet des bonnes; la force du principe entraîne tout »* (VIII 11).[792]

Dieser vergleichsweise spät innerhalb des Werkes angeordnete Gedanke veranschaulicht den Prinzipienrang im Hinblick auf die Regierungsformen besonders deutlich und zeigt, warum Montesquieu so viel Sorgfalt auf deren Ermittlung gelegt hat, um im weiteren Verlauf der Erörterung immer wieder darauf verweisen zu können. Zugleich illustriert dies die Interdependenz zwischen Prinzipien einer Regierung und der Qualität der Gesetze. Montesquieus apodiktische, aphoristisch knappe Bemerkung der buchstäblich mitreißenden Wirkung des Prinzips illustriert nicht nur seine moralistische Provenienz, sondern auch seinen von Hegel gerühmten tiefen Blick.[793] Das darin zum Ausdruck kommende unerschütterliche Prinzipiendenken, in dem sich bereits eine Wertungs- und Prinzipienjurisprudenz ankündigt,[794] veranschaulicht nicht nur Montesquieus Rang als Aphoristiker, sondern auch als Systematiker – und zeigt zugleich, dass beides miteinander vereinbar ist: systematisches Denken und die pointierte Prägnanz der französischen Moralistik.[795]

Niedergang der Römer": „Da die Menschen zu allen Zeiten die gleichen Leidenschaften gehabt haben, so sind zwar die Anlässe, die die großen Veränderungen hervorrufen, verschieden, jedoch die Ursachen immer die gleichen." – Aber gerade diese pessimistische – er selbst würde wahrscheinlich ebenso wie La Rochefoucauld einwenden: realistische – Tendenz mit ihrer Ausrichtung auf die Unveränderlichkeit der menschlichen Affekte, vor allem der Eigenliebe, des Neides, der Herrsch- und Habsucht, veranschaulicht die geistesgeschichtliche Verordnung dieses Gedankens in der französischen Moralistik.

791 *Tacitus*, Annales, 1.2.2.

792 *Montesquieu*, Œuvres complètes, Bibliothèque de la Pléiade, Tome II, S. 357; Übersetzung *Ernst Forsthoff*, 1951/1992, Bd. 1, S. 166: „Sind die Prinzipien einer Regierung verdorben, so werden die besten Gesetze schlecht und wenden sich gegen den Staat; sind aber die Prinzipien gesund, so wirken selbst schlechte Gesetze gut: die Kraft des Prinzips reißt alles mit sich".

793 Vgl. *Georg Wilhelm Friedrich Hegel*, Grundlinien der Philosophie des Rechts, 1821, § 273.

794 *Peter Landau*, Die Rechtsquellenlehre in der deutschen Rechtswissenschaft des 19. Jahrhunderts, in: Juristische Theoriebildung und Rechtliche Einheit, Rättshistoriska Studier (Hg. Claes Petersson), Bd. XIX, 1993, S. 69, zur Prinzipienjurisprudenz; vgl. auch *Jens Petersen*, von der Interessenjurisprudenz zur Wertungsjurisprudenz, 2001.

795 *Karl Löwith*, Nietzsches Philosophie der ewigen Wiederkehr des Gleichen, 1935, S. 11, hat im Hinblick auf jenen Denker, welcher der französischen Moralistik so verbunden war, mit einer ingeniösen Formulierung gezeigt, dass dies auch umgekehrt gilt, indem er von einem „System in

Zudem erweist sich aufs Neue die Bedeutung des Esprit des Lois. Es geht nicht im Sinne einer vordergründigen Teleologie um den Sinn und Zweck bestimmter Gesetze. Vielmehr hängen die Gesetze von denjenigen Faktoren ab, die in ihrer Gesamtheit den Geist der Gesetze ausmachen, nämlich den Sitten und Gebräuchen, der Religion, des Handels, des Klimas oder eben den Regierungsformen. Stehen im letzteren Falle die Gesetze mit den Prinzipien einer bestimmten Regierung grundsätzlich im Einklang und ergibt sich zugleich, dass die Prinzipien valide sind, dann setzen sie sich durch und können gleichsam unzureichende Gesetze heilen.

So erklärt sich auch sein diesbezüglicher Überblick über die drei Regierungsformen im Hinblick auf die Geschenke: *« Dans une république, les présents sont une chose odieuse, parce que la vertu n'en a pas besoin. Dans une monarchie, l'honneur est un motif plus fort que les présents. Mais, dans l'État despotique, où il n'y a ni honneur ni vertu, on ne peut être déterminé à agir que par l'espérance des commodités de la vie »* (V 17).[796] Auch in dieser Hinsicht bewähren sich also seine ursprünglich formulierten Beweggründe der Tugend innerhalb der Republik und der Ehre innerhalb der Monarchie, denen die Despotie nichts Gleichwertiges entgegenzusetzen hat.

Denn unter ihrer Herrschaft verrotten selbst Gesetze, die für sich betrachtet unter einer prinzipienfesten Regierung annehmbar oder sogar gut sein könnten, da die Rechtsanwendung unweigerlich durch ängstlich vorauseilenden Gehorsam und Habgier beeinträchtigt würde. Die von Korruption und Verdorbenheit durchsetzte Despotie infiziert selbst die besten Gesetze, weil sie je nach dem Grade des Eigennutzes des Amtswalters willkürlich angewendet werden. Dieser muss sich seinerseits immer angstvoll rückversichern, dass er nicht zumindest mittelbar oder unabsichtlich dem Despoten unrechtmäßige Einkünfte entzieht, ist dieser doch der Einzige, den er nicht einmal unvorsätzlich übervorteilen darf, weil er sonst damit rechnen muss, die Differenz mit seinem Leben zu begleichen.

Montesquieus abschließende Begründung, wonach unter einem Despoten ohnehin auch nur die geringste Handlung allein durch den Anreiz dessen, was das Leben angenehm macht, erwirkt wird, ist nicht nur Ausdruck seiner Menschenkenntnis, sondern steht durchaus in der Tradition der französischen Moralistik, die

---

Aphorismen" sprach. Näher *Jens Petersen*, Nietzsches Genialität der Gerechtigkeit, 3. Auflage 2020, S. 7 ff.

796 *Montesquieu*, Œuvres complètes, Bibliothèque de la Pléiade, Tome II, S. 301; Übersetzung *Ernst Forsthoff*, 1951/1992, Bd. 1, S. 97: „In einer Republik sind Geschenke verfemt, weil die Tugend ihrer nicht bedarf. In einer Monarchie ist die Ehre ein triftigerer Grund als Geschenke. In einem despotischen Staate aber, wo es weder Ehre noch Tugend gibt, kann man zum Handeln nur durch die Aussicht auf die Annehmlichkeiten des Lebens bewogen werden".

eben immer auch ins Schwarze der Menschennatur zielen und treffen, um ein Wort Nietzsches über La Rochefoucauld und andere Moralisten in Erinnerung zu rufen.[797] Es gilt gerade für die durch Herrschsucht und Habsucht geprägte Regierungsform der Despotie und veranschaulicht, warum Montesquieu deren schrankenlose Gewaltherrschaft aus dem Geist der Moralistik so treffend erfasst hat, dass er mit besonders prägnanten Worten die Notwendigkeit erkannte, derartigen Auswüchsen im Wege der Gewaltenteilung Fesseln anzulegen (XI 6).

Denn der Geltungsgrund jenes innerhalb der Despotie eingeschränkten Handlungsanreizes auf die Erlangung des Schönen und Angenehmen ist überaus naheliegend (V 17). Unter despotischer Herrschaft hängen alle Gunsterweise ohnehin nur vom Despoten und seinen Schergen ab und können jederzeit wieder entzogen werden. Mittelfristig sich rechnende Vorteile sind daher unlukrativ, weil man ihren Ertrag nicht mit Gewissheit einstreichen, womöglich gar nicht mehr erleben wird. Langfristige Investitionsentscheidungen, die für die von Montesquieu stets umfassend berücksichtigte Wirtschaft im Sinne der Mehrung des allgemeinen Wohlstands sinnvoll sein könnten,[798] bleiben erst recht aus, weil Korruption grassiert und Rechtssicherheit durch Rechtsstaatlichkeit fehlt.[799] Gedanken wie dieser veranschaulichen beispielhaft, dass Montesquieu beständig auf die eingangs herausgearbeiteten Prinzipien und Triebfedern zurückgreifen kann, um praktisch alle Verfallserscheinungen der Regierungsformen auf ihren Kern zurückzuführen.

Am deutlichsten wird dies zu Beginn des achten Buches, dessen erstes Kapitel nicht von ungefähr in einer einzigen leitsatzartigen Aussage besteht, um ihre Wichtigkeit hervorzuheben: *« La corruption de chaque gouvernement commence*

---

797 *Friedrich Nietzsche*, Menschliches, Allzumenschliches, I, 36: „La Rochefoucauld und jene anderen französischen Meister der Seelenprüfung (...) gleichen scharf zielenden Schützen, welche immer und immer wieder ins Schwarze treffen – aber ins Schwarze der menschlichen Natur." *Karlheinz Stierle*, Montaigne und die Moralisten. Klassische Moralistik – Moralistische Klassik, 2016, S. S. 278., präzisiert („ins Schwarze der menschlichen Seele") und gründet nicht zuletzt darauf die tiefdringende Darlegung seiner überzeugenden „negativen Anthropologie".

798 *Vittorio Hösle*, Moral und Politik. Grundlagen einer Politischen Ethik für das 21. Jahrhundert, 1997, S. 580, hat ganz im Sinne der auch hier vertretenen Unterscheidung zwischen juristischen und soziologischen Aspekten auf einen epochalen Erkenntnisgewinn hingewiesen, der Montesquieu gerade im Hinblick auf das Wirtschaftsrecht zu verdanken ist: „Es ist Montesquieus Verdienst, den *nicht juristischen, sondern soziologischen Zusammenhang zwischen den unterschiedlichen Sphären des Rechts* erkannt zu haben: Das Staatsrecht einer Republik verlangt zwar nicht aus logischen Gründen, aber doch um den Staatsbürgern die politische Macht zu erhalten, nach einem anderen Wirtschaftsrecht als es in einer Despotie sinnvoll wäre." Hervorhebung nur hier.

799 Vgl. nur *Daron Acemoğlu/James A. Robinson*, Why Nations Fail. The Origins of Power, Prosperity, and Poverty, 2012.

presque toujours par celle des principes » (VIII 1).[800] Bemerkenswert ist wiederum die geschliffene, aphoristische Form dieser prägnanten Sentenz, die jenseits ihres politischen Gehalts den Ursprung in der französischen Moralistik erkennen lässt, weil der Verfall der Grundsätze aus Engste mit der Lasterhaftigkeit der Regierenden selbst verwoben ist. Zudem zeigt sich erneut die Montesquieu eigentümliche Verbindung moralistisch gefärbter sprachlicher Kürze mit systematischem Prinzipiendenken. Dieses wird sogar durch jene umso deutlicher zum Ausdruck gebracht und erhält zugleich eine einprägsame Eleganz.

Sein von Hegel anerkennend festgestellter tiefer Blick in die Prinzipien der Regierungsformen bestätigt sich denn auch nicht von ungefähr wiederum am Beispiel der Despotie.[801] Denn dort ist der Einzelne lediglich Untertan und als solcher den Launen des Despoten hörig, nur nichtswürdiger Petent und Objekt staatlicher Strafe, sobald ihm Zuwiderhandlungen gleich welcher Art auch nur vorgeworfen werden, ohne ihrer überführt sein müssen: *« Cela doit être ainsi dans un gouvernement où personne n'est citoyen; dans un gouvernement où l'on est plein de l'idée que le supérieur ne doit rien à l'inférieur; dans un gouvernement où les hommes ne se croient liés que par les châtiments que les uns exercent sur les autres; dans un gouvernement où il y a peu d'affaires, et où il est rare que l'on ait besoin de se présenter devant un grand, de lui faire des demandes, et encore moins des plaintes »* (V 17).[802]

Auch hier beeindruckt Montesquieus soziologische Klarsicht, zugleich aber, dass er über alles Faktische hinaus dem Begriff des Bürgers – *« citoyen »* – eine gewisse normative Komponente zuerkennt, deren in der Freiheit wurzelnde Voraussetzungen innerhalb der Despotie gerade nicht vorliegen. So sind denn auch seine Ausführungen über die Geschenke innerhalb der unterschiedlichen Staatsformen Zeugnis seiner aufklärerischen Absicht. Dementsprechend zeigt sich am Beispiel potentiell korrumpierender Zuwendungen paradigmatisch, dass er stets beide Pole im Blick hat: den permanent drohenden Verfall der Regierungsform wie die Möglichkeit des Einzelnen, sich innerhalb der Republik zu bewähren und zum

800 *Montesquieu*, Œuvres complètes, Bibliothèque de la Pléiade, Tome II, S. 349; Übersetzung *Ernst Forsthoff*, 1951/1992, Bd. 1, S. 156: „Der Verfall einer jeden Regierung beginnt fast immer mit dem Verfall ihrer Grundsätze".

801 *Georg Wilhelm Friedrich Hegel*, Grundlinien der Philosophie des Rechts, 1821, § 273.

802 *Montesquieu*, Œuvres complètes, Bibliothèque de la Pléiade, Tome II, S. 301; Übersetzung *Ernst Forsthoff*, 1951/1992, Bd. 1, S. 97: „Dahin muss es kommen in einem Land, wo niemand Bürger ist; wo man von der Vorstellung ausgeht, dass der Höherstehende auf den Untergebenen keinerlei Rücksicht zu nehmen braucht; wo die Menschen sich miteinander nur durch Strafen verbunden fühlen, die sie gegenseitig übereinander verhängen; wo es wenig Geschäfte gibt und man selten in die Lage kommt, sich mit Bitten oder gar Klagen an einen Großen zu wenden".

Bürger im besten Sinne zu werden: *« C'est une règle générale, que les grandes récompenses dans une monarchie et dans une république sont un signe de leur décadence, parce qu'elles prouvent que leurs principes sont corrompus; que, d'un côté, l'idée de l'honneur n'y a plus tant de force; que, de l'autre, la qualité de citoyen s'est affoiblie »* (V 18).[803]

Dass Montesquieu dies eher von der negativen Seite aus beurteilt, entspringt einer gewissen Neigung zum Verfallsdenken und ist zugleich Ausweis jener in der Moralistik zum Vorschein kommenden und ihr entsprechenden Anthropologie.[804] Dieses Verfallsdenken ist jedoch gerade innerhalb der Monarchie nachvollziehbar, weil das Abgleiten in die Despotie vergleichsweise leicht möglich ist, wenn etwa der Adel nur noch der repräsentativen Verherrlichung absolutistischer Strukturen dient. Dies veranschaulicht zugleich, dass auch die beste Republik in Gefahr schwebt, wenn die Tugend als Triebfeder dieser Regierungsform nachlässt oder nicht mehr bei allen Bürgern gleichermaßen vorhanden ist. Insofern zeugt sein ökonomisch versierter Sinn für vorderhand unscheinbare Symptome, wie es etwa Gratifikationen sind, die in keinem Verhältnis zur erwiesenen Gegenleistung stehen, von einem feinen soziologischen Gespür für eine allmählich grassierende Bestechlichkeit, die das Staatswesen erfasst und korrumpiert.

Gegen Ende des fünften Buches stellt Montesquieu die Frage, welche Regierungsformen einer Zensur bedürfen, um zu gewährleisten, dass sie auch in moralischer Hinsicht Verfallserscheinungen trotzen können und sich die Verantwortli-

---

803 *Montesquieu*, Œuvres complètes, Bibliothèque de la Pléiade, Tome II, S. 302; Übersetzung *Ernst Forsthoff*, 1951/1992, Bd. 1, S. 98: „Es ist eine allgemein gültige Regel, dass große Belohnungen in der Monarchie und Republik ein Zeichen des Verfalls sind, weil sie bekunden, dass ihre Grundsätze in Verfall geraten sind, dass auf der einen Seite die Ehre an Kraft verloren hat, auf der anderen der Bürger sind abgestumpft ist".

804 *Karlheinz Stierle*, Montaigne und die Moralisten. Klassische Moralistik – Moralistische Klassik, 2016, S. 153 ff., hat ein vollkommen neues Verständnis der Moralistik im Sinne der „negativen Anthropologie" begründet, deren eminente Leistungsfähigkeit sich aus den im Text genannten Gründen, insbesondere der dort bezeichneten negativen Blickrichtung im Rahmen der Beurteilung, auch im Hinblick auf den Moralisten Montesquieu erweist. Denn die so verstandene negative Anthropologie kann zugleich eine entsprechende Reichweite in Richtung eines prophylaktischen Schutzes des Gemeinwesens vor den Gefährdungen der Gewaltenteilung entfalten, die sich nicht zuletzt daraus ergeben, dass sich gerade die schlechtesten menschlichen Neigungen übertriebener Ehrsucht, Herrschsucht und Habsucht ungezügelt Bahn brechen, deren vorausschauendes Aufspüren jener Blick auf die anthropologischen Schattenseiten erleichtern kann. So kommt der negativen Anthropologie (die freilich „nicht einfach eine Reduktion auf das Negative bedeutet", wie *Stierle*, S. 182, zur Vermeidung von Verkürzungen oder Missverständnissen klarstellt), eine heuristische Funktion zu, die sich darin freilich nicht erschöpft, sondern bei richtigem Verständnis zugleich einer Immunisierung des Gemeinwesens gegenüber entschränkter Willkür Vorschub leisten kann.

chen auch dort dagegen zu wappnen vermögen, wo nicht unmittelbar gegen die Gesetze verstoßen wird. Keinen Bedarf sieht er in der Monarchie, da ihre Triebfeder die Ehre ist: *« Et la nature de l'honneur est d'avoir pour censeur tout l'univers »* (V 19).[805] Diese nachgeschobene Begründung, die auf eine im Wortsinne mondäne Betrachtungsweise hinausläuft, weist Montesquieu einmal mehr als in der Tradition der französischen Moralisten stehenden Aphoristiker aus. Zugleich zeigt sich in dieser gedanklichen Zensur durch die ganze Welt eine kosmopolitische und wahrhaft weltbürgerliche Grundhaltung, welche die Öffentlichkeit als ubiquitäre Instanz anerkennt, die frei von moralischer Engstirnigkeit urteilt.[806]

Wenn man an den Ursprung der französischen Moralistik denkt und sich an ihre herausgehobenen Vertreter, wie den Herzog de La Rochefoucauld erinnert,[807] dann ist es wohl kein Zufall, dass die abgeklärten Aphorismen Montesquieus häufig die Monarchie zum Gegenstand haben. Ebenso wenig verwundert, dass er in der Regierungsform der Republik durchaus Bedarf bezüglich einer Instanz sieht, welche die Sitten auch dort beobachtet, wo die Übertretungen unterhalb eines Gesetzesverstoßes liegen: *« Il en faut dans une république, où le principe du gouvernement est la vertu. Ce ne sont pas seulement les crimes qui détruisent la vertu, mais encore les négligences, les fautes, une certaine tiédeur dans l'amour de la patrie, des exemples dangereux, des semences de corruption; ce qui ne choque point les lois, mais les élude; ce qui ne les détruit pas, mais les affoiblit : tout cela doit être corrigé pas les censeurs »* (V 19).[808]

Für einen so freiheitsliebenden Geist wie Montesquieu bedeutet dies eine beachtliche Beschränkung der Befugnisse der Bürger einer Republik. Sie dürfte sich allerdings innerhalb der Grenzen seiner systematischen Beurteilung bewegen und diese wohl sogar noch betonen. Auch hier könnte Tacitus Pate gestanden haben, der zu Beginn seiner Annalen den Untergang der Republik nicht nur in der allgegen-

---

805 *Montesquieu*, Œuvres complètes, Bibliothèque de la Pléiade, Tome II, S. 306; Übersetzung *Ernst Forsthoff*, 1951/1992, Bd. 1, S. 103: „Und das Wesen der Ehre besteht darin, die ganze Welt als Sittenrichter zu haben".

806 *Immanuel Kant*, Idee zu einer allgemeinen Geschichte in weltbürgerlicher Absicht, Berlinische Monatsschrift 1784, 385, von der im nächsten Kapitel die Rede ist, wird womöglich damit der Sache nach schon annäherungsweise angedeutet, zumal da sie der im Text genannten provinziellen Engstirnigkeit entgegenwirkt; vgl. dazu *Jens Petersen*, Kants Recht der Freiheit, 2024, S. 192.

807 *Corrado Rosso*, Montesquieu moraliste. Des lois au bonheur, 1971, S. 66, 69, 76, 93, zu ihm.

808 *Montesquieu*, Œuvres complètes, Bibliothèque de la Pléiade, Tome II, S. 306; Übersetzung *Ernst Forsthoff*, 1951/1992, Bd. 1, S. 102: „Man braucht sie in einer republikanischen Regierung, deren Prinzip ja die Tugend ist. Aber nicht nur Verbrechen vernichten die Tugend, sondern auch Nachlässigkeit, Fehler, eine gewisse Lauheit in der Vaterlandsliebe, schlechte Beispiele sehen das Verderben. Alles das, was nicht gerade die Gesetze verletzt, sie aber umgeht, was sie nicht zerstört, aber schwächt: alles das muss von den Zensoren geahndet werden".

wärtigen Bestechung, sondern auch in der Abstumpfung und Wirkungslosigkeit der Gesetze begründet sah.[809]

Insofern korrespondiert seine Sichtweise auch der allenthalben argwöhnisch betrachteten Gesetzesumgehung, die Montesquieu schon an verschiedenen Stellen als bedenkliche Verfallserscheinung der Republik gebrandmarkt hat (XXVII), darunter einer, die auf Tacitus Bezug nimmt: *« Il en fut de cette loi comme de toutes celles où le législateur a porté les choses à l'excès : on trouva un moyen de l'éluder »* (XXII 22).[810] Auch das entspricht der Sache nach einer geschliffenen taciteischen Sentenz von jener Art,[811] welche die französische Moralistik mitgeprägt haben könnte.[812]

809 *Tacitus*, Annales, 1.2.2: ‚invalido legum auxilio'.

810 *Montesquieu*, Œuvres complètes, Bibliothèque de la Pléiade, Tome II, S. 679; Übersetzung *Ernst Forsthoff*, 1951/1992, Bd. 2, S. 117: „Mit diesem Gesetz ging es so wie mit allen, bei denen der Gesetzgeber die Dinge auf die Spitze getrieben hat: man fand einen Weg, sie zu umgehen".

811 *Tacitus*, Annales 6.17.4: ‚Acribus, ut ferme talia, initiis, incurioso fine'; dazu *Jens Petersen*, Recht bei Tacitus, 2019, S. 565.

812 Dazu *Jens Petersen*, Marcel Proust und Tacitus, 2021, S. VII und öfter.

VII. Gewaltenmäßigung aus dem Geist der Moralistik

Wir haben verschiedentlich gesehen, dass Montesquieu und Vico beinahe zeitlich und völlig unabhängig voneinander verschieden grundlegende Einsichten gehabt haben, welche die Rechtstheorie forthin geprägt und die Rechtssoziologie wohl sogar erst begründet haben. Dazu gehört die Tragweite der nur scheinbar schlichten Erkenntnis, dass Gesetze nun einmal von Menschen gemacht und damit Menschenwerk sind.[813] Montesquieu präzisiert dies freilich anhand einer wichtigen Unterscheidung, die mit einem betonten Parallelismus beginnt, um von daher den kategorialen Unterschied zu verdeutlichen, der beide äquidistant voneinander verortet (XIX 14): *« Les lois sont établies, les mœurs sont inspirées; celles-ci tiennent plus à l'esprit général, celles-là tiennent plus à une institution particulière : or, il est aussi dangereux, et plus, de renverser l'esprit général, que de changer une institution particulière »* (XIX 12).[814]

Hier zeigt sich paradigmatisch, dass die Sitten und Gebräuche neben den klimatischen Bedingungen, dem Handel und den Regierungsformen zum Inbegriff dessen gehören, was für Montesquieu den Geist der Gesetze ausmacht. So ist es nur folgerichtig, dass die aus der Menschennatur hervorgehende allmähliche Entwicklung der Sitten Ausdruck des jeweiligen Volksgeistes ist, während die von den Menschen gezielt entworfene und ins Werk gesetzte Gesetzgebung letztlich zu den Institutionen gehört. Man muss dies stets im Blick behalten, wenn man die Konsequenzen bewertet, die sich aus Montesquieus Verständnis von Gesetzen und Gesetzesverletzungen ergeben.

Das zeigt sich beispielsweise im sechsten Buch. Dort zieht Montesquieu ausweislich der etwas kanzleimäßig anmutenden Überschrift die *« Conséquences des principes des divers gouvernements, par rapport a la simplicité des lois civiles et criminelles, la forme des jugements, et l'établissement des peines »* (VI 1).[815] Auch hier besticht auf den ersten Blick die systematische Prinzipienstrenge und Folgerich-

---

813 Näher *Jens Petersen*, Vicos Kulturgeschichte des Rechts, 2021, S. 1ff.

814 *Montesquieu*, Œuvres complètes, Bibliothèque de la Pléiade, Tome II, S. 563; Übersetzung *Ernst Forsthoff*, 1951/1992, Bd. 1, S. 419: „Gesetze werden gemacht, Sitten sind ein Geschenk der Natur; diese hängen viel enger mit der gesamten geistigen Haltung zusammen; jene mit einer besonderen Einrichtung".

815 *Montesquieu*, Œuvres complètes, Bibliothèque de la Pléiade, Tome II, S. 307; Übersetzung *Ernst Forsthoff*, 1951/1992, Bd. 1, S. 104: „Folgerungen aus den verschiedenen Regierungsprinzipien hinsichtlich der Einfachheit der Zivil- und Strafgesetze, der Form der Urteile und der Festsetzung der Strafen".

https://doi.org/10.1515/9783111396132-009

tigkeit der Ausführungen, die freilich wiederum nicht darüber hinwegsehen lassen können, dass Montesquieu innerhalb dieser Überlegungen immer wieder Einschübe und Abschweifungen vornimmt, welche die Herleitungen auf eine gedanklich anregende Weise unterbrechen, wie es eben vor allem die französischen Moralisten seit jeher verstanden haben. Nicht zuletzt diese überraschende Verbindung von strengem Systemdenken und unverbindlich erscheinender Aphoristik macht die Einzigartigkeit des Esprit des Lois aus.

Eine Folge seiner weiter oben dargelegten Differenzierung ist die Einsicht, dass die Regierungsform der Monarchie im Unterschied zur Despotie eine vergleichsweise vielschichtige und vor allem unmissverständliche Gesetzgebung benötigt (XIX 12): *« Ainsi, lorsqu'un prince veut faire de grands changements dans sa nation, il faut qu'il réforme par les lois ce qui est établi par les lois, et qu'il change par les manières ce qui est établi par les manières : et c'est une très mauvaise politique de changer par les lois ce qui doit être changé par les manières »* (XIX 14).[816] Hier zeigt sich die von Montesquieu vorausgesetzte kategoriale Unterscheidung von Gesetzen und Sitten. Beide können einander nicht beliebig vertreten, auch wenn sie sich idealerweise ergänzen. Sitten und Gebräuche zu implementieren, kann sich allerdings als schwierig erweisen, weil gegenläufige Unsitten zählebiger und schwerer zu beseitigen sind, als es durch Aufhebung einer gesetzlichen Regelung möglich wäre.

Eindeutig formulierte Gesetze, die keine unliebsame Rückwirkung entfalten, und nach denen sich die Rechtsunterworfenen im Bewusstsein der Rechtssicherheit vertrauensvoll richten können, weil bis hinauf zum Monarchen alle daran gebunden sind, sind deswegen eine segensreiche Einrichtung, weil sie das Gegenteil jener Anhäufung von Mitteln für offengelassene Zwecke sind, welche die von Furcht vor der Willkür geprägte Despotie ausmachen. Denn ungeachtet seiner mitunter einschneidenden Rechtsfolgen, die machtvoll in den Rechtskreis der davon Betroffenen eingreifen, gilt allgemein: *« La loi n'est pas un pur acte de puissance »* (XIX 14).[817] Hier mag wiederum Montaignes Vorstellung vom mystischen Fundament des Gesetzes mitgewirkt haben.[818]

---

816 *Montesquieu*, Œuvres complètes, Bibliothèque de la Pléiade, Tome II, S. 564; Übersetzung *Ernst Forsthoff*, 1951/1992, Bd. 1, S. 420: „Wenn daher ein Fürst große Wandlungen in seinem Volk herbeiführen will, dann muss er durch Gesetze verbessern, was in Gesetzen bestimmt, und durch Sitten das, was von der Sitte vorgeschrieben ist; und es wäre eine sehr schlechte Politik, wollte man durch Gesetze das ändern, was durch Gebräuche geändert werden muss".

817 *Montesquieu*, Œuvres complètes, Bibliothèque de la Pléiade, Tome II, S. 565; Übersetzung *Ernst Forsthoff*, 1951/1992, Bd. 1, S. 422: „Das Gesetz ist mehr als eine bloße Machtausübung".

818 Näher *Jens Petersen*, Montaignes Erschließung der Grundlagen des Rechts, 2. Auflage 2019, § 2.

Was Montesquieu im Einzelnen aufzählt, um zu zeigen, dass sich einfache Regelungen zwar nicht verbieten, aber eben auch keine erschöpfende Gerechtigkeitsgewähr zu bieten vermögen, kann als frühes Beispiel einer später in der Rechtssoziologie sogenannten Verrechtlichung aufgefasst werden, deren Komplexität nach Reduktion zu verlangen scheint, um es mit einem weiteren Schlagwort der rechtssoziologischen Diskussion zu bezeichnen.[819] Vor allem aber zeigt sich anhand der genannten Erwägungen in rechtssoziologischer Hinsicht, dass er das Verhältnis von Gesetz und Sitte klarer und tieferdringend bedacht hat als seine Vorgänger: *« Il y a cette différence entre les lois et les mœurs, que les lois règlent plus les actions du citoyen, et que les mœurs règlent plus les actions de l'homme »* (XIX 16).[820] Diese moralistisch gefärbte Sentenz bestätigt die oben angestellte Vermutung, dass Montesquieus Verständnis des *citoyen* normativ fundiert ist, und zwar durch ein Gesetz und nicht nur durch die normierende Kraft der Sitte.

Diese weitere Unterscheidung im Verhältnis zu jener bereits betrachteten ist ideengeschichtlich bemerkenswert (XIX 12). Denn sie bedeutet einen Meilenstein auf dem langen Weg von einer anfangs archaischen Gemeinschaft hin zu jener das Recht verwaltenden bürgerlichen Gesellschaft, die Kant postulieren wird.[821] Andererseits verrät Montesquieus pointierte Kontrastierung zwischen dem Menschen und dem Bürger, der ja gleichfalls Mensch bleibt, seine Herkunft aus der französischen Moralistik mit ihrem unverwechselbaren Sinn für die jeweils eigenartige Differenz auch und gerade dort, wo sie unausgesprochen eine höhere Entwicklungsstufe auf dem Weg zur bürgerlichen Gesellschaft zum Ausdruck bringen soll. Das könnte an dem überaus subtilen, selten ausgesprochenen, aber stets vorausgesetzten Verständnis der französischen Moralistik für unsichtbare Herrschaftsverhältnisse liegen, die aus Gründen des Takts nicht in Worte gefasst werden müssen, zumal da sie den Akteuren ohnedies geläufig sind.

Vor diesem Hintergrund wird begreiflich, warum sein klarer Blick schon zu Beginn des sechsten Buches zu denkbar einfachen Folgerungen und Maßgaben für die Bewältigung der komplexen Rechtsverhältnisse innerhalb der Regierungsform der Monarchie findet: *« Il y faut des tribunaux. Ces tribunaux donnent des décisions ; elles doivent être conservées; elles doivent être apprises, pour que l'on y juge au-*

---

819 *Niklas Luhmann*, Schriften zur Organisation 5 (Hg. Veronica Tacke/Ernst Lukas), 2022, S. 318 f.

820 *Montesquieu*, Œuvres complètes, Bibliothèque de la Pléiade, Tome II, S. 566; Übersetzung *Ernst Forsthoff*, 1951/1992, Bd. 1, S. 422: „Zwischen Sitten und Gesetzen besteht der Unterschied, dass die Gesetze mehr das Handeln des Bürgers, die Sitten das Handeln des Menschen regeln".

821 *Immanuel Kant*, Idee zu einer allgemeinen Geschichte in weltbürgerlicher Absicht, Berlinische Monatsschrift 1784, 385: „Das größte Problem für die Menschengattung, zu deren Auflösung die Natur ihn zwingt, ist die Erreichung einer allgemeinen das Recht verwaltenden bürgerlichen Gesellschaft." Näher dazu *Jens Petersen*, Kants Recht der Freiheit, 2024.

jourd'hui comme l'on y jugea hier, et que la propriété et la vie des citoyens y soient assurées et fixes comme la constitution même de l'État » (VI 1).[822] Vor allem die ersten beiden lakonisch anmutenden Aussagen sind ungeachtet ihrer Schlichtheit von außenordentlicher Bedeutung, weil sie bei näherem Hinsehen dasjenige im Blick halten, was erst sehr viel später ausgeführt wird, nämlich die Lehre von der Gewaltenteilung, die auch hier wieder ihren Schatten vorauswirft (XI 6). Zugleich betont Montesquieu die allfällige Konstanz der Rechtsprechung, die den Bürgern Rechtssicherheit im Hinblick auf den Schutz von Leib und Leben sowie ihres Eigentums gewährleistet.

Denn die Quintessenz der bisherigen Überlegungen besteht bei Licht betrachtet darin, dass die Regierungsform der Monarchie Gerichte braucht, die notfalls auch gegen den Monarchen urteilen können. Wenn man dies mit der weiteren Folgerung zusammenführt, wonach die Einheitlichkeit der Rechtsprechung letztlich das Leben und Eigentum der Bürger durch eine konstante Verfassung zu gewährleisten hat, dann ist damit zugleich gesagt, dass diese Gerichte eben auch unabhängig von staatlicher beziehungsweise durch den Monarchen veranlasster Einflussnahme entscheiden können müssen.[823] Somit hat die richterliche Entscheidungsfindung nach im Vorhinein feststehenden Gesetzen zu erfolgen und darf nicht durch die staatlichen Organe behindert werden.

Diese Ausformulierung der inzident in den Prämissen enthaltenen Prinzipien mag vom Ergebnis her gedacht erscheinen, weil die Lehre von der Gewaltenteilung seither weithin bekannt ist. Doch darf dies nicht darüber hinwegsehen lassen, dass die Annahme der Gewaltenteilung in nuce bereits in den einführenden Sentenzen enthalten ist. Zugleich zeigt sich an den Folgerungen sein praktischer Geist, der die Einheit und Folgerichtigkeit der Rechtsprechung gerade deswegen zu einer besonderen Herausforderung erklärt, weil nicht nur die Gesetzgebung, sondern auch die richterliche Gesetzesanwendung Menschenwerk ist, das durch die Vielgestal-

---

822 *Montesquieu*, Œuvres complètes, Bibliothèque de la Pléiade, Tome II, S. 307; Übersetzung *Ernst Forsthoff*, 1951/1992, Bd. 1, S. 104: „Sie braucht Gerichte. Gerichte fällen Entscheidungen. Sie müssen gesammelt und studiert werden, damit man heute genauso urteilt wie gestern und das Eigentum und Leben der Bürger so fest und sicher wie die Staatsverfassung selbst sind".

823 *Fritz Schalk*, Einleitung, in: Die französischen Moralisten, 1949, S. XI, beobachtet bei den Moralisten im Hinblick auf die höfische Gesellschaft eine Besonderheit, die vielleicht auch hier geeignet ist, den Zusammenhang von Moralistik, Rechtssoziologie und Gewaltenteilung zu veranschaulichen: „Es handelt sich um ein Lebensgefühl, das sich in der Auseinandersetzung mit der höfischen Gesellschaft als ein eigenes Gestaltungsprinzip äußert, aber auch in der selbständigen Formung der neuen bürgerlichen Ideale des ‚Schriftstellers' (homme de lettres) und Bürgers (citoyen) noch unverkennbar nachwirkt." – Denn damit ist unausgesprochen vorausgesetzt, dass der Bürger auch im Bewusstsein seiner gesetzmäßigen Freiheit leben kann und keinen Willkürakten ausgesetzt ist.

tigkeit der konfligierenden Interessen mit einer gewissen Rechtsunsicherheit belastet ist: *« A mesure que les jugements des tribunaux se multiplient dans les monarchies, la jurisprudence se charge de décisions qui quelquefois se contredisent ou parce que les juges qui se succèdent pensent différemment; ou parce que les mêmes affaires sont tantôt mal défendues; ou enfin par une infinité d'abus qui se glissent dans tout ce qui passe par la main des hommes »* (VI 1).[824]

Montesquieu vergisst also auch dort, wo er scheinbar bruchlos deduziert, kraft seiner moralistischen Herkunft niemals, dass Menschen mit all ihren Schwächen und Leidenschaften handeln und die *« condition humaine »* selbst bei den besten Gesetzen und angenommener Gutwilligkeit der Richter zu einer Missbrauchsanfälligkeit führt, zumal da über längere Zeiträume hinweg unweigerlich andere Richter gleichgelagerte Fälle unterschiedlich entscheiden werden.[825] Von beträchtlicher Vertrautheit mit der Rechtspraxis zeugt auch die Hypothese, dass Entscheidungen trotz ähnlicher Sachlage deswegen gegensätzlich ausfallen können, weil die jeweiligen Rechtsvertreter unterschiedlich gut gearbeitet haben mögen oder nicht gleichermaßen versiert sind.

Auch die Berücksichtigung dieses in der Menschennatur gründenden und in der Praxis häufigen, aber im Schrifttum gleichwohl selten in Betracht gezogenen Phänomens veranschaulicht seinen Blick für die Rechtswelt mit ihren sozialen Tatsachen und Unwägbarkeiten. Daran zeigt sich zugleich, dass moralistische Haltung und praktische Folgenabschätzung einander nicht ausschließen, sondern sogar wechselseitig begünstigen können, zumal dann, wenn sie nicht nur spekulativ erwogen, sondern durch die erfahrungsmäßige Einsicht in die Vielgestaltigkeit der Rechtswelt empirisch gewonnen wurden, wie weiter oben schon am Beispiel eines illustrativen Gedankens zum Verhältnis von Theorie und Praxis erwogen wurde (XXVIII 40).

So veranschaulichen die zuletzt wiedergegebenen Annahmen Montesquieus erneut sein bemerkenswertes rechtssoziologisches Gespür (VI 1). Von daher verwundert es auch vor diesem Hintergrund nicht, dass Montesquieu als Mitbegründer

---

824 *Montesquieu*, Œuvres complètes, Bibliothèque de la Pléiade, Tome II, S. 308; Übersetzung *Ernst Forsthoff*, 1951/1992, Bd. 2, S. 105 f.: „In dem Maße, wie die Gerichtsentscheidungen in den Monarchien sich vermehren, belastet sich die Jurisprudenz mit Entscheidungen, die sich zuweilen widersprechen, entweder weil der nachfolgende Richter anders als sein Vorgänger oder weil dieselben Rechtsfälle einmal gut, einmal schlecht verteidigt worden, oder endlich infolge unzähliger Missbräuche, die sich überall einschleichen, wo Menschen am Werke sind".

825 *Hugo Friedrich*, Montaigne, 1949, S. 191, erklärt die mangelnde Leistungsfähigkeit von Deduktionen im Bereich der Anthropologie allgemeingültig: „Gegen die deduzierende, klassifizierende Menschendarstellung älteren Stils erhebt sich die moralistische Anschauung".

der Rechtssoziologie gilt.[826] Da aber im Hintergrund dieser Überlegung die Unabhängigkeit der Gerichte stand, zeigt sich in der Zusammenschau, dass die verschiedentlich beobachtete Beziehung zwischen französischer Moralistik und Entdeckung der Rechtssoziologie auch in einem Zusammenhang mit der Gewaltenteilung stehen kann.

Zudem hat er – freilich damit zusammenhängend – bereits früh etwas auf den Begriff gebracht, das man heute gelegentlich als Richterpsychologie bezeichnet: *« La délicatesse du juge augmente à mesure qu'il a un grand dépôt, et qu'il prononce sur de plus grands intérêts »* (VI 1).[827] Montesquieu hat früher als die meisten Anderen erkannt, dass ein Richter, der nur dem Gesetz verpflichtet ist, kraft seines Erfahrungswissens im Laufe der Zeit ein immer feiner austariertes Gerechtigkeitsgefühl entwickelt, das gerade die schwierigsten Interessenverflechtungen zu ordnen imstande ist und anhand der gesetzlichen Regelungen lösen können wird, weil sein Judiz mit dem Erfahrungswissen und dem zur Konzentration auf die Rechtsfindung anhaltenden Verantwortungsgefühl Schritt hält. Dabei darf nicht übersehen werden, dass sein für die französische Moralistik bezeichnendes Gespür für die menschlichen Verhaltensweisen – hier nicht zuletzt das Ehrgefühl dessen, dem Vertrauen in seine Integrität und Fähigkeiten entgegengebracht wird –, zugleich von schärfster Rationalität geprägt ist.

Montesquieu hat das schon seinerzeit bestehende, im Laufe der folgenden Jahrhunderte noch vergrößerte, aber bereits im Altertum bekannte Problem der Gesetzesflut nicht lediglich auf eine pessimistische Art beschrieben, wie es etwa der von ihm so häufig zitierte Tacitus getan hat.[828] Im Unterschied zu diesem betont er nämlich die Entstehungsgründe und erklärt die Vielzahl der Gesetze aus der jeweiligen Regierungsform, die eine Bevorrechtigung mit sich bringt: *« Dans les gouvernements où il y a nécessairement des distinctions dans les personnes, il faut qu'il y ait des privilèges. Cela diminue encore la simplicité, et fait mille exceptions »* (VI 1).[829] Die Einsicht, dass Privilegien wegen der damit verbundenen Vielzahl von Interessenten zu vielfältigen Ausnahmen und Unterausnahmen führen können,

826 *Vittorio Hösle*, Moral und Politik. Grundlagen einer Politischen Ethik für das 21. Jahrhundert, 1997, S. 547.

827 *Montesquieu*, Œuvres complètes, Bibliothèque de la Pléiade, Tome II, S. 307; Übersetzung *Ernst Forsthoff*, 1951/1992, Bd. 1, S. 104: „Das Feingefühl des Richters wächst, je mehr man ihm anvertraut hat und je wichtigere Interessen zu seiner Entscheidung stehen".

828 *Tacitus*, Annales, 3.27.3: ‚Et plurimae leges corruptissima re publica'; dazu *Jens Petersen*, Recht bei Tacitus, 2019, S. 1 ff.

829 *Montesquieu*, Œuvres complètes, Bibliothèque de la Pléiade, Tome II, S. 308; Übersetzung *Ernst Forsthoff*, 1951/1992, Bd. 1, S. 106: „In den Ländern, in denen es notwendigerweise Unterschiede zwischen den Personen gibt, müssen auch Vorrechte vorhanden sein, was wiederum die Einfachheit mindert und tausend Ausnahmen herbeiführt".

durch welche die Gesetzgebung unliebsam aufgefächert wird und immerfort neuer Regelungsbedarf entsteht, ist ebenfalls in rechtssoziologischer Hinsicht durchaus bemerkenswert.

Ist die Gleichheit der Menschen untereinander einmal durchbrochen, so setzt sich dies bis in die kleinsten Verästelungen der Rechtsordnung fort. Diesen auf die Regierungsform der Monarchie bezogenen Befund schildert Montesquieu mit einer gewissen Sympathie durchaus verständnisvoll, wenngleich er mit unterschwelliger Ironie zu erkennen gibt, dass die vielfältigen Ausnahmen nicht immer rational begründbar erscheinen: *« Il ne faut donc pas être étonné de trouver dans les lois de ces États tant de règles, de restrictions, d'extensions, qui multiplient les cas particuliers, et semblent faire un art de la raison même »* (VI 1).[830] Der Nachsatz atmet wiederum den Geist der französischen Moralistik, indem die Vernunft weniger als Vermögen denn als Kunst erscheint.[831]

Die Vernunft, auf die Montesquieu sein Werk über den Esprit des Lois von Beginn an gründet (I 1), wird also auf eine harte Probe gestellt, wenn es gilt, immer weitergehende Auslegungen und Ausnahmen nicht zuletzt dadurch zu rechtfertigen, dass in der Monarchie die Ehre als maßgebliche Triebfeder gilt. Denn auch hier vergisst er die tragenden Prinzipien und Beweggründe der jeweiligen Regierungsform nicht. Daher geht er eher davon aus, dass der Gesetzgeber bestehende Ungleichgewichte im Rahmen der richterlichen Entscheidungsfindung ausgleicht, als an der Natur beziehungsweise dem Geist der jeweiligen Regierungsform zu zweifeln: *« C'est un mal nécessaire, que le législateur corrige de temps en temps, comme contraire même à l'esprit des gouvernements modérés. Car, quand on est obligé de recourir aux tribunaux, il faut que cela vienne de la nature de la constitution, et non pas des contradictions et de l'incertitude des lois »* (VI 1).[832]

---

830 *Montesquieu*, Œuvres complètes, Bibliothèque de la Pléiade, Tome II, S. 307; Übersetzung *Ernst Forsthoff*, 1951/1992, Bd. 1, S. 104: „Daher darf man sich nicht wundern, in den Gesetzen dieser Staaten so viele Vorschriften, Einschränkungen und Ausdehnungen zu finden, die die Einzelfälle vervielfältigen und aus der Vernunft selbst eine Kunst zu machen scheinen".

831 *Werner Krauss*, 1734 als Jahr der Entscheidung für Montesquieus *Esprit des lois*, in: Montesquieu-Traditionen in Deutschland. Beiträge zur Erforschung eines Klassikers (Hg. Edgar Maas/Paul-Ludwig Weinacht), 2005, S. 135, 146, hat gleichwohl recht, wenn er davon ausgeht, dass „der Schlüssel der ästhetischen Problematik Montesquieus bei seinen politisch-geschichtlichen Konzeptionen gesucht werden muß".

832 *Montesquieu*, Œuvres complètes, Bibliothèque de la Pléiade, Tome II, S. 308; Übersetzung *Ernst Forsthoff*, 1951/1992, Bd. 1, S. 106: „Dies ist ein notwendiges Übel, das der Gesetzgeber von Zeit zu Zeit wiedergutmacht, da es selbst dem Geist der gemäßigten Regierungen widerspricht. Denn wenn man gezwungen ist, die Gerichte anzurufen, so muss sich dies aus der Natur der Verfassung und nicht aus den Widersprüchen und der Unklarheit der Gesetze ergeben".

Man muss auch diese so konservativ erscheinenden Ausführungen vor dem Hintergrund seiner kategorischen Ablehnung der Despotie lesen, um zu erkennen, dass dasjenige, was er für die Bedingungen einer gemäßigten Regierung hält, vor allem dazu dient, der schrankenlosen Willkür des Despoten entgegenzuwirken. Letztlich folgen somit alle diese Bedingungen und Kautelen aus dem Prinzip der Mäßigung. Erneut zeigt sich der Zusammenhang zwischen dem Geist der Mäßigung und der Gewaltenteilung. Der Sinn für Maß und Mitte, der Montaigne und in seiner Nachfolge die anderen französischen Moralisten leitete, wird eben in dieser Tradition auch und gerade von Montesquieu geteilt und für die Mäßigung der staatlichen Gewalten fruchtbar gemacht.

Montesquieu geht es vor allem darum, einen Rechtsschutz durch die richterliche Gewalt zu begründen, damit jederzeit Gerichte angerufen werden können, deren Zuständigkeit im Vorhinein feststeht. Es zeugt von einem bemerkenswerten Ausweis an rechtsstaatlichem und rechtsdogmatischem Denken, diese für Laien oft nachrangig erscheinende Frage der gerichtlichen Zuständigkeit zu einer Hauptsache zu erklären. Das gilt umso mehr, als er sieht, dass sich bereits um die Frage der Zuständigkeit des Gerichts Rechtsfragen ranken können, die ihrerseits Vorprozesse erforderlich werden lassen.

Selbst wenn diese Zuständigkeit ihrerseits einmal Ausdruck von Privilegien sein sollte, dann gelangt Montesquieu zu der Einschätzung, dass dies zumindest das geringere Übel darstellt, mag das Verfahren auch noch so aufwändig sein: *« Un des privilèges le moins à charge à la société, et surtout à celui qui le donne, c'est de plaider devant un tribunal plutôt que devant un autre. Voilà de nouvelles affaires; c'est-à-dire, celles où il s'agit de savoir devant quel tribunal il faut plaider »* (VI 1).[833] Dieser Gedankengang erweist sich bei näherem Hinsehen als juristisch äußerst anspruchsvoll und zeugt von einem ausdifferenzierten Sinn für rechtliche Wertungen sowie die sich daraus ergebenden Folgefragen. Vor allem aber beeindruckt die blicköffnende Weitsicht auf verwandte Bereiche.

So umständlich diese Herleitung zur Begründung der Rechtfertigung gewisser Vorrechte auf prozeduraler Ebene nämlich auf den ersten Blick erscheinen mag, verdient doch Hervorhebung, dass Montesquieu selbst im Rahmen der Begründung von Privilegien die Belange der Gesellschaft in die Betrachtung einstellt und dadurch ermisst, welche Lasten ihr aufgebürdet werden. Auch dort, wo er noch so konservativ zu begründen scheint, anerkennt er innerhalb der Abwägung die Ge-

833 *Montesquieu*, Œuvres complètes, Bibliothèque de la Pléiade, Tome II, S. 308; Übersetzung *Ernst Forsthoff*, 1951/1992, Bd. 1, S. 106: „Eines der Vorrechte, das die Gesellschaft und den, der es verleiht, am wenigsten belastet, besteht darin, einen bestimmten Gerichtsstand zu haben. Daraus entstehen neue Prozesse, nämlich solche, in denen es sich darum handelt, festzustellen, welches Gericht zuständig ist".

sellschaft als eigenständige Größe. Erscheint diese auch aus heutiger Sicht in einer vergleichsweise bizarren Verkleinerung ihrer Bedeutung, so zeigt sich anhand dieser Gewichtung der zugrundeliegenden Rechtsfrage doch, warum Montesquieu die Rechtssoziologie nachhaltig geprägt hat.

Ein nicht minder bedeutender Gedanke veranschaulicht darüber hinaus das Verhältnis der Rechtssoziologie zur Rechtsphilosophie am Beispiel des Schlüsselbegriffs der Gesellschaft auf: *« Dans l'état de nature, les hommes naissent bien dans l'égalité; mais ils n'y sauroient rester. La société la leur fait perdre, et ils ne redeviennent égaux que par les lois »* (VIII 3).[834] Auf den ersten Blick scheint dies spekulative Rechtsmetaphysik zu sein, die an sich nicht Montesquieus Sache ist. Erst wenn man die entscheidende Wendung berücksichtigt, dass es die Gesellschaft ist, die den Verlust der ursprünglichen Gleichheit in tatsächlicher und rechtlicher Hinsicht bewirkt, kommt man dem von ihm Gemeinten näher.

Man sollte nämlich auch hier die Wertungen der französischen Moralistik berücksichtigen, um die besondere Bedeutung des scheinbar Metaphysischen zu ermessen, das in Wahrheit gerade das Allzumenschliche betrifft. Denn durch das Leben in der Gesellschaft mit ihren Rangstellungen, Titeln, Eitelkeiten, tatsächlichen und rechtlichen Zwängen und Zumutungen, Privilegien und Abstufungen erweist sich die ursprüngliche Gleichheit als Chimäre, so dass faktisch die Ungleichheit dominiert, die durch die Gesetze ausgeglichen werden muss. Was wie ein Nacheinander von Naturzustand, Gesellschaft und Gesetz anmutet, ist freilich nur die gedankliche Gliederung dessen, was von Anfang an als heilsames Korrektiv fungiert, nämlich der Umstand, dass die Gesetze die Gesellschaft permanent im Zaum halten, so dass die Gleichheit vor dem Gesetz die tatsächliche Ungleichheit bändigt und die Gesellschaft gleichsam vor sich selbst schützt, wenn man es so paternalistisch formulieren darf.

Montesquieus besonderes Augenmerk gilt daher nicht von ungefähr der Unabhängigkeit der Rechtspflege. Selbst wenn er im Rahmen seiner Ausführungen zur Gewaltenteilung vor allem zwischen der vollziehenden und der gesetzgebenden Gewalt unterscheidet, womit der Judikativen keine eigene Bedeutung zuzukommen scheint – der Richter ist lediglich « *la bouche de la loi* » (XI 6) –, kann man seine Überlegungen zur Gerichtsbarkeit durchaus ebenfalls als einen Vorgriff auf seine Konzeption der Gewaltenteilung und damit eben auch als eine Aufwertung der

834 *Montesquieu*, Œuvres complètes, Bibliothèque de la Pléiade, Tome II, S. 352; Übersetzung *Ernst Forsthoff*, 1951/1992, Bd. 1, S. 159: „Im Naturzustand werden die Menschen zwar in der Gleichheit geboren, sie können aber nicht darin verharren. Die Gesellschaft lässt sie die Gleichheit verlieren, und nur durch die Gesetze werden sie wieder gleich".

Rechtsprechung begreifen.[835] Das ergibt sich nicht zuletzt aus seiner beständigen Gegenüberstellung einer unabhängigen richterlichen Gewalt zur despotischen Herrschaft. Man muss daher für das Verständnis der zuletzt zitierten berühmten Wendung stets im Blick halten, dass Montesquieu in den vielen weit weniger häufig genannten Gedanken über die Gerichtsbarkeit vielfältige Vorkehrungen getroffen hat, eine despotische Herrschaft gar nicht erst aufkommen zu lassen.

Besonders deutlich wird dies am Beispiel der mannigfaltigen formellen Kautelen im Bereich der Rechtspflege, die er trotz oder sogar gerade wegen ihrer scheinbaren Umständlichkeit rechtfertigt:[836] *« Si vous les regardez dans le rapport qu'elles ont avec la liberté et la sûreté des citoyens, vous en trouverez souvent trop peu; et vous verrez que les peines, les dépenses, les longueurs, les dangers même de la justice, sont le prix que chaque citoyen donne pour sa liberté »* (VI 2).[837] Gerade der letztgenannte Gedanke des Preises der Freiheit dürfte zu jenen zählen, von denen der Verfasser zu Beginn seines Werkes sagt, dass er neue Gedanken gehabt habe. Das gilt umso mehr, als es eben nicht der nach alten Sitten und Gebräuchen lebende ursprüngliche Mensch (XIX 16), sondern der von Gesetzen geschützte Bürger – *« citoyen »* – ist, der diesen Preis gleichsam als Gegenleistung oder wenigstens Beitrag für seine Rechtssicherheit entrichtet.[838]

Es ist überaus bemerkenswert, wie tief – um es wiederum in Anlehnung an das Lob Hegels zu sagen[839] – auch hier der Blick Montesquieus auf die stets im Hintergrund stehende Freiheit und Sicherheit der Bürger reicht, wo es doch vorderhand nur um lästige Regularien und bloße Förmelei zu gehen scheint, wie er durch die Kontrastierung mit der auf den ersten Blick bestechend einfachen Kadijustiz

---

835 *Christoph Möllers*, Die drei Gewalten. Legitimation der Gewaltengliederung in Verfassungsstaat, Europäischer Integration und Internationalisierung, 2008, S. 21, hebt die epochale Originalität richtigerweise hervor, dass „Montesquieu der erste Moderne ist, der die Gerichte überhaupt systematisch in seine Überlegungen einbezieht und damit die Gewaltenteilungstrias nominell begründet hat".

836 *Vittorio Hösle*, Moral und Politik. Grundlagen einer Politischen Ethik für das 21. Jahrhundert, 1997, S. 642, auch zu möglichen Verwechselungen beim Gesetzesbegriff.

837 *Montesquieu*, Œuvres complètes, Bibliothèque de la Pléiade, Tome II, S. 310; Übersetzung *Ernst Forsthoff*, 1951/1992, Bd. 1, S. 107 f.: „Betrachtet man sie aber unter dem Gesichtspunkt der Freiheit und Sicherheit der Bürger, so wird man sie eher als zu gering achten; und man wird erkennen, dass die Mühen, die Kosten, die Verzögerungen, ja selbst die Gefahren der Rechtsprechung der Preis sind, den jeder Bürger für seine Freiheit zahlt".

838 *Corrado Rosso*, Montesquieu moraliste. Des lois au bonheur, 1971, S. 7, hat seinem beeindruckenden Werk einen Gedanken Montesquieus vorangestellt, der vielleicht auch den vorliegenden Zusammenhang zu erhellen geeignet ist: « Quand j'agis, je suis citoyen; mais, lorsque j'écris, je suis homme ».

839 *Georg Wilhelm Friedrich Hegel*, Grundlinien der Philosophie des Rechts, 1821, § 273.

despotisch regierter Länder rhetorisch überaus anspruchsvoll glauben macht, um zu zeigen, dass die Freiheit der Bürger auf dem Spiel steht. Seine Feststellung, dass eine unabhängige Justiz ihren Preis hat, verdient auch heute noch Gehör, wenn man an die Streichung von Richterstellen oder gar ganzer Gerichte denkt.

Denn auch hier gilt, dass Rechtssicherheit mit verbürgter Einklagbarkeit von Ansprüchen vor unabhängig urteilenden Richtern nicht nur in juristischer Hinsicht ein Gebot der Selbstverständlichkeit ist, sondern darüber hinaus zugleich ein volkswirtschaftlich lohnendes Gut und einen ökonomisch bedeutsamen Standortfaktor darstellt, weil sich Unternehmen bevorzugt dort ansiedeln, wo diesen rechtsstaatlichen Erfordernissen entsprochen wird.[840] Denn zur Gewaltenteilung gehört gerade, dass unabhängige Gerichte gegen unrechtmäßige Akte der öffentlichen Gewalt angerufen werden und entscheiden können. Auch hier steht ersichtlich die Rechtlosigkeit unter der Despotie im Hintergrund, während derer eine Gerichtsentscheidung gegen den Alleinherrscher schwerlich vorstellbar und kaum jemals ohne gravierende Folgen für den Richter ergehen würde.

Montesquieu hat den Blick dafür geschärft, dass man sogar der Langsamkeit der Rechtsprechung etwas abgewinnen kann, weil ihr Gegenteil – die rasche Kadijustiz als verlängerter Arm einer despotischen Regierung – jedenfalls keinen Zugewinn an Gerechtigkeit verspricht, sondern vielmehr schrankenlose Willkür verheißt. Er hat zudem die Komplexität einer anspruchsvollen Rechtsordnung früher als andere zu schätzen gewusst, die nach Vereinfachungen gerufen haben: *« Le gouvernement monarchique ne comporte pas des lois aussi simples que le despotique »* (VI 1).[841] Der wesentliche Unterschied besteht neben der Zusammenarbeit mit den Aristokraten in der Bindung des Monarchen an das Gesetz, wohingegen der Despot schrankenlos regiert und die Richter letztlich nur seinen Willen umsetzen.

So anerkennungswürdig die Bemühungen um die bereits weiter oben angesprochene Reduktion von Komplexität auch sein mögen, darf nicht übersehen werden, dass die Vielschichtigkeit und die Abstufungen eines Gesetzeswerks auch Ausdruck der Rechtskultur sind. Einfachheit um ihrer selbst willen kann sich sogar als missbrauchsanfällig erweisen, wie Montesquieu erkannt hat: *« Aussi, lorsqu'un homme se rend plus absolu, songe-t-il d'abord à simplifier les lois »* (VI 2).[842] Auch wenn dieser Satz ausweislich der Fußnote auf Caesar und Cromwell gemünzt ist, hat

840 *Jens Petersen*, Adam Smith als Rechtstheoretiker, 2. Auflage 2017, § 3.

841 *Montesquieu*, Œuvres complètes, Bibliothèque de la Pléiade, Tome II, S. 307; Übersetzung *Ernst Forsthoff*, 1951/1992, Bd. 1, S. 104: „Die monarchische Regierung verträgt nicht so einfache Gesetze wie die despotische".

842 *Montesquieu*, Œuvres complètes, Bibliothèque de la Pléiade, Tome II, S. 310; Übersetzung *Ernst Forsthoff*, 1951/1992, Bd. 1, S. 108: „Daher ist ein Mann, wenn er sich eine unumschränkte Macht sichern will, zunächst darauf bedacht, die Gesetze zu vereinfachen".

Montesquieu die Verallgemeinerbarkeit bereits mitbedacht. Man muss nur an das verhängnisvolle Ermächtigungsgesetz der Nationalsozialisten erinnern, um zu sehen, wie wenige Worte innerhalb eines Gesetzes genügen können, um jegliche Gewaltenteilung aufzuheben. Denn unausgesprochen schwingt auch an der zuletzt betrachteten Stelle wieder der Gedanke an die unerlässliche Teilung der Gewalten mit (VI 1).

Wir haben bereits weiter oben gelegentlich gesehen, dass die Regierungsformen, die Montesquieu behandelt, und die Prinzipien, die er im Hinblick auf sie ermittelt hat, bezüglich ihres Zusammenspiels mitunter so flexibel sind, dass sie sich mit der Wirkungsweise eines beweglichen Systems veranschaulichen lassen (XIX 4).[843] Das zeigt sich auch an folgender Formulierung, welche die Konstanz der Rechtsprechung in Abhängigkeit von der Regierungsform bestimmt: *« Plus le gouvernement approche de la république, plus la manière de juger devient fixe »* (VI 3).[844] Auch hieran erkennt man die Interdependenz der unterschiedlichen Prinzipien innerhalb der jeweiligen Regierungsformen, die in einer wechselseitigen Abhängigkeit voneinander bestehen.

Montesquieu meidet zwar kategorische Aussagen keineswegs, wie sich an den zuletzt genannten über die Despotie zeigt, weil er sie in jeder Hinsicht und aller Entschiedenheit ablehnt, verheißt sie doch unter keinem erdenklichen Gesichtspunkt Gutes. Nur zwei Kapitel später findet sich jedoch jener weiterführende Verweis: *« On verra, dans le livre XI, les autres limitations que l'on mit à la puissance que le peuple avoit de juger »* (VI 5).[845] So blass und unpräzise dieser Verweis auf das umfangreiche elfte Buch zunächst anmutet und den assoziativen Gedankengang zu bestätigen scheint, zieht er doch das Interesse auf sich, weil just in jenem elften Buch innerhalb eines ausführlichen Kapitels *« De la constitution d'Angleterre »* seine berühmte Lehre von der Gewaltenteilung ausgeführt ist (XI 6).

Zwar verweist Montesquieu nicht explizit auf dieses Kapitel. Inhaltlich würde auch ein späteres Kapitel einschlägig erscheinen, das von der richterlichen Gewalt in der Regierung Roms handelt (XI 18). Doch selbst wenn Montesquieu dieses im Blick gehabt haben sollte, dann würde es kaum einen Unterschied machen, weil es

843 Im Sinne von *Walter Wilburg*, Die Entwicklung eines beweglichen Systems im Bürgerlichen Recht, Grazer Rektoratsrede 1950, dazu *Jens Petersen*, Unternehmenssteuerrecht und bewegliches System, 1999.

844 *Montesquieu*, Œuvres complètes, Bibliothèque de la Pléiade, Tome II, S. 311; Übersetzung *Ernst Forsthoff*, 1951/1992, Bd. 1, S. 109: „Je mehr sich eine Regierung einer Republik nähert, umso fester wird ihre Form der Rechtsprechung".

845 *Montesquieu*, Œuvres complètes, Bibliothèque de la Pléiade, Tome II, S. 313; Übersetzung *Ernst Forsthoff*, 1951/1992, Bd. 1, S. 112: „Man wird in Buch XI die weiteren Einschränkungen finden, denen die Rechtsprechungsbefugnis des Volkes unterworfen war".

ebenfalls mittelbar und teilweise sogar unmittelbar von der Gewaltenteilung handelt: « *Il faut remarquer que les trois pouvoirs peuvent être bien distribués par rapport à la liberté de la constitution, quoiqu'ils ne le soient pas si bien dans le rapport avec la liberté du citoyen* » (XI 18).[846] Das erstaunt auf den ersten Blick.

Die letztgenannte Aussage verweist jedoch ihrerseits unausgesprochen auf den im ersten Kapitel des elften Buches in nur wenigen Zeilen niedergelegten allgemeinen Grundgedanken, wonach Montesquieu die Gesetze der politischen Freiheit danach unterscheidet, ob sie sich auf die Verfassung oder den Bürger beziehen (XI 1). Die Erörterung jener letzteren behält er ausdrücklich dem zwölften Buch vor (XII 1). So kann hier letztlich dahinstehen, woraus genau sich sein Verweis auf die zusätzlichen Beschränkungen der Befugnis des Volkes zur Rechtsprechung innerhalb des elften Buches ergibt, da dieses spätestens ab dem sechsten Kapitel wenigstens unterschwellig von der Gewaltenteilung handelt (XI 6).

Entscheidend ist vielmehr, dass sich auch an dieser Stelle eine Beobachtung bestätigt, die wir bereits verschiedentlich angestellt haben, nämlich, dass die Lehre von der Gewaltenteilung vielfach ihre Schatten vorauswirft und bereits von Beginn an auf Schritt und Tritt gleichsam Vorwirkungen der Gewaltenteilung aufzufinden sind, wie übrigens auch die folgende Aussage über den Monarchen als Ankläger und Richter veranschaulicht: « *S'il jugeoit lui-même, il seroit le juge et la partie* » (VI 5).[847] Berücksichtigt man dies jedoch, dann verliert das eingangs referierte Vorurteil, wonach das Werk äußerlich ungeordnet erscheine, an Gewicht, weil die innere Anordnung des Stoffes, die Montesquieu nach Sachgesichtspunkten trifft (XXXI 16), von vornherein auf die zentralen Aussagen zugerichtet ist, zu denen jedenfalls die Lehre von der Gewaltenteilung gehört, der er durch die Darstellung der Despotie mit all ihren Ungerechtigkeiten weiträumig den Weg geebnet hat, so dass sich zugleich aus dem Schreckensbild der Despotie die Erforderlichkeit der Gewaltenteilung herausgeschält hat.

Bezeichnend für Montesquieus Berücksichtigung der menschlichen Leidenschaften als Grundmotiv der französischen Moralistik einerseits und einer andererseits betont rationalen Rechtsauffassung ist die folgende Gegenüberstellung: « *Le Conseil des rois doit être composé de peu de personnes, et les tribunaux de judicature en demandent beaucoup. La raison en est que, dans le premier, on doit prendre les*

846 *Montesquieu*, Œuvres complètes, Bibliothèque de la Pléiade, Tome II, S. 425; Übersetzung *Ernst Forsthoff*, 1951/1992, Bd. 1, S. 250: „Es ist anzumerken, dass die drei Gewalten gut verteilt sein können im Hinblick auf die Freiheit der Verfassung, obgleich sie es nicht sind, soweit es sich um die Freiheit des Bürgers handelt".

847 *Montesquieu*, Œuvres complètes, Bibliothèque de la Pléiade, Tome II, S. 314; Übersetzung *Ernst Forsthoff*, 1951/1992, Bd. 1, S. 113: „Wenn er nun selber Recht spräche, so wäre er wiederum Ankläger und Partei".

affaires avec une certaine passion et les suivre de même; ce qu'on ne peut guère espérer que de quatre ou cinq hommes qui en font leur affaire. Il faut au contraire des tribunaux de judicature de sang-froid, et à qui toutes les affaires soient en quelque façon indifférentes » (VI 6).[848]

Hieran erweist sich beiläufig, dass nicht zuletzt das moralistische Erbe ihn zu einem der Begründer der Rechtssoziologie macht. Denn die bei den französischen Moralisten allgegenwärtige Einbeziehung der typischen menschlichen Beweggründe und Leidenschaften in die allfällige Ordnung der Rechtstatsachen und Sachverhalte führt ihn auf empirischer Grundlage und mit gesundem Menschenverstand zu vernünftigen Ergebnissen. In immer neuen Schattierungen beschwört Montesquieu in den düstersten Farben die furchteinflößende Wirkung despotischer Herrschaften, in denen selbst die Todesstrafen grausamer ausfallen, damit die allgegenwärtige Todesangst sogar noch den Lebenswillen übersteigt.

Vor dessen einschneidenden Gesetzen und ihrer heimlichen Anwendung muss das Volk daher besonders geschützt werden: « *Une loi qui peut devenir si contraire à la sûreté et à la liberté des citoyens, doit être exécutée dans la présence des citoyens* » (XXIX 15).[849] Hier kommt zugleich das zwingende Erfordernis der Öffentlichkeit, von dem bereits die Rede war, zur Geltung. Wenn letztlich das Leben unter Gesetzen den Menschen zum Bürger macht und der Gehorsam gegenüber den Gesetzen der Preis der Freiheit ist, der für den Genuss der Sicherheit zu entrichten ist (VI 2), dann bedarf es unbedingt der Möglichkeit öffentlicher Mitwirkung der Bürger, sobald sie Gefahr laufen, ihre Sicherheit und Freiheit einzubüßen.

Doch protokolliert Montesquieu nicht nur die Grade der Unfreiheit und der Willkür, sondern bekennt in einer für wissenschaftliche Abhandlungen unüblichen Weise sein Mitgefühl: « *Lorsque nous lisons, dans les histoires, les exemples de la justice atroce des sultans, nous sentons avec une espèce de douleur les maux de la nature humaine* » (VI 9).[850] So scheinbar banal und wenig weiterführend dies klingt,

---

848 *Montesquieu*, Œuvres complètes, Bibliothèque de la Pléiade, Tome II, S. 316; Übersetzung *Ernst Forsthoff*, 1951/1992, Bd. 1, S. 116: „Das Ratskollegium der Könige muss aus wenigen Personen bestehen, die Gerichtshöfe dagegen erfordern eine große Zahl von Mitgliedern. Der Grund dafür liegt darin, dass in dem Rat die Aufgaben mit einer gewissen Leidenschaft angepackt und durchgeführt werden müssen, was man aber höchstens von vier oder fünf Personen, die sie sich ganz zu eigen machen, erhoffen kann. Dagegen müssen die Gerichtshöfe kaltblütig sein und den Fällen mit einer gewissen Gleichgültigkeit gegenüberstehen".

849 *Montesquieu*, Œuvres complètes, Bibliothèque de la Pléiade, Tome II, S. 876; Übersetzung *Ernst Forsthoff*, 1951/1992, Bd. 2, S. 364: „Ein Gesetz, das für die Sicherheit und Freiheit seiner Bürger so gefährlich ist, muss in Gegenwart der Bürger zur Anwendung kommen".

850 *Montesquieu*, Œuvres complètes, Bibliothèque de la Pléiade, Tome II, S. 319; Übersetzung *Ernst Forsthoff*, 1951/1992, Bd. 1, S. 119: „Wenn wir in den Geschichtsbüchern Beispiele für die Schre-

bringt es doch seine allgegenwärtige Humanität, die das gesamte Werk durchzieht, zum Ausdruck. Bei aller schneidenden Schärfe, die den Aphorismen der französischen Moralisten zu eigen ist, gehört umgekehrt wohl auch die sich hier offenbarende Kehrseite humaner Empathie gegenüber den die Niedrigkeit der Menschennatur spiegelnden Exzessen der Despoten zu ihrem Erbe. Denn die ausdrückliche Bezugnahme auf die unzulängliche Menschennatur bildet ein deutliches Indiz für die moralistische Herkunft des gesamten Gedankens.

Darüber hinaus legen gerade solche mitfühlenden Aussagen die Differenz frei, die zwischen gemäßigten Staaten und Despotien nicht nur in moralischer Hinsicht besteht, sondern durch eine Rechtsfolgenabwägung aufgezeigt werden kann, die in einer ganz neuartigen Betrachtungsweise die langfristige Ineffizienz despotischer Härte veranschaulicht, welche die mit der Despotie einhergehende Erosion des Rechtsbewusstseins zwangsläufig mit sich bringt: *« Souvent un législateur qui veut corriger un mal ne songe qu'à cette correction; ses yeux sont ouverts sur cet objet, et fermés sur les inconvénients. Lorsque le mal est une fois corrigé, on ne voit plus que la dureté du législateur; mais il reste un vice dans l'État, que cette dureté a produit; les esprit sont corrompus, ils se sont accoutumés au despotisme »* (VI 12).[851]

Der schale Rest der Willkür bleibt also als unauslöschlicher Makel in der Rechtsordnung bestehen, wenn Maßnahmengesetze ohne Rücksicht auf Verluste durchgesetzt werden, mag die Absicht des Gesetzgebers für sich betrachtet auch noch so anerkennungswürdig sein. Es ist dies gleichsam der Ungeist der Gesetze, weil die Rechtsunterworfenen den womöglich berechtigten Zweck der Maßnahme vergessen haben, sich und ihre Nachkommen aber an die Ungerechtigkeit nachhaltig erinnern werden. Auch daran zeigt sich der von Hegel genannte tiefe Blick Montesquieus,[852] der die Eintrübungen des Rechtsbewusstseins innerhalb der Bevölkerung wahrnimmt, wo sie sich zwar nicht quantifizieren, wohl aber im Wege einer Differenzhypothese glaubhaft machen lassen. Das Volk aber – so darf man Montesquieus Darstellung um dasjenige ergänzen, was er in den ersten Büchern systematisch erarbeitet hat – vergisst solche Ungerechtigkeiten nicht, weil sie von

---

ckensurteile der Sultane lesen, fühlen wir mit gewissen Schmerze die Fehler der menschlichen Natur".

851 *Montesquieu*, Œuvres complètes, Bibliothèque de la Pléiade, Tome II, S. 321; Übersetzung *Ernst Forsthoff*, 1951/1992, Bd. 1, S. 122: „Zuweilen denkt ein Gesetzgeber, der ein Übel abstellen will, nur an dessen Beseitigung und hat nur dieses Ziel im Auge, beachtet aber nicht die Nachteile. Ist dann das Übel beseitigt, dann sieht man nur noch die Härte des Gesetzgebers; es bleibt aber im Staate ein Fehler zurück, den diese Härte hervorgerufen hat: die Gesinnung ist nämlich verdorben, sie hat sich an den Despotismus gewöhnt".

852 *Georg Wilhelm Friedrich Hegel*, Grundlinien der Philosophie des Rechts, 1821, § 273.

einer Generation an die nächste wiedergegeben werden und auf diese Weise ebenso ihren Anlass überdauern wie die Angst vor dem Despoten.

VIII. *« L'esprit de liberté »*

An einer unscheinbaren, aber inhaltlich bedeutsamen Stelle im Zusammenhang mit der Verdrängung des Schwächeren durch den Stärkeren setzt Montesquieu den Geist der Freiheit voraus, wenngleich in negatorischer Abgrenzung: *« On se soumet donc à lui; et, quand on lui est soumis, l'esprit de liberté n'y sauroit revenir »* (XVIII 2).[853] Wo sich einmal der Sündenfall eines vorgeblichen Rechts des Stärkeren ereignet hat, ist der mit der Stärke des Rechts einhergehende Geist der Freiheit irreversibel beeinträchtigt. Die Macht des Stärkeren ist somit eng verwandt mit den Auswüchsen der Despotie; ihr Gegenbegriff ist der Geist der Freiheit.

Da Montesquieu auch den Handel zu jenem Inbegriff zählt, der in seiner Gesamtheit den Geist der Gesetze ausmacht, spielt auch die wirtschaftliche Betätigungsfreiheit für ihn eine entscheidende Rolle. Auch im Steuerrecht, das er im Zusammenhang mit dem Wirtschaftsrecht zweckmäßigerweise berücksichtigt, spricht er vom Geist der Freiheit, der aber nach dem zuletzt Bedachten darüber hinaus wohl das ganze Werk durchwirkt, weil er die Interdependenz zum Ausdruck bringt, mit der Montesquieu eine von ihm erkannte Gesetzmäßigkeit über die Regierungsformen beschreibt: *« On sent donc que plus le gouvernement est modéré, que plus l'esprit de liberté règne, que plus les fortunes ont de sûreté plus il est facile au marchand d'avancer à l'État et de prêter au particulier des droits considérables »* (XIII 14).[854]

Es spricht für sein eminentes wirtschaftliches Wissen, dass er ein so praktisches Problem, wie es allfällige Steuervorauszahlungen für Gewerbetreibende nun einmal sind, auf die Prinzipienebene zu heben imstande ist und dabei erneut daran erinnert, wie die Erfüllung so prekärer Pflichten vom Bewusstsein der Rechtssicherheit abhängt. Sofern sich der Einzelne des Schutzes seines Vermögens und Privateigentums sicher sein kann, ist er in der Lage, vorausschauend zu kalkulieren und wird selbst höhere Steuerlasten bereitwillig tragen. Nur in der Despotie, wo der Geist der Freiheit unbekannt ist, wird der Händler vereinnahmtes Vermögen schnellstmöglich ausgeben, beiseiteschaffen oder wenigstens teilweise als Bestechungssumme bereithalten, weil er jederzeit mit dem gierigen Zugriff des Despoten oder seiner Schergen rechnen muss.

---

853 *Montesquieu*, Œuvres complètes, Bibliothèque de la Pléiade, Tome II, S. 532; Übersetzung *Ernst Forsthoff*, 1951/1992, Bd. 1, S. 381: „Man unterwirft sich ihm also und, wenn das einmal geschehen ist, kann der Geist der Freiheit nie zurückkehren".

854 *Montesquieu*, Œuvres complètes, Bibliothèque de la Pléiade, Tome II, S. 468; Übersetzung *Ernst Forsthoff*, 1951/1992, Bd. 1, S. 303: „Man sieht also: je mehr der Geist der Freiheit herrscht, je mehr die Vermögen gesichert sind, umso leichter ist es dem Händler, dem Staat vorauszuleisten und dem Einzelnen beträchtliche Steuern vorzustrecken".

https://doi.org/10.1515/9783111396132-010

Doch kennt auch Montesquieus Verständnis gegenüber der Steuerpflicht gerade des einfachen Volkes Grenzen, dessen Gerechtigkeitsgefühl gegenüber willkürlichen konfiskatorischen Eingriffen empfindlich berührt wird: *« Le peuple a de la confiance en notre justice; il n'en a point en notre opulence : tant d'impôts qui font sa misère sont des preuves certaines de la nôtre »* (XX 19).[855] Wie das Possessivpronomen im Hinblick auf den Reichtum zeigt, erkennt der Aristokrat durchaus selbstkritisch, mit welch berechtigtem Argwohn der Wohlstand seines Standes vonseiten des steuerpflichtigen Volkes betrachtet werden muss. Dieser sentenziöse Rückgriff auf die *« condition humaine »* am Beispiel eines gesellschaftlichen Missstandes, der die Unfreiheit der Unterworfenen in den Blick nimmt und letztlich auf die ungezügelte Habgier der Herrschenden zurückgeht, ist – zumal in dieser geschliffenen Form – nicht nur bezeichnend für den Geist der Freiheit, sondern auch denjenigen der französischen Moralistik.[856]

Das Steuerrecht ist überhaupt ein beliebter Bereich für Montesquieus Moralistik: *« L'art de la maltôte est toujours inventé après coup, et lorsque les hommes commencent à jouir de la félicité des autres arts »* (XXX 12).[857] Die sprachlich ebenso feinsinnige wie doppeldeutige Gleichsetzung oder vielmehr Fortsetzung der ästhetisch verstandenen Kunst mit der Kunst, sich willkürlich zu bereichern, und dies in ein kausales sowie temporales Verhältnis der Begierden zueinander zu setzen, bildet ein Musterbeispiel französischer Moralistik.

Zugleich zeigt dies erneut den Zusammenhang jener Geistesrichtung mit der Begründung der Rechtssoziologie, weil die repräsentative Förderung der schönen Künste und der zur Schau gestellte ästhetische Luxus mit der Zeit einer Art der Gegenfinanzierung mit dem Zwangsmittel des Steuerrechts bedurfte: *« Il ne faut point prendre au peuple sur ses besoins réels, pour des besoins de l'État imaginaires »*

---

855 *Montesquieu*, Œuvres complètes, Bibliothèque de la Pléiade, Tome II, S. 597; Übersetzung *Ernst Forsthoff*, 1951/1992, Bd. 2, S. 18: „Das Volk hat Vertrauen zu unserer Gerechtigkeit, aber nicht zu unserem Reichtum: die vielen Steuern, die es in Not bringen, sind sichere Beweise unserer eigenen Not".

856 *Fritz Schalk*, Einleitung, in: Die französischen Moralisten, 1949, S. X, fasst das ambivalente und durch Abstoßung gekennzeichnete Verhältnis der Moralisten zur Gesellschaft, in der sie lebten und dachten, allgemeingültig zusammen: „Mehr im Gegensatz als im Einklang mit dieser Gesellschaft, der sie den Dualismus von Ideal und Wirklichkeit gegenüberhielt, hat sich die moralistische Literatur entwickelt".

857 *Montesquieu*, Œuvres complètes, Bibliothèque de la Pléiade, Tome II, S. 895; Übersetzung *Ernst Forsthoff*, 1951/1992, Bd. 2, S. 388: „Die Kunst, durch Steuern Geld zu erpressen, wurde immer erst zum Schluss erfunden, nachdem die Menschen begonnen hatten, sich am Glück anderer Künste zu erfreuen".

(XIII 1).[858] Auch dieses Bonmot bildet ein Beispiel französischer Moralistik und entfaltet zugleich Fernwirkung in Richtung der Gewaltenteilung, deren fiskalische Ausprägung es letztlich dort ist, wo die von ihnen zu tragende finanzielle Last die Rechtsunterworfenen im alltäglichen Leben besonders drückt.

Nicht minder pointiert und scharfzüngig bringt Montesquieu den Schwierigkeitsgrad des altrömischen Steuersystems mit einem geistreichen Wort auf den Punkt, das auf die zuletzt zitierte Sentenz zu antworten scheint: *« Si le Tartares inondoient aujourd'hui l'Europe, il faudroit bien des affaires pour leur faire entendre ce que c'est qu'un financier parmi nous »* (XXX 13).[859] Die kontrastierende Entgegensetzung veranschaulicht paradoxerweise auf welch unterschiedliche Wirkungsweisen machtvoller Druck einerseits durch rohe Gewalt ausgeübt und andererseits durch ein intrikates Besteuerungssystem kunstvoll verbrämt werden kann. Zudem verrät das grotesk überzeichnete Beispiel jenen Humor, der für die französische Moralistik seit Montaigne bis in das zwanzigste Jahrhundert typisch ist.[860] Schließlich ist dies einerseits im für Montesquieu bezeichnenden globalen Fremdvergleich gedacht, andererseits aber in deutlichster Weise kontrastierend mit der engherzigen Besteuerungspraxis in Gestalt eines Amtswalters – kurz: französische Moralistik in Reinkultur.[861]

Dieser spezielle fiskalpolitische Zusammenhang darf nicht den Blick darauf verschatten, dass es sich dabei um ein allgemeines Prinzip handelt. Denn letztlich folgt aus Montesquieus altrömisch geprägtem Denken, dass der Geist der Republik vom Geist der Freiheit beseelt ist, wie sich an folgender Stelle zeigt, die vom Zusammenhang der bürgerlichen Gesetze Roms und seiner Verfassungsgesetze handelt, anlässlich derer Montesquieu eine Ungereimtheit aufzeigt, die er folgender-

---

858 *Montesquieu*, Œuvres complètes, Bibliothèque de la Pléiade, Tome II, S. 458; Übersetzung Ernst Forsthoff, 1951/1992, Bd. 1, S. 291: „Man darf den wirklichen Bedürfnissen des Volkes nichts zugunsten eingebildeter Bedürfnisse des Staates entziehen". Zu diesem Wort bereits *Jens Petersen*, Steuerkritik bei Montesquieu, Gedächtnisschrift für Andreas Musil, 2024, S. 19 24 f.

859 *Montesquieu*, Œuvres complètes, Bibliothèque de la Pléiade, Tome II, S. 900; Übersetzung *Ernst Forsthoff*, 1951/1992, Bd. 2, S. 393: „Wenn heute die Tartaren Europa überfluten würden, dann würde es ein schwieriges Geschäft sein, ihnen klarzumachen, was ein Steuerbeamter bei uns bedeutet".

860 *Jens Petersen*, Marcel Proust und Tacitus, 2021, S. 1 ff.

861 *Hugo Friedrich*, Montaigne, 1949, S. 227, gibt zwar zu bedenken, dass „allem moralistischen Denken (...) die Trennung zwischen Theorie und Praxis zugrunde liegt." – Doch darf dies nicht dahingehend missverstanden werden, dass der Moralist kein Praktiker gewesen sein konnte, wie es etwa auch Montaigne als erfolgreicher Bürgermeister von Bordeaux war. In diese Richtung darf man wohl auch *Friedrichs* folgende Überlegungen verstehen (S. 227 f.): „Das praktische Leben aber hat seine eigenen Orientierungen. (...) Man ist nicht überrascht, daß Montaigne im Sinne des politischen Realismus urteilt. Dessen Notwendigkeit ist ihm ein Zeichen mehr für die *Risse unseres Menschseins.*" Hervorhebung nur hier.

maßen kommentiert: « *Cela n'est guère du génie de la république, où le peuple aime à voir les grands humiliés. Mais des gens qui vouloient renverser la liberté craignoient des écrits qui pouvoient rappeler l'esprit de la liberté* » (VI 15).[862] Auch hieran zeigt sich die für Montesquieu charakteristische Zusammenführung einer rechtssoziologischen Beobachtung von alltagstheoretischer Plausibilität – hier in Gestalt der die Menschen verbindenden Schadenfreude – mit einer aufklärerisch gesonnenen, aphoristischen Folgerung, die sich durchaus im Sinne der französischen Moralistik aus der soeben gewonnenen Beobachtung zwanglos ergibt.[863]

Leidenschaften können allerdings Antriebe zu potentiell gemeinnützigem Handeln bilden und Freiheit verwirklichen, sogar in Monarchien: « *Elles ne tendent qu'à la gloire des citoyens, de l'État et du prince. Mais de cette gloire il résulte un esprit de liberté qui, dans ces États, peut faire d'aussi grandes choses, et peut-être contribuer autant au bonheur que la liberté même* » (XI 7).[864] Individuelles Streben nach Ruhm kann als Folge menschlichen Handelns ohne entsprechende Absicht unwillkürlich dem Gemeinwohl dienen. Die Erkenntnis dieser Genese zählt zu den wichtigsten – wenn auch wiederum von Montaigne vorbereiteten – Einsichten Montesquieus, die erst im 20 Jahrhundert vollends gewürdigt wurde.[865] Doch bleibt hinzuzufügen, dass nicht zuletzt die in der französische Moralistik bevorzugte pointierte Darstellung und Entlarvung von Sein und Schein dafür mitursächlich war, wie in dem ebenso überraschenden wie erhellenden Nachsatz der soeben zi-

---

862 *Montesquieu*, Œuvres complètes, Bibliothèque de la Pléiade, Tome II, S. 325; Übersetzung *Ernst Forsthoff*, 1951/1992, Bd. 1, S. 127: „Dies entspricht kaum dem Geist der Republik, wo sich das Volk an der Demütigung der Großen freut. Aber Leute, die die Freiheit zu stürzen suchen, fürchten Schriften, die den Geist der Freiheit wachrufen konnten".

863 *Hugo Friedrich*, Montaigne, 1949, S. 225, bringt es so auf den Punkt, dass damit zugleich Montaignes Leser Montesquieu miterfassst ist: „Daher ist das Verfahren der Moralistik in aller Regel mehr schildernd als theoretisierend. Selbst die Sentenzen- und Maximenliteratur, so abstrakt sie aussehen kann, löst ‚den' Menschen in Einzelfälle und grenzenlose Kombinationen auf und verschiebt schon Gesagtes unter dem unaufhörlichen Wechsel der beobachteten Perspektive." – Das zeigt sich besonders deutlich in den immerfort variierenden Erscheinungsweisen der Unberechenbarkeit des Despoten und seiner Schergen, die Montesquieu bei gleicher Grundaussage des allgegenwärtigen Terrors, um die Schreckensherrschaft möglichst aus jeder erdenklichen Perspektive zu veranschaulichen, damit dem Betrachter schon ihre leichtesten und unscheinbaren Ausprägungen ins Auge fallen.

864 *Montesquieu*, Œuvres complètes, Bibliothèque de la Pléiade, Tome II, S. 408; Übersetzung *Ernst Forsthoff*, 1951/1992, Bd. 1, S. 229: „Sie erstreben den Ruhm ihrer Bürger, des Staates und des Fürsten. Aber aus diesem Ruhm geht ein Geist der Freiheit hervor, der in diesem Staate ebenso große Dinge bewirken und vielleicht ebenso viel zur Glückseligkeit beitragen kann wie die Freiheit selbst".

865 *Albert O. Hirschman*, Leidenschaften und Interessen. Politische Begründungen des Kapitalismus vor seinem Sieg, 1987.

tierten Stelle deutlich wird. Der freiheitliche Geist einer Gesellschaftsordnung stärkt das individuelle Wohlbefinden nicht minder als die Freiheit selbst.

So systematisch wie Montesquieu hat wohl kein anderer vor ihm die geographischen Faktoren und vor allem die klimatischen Verhältnisse in ihrer Bedeutung für die Herrschaft der Gesetze und den damit zusammenhängenden Geist der Freiheit ermessen: *« En Europe, le partage naturel forme plusieurs États d'une étendue médiocre, dans lesquels le gouvernement des lois n'est pas incompatible avec le maintien de l'État : au contraire, il y est si favorable, que, sans elles, cet État tombe dans la décadence, et devient inférieur à tous les autres. C'est ce qui a formé un génie de liberté, qui rend chaque partie très difficile à être subjuguée et soumise à une force étrangère, autrement que par les lois et l'utilité de son commerce »* (XVII 6).[866] Daraus erhellt, dass der Geist der Freiheit zuinnerst verbunden ist mit der Herrschaft der Gesetze; ohne ihre unbegrenzte und auch die Mächtigen bindende Geltung kann es keinen freiheitlichen Staat geben. Ein mehrere Staaten in diesem Sinne verbindender Geist der Freiheit kann dagegen auch auf solche Staaten gleichsam hinüberwehen, in denen er vorübergehend weniger ausgeprägt ist. Insofern lässt sich Montesquieus Überlegung als Prolepse einer europäischen Herrschaft des Rechts begreifen.[867]

Ein ähnlich anregender Gedanke, der von einem neuartigen Weltbild gründet, findet sich im darauffolgenden 18. Buch, in dem die Gesetze behandelt werden, die Grund und Bodens betreffen. Vom inneren systematischen Zusammenhang des Werkes her gesehen, erschließt sich, warum diese Ausführungen bereits gegen Ende des ersten Teils angesiedelt sind und schon einen gewissen Vorgriff auf den zweiten Teil erkennen lassen, der ökonomische Fragen in den Vordergrund stellt. Denn hier geht es um das Verhältnis der Freiheit zur unterschiedlich dichten Besiedlung: *« Les pays ne sont pas cultivés en raison de leur fertilité, mais en raison de leur liberté; et si*

866 *Montesquieu*, Œuvres complètes, Bibliothèque de la Pléiade, Tome II, S. 529; Übersetzung *Ernst Forsthoff*, 1951/1992, Bd. 1, S. 378: „In Europa sind durch natürliche Teilung mehrere Staaten von mittlerer Größe entstanden, in denen die Herrschaft der Gesetze mit der Erhaltung des Staates nicht unvereinbar, sondern im Gegenteil ihr so günstig ist, dass ein solcher Staat, ohne sie in Verfall geraten und allen anderen unterlegen sein würde. Daraus ist ein Geist der Freiheit entstanden, der es äußerst schwer macht, einen Teil zu unterjochen oder einer fremden Macht zu unterwerfen, wenn nicht aufgrund der Forderungen und zum Vorteil seines Handelns".

867 *Ernst-Joachim Mestmäcker*, Europäische Prüfsteine der Herrschaft und des Rechts, 2016, S. 154, hat in dieser Hinsicht am Beispiel der von seinem Lehrer Franz Böhm entwickelten ‚Privatrechtsgesellschaft' die Gewaltenteilung in bemerkenswerter Weise abgewandelt und dadurch letztlich präzisiert: „Die so verstandene Gewaltenteilung geht über die von Montesquieu begründete organisationsrechtliche Trennung der drei Gewalten hinaus, weil die Zivilgesellschaft selbst und die für sie maßgeblichen Prinzipien Teil der verfassten Freiheit ist." Zu diesem wichtigen Band *Jens Petersen*, Archiv für Rechts- und Sozialphilosophie 103 (2017), 553.

l'on divise la terre par la pensée, on sera étonné de voir la plupart du temps des déserts dans ses parties les plus fertiles, et de grands peuples dans celles où le terrain semple refuser tout » (XVIII 3).[868]

Die Aufteilung der Erde in Gedanken ist wiederum eine jener überaus originellen Einsichten, die veranschaulichen, warum Montesquieu gleich zu Beginn seines Werkes im « *Avertissement de l'auteur* » mit Fug und Recht behaupten konnte, dass er neue Gedanken gehabt habe. Nicht so sehr die natürlichen Ressourcen als vielmehr der Grad der am jeweiligen Ort herrschenden Freiheit bestimmt den wirtschaftlichen Wohlstand. Von daher zeigt sich erneut, warum kein geringerer als Adam Smith auf der Grundlage solcher Ideen davon ausgehen konnte, dass eine vom Geist der Freiheit getragene Rechtsordnung mit entsprechenden Rechtsschutzgarantien durchaus auch einen Standortfaktor im ökonomischen Sinn ausmachen kann.[869] Wir haben weiter oben bereits gesehen, dass dies auch für den Verfasser des Esprit des Lois gilt.

Montesquieu wird daher nicht müde, seinen Abscheu gegenüber despotischen Regierungen, die vom Geist der Freiheit denkbar weit entfernt sind, auf immer neue Weise zum Ausdruck zu bringen;[870] bevorzugt durch pointierte Formulierungen von stilistischer Brillanz und suggestiver Kraft: « *Le despotisme se suffit à lui-même; tout est vide autour de lui* » (VI 1).[871] So lässt Montesquieu vor dem Auge des Lesers ein Bild der Verheerungen und Verwüstungen durch die monströse Gewalt der Despotie erstehen. Da aber der Despotismus letztlich immer auf die jeweilige Person des Despoten zurückgeht, ist die vorgebliche Selbstgenügsamkeit immer auch ein Verweis auf dessen abgrundtiefe Einsamkeit. Die Triebfeder der Furcht, mit der er selbst herrscht, regiert auch ihn durch die allgegenwärtige Angst vor Nachstellungen seitens der Unterdrückten, also praktisch Aller. So ähnelt diese von ihm mit

---

868 *Montesquieu*, Œuvres complètes, Bibliothèque de la Pléiade, Tome II, S. 532; Übersetzung *Ernst Forsthoff*, 1951/1992, Bd. 1, S. 383: „Die Länder werden nicht entsprechend ihrer Fruchtbarkeit, sondern entsprechend ihrer Freiheit bestellt; und wenn man die Erde einmal in Gedanken aufteilt, so wird man mit Erstaunen feststellen, dass in den weitaus längsten Zeiten ihre fruchtbarsten Gegenden verödet und ihre ärmsten dicht bevölkert waren".

869 *Jens Petersen*, Adam Smith als Rechtstheoretiker, 2. Auflage 2017, § 3.

870 *Corrado Rosso*, Montesquieu moraliste. Des lois au bonheur, 1971, S. 105, spricht von der Despotie sinngemäß als der Hölle der (Un-)Menschlichkeit".

871 *Montesquieu*, Œuvres complètes, Bibliothèque de la Pléiade, Tome II, S. 309; Übersetzung *Ernst Forsthoff*, 1951/1992, Bd. 1, S. 107: „Der Despotismus ist sich selbst genug; um ihn ist alles öde und leer".

wenigen Worten gezeichnete Trostlosigkeit der Einsamkeit jener Kältehölle des ewigen Eises am Ende von Dantes Inferno.[872]

Ähnlich sinnfällig wirkt die folgende Antiklimax zur Majestätsbeleidigung: *« Partout où cette loi est établie, non seulement la liberté n'est plus, mais son ombre même »* (XII 12).[873] Unausgesprochen findet sich hier taciteisches Gedankengut, da der Begriff der Freiheit gerade in den Annalen des Tacitus im Zusammenhang mit dem despotischen Majestätsgesetz vielfältige Schattierungen erfährt und mitunter nur noch vom Schein der Freiheit die Rede ist.[874] Der Einzelne ist für das despotische Regime ein Nichts und tut daher gut daran, sich entsprechend unauffällig zu verhalten: *« Chacun doit connoître qu'il ne faut point que le magistrat entende parler de lui, et qu'il ne tient sa sûreté que de son anéantissement »* (VI 2).[875] Das ist eine ebenso rational begründete wie psychologisch packende Beschreibung der Despotie, welche die schiere Macht und das Fehlen jeder Rechtssicherheit mit wenigen Worten so monströs aufscheinen lässt, wie es gerade die französischen Moralisten vermochten.

Doch ist es für seine geistesgeschichtliche Herkunft aus der französischen Moralistik nicht minder bezeichnend, dass Montesquieu solche Sentenzen am Ende des Kapitels in einer auf den ersten Blick paradox anmutenden Einsicht kulminieren lässt:[876] *« Les hommes sont tous égaux dans le gouvernement républicain; ils sont égaux dans le gouvernement despotique : dans le premier, c'est parce qu'ils sont tout ; dans le second, c'est parce qu'ils ne sont rien »* (VI 2).[877] Die Verbindung von Parallelismus und Antithese bringt erneut besonders wirkungsvoll zum Ausdruck, dass die Gleichheit der Menschen vor dem Gesetz von der Regierungsform abhängt

---

872 *Dante Alighieri*, Inferno XXXIII 10. Der Begriff der ‚Kältehölle' stammt von *Eugen Biser*, Der Mensch – das uneingelöste Versprechen. Entwurf einer Modalanthropologie, 2. Auflage 1996, S. 148; dazu *Jens Petersen*, Dante Alighieris Gerechtigkeitssinn, 2. Auflage 2016, S. 49.

873 *Montesquieu*, Œuvres complètes, Bibliothèque de la Pléiade, Tome II, S. 442; Übersetzung *Ernst Forsthoff*, 1951/1992, Bd. 1, S. 272: „Überall, wo dieses Gesetz gilt, ist nicht nur die Freiheit, sondern selbst ihr Schatten dahin".

874 *Tacitus*, Annales 2.35.2 nennt es dort ‚speciem libertatis'; zu den Majestätsprozessen und ihrer despotistischen Wirkungsweise *Jens Petersen*, Recht bei Tacitus, 2019, S. 289–400.

875 *Montesquieu*, Œuvres complètes, Bibliothèque de la Pléiade, Tome II, S. 310; Übersetzung *Ernst Forsthoff*, 1951/1992, Bd. 1, S. 108: „Jeder muss wissen, dass es am besten ist, wenn die Obrigkeit nichts von ihm gehört, und dass er seine Sicherheit nur seiner gänzlichen Bedeutungslosigkeit verdankt".

876 *Corrado Rosso*, Montesquieu moraliste. Des lois au bonheur, 1971, S. 58, spricht sinngemäß von einer der berühmtesten Antithesen des Werkes.

877 *Montesquieu*, Œuvres complètes, Bibliothèque de la Pléiade, Tome II, S. 311; Übersetzung *Ernst Forsthoff*, 1951/1992, Bd. 1, S. 109: „Die Menschen sind unter der republikanischen und auch unter der despotischen Regierungsform alle gleich: in jener, weil sie alles, in dieser, weil sie nichts bedeuten".

und durch ihren Wandel in Richtung der Despotie pervertiert wird. Zugleich zeigt die unerwartete Zuspitzung einmal mehr die gedankliche Nähe zu den Aphorismen der französischen Moralistik, denen man diese beiden pointiert miteinander verbundenen Sätze wohl sogar unmittelbar zuordnen könnte.[878]

Doch auch in der Monarchie, in der keine Gleichheit herrscht, darf es der Herrscher nicht an der fundamentalen Achtung der Menschenwürde fehlen lassen, um die es bei der sogleich zu betrachtenden Stelle der Sache nach gehen wird. Das gilt zumal dann, wenn dem Monarchen von scheinbar unmaßgeblicher Seite Zuneigung entgegengebracht wird. Montesquieu legt dem Monarchen nach Art eines Fürstenspiegels Verhaltensweisen nahe, die nicht nur vom Geist der Freiheit, sondern auch der französischen Moralistik beseelt sind: *« Qu'il gagne le cœur, mais qu'il ne captive point l'esprit. Qu'il se rende populaire. Il doit être flatté de l'amour deu moindre de ses sujets; ce sont toujours des hommes »* (XII 27).[879] Gerade der Nachsatz verdient Hervorhebung, weil er Montesquieus Humanität im Wortsinne zum Ausdruck bringt.

Durch derartige kontrastierende Entgegensetzungen der vorzugswürdigen Regierungsformen mit den verachtungswürdigen der Despotie wird sich aus deren vielschichtigen Perhorreszierungen Montesquieus Vorstellung von der Gewaltenteilung schließlich gleichsam von selbst herausbilden. Ein weiteres stilistisch und inhaltlich bemerkenswertes Beispiel dafür ist eine Sentenz aus dem dritten Kapitel des sechsten Buches: *« Dans les États despotiques, il n'y a point de loi : le juge est lui-même sa règle »* (VI 3).[880] Diese ironische Verbrämung der Selbstgenügsamkeit des Despoten oder seiner Schergen, die wir bereits aus mannigfaltigen ähnlichen, aber immer wieder abgewandelten Worten kennen, veranschaulicht die vollständige Gesetzlosigkeit der Despotie (VI 1). Legislative und Judikative fallen ineinander, und da jeder beliebige Rechtsunterworfene innerhalb des despotischen Staatsapparats willfähriges Werkzeug des Despoten ohne eigene Entscheidungsmacht ist, obliegt ihm auch die ausführende Gewalt.

---

878 Man fühlt sich beinahe an das berühmte Wort von *Anatole France*, Le lys rouge, 1894, S. 118, erinnert: «Ils y doivent travailler devant la majestueuse égalité des lois, qui interdit au riche comme au pauvre de coucher sous les ponts, de mendier dans les rues et de voler du pain».

879 *Montesquieu*, Œuvres complètes, Bibliothèque de la Pléiade, Tome II, S. 455; Übersetzung *Ernst Forsthoff*, 1951/1992, Bd. 1, S. 287: „Er gewinne das Herz, aber er lege nicht den Geist in Fesseln. Er mache sich volkstümlich. Die Liebe des geringsten seiner Untertanen sei ihm schmeichelhaft; sie sind immerhin Menschen".

880 *Montesquieu*, Œuvres complètes, Bibliothèque de la Pléiade, Tome II, S. 311; Übersetzung *Ernst Forsthoff*, 1951/1992, Bd. 1, S. 109: „In despotischen Staaten gibt es keine Gesetze: der Richter ist sich selbst Gesetz".

Indem Montesquieu die Verachtungswürdigkeit der Despotie immer aufs Neue beschwört, kristallisiert sich, da bei ihr alle Gewalten in einer Hand vereinigt sind und von dieser permanent missbraucht werden, allmählich die Notwendigkeit der Gewaltenteilung heraus, die schließlich im elften Buch klassische Gestalt annehmen wird (XI 6). Daraus ergibt sich auch, dass jeder Kampf ums Recht misslingen muss, wenn man es einmal mit der berühmten Wendung ausdrücken darf:[881] *« Et il seroit bien dangereux que l'on y eût les passions des plaideurs : elles supposent un désir ardent de se faire rendre justice, une haine, une action dans l'esprit, une constance à poursuivre »* (VI 2).[882] Alle Affekte, die Montesquieu hier nennt und deren geistreiche Behandlung die französische Moralistik so eindrucksvoll hat werden lassen, ersterben und veröden im Klima einer permanenten Angst vor dem Despoten und seinen willfährigen Vollstreckern.

Gedanken wie dieser legen die Annahme nahe, dass Montesquieu nicht zuletzt durch seine Herkunft aus der Gedankenwelt der französischen Moralistik, die er bereits früh durch seine Lettres persanes selbst bereichert hat,[883] in der Lage war, die nachteiligen Auswirkungen der negativen Affekte dort zu erkennen und die Ausweglosigkeit der Rechtsverfolgung rational abschätzen zu können, wo unter der Despotie der Kampf ums Recht unweigerlich verloren geht.[884] Auch auf diesem Wege können mittelbar Leidenschaften in Interessen transformiert werden;[885] hier in Gestalt des gesamtgesellschaftlichen Interesses an einer wirksamen Gewaltenteilung.

Von daher verwundert es nicht, dass Milde und Mäßigung für Montesquieu kennzeichnend für den Geist der Republik sind, wie er ihn bei den Römern unter Hinweis auf den Geschichtsschreiber Livius paradigmatisch verwirklicht findet:[886] *« Voilà le temps auquel on peut rappeler ce que Tite-Live dit des Romains, que jamais*

---

881 Grundlegend *Rudolf von Jhering*, Der Kampf ums Recht, 1872.

882 *Montesquieu*, Œuvres complètes, Bibliothèque de la Pléiade, Tome II, S. 310; Übersetzung *Ernst Forsthoff*, 1951/1992, Bd. 1, S. 108: „Es wäre dort sehr gefährlich, einen Prozess mit ganzer Leidenschaft zu führen, d.h. mit dem heißen Wunsch, sich Recht zu verschaffen, mit Hass, geistiger Lebendigkeit und Ausdauer in der Verfolgung des Zieles".

883 Lesenswert *Karlheinz Stierle*, Mode et temps urbain chez La Bruyère et Montesquieu, in: Montaigne und die Moralisten. Klassische Moralistik – Moralistische Klassik, 2016, S. 253–263. Siehe auch *Victor Klemperer*, Lettres Persanes, in: Montesquieu-Traditionen in Deutschland. Beiträge zur Erforschung eines Klassikers (Hg. Edgar Maas/Paul-Ludwig Weinacht), 2005, S. 41.

884 Vgl. *Jens Petersen*, Zivilrechtsdogmatik und methodischer Individualismus am Beispiel Rudolf von Jherings, in: Festschrift für Claus-Wilhelm Canaris, 2017, S. 87 (= Studien zur juristischen Ideengeschichte, 2023, S. 101–131).

885 *Albert O. Hirschman*, Leidenschaften und Interessen. Politische Begründungen des Kapitalismus vor seinem Sieg, 1987.

886 *Livius*, Ab urbe condita, Buch I.

peuple n'a plus aimé la modération des peines. Que si l'on ajoute à la douceur des peines le droit qu'avoit un accusé de se retirer avant le jugement, on verra bien que les Romains avoient suivi cet esprit que j'ai dit être naturel à la république » (VI 15).[887] Dabei handelt es sich, wie der systematische Zusammenhang erkennen lässt, um nichts anderes als eben den Geist der Freiheit und der Mäßigung. Beide greifen im Sinne der für Montesquieus Denken bezeichnenden Wechselbezüglichkeit ineinander: Keine Freiheit ohne Mäßigung und keine Mäßigung ohne Freiheit; je maßvoller hoheitliche Eingriffe ausgeübt werden, desto größer der Grad der Freiheit innerhalb des Gemeinwesens.

Bevor Montesquieu im zwölften Buch die politische Freiheit behandelt, welche die Gesetze im Hinblick auf die Bürger entfalten, findet sich eine wichtige Weichenstellung in Bezug auf die Gewaltenteilung im vorangehenden Buch.[888] Diese wurde wohl mit Bedacht vorangestellt, damit sich das Folgende leichter aus demjenigen Zusammenhang erschließt, in den die Erforderlichkeit der Gewaltenteilung eingebettet ist. Es handelt sich um eine Warnung, die gleichsam vor der Klammer des nachfolgenden Buches unter Bezugnahme auf die römische Geschichte zu bedenken gegeben wird. Mutwillige Eingriffe in die Gewaltenteilung gerieten so zu einem umfassenden Freiheitsverlust, wie Montesquieu mit Blick auf eigenmächtige Eingriffe in das Verfassungsgefüge der Römer schlussfolgert: « *Ils choquèrent donc la liberté de la constitution, pour favoriser la liberté du citoyen; mais celle-ci se perdit avec celle-là* » (XI 18).[889]

Dies erklärt den zuvor zitierten Satz andeutungsweise. Zugleich zeigt der Gedanke eine Spielart jenes bei Montesquieu wiederholt begegnenden Dilemmas, wonach eine Form der Freiheit geopfert wird, um eine andere zu retten, dabei aber unweigerlich beide zugrundegehen, weil und sofern zuvor die Freiheit als solche korrumpiert wurde. Daraus lässt sich die Folgerung ziehen, dass die Gewaltentei-

887 *Montesquieu*, Œuvres complètes, Bibliothèque de la Pléiade, Tome II, S. 326; Übersetzung *Ernst Forsthoff*, 1951/1992, Bd. 1, S. 127 f.: „Das ist die Zeit, auf die man den Ausspruch des Livius über die Römer beziehen kann, dass niemals ein Volk größere Vorliebe für milde Strafen gehabt habe. Nimmt man zu der Milde der Strafen noch das Recht des Angeklagten hinzu, vor der Aburteilung auszuwandern, so muss man zugeben, dass die Römer dem Geist folgten, den ich als dem Wesen der Republik entsprechend bezeichnete".

888 *Christoph Möllers*, Die drei Gewalten. Legitimation der Gewaltengliederung in Verfassungsstaat, Europäischer Integration und Internationalisierung, 2008, S. 21, verdeutlicht den Schutzzweck gegen jede despotische Herrschaft: „So verwendet Montesquieu einen Begriff der politischen Freiheit, der eher am Schutz vor der Unsicherheit willkürlicher Herrschaft, denn an politischer Selbstbestimmung orientiert ist".

889 *Montesquieu*, Œuvres complètes, Bibliothèque de la Pléiade, Tome II, S. 426; Übersetzung *Ernst Forsthoff*, 1951/1992, Bd. 1, S. 251: „Sie verletzten also die Freiheit der Verfassung, um die Freiheit des Bürgers zu begünstigen. Aber mit dieser ging auch jene verloren".

lung auf der Ebene der Verfassung sakrosankt ist, mithin unter keinen Umständen angetastet werden darf, und sei es um der – im Übrigen häufig nur behaupteten – Freiheit der Bürgerschaft willen, da eben auch diese zugrunde geht, wenn jene aufgegeben wird.

Geringfügig besser war ein altgriechisches Gesetz, das er in einem der französischen Moralistik verpflichteten Kapitelschluss salvatorisch deutet: *« La loi d'Athènes, avec raison, ne vouloit point ajouter la perte de la sûreté à celle de la liberté »* (XV 17).[890] Freiheit und Sicherheit hängen an sich untrennbar miteinander zusammen; wenn freilich jene ohnehin verloren ist und eine Handhabe zur Aufrechterhaltung der Sicherheit besteht, dann ist dies das kleinere und daher hinnehmbare Übel. So erweist sich in der Zusammenschau der vorherigen Überlegung mit jener aus der griechischen Geschichte gewonnenen erneut, dass es zur Abwendung einer Despotie keine Kompromisse bezüglich der allfälligen Gewaltenteilung in Richtung despotischer Bestrebungen gleich welcher Art geben darf, weil sonst auch die bürgerliche Freiheit unwiederbringlich verloren ist.

Montesquieu hat bereits vor Adam Smith erkannt, dass zum Geist der Freiheit auch die wirtschaftliche Betätigungsfreiheit in Gestalt des Handels gehört, der wiederum den Geist der Gesetze mitprägt (XIII 14). An einer wegweisenden Stelle, gleich zu Beginn des Esprit des Lois, umreißt Montesquieu den Geist der Gesetze, indem er ihn als Inbegriff all jener Beziehungen auffasst, in denen bestimmte Faktoren der äußeren Umwelt wie des inneren Zusammenlebens der Menschen untereinander wirken und voneinander abhängen (I 3). Neben der Religion der Menschen zählt er zu diesen maßgeblichen Formen ihren Reichtum, ihren Handel, ihre Sitten und Gebräuche. Geradezu beiläufig wird also der Handel genannt, freilich auch der Reichtum, der zu ihm ersichtlich in einem typischen, wenngleich nicht notwendigen Beziehungsverhältnis steht. Doch darf man nicht vergessen, dass der Handel im Untertitel des Werkes ausdrücklich aufgeführt wird, zwar an letzter Stelle, aber darum nicht weniger wichtig für die Bestimmung des Geistes der Gesetze.[891]

Ansatzweise ist bereits gegen Ende des ersten Teils des Werkes vom Handel die Rede. Die im Handelsverkehr stets betroffenen Partikularinteressen bieten Angriffsflächen für Kränkungen aller Art und fördern notwendigerweise menschliche

---

890 *Montesquieu*, Œuvres complètes, Bibliothèque de la Pléiade, Tome II, S. 505; Übersetzung *Ernst Forsthoff*, 1951/1992, Bd. 1, S. 348: „Das Gesetz der Athener wollte mit Recht dem Verlust der Freiheit nicht auch noch den der Sicherheit hinzufügen".

891 Ausweislich des Titelblatts der Erstausgabe von 1748 lautet, wie erinnerlich, die graphisch kleiner gedruckte Fortsetzung nach ‚De l'Esprit des Loix': «Ou du rapport que les Loix doivent avoir avec la Constitution de chaque Gouvernement, les Mœurs, le Climat, la Religion, le Commerce, &c».

Schwächen zutage: « *Une nation commerçante a un nombre prodigieux de petits intérêts particuliers; elle peut donc choquer et être choquée d'une infinité de manières. Celle-ci deviendroit souverainement jalouse, et elle s'affligeroit plus de la prospérité des autres, qu'elle ne jouiroit de la sienne* » (XIX 27).[892] Dass die missgünstig stimmenden Leidenschaften selbst den gesunden Egoismus in den Schatten stellen, ist eine Einsicht, die ganz in der Tradition der französischen Moralistik steht.[893]

Die Besonderheit der zuletzt betrachteten Stelle besteht jedoch darin, dass Montesquieu hier die infolge der Handelsbeziehungen entstehenden negativen Affekte auf ein ganzes Volk bezieht, das überwiegend Handel treibt, also nicht mehr den Einzelnen innerhalb der Gesellschaft. Der für den Geist der Gesetze mitbestimmende Handel erweist sich also bei transnationalen Handelsbeziehungen als besonders wirksam, weil sich dadurch – wenigsten scheinbar – nationale und chauvinistische Ressentiments auflösen lassen.[894] Der globale Handel kann indes, wenn man Montesquieus Beobachtung fortdenkt, auch zu einer Entindividualisierung der Affekte führen, welche die an sich friedenschaffende Möglichkeit des Handels infrage zu stellen geeignet ist, weil die gleichwohl bestehenden Sonderinteressen stets aufs Neue Anlass geben können, Anstoß zu erregen.

Auch diese auf den ersten Blick paradoxe Erwägung veranschaulicht, auf welche Weise gerade die Herkunft aus der französischen Moralistik mit ihrer Betonung des Allzumenschlichen Montesquieu blicköffnende Einsichten gewährt, die bis in entlegene Bereiche des weltweiten Handelsrechts dringen können, weil die Empfindlichkeiten und anthropologischen Gegebenheiten überall auf der Erde dieselben sind, mögen sie auch je nach Land mehr oder minder stark ausgeprägt sein. Mit dem Feingefühl der französischen Moralistik für verborgene Kränkungen

892 *Montesquieu*, Œuvres complètes, Bibliothèque de la Pléiade, Tome II, S. 578; Übersetzung *Ernst Forsthoff*, 1951/1992, Bd. 1, S. 437: „Ein handeltreibendes Volk hat eine erstaunliche Zahl von kleinen Sonderinteressen und kann daher auf die mannigfachste Weise beleidigt werden. Es wird überaus eifersüchtig werden und über das Gedeihen anderer mehr Kummer empfinden als Freude am eigenen Erfolg".

893 *Martin Scherer*, Takt. Über Nähe und Distanz im menschlichen Umgang, 2024, S. 81, präzisiert: „Sie (sc. die Moralistik) vereint nüchterne Beobachtung, Skepsis als Gebot der Ratio mit einer alles andere als egoistischen Selbstsorge." – Das letztgenannte Ausschlusskriterium ist deswegen so wichtig, weil es sogar dem grundlegenden Werk von *Hugo Friedrich*, Montaigne, 1949, entgangen ist, wie *Karlheinz Stierle*, Montaigne und die Moralisten. Klassische Moralistik – Moralistische Klassik, 2016, S. 296, insofern inhaltlich im Einklang mit *Scherer*, herausgestellt hat: „Der Moralist ist dem moralischen Denken, nicht sich selbst zugewandt. Dies nicht erkannt zu haben, beschreibt die Grenze von Friedrichs großem Montaigne-Buch".

894 *Albert O. Hirschman*, Leidenschaften und Interessen. Politische Begründungen des Kapitalismus vor seinem Sieg, 1987, S. 83 Fußnote a, sieht im zitierten XIX. Kapitel einen weiteren Beleg für seine Theorie der Transformation von Leidenschaften in Interessen.

und Hintergedanken ausgestattet, hat er selbst dort einen Raum für irrational erscheinende Animositäten ausgemacht, wo es – wie im internationalen Handel – anscheinend nur um rational bestimmbare finanzielle Interessen geht.

Im Unterschied zu dieser beiläufigen Erwähnung des Handels erörtert er ihn schwerpunktmäßig erst im zweiten Teil seines Werkes, dort allerdings in einer Ausführlichkeit, die bereits von den äußeren Proportionen her veranschaulicht, wie wichtig alle den Handel, das Geld und die Wirtschaftspolitik betreffenden Fragen für Montesquieu waren und wie bissig er sie zu beschreiben vermochte, sofern es um erdrückende Steuerlasten geht, wie sie Despoten aufzuerlegen pflegen: *« On réclamoit le droit du fisc, pour prodiguer les biens du fisc à sa fantaisie »* (XXXI 1).[895]. Wenn man dies nicht wüsste, so würden es seine Reiseberichte zeigen, in denen er die fiskalischen Verhältnisse der Höfe und Städte, die er besucht hat, akribisch auflistet.[896] Wie prägend Montesquieu für die Klassiker des ökonomischen Denkens war, zeigt der bereits behandelte Einfluss auf Adam Smith.[897]

Aber auch die Ökonomen des 20. Jahrhunderts haben seine Bedeutung für die Entwicklung des Faches gebührend herausgestellt.[898] Noch nicht gesehen wurde aber wohl, dass Montesquieu bereits vor Adam Smith erkannte, welche wirtschaftliche Verantwortung den Staat den Bürgern gegenüber bis hin zur menschenwürdigen Bekleidung trifft: *« Quelques aumônes que l'on fait à un homme nu dans les rues, ne remplissent point les obligations de l'État, qui droit à tous les citoyens une subsistance assuré, la nourriture, un vêtement convenable, et un genre de vie qui ne soit point contraire à la santé »* (XXIII 29).[899]

---

895 *Montesquieu*, Œuvres complètes, Bibliothèque de la Pléiade, Tome II, S. 939; Übersetzung *Ernst Forsthoff*, 1951/1992, Bd. 2, S. 442: „Man nahm das Recht des Fiskus in Anspruch, um das Vermögen des Fiskus nach Belieben zu verschwenden".

896 *Montesquieu*, Meine Reisen in Deutschland 1728–1729 (Hg. Jürgen Overhoff; Übersetzung Hans W. Schumacher), 2014, S. 80; zu dieser Stelle fiskalrechtlich näher *Jens Petersen*, Steuerkritik bei Montesquieu, Gedächtnisschrift für Andreas Musil, 2024, S. 19, 28.

897 *Jens Petersen*, Freiheit unter dem Gesetz. Friedrich August von Hayeks Rechtsdenken, 2014, S. 51 f., 54, 56, 64, 378.

898 *John Maynard Keynes*, The General Theory of Employment, Interest and Money, 1936, bekannte dies, allerdings nur im Vorwort der französischen Übersetzung (Théorie Générale de l'Emploi, de l'Intérêt et de la Monnaie, 1943) seines Hauptwerkes. Siehe auch *Walter Eucken*, Die Grundlagen der Nationalökonomie, 9. Auflage 1989, S. 25.

899 *Montesquieu*, Œuvres complètes, Bibliothèque de la Pléiade, Tome II, S. 712; Übersetzung *Ernst Forsthoff*, 1951/1992, Bd. 2, S. 158: „Ein paar Almosen, die man einem Bettler auf der Straße reicht, erfüllen die Verpflichtungen des Staates nicht, der allen Bürgern ein sicheres Auskommen, Nahrung, angemessene Kleidung und eine Lebensmöglichkeit schuldet, die der Gesundheit entspricht." *Vittorio Hösle*, Moral und Politik. Grundlagen einer Politischen Ethik für das 21. Jahrhundert, 1997, S. 462 mit Fußnote 113, leitet einen entsprechenden Gedanken aus dem Frühwerk Montesquieus her, so dass sich auch daraus die werkimmanente Konsistenz und Folgerichtigkeit erweist.

Das hätte man vielleicht eher bei John Stuart Mill erwartet, wenn nicht gar bei Karl Marx. Doch es ist in seiner unausgesprochenen Kritik an einem despotischen Absolutismus zugleich die soziale Seite der französischen Moralistik. Von daher kann es nicht überraschen, dass Montesquieu den Handel innerhalb der von ihm vorrangig erörterten Regierungsformen an einer markanten Stelle erwähnt, die freilich gleichwohl vergleichsweise selten betrachtet wird:[900] *« Il est vrai que, lorsque la démocratie est fondée sur le commerce, il peut fort bien arriver que des particuliers y aient de grandes richesses, et que les mœurs n'y soient pas corrompues. C'est que l'esprit de commerce entraîne avec soi celui de frugalité, d'économie, de modération, de travail, de sagesse, de tranquillité, d'ordre et de règle »* (V 6).[901]

Auch die Demokratie gebietet also keine mathematische Gleichheit und verträgt sogar beträchtliche materielle Ungleichheit, sofern sie nach den Regeln des Wettbewerbs begründet und für die Mitbürger nachvollziehbar ist, dass sich der jeweilige Wohlstand auf den individuellen Erwerbsfleiß zurückführen lässt, zugleich aber eine gewisse Grundsicherung zugunsten der Benachteiligten gewährleistet ist. Davon unberührt bleibt freilich der allgegenwärtige Neid, den er als anthropologische Konstante im Sinne der französischen Moralistik gewiss einberechnet haben wird. Ein besonders krasses Auseinanderfallen und eine entsprechende Zurschaustellung des Reichtums kann somit nachteiligen Einfluss auf die Sitten nehmen.

Betrachtet man diese wertschätzenden Worte über den Handel vor dem Hintergrund des eingangs Gesagten, so wird der Zusammenhang deutlich, indem gleich mehrere der von Montesquieu für den Geist der Gesetze als maßgeblich erachteten Erscheinungsformen zueinander stehen. Zunächst ist festzustellen, dass es hier um die Regierungsform der Republik geht, deren Herrschaftsform eben die Demokratie darstellt. Der Handel ist für Montesquieu zwar kein notwendiges Kriterium einer Republik, aber immerhin so naheliegend, dass er ihn an späterer Stelle gleichsam

---

900 *Albert O. Hirschman*, Leidenschaften und Interessen. Politische Begründungen des Kapitalismus vor seinem Sieg, 1987, S. 18 (Übersetzung Sabine Offe), der das folgende Zitat allerdings mit vornehmer Zurückhaltung kommentiert: „Man ist beinahe versucht, dieses Lob des Handels zurückzuweisen, weil es allzu überschwänglich ist".

901 *Montesquieu*, Œuvres complètes, Bibliothèque de la Pléiade, Tome II, S. 280; Übersetzung *Ernst Forsthoff*, 1951/1992, Bd. 1, S. 70: „Es ist richtig, dass es in einer Demokratie, die auf dem Handel beruht, sehr gut vorkommen kann, dass einzelne Bürger großen Reichtum besitzen, ohne dass die Sitten darunter leiden, und zwar deshalb, weil der Handelsgeist den Geist der Einfachheit, Sparsamkeit, Mäßigkeit, des Fleißes, der Klugheit, Ruhe und geregelten Ordnung mit sich führt".

zum Regelfall erhebt: *« Je ne parle que des républiques commerçantes; car, pour celles qui ne le sont pas, le législateur a bien d'autres règlements à faire »* (V 6).[902]

Diese Präzisierung erklärt, warum Montesquieu an der eingangs genannten Stelle von einer Demokratie spricht, die auf dem Handel gründet. Innerhalb der Behandlung der Regierungsformen ist ihm also die Feststellung wichtig, dass es einen Zusammenhang zwischen Handel und Demokratie gibt. Offenbar hat der Handel für Montesquieu selbst etwas Demokratisches an sich, weil er allen Rechtsunterworfenen ohne Privilegierung gleichermaßen offensteht und der Gütertausch infolge der von den Parteien zugrunde gelegten Äquivalenz für eine gewisse Gleichheit einsteht. Demokratische Teilhabe an der Herrschaft und wirtschaftliche Betätigungsfreiheit gehen auf diese Weise konform.[903]

Dieser Wirkungszusammenhang zwischen Demokratie und Handel, den er eher voraussetzt als erklärt, weil der Handel von ihm erst an späterer Stelle eingehend erörtert wird, erfährt in diesem Gedanken noch eine wichtige Erweiterung, weil ein zusätzliches Element dessen, was ausweislich der ersten Kapitel den Geist der Gesetze prägt, hinzutritt, nämlich die Sitten des jeweiligen Volkes (I 3). Das gilt sogar für die Person des Herrschers, wie Montesquieu am Anfang eines Kapitels gleich einer Maxime im Geiste der französischen Moralistik auf den Punkt bringt:[904] *« Les mœurs du prince contribuent autant à la liberté que les lois »* (XII 27).[905] Das sittenmäßige Vorbild des Fürsten zeigt dem Volk ausdrucksstark, welche Freiheiten er sich nimmt und welcher Selbstverpflichtung er gerecht zu werden beansprucht. So vervollständigt diese Sentenz jenen Gedanken, wonach Sitten und Gesetze durchaus unterschiedlich voneinander sind (XIX 12).

Zugleich veranschaulicht diese Beobachtung den Zusammenhang zwischen Montesquieus Moralistik und seiner Mitbegründung der Rechtssoziologie. Die pointierte Sentenz richtet den Blick auf das Ganze, indem sie die Begrenztheit eines einseitigen Rechtspositivismus' freilegt, der mitwirkende gesellschaftliche Determinanten, namentlich die Sitten höchster Repräsentanten außer Betracht lässt. Diese möglichen Einflüsse sind deswegen von Bedeutung, weil Montesquieu in allen

902 *Montesquieu*, Œuvres complètes, Bibliothèque de la Pléiade, Tome II, S. 280; Übersetzung *Ernst Forsthoff*, 1951/1992, Bd. 1, S. 71: „Ich spreche hier nur von Handelsrepubliken, denn für andere muss der Gesetzgeber andere Bestimmungen treffen".

903 *Albert O. Hirschman*, Leidenschaften und Interessen. Politische Begründungen des Kapitalismus vor seinem Sieg, 1987, S. 81, zum Verhältnis von Handel und Demokratie.

904 *Corrado Rosso*, Montesquieu moraliste. Des lois au bonheur, 1971, S. 58, hat diese Maxime bereits in anspruchsvoller Form behandelt.

905 *Montesquieu*, Œuvres complètes, Bibliothèque de la Pléiade, Tome II, S. 455; Übersetzung *Ernst Forsthoff*, 1951/1992, Bd. 1, S. 287: „Die Sitten des Monarchen tragen ebenso zur Freiheit bei wie die Gesetze".

Bereichen, die den Geist der Gesetze berühren können, die denkbaren Wechselwirkungen analysiert, um sicher zu gehen, dass das Hervortreten eines Elements die anderen maßgeblichen Faktoren nicht stört.[906] Daher bezieht er in seine Überlegungen die Möglichkeit ein, dass eine Handelsrepublik zu einer empfindlichen Divergenz der Vermögen führen kann, durch die wiederum der Sittenverfall befördert werden könnte (V 6; XIII 3).

So schwärmerisch die Überlegung anmutet, mit der er diese Gefahr bannen zu können glaubt, so wichtig ist sie für sein Verständnis der Wirtschaftsordnung. Das zeigt sich am Beispiel der Aneinanderreihung von Tugenden, die der Handelsgeist seines Erachtens befördert, und an deren Ende, gleichsam salvatorisch, die geregelte Ordnung steht. Allerdings führt das übereifrige Wirtschaften in anderer Hinsicht zu einer Verminderung der Lebensart: *« Comme on seroit toujours occupé de ses intérêts, on n'auroit point cette politesse qui est fondée sur l'oisiveté »* (XIX 27).[907] Die darin zum Ausdruck kommende kultivierte Geistesart entspricht wiederum der französischen Moralistik. Führt man dies mit jener ebenfalls im Geiste der Moralistik verfassten und weiter oben behandelten Bemerkung zusammen, wonach letztlich Stolz der Höflichkeit zugrundeliegt (IV 2), so zeigt sich die gesellschaftliche Vielschichtigkeit dieser Geistesart.

Die nachfolgende Einschränkung zeigt zudem, dass Montesquieu selbst klar ist, dass ein derart gedeihliches und geradezu bukolisches Zusammenwirken der Elemente des Handelsfleißes zum Wohle aller nur in begrenzten Fällen wahrscheinlich wird, weil eine zu starke soziale Ungleichheit unweigerlich den gesellschaftlichen Zusammenhalt infrage stellen könnte: *« Ainsi, tandis que cet esprit subsiste, les richesses qu'il produit n'ont aucun mauvais effet. Le mal arrive, lorsque l'excès des*

---

906 *Hugo Friedrich*, Montaigne, 1949, S. 12, hat gerade dieses auf sorgfältiger Beobachtung der menschlichen Verhaltensweisen gründende analytische Vorgehen zu einem Merkmal der Moralistik und ihrer Vertreter ausgeformt, die gerade nicht doktrinär deduzieren oder haltlos moralisieren, sondern Sinn für Paradoxien haben und die Ecken und Kanten der Menschen kennen: „Moralisten sind keine Erzieher und keine Ethiker. Sie sind Beobachter, Analytiker und Darsteller des Menschen. Sie befinden sich einer unendlichen Aufgabe gegenüber. Ihr Studium gilt der ganzen verwickelten Widersprüchlichkeit und konkreten Alltäglichkeit des Menschen, die überhaupt erst zum Vorschein kommt, wenn die Ethik zurücktritt und der vorurteilslosen Beobachtung des Wirklichen das Feld überläßt." – Wendet man dies auf die Jurisprudenz an, so wird deutlich, warum auch der just in diesem von *Friedrich* bestimmten Sinne vorgehende Montesquieu zum Mitbegründer der Rechtssoziologie werden konnte, und zwar gerade weil er auf den maßgeblich von Montaignes vorbereitenden Beobachtungen aufbauen konnte, aber darüber hinaus systematisch vorging, indem er den anthropologischen Befund mit den Regierungsformen und jenen anderen den Geist der Gesetze ausmachenden Prinzipien auf Schritt und Tritt abglich.

907 *Montesquieu*, Œuvres complètes, Bibliothèque de la Pléiade, Tome II, S. 581; Übersetzung *Ernst Forsthoff*, 1951/1992, Bd. 1, S. 442: „Da man dauernd von seinen Geschäften beansprucht ist, wird man nicht die Höflichkeit antreffen, die auf dem Müßiggang beruht".

richesses détruit cet esprit de commerce; on voit tout à coup naître les désordres de l'inégalité, qui ne s'étoient pas encore fait sentir » (V 6).[908] Einmal mehr kommt die warnende Mahnung des ‚ne nimis' aus der Antike zur Geltung.

Bei Licht betrachtet erweist sich dies als eine geradezu revolutionäre Einsicht, weil sie die prinzipiell förderliche Wirkung des Handelsgeistes nicht nur vor Adam Smith in aller Schärfe sieht, sondern auch begrenzt und damit die Regierungsform der Republik vor Exzessen schützt, deren Gegenstand im Extremfall die Freiheit selbst ist (V 6). Er spricht an einer Stelle sogar von einem *« délire de la liberté »* (XI 16).[909] Bereits begrifflich verdeutlicht Montesquieu, dass Handelsgeist und Geist der Gesetze zuinnerst zusammenhängen.[910] Der Handelsgeist ist also seines Erachtens konstitutiv für eine Wirtschaftsordnung, die den Versuch unternimmt, Demokratie und eigene wirtschaftliche Betätigung zu ermöglichen, um nicht nach Art einer Planwirtschaft zu dekretieren, wieviel ein jeder erwirtschaften darf und muss.

Wiederum sind es die aus der französischen Moralistik geläufigen Lehren, wonach die menschlichen Leidenschaften zu allen Zeiten die Neigung haben, in Ehrsucht, Habsucht und Herrschsucht auszuschlagen (XXXI 1). So kann der extreme Reichtum einzelner die Sitten insgesamt korrumpieren und damit den an sich heilsamen Handelsgeist zerstören: *« Il n'y a qu'une société de perte et de gain qui puisse réconcilier ceux qui sont destinés à travailler, avec ceux qui sont destinés à jouir »* (XIII 3).[911] Die milde Ironie des zweiten Teils der Aussage veranschaulicht erneut die moralistische Provenienz.

908 *Montesquieu*, Œuvres complètes, Bibliothèque de la Pléiade, Tome II, S. 280; Übersetzung *Ernst Forsthoff*, 1951/1992, Bd. 1, S. 70: „Solange daher dieser Geist besteht, hat der Reichtum, den er hervorbringt, keine schlimmen Folgen. Das Übel tritt erst ein, wenn übermäßiger Reichtum diesen Handelsgeist zerstört; dann treten plötzlich die störenden Folgen der Ungleichheit auf, die bisher noch nicht fühlbar waren".

909 *Montesquieu*, Œuvres complètes, Bibliothèque de la Pléiade, Tome II, S. 419; Übersetzung *Ernst Forsthoff*, 1951/1992, Bd. 1, S. 243: „Exzess der Freiheit".

910 *Agnes Heller*, Charles de Montesquieu Vom Geist der Gesetze, in: Zeit-Bibliothek der 100 Sachbücher (Hg. Fritz J. Raddatz), 1984, S. 88, hat zwar nicht unmittelbar den Handelsgeist im Blick, sieht aber die Parallele zu Max Weber in frappierender Deutlichkeit: „Das, in der Tat, ist ‚Wirtschaft und Gesellschaft' des achtzehnten Jahrhunderts, oder, besser gesagt: ‚Wirtschaft und Gesellschaft' ist das ‚Vom Geist der Gesetze' des zwanzigsten Jahrhunderts. Wie Montesquieu so forscht auch Weber dem Geist der Institutionen nach. ‚Der Geist des Kapitalismus' und ‚Vom Geist der Gesetze' sind nah verwandt, sogar im Titel. Der ‚Geist der Gesetze' ist nach Montesquieu die sittliche Welt eines Volkes".

911 *Montesquieu*, Œuvres complètes, Bibliothèque de la Pléiade, Tome II, S. 460; Übersetzung *Ernst Forsthoff*, 1951/1992, Bd. 1, S. 293: „Nur eine Gemeinschaft des Verlusts und des Gewinns kann die, welche zu arbeiten bestimmt sind, mit denen versöhnen, deren Los es ist, sich des Ertrages zu erfreuen".

Ab wann freilich die von Montesquieu geforderte Gewinn- und Verlustgemeinschaft nurmehr Fassade und Verbrämung eklatanter Ungerechtigkeit und schrankenloser Willkür wird, hat Jean de La Fontaine in einer seiner weniger bekannten Fabeln, in denen ein Löwe, ein Schaf und eine Ziege einen hinsichtlich der Machtverhältnisse ungleichen Gesellschaftsvertrag abschließen, in moralistischer Manier meisterhaft zum Ausdruck gebracht.[912] Auch Montesquieu hat diese Gefahr gesehen und in seinem berühmten Kapitel über die Gewaltenteilung die aus seiner Sicht drohende Eigenmächtigkeit der richterlichen Gewalt eingedämmt, indem er den Auslegungsspielraum im Rahmen der Gesetzesanwendung in Grenzen bannte und dies gesellschaftsvertraglich begründete: *« Mais, si les tribunaux ne doivent pas être fixes, les jugements doivent l'être à un tel point, qu'ils ne soient jamais qu'un texte précis de la loi. S'ils étoient une opinion particulière du juge, on vivroit dans la société, sans savoir précisément les engagements que l'on y contracte »* (XI 6).[913]

Auch wenn man diese Auffassung im Einklang mit einer wohl vorherrschenden Strömung innerhalb der juristischen Methodenlehre heute wohl wenigstens nicht mehr vorbehaltlos teilt, ist ihre im Nachsatz mit der Prägnanz der französischen Moralistik vorgetragene Begründung ebenso anregend wie juristisch anspruchsvoll. Ebenso sinnfällig begründet er im selben Zusammenhang die Trennung von Amt und Person: *« On n'a point continuellement des juges devant les yeux; et l'on craint la magistrature, et non pas les magistrats »* (XI 6).[914]

Das ist gerade in dieser pointierten Formulierung – und übrigens ebenso wie die zuvor zitierte Stelle über die Meinung des Richters (XI 6) – ähnlich moralistisch gedacht und daher freilich auch denselben inhaltlichen Einwänden ausgesetzt, wie die berühmte Begriffsprägung des Richters als Mund des Gesetze: « *la bouche de la loi* » (XI 6). Wir werden am Ende der vorliegenden Untersuchung noch sehen, dass Montesquieu auch die Mittel der visuellen Wahrnehmung zu einem bevorzugten Anschauungsobjekt macht; es sind nicht von ungefähr jeweils die Augen (VI 5).

---

912 Dazu *Jens Petersen*, Recht und Macht in den Fabeln La Fontaines, Liber amicorum Otmar Seul, 2014, S. 384, 387 ff. (ergänzt in: Studien zur juristischen Ideengeschichte, 2023). Zu La Fontaines Moralistik grundlegend *Karlheinz Stierle*, Montaigne und die Moralisten. Klassische Moralistik – Moralistische Klassik, 2016, S. 207–240.

913 *Montesquieu*, Œuvres complètes, Bibliothèque de la Pléiade, Tome II, S. 399; Übersetzung *Ernst Forsthoff*, 1951/1992, Bd. 1, S. 217: „Aber wenn die Gerichtshöfe nicht fest bestimmt sein sollen, so sollen es die Urteilssprüche in solchem Maße sein, dass sie niemals etwas anderes sind als eine genaue Formulierung des Gesetzes. Wären sie nur eine besondere Meinung des Richters, so würde man in der Gesellschaft leben, ohne genau die Verbindlichkeiten zu kennen, die man in ihr eingeht".

914 *Montesquieu*, Œuvres complètes, Bibliothèque de la Pléiade, Tome II, S. 398; Übersetzung *Ernst Forsthoff*, 1951/1992, Bd. 1, S. 217: „Man hat nicht ständig Richter vor Augen und man fürchtet das Amt und nicht die Beamten".

Wie revolutionär im oben genannten Sinne diese Überlegungen sind – auch wenn die Französische Revolution selbst sie wohl verfehlt haben dürfte – zeigen die Folgerungen, die Montesquieu gerade in gesetzgeberischer Hinsicht an sie knüpft: *« Pour maintenir l'esprit de commerce, il faut que les principaux citoyens le fassent eux-mêmes; que cet esprit règne seul, et ne soit point croisé par un autre; que toutes les lois le favorisent; que ces mêmes lois, par leurs dispositions, divisant les fortunes à mesure que le commerce les grossit, mettent chaque citoyen pauvre dans une assez grande aisance, pour pouvoir travailler comme les autres; et chaque citoyen riche dans une telle médiocrité qu'il ait besoin de son travail pour conserver ou pour acquérir »* (V 6).[915]

Diesen Kautelen sind in verschiedener Hinsicht aufschlussreich, zunächst in methodischer, weil sich daran zeigt, dass Montesquieu entsprechend dem Titel seines Werkes zunächst den für den jeweiligen Ausschnitt der Lebenswelt relevanten ‚Geist', hier den Geist des Handels, ermittelt und erst auf dieser Grundlage die gesetzgeberischen Herausforderungen erwägt.[916] Wenn man es rechtssoziologisch begreifen möchte, dann könnte man sagen, dass aus seiner Sicht vor der Schaffung und Implementierung von Rechtsregeln die sozialwissenschaftliche Analyse zu stehen hat. Aber auch eine so technokratische Perspektive verengt zumindest diejenige des Autors.

Denn das Vorhandensein einer sozialen Ungleichheit war für ihn selbstverständlich, zumal da er voraussetzt, dass es in ihrer Vornehmheit und gesellschaftlichen Stellung besonders herausgehobene Bürger innerhalb einer Republik gibt. Nicht dies erregt seinen Anstoß, sondern vielmehr eine Haltung saturierter Bürger, die deswegen das Interesse am Handel verloren haben und nur noch die Besitzmehrung anstreben. Gleichwohl ist die Ausschließlichkeit des Handelsgeistes, die Montesquieu postuliert, in bemerkenswerter Weise folgenreich für die damit unter Umständen einhergehende Umverteilung von oben nach unten durch entsprechende Wirtschaftsgesetze.[917] Vor diesem Hintergrund erweist sich seine Überle-

---

915 *Montesquieu*, Œuvres complètes, Bibliothèque de la Pléiade, Tome II, S. 280; Übersetzung *Ernst Forsthoff*, 1951/1992, Bd. 1, S. 70: „Um den Handelsgeist aufrecht zu erhalten, ist es erforderlich, dass die vornehmsten Bürger selbst Handel treiben; dass allein dieser Geist herrscht, ohne von einem anderen durchsetzt zu werden; dass alle Gesetze ihn fördern und durch ihre Bestimmungen die großen Vermögen in dem Maße teilen, wie der Handel sie vergrößert, und dadurch jedem armen Bürger genügenden Wohlstand verleihen, um wie die anderen arbeiten zu können, jedem reichen Bürger aber ein so mittelmäßiges Vermögen belassen, dass er arbeiten muss, um es zu erhalten oder zu vermehren".

916 *Albert O. Hirschman*, Leidenschaften und Interessen. Politische Begründungen des Kapitalismus vor seinem Sieg, 1987, S. 82, zum Geist des Handels bei Montesquieu.

917 *Viktor Mayer-Schönberger/Thomas Ramge*, Das Digital. Markt, Wertschöpfung und Gerechtigkeit im Datenkapitalismus, 3. Auflage 2017, unterbreiten den vor diesem Hintergrund bemer-

gung als anregend, durch Gesetze, welche den Wettbewerb fördern, wirtschaftliche Macht zu bannen, indem die Vermögen ohne staatlichen Dirigismus, sondern im Wege belebender Konkurrenz geteilt werden. Es ist gleichsam eine auf die Mäßigung wirtschaftlicher Macht bezogene Form der Gewaltenteilung.[918]

Immer wieder erstaunlich ist, dass dieser oft als so konservativ geschmähte Denker auf Folgerungen stieß, die in wirtschaftspolitischer Hinsicht auch aus heutiger Sicht in den Kreisen der Wirtschaft als geradezu unerhört gelten. Es ist wohl nicht zuletzt die anmutige und auf Harmonie sinnender Einleitung solcher Gedanken, die den Blick darauf verstellen, dass ihre Folgerungen, die Montesquieu durchaus sieht und in aller Deutlichkeit beim Namen nennt, indem er die damit notwendigerweise einhergehenden gesetzgeberischen Ermächtigungen formuliert, gleichwohl so lange unbeachtet geblieben sind, womöglich aber unterschwellig die Umverteilung im Wege der Französischen Revolution stärker befördert haben, als man sich eingestanden hat.

Bei Montesquieu findet sich bereits eine überraschende, aber im Kern nach wie vor aktuelle Kritik gegenüber Monopolen und wirtschaftlicher Macht: *« Il faut que les lois leur défendent aussi le commerce : des marchands si accrédités feroient toutes sortes de monopoles. Le commerce est la profession des gens égaux; et, parmi les États despotiques, les plus misérables sont ceux où le prince est marchand »* (V 8).[919] Die Innehabung so beträchtlicher wirtschaftlicher Macht ist für Montesquieu also ohnehin schon ein Problem, da die Vertragsparität auf diese Weise empfindlich gestört ist.[920] Mit diesem Gedanken der Vorkehrungen gegen Monopole könnte sich

kenswerten Vorschlag einer Teilungspflicht von Daten zu Lasten großer Unternehmen, die durch ihre Datenmacht den Wettbewerb zum Schaden anderer Marktteilnehmer verhindern. Eine solche Sichtweise könnte sich wohl durchaus auch auf Montesquieu berufen.

918 *Ernst-Joachim Mestmäcker*, hat dies in der Einleitung des Buches von *Walter Eucken*, Grundsätze der Wirtschaftspolitik, 6. Auflage 1990, S. XIV, für das moderne Wirtschaftsrecht herausgearbeitet: „Demgegenüber gilt, daß die Gewaltenteilung zwischen Staat und Wirtschaft die wichtigste Voraussetzung für die Vereinbarkeit politischer Freiheitsrechte mit den Erfordernissen ökonomischer Effektivität ist. Ihr kommt ebenso großes Gewicht zu wie der Teilung der Staatsgewalt in Gesetzgebung, Verwaltung und Rechtsprechung. Die Gewaltenteilung zwischen Staat und Wirtschaft fordert die wirtschaftspolitische Unabhängigkeit des Staates von der Wirtschaft".

919 *Montesquieu*, Œuvres complètes, Bibliothèque de la Pléiade, Tome II, S. 286; Übersetzung *Ernst Forsthoff*, 1951/1992, Bd. 1, S. 78: „Auch den Handel müssen die Gesetze dem Adel verbieten: so mächtige Kaufleute würden sich bald allerlei Monopole verschaffen. Der Handel ist ein Beruf gleichgestellter Menschen, und von allen despotischen Staaten sind die, in denen der Fürst sich als Kaufmann betätigt, die allerelendesten".

920 Grundlegend *Jürgen Oechsler*, Gerechtigkeit im modernen Austauschvertrag, 1997.

manch klassischer Vertreter des Ordoliberalismus wohl ohne weiteres identifizieren.[921]

Es ist denn auch folgerichtig, dass Montesquieu diese Überlegung nicht erst bei der Darstellung des Handels, sondern bereits im Zusammenhang mit den einzelnen Regierungsformen erörtert, von denen die Beantwortung wirtschaftlicher Fragen abhängen kann. Das zeigt sich hier besonders deutlich, weil gerade die von ihm als stets schlechteste mögliche Regierungsform der Despotie zum warnenden Beispiel erhoben wird, da eine wirtschaftliche Betätigung des ohnehin mächtigen Adels unweigerlich zur entschränkten Gewalt, Korruption und Ausübung ökonomischen Drucks führen würde. Letztlich kommt auch hier wiederum die Gewaltenteilung in einer spezifisch ökonomischen Spielart zur Geltung.

---

921 *Walter Eucken*, Grundsätze der Wirtschaftspolitik, 6. Auflage 1990; dazu grundlegend und zur zeitlosen Gültigkeit besonders wichtig *Carl Christian von Weizsäcker*, Ist Eucken noch aktuell? Anmerkungen zu „Walter Euckens Ordnungspolitik", herausgegeben von Ingo Pies und Martin Leschke, ORDO 55 (2004), 345, 348: „Eucken vergleicht seine Theorie der Wirtschaftspolitik mit der Verfassungstheorie von Montesquieu, also der Lehre von der Teilung der Gewalten". Ferner ebenda, S. 351, zur fortdauernden Aktualität Euckens: „Hier bleibt Eucken aktuell – gerade auch, weil er sich in der Tradition von Montesquieu sieht, der mit seinem ‚Esprit des Loix': für das staatliche Prinzip der Gewaltenteilung das geleistet hat, was Eucken für die Wettbewerbsordnung im wirtschaftlichen Bereich leisten will." Zur Gewaltenteilung und wirtschaftlichen Macht auch *Jens Petersen*, Rechtsordnung und Wirtschaftsordnung nach Eucken, 2019, S. 94 ff., 109 ff.

IX. Gesetzgebung im Geist der Mäßigung

Montesquieus Ausführungen zum Handel innerhalb der Regierungsform der Monarchie erstaunen auf den ersten Blick. Man begreift sie am ehesten, wenn man seine legislatorische Prämisse in Rechnung stellt: *« L'honneur étant le principe de ce gouvernement, les lois doivent s'y rapporter »* (V 9).[922] Erneut begegnet das Abhängigkeitsverhältnis der Gesetze von denjenigen Faktoren, die als Inbegriff ihren Geist bestimmen, also der Sitten und Gebräuche, des Klimas, der Religion, des Handels sowie nicht zuletzt der Regierungsformen. Gerade hier nämlich ist zunächst die Letztere einschlägig, also die Regierungsform der Monarchie mit ihrer Triebfeder der Ehre und somit allen Insignien, welche diese verbriefen, wie etwa Rang und Stellung bei Hofe.

Dabei schwingt unausgesprochen die Einsicht Montesquieus und der übrigen französischen Moralisten mit, dass jede Verabsolutierung solcher Ehrenzeichen sowohl für den Ausgezeichneten selbst als auch für ein gedeihliches Zusammenleben innerhalb der Gesellschaft – auch der höfischen – schädlich wirkt, weil die ohnehin nahezu unbeschränkte Eigenliebe dann zerstörerisch wirken und despotische Züge annehmen kann, wenn sie den Betroffenen selbst ebenso wie seine Umgebung beherrscht. Daraus folgt, dass die gesamte Gesetzgebung tunlichst auf Mäßigung ausgerichtet ist, damit möglichst keine Spielräume für gleichwie geartete Willkür oder Exzesse der Affekte entstehen.

Daher muss sich das Prinzip der Mäßigung auch in der Gesetzgebung allenthalben durchsetzen (XXIX 1). Das gilt umso mehr, wenn neben der Regierungsform noch ein weiterer Bestimmungsgrund des Geistes der Gesetze einschlägig ist, hier in Gestalt des Handels innerhalb der Regierungsform der Monarchie. Denn dann müssen zusätzlich Handel und Regierungsform gesetzgeberisch zueinander ins Verhältnis gesetzt werden, weil neben der die Herrschsucht in Grenzen haltenden Regierungsform auch der auf Zugewinn ausgerichtete Handel zu mäßigen ist, der zwar für den Wohlstand der Gesellschaft förderlich ist, aber eben immer auch alle Gefahren des Lasters der Habgier birgt.

Wendet man dies auf den im Ausgangspunkt angesprochenen Handel innerhalb einer Monarchie an, so kommt neben den materiellen Grundbedürfnissen gerade am Königshof der grassierende Luxus und dessen Entfaltung mit der genannten Triebfeder der Ehre hinzu, so dass die damit entstehenden Wechselwirkungen einander verstärken können. Denn nach den genannten Prinzipien, die für

922 *Montesquieu*, Œuvres complètes, Bibliothèque de la Pléiade, Tome II, S. 288; Übersetzung *Ernst Forsthoff*, 1951/1992, Bd. 1, S. 80: „Da die Ehre das Prinzip dieser Regierungsform ist, müssen die Gesetze sich nach ihr richten".

https://doi.org/10.1515/9783111396132-011

den Handel innerhalb einer Monarchie gelten, bestimmen sich auch Angebot und Nachfrage bei Hofe sowie die gesetzgeberische Regelungsbedürftigkeit solcher Sachverhalte, die höfische Prunkentfaltung begünstigen: *« Il faut que les lois favorisent tout le commerce que la constitution de ce gouvernement peut donner; afin que les sujets puissent, sans périr, satisfaire aux besoins toujours renaissants du prince et de sa cour »* (V 9).[923]

Nicht zuletzt der beschränkende Einschub (*« sans périr »*) ruft als allgegenwärtiges Gebot das Prinzip der Mäßigung im Rahmen der Gesetzgebung in Erinnerung (XXIX). Hier steht dem Verfasser wohl noch der Absolutismus am Hof von Versailles vor Augen, dessen ganz auf die Person des Monarchen zentrierte Entfaltung des Luxus' Nachfrage weckte, dem eine ganze Industrie ein mannigfaltiges Angebot unterbreitete (VII 5).[924] Montesquieu bringt dies wirkungsvoll durch eine sprachliche Engführung zum Ausdruck, an deren Ende nur noch die Person des Königs steht, auf die alles ausgerichtet ist: *« La monarchie se perd, lorsque le prince, rapportant tout uniquement à lui, appelle l'État à sa capitale, la capitale à sa cour, et la cour à sa seule personne »* (VIII 6).[925]

Das liest sich wie ein Menetekel des Absolutismus, wenn nicht gar wie eine Vorahnung der Französischen Revolution. Die Reduktion des Staates auf die Person des Herrschers schildert Montesquieu als eine so verhängnisvolle Verkettung, wie sie dem Geist der französischen Moralistik entspricht.[926] Vor dem Hintergrund dieser herrschafts- und rechtssoziologischen Beobachtungen am absolutistisch ausgerichteten und im Luxus schwelgenden Königshof im Umfeld der Hauptstadt Paris ist folgende Hypothese aufschlussreich, die er im Falle imperialistischer Bestrebungen aufstellt (XIX 27): *« Tel est l'état nécessaire d'une monarchie conquérante;*

923 *Montesquieu*, Œuvres complètes, Bibliothèque de la Pléiade, Tome II, S. 289; Übersetzung *Ernst Forsthoff*, 1951/1992, Bd. 1, S. 81 f.: „Die Gesetze müssen allen Handel begünstigen, den die Verfassung dieser Regierungsform zulässt, damit die Bürger, ohne zugrunde zu gehen, die immer neu erwachsenden Bedürfnisse des Fürsten und Hofes befriedigen können".

924 *Vittorio Hösle*, Moral und Politik. Grundlagen einer Politischen Ethik für das 21. Jahrhundert, 1997, S. 499, präzisiert die ausgefeilten herrschaftssoziologischen Beweggründe: „Für das Gelingen des französischen Absolutismus etwa war es entscheidend, den Adel an den Hof zu ziehen und ihn mit glanzvollen, aber kratisch unbedeutenden Positionen zu betrauen".

925 *Montesquieu*, Œuvres complètes, Bibliothèque de la Pléiade, Tome II, S. 355; Übersetzung *Ernst Forsthoff*, 1951/1992, Bd. 1, S. 163: „Auch dann geht die Monarchie zugrunde, wenn der Fürst alles allein auf sich bezieht, den Staat in seine Hauptstadt, die Hauptstadt an seinen Hof und den Hof in seine Person verlegt".

926 Auf andere Weise kritisiert der Fabeldichter Jean de La Fontaine den Absolutismus; näher *Karlheinz Stierle*, Montaigne und die Moralisten. Klassische Moralistik – Moralistische Klassik, 2016, S. 207–240; vgl. auch *Jens Petersen*, Recht und Macht in den Fabeln La Fontaines, Liber amicorum Otmar Seul, 2014, S. 384, 387 ff. (ergänzt in: Studien zur juristischen Ideengeschichte, 2023, S. 53).

un luxe affreux dans la capitale, la misère dans les provinces qui s'en éloignent, l'abondance aux extrémités. Il en est comme de notre planète, le feu est au centre, la verdure à la surface, une terre aride, froide et stérile, entre les deux » (X 9).[927]

Der Vergleich mit der Erde als Planeten begegnet bereits zu Beginn (I 3). Hier nun entfaltet er eine soziale Sprengkraft, die der zwischen Paris und seinem weit entfernten Schloss bei Bordeaux pendelnde Aristokrat aus eigener Anschauung für den Fall einschätzen konnte, dass Gebietsgewinne erstrebt werden. Auch am Beispiel dieser durch metaphorische Sprachgewalt suggestiven Darstellung, die buchstäblich nur auf dem Terrain der französischen Moralistik gedeihen konnte, erweist sich der Zusammenhang dieser spezifischen Denkart mit den rechtssoziologischen Einsichten Montesquieus, die ihrerseits den Geist der Gesetze bestimmen, indem sie die dafür maßgeblichen Regierungsformen einer kritischen Bestandsaufnahme unterziehen.

Das zeigt sich besonders dort, wo er die Denkweisen und Empfindungen des Volkes berücksichtigt: *« Il y a deux sortes de tyrannie : une réelle, qui consiste dans la violence du gouvernement; et une d'opinion, qui se fait sentir lorsque ceux qui gouvernement établissent des choses qui choquent la manière de penser d'une nation »* (XIX 3).[928] Gerade die in der Volksmeinung wurzelnden ‚inneren' Tatsachen der kollektiven Störgefühle und damit verbundenen Befürchtungen gegenüber jeder Hybris der Mächtigen waren seit jeher ein fruchtbarer Nährboden der französischen Moralistik, die fernab aller Systematisierung intuitiv treffende Beobachtungen pointiert in die Form allgemeingültiger und von der Allgemeinheit begriffener Beobachtungen zu gießen verstand.[929]

Dass Herrschaft eben nicht nur im Wege äußeren Zwanges ausgeübt werden kann, sondern auch – und unter Umständen sogar noch drückender – durch Einschränkungen der Gedankenfreiheit und Denkverbote aller Art, ist eine überaus bedeutsame Einsicht, die bereits für sich betrachtet Montesquieu zu den Vorden-

---

927 *Montesquieu*, Œuvres complètes, Bibliothèque de la Pléiade, Tome II, S. 385; Übersetzung *Ernst Forsthoff*, 1951/1992, Bd. 1, S. 200: „Folgendermaßen sieht der Zustand einer erobernden Monarchie zwangsläufig aus: abscheulicher Luxus in der Hauptstadt, Elend in den Provinzen ringsum und Überfluss in den am weitesten entfernten Bezirken. Es ist gerade so wie bei unserem Planeten: Feuer in der Mitte, eine grüne Pflanzendecke auf der Oberfläche und dazwischen eine trockene kalte, unfruchtbare Erde".

928 *Montesquieu*, Œuvres complètes, Bibliothèque de la Pléiade, Tome II, S. 557; Übersetzung *Ernst Forsthoff*, 1951/1992, Bd. 1, S. 412: „Es gibt zwei Arten von Gewaltherrschaft: eine wirkliche, die auf der Tyrannei der Regierung beruht; und eine in der Vorstellung des Volkes, die als solche empfunden wird, wenn die Regierung etwas einführt, was gegen die Denkart des Volkes verstößt".

929 *Fritz Schalk*, Einleitung, in: Die französischen Moralisten, 1949, S. XXI, erklärt die Allgemeinheit anspruchsvoll: „Die Maxime begründet, indem sie die Begründung überflügelt: sie ist ein allgemeines Urteil in der Form der Ironie über ein Urteil".

kern der Französischen Revolution zählen lässt. Ebenso geringschätzig wie er den Aristokraten als Händler beurteilt, sieht es im Hinblick auf den Despoten aus: *« Il en résulte toujours l'abandon de la culture des terres; et, si d'ailleurs le prince est marchand, toute espèce d'industrie est ruinée. Dans ces États, on ne répare, on n'améliore rien. On ne bâtit de maisons que pour la vie, on ne fait point de fossés, on ne plante point d'arbres; on tire tout de la terre, on ne lui rend rien; tout est en friche, tout est désert »* (V 14).[930]

Jede Art der Despotie erstickt die Wirtschaft, insbesondere die Landwirtschaft; Händler halten die beste Ware sorgsam zurück, um sie selbst zu verzehren oder im Falle des Falles günstig einzutauschen – notfalls zur Rettung des eigenen Lebens. Der Erwerbsanreiz ist empfindlich gemindert, weil sich niemand des langfristigen Genusses seiner Erträge sicher sein kann, da einem jederzeit alles – wiederum unter Einschluss des eigenen Lebens – ersatzlos genommen werden kann. Zukunftsgerichtete Investitionen unterbleiben, weil jeder infolge der Herrscherwillkür mit dem augenblicklichen Überleben beschäftigt ist. Zudem zieht Montesquieu hier mit der Behandlung der Böden eine für seine Zeit bemerkenswerte Verbindungslinie zwischen Ökonomie und Ökologie unter besonderer Berücksichtigung der Nachhaltigkeit.[931]

Montesquieu hat wie kaum jemand zuvor erkannt, dass eine stabile Verfassung, die Rechtssicherheit garantiert, eine wesentliche Bedingung für prosperierenden Handel ist. Denn jede Art des Despotismus birgt Gefahr für die Rechtsunterworfenen, weil sie sich ihres Eigentums niemals sicher sein können. Wer dem Despoten Konkurrenz macht, wird bald vom Markt verschwinden. Bereits mittelfristige Geschäfte werden dadurch noch unsicherer, als sie es ohnehin schon sind: *« Le négoce par lui-même est très incertain; et c'est un grand mal d'ajouter une nouvelle incertitude à celle qui est fondée sur la nature de la chose »* (XXII 3).[932]

Auch diese Gefahrenwarnung in Gestalt einer Sentenz entspricht der Grundhaltung der französischen Moralistik, welche nicht nur die jederzeitige Unbere-

---

930 *Montesquieu*, Œuvres complètes, Bibliothèque de la Pléiade, Tome II, S. 294 f.; Übersetzung *Ernst Forsthoff*, 1951/1992, Bd. 1, S. 89: „Das führt immer zur Einstellung des Ackerbaus; und wenn überdies der Fürst sich als Kaufmann betätigt, dann wird aller Gewerbefleiß zerstört. In solchen Staaten wird nichts erneuert oder verbessert: die Häuser werden nur für ein Menschenleben gebaut; man sieht keine Gräben, man pflanzt keine Bäume; man entzieht dem Boden alles und gibt ihm nichts zurück; alles liegt brach und öde".

931 Rechtsökonomisch sowie philosophisch fundiert, wenn auch verständlicherweise ohne Berücksichtigung Montesquieus *Klaus Mathis*, Nachhaltige Entwicklung und Generationengerechtigkeit. Eine interdisziplinäre Studie aus rechtlicher, ökonomischer und philosophischer Sicht, 2017.

932 *Montesquieu*, Œuvres complètes, Bibliothèque de la Pléiade, Tome II, S. 654; Übersetzung *Ernst Forsthoff*, 1951/1992, Bd. 2, S. 86: „Handel ist an und für sich schon etwas Unsicheres, und es ist ein großer Fehler, noch neue Unsicherheit der naturgegebenen hinzuzufügen".

chenbarkeit der « *condition humaine* »,[933] sondern auch die Gaukelspiele in allen Geschäften des Lebens gerade unter einem Alleinherrscher einbezieht, wie er überdies als Leser des Tacitus nur zu gut wusste.[934] Hinzukommt, dass infolge der allgegenwärtigen Willkür jederzeit das Risiko des wirtschaftlichen Totalausfalls besteht. Daher gedeihen vor allem kurzfristige Spekulationsgeschäfte, die unter dem für den Despotismus typischen Druck abgeschlossen werden.

Das Verhältnis von Angebot und Nachfrage wird durch den zusätzlichen, kostenintensiven und verhängnisvollen Faktor der Gefahr durchkreuzt, der langfristige Kreditaufnahmen praktisch unmöglich macht: « *La pauvreté et l'incertitude des fortunes, dans les États despotiques, y naturalisent l'usure; chacun augmentant le prix de son argent à proportion du péril qu'il y a à le prêter. La misère vient donc de toutes parts dans ces pays malheureux; tout y est ôté, jusqu'à la ressource des emprunts* » (V 15).[935] Auch hier beeindruckt die dramatische Kraft der suggestiven Schilderung, mit der Montesquieu die Ausweglosigkeit der Untertanen despotischer Länder schildert, indem er nicht nur das Grundübel des Wuchers geißelt, sondern verdeutlicht, dass dadurch weite Verkehrskreise vom Kreditsicherungsmittel des Darlehens abgeschnitten sind und auf diese Weise in einen Teufelskreis der Armut geraten.[936]

Armut und Regierungsform hängen für Montesquieu übrigens noch in anderer Weise miteinander zusammen, wie er am Schluss eines Kapitels in moralistischer Manier mit einer wirkungsvollen Antithese zu bedenken gibt, die durch einen Parallelismus so suggestiv betont wird, dass man die Unweigerlichkeit des Untergangs bereits auf stilistisch eindrückliche Weise verfolgen kann, wie es eben die französischen Moralisten vermochten: « *Les républiques finissent par le luxe; les*

933 *Karlheinz Stierle*, Montaigne und die Moralisten. Klassische Moralistik – Moralistische Klassik, 2016, S. 154.

934 *Tacitus*, Annales 3.18.4, bekennt in einer seiner wenigen persönlichen Äußerungen: ‚Mihi, quanto plura recentium seu veterum revolvo, tanto magis ludibria rerum mortalium cunctis in negotiis observantur.' Zu dieser Stelle *Jens Petersen*, Recht bei Tacitus, 2019, S. 359.

935 *Montesquieu*, Œuvres complètes, Bibliothèque de la Pléiade, Tome II, S. 298; Übersetzung *Ernst Forsthoff*, 1951/1992, Bd. 1, S. 93: „Die Armut und die Unsicherheit des Besitzes lassen in despotischen Staaten den Wucher heimisch werden, da jeder den Preis seines Geldes im Verhältnis zu der Gefahr, die mit dem Ausleihen verbunden ist, erhöht. Das Elend dringt also in diesen unglücklichen Ländern von allen Seiten herein; alles ist einem hier genommen, sogar die letzte Zuflucht zu einem Darlehen".

936 *Dieter Medicus*, Leistungsfähigkeit und Rechtsgeschäft, Zeitschrift für Wirtschaftsrecht (ZIP) 1989, 817, hat gezeigt, dass diese Gefahr sogar in funktionsfähigen Privatrechtsordnungen drohen kann, wenn die Rechtsprechung zu großzügig mit dem Verdikt der Sittenwidrigkeit verfährt, da sogar die dadurch kurzfristig Geschützten langfristig um Darlehensgewährungen bangen müssen, weil die Kreditgeber sich zeitnah darauf einstellen. Eine derartige Erwägung wäre wohl ganz im Sinne Montesquieus.

monarchies, par la pauvreté » (VII 4).[937] Bereits Jahrzehnte vor dem Ausbruch der Französischen Revolution hat er mit diesem bündigen Nachsatz mit einem halben Dutzend Worten deren Ursache prophezeit.

Die Folgen des Wuchers treffen nicht nur die Endabnehmer, sondern auch die Kaufleute, deren Geschäft und lukrativ wird, weil sich die Risiken nicht mehr finanzieren lassen: *« Il arrive de là qu'un marchand n'y sauroit faire un grand commerce; il vit au jour la journée : s'il se chargeoit de beaucoup de marchandises. Aussi les lois sur le commerce n'y ont-elles guère de lieu; elles se réduisent à la simple police »* (V 15).[938] Insbesondere die letztgenannte Beobachtung ist bemerkenswert, veranschaulicht sie doch, dass in einer solchen Schattenwirtschaft letztlich ein rechtsfreier Raum entsteht, in dem der Korruption Tür und Tor geöffnet ist. Wenn sich das Handelsrecht in einem bloßen Aufsichts- und Sicherheitsrecht erschöpft, wächst die Macht des Despoten umso mehr, weil sie nun auch die Vertragsinhalte kontrollieren und die Gewinne abschöpften können. Wird der Handelsgeist durch den Verlust jeglicher Rechtssicherheit erstickt, bleibt für den Geist der Handelsgesetze kein Platz.

Ungeachtet aller Ablehnung des Wuchers zeigt sich Montesquieu auch hier maßvoll und dem Gebot der Vernunft verpflichtet: *« Au lieu que les usures de terre, (...), sont, ou proscrites par les législateurs, ou, ce qui est plus sensé, réduites à de justes bornes »* (XXII 20).[939] Das ist ein passendes Beispiel für jenes am Ende noch ausdrücklich zu behandelnde Bekenntnis Montesquieus, wonach der Geist der Mäßigung die gesamte Gesetzgebung durchdringen, prägen und leiten muss (XXIX). Seine wirtschaftspolitischen Vorstellungen sind gerade in diesem Bereich und den Folgekapiteln deutlich von Tacitus beeinflusst.[940] Es ist wichtig zu betonen und

---

937 *Montesquieu*, Œuvres complètes, Bibliothèque de la Pléiade, Tome II, S. 337; Übersetzung *Ernst Forsthoff*, 1951/1992, Bd. 1, S. 141: „Die Republiken gehen am Luxus, die Monarchien an der Armut zugrunde".

938 *Montesquieu*, Œuvres complètes, Bibliothèque de la Pléiade, Tome II, S. 298; Übersetzung *Ernst Forsthoff*, 1951/1992, Bd. 1, S. 94: „Deshalb kann der Kaufmann hier keine großen Geschäfte machen, er lebt von der Hand in den Mund: wollte er sich mit so vielen Waren eindecken, so würde er an den Zinsen für ihre Bezahlung mehr verlieren, als er an den Waren gewinnen könnte. Auch Handelsgesetze sind hier so gut wie keine vorhanden; sie beschränken sich auf eine bloße Polizei".

939 *Montesquieu*, Œuvres complètes, Bibliothèque de la Pléiade, Tome II, S. 676; Übersetzung *Ernst Forsthoff*, 1951/1992, Bd. 2, S. 113: „Stattdessen wird der Wucher zu Lande (...) von den Gesetzgebern entweder verboten oder, was vernünftiger ist, auf ein gerechtes Maß beschränkt".

940 *Tacitus*, Annales 6.16 f., dürfte gemeint sein, zumal auch dort der Wucher als grassierendes Grundübel nachfolgender finanzpolitischer Krisen behandelt wird; Montesquieu zitiert in den Fußnoten seines XXII. Buches mehrfach pauschal („Buch VI der Annalen"), hat aber die komplexen Einzelheiten genauestens studiert, wie die unausgesprochenen Bezugnahmen veranschaulichen. Zu den finanzpolitisch und wirtschaftsrechtlich äußerst anspruchsvollen und bisher selten entspricht wohl auch Montesquieus Idee der Gewaltenteilung, dass der Gesetzgeber und nicht das Gericht eine solche Reduktion vornehmen sollte, da es sonst zu einem unfreiwilligen Anreiz verleiten könnte, die Grenze des Wuchers auszutesten, weil er vom Gericht im Wege einer geltungserhaltenden Reduktion auf das zulässige Maß beschränkt werden könnte. So zeigen auch seine geldpolitischen und finanzrechtlichen Ausführungen durchweg Montesquieus Sinn für Maß und Mitte.

Der Geist der Freiheit und der Mäßigung durchzieht auch Montesquieus Gedanken zum Familien- und Erbrecht.[941] Er behandelt diese praktisch bedeutsamen Bereiche nicht erst dort, wo es nach der äußeren Systematik und Einteilung der Bücher nach außen hin sichtbar verwaltet wird, sondern bereits an verschiedenen Stellen zuvor. Zu ihnen gehört interessanterweise jene, an der er die für die Verteilungsgerechtigkeit so wichtige Zuordnung von Grund und Boden erörtert. Wie wir bereits weiter oben gesehen haben, erkennt er, dass es in der Demokratie nicht nur darauf ankommt, den Immobilienbesitz einmalig zu verteilen, sondern Gesetze vonnöten sind, welche die Zuteilung so aufrechterhalten, dass der Rechtsfrieden auf Dauer nicht gestört wird.

In diesem Zusammenhang wird neben allen unentgeltlichen Zuwendungen das Familien– und Erbrecht wichtig: *« Il faut donc que l'on règle, dans cet objet, les dots des femmes, les donations, les successions, les testaments, enfin toutes les manières de contracter. Car, s'il étoit permis de donner son bien à qui on voudroit et comme on voudroit, chaque volonté particulière troubleroit la disposition de la loi fondamentale »* (V 5).[942] Diese Wertentscheidung, die scheinbar von der vordringlichen Berücksichtigung des Gemeinwohls getragen ist, das den Vorrang gegenüber einem ungehemmt zur Durchsetzung zu bringenden individuellen Willen verdient, überrascht gleichwohl. Denn die damit einhergehende Einschränkung der Testierfreiheit und damit demjenigen, was wir heute als Ausprägung der Privatautonomie innerhalb einer auf umfassende Freiheit gegründeten Privatrechtsordnung ver-

durchdrungenen taciteischen Beobachtungen, die moderne Finanzkrisen hellsichtig vorwegnehmen, *Jens Petersen*, Recht bei Tacitus, 2019, S. 564 f.

941 *Walter Kuhfuß*, Mäßigung und Politik. Studien zur politischen Sprache und Theorie Montesquies, 1975, hat in politischer Hinsicht grundlegend ausgearbeitet, was vorliegend in den juristischen Einzelheiten beabsichtigt ist.

942 *Montesquieu*, Œuvres complètes, Bibliothèque de la Pléiade, Tome II, S. 276; Übersetzung *Ernst Forsthoff*, 1951/1992, Bd. 1, S. 66: „Zu diesem Zwecke müssen daher Bestimmungen ergehen über die Mitgift der Frauen, über Schenkungen, gesetzliche Erbfolge, Testamente, kurz alle Arten von Verträgen. Denn wenn es erlaubt wäre, sein Vermögen, an wen und wie man wollte, zu vergeben, dann würde jeder Einzelwille die Anordnung des grundlegenden Gesetzes durchkreuzen können".

stehen, soll nur ausnahmsweise zulässig sein, wenn es die Interessen derjenigen gebieten, zu deren Schutz die Einschränkungen gedacht sind.[943]

Aber einen kategorischen Vorrang des Gemeinwohls vor dem Privateigentum anerkennt Montesquieu gleichwohl nicht, wie sich an sehr viel späterer Stelle zeigt: *« C'est un paralogisme de dire que le bien particulier doit céder au bien public : cela n'a lieu que dans les cas où il s'agit de l'empire de la cité, c'est-à-dire de la liberté du citoyen; cela n'a pas lieu dans ceux où il est question de la propriété des biens, parce que le bien public est toujours que chacun conserve invariablement la propriété que lui donnent les lois civiles »* (XXVI 15).[944] Die Gewichtung der Interessen nach Maßgabe des zu schützenden Rechtsguts bedeutet eine wegweisende ideengeschichtliche Errungenschaft, die aufs Neue Montesquieus Sinn für Verteilungsgerechtigkeit, Verhältnismäßigkeit, Maß und Mitte veranschaulicht.

Das Privateigentum ist ihm mithin unverzichtbares und unbedingt schützenswertes Institut einer funktionsfähigen Privatrechtsordnung. Hier zeigt sich ganz konkret was der Geist der Freiheit für ihn bedeutet, auch wenn er es nicht eigens ausspricht. Aufschlussreich ist zunächst seine Vorstellung einer von Grund auf bestehenden gesetzlichen Basis, die offenbar weder positiv-rechtlich fundiert noch naturrechtlich begründet ist, sondern allein dem im Rahmen der Behandlung der Regierungsformen herausgearbeiteten Befund folgt, wonach der einzelne Wille der jeweiligen Rechtsunterworfenen zurückzutreten hat, wenn dies die Freiheit aller beeinträchtigen könnte.[945] Es ist daher eher eine rechtssoziologische als eine rechtsphilosophische Begründung, da sie den Erhalt und das gedeihliche Zusammenleben der Gesellschaft selbst im Blick hat.

---

943 *Jens Petersen*, Die eingeschränkte Testierfreiheit beim Pflegeheimbetrieb durch eine GmbH, Deutsche Notar-Zeitschrift 2000, 739.

944 *Montesquieu*, Œuvres complètes, Bibliothèque de la Pléiade, Tome II, S. 767 f.; Übersetzung *Ernst Forsthoff*, 1951/1992, Bd. 2, S. 226: „Es ist ein Trugschluss, zu behaupten, dass das Wohl des einzelnen dem Gemeinwohl weichen müsse; das gilt nur in den Fällen, wo es sich um die Herrschaft der Stadt, das heißt um die Freiheit der Bürger handelt, dagegen nicht in den Fällen, wo es sich um das Eigentum an Vermögen handelt, denn es entspricht immer dem Interesse des Gemeinwohls, dass jeder sein Eigentum, das ihm die bürgerlichen Gesetze gewähren, unverändert behält".

945 *Vittorio Hösle*, Moral und Politik. Grundlagen einer Politischen Ethik für das 21. Jahrhundert, 1997, S. 782 mit Fußnote 12, verallgemeinert ebenso anspruchsvoll wie zutreffend unter Verweis auf ein auch im Laufe der vorliegenden Erörterung in anderem Zusammenhang betrachtetes Kapitel (XXIX 11): „Dem Geist der Gesetze eines Staates liegt in der Regel ein generatives Prinzip zugrunde, und man muß dieses zunächst einmal verstanden haben, bevor man sich daran macht, die Gesetze durch einzelne naturrechtliche Forderungen zu ergänzen, die zu jenen Normen in Widerspruch stehen".

Man muss sich jenen Ausgangspunkt vergegenwärtigen, um auf dieser Grundlage ermessen zu können, warum Montesquieu im Folgenden eine Reihe rechtsgeschichtlicher Regelungen nennt, die diese Problematik seit alters ausgestaltet haben. Andernfalls würde man seine methodische Absicht verfehlen, da die aufgezählten gesetzlichen Bestimmungen dann arbiträr anmuten würden, weil es den Anschein hätte, als würden lediglich mehr oder minder beliebige Gesetze aneinandergereiht werden. Allerdings scheint es so, als habe man das Vorgehen des Autors lange Zeit in eben diesem Sinne gewürdigt. Das hatte zur Folge, dass die betreffenden rechtshistorisch ausgerichteten Stellen stillschweigend übergangen wurden.

Dies wiederum erscheint zumindest insofern nachvollziehbar, als die erschöpfende rechtsgeschichtliche Behandlung der von Montesquieu genannten Gesetze aus heutiger Sicht vergleichsweise geringen Ertrag verspricht, sofern es sich nicht um antike Vorbilder handelt, die jedoch ihrerseits in den einschlägigen Darstellungen des griechischen und römischen Rechts erörtert werden.[946] Für das Verständnis des Esprit des Lois ist es wichtiger nachzuvollziehen, von welchem Blickwinkel aus er die betreffenden Regelungen würdigt, wie folgendes Beispiel zeigt, das er erklärtermaßen der ‚Politik' des Aristoteles entlehnt hat: *« C'étoit une bonne loi pour la démocratie, que celle qui défendoit d'avoir deux hérédités. Elle prenoit son origine du partage égal des terres et des portions données à chaque citoyen. La loi n'avoit pas voulu qu'un seul homme eût plusieurs portions »* (V 5).[947]

Montesquieu geht es erkennbar darum, Anhäufungen von Erbschaften in einer Hand zu vermeiden, weil sie nicht nur zur in Rom vielfach verbreiteten Erbschleicherei führen konnten, sondern die Güterverteilung insgesamt störten, da er den Bestand der Republik durch den leistungslos erworbenen Reichtum Einzelner gefährdet sah.[948] Die daran anschließenden Hypothesen Montesquieus näher darzustellen, ist nicht erforderlich; es genügt die Feststellung, dass sie allesamt teleo-

---

946 Zu paradigmatischen Fragen der Ehegesetzgebung des Augustus, die Montesquieu erstaunlicherweise nicht behandelt, obwohl er sie gekannt haben dürfte, *Jens Petersen*, Recht bei Tacitus, 2019, S. 115–128.

947 *Montesquieu*, Œuvres complètes, Bibliothèque de la Pléiade, Tome II, S. 277; Übersetzung *Ernst Forsthoff*, 1951/1992, Bd. 1, S. 66 mit Fußnote 3: „Sehr gut für die Demokratie war das Gesetz, das Verbot, zwei Erbschaften anzutreten. Es stammt aus der Bodenzuteilung und den jedem Bürger zugesprochenen gleichen Anteilen. Dieses Gesetz verlangte, dass niemand mehrere Anteile haben solle".

948 Grundlegend zur römischen Praxis und ihren Missständen, vor allem aber auch zur Berücksichtigung rechtssoziologische Überlegungen *Dieter Nörr*, Planung in der Antike. Über die Ehegesetze des Augustus, Festgabe für Helmut Schelsky, 1977, S. 309, siehe auch *Elke Hartmann*, Ordnung in Unordnung. Kommunikation, Konsum und Konkurrenz in der stadtrömischen Gesellschaft der frühen Kaiserzeit, 2016, S. 129, zur sozialgeschichtlichen Einordnung.

logischer Natur sind, wie wir heute sagen würden, und der klassischen römischen Jurisprudenz entsprechen. Das zeigt sich auch anhand einer zusätzlich betrachteten Regelung, deren Zweck im Zusammenwirken mit der ursprünglichen betrachtet wird: *« Il est clair que cette seconde loi étoit faite pour prévenir les mauvaises suites de la première »* (V 5).[949] Hier argumentiert Montesquieu also in den Bahnen des klassischen römischen Rechts, so dass seine Beweisführung vergleichsweise konventionell anmutet.

Doch sind zwei Besonderheiten zu berücksichtigen. Zum einen zitiert er zur Veranschaulichung des Ausgangsfalls in der Fußnote ausnahmsweise die Bibel und versieht dieses Zitat zweitens mit dem Hinweis, dass auch andere Völker gleichartige Gesetze erlassen hätten. Das ist im Übrigen aufschlussreich im Hinblick auf den betont zurücktretenden Stellenwert der Bibel für die französische Moralistik.[950] Diese unscheinbaren Ergänzungen lassen bereits erkennen, was im weiteren Verlauf des Esprit des Lois Gestalt annehmen wird, nämlich die Berücksichtigung der Religion sowie die kulturvergleichenden Betrachtungen fremder Völker, bei denen sich ähnliche Gesetze finden. Gewiss scheinen diese Gesichtspunkte hier eher in nuce auf und treten hinter die teleologischen Argumente zurück.

Aber immerhin finden sich in Abhängigkeit von den Ausführungen über die Regierungsformen am Beispiel der besonders wichtigen Gleichheit innerhalb der Demokratie Überlegungen zu jenen Bereichen der Religionen und Völkervergleichung, die für die Ermittlung des Geistes der Gesetze im Rahmen der Darlegung immer wichtiger werden. So lässt sich am Beispiel des Erbrechts zeigen, dass der Geist der Gesetze im Sinne Montesquieus weit über die teleologische Deutung hinausgeht und prägende Bereiche der Lebenswelt erfasst, die erst in ihrem Zusammenwirken das Recht begreiflich machen. So erweist sich auch am Beispiel des Familien- und Erbrechts, dass Montesquieu die Rechtstatsachen berücksichtigt und auch von daher als Mitbegründer der Rechtssoziologie gelten kann.[951]

---

949 *Montesquieu*, Œuvres complètes, Bibliothèque de la Pléiade, Tome II, S. 278; Übersetzung *Ernst Forsthoff*, 1951/1992, Bd. 1, S. 67: „Offensichtlich sollte dies zweite Gesetz die üblen Folgen des ersten abwenden".

950 *Fritz Schalk*, Einleitung, in: Die französischen Moralisten, 1949, S. XVII, macht eine in diesem Zusammenhang interessante Beobachtung: „Solche Aphorismen als glückliche Eingebungen des Augenblicks, Sentenzen als die Einfälle des Philosophen, Maximen als Lebensregeln sind in Frankreich erst entstanden, als die Literatur sich von jener ständigen Verbindung mit der Bibel löste, deren gestaltende Einwirkung auf das aphoristische Werk von Pascal man so oft in seinen ‚Gedanken' studieren kann." – Darin besteht in der Tat ein prägender Strukturunterschied zwischen Montesquieu und Pascal (zu ihm und der Fundierung seiner Gedanken durch die Bibel *Jens Petersen*, Pascals Gedanken über Gerechtigkeit und Ordnung, 2016, S. 95 ff.).

951 Grundlegend *Vittorio Hösle*, Moral und Politik. Grundlagen einer Politischen Ethik für das 21. Jahrhundert, 1997, S. 547.

Ging es bei den zuletzt behandelten erbrechtlichen Bestimmungen um Wechselwirkungen mit der Religion, so weist ein weiteres Gesetz, das Montesquieu nennt, wiederum Bezüge zum Handel auf, die nicht zuletzt deswegen von Interesse sind, weil er sie innerhalb der vorrangig erörterten Regierungsformen nennt und an späterer Stelle sogar als Handelsrepubliken bezeichnet: *« C'est une très bonne loi, dans une république commerçante, que celle qui donne à tous les enfants une portion égale dans la succession des pères. Il se trouve par là que, quelque fortune que le père ait faite, ses enfants, toujours moins riches qui lui sont portés à fuir le luxe, et à travailler comme lui »* (V 6).[952]

Diese Stelle steht im Zusammenhang mit der Überlegung, dass die Bürger einer Republik zu einer gewissen Schlichtheit im Verhältnis zu materiellen Bedürfnissen erzogen werden sollen, nicht zuletzt auch durch entsprechende Gesetze, die den Erwerbsfleiß aufrechterhalten. Denn diese Einfachheit und Bedürfnislosigkeit schürt die für die Republik entscheidende Liebe zur Gleichheit (V 4). Von daher erklärt sich, dass Montesquieu gesetzliche Bestimmungen gutheißt, die auf eine Teilung großer Vermögen von Todes wegen angelegt sind. Auch hier spiegelt sich eine bereits unter dem Gesichtspunkt der Mäßigung wirtschaftlicher Macht weiter oben beobachtete Facette der Gewaltenteilung.[953]

Die Aufteilung großer Vermögen im Wege des Erbrechts ist Montesquieu auch im Zusammenhang mit der Regierungsform der Aristokratie ein Anliegen: *« Les lois doivent ôter le droit d'aînesse entre les nobles, afin que, par le partage continuel des successions, les fortunes se remettent toujours dans l'égalité »* (V 8).[954] Beträchtliche Vermögen sollen also möglichst auf mehrere Stämme verteilt werden und sich nicht wieder in einer Person vereinigen. Mit dieser egalisierenden Tendenz dürfte er sich bei seinen Standesgenossen nicht eben beliebt gemacht haben. Das Erbrecht bildet für ihn somit ein rechtspolitisches Instrument zur Durchsetzung solche Zwecke, die durch Verfügungen unter Lebenden schwerlich durchsetzbar wären oder wenigstens zu großem Rechtsunfrieden führen würden.

---

952 *Montesquieu*, Œuvres complètes, Bibliothèque de la Pléiade, Tome II, S. 280; Übersetzung *Ernst Forsthoff*, 1951/1992, Bd. 1, S. 70 f.: „In einem Handelsstaat ist es ein ausgezeichnetes Gesetz, das allen Kindern am Nachlass des Vaters gleiche Anteile gewährt. Dadurch wird erreicht, dass die Kinder immer weniger reich sind als der Vater, wie groß auch sein Vermögen gewesen sein mag, dass sie daher veranlasst werden, den Luxus zu fliehen und selbst zu arbeiten wie er".

953 *Ernst-Joachim Mestmäcker*, Europäische Prüfsteine der Herrschaft und des Rechts, 2016, S. 154.

954 *Montesquieu*, Œuvres complètes, Bibliothèque de la Pléiade, Tome II, S. 287; Übersetzung *Ernst Forsthoff*, 1951/1992, Bd. 1, S. 79: „Die Gesetze müssen das Erstgeburtsrecht beim Adel aufheben, damit die Vermögen durch die ständigen Erbschaftsteilungen immer auf das gleiche Maß gebracht werden".

Es ist eine jener scheinbaren Feinheiten, die aber, wenn man sie ideengeschichtlich unter Prinzipiengesichtspunkten betrachtet, veranschaulicht, warum auch der Aristokrat Montesquieu zu den bedeutenden Vertretern der französischen Aufklärung zählt.[955] Zugleich wird erneut deutlich, auf welche Weise Montesquieu den Geist der Gesetze konkretisiert. Der Geist des Erbrechts besteht eben nicht um jeden Preis in der Verstetigung des Vermögens der Erblasser, damit das Oberhaupt einer Familie immer reicher und dadurch mächtiger wird. Vielmehr hängt die Zielsetzung der erbrechtlichen Regelungen ihrerseits von den bevorzugten Regierungsformen ab. Wenn sich die Aristokratie Elemente der Monarchie nutzbar zu machen versucht, dann gerät sie unweigerlich mit ihr in Konflikt, indem sie dasjenige imitiert, was die Monarchie ausmacht, ohne aber ihrem Geist zu entsprechen.

Eine solche Vermengung der Elemente unterschiedlicher Regierungsformen läuft letztlich Gefahr, Erscheinungsformen der Despotie Vorschub zu leisten: *« Il ne faut point de substitutions, de retraits lignagers, de majorats, d'adoptions. Tous les moyens inventés pour perpétuer la grandeur des familles dans les États monarchiques, ne sauroient être d'usage dans l'aristocratie »* (V 8).[956] Diese Typologie der Herrschaftsformen ist wiederum rechtssoziologisch von Interesse und zeigt erneut, dass es Montesquieu nicht so sehr um den Sinn einzelner Gesetze geht, die eher paradigmatisch zur Veranschaulichung herangezogen werden, als vielmehr um den funktionalen Zusammenhang ganzer Rechtsgebiete geht. So verhält es sich hier beim Erbrecht im Verhältnis zu den Regierungsformen, darüber hinaus aber auch zum Handel, dessen Betrieb Anreize zur individuellen Vermögensmehrung aufrechterhalten soll, damit der Handelsfleiß auch unter Aristokraten nicht zum Erliegen kommt, auch wenn und gerade weil sie in der Despotie in Ermangelung jeglicher Rechtssicherheit ebenso gefährdet sind wie alle anderen.

Solche Leistungsanreize sind geeignet, die individuellen Fähigkeiten zu entfalten und damit den beruflichen Aufstieg zum gesamtgesellschaftlichen Nutzen zu fördern, wie Montesquieu entschieden geltend macht: *« Je dis qu'on fera mieux sa*

---

955 *Hans Küng*, Umstrittene Wahrheit. Erinnerungen, 2009, S. 321, hält „die Erfahrung (sc. für) wichtig, dass jeder Mensch, der Macht besitzt, geneigt ist, sie zu missbrauchen, wenn ihm keine Grenzen gesetzt sind. Diese Überzeugung hat Montesquieu, den bedeutendsten Staatsphilosophen der französischen Aufklärung, dazu geführt, in seinem Hauptwerk (...) schon 1748 die Beseitigung des Absolutismus (...) und eine *Gewaltenteilung* zu fordern. Dieser Lehrer hat zwar großen Einfluss auf die Französische Revolution und die Verfassung der USA ausgeübt, aber nicht den geringsten auf den Vatikan und die römisch-katholische Kirche." Hervorhebung auch dort.

956 *Montesquieu*, Œuvres complètes, Bibliothèque de la Pléiade, Tome II, S. 287; Übersetzung *Ernst Forsthoff*, 1951/1992, Bd. 1, S. 79: „Es darf keine Nacherben, keine Näherrechte, keine Majorate oder Adoptionen geben. Alle diese Mittel, die in den Monarchien erfunden wurden, um die Bedeutung der Familie für die Dauer zu erhalten, dürften in der Aristokratie keine Verwendung finden".

profession, lorsque ceux qui y auront excellé espéreront de parvenir à une autre » (XX 22).[957] Die Erkenntnis, dass der in diesem Sinne Aufstrebende die Absicht eines Berufswechsels im Falle des Erfolges schwerlich mitteilen kann, ohne sein Vertrauen im Bereich der angestammten Tätigkeit zu verlieren, und somit etwas hinter sich lassen möchte, in dem er es gerade zur Meisterschaft gebracht hat, dabei jedoch aufgrund seiner individuellen Leistung und damit der oben erörterten eigentümliche Paradoxie für das Gemeinwohl Nutzen stiften kann,[958] veranschaulicht Montesquieus psychologisches Einfühlungsvermögen ebenso wie seinen soziologischen und wirtschaftlichen Scharfblick.[959] Auch eine solche Frucht der Erkenntnis gedeiht auf dem Boden der französischen Moralistik.[960]

Die Wechselbezüglichkeit solcher Bestimmungen mit dem Handel folgt daraus, dass auf diese Weise auch im Erbfall der Erwerbsfleiß der Nachkommen aufrechterhalten bleibt. Wer als betuchter Erbe keinerlei materielle Sorgen zu be-

---

957 *Montesquieu*, Œuvres complètes, Bibliothèque de la Pléiade, Tome II, S. 598; Übersetzung *Ernst Forsthoff*, 1951/1992, Bd. 2, S. 19: „Ich behaupte vielmehr, dass man seinen Beruf besser ausübt, wenn man hoffen kann, sich durch hervorragende Leistungen in ihm zu einem anderen emporarbeiten zu können".

958 *Albert O. Hirschman*, Leidenschaften und Interessen. Politische Begründungen des Kapitalismus vor seinem Sieg, 1987, S. 82, unter Berücksichtigung des Handelsgeists bei Montesquieu.

959 *Werner Krauss*, 1734 als Jahr der Entscheidung für Montesquieus *Esprit des lois*, in: Montesquieu-Traditionen in Deutschland. Beiträge zur Erforschung eines Klassikers (Hg. Edgar Maas/Paul-Ludwig Weinacht), 2005, S. 135, 143, hat – wenn man es für den vorliegenden Zweck ökonomisch und wirtschaftsrechtlich umformulieren darf – der Sache nach herausgearbeitet, dass sich Montesquieus wirtschaftliche Kompetenz nicht nur in volkswirtschaftlichen Lehren erschöpfte, sondern auch die eigene betriebswirtschaftliche Haushaltung einer standesuntypischen Mäßigung und sorgfältig bilanzierten Einnahmen-Überschuss-Rechnung gehorchte: „Die Anwendung rationeller Wirtschaftsmethoden, die Montesquieu als Gutsherr in La Brède erprobte, verstieß gegen alle Gepflogenheiten der provinziellen Aristokratie, zumal in einer noch von keiner physiokratischen Lösung aufgeklärten Epoche. Das Leben in La Brède war alles andere als eine fortgesetzte fête champêtre. Hier waltete nicht ein Schloßherr, sondern ein Weingutsbesitzer, der von den Jahreserträgen ehrgeizige Ameliorationen bestreiten konnte, ein systematisches Studium der Absatzverhältnisse betrieb und sich den Aufwand für seine englischen Forschungsreisen durch Kundenwerbung in den seinem Genius geöffneten Sphären bezahlt machte. Recht drollig mischt sich zuweilen die Absatzsorge in seine literarische Korrespondenz, und bis zum Lebensabend sind Wünsche nach vermehrtem Buchbesitz nur im beschränkten Rahmen der verfügbaren Überschüsse erfüllbar".

960 *Fritz Schalk*, Einleitung, in: Die französischen Moralisten, 1949, S. X, hat dieses Prinzip in anspruchsvoller Manier verallgemeinert: „Die moralistische Psychologie der Klassifizierung und Nuancierung der Leidenschaften, verwoben mit der Kunst, die geheimsten Motive des Handelns aufzudecken, die ‚Charaktere' zu schildern und das Leben zu gestalten, hat, von den Affekten ausgehend, allmählich zu einer organischen Betrachtung des Menschen sowohl als auch der Gesellschaft und des Staates übergeleitet".

fürchten hat, hätte auch keinen Erwerbsanreiz und würde nurmehr dem Luxus frönen (VII 1). Gerade im Hinblick auf diese Interdependenz der Zwecke stellt die erbrechtliche Bestimmung ein besonders anschauliches Beispiel für die Ermittlung des Geists der Gesetze dar. Denn es geht Montesquieu nicht nur um den Schutzzweck der einzelnen erbrechtlichen Regelung im Hinblick auf den spezifischen Gerechtigkeitsgehalt der Gleichbehandlung unter mehreren Miterben, sondern darüber hinaus um die gesamtgesellschaftliche Wohlfahrt.

Montesquieu sind nämlich auch die im Hinblick auf die Gesellschaft zu gewärtigenden Wechselwirkungen wichtig, die sich aus möglichen übergeordneten Zwecken ergeben, selbst wenn diese dem Gesetzgeber beim Erlass der Regelungen womöglich nur schemenhaft oder wenigstens nicht vollständig bewusst waren. Diese auf einer höheren Ebene angesiedelten Ziele betreffen alles, was zum Erhalt der Gesellschaft unter der konkreten Regierungsform erforderlich ist, namentlich die Sitten und Gebräuche, aber eben auch den Handel. Dies bedeutet letztlich nichts Anderes, als dass sich der Geist der Gesetze, zu dem schließlich Regierungsformen, Religion, Handel, das Klima sowie Sitten und Gebräuche zählen, auf allen Ebenen der Gesetzgebung und Gesetzesauslegung durchsetzt, freilich immer unter dem Vorbehalt der Mäßigung (XXIX 1).

Anders als unter der Regierungsform der Aristokratie verhält es sich im Hinblick auf das Erbrecht bei der Monarchie, für welche etwa die Nacherbschaft weniger problematisch erscheint: *« Les substitutions, qui conservent les biens dans les familles, seront très utiles dans ce gouvernement, quoiqu'elles ne conviennent pas dans les autres »* (V 9).[961] Hier ist also die Sukzession auf eine einzelne Person und deren Nachkommen berechtigterweise angezeigt; und zwar sogar um den Preis mangelnder Flexibilität des Handelsverkehrs, die Montesquieu ansonsten durchaus zu fördern beabsichtigt und bis heute zur Teleologie handelsrechtlicher Normen gehört:[962] *« Les substitutions gênent le commerce »* (V 9).[963] Interessanterweise findet sich für eine derartige Aussage, die seinen sonstigen handelsrechtlichen Überlegungen tendenziell widerspricht, kaum eine tragfähige Begründung, die über den allgemeinen Befund hinausgeht, dass es dem Institut des Handels als solchem abträglich sei.

---

961 *Montesquieu*, Œuvres complètes, Bibliothèque de la Pléiade, Tome II, S. 288; Übersetzung *Ernst Forsthoff*, 1951/1992, Bd. 1, S. 80 f.: „Die Einsetzung von Nacherben, die den Familien ihre Güter bewahrt, kann sich bei dieser Regierungsform als sehr nützlich erweisen, wenn sie auch in anderen Regierungsformen unangebracht ist".

962 *Claus-Wilhelm Canaris*, Handelsrecht, 24. Auflage 2006, S. 7, 438.

963 *Montesquieu*, Œuvres complètes, Bibliothèque de la Pléiade, Tome II, S. 288; Übersetzung *Ernst Forsthoff*, 1951/1992, Bd. 1, S. 81: „Die Einsetzung eines Nacherben ist für den Handel lästig".

Vermutlich entspricht es schlicht Montesquieus lebensweltlicher Einschätzung, dass ein zusätzliches Hindernis, wie es die Nacherbschaft aus Sicht des Handelsverkehrs sein könnte, die Leichtigkeit des Handelsverkehrs zu hemmen geeignet ist. Die Bevorzugung eines einzelnen Erben sieht er nicht als Gerechtigkeitsproblem an. Es sind also weniger Gerechtigkeitsgesichtspunkte zum Ausgleich der unterschiedlichen Miterben, die Montesquieu als maßgeblich erachtet, sondern vielmehr in der Regierungsform wurzelnde Eigentümlichkeiten, die den Geist der erbrechtlichen Gesetze ausmachen. Aber es gibt noch etwas Anderes, das diesen letztgenannten Satz über die Störung des Handels durch die Nacherbschaft für den vorliegenden Zusammenhang bemerkenswert macht.

Gerade in seiner begründungslosen Kürze nämlich ist die zuletzt zitierte Sentenz in der Montesquieu entgegenkommenden Prägnanz moralistischer Aphorismen abgefasst (V 9). Ihm geht es nicht so sehr darum, die juristische Problematik durch Abwägung aller dafür oder widersprechenden Belange argumentativ auszuschöpfen, als vielmehr darum, die intuitiv aus der Lebenserfahrung geschöpfte Wertung zu ermitteln. Diese freilich folgt keiner schlichten Gefühlsjurisprudenz, sondern im Sinne einer bereits weiter oben angedeuteten Wertungs- und Prinzipienjurisprudenz.[964] Denn hier kommt der zuvor zitierte Satz mit seiner Abhängigkeit von den Regierungsformen zum Tragen, also einem für die Systembildung Montesquieus elementar bedeutsamen Gesichtspunkt.

So erhält die vorderhand spröde und rechtsdogmatisch schwierige Problematik im traditionell juristisch äußerst anspruchsvollen Spannungsfeld von Erbrecht und Handelsrecht unversehens paradigmatische Bedeutung, indem sich anhand ihrer beispielhaft veranschaulichen lässt, auf welche Weise Montesquieu rechtliche Grenzfragen mit lebensweltlichem Bezug zunächst beinahe unmerklich systematisch aufbereitet, um sie dann mit einer prägnanten Sentenz nach Art der französischen Moralistik zu beantworten; scheinbar unbegründet, in Wahrheit vorausschauend abgewogen mit Blick auf die widerstreitenden Interessen und Wertungen sowie nicht zuletzt auch die rechtssoziologische Stimmigkeit avant la lettre.[965]

---

964 *Peter Landau*, Die Rechtsquellenlehre in der deutschen Rechtswissenschaft des 19. Jahrhunderts, in: Juristische Theoriebildung und Rechtliche Einheit, Rättshistoriska Studier (Hg. Claes Petersson), Bd. XIX, 1993, S. 69, zur Prinzipienjurisprudenz; zu erster im Hinblick auf das im Text angedeutete Spannungsfeld *Jens Petersen*, von der Interessenjurisprudenz zur Wertungsjurisprudenz, 2001. S. 12 ff.

965 Zu den damit zusammenhängenden Fragen des Verhältnisses von juristischer Methodenlehre, Interessen- und Wertungsjurisprudenz gerade bei Fallgestaltungen mit erbrechtlicher Berührung vor allem der Rechtssoziologie näher *Jens Petersen*, Max Webers Rechtssoziologie und die juristische Methodenlehre, 3. Auflage 2020, S. 66 ff.

Wegen dieser wertungsmäßig und systematisch maßgeblichen Abhängigkeit von der Regierungsform hält Montesquieu im Falle der Monarchie auch eine Alleinerbschaft des Nachfolgers des Monarchen für geboten: *« On peut, dans les monarchies, permettre de laisser la plus grande partie de ses biens à un de ses enfants; cette permission n'est même bonne que là »* (V 9).[966] Wo ohnehin einer alle Herrschaftsbefugnisse erbt, erscheint ihm offenbar auch die Vermögensnachfolge unbedenklich. Im Hintergrund könnte die Erwägung stehen, dass in einer geordneten Monarchie der Herrscher selbst durch die Gesetze gebunden ist und insofern eine zureichende Sicherheitsschwelle besteht. Etwas Anderes müsste dann konsequenterweise unter der Despotie gelten, in der sich zur schrankenlosen Alleinherrschaft noch unbeschränkte Geldmittel gesellen würden, derer sich der Nachfolger des Despoten freilich ohnehin eher früher als später bemächtigen würde.

Montesquieu spricht sich vielleicht gerade deswegen dafür aus, dass selbst in einer Willkürherrschaft Sitten und Gebräuche, die ja ebenfalls den Geist der Gesetze ausmachen, wenigstens ein gewisses Gepräge vermitteln können, welches das Unrecht des Despoten zwar nicht lindert, wohl aber zu Gunsten der Rechtsunterworfenen eine Erleichterung bringen könnte, die womöglich seine schlechtesten Eigenschaften mäßigt, insbesondere die allgegenwärtige Habsucht: *« Pour que tout ne soit pas perdu, il est bon que l'avidité du prince soit modérée par quelque coutume »* (V 14).[967] Auf diese Weise können die im alltäglichen Leben des Volkes gegenwärtigen Sitten und Gebräuche möglicherweise ein gewisses Gegengewicht bieten. Denn der Despot wird das Volk nicht um kleiner Begehrlichkeiten willen unnötig gegen sich aufbringen wollen, weil und sofern dadurch seine Herrschaft dauerhaft gefährdet werden könnte.

Die Beispiele aus der Rechtsgeschichte, die Montesquieu hierfür außerdem noch anführt, lohnen keines näheren Eingehens, weil die Abmilderungen aus unserer heutigen Sicht vergleichsweise gering anmuten. So ist es denn eher ein frommer Wunsch, dass ausgerechnet die Habgier durch Bräuche beschränkt werden soll, über die letztlich auch der Despot selbst herrscht. Interessanter ist vielmehr die dahinterstehende regulative Idee. Denn Sitten, die im Volk verwurzelt sind, können selbst vom Despoten nicht beliebig oder jedenfalls nicht gefahrlos zerschlagen werden, weil dies zu den wenigen Dingen gehört, die einer Auflehnung

---

966 *Montesquieu*, Œuvres complètes, Bibliothèque de la Pléiade, Tome II, S. 289; Übersetzung *Ernst Forsthoff*, 1951/1992, Bd. 1, S. 81: „In einer Monarchie kann man dem Vater gestatten, den größten Teil seines Vermögens auf eines seiner Kinder zu vererben: diese Erlaubnis ist aber nur gerade hier von Nutzen".

967 *Montesquieu*, Œuvres complètes, Bibliothèque de la Pléiade, Tome II, S. 295; Übersetzung *Ernst Forsthoff*, 1951/1992, Bd. 1, S. 89: „Damit nicht alles zu Grunde geht, wird es gut sein, wenn die Habsucht des Fürsten durch gewisse Bräuche in Schranken gehalten wird".

des gegenüber seit alters bestehenden Bräuchen anhänglichen Volkes gegen seine Herrschaft Vorschub leisten könnten.

Das dürfte umso mehr gelten, wenn es sich um religiöse Bräuche handelt, weil dann zusätzlich die Religion als für den Geist der Gesetze mitbestimmender Faktor ins Spiel käme und die Wechselwirkung gleich zweier Determinanten ein zusätzliches Risiko für den Despoten bergen würde (II 4). Diese Wechselbezüglichkeit veranschaulicht der Extremfall eines besiegten Volkes: *« Dans ces conquêtes, il ne suffit pas de laisser à la nation vaincue ses lois; il est peut-être plus nécessaire de lui laisser ses mœurs, parce qu'un peuple connoît, aime et défend toujours plus ses mœurs que ses lois »* (X 11).[968]

Man sollte schon das erste Glied dieser Steigerung nicht unterschätzen, weil sich ein Volk seiner Sitten und Gebräuche bereits durch die alltägliche Einübung beständig vergegenwärtigt, während kaum jemand alle oder auch nur die wichtigsten Gesetze kennt. Daher bestimmen die Sitten und Bräuche auch den Geist der Gesetze. Diese beständige Praxis prägt mit Ausnahme einschneidender Rechtsakte auch die Geschäfte des Handels, der ja ebenfalls den Geist der Gesetze ausmacht: *« Ce sont des actions de chaque jour, que d'autres de même nature doivent suivre chaque jour »* (XX 18).[969] Dieser stetige Blick auf die alltäglichen Geschäfte mit ihren gewohnheitsmäßig wiederkehrenden Herausforderungen und eingeübten Verhaltensweisen, wie sie nicht nur im Handel, sondern in allen Lebensbereichen begegnen, diese durchwirken und daher auch als Lebensformen bezeichnet werden können,[970] veranschaulicht in seiner Zusammenschau mit seiner Bestimmung des

968 *Montesquieu*, Œuvres complètes, Bibliothèque de la Pléiade, Tome II, S. 385; Übersetzung *Ernst Forsthoff*, 1951/1992, Bd. 1, S. 200: „Bei diesen Eroberungen genügt es nicht, dem besiegten Volk seine Gesetze zu lassen, sondern es ist vielleicht noch wichtiger, ihm seine Sitten zu lassen, denn ein Volk kennt, liebt und verteidigt seine Sitten mehr als seine Gesetze".

969 *Montesquieu*, Œuvres complètes, Bibliothèque de la Pléiade, Tome II, S. 596; Übersetzung *Ernst Forsthoff*, 1951/1992, Bd. 2, S. 17: „Es sind Sachen des täglichen Lebens, denen immer gleiche täglich folgen; sie müssen also täglich entschieden werden können".

970 *Arno Borst*, Lebensformen im Mittelalter, 1973, hier zitiert nach der 4. Auflage 2004, S. 9 ff., für den im Übrigen – insoweit ähnlich den französischen Moralisten – die Gegenüberstellung der „condicio humana" (S. 29 ff., 344 ff.) mit der „societas humana" (S. 351 ff., 674 ff.) maßgeblich ist. Das ist nicht weit entfernt von Montesquieus Moralistik, welche aufgrund der Einsicht in die *«condition humaine»* die Rechtssoziologie ergründet. Bei *Borst* finden sich denn auch nicht von ungefähr aphoristische Zuspitzungen, wenn er etwa im Kapitel über ‚Zeit und Lebenslauf' ebenso kontrastierend wie hintersinnig feststellt (S. 126): „Die Vorbereitung des einzelnen auf seinen Tod, die ‚Kunst des Sterbens' hatte noch nicht das Gewicht wie später, als Montaigne sein ganzes Leben zur Einübung des Sterbens nutzte." Gerade aus rechtlicher Sicht – nicht zuletzt für die juristische Ausbildung an Universitäten – überaus bedenkenswert auch sein Wort über einen ‚Streber' (S. 591): „Der strebsame junge Mann hatte seinen Lebensplan auf das Kirchenrecht gegründet (...). Er übersah nur das Wichtigste, daß sich auf Rechtsansprüche kein Lebensbereich beschränkt".

Geistes der Gesetze, warum Montesquieu entscheidende Bedeutung für die Entwicklung der Rechtssoziologie hat.[971]

Montesquieu meint wohl eine im eigenen Interesse des Despoten zu beachtende Selbstverpflichtung, ungeachtet seiner Allmacht dort auf bestimmte Vermögensvorteile zu verzichten, wo ihm ohnehin alles untertan ist und jederzeit verfügbar wäre, wenn er zu bedenken gibt: *« Mais, comme le grand seigneur donne la plupart des terres à sa milice, et en dispose à sa fantaisie; comme il se saisit de toutes les successions des officiers de l'empire; comme, lorsqu'un homme meurt sans enfants mâles, le grand seigneurs a la propriété, et que les filles n'ont que l'usufruit, il arrive que la plupart des biens de l'État sont possédés d'une manière précaire »* (V 14).[972]

Ihm ist nur zu bewusst, dass alle erbrechtlichen Regelungen innerhalb einer Despotie lediglich vorläufig Vermögen übertragen, welches lediglich dem Willkürherrscher entliehen ist und jederzeit von ihm mit Zinsen zurückgefordert werden kann. Der Despot braucht daher auch nicht die Staatskasse zu plündern, da ihm ohnehin das ganze Land gehört. Auch daran zeigt sich die Vorrangigkeit der Behandlung der Regierungsformen, weil von ihnen abhängt, welche Möglichkeiten dem Volk verbleiben, worauf es sich einzurichten hat und wodurch die Herrschaft gegebenenfalls beschränkt ist.

Ähnlich wie sein Vorbild Montaigne, den er von früh auf gründlich gelesen hat,[973] zitiert Montesquieu die grausamen Gesetze entlegenster Länder, um die unterschiedlichen Rechtsauffassungen zu veranschaulichen (XV 1). Im Unterschied zu jenem geht es Montesquieu freilich nicht darum zu zeigen, dass es kein immer und überall gültiges Naturrecht gibt. Vielmehr findet sich hier eine – bei Montaigne eher selten anzutreffende – Empathie mit den durch die Willkür Geschundenen. Das willkürliche Erbrecht führt zu einer Perversion des Familienrechts, in welche die Entrechteten sich freiwillig flüchten müssen, damit ihre Kinder nicht versklavt werden. Zugleich zeigt die zuletzt zitierte Stelle erneut, dass unter einer despotischen Herrschaft jegliche Güterzuordnung auf Widerruf erfolgt, den der Despot jederzeit grund- und fristlos ausüben kann.

---

971 *Vittorio Hösle*, Moral und Politik. Grundlagen einer Politischen Ethik für das 21. Jahrhundert, 1997, S. 547.

972 *Montesquieu*, Œuvres complètes, Bibliothèque de la Pléiade, Tome II, S. 295; Übersetzung *Ernst Forsthoff*, 1951/1992, Bd. 1, S. 89: „Da aber der Großfürst den größten Teil des Bodens seinen Truppen schenkt und darüber nach Belieben verfügt, da er ferner alle Erbschaften seiner Beamten im Reich einzieht und da ihm beim Tode eines Mannes ohne männliche Nachkommen das Eigentum, den Töchtern aber nur der Nießbrauch an dessen Nachlass zusteht, so kommt es, dass die meisten Staatsgüter nur in widerruflichem Besitz stehen".

973 *John M. Bomer*, The Presence of Montaigne in the Lettres Persanes, 1988, S. 121.

Innerhalb der vergleichsweise speziellen und daher vorrangig zu behandelnden Regierungsformen spielt die Religion, wie wir verschiedentlich gesehen haben, eine beträchtliche Rolle. Wenn man die genaue Bedeutung der Religion für den Esprit des Lois ermessen möchte, empfiehlt es sich, an den Beginn des Werkes zurückzukehren. Dort hat Montesquieu die Religion als einen Faktor der Gesetzgebung unter verschiedenen anderen aufgeführt, wie beispielsweise dem Reichtum und Handel oder den Sitten und Gebräuchen der Bewohner eines Landes, und die Beziehungen all dieser Gesichtspunkte zueinander unter dem Inbegriff des Geistes der Gesetze zusammengefasst (I 3). Montesquieu hat wohl als erster erkannt, dass die Religion gerade in despotischen Staaten beträchtlichen Einfluss ausübt. Sie fungiert dort nämlich als stabilisierendes Element, dem aus Sicht des Volkes Vertrauen geschenkt wird, weil es ein Gegengewicht zu den unsteten und wankelmütigen Launen des Despoten bildet (II 4).

Die Rolle der Religion innerhalb der Despotie ergibt sich allerdings nicht nur daraus, dass vom Volksglauben her ein stabilitätsbegründendes Bedürfnis nach einem Surrogat für die fehlenden Zwischenglieder der Regierung besteht und auf diese Weise traditionelle Elemente in die notdürftige Staatsverwaltung eingefügt werden. Vielmehr kommt komplementär und diesmal gleichsam von oben betrachtet noch ein weiterer Gesichtspunkt ins Spiel, der den Willkürherrscher begünstigt, dessen Herrschaftsprinzip auf der allgegenwärtigen Angst gründet (XII 9/10): *« Dans ces États, la religion a plus d'influence que dans aucun autre; elle est une crainte ajoutée à la crainte »* (V 14).[974]

Zur Furcht vor der Willkür der Schergen des Despoten kann schlimmstenfalls noch die Angst vor einem jenseitigen Gericht kommen. Der Nachsatz ist im französischen Original noch wirkungsvoller als in der ausgezeichneten Übersetzung, weil die Furcht (*« la crainte »*) dort nur nominell, sondern wirklich verdoppelt wird und die vorangehende Alliteration durch ihre Verschleifung mit dem unbestimmten Artikel die Tonstelle auf die Furcht (*« crainte »*) verlagert, so dass dann nach demselben Muster der Alliteration wiederum die Furcht durch die erneute Betonung der *« crainte »* akzentuiert wird.[975] So wird den Betroffenen die Angst vor dem Despoten noch deutlicher vor Augen geführt.[976] Diese stilistisch brillante Pointie-

974 *Montesquieu*, Œuvres complètes, Bibliothèque de la Pléiade, Tome II, S. 294; Übersetzung *Ernst Forsthoff*, 1951/1992, Bd. 1, S. 88: „In diesen Staaten hat die Religion größeren Einfluss als in irgendeinem anderen; sie verdoppelt die Furcht".

975 *Corrado Rosso*, Montesquieu moraliste. Des lois au bonheur, 1971, S. 105 f. Fußnote 1, eingehend zur *«crainte»* bei Montesquieu.

976 *Eugen Biser*, Überwindung der Lebensangst. Wege zu einem befreienden Gottesbild, 2. Auflage 1997, S. 25 f., verweist in der Fortführung einer im Ausgangspunkt bereits zitierten Stelle auf *Werner Bergengrün*, Am Himmel wie auf Erden, 1980, S. 34, wonach dieser „auf den zweifachen

rung verdoppelter Furcht steht in der Tradition der französischen Moralistik, allerdings in dieser Ausprägung wohl ausnahmsweise eher in der Tradition Pascals als in derjenigen Montaignes.[977]

Aber es ist nicht nur die Religion als solche, die aus Sicht des Volkes Beständigkeit verheißt und daher für Montesquieu von Interesse ist. Vielmehr geht es ihm darüber hinaus um die Macht der Religionsführer, die er in einer Republik mit Argusaugen beobachtet, während er sie innerhalb einer Monarchie vor allem dann wohlgefällig betrachtet, wenn diese in die Nähe einer Despotie gerät (II 4).[978] Dieser bereits zu Beginn seines Werkes beiläufig entwickelte Gedanke ist in mehrfacher Hinsicht bedeutungsvoll. Zunächst veranschaulicht er, warum Montesquieu unter allen Gesichtspunkten, die den Geist der Gesetze in ihrer Gesamtheit begründen, die Regierungsformen an erster Stelle behandelt.

Denn je nachdem, ob es sich um eine Republik, eine Monarchie oder gar eine Despotie handelt, ändert sich der Stellenwert der anderen Gesichtspunkte, die den Geist der Gesetze ausmachen, weil er von der Regierungsform abhängt. Entscheidend ist für ihn der Schaden bzw. der Vorteil für das Menschengeschlecht: *« pour le genre humaine »* (X 5).[979] Dieser Ausdruck einer durch Humanität geprägten Grundhaltung am Beispiel des Begriffs der Menschheit ist letztlich ebenso zu verstehen wie der Geist der Gesetze selbst, nämlich als Inbegriff, der aus den menschheitsgeschichtlichen Erfahrungen schöpft und darüber hinaus die Menschen künftiger Generationen einschließt. Die Zukunftsoffenheit des Esprit des Lois sollte man bei aller Betonung der vielfältigen Bespiele aus dem Erfahrungsraum der Geschichte ohnehin nicht unterschätzen.

Auch die Einsicht der präjudiziellen Wirkung der Regierungsformen begründet nicht zuletzt Montesquieus Rang als Wegbereiter der politischen Soziologie und Politikwissenschaft, aber eben auch der Rechtsphilosophie. Insofern bildet das realpolitische Beispiel der genannten Umsturzbewegung auf der iberischen Halbinsel

Umstand abhob, daß die Angst ihre Anlässe zu überdauern pflegt und daß sie unter ihrer ständig wechselnden Maskierung stets jene auswählt, die ihren Opfern ‚am schrecklichsten einleuchtet.'" – Das ähnelt jenem weiter oben behandelten Gedanken Montesquieus (XIX 3) zur Angst des Volkes vor dem Despoten als gleichsam ‚innerer' Tatsache.

977 *Corrado Rosso*, Montesquieu moraliste. Des lois au bonheur, 1971, S. 93, spricht von Pascals Angst („l'angoisse de Pascal"); ähnlich im juristischen Zusammenhang *Jens Petersen*, Pascals Gedanken über Gerechtigkeit und Ordnung, 2016, S. 14 ff., sowie S. 17 zu Pascals angstvollem Rechtsverständnis.

978 *Arnd Morkel*, Montesquieus Begriff der Despotie, in: Montesquieu-Traditionen in Deutschland. Beiträge zur Erforschung eines Klassikers (Hg. Edgar Maas/Paul-Ludwig Weinacht), 2005, S. 195, zu weiteren Einzelheiten.

979 *Montesquieu*, Œuvres complètes, Bibliothèque de la Pléiade, Tome II, S. 382; Übersetzung *Ernst Forsthoff*, 1951/1992, Bd. 1, S. 196: „zum Nutzen der Menschheit".

einen aufschlussreichen Anwendungsfall (II 4). Zugleich veranschaulicht die überraschende Heilsamkeit des Einflusses der religiösen Führung für die in Gefahr geratene Monarchie jene Interdependenz, die zwischen den einzelnen Elementen bestehen kann, die in ihrer Gesamtheit den Geist der Gesetze ausmachen.[980] Die Bedeutung der Religion bildet also ein besonders sinnfälliges Beispiel für die wechselseitige Abhängigkeit der unterschiedlichen Faktoren zueinander und voneinander.

Von daher erklärt sich, warum Montesquieu an der diesem Gedanken vorangehenden Stelle die Begrenzung der Privilegien der Geistlichkeit im Hinblick auf ihre Gerichtsbarkeit vorurteilsfrei infrage stellt. Wir haben bereits weiter oben gesehen, dass dies nicht zuletzt deswegen bedeutsam ist, weil vor dem Hintergrund der Gewaltenteilung das Zusammentreffen der Macht der Geistlichkeit mit ihrer Gerichtsbarkeit bedenklich ist, so dass sich schon deswegen die Reihe indirekter Fragen erklärt, die Montesquieu an sie richtet: *« Il n'est point question de savoir si on a eu raison de l'établir, mais si elle est établie, si elle fait une partie des lois du pays, et si elles y est partout relative; si, entre deux pouvoirs que l'on reconnoît indépendants, les conditions ne doivent pas être réciproques; et s'il n'est pas égal à un bon sujet de défendre la justice du prince, ou les limites qu'elle s'est de tout temps prescrites »* (II 4).[981]

Auch im Bereich der Religion in ihrem Verhältnis zum Staat geht es für ihn also um das Ziel der Beschränkung von Macht. Üben die Repräsentanten einer Religion Macht aus oder sprechen sie Recht, so stellt sich diese Frage sogar in besonderer Schärfe, weil nicht nur die Gewaltenteilung berührt ist. Denn darüber hinaus wird angesichts der dauerhaften Verankerung religiöser Gefühle im Volk ein weiterer Gesichtspunkt bedeutsam, nämlich die von Montesquieu geforderte zeitliche Beschränkung von Macht. Auch unter diesem Gesichtspunkt zeigt sich, dass eine Religion unabhängig von ihren jeweiligen Glaubensinhalten, die für ihn ohnehin nicht Gegenstand der Beurteilung sind, nicht kategorisch förderungswürdig oder als

---

980 Zu einer Theorie, die im Bereich der Wirtschaftswissenschaften die Interdependenz der Ordnungen zu einem konstituierenden Merkmal macht, *Jens Petersen*, Rechtsordnung und Wirtschaftsordnung nach Eucken, 2019, § 3.

981 *Montesquieu*, Œuvres complètes, Bibliothèque de la Pléiade, Tome II, S. 248; Übersetzung *Ernst Forsthoff*, 1951/1992, Bd. 1, S. 29: „Es handelt sich nicht darum, zu wissen, ob man Recht daran tat, sie einzuführen, sondern ob sie zu Recht besteht, ob sie einen Teil der Gesetze des Landes ausmacht und ob sie ihnen durchaus entspricht; ob nicht zwischen zwei als unabhängig voneinander anerkannten Mächten alle Beziehungen auf Gegenseitigkeit beruhen müssen, und ob es einem guten Untertan nicht gleich viel gilt, die Gerichtsbarkeit des Fürsten oder die Grenzen zu verteidigen, die ihr von jeher gezogen waren".

potentiell gefährlich einzustufend ist, sondern stets unter Berücksichtigung aller anderen den Geist der Gesetze bildenden Umstände einzuschätzen ist.

Die eingehende Darstellung der geschichtlichen Entwicklung des Lehensrechts gehört zu den seltsamsten Ausprägungen des Esprit des Lois. Erstaunlicherweise widmet Montesquieu diesem Gegenstand die beiden letzten Bücher seines Werkes. Doch bei näherer Betrachtung nimmt er bereits an früheren Stellen beinahe jede Gelegenheit zum Anlass, lehensrechtliche Probleme auseinanderzusetzen. So findet sich etwa zu Beginn des sechsten Buches ein kurzer Abriss über die Vielgestaltigkeit der Lehen: *« Dans nos gouvernements, les fiefs sont devenus héréditaires, il a fallu que la Noblesse eût un certain bien, c'est-à-dire que le fief eût une certaine consistance, afin que le propriétaire du fief fût en état de servir le prince. Cela a dû produire bien des variétés : par exemple, il y a des pays où l'on n'a pu partager les fiefs entre les frères; dans d'autres, les cadets ont pu avoir leur subsistance avec plus d'étendue »* (VI 1).[982]

Bereits an Stellen wie dieser wird nicht immer ganz klar, warum Montesquieu diesem Rechtsinstitut, das letztlich eine Art Herrschaftsform begründet, die wohl bereits zu seiner Zeit nur noch – wenigstens in zeitlicher Hinsicht absehbarerweise – beschränkte praktische Bedeutung gehabt haben dürfte, unvermittelt so viel Platz einräumt. Dass Montesquieu in dieser Hinsicht selbst vielleicht sogar einen gewissen Begründungsbedarf für die so ausführliche Darstellung annahm, zeigt der geradezu affirmative Beginn des 30. Buches, der womöglich aufkeimende Selbstzweifel zerstört, gleichwohl die Frage herausfordert, warum das so bedeutende Werk auf seinen letzten über hundert Seiten zu zerfasern scheint (XXX 1).

Möglicherweise kann man diesen umfänglichen Ausführungen Gerechtigkeit widerfahren lassen, wenn man seine Einleitung ins Verhältnis setzt zu einem kongenialen Zeitgenossen, von dem bereits verschiedentlich die Rede war, nämlich Giambattista Vico, der ebenfalls gegen Ende seines bahnbrechenden Werks, der Scienza Nuova, das Lehensrecht erörtert und zum römischen Recht in Beziehung setzt.[983] Auch vor diesem Hintergrund ist es bemerkenswert, dass diese beiden Denker unabhängig voneinander ein weithin überkommenes Rechtsinstitut so eingehend würdigen. Doch zeigt dies wohl zugleich, dass die akribische Arbeit im

---

982 *Montesquieu*, Œuvres complètes, Bibliothèque de la Pléiade, Tome II, S. 308; Übersetzung *Ernst Forsthoff*, 1951/1992, Bd. 1, S. 105: „In unseren Staaten sind die Lehen erblich geworden. Der Adel musste ein sicheres Vermögen haben, d. h. das Lehen musste eine gewisse Beständigkeit aufweisen, damit der Eigentümer des Lehens imstande war, dem Fürsten zu dienen. Dies musste viele Verschiedenheiten hervorbringen: so gibt es z. B. in einigen Ländern Lehen, die unter Brüdern geteilt werden durften, während den andern die jüngeren Brüder in weiterem Umfang ihren Unterhaltsanspruch geltend machen konnten".

983 *Giambattista Vico*, Scienza Nuova, 2. Auflage 1744.

Erfahrungsraum der Rechtsgeschichte mit allen ihren lebensgeschichtlichen Entwicklungen einen idealen Nährboden für die Entwicklung der Rechtssoziologie bildet.

Aufgrund der Tatsache, dass ein solcher Erklärungsversuch, soweit ersichtlich, noch nicht unternommen worden ist, aber gleichwohl im Hinblick auf die juristische Geistesgeschichte überaus lohnend erscheint, empfiehlt es sich, Montesquieus einleitende Überlegungen vor diesem Hintergrund ausführlich zu betrachten: *« Je croirois qu'il y auroit une imperfection dans mon ouvrage, si je passois sous silence un événement arrivé une fois dans le monde, et qui n'arrivera peut-être jamais; si je ne parlois de ces lois que l'on vit paroître en un moment dans toute l'Europe, sans qu'elles tinssent à celles que l'on avoit jusqu'alors connues; de ces lois qui on fait des biens et des maux infinis; qui ont laissé des droits quand on a cédé le domaine; qui, en donnant à plusieurs personnes divers genres de seigneurie sur la même chose ou sur les mêmes personnes, ont diminué le poids de la seigneurie entière; qui ont posé diverses limites dans ces empires trop étendus; qui ont produit la règle avec une inclinaison à l'anarchie, et l'anarchie avec une tendance à l'ordre et à l'harmonie. Ceci demanderoit un ouvrage exprès; mais, vu la nature de celui-ci, on y trouvera plutôt ces lois comme je les ai envisagées, que comme je les ai traitées »* (XXX 1).[984]

Bereits der letzte Satz dieser einlässlichen Reflexion zeigt, warum Montesquieu dem Lehensrecht eine so große Bedeutung beimisst. Es geht ihm weniger um die einzelnen Regelungen, als vielmehr um die darin aufscheinenden Prinzipien. Diese prinzipienorientierte Betrachtungsweise passt aber nach den anfänglichen Ausführungen im Vorwort und in den ersten Kapiteln des ersten Buches zum gesamten Esprit des Lois. Von daher ist auch seine Darstellung über dieses vorderhand exzentrische Rechtsgebiet von größerer, nämlich prinzipieller Bedeutung für sein Werk, als bisher angenommen wurde. Erschöpfte sich die Darstellung in einer ermüdenden Aufzählung einzelner Bestimmungen, so wäre sie wohl nicht einmal

984 *Montesquieu*, Œuvres complètes, Bibliothèque de la Pléiade, Tome II, S. 883; Übersetzung *Ernst Forsthoff*, 1951/1992, Bd. 2, S. 373 f.: „Ich glaube, mein Werk würde unvollständig sein, wenn ich ein Ereignis, dass einmalig in der Welt war und vielleicht auch nie wieder vorkommen wird, mit Stillschweigen übergehen würden; wenn ich nicht von den Gesetzen spreche, die gleichzeitig in ganz Europa in Erscheinung traten, ohne mit den bisher bekannten in Verbindung zu stehen; diesen Gesetzen, die unendlich viel Gutes und unendlich viel Böses hervorgerufen haben, die Rechte bestehen ließen, auch wenn man das Grundeigentum abgetreten hatte; die, in dem sie mehreren Personen verschiedene Arten von Herrschaft über dieselben Personen oder dieselben Sachen gewährten, die Bedeutung der Herrschaft überhaupt veränderten; die in zu ausgedehnten Reichen verschiedene Grenzen zogen und die Ordnung mit einer Neigung zur Anarchie und eine Anarchie mit einem Streben nach Ordnung und Einklang schufen. Dies würde ein besonderes Werk erfordern; aber mit Rücksicht auf die Natur des vorliegenden Werkes werde ich von diesen Gesetzen keine ausführliche Darstellung, sondern nur meine Gedanken über sie geben".

mehr rechtsgeschichtlich relevant. Das Auftreten bestimmter Regelungsmuster, die es gestatten, unabhängig vom Grundeigentum Rechte innezuhaben, vermöge derer man über Sachen oder gar Personen herrschen kann, ist ihm Ausweis genug, eine Veränderung des Phänomens der Herrschaft im Ganzen festzustellen.

Montesquieu verdeutlicht das Unerhörte dieser Entwicklung in einer stilistisch wiederum überaus bemerkenswerten Weise, indem er einen Chiasmus mit einer Antithese verbindet, weil sich Ordnung und Anarchie kreuzen und auf diese Weise durch diese coincidentia oppositorum auch in sprachlicher Hervorhebung ein markanter Punkt der Rechts- und Geistesgeschichte sichtbar wird. Gerade diese Verbindung ließ sich nicht von ungefähr wiederholt im Rahmen der stilistischen Würdigung moralistischer Sentenzen ausmachen. Dazu passt sein ebenfalls verschiedentlich gefasster Vorsatz, weniger die Regelungen zu behandeln, als vielmehr seine Betrachtungen darüber mitzuteilen. Montesquieu ahnt, wie ermüdend langweilig ein ausführlicher Traktat über die Gesetze des Lehensrechts wäre: *« ces lois comme je les ai envisagées, que comme je les ai traitées »* (XXX 1).[985] Es geschieht vielmehr in jener unverbindlichen Verbindlichkeit, welche der französischen Moralistik auszeichnet.

Folgerichtig zeigt er am Beispiel des Lehensrechts lediglich allgemeine Gesetzmäßigkeiten auf, deren Grundlage wieder einmal in den allgegenwärtigen menschlichen Lastern der Habgier, Täuschung und Korruption zu sehen sind: *« Tandis que les lois subsistèrent dans leur force, personne ne put se plaindre de ce qu'on lui ôtoit un fief, puisque la loi ne le lui donnoit pas pour toujours; mais quand l'avarice, les mauvaises pratiques, la corruption, firent donner des fiefs, on se plaignit de ce qu'on étoit privé, par de mauvaises voies, des choses que souvent on avoit acquises de même. Peut-être que si le bien public avoit été le motif de la révocation des dons, on n'auroit rien dit; mais on montroit l'ordre, sans cacher la corruption »* (XXXI 1).[986]

Es handelt wieder einmal um die in der *« condition humaine »* wurzelnden anthropologischen Grundgegebenheiten, die sich niemals ändern, denen die Ge-

---

985 *Montesquieu,* Œuvres complètes, Bibliothèque de la Pléiade, Tome II, S. 883; Übersetzung *Ernst Forsthoff,* 1951/1992, Bd. 2, S. 374. „werde ich von diesen Gesetzen keine ausführliche Darstellung, sondern nur meine Gedanken über sie geben".

986 *Montesquieu,* Œuvres complètes, Bibliothèque de la Pléiade, Tome II, S. 939; Übersetzung *Ernst Forsthoff,* 1951/1992, Bd. 2, S. 442: „Solange die Gesetze ihre Geltung bewahrten, konnte sich niemand darüber beklagen, dass man ihm ein Lehen genommen hatte, denn das Gesetz verlieh es ihm ja nicht für immer. Als aber Habsucht, Hinterlist und Bestechung bei der Vergabe der Lehen maßgebend wurden, da beklagte sich mancher, man habe ihm durch üble Mittel das geraubt, was er häufig durch ebenso üble Weise erworben hatte. Vielleicht hätte man nichts gesagt, wenn das Staatswohl den Widerruf der Belehnungen erforderlich gemacht hätte, aber man wies den Befehl vor, ohne die Bestechung zu verheimlichen".

setze nur maßvoll begegnen können und aus denen die französische Moralistik ihren unerschöpflichen Reichtum bezieht.[987] Zugleich weist dieser gedrängte Bericht eine auffallend taciteische Darstellungsweise auf, nach welcher die niedrigen menschlichen Beweggründe die Gesetze jederzeit faktisch außer Kraft setzen können, so dass sich vor allem diejenigen beschweren, deren Erwerb nicht minder anrüchig vonstattenging.[988] Das zeigt vor allem der entlarvende mittlere Satz. Indem Montesquieu freimütig erklärt, dass er nicht die Gesetze, sondern in moralistischer Tradition seine Gedanken darüber entfalten wolle, können die Ausführungen jedoch jede Aufmerksamkeit beanspruchen und womöglich gar den Esprit des Lois abrunden.

Vor diesem Hintergrund erschließt sich der Anfang seiner Abhandlung des Lehenswesens, zu dem wir somit von einer höheren Warte aus zurückkehren können. Denn der pointierte Stil ist kein Selbstzweck, sondern bringt jene ‚sich ereignete, unerhörte Begebenheit' – um es mit dem Goethe zugeschriebenen Wort über die Besonderheit der Novelle zu sagen[989] – zum Ausdruck, die Montesquieu in diesem Bereich der Gesetzgebung sinngemäß festgestellt zu haben glaubt.[990] Es verdient Aufmerksamkeit, dass er dort erklärtermaßen die europäische Rechtsgeschichte betrachtet, darüber hinaus an anderer Stelle sogar das europäische Wirtschaftsrecht, wenn man nur den von ihm erkannten Zusammenhang zwischen Bevölkerungswachstum und dem – nicht nur bei Adam Smith,[991] sondern der Sache nach bereits von Montesquieu – bewusst im Plural verstandenen Wohlstand der Nationen bedenkt (XXIII 28): *« De tout ceci il faut conclure que l'Europe est encore*

---

987 Zur Beziehung zwischen der französischen Moralistik und der taciteischen Darstellungsweise *Jens Petersen*, Marcel Proust und Tacitus, 2021, S. 1 ff.

988 Zu vergleichbaren Konstellationen mit weiteren Nachweisen *Jens Petersen*, Recht bei Tacitus, 2019, S. 136 ff., 261 ff., und öfter.

989 *Johann Peter Eckermann*, Gespräche mit Goethe in den letzten Jahren seines Lebens, Erster Teil, 1836, vom 29. Januar 1827: „Denn was ist eine Novelle anders als eine sich ereignete unerhörte Begebenheit." Der Absatz zuvor endet mit Goethes Wort: „Es ist aber dieses ein merkwürdiger ästhetischer Fall, daß man von einer Regel abweichen muß, um keinen Fehler zu begehen." – Wie methodisch abgezirkelt und akademisch bedächtig dieses tiefgründige Paradoxon im Vergleich zur abgeklärten Heiterkeit der moralistischen Aphorismen Montesquieus anmutet, wird sich weiter unten erweisen (XXV).

990 *Karlheinz Stierle*, Montaigne und die Moralisten. Klassische Moralistik – Moralistische Klassik, 2016, S. 268, veranschaulicht dieses Phänomen am Beispiel von Sainte-Beuve, was wohl auch für Montesquieu gelten dürfte: „Es ist eine auffällige Konstante bei jenen Schriftstellern, die wir Moralisten nennen, dass sie immer wieder dem Stil der Sprache und nicht zuletzt dem Stil ihrer eigenen Schreibart eine besondere Aufmerksamkeit zuwenden." *Corrado Rosso*, Montesquieu moraliste. Des lois au bonheur, 1971, S. 21 Fußnote 3, wonach Sainte-Beuve Montesquieus Stil als taciteisch erachtet und daher tendenziell abgelehnt habe.

991 *Jens Petersen*, Adam Smith als Rechtstheoretiker, 2. Auflage 2017, S. 306 ff.

aujourd'hui dans le cas d'avoir besoin de lois qui favorisent la propagation de l'espèce humaine » (XXIII 26).[992]

Insofern könnte man in moderner wissenschaftstheoretischer Diktion durchaus von einem Paradigmenwechsel sprechen, wenn man diese Denkfigur auf die Rechtsgeschichte übertragen wollte.[993] Doch würde man der geistesgeschichtlichen Bedeutung mit einer solchen Begrifflichkeit schwerlich gerecht, da sie sich eher von dem wegbewegte, was Montesquieu so bemerkenswert erschien, als dass sie zu der seines Erachtens epochalen Besonderheit hinführen würde. Denn ihm geht es beim Lehensrecht ersichtlich um eine weiträumig zu bemerkende gesetzgeberische Entwicklung, die deswegen so erstaunlich ist, weil sie sich ohne erkennbares Vorbild mit einem Mal auf dem gesamten Kontinent zeigte.

Gerade dieser Umstand macht jedoch den Vergleich mit der Rechtstheorie Giambattista Vicos so aufschlussreich.[994] Denn für seine Scienza Nuova sind gerade gleichgerichtete und gleichsinnige Entwicklungen innerhalb der Menschheitsgeschichte bedeutsam, weil sie nach seiner Wissenschaftstheorie sogar ein Wahrheitskriterium schaffen.[995] Auch wenn seine Darstellung des Lehensrechts auf den für die Theorie seiner neuen Wissenschaft so bezeichnenden *Ricorso* hinausläuft, wonach in einer Art Kreislauf eine frühere Epoche, hier in Gestalt des römischen Rechts, das Feudalrecht vorweggenommen hat, und somit fundamentale Unterschiede zur Auffassung von Montesquieu bestehen,[996] ist es doch über aus

---

992 *Montesquieu*, Œuvres complètes, Bibliothèque de la Pléiade, Tome II, S. 710; Übersetzung *Ernst Forsthoff*, 1951/1992, Bd. 2, S. 155: „Aus alledem muss man den Schluss ziehen, dass Europa auch in seiner heutigen Lage noch Gesetze braucht, die die Vermehrung des Menschengeschlechts fördern".

993 *Thomas Kuhn*, Die Struktur wissenschaftlicher Revolutionen, 1973, ist eher von den Naturwissenschaften ausgegangen, betont aber auf S. 15 ff. der stw-Ausgabe die Rolle für die Geschichtsschreibung.

994 *Vittorio Hösle*, Vico und die Idee der Kulturwissenschaft, Einleitung der Meiner-Ausgabe 1990, S. CCLIII, hat Vicos lehensrechtliche Gedanken am gründlichsten analysiert: „Seine Bedeutung läßt sich kaum überschätzen: In einer Zeit, in der mit Feudalismus ausschließlich jene lehnsrechtlichen Normen bezeichnet wurden, die sich in Westeuropa seit dem Mittelalter entwickelt hatten, faßt Vico den Feudalismus erstens als geistige Grundlage, als ‚Wesen' der ganzen mittelalterlichen Kultur und begründet er zweitens jenen allgemeinen, typologischen Begriff von Feudalismus, der im letzten Jahrhundert ausgearbeitet wurde und der besonders in der marxistischen Geschichtsschreibung eine große Rolle spielt, nach der jede Kultur zwischen Sklavenhaltergesellschaft und Kapitalismus den Feudalismus durchlaufen muß".

995 *Giambattista Vico*, Scienza Nuova, 1744, 141; 144.

996 *Vittorio Hösle*, Moral und Politik. Grundlagen einer Politischen Ethik für das 21. Jahrhundert, 1997, S. 712, gehört zu den ganz wenigen Forschern, die auch Montesquieu in dieser Hinsicht angemessen würdigen: „Insofern irrte Montesquieu nicht, als er das System der europäischen Feudalrechte, die die Regel mit einer Neigung zur Anarchie und die Anarchie mit einer Neigung

bemerkenswert, dass diese beiden großen Zeitgenossen just das Lehensrecht in ganz verschiedenen Ländern unabhängig voneinander zu einem Paradigma der Rechtsentwicklung sowie der Gesetzgebungsgeschichte erklären.[997]

Montesquieu hat gewiss keine strenge juristische Methodenlehre entworfen. Doch entspricht es seinem praktisch ausgerichteten Vorgehen, immer wieder methodenrechtliche Ausführungen in seine mitunter sprunghaft erscheinenden Gedankengänge einzuweben, ohne dadurch trockene methodologische Überlegungen anzustellen, die von der Methode als solcher handeln.[998] Daher weisen auch seine methodischen Empfehlungen jene pragmatische Flexibilität ohne verengende Prinzipienstarre auf, die der französischen Moralistik zu eigen ist, wie der folgende Imperativ stilistisch eindrucksvoll zeigt, zumal da er wieder einmal auf einem Chiasmus gründet, der das vorderhand Widersinnige in ein klar gegliedertes Verhältnis setzt: *« Permettez de violer la règle, lorsque la règle est devenue un abus; souffrez l'abus, lorsqu'il rentre dans la règle »* (XXV 5).[999]

So finden sich in allen Bereichen, die in ihrer Gesamtheit den Geist der Gesetze darstellen – angefangen von den Regierungsformen über die Sitten und Gebräuche, das Klima oder die Religion – immer wieder verstreute Gedanken, die nicht selten von der richterlichen Praxis und Entscheidungsfindung ausgehen.[1000] Auch hier besticht die Folgerichtigkeit seines Grundgedankens, wonach die Gesetze und somit auch ihre Auslegung in Abhängigkeit von denjenigen Faktoren zu bestimmen sind, die den Geist der Gesetze ausmachen. Dieser stetige Blick auf die wechselseitigen Beziehungen prägt auch sein Verständnis der Gesetzesauslegung. Es gibt für ihn nicht die eine richtige Antwort auf eine rechtsdogmatische Frage, wie es eine mo-

---

zur Ordnung und zur Harmonie vorgebracht hätten, ein Ereignis nennt, das nur einmal in der Welt stattgefunden habe und sich vielleicht nie wiederholen werde".

997 *Jens Petersen*, Vicos Kulturgeschichte des Rechts, 2022, S. 323 ff., zu Vicos lehensrechtlichen Gedanken.

998 Zur im Text vorausgesetzten methodenrechtlichen Problematik ebenso profund wie innovativ *Detlef Leenen*, Methodenrecht, in: Methodenlehre zwischen Wissenschaft und Handwerk (Susanne Hähnchen), 2019, S. 65.

999 *Montesquieu*, Œuvres complètes, Bibliothèque de la Pléiade, Tome II, S. 741; Übersetzung *Ernst Forsthoff*, 1951/1992, Bd. 2, S. 193: „Man muss erlauben, die Regel zu verletzen, wenn die Regel zum Missbrauch geworden ist, und man muss den Missbrauch dulden, wenn er wieder zur Regel zurückkehrt." Man vergleiche diese Sentenz mit der oben zitierten Goethes vom 29. Januar 1827, um den Unterschied zwischen französischer Moralistik und deutscher Gründlichkeit zu ermessen.

1000 Wenn man im Schrifttum zur Methodenlehre ein Werk benennen sollte, dass dem Vorgehen Montesquieus und seinem besonderen Erkenntnisinteresse am ehesten entsprechen würde, dann wären es wahrscheinlich die beeindruckenden fünf Bände von *Wolfgang Fikentscher*, Methoden des Rechts in vergleichender Darstellung, 1971–1976, welche neben der klassischen Methodenlehre auch die Rechtsvergleichung einbeziehen und darüber hinaus die Nähe zur Rechtsanthropologie veranschaulichen, für die auch Montesquieu maßgebliche Grundgedanken entwickelt hat.

derne rechtstheoretische Auffassung zu begründen sucht.[1001] Eine so apodiktische Auffassung wäre auch mit Montesquieus Moralistik schwerlich vereinbar. Vielmehr bemisst sich auch die teleologische Auslegung nach dem, was unter den gegebenen klimatischen Verhältnissen, den Sitten und Gebräuchen, den Auswirkungen auf den Handel, dem Einfluss der Religion oder vor allem unter Berücksichtigung der jeweiligen Regierungsform angezeigt ist.

Das lässt sich bereits anhand einer vergleichsweise frühen Stelle veranschaulichen, wonach die dem Richter obliegende Gesetzesauslegung auch von der Regierungsform abhängen kann: *« Dans les États monarchiques, il y a une loi : et là où elle est précise, le juge la suit; là où elle ne l'est pas, il en cherche l'esprit »* (VI 3).[1002] Dieses methodische Vorgehen ist bis auf den heutigen Tag so nahliegend und nach wie vor der richterlichen Entscheidungsfindung gemäß, dass man sich wundert, warum die damit einhergehende teleologische Gesetzesanwendung der Regierungsform der Monarchie vorbehalten sein soll, weil sie einen unhintergehbaren Fortschritt an Rechtskultur zu versprechen scheint.

Gleichwohl sieht Montesquieu für ein so weitreichendes Vorgehen innerhalb der Regierungsform der Republik keine Berechtigung: *« Dans le gouvernement républicain il est de la nature de la constitution que les juges suivent la lettre de la loi. Il n'y a point de citoyen contre qui on puisse interpréter une loi, quand il s'agit de ses biens, de son honneur, ou de sa vie »* (VI 3).[1003] Diese starre Beschränkung auf den Wortlaut des Gesetzes erstaunt, weil damit ausgerechnet in der Republik, die auf Freiheit und Liebe zur Gleichheit gründen soll, Auslegungsspielräume genommen und jede Form flexibler Gesetzesanwendung ausgeschlossen sein soll. Montesquieu legt hier also eine Art Analogieverbot zu Lasten des Bürgers zugrunde, wie man es in freiheitlich verfassten Rechtsordnungen derart kategorisch nur im Strafrecht kennt.

Doch muss man, selbst wenn man dieses Ergebnis vom heutigen Standpunkt der Methodenlehre her ablehnt, Montesquieu zugutehalten, dass er gerade die von ihm formulierten Prinzipien der Regierungsform der Republik in Ehren hält.

1001 *Ronald Dworkin*, The Law's Empire, 1986, hat in diesem Sinne die sogenannte "one right answer-thesis" entwickelt, die ein juristischer Herkules zu finden vermag.

1002 *Montesquieu*, Œuvres complètes, Bibliothèque de la Pléiade, Tome II, S. 311; Übersetzung *Ernst Forsthoff*, 1951/1992, Bd. 1, S. 109: „In den monarchischen Staaten gibt es ein Gesetz, und da, wo es eindeutig ist, folgt ihm der Richter, und wo ist das nicht ist, sucht er, seinen Sinn zu ermitteln".

1003 *Montesquieu*, Œuvres complètes, Bibliothèque de la Pléiade, Tome II, S. 311; Übersetzung *Ernst Forsthoff*, 1951/1992, Bd. 1, S. 109: „Unter der republikanischen Regierungsform entspricht es dem Wesen der Verfassung, dass die Richter sich an den Buchstaben des Gesetzes halten. Es gibt keinen Bürger, zu dessen Ungunsten man ein Gesetz auslegen dürfte, wenn es sich um sein Vermögen, seine Ehre oder sein Leben handelt".

Schließlich veranlasst ihn die unbedingte Liebe zur Gleichheit, keinerlei ungerechtfertigte Ungleichbehandlung der Bürger untereinander zu dulden, wie sie möglich wäre, wenn der Richter teleologisch argumentieren und entscheiden dürfte. Es ist also immerhin eine prinzipienorientierte Betrachtungsweise.

Andererseits mag seine aus heutiger Sicht einnehmende Zuerkennung einer nach dem Sinn und Zweck der Vorschriften entscheidende Gesetzesanwendung auch an einer Favorisierung der Regierungsform der Monarchie liegen, mit der er eine allen Belangen entsprechende, geschmeidige Rechtsprechung eher in Verbindung zu bringen geneigt ist, als es bei der Republik der Fall wäre. In diese Richtung darf man wohl seine Ausführungen über die Art der Urteilsbildung verstehen. Montesquieu unterscheidet Gesetzesanwendung und Urteilsbildung.

Von den Prinzipien her gesehen, folgen beide jedoch denselben Eigentümlichkeiten, die er zuvor je nach Regierungsform ausgearbeitet hat: *« Dans les monarchies, les juges prennent la manière des arbitres; ils délibèrent ensemble, ils se communiquent leurs pensées, ils se concilient; on modifie son avis pour le rendre conforme à celui d'un autre »* (VI 4).[1004] Hier obwaltet also ein diskursives Element, wie wir heute vielleicht sagen würden; die Entscheidungsfindung erfolgt möglichst im Konsens; womöglich kann man sogar den Hauch eines Anklangs in Richtung eines herrschaftsfreien Diskurses erkennen, in dem sich das bessere Argument durchsetzen sollte.[1005] Im Übrigen ist auch hier rechtssoziologisch interessant zu beobachten, wie sich Montesquieu in dieser Regierungsform die allmähliche Verfertigung von Gerichtsentscheidungen vorstellt, um es in Anlehnung an eine berühmte Abhandlung zu sagen.[1006]

Paradoxerweise scheint es ausgerechnet in der Monarchie auf der Ebene der Judikativen einen solchen herrschaftsfreien Diskurs zu geben. Idealerweise setzt sich das bessere Argument durch, doch überwiegt letztlich die Absicht, Polarisierungen zu vermeiden. Ohne dass Montesquieu es ausdrücklich sagt, könnte hier die Triebfeder der Ehre eine Rolle bei der konsensualen Entscheidungsfindung spielen, weil auch die Richter auf diese Weise möglichst ohne Gesichtsverlust eine ausgleichende Urteilsfindung anstreben werden. Montesquieu selbst dürfte diese Form

---

1004 *Montesquieu*, Œuvres complètes, Bibliothèque de la Pléiade, Tome II, S. 312; Übersetzung *Ernst Forsthoff*, 1951/1992, Bd. 1, S. 110: „In den Monarchien verfahren die Richter nach Art von Schiedsrichtern: Sie beraten gemeinschaftlich, tauschen gegenseitig ihre Gedanken aus und einigen sich; man ändert seine Meinung ab, um sie mit der eines anderen in Einklang zu bringen".
1005 *Jürgen Habermas*, Strukturwandel der Öffentlichkeit, 1962, wurde in diesem Sinne bereits weiter oben zitiert, so dass darauf hier und im Folgenden verweisen sei.
1006 Zu ihr *Jens Petersen*, Heinrich von Kleists „Über die allmähliche Verfertigung der Gedanken beim Reden" im Spiegel der mündlichen Prüfung, Juristische Ausbildung 2011, S. 818 (=Studien zur juristischen Ideengeschichte, 2023, S. 63–69).

der Entscheidungsfindung behagt haben, zumal da er sie aus seiner praktischen richterlichen Tätigkeit in Bordeaux gekannt haben wird. Vor allem aber kommt sie mit der ihr innewohnenden Möglichkeit der Annäherung widerstreitender und vielleicht sogar auf den ersten Blick unversöhnlicher Standpunkte dem Geist der Mäßigung entgegen (XXIX 1).

Für die Republik, deren Triebfeder die Liebe zur Gleichheit darstellt und nicht die persönliche Ehre, eignet sich eine solche Art richterliche Arbeit hingegen nicht, wie Montesquieu kategorisch formuliert: *« Cela n'est point de la nature de la république. (...) C'est que le peuple jugeoit ou étoit censé juger. Mais le peuple n'est pas jurisconsulte; toutes ces modifications et tempéraments des arbitres ne sont pas pour lui »* (VI 4).[1007] Einmal mehr beeindruckt die aphoristische Zuspitzung, wonach das Volk keine Rechtsgelehrsamkeit verkörpert, weil es kein Jurist ist.[1008]

Es ist aus Montesquieus Sicht letztlich das spezifische Wissen, die Fachkenntnis, die dem Volk fehlt und daher die erforderliche Befähigung vermissen lassen, so dass ihm entscheidungsreife Fragen mit einer einfachen Alternative unterbreitet werden müssen, die etwa zur Verurteilung oder zum Freispruch führen. Dieses körperschaftsrechtliche Verständnis des Volkes als einer Menge nicht rechtskundiger und daher nur eingeschränkt entscheidungsbefugter Personen findet freilich einen gewissen Ausgleich in anderer Hinsicht, wie sich sogleich zeigt.

Denn man darf darin keine Geringschätzung des Autors gegenüber dem einfachen Volk wähnen, wie folgende überraschende Entschiedenheit wiederum aus dem Bereich des Lehensrechts verdeutlicht: *« Mais, ce qu'on n'avoit pas encore vu, la nation le fit pour lors : elle jeta les yeux sur sa situation actuelle, elle examina ses lois*

1007 *Montesquieu*, Œuvres complètes, Bibliothèque de la Pléiade, Tome II, S. 312; Übersetzung *Ernst Forsthoff*, 1951/1992, Bd. 1, S. 110: „Das aber entspricht nicht dem Wesen der Republik. (...) Und das geschah deshalb, weil das Volk Recht sprach oder als Richter galt. Aber das Volk ist kein Rechtsgelehrter und alle die Änderungs- und Mäßigungsbeschlüsse der Schiedsrichter liegen ihm nicht".

1008 *Corrado Rosso*, Montesquieu moraliste. Des lois au bonheur, 1971, S. 68 Fußnote 28, weist, wie erinnerlich, in anderem Zusammenhang auf eine nicht nur für die vorliegende Stelle aufschlussreiche briefliche Äußerung Montesquieus hin, in der er sein Selbstverständnis als Verfasser des ‚Esprit des Lois' unmissverständlich zum Ausdruck bringt: „Mon livre est le livre d'un jurisconsulte." *Werner Krauss*, 1734 als Jahr der Entscheidung für Montesquieus *Esprit des lois*, in: Montesquieu-Traditionen in Deutschland. Beiträge zur Erforschung eines Klassikers (Hg. Edgar Maas/Paul-Ludwig Weinacht), 2005, S. 135, 141, bekräftigt dies: „Tatsächlich ist Montesquieu lebenslänglich bekennender Jurist, auch wo die Geltung der Jurisprudenz auf die Entdeckung ihres metajuridischen Ursprungs zurückgeht." – Auch die hier betonte Moralistik innerhalb der Werkes ändert an der Richtigkeit der Feststellung nichts, wie sich auch am zuletzt zitierten Nachsatz zeigt, der in letzter Konsequenz auch die Erschließung der Rechtssoziologie einbeziehen dürfte, die ihrerseits wiederum in Gestalt der Gesellschaft denselben Bezugspunkt aufweist wie die Moralistik.

de sang-froid, elle pourvut à leur insuffisance, elle arrêta la violence, elle régla le pouvoir » (XXXI 2).[1009] Es ist rhetorisch wirkungsvoll, wie Montesquieu die Tatkraft der Nation dadurch zum Ausdruck bringt, dass er sie gleichsam wie eine einzelne Person handeln lässt, die sorgsam prüft, die Gesetze evaluiert, wie wir vielleicht heute sagen würden, und auf diese Weise die Stärke des Rechts zur Geltung bringt, und zwar, wie man wohl aus dem werkimmanenten Zusammenhang ergänzen darf, im Wege der Gewaltenteilung, denn das ist ja der Sache nach die Hemmung der Gewalt und Ordnung der Macht.

So geht es Montesquieu darum, die Eigentümlichkeiten einer jeden Regierungsform mit dem spezifischen Vermögen abzugleichen, über das die jeweiligen Entscheidungsträger verfügen. Selbst wenn man also eine gewisse Tendenz des Autors zu erraten meint, darf man nicht übersehen, dass er auch hier bereits in einer rechtssoziologisch kultivierten Weise aus dem Erfahrungsraum der Rechtsgeschichte schöpft, die konkreten Unterscheidungen dann jedoch auf der Grundlage rationaler Argumente unter Gewichtung der jeweiligen Eigentümlichkeiten der Regierungsform herleitet und in der Tradition der französischen Moralistik überaus elegant formuliert. So zeigt sich auch hier wieder die Vereinbarkeit dieser gedanklichen Richtung mit systematischem Denken und besonderer Aufgeschlossenheit gegenüber den Rechtstatsachen.

Montesquieus Esprit des Lois ist, mitunter nur in vielsagenden Andeutungen, vorgehalten worden, er lasse die rechte Ordnung vermissen.[1010] Es wäre ebenso leicht wie wohlfeil, für diese Auffassung Belege zu finden, mögen diese auch vergleichsweise wenig aussagekräftig sein und dem Werk als Ganzen in seiner Größe ohnehin nichts anhaben können. Eine gedanklich größere Herausforderung besteht hingegen darin, den inneren Aufbau zu ermessen und diejenigen Verweise nachzuverfolgen, welche die eigentliche Architektonik betreffen. Unter diesen ist eine bestimmte aufschlussreich, die im Zusammenhang mit der vorgenannten Aussage steht, wonach das Volk in Ermangelung zureichender Rechtskenntnisse nur bedingt über Rechtsstreitigkeiten und Strafen urteilen könne (VI 3).

Kehren wir vor diesem Hintergrund noch einmal zurück zur weiter oben gestellten Frage nach der juristischen Methodenlehre, so sehen wir, dass Montesquieu die Gesetzesauslegung von der Gesetzesanwendung unterscheidet und im Rahmen dieser Differenzierung die Sachgesetzlichkeiten der Regierungsformen und die anderen den Geist der Gesetze ausmachenden Komponenten, wie den Handel, das

---

1009 *Montesquieu*, Œuvres complètes, Bibliothèque de la Pléiade, Tome II, S. 941; Übersetzung *Ernst Forsthoff*, 1951/1992, Bd. 2, S. 444: „Nun aber tat das Volk etwas, was man noch nicht erlebt hatte: es richtete sein Augenmerk auf die gegenwärtige Lage; kaltblütig prüfte es seine Gesetze und stellte ihre Unzulänglichkeit ab; es hemmte die Gewalt und ordnete die Macht“.
1010 *Victor Klemperer*, Montesquieu, Bd. 2, 1915, S. 288.

Klima, die Sitten und Gebräuche berücksichtigt. Doch ist damit noch nicht der gesamte Horizont ausgemessen, den Montesquieu für maßgeblich hält.

Man muss nämlich vor allem den Erfahrungsraum der Geschichte berücksichtigen, in dem er die Gesetze ebenso betrachtet, wie er umgekehrt die Geschichte im Spiegel der Gesetze beleuchtet. Diesen Wirkungszusammenhang bringt er in einem seiner ingeniösen Kapitelschlüsse wieder einmal chiastisch auf eine so prägnante Weise zur Geltung, dass die geistesgeschichtliche Herkunft dieser Maxime aus der französischen Moralistik augenfällig wird:[1011] *« Il faut éclairer l'histoire par les lois, et les lois par l'histoire »* (XXXI 2).[1012] Es ist erstaunlich, dass dieses ebenso eingängige wie gedankenreiche Wort in der rechtshistorischen Forschung, soweit ersichtlich, noch keine genügende Aufmerksamkeit gefunden hat. Hier wird nämlich der Sache nach durchaus einer interdisziplinären Betrachtung das Wort geredet.

Die Historiker könnten demnach gesetzliche Regelungen aus vergangenen Zeiten mit ihrem darin verkörperten Erfahrungsgehalt stärker berücksichtigen, als dies bislang der Fall ist. Das gilt, wenn man Montesquieus bereits im Verlauf der vorliegenden Untersuchung behandelte Arten gesetzlicher Vorschriften betrachtet, nicht zuletzt für Bestimmungen über die Zuständigkeit, die Form und das Gerichtsverfahren – intrikate Bereiche, die voraussetzen, dass man in gewissem Maße das ist, was Montesquieu dem Volk abspricht, nämlich *« jurisconsulte »* (VI 4). Umgekehrt wäre die Jurisprudenz gehalten, beispielsweise den Stellenwert historischer Argumente innerhalb der juristischen Methodenlehre verstärkt zu beleuchten.[1013]

1011 *Fritz Schalk*, Einleitung, in: Die französischen Moralisten, 1949, S. XXXIV f., entwickelt am Beispiel von Nicolas Chamfort einige allgemeine Merkmale moralistischer Maximen, die wohl auch und gerade auf jene Kapitelschlüsse Montesquieus zutreffen, in denen unterschiedliche Einsichten sich in einem markanten Wort kondensieren: „Es ist wie bei allen Aphoristikern und Moralisten ein Witz, der aus dem Gehalt vieler Überlegungen nur die Funken zieht, alles hinweggeräumt, was der Deutlichkeit Abbruch tun könnte, die Gegensätze scharf aneinanderrückt: eine Kunst, den größten Gedankeninhalt in die knappste Form zu bannen. Er entsteht durch das Vertauschen und das Spiel der Worte, durch größte Sparsamkeit und Sprachschärfe, die eine ungeheure Konzentration in sich schließt, als eine Kunst, die mit geringsten Mitteln im knappen Raum der Antithese den größten Inhalt durchmißt." – Der im Text folgende Aphorismus veranschaulicht diese Kunst. Zu Chamfort und Montesquieu *Corrado Rosso*, Montesquieu moraliste. Des lois au bonheur, 1971, S. 116, 140, 178, 286 ff.

1012 *Montesquieu*, Œuvres complètes, Bibliothèque de la Pléiade, Tome II, S. 943; Übersetzung *Ernst Forsthoff*, 1951/1992, Bd. 2, S. 447: „Man muss die Geschichte durch die Gesetze und die Gesetze aus der Geschichte erhellen".

1013 Aus heutiger Sicht weiterführend die zweibändige Studie von *Stefan Vogenauer*, Die Auslegung von Gesetzen in England und auf dem Kontinent, 2001.

Der Lohn einer solchen Grundlagenarbeit könnte darin bestehen, Rechts- und Geschichtswissenschaft einander nicht nur innerhalb der Schnittmenge der Rechtsgeschichte zu würdigen, es sei denn, man würde diese dergestalt als Inbegriff verstehen, wie es beim Geist der Gesetze der Fall ist, also im Hinblick auf die wechselseitige Abhängigkeit von Verfassungsgeschichte, Sittengeschichte, Wirtschaftsrechtsgeschichte und der Geschichte des Religionsrechts, um nur die juristischen Ausprägungen derjenigen Bereiche zu nennen, die für Montesquieu in ihrer Gesamtheit den Geist der Gesetze ausmachen.[1014]

Es darf nämlich nicht übersehen werden, dass er innerhalb seiner vielfältigen rechtsgeschichtlichen Exkurse auch zeitgenössische rechtsvergleichende Überlegungen anstellt, im Rahmen derer – wie sich auch bei der Behandlung der Gewaltenteilung im Kapitel *« De la constitution d'Angleterre »* zeigt (XI 6) – das angelsächsische Rechtssystem eine sein Denken prägende Rolle spielt: *« De même, en Angleterre, les jurés décident si l'accusé est coupable, ou non, du fait qui a été porté devant eux; et, s'il est déclaré coupable, le juge prononce la peine que la loi inflige pour ce fait : et, pour cela, il ne lui faut que des yeux »* (VI 3).[1015] Denn der Richter versteht es, das Gesetz mit den Augen des Juristen zu lesen. Umgekehrt können seines Erachtens über bestimmte Dinge auch Laien entscheiden. Das entspricht derjenigen Wertung, die wir weiter oben im Umkehrschluss herausgearbeitet haben, wonach nämlich Angehörige des nicht juristisch geschulten (*« jurisconsulte »*) Volkes selbst in komplexen Rechtsfällen darüber urteilen können, ob die Schuld bewiesen ist oder nicht (VI 4).

Maßgeblich dürfte für Montesquieu die pragmatische, auf die sinnliche Wahrnehmung in Gestalt des Augenscheins gründende Art der Entscheidungsfindung in bestimmten Bereichen sein, während dies in anderer Beziehung keineswegs der Fall sein darf, wie Montesquieu nicht zuletzt am Beispiel von Missbräu-

---

1014 *Vittorio Hösle*, Moral und Politik. Grundlagen einer Politischen Ethik für das 21. Jahrhundert, 1997, S. 780, hat das hiermit angesprochene problematische Verhältnis von Rechtgeschichte, Rechtssoziologie und Rechtsphilosophie am deutlichsten herausgearbeitet und verweist ebenfalls auf Montesquieu und Vico, die ja die Rechtssoziologie unbhängig voneinander etwa zeitgleich begründet haben, dabei aber Rechtsgeschichte und Rechtsphilosophie so eingehend berücksichtigten, dass ihr Wort besonderes Gewicht hat: „Den Theorien über das Naturrecht ist vom Historismus vorgeworfen worden, sie übersähen die *Geschichtlichkeit des Rechts.* In der Tat haben sich Rechtsgeschichte und Rechtssoziologie im 19. Jahrhundert in Abkehr von den Idealen der Naturrechtstradition definiert. Doch zeigen Vico und Montesquieu, daß beide Ansätze einander nicht notwendig feindlich gegenüberstehen müssen." Hervorhebung auch dort.

1015 *Montesquieu*, Œuvres complètes, Bibliothèque de la Pléiade, Tome II, S. 311; Übersetzung *Ernst Forsthoff*, 1951/1992, Bd. 1, S. 110: „In England entscheiden die Geschworenen, ob die Tat, die vor sie gebracht wurde, bewiesen ist oder nicht; und wenn sie bewiesen ist, so spricht der Richter die Strafe aus, die das Gesetz für diese Tat verhängt, und dazu braucht er nur seine Augen".

chen oder Verfehlungen bezüglich der gebotenen Gewaltenteilung durch unbillige Zuerkennung richterlicher Befugnisse an ungeeignete Personen zeigt, so dass dort umgekehrt befähigte Richter den Betreffenden mit Argusaugen auf die Finger sehen müssen: « *Bien loin de donner à de telles gens la puissance de juger, il auroit fallu qu'ils eussent été sans cesse sous les yeux des juges* » (XI 18).[1016]

Wie sehr die optische Sinneswahrnehmung Montesquieus Rechtsverständnis prägt, kann man übrigens anhand eines wunderbaren Wortes erkennen, das in seiner aphoristischen Prägnanz und geronnenen Weisheit einmal mehr die Nähe zur französischen Moralistik veranschaulicht: « *Les lois sont les yeux de prince; il voit par elles ce qu'il ne pourroit pas voir sans elles* » (VI 5).[1017] Diese Sentenz ist zwar weniger bekannt, aber nicht minder sinnfällig als jene berühmte und in der juristischen Methodenlehre vieldiskutierte Wendung vom Richter als dem Mund des Gesetzes: « *la bouche qui prononce les paroles de la loi* » (XI 6).[1018]

In deren einleitender Formulierung scheint nicht von ungefähr die Umkehrung der Augenmetapher auf:[1019] « *Il pourroit arriver que la loi, qui est en même temps clairvoyante et aveugle, seroit, en de certains cas, trop rigoureuse. Mais les juges de la nation ne sont, comme nous avons dit, que la bouche qui prononce les paroles de la loi; des êtres inanimés qui n'en peuvent modérer ni la force ni la rigueur* » (XI 6).[1020] Diese pointierte Sichtweise hat die Gemüter seit jeher erhitzt, und auch wenn sie in der juristischen Methodenlehre auf energischen Widerspruch gestoßen ist, hat sie

---

1016 *Montesquieu*, Œuvres complètes, Bibliothèque de la Pléiade, Tome II, S. 426; Übersetzung *Ernst Forsthoff*, 1951/1992, Bd. 1, S. 251 f.: „Weit davon entfernt, solchen Leuten richterliche Gewalt zu geben, wäre es vielmehr nötig gewesen, dass sie ständig unter den Augen der Richter gewesen wären".

1017 *Montesquieu*, Œuvres complètes, Bibliothèque de la Pléiade, Tome II, S. 315 f.; Übersetzung *Ernst Forsthoff*, 1951/1992, Bd. 1, S. 115: „Die Gesetze sind die Augen des Fürsten, und er erkennt durch sie, was er sonst nicht sehen würde".

1018 *Montesquieu*, Œuvres complètes, Bibliothèque de la Pléiade, Tome II, S. 404; Übersetzung *Ernst Forsthoff*, 1951/1992, Bd. 2, S. 225: „nur der Mund, der die Worte des Gesetzes ausspricht".

1019 *Hugo Friedrich*, Montaigne, 1949, S. 13, legt die Abkehr von aller naturwissenschaftlichen Erkenntnis als prägend für die Moralistik zugrunde, wenn er über Montaigne sagt: „Er sucht nicht das Gesetz, sondern das Bild. Damit ist er, wie die ganze Moralistik, tief geschieden von der naturwissenschaftlichen Methode, die nicht das Einzelne und das Bild, sondern das Gesetz sucht." – Doch wiederum steht dies, entgegen dem Anschein, Montesquieus Moralistik im Geist der Gesetze nicht entgegen, weil auch dieser zwar Vergleiche mit den Naturwissenschaften sucht, bestimmend aber auch für ihn gerade die einprägsamen Bilder sind.

1020 *Montesquieu*, Œuvres complètes, Bibliothèque de la Pléiade, Tome II, S. 404; Übersetzung *Ernst Forsthoff*, 1951/1992, Bd. 1, S. 225: „Es könnte sein, dass das Gesetz, das klarsichtig und blind zugleich ist, in bestimmten Fällen zu streng wäre. Aber die Richter sind, wie wir gezeigt haben, nur der Mund, der die Worte des Gesetzes ausspricht, willenlose Wesen, die weder seine Schärfe noch seine Strenge zu mildern vermögen".

doch gerade mit ihrer erneut anthropomorphen Formulierung des zugleich hellsichtigen und blinden Gesetzes durch die coincidentia oppositorum ein Grundproblem stilistisch so zugespitzt auf den Punkt gebracht, wie es der Eigenart der französischen Moralistik entspricht. Insofern frappiert aufs Neue der immense Gedankenreichtum Montesquieus selbst dort, wo man ihm heute nicht mehr ohne weiteres wird zustimmen können.

Ebenso dürfte der in seiner Prägnanz, Paradoxie, Aphoristik und buchstäblichen Radikalität ohne verletzende Schärfe gehaltene Schlusssatz des Esprit des Lois zu verstehen sein: *« Je finis le traité des fiefs où la plupart des auteurs l'ont commencé »* (XXXI 34).[1021] Auch zum Schluss noch offenbart Montesquieu mit seiner kontraintuitiven, gegen die Erwartungen des Lesers gerichteten und scheinbar paradox anmutenden, vor allem aber sentenziösen und aphoristischen Zuspitzung die Nähe zu den französischen Moralisten, die nicht mit langatmigen Deduktionen langweilen wollten, wo sie schlaglichtartig erhellen konnten.[1022] Montesquieu überlässt es in der Tradition der französischen Moralistik und vornehmer Zurückhaltung dem Leser, die Prägnanz durch gedankliche Weglassung ‚des Lehenswesens' auf die Spitze zu treiben.

Womöglich war sein bereits zitiertes moralistisches Bonmot zugleich eine Selbsterkenntnis, wonach wir aus Gründen des Stolzes höflich sind (IV 2). Doch selbst mit solchen sinngemäßen Weglassungen und Hinzufügungen wirkt der Schluss des Werkes seltsam abrupt. Vielleicht sollte man zur gedanklichen Abrundung eine Maxime einbeziehen, die sich gegen Ende des zweiundzwanzigsten Buches findet, darüber hinaus aber auch schon am Anfang oder auch erst am Ende – also gleichsam vor oder hinter der Klammer – des gesamten Werkes stehen könnte, weil nahezu jede darin enthaltene Aussage in diesem Sinne zu verstehen ist: *« Je le dirai toujours, c'est la modération qui gouverne les hommes, et non pas les excès »* (XXII 22).[1023]

1021 *Montesquieu*, Œuvres complètes, Bibliothèque de la Pléiade, Tome II, S. 995; Übersetzung *Ernst Forsthoff*, 1951/1992, Bd. 2, S. 511: „Ich schließe die Darstellung des Lehnswesens da, wo die meisten Schriftsteller sie begonnen haben".

1022 *Karlheinz Stierle*, Montaigne und die Moralisten. Klassische Moralistik – Moralistische Klassik, 2016, S. 296 f., verdeutlicht: „Doch wenn die Einsicht des Moralisten ins Schwarze trifft, dann gewinnt ihre Hellsichtigkeit eine Überklarheit, die die Antwort sogleich wieder in die nächste Frage kippen lässt".

1023 *Montesquieu*, Œuvres complètes, Bibliothèque de la Pléiade, Tome II, S. 682; Übersetzung *Ernst Forsthoff*, 1951/1992, Bd. 2, S. 121: „Ich werde immer den Standpunkt vertreten, nur durch Mäßigung, nicht durch Übertreibungen werden die Menschen richtig regiert".

In dieser Einsicht kommt Montesquieus Weltsicht und Weisheit – im Kantischen Sinne der Philosophie als ‚Weltweisheit' oder ‚Weisheitsforschung'[1024] – am besten zum Ausdruck. Denn darin vereinigt sich das antike und noch für Montaigne verbindliche Gebot des *ne nimis* mit Montesquieus Verständnis der Mäßigung als Prinzip der Gesetzgebung. So ist es nur folgerichtig, dass Montaigne ihm über jede eurozentrische Engführung hinaus den Blick auf die Gesetze der gesamten seinerzeit bekannten Welt sowie des Erfahrungsraums der Rechtsgeschichte erschlossen hat,[1025] den Montesquieu in Anlehnung an Hegels Wort über ihn noch vertiefte.[1026]

In diesem Sinne ist das zuletzt zitierte Wort der Ablehnung jedweder gesetzlichen Übertreibung und der Anleitung zur Mäßigung alles andere als ein wohlfeiler Gemeinplatz. Wie ernst es ihm damit ist, veranschaulicht er anhand eines schrecklichen Beispiels, das einmal mehr den Despoten bloßstellt, wie er in einem ausnahmsweise, aber dem Anlass angemessen, bitter geratenen sentenziösen Schluss nach Art der französischen Moralistik folgert: *« Il suit encore que l'action tant louée de cet empereur qui fit empaler un boulanger qu'il avoit surpris en fraude, est une action de sultan, qui ne sait être juste qu'en outrant la justice même »* (XXVI 24).[1027] Despoten übertreiben in ihrer Maßlosigkeit auch das, was sie in ihrem Zynismus für Gerechtigkeit zu halten vorgeben, die damit unweigerlich in grausame Ungerechtigkeit umschlägt.

Vor diesem düsteren Hintergrund ist die eingangs erwähnte und nach Art der französischen Moralistik formulierte Maxime erklärungsbedürftig, wonach das Gesetz die von Natur aus schlechten Menschen als besser erachten muss, denn sie in Wirklichkeit sind (VI 16). Unter dieser Prämisse eines anthropologischen Realismus, der die allgegenwärtige Habsucht, Herrschsucht und Geltungssucht der Menschen in Rechnung stellt, muss man Montesquieus weiter oben zitierten Standpunkt über die Regierung der Menschen durch Mäßigung hinzunehmen, die den Exzess gerade ausschließt (XXII 22). Dieser ist jedoch das Merkmal despotischer Herrschaft, die weder Maß noch Mitte kennt. Gegen sie ist der Esprit des Lois geschrieben und aus der allgegenwärtigen Angst, welche die Despotie den Rechtsunterworfenen

---

1024 *Immanuel Kant*, Verkündigung des nahen Abschlusses eines Traktats zum ewigen Frieden in der Philosophie, Berlinischen Monatsschrift 1796, S. 485–504; hier zitiert nach Bd. 512 der Philosophischen Bibliothek von Meiner, Nachdruck 2019, S. 77, 82; vgl. auch *Jens Petersen*, Kants Recht der Freiheit, 2024, S. 35, 160 m.w.N. zum Begriff Weltweisheit.

1025 *Jens Petersen*, Montaignes Erschließung der Grundlagen des Rechts, 2. Auflage 2019.

1026 *Georg Wilhelm Friedrich Hegel*, Grundlinien der Philosophie des Rechts, 1821, § 273.

1027 *Montesquieu*, Œuvres complètes, Bibliothèque de la Pléiade, Tome II, S. 776; Übersetzung *Ernst Forsthoff*, 1951/1992, Bd. 2, S. 237: „Daraus folgt weiter, dass die so sehr gerühmte Tat des Herrschers, der einen Bäcker pfählen ließ, als er ihn beim Betrug ertappt, die Handlung eines Sultans ist, der nur gerecht zu sein versteht, indem er auch die Gerechtigkeit übertreibt".

einflößt und die Montesquieu mit den Mitteln der französischen Moralistik in den schwärzesten Farben malt, die Notwendigkeit der Gewaltenteilung entwickelt.[1028]

Auf diese Weise ist der als Inbegriff von Regierungsformen, Religion, Klima, Handel, Sitten und Gebräuchen verstandene Geist der Gesetze prägend für eine Rechtsphilosophie, Rechtssoziologie, Rechtsökonomie und Rechtsanthropologie im Geiste der Mäßigung und der französischen Moralistik. In diesem Sinne lässt sich kaum ein besseres Schlusswort finden, als die folgende Sentenz zu Beginn eines seiner abschließenden Bücher, die einen Anspruch erhebt, welchen Montesquieu mit all seinen auf die Mäßigung gerichteten moralistisch geprägten Maximen durch den Esprit des Lois eingelöst hat: *« Je le dis, et il me semble que je n'ai fait cet ouvrage que pour le prouver : l'esprit de modération doit être celui du législateur »* (XXIX 1).[1029]

1028 *Vittorio Hösle*, Moral und Politik. Grundlagen einer Politischen Ethik für das 21. Jahrhundert, 1997, S. 954 Fußnote 4, bringt es auf den Punkt: „Großartig an Montesquieus ‚De l'Esprit des Lois' ist der Versuch, in den verschiedenen Staatsformen möglichst viel Affirmatives zu erkennen und für jede gleichsam ein System bedingter Gebote zu entwerfen." – Da manche dieser Gebote mitunter durch die *« condition humaine »* bedingt sind – vor allem unter der Despotie – spiegelt sich auch in dieser äußerst treffenden Einschätzung die Zusammenführung von Systematik und französischer Moralistik.

1029 *Montesquieu*, Œuvres complètes, Bibliothèque de la Pléiade, Tome II, S. 865; Übersetzung *Ernst Forsthoff*, 1951/1992, Bd. 2, S. 350: „Ich behaupte, und mir scheint, dass ich dies ganze Werk nur zum Beweis dieser Behauptung geschrieben habe: Der Geist der Mäßigung muss den Gesetzgeber beherrschen".

Literaturverzeichnis

I. Werke von Montesquieu

De l'Esprit des Loix, 1748, in: Œuvres complètes, Bibliothèque de la Pléiade, Tome II, S. 225 (Übersetzung *Ernst Forsthoff*, Vom Geist der Gesetze, 1951/1992, Bd. 1 und Bd. 2)

Pensées et fragments inédits (Hg. Gaston de Montesquieu), Tome II, 1901

Größe und Niedergang Roms (Hg. Lothar Schuckert), 1980

Meine Reisen in Deutschland 1728–1729 (Hg. Jürgen Overhoff; Übersetzung *Hans W. Schumacher*), 2014

II. Sekundärliteratur

Acemoğlu, Daron/Robinson, James A., Why Nations Fail. The Origins of Power, Prosperity, and Poverty, 2012

Adelmann, Jeremy, Worldly Philosopher. The Odyssey of Albert O. Hirschman, 2014

Baer, Susanne, Rechtssoziologie. Eine Einführung in die interdisziplinäre Rechtsforschung, 2011

Bergengrün, Werner, Am Himmel wie auf Erden, 1980

Berman, Harold Josef, Law and Revolution. The Formation of Western Legal Tradition, 1985

Biser, Eugen, Der Mensch – das uneingelöste Versprechen, 2. Auflage 1996

Biser, Eugen, Überwindung der Lebensangst. Wege zu einem befreienden Gottesbild, 2. Auflage 1997

Böckenförde, Ernst-Wolfgang, Die Theorie der Gewaltengliederung, in: Montesquieu-Traditionen in Deutschland. Beiträge zur Erforschung eines Klassikers (Hg. Edgar Maas/Paul-Ludwig Weinacht), 2005, S. 153

Bomer, John M., The Presence of Montaigne in the Lettres Persanes, 1988

Borst, Arno, Lebensformen im Mittelalter, 1973, hier zitiert nach der 4. Auflage 2004

Borst, Arno, Mönche am Bodensee 610–1525, 1978

Borst, Arno, Meine Geschichte (Hg. Gustav Seibt), 2009

Bourdieu, Pierre, Die feinen Unterschiede. Kritik der gesellschaftlichen Urteilskraft, 1987

Brunschvicg, Léon, Descartes et Pascal, lecteurs de Montaigne, 2. Auflage 1945

Calasso, Roberto, La rovina di Kasch, 1983

Canaris, Claus-Wilhelm, Systemdenken und Systembegriff in der Jurisprudenz, 2. Auflage 1983

Canaris, Claus-Wilhelm, Theorienrezeption und Theorienstruktur, Festschrift für Zentaro Kitawaga, 1992, S. 59

Canaris, Claus-Wilhelm, Funktion, Struktur und Falsifikation juristischer Theorien, Juristenzeitung 1993, 377

Canaris, Claus-Wilhelm, Grundrechte und Privatrecht, 1999

Canaris, Claus-Wilhelm, Handelsrecht, 24. Auflage 2006

Canaris, Claus-Wilhelm, „Falsches Geschichtsbild von der Rechtsperversion im Nationalsozialismus" durch ein Porträt von Karl Larenz?, Juristenzeitung 2011, 879

Cassirer, Ernst, Die Philosophie der Aufklärung, 1932

Cooper, Duff, Talleyrand, 1935

Croce, Benedetto, Die Philosophie Giambattista Vicos (deutsche Übersetzung Erich Auerbach/Theodor Lücke), 1927

https://doi.org/10.1515/9783111396132-012

Desgraves, Louis, Catalogue de la bibliothèque de Montesquieu, 1954
Devletoglou, Nicos E., Montesquieu and the Wealth of Nations, The Canadian Journal of Economics and Political Science 29 (1963), 1
Durkheim, Émile, Montesquieu & Rousseau. Forerunners of Sociology, 1965
Dworkin, Ronald, The Law's Empire, 1986
Eckermann, Johann Peter, Gespräche mit Goethe in den letzten Jahren seines Lebens, Erster Teil, 1836
Elias, Norbert, Die höfische Gesellschaft, 1969
Elias, Norbert, Über den Prozeß der Zivilisation. Soziogenetische und psychogenetische Untersuchungen. Zweiter Band: Wandlungen der Gesellschaft. Entwurf zu einer Theorie der Zivilisation, 2. Auflage 1969 (hier zitiert nach der text- und seitenidentischen stw-Ausgabe 1976)
Engisch, Karl, Zur ‚Natur der Sache' im Strafrecht, in: Festschrift für Eberhard Schmidt, 1961, S. 90
Eucken, Walter, Die Grundlagen der Nationalökonomie, 9. Auflage 1989
Eucken, Walter, Grundsätze der Wirtschaftspolitik, 6. Auflage 1990
Fikentscher, Wolfgang, Methoden des Rechts in vergleichender Darstellung, 1971–1976
Fikentscher, Wolfgang, Die Freiheit und ihr Paradox, 1997
Flashar, Hellmut, Der Epitaphios des Perikles. Seine Funktion im Geschichtswerk des Thukydides, Sitzungsberichte der Heidelberger Akademie der Wissenschaften, 1969
Flashar, Hellmut, Nachwort zur Auswahl des peloponnesischen Krieges, 2005
Fraenkel, Eduard, Tacitus, in: Tacitus (Hg. Viktor Pöschl), 1969, S. 16
France, Anatole, Le lys rouge, 1894
Friedrich, Hugo, Montaigne, 1949
Fritz, Kurt von, Tacitus, Agricola, Domitian, and the Problem of the Principate, Classical Philology 52 (1957), 73
Gehlen, Arnold, Der Mensch, 1940
Gehlen, Arnold, Urmensch und Spätkultur, 1956
Godman, Peter, Weltliteratur auf dem Index. Die geheimen Gutachten des Vatikans, 2006
Günther, Oliver, Die diverse Universität. Gefahr für die Demokratie oder Garantin des Gemeinwohls?, 2025
Gurvitch, Georges, La sociologie juridique de Montesquieu, Revue de Métaphysique et de Morale 46 (1939), 611
Habermas, Jürgen, Theorie des kommunikativen Handelns, Bd. 2, 1981
Habermas, Jürgen, Strukturwandel der Öffentlichkeit, 1962
Habermas, Jürgen, Kants Idee des Ewigen Friedens – aus dem historischen Abstand von 200 Jahren, Kritische Justiz 28 (1992), 293
Hayek, Friedrich August von, Die verhängnisvolle Anmaßung (Band B 7 seiner Gesammelten Schriften in deutscher Sprache, Hg. Viktor Vanberg, 2011)
Harnoncourt, Nikolaus, Musik als Klangrede, Wege zu einem neuen Musikverständnis, 10. Auflage 2021
Hartmann, Elke, Ordnung in Unordnung. Kommunikation, Konsum und Konkurrenz in der stadtrömischen Gesellschaft der frühen Kaiserzeit, 2016
Hegel, Georg Wilhelm Friedrich, Grundlinien der Philosophie des Rechts, 1821
Heidegger, Martin, Sein und Zeit, 1927
Heller, Agnes, Charles de Montesquieu Vom Geist der Gesetze, in: Zeit-Bibliothek der 100 Sachbücher (Hg. Fritz J. Raddatz), 1984, S. 88
Herder, Johann Gottfried, Abhandlung über den Ursprung der Sprache, 1772

von der Heydte, Friedrich August, Die Persönlichkeit Montesquieus und seine Werke – Lehrmeister des modernen Rechtsstaats, in: Montesquieu-Traditionen in Deutschland. Beiträge zur Erforschung eines Klassikers (Hg. Edgar Maas/Paul-Ludwig Weinacht), 2005, S. 111
Hirschman, Albert O., Leidenschaften und Interessen. Politische Begründungen des Kapitalismus vor seinem Sieg, 1987 (Übersetzung Sabine Offe)
Honneth, Axel, Anerkennung. Eine europäische Ideengeschichte, 2018
Horkheimer, Max, Montaigne und die Funktion der Skepsis, Gesammelte Schriften (Hg. Alfred Schmidt), Bd. 4, 1988
Hösle, Vittorio, Vico und die Idee der Kulturwissenschaft, Einleitung der Meiner-Ausgabe 1990
Hösle, Vittorio, Moral und Politik. Grundlagen einer Politischen Ethik für das 21. Jahrhundert, 1997
Hösle, Vittorio, Hegels System. Der Idealismus der Subjektivität und das Problem der Intersubjektivität, 2. Auflage 1998
Hösle, Vittorio, Eine kurze Geschichte der deutschen Philosophie, 2013
Hösle, Vittorio, Vico's New Science of the Intersubjective World, 2016
Hösle, Vittorio, Kritik der verstehenden Vernunft. Eine Grundlegung der Geisteswissenschaften, 2018
Hösle, Vittorio, Globale Fliehkräfte. Eine geschichtsphilosophische Kartierung der Gegenwart, 3. Auflage 2021
Hösle, Vittorio, Im Dialog mit Gómez Dávila, 2022
Hueck, Alfred/Canaris, Claus-Wilhelm, Recht der Wertpapiere, 15. Auflage 1986
Huizinga, Johan, Herfsttij der Middeleeuwen. Studie over levens- en gedachtenvormen der veertiende en vijftiende eeuw in Frankrijk en de Nederlanden, 1919
Ipsen, Gunther, Montesquieu und die politische Soziologie, in: Montesquieu-Traditionen in Deutschland. Beiträge zur Erforschung eines Klassikers (Hg. Edgar Maas/Paul-Ludwig Weinacht), 2005, S. 75
Jhering, Rudolf von, Der Kampf ums Recht, 1872
Joas, Hans, Sind die Menschenrechte westlich?, 2015
Kant, Immanuel, Idee zu einer allgemeinen Geschichte in weltbürgerlicher Absicht, Berlinische Monatsschrift 1784, 385
Kant, Immanuel, Verkündigung des nahen Abschlusses eines Traktats zum ewigen Frieden in der Philosophie, Berlinische Monatsschrift 1796, 485
Kant, Immanuel, Über den Gemeinspruch: Das mag in der Theorie richtig sein, taugt aber nicht für die Praxis, Berlinische Monatsschrift 1793, S. 201
Keynes, John Maynard, The General Theory of Employment, Interest and Money, 1936 (französische Übersetzung: Théorie Générale de l'Emploi, de l'Intérêt et de la Monnaie, 1943)
Kierkegaard, Søren, Der Begriff Angst, 1844
Kittler, Friedrich, Eine Kulturgeschichte der Kulturwissenschaft, 2. Auflage 2011
Klemperer, Victor, Montesquieu. Beiträge zur neueren Literaturgeschichte, 2 Bände, 1914/1915
Klemperer, Victor, Lettres Persanes, in: Montesquieu-Traditionen in Deutschland. Beiträge zur Erforschung eines Klassikers (Hg. Edgar Maas/Paul-Ludwig Weinacht), 2005, S. 41
Kölsch, Manfred, Recht und Macht bei Montaigne, 1974
Kondylis, Panajotis, Montesquieu und der Geist der Gesetze, 1996
Koselleck, Reinhart, Historia Magistra Vitae. Über die Auflösung des Topos im Horizont neuzeitlich bewegter Geschichte, in: ders., Vergangene Zukunft. Zur Semantik geschichtlich bewegter Zeiten, 1989, S. 38
Krauss, Werner, Graciáns Lebenslehre, 1947

Krauss, Werner, 1734 als Jahr der Entscheidung für Montesquieus *Esprit des lois*, in: Montesquieu-Traditionen in Deutschland. Beiträge zur Erforschung eines Klassikers (Hg. Edgar Maas/Paul-Ludwig Weinacht), 2005, S. 135

Kuhfuß, Walter, Mäßigung und Politik. Studien zur politischen Sprache und Theorie Montesquies, 1975

Kuhfuß, Walter, Die Bedeutung der Mäßigung im Werk Montesquieus, in: Montesquieu-Traditionen in Deutschland. Beiträge zur Erforschung eines Klassikers (Hg. Edgar Maas/Paul-Ludwig Weinacht), 2005, S. 205

Kuhn, Thomas, The Structure of Scientific Revolutions, 1962 (deutsch: Die Struktur wissenschaftlicher Revolutionen, 1973)

Küng, Hans, Existiert Gott? Antwort auf die Gottesfrage der Neuzeit, 4. Auflage 1987

Küng, Hans, Umstrittene Wahrheit. Erinnerungen, 2009

Landau, Peter, Die Rechtsquellenlehre in der deutschen Rechtswissenschaft des 19. Jahrhunderts, in: Juristische Theoriebildung und Rechtliche Einheit, Rättshistoriska Studier (Hg. Claes Petersson), Bd. XIX, 1993, S. 69

Larenz, Karl/Canaris, Claus-Wilhelm, Lehrbuch des Schuldrechts. Besonderer Teil, Zweiter Halbband, 13. Auflage 1994

La Rochefoucauld, François de, Réflexions ou sentences et maximes morales, 1665

Leenen, Detlef, Methodenrecht, in: Methodenlehre zwischen Wissenschaft und Handwerk (Hg. Susanne Hähnchen), 2019, S. 65

Lepsius, Mario Rainer, Interessen, Ideen und Institutionen, 1990

Locke, John, Two Treatises on Government, 1698

Loewenstein, Karl, Des Lebens Überfluß. Erinnerungen eines ausgewanderten Juristen (Hg. Oliver Lepsius/Robert Chr. van Ooyen/Frank Schale), 2023

Löwith, Karl, Nietzsches Philosophie der ewigen Wiederkehr des Gleichen, 1935

Luhmann, Niklas, Der neue Chef (Hg. Jürgen Kaube), 2. Auflage 2016

Luhmann, Niklas, Schriften zur Organisation 5 (Hg. Veronica Tacke/Ernst Lukas), 2022

Machiavelli, Niccolò Discorsi sopra la prima deca di Tito Livio, 1531

Maier, Hans, Montesquieu und die Tradition, in: Montesquieu-Traditionen in Deutschland. Beiträge zur Erforschung eines Klassikers (Hg. Edgar Maas/Paul-Ludwig Weinacht), 2005, S. 159

Mandeville, Bernhard, The Fable of the Bees: or, Private Vices Public Benefits, 1714

Mann, Golo, Versuch über Tacitus, Neue Rundschau 87 (1976), 249

Marx, Karl, Zur Kritik der Hegelschen Rechtsphilosophie, 1844

Mathis, Klaus, Nachhaltige Entwicklung und Generationengerechtigkeit. Eine interdisziplinäre Studie aus rechtlicher, ökonomischer und philosophischer Sicht, 2017

Mayer-Schönberger, Viktor/Ramge, Thomas, Das Digital: Markt, Wertschöpfung und Gerechtigkeit im Datenkapitalismus, 3. Auflage 2017

McCormick, John P., Machiavellian Democracy, 2011

Medicus, Dieter, Leistungsfähigkeit und Rechtsgeschäft, Zeitschrift für Wirtschaftsrecht 1989, S. 817

Melters, Benedikt, Vor der Differenz. Anmerkungen zum Verhältnis von allgemeiner Systemtheorie und der Philosophie Michel Serres', Soziale Systeme 21 (2016), 390

Melters, Benedikt, Relektüre ohne Rückkehr: Annäherungen an Michel Serres' nachmetaphysische Religionsphilosophie, Deutsche Zeitschrift für Philosophie 71 (2023), 646

Mendell, Clarence, Tacitus. The Man and his Work, 1957

Mestmäcker, Ernst-Joachim, Einleitung, in: Walter Eucken, Grundsätze der Wirtschaftspolitik, 6. Auflage 1990, S. XIV

Mestmäcker, Ernst-Joachim, Europäische Prüfsteine der Herrschaft und des Rechts, 2016

Mestmäcker, Ernst-Joachim, Wettbewerb in der Privatrechtsgesellschaft, 2019
Möllers, Christoph, Die drei Gewalten. Legitimation der Gewaltengliederung in Verfassungsstaat, Europäischer Integration und Internationalisierung, 2008
Möllers, Christoph, Freiheitsgrade. Elemente einer liberalen politischen Mechanik, 2020
Morkel, Arnd, Montesquieus Begriff der Despotie, in: Montesquieu-Traditionen in Deutschland. Beiträge zur Erforschung eines Klassikers (Hg. Edgar Maas/Paul-Ludwig Weinacht), 2005, S. 195
Münkler, Herfried, Die Begründung des politischen Denkens der Neuzeit aus der Krise der Republik Florenz, 1984
Naßmacher, Hiltrud, Politikwissenschaft, 5. Auflage 2004
Nesselhauf, Herbert, Tacitus und Domitian, Hermes 80 (1952), 222
Neumann, Gerhard, Ideenparadiese. Untersuchungen zur Aphoristik von Lichtenberg, Novalis, Friedrich Schlegel und Goethe, 1976
Nörr, Dieter, Planung in der Antike. Über die Ehegesetze des Augustus, Festgabe für Helmut Schelsky, 1977
Oechsler, Jürgen, Gerechtigkeit im modernen Austauschvertrag, 1997
Orieux, Jean, Talleyrand ou le Sphinx incompris, 1970
Petersen, Jens, Anthropozentrik und Ökozentrik im Umweltrecht, Archiv für Rechts- und Sozialphilosophie 83 (1997), 361
Petersen, Jens, Unternehmenssteuerrecht und bewegliches System, 1999
Petersen, Jens, Von der Interessen- zur Wertungsjurisprudenz, 2001
Petersen, Jens, Das Bankgeheimnis zwischen Individualschutz und Institutionsschutz, 2005
Petersen, Jens, Medienrecht in der Katholischen Kirche, Archiv für Katholisches Kirchenrecht 176 (2007), 433
Petersen, Jens, Blaise Pascals Gedanken über das Recht, in: Festschrift für Werner Merle, 2010, S. 289
Petersen, Jens, Die systematische Stellung des Allgemeinen Teils vor der Klammer der anderen Bücher, Juristische Ausbildung 2011, S. 759
Petersen, Jens, Heinrich von Kleists „Über die allmähliche Verfertigung der Gedanken beim Reden" im Spiegel der mündlichen Prüfung, Juristische Ausbildung 2011, S. 818
Petersen, Jens, Anfechtung und Widerruf des Vertrags, Liber amicorum Detlef Leenen, 2012, S. 219
Petersen, Jens, Die kaufmännische Rügeobliegenheit, Juristische Ausbildung 2012, S. 796.
Petersen, Jens, Freiheit unter dem Gesetz. Friedrich August von Hayeks Rechtsdenken, 2014
Petersen, Jens, Recht und Macht in den Fabeln La Fontaines, Liber amicorum Otmar Seul, 2014, S. 384
Petersen, Jens, Die Eule der Minerva in Hegels Rechtsphilosophie, 2. Auflage 2015
Petersen, Jens, Wilhelm von Humboldts Rechtsphilosophie, 3. Auflage 2015
Petersen, Jens, Recht vor Gnade in Ovids Tristia, in Gedächtnisschrift für Hannes Unberath, 2015, S. 351
Petersen, Jens, Dante Alighieris Gerechtigkeitssinn, 2. Auflage 2016
Petersen, Jens, Pascals Gedanken über Gerechtigkeit und Ordnung, 2016
Petersen, Jens, Adam Smith als Rechtstheoretiker, 2. Auflage 2017
Petersen, Jens, Zivilrechtsdogmatik und methodischer Individualismus am Beispiel Rudolf von Jherings, in: Festschrift für Claus-Wilhelm Canaris, 2017, S. 87
Petersen, Jens, Rezension zu Ernst-Joachim Mestmäcker, Europäische Prüfsteine der Herrschaft und des Rechts, 2016, Archiv für Rechts- und Sozialphilosophie 103 (2017), 553
Petersen, Jens, Montaignes Erschließung der Grundlagen des Rechts, 2. Auflage 2019
Petersen, Jens, Recht bei Tacitus, 2019
Petersen, Jens, Rechtsordnung und Wirtschaftsordnung nach Eucken, 2019
Petersen, Jens, Nietzsches Genialität der Gerechtigkeit, 3. Auflage 2020

Petersen, Jens, Machiavellis Gesetzgebungslehre, 2020
Petersen, Jens, Max Webers Rechtssoziologie und die juristische Methodenlehre, 3. Auflage 2020
Petersen, Jens, Friedrich Schiller über die Gesetzgebung des Lykurgus und Solon, in: Festschrift für Reinhard Singer, 2021, S. 497
Petersen, Jens, Marcel Proust und Tacitus, 2021
Petersen, Jens, Vicos Kulturgeschichte des Rechts, 2022
Petersen, Jens, Baltasar Graciáns ‚Phönix der Gerechtigkeit', in: Studien zur juristischen Ideengeschichte, 2023, S. 25
Petersen, Jens, Kants Recht der Freiheit, 2024
Petersen, Jens, Steuerkritik bei Montesquieu, Gedächtnisschrift für Andreas Musil, 2024, S. 19
Petersen, Jens, Rezension zu Giambattista Vico, Die Erste Neue Wissenschaft (1725). Übersetzt und mit einer Einleitung herausgegeben von Jürgen Trabant, 2022, Archiv für Rechts- und Sozialphilosophie 110 (2024), 584
Plessner, Helmuth, Grenzen der Gemeinschaft. Eine Kritik des sozialen Radikalismus, 1924, 8. Auflage 2019
Plessner, Helmuth, Die verspätete Nation, 1959 (hier zitiert nach der Suhrkamp-Ausgabe 1974)
Poskett, James, Horizons. The Global Origins of Modern History, 2022
Proust, Marcel, Écrits de Jeunesse 1887–1895, 1991
Radbruch, Gustav, Die Natur der Sache als juristische Denkform, in: Montesquieu-Traditionen in Deutschland. Beiträge zur Erforschung eines Klassikers (Hg. Edgar Maas/Paul-Ludwig Weinacht), 2005, S. 107
Rattner, Josef/Danzer, Gerhard, Europäische Moralistik in Frankreich von 1600 bis 1950. Philosophie der nächsten Dinge und der alltäglichen Lebenswelt des Menschen, 2006
Rawls, John, Die Idee des politischen Liberalismus, 1994
Reinhardt, Volker, Machiavelli oder Die Kunst der Macht, Eine Biographie, 2012
Reitzenstein, Richard, Aufsätze zu Tacitus, 1967
Rosso, Corrado, Montesquieu moralista. Dalle leggi all ‚bonheur', 1965 (hier zitiert nach der französischen Ausgabe: Montesquieu moraliste. Des lois au bonheur, 1971)
Roxin, Claus, Kriminalpolitik und Strafrechtssystem, 2. Auflage 1973
Roxin, Claus, Strafrecht. Allgemeiner Teil, Bd. 1, 4. Auflage 2006
Saint-Exupéry, Antoine de, Le Petit Prince, 1943
Schalk, Fritz, Einleitung, in: Die französischen Moralisten (Hg. Fritz Schalk), 1938, S. IX (hier zitiert nach der Dieterich-Ausgabe von 1949)
Schalk, Fritz, Montesquieu und die europäischen Traditionen, in: Montesquieu-Traditionen in Deutschland. Beiträge zur Erforschung eines Klassikers (Hg. Edgar Maas/Paul-Ludwig Weinacht), 2005, S. 117
Schelsky, Helmut, Die Arbeit tun die anderen. Klassenkampf und Priesterherrschaft der Intellektuellen, 1975
Scherer, Martin, Der Gentlemen. Plädoyer für eine Lebenskunst, 2003
Scherer, Martin, Hingabe. Versuch über die Verschwendung, 2021
Scherer, Martin, Takt. Über Nähe und Distanz im menschlichen Umgang, 2024
Scheuerle, Wilhelm, Das Wesen des Wesens, Archiv für die civilistische Praxis 163 (1964), 429
Schluchter, Wolfgang, Grundlegungen der Soziologie, 2. Auflage 2015
Schmidt, Reimer, Die Obliegenheiten, 1953
Seibt, Gustav, Nachwort, in: *Arno Borst*, Meine Geschichte (Hg. Gustav Seibt), 2009, S. 105

Senarclens, Vanessa de, Die Perspektive des Reisenden, in: Montesquieu, Meine Reisen in Deutschland 1728–1729 (Hg. Jürgen Overhoff), 2014, S. 175
Serres, Michel, Le contract naturel, 1990
Smith, Adam, The Theory of Moral Sentiments, 1759
Smith, Adam, An Inquiry into the Nature and Causes of the Wealth of Nations, 1776 (zitiert: Wealth of Nations)
Snell, Bruno, Die Entdeckung des Geistes. Studien zur Entstehung des europäischen Denkens bei den Griechen, 9. Auflage 2009
Somek, Alexander, The Cosmopolitan Constitution, 2014
Spaemann, Robert, Der letzte Gottesbeweis, 2007
Stackelberg, Jürgen von, Tacitus in der Romania, 1960
Stark, Werner, Montesquieu. Pioneer of the Sociology of Knowledge, 1960
Stierle, Karlheinz, Ursprung und Supplement in Rousseaus Discours sur l'origine et les fondemens de l'inégalité parmis les hommes, in: Aufklärung (Hg. Roland Galle/Helmut Pfeiffer), 2006, S. 172
Stierle, Karlheinz, Text als Handlung. Grundlegung einer systematischen Literaturwissenschaft, Neue, veränderte und erweiterte Auflage, 2012
Stierle, Karlheinz, Montaigne und die Moralisten. Klassische Moralistik – Moralistische Klassik, 2016
Stierle, Karlheinz, Pariser Prismen. Zeichen und Bilder der Stadt, 2016
Struck, Walter, Montesquieu als Politiker. Eine Erläuterung zu den Büchern I-VIII und XI-XII des Geistes der Gesetze, 1933
Stubbe-Da Luz, Helmut, Montesquieu, 1998
Stürner, Michael, Krise und Zukunft der staatlichen Gerichtsbarkeit als Instrument der Streitbeilegung im internationalen Handel, in: Abkehr vom Multilateralismus – Internationales Recht in Gefahr? (Hg. Anne Peters/Stefan Hobe/Eva-Maria Kieninger), 2023, S. 249
Tadié, Jean-Yves, Marcel Proust, 1996
Talleyrand, Charles Maurice de, Mots, Propos, Aphorismes (Choix et Présentation d'Éric Schell; Préface d'Emmanuel de Waresquiel), 3. Auflage 2020
Tartakower, Savielly, Die hypermoderne Schachpartie, 1925 (Nachdruck 1981)
Thaler, Richard/Sunstein, Cass, Nudge. Wie man kluge Entscheidungen anstößt, 2010
Timpe, Dieter, Romano-Germanica. Gesammelte Studien zur Germania des Tacitus, 1995
Trabant, Jürgen, Mithridates im Paradies. Kleine Geschichte des Sprachdenkens, 2003
Trabant, Jürgen, Neue Wissenschaft von alten Zeichen: Vicos Sematologie, 1994
Trabant, Jürgen, Vico in Germanien 1750–1850, in: Italien in Deutschland (Hg. Frank-Rutger Hausmann), 1996, S. 232
Trabant, Jürgen, Wie ‚geschichtlich' ist Vicos mondo civile?, in: Geschichtlichkeit von Sprache und Text. Philologien – Disziplingenese – Wissenschaftshistoriographie (Hg. Wulf Oestereicher/Maria Selig), 2014, S. 31
Trabant, Jürgen, Giambattista Vico – Poetische Charaktere, 2019
Trabant, Jürgen, La filisofia la reduce in forma di scienza. Über die Verwissenschaftlichung der Philologie bei Giambattista Vico, in: Wozu Philologie? Symposium für Hendrik Birus zum 80. Geburtstag, Jahrbuch des Freien Deutschen Hochstifts (Hg. Anne Bohnenkamp), 2023, S. 9
Utz, Stephen, Tax Policy, 1993
Vico, Giambattista, Scienza Nuova, 2. Auflage 1744
Vico, Giambattista, Die Erste Neue Wissenschaft (1725) (übersetzt und herausgegeben von Jürgen Trabant), 2022
Vogenauer, Stefan, Die Auslegung von Gesetzen in England und auf dem Kontinent, 2001

Volpilhac-Auger, Catherine, Tacite et Montesquieu, 1985
Voßler, Karl, Vorwort, in: Die französischen Moralisten (übersetzt und herausgegeben von Fritz Schalk), 1938, S. V (hier zitiert nach der Dieterich-Ausgabe von 1949)
Wagner, Gerhard, Plädoyer für eine kosmopolitische Soziologie, in: Montesquieu-Traditionen in Deutschland. Beiträge zur Erforschung eines Klassikers (Hg. Edgar Maas/Paul-Ludwig Weinacht), 2005, S. 275
Weber, Max, Wirtschaft und Gesellschaft, 5. Auflage 1972
Weber, Max, Zur Musiksoziologie. Nachlaß 1921, MWG I/14 (Hg. Christoph Braun/Ludwig Fischer), 2004
Weizsäcker, Carl Christian von, Freedom and Adaptive Preferences, 2024
Weizsäcker, Carl Christian von, Ist Eucken noch aktuell? Anmerkungen zu „Walter Euckens Ordnungspolitik", herausgegeben von Ingo Pies und Martin Leschke, ORDO 55 (2004), 345
Weizsäcker, Ernst Ulrich von (Hg.), Umweltstandort Deutschland. Argumente gegen die ökologische Phantasielosigkeit, 1994
Welzel, Hans, Naturrecht und materiale Gerechtigkeit, 1951
Wesel, Uwe, Frühformen des Rechts in vorstaatlichen Gesellschaften, 1985
Wilburg, Walter, Die Entwicklung eines beweglichen Systems im Bürgerlichen Recht, Grazer Rektoratsrede, 1950
Zimmermann, Reinhard, The Law of Obligations. Roman Foundations of the Civilian Tradition, 1996
Zweig, Stefan, Montaigne, 4. Auflage 2001

Personenverzeichnis

Die kursiv gedruckten Zahlen verweisen auf den Text, die normal gedruckten auf die Fußnoten.

https://doi.org/10.1515/9783111396132-013